# 엔지니어를 위한 길라잡이

# FORTRAN 77

전시영 지음

도서출판 동화기술

# 머리말

20세기 후반은 컴퓨터 시대였다고 해도 과언이 아니다. 요즈음 수많은 컴퓨터 프로그래밍 언어가 개발되어 사용되고 있으며 그 중에서 FORTRAN은 거의 모든 공학, 수학, 물리학, 경제학, 교육, 사회과학, 의학, 법률 및 기업경영과 같은 분야에서 특히 공학, 수학 그리고 과학 기술 계산용으로 다방면에서 유용하게 응용되고 있다. 1946년에 세계 최초로 개발된 FORTRAN은 과학 또는 공학과 관련된 프로그램을 작성하기 위한 고급 프로그래밍 언어로서, 수리적(數理的)인 특성을 갖는 문제 해결에 적합하게 제작된 것이며, 지금까지 수많은 개정을 거치면서 전 세계적으로 70여년 이상 여러 분야에서 널리 유용하게 응용되고 있다.

FORTRAN은 인공 언어이기 때문에 영어나 독어와 같은 자연어에 비하면 아주 배우기 쉬운 언어임에도 불구하고 초보자들이 교재의 선택이 잘못되거나 또는 생소한 지침서(指針書, manual)의 내용과 오랫동안 씨름하다보면 지쳐서 FORTRAN 자체가 매우 어렵다는 인식을 하게 된다.

이러한 어려움을 조금이라도 덜기 위해서 FORTRAN 프로그래밍을 익히려는 공학이나 자연과학 기반의 모든 초보자 분들을 위한 기본서 또는 참고서로써 등대가 될 수 있는 **'엔지니어를 위한 길라잡이** FORTRAN 77'을 출간하게 되었다.

이 책은 독자들의 입장에 서서 FORTRAN을 처음 배우는 독자들이 짧은 시간 내에 쉽게 이해하고 익힐 수 있도록 하는데 중점을 두어 FORTRAN 77을 중심으로 충분한 예제를 통하여 문법을 해설하였으며, 각 단원마다 문법을 읽히는데 필요한 연습 문제를 엄선(嚴選)하여 실었다. 문법이 정복되었다하더라도 컴퓨터를 활용할 수 있는 프로그램을 작성하는 실력이 충분하게 갖추어지는 것이 아님을 감안하여 다른 교과에서 다루는 다양한 문제들을 선정하여, 이들을 분석하고 최선을 다해서 프로그래밍 작성하는 기법을 단계별로 상세하게 설명하였다.

이 책은 컴퓨터 프로그래밍에 관한 지식이 학생들을 포함한 모든 분야에서 종사하는 분들에게 쉽게 전달되어 활용될 수 있도록, 수십 년간의 오랜 강의 경험과 실무를 통하여 얻은 지식을 토대로 이 책을 준비하였다. 그리하여, 어떠한 초보자라 할지라도 쉽게 이해하고 읽어서 부담감 없이 프로그래밍 하는데 도움이 되도록 하였다.

이 책의 구성은 총 10장으로 되어있으며, **제1장** 컴퓨터와 FORTRAN의 기초 사항에서는 이들의 기초 사항으로써 컴퓨터의 역사 및 컴퓨터를 구성하는 기본적인 장치와 그 작동원리 그리고 컴퓨터 프로그래밍의 필요성과 언어에 관하여 설명하였다. **제2장** 기본 연산과 수식에서는 FORTRAN에서 사용하는 자료(data)의 특성과 산술식 등에 대하여 다룬다.

**제3장** 입·출력문에서는 컴퓨터가 어떻게 외부 자료를 읽어드리는 입력문과 자료를 출력시키는데 필요한 출력문에 대하여 알아본다. **제4장** 변환문에서는 입·출력장치와 주기억장치 사이에 정보가 어떠한 형태로 전달되는가에 관하여 배우고, **제5장** 제어문에서는 문이 작성된 순서대로 연속적으로 실행 작업이 처리되는 것이 아니라, 이들을 반복적인 계산이나 판단을 요하는 계산을 할 때 사용하는 명령문에 관하여 기술하였으며, **제6장** DO 문에서는 반복적인 계산을 다룰 때 더욱 간편하고 효율적인 DO 루프(loop)에 관하여 설명하였다. **제7장** 배열에서는 규칙적으로 배열(配列)된 일련의 자료를 다루기 위한 첨자변수에 관하여 여기까지 공부하면 독자는 보통 문제를 컴퓨터로 다룰 수 있는 소양(素養)을 갖춘 셈이 된다. 프로그램의 작성능력이 향상됨에 따라 취급할 수 있는 문제도 복잡해지며 그에 따르는 프로그램도 거대(巨大)하게 된다. 다음 **제8장** 부프로그램에서는 많은 시간과 경비 등을 필요로 하는 복잡한 계산처리나 또는 하나의 프로그램 내에서 같은 계산과정이 반복되는 경우 부(副)프로그램이나 서브루틴 부프로그램 등을 사용하여 효과적으로 문제를 처리하는 것에 관하여 설명하였다. **제9장** 자료의 처리에서는 FORTRAN에서 사용하는 각종 자료(資料, data)를 외부적으로 어떻게 나타내고, 컴퓨터 내부에서는 이들을 어떤 형태로 기억하며, 입·출력 시에 어떤 변환을 사용하는가에 대하여 설명한다. 입·출력문제는 초보자가 흔히 어려움을 느끼는 부분이므로 이 문제에 대해서는 특히 명쾌하고 상세한 설명이 되도록 노력하였다. 마지막 **제10장** 파일의 처리에서는 FORTRAN 프로그램의 실행결과 또는 입력한 자료들을 영구적으로 저장하기 위한 파일 접근 방법

론들의 차이점 및 효율성에 대하여 알아보자. 이상의 지식을 활용하면 웬만한 프로그램은 아무 불편 없거나 어려움 없이 작성할 수 있다. 그러나 특수 문제를 처리하기 위해서 때로는 차원이 높은 기법을 사용해야한다.

컴퓨터 프로그래밍(computer programming)은 이론 보다는 집중적인 반복연습을 통하여 숙달되는 것이므로 본문에서는 지면이 허락하는 한 많은 예를 들어 설명함으로써 프로그래밍에 관한 산지식을 얻도록 하였다. 한편 대부분의 각장 끝에 프로그래밍 예는 수학, 통계, 과학, 공학 및 관리 등 각 분야에서 대표적인 문제를 골라 그 해석방법을 설명하고 흐름도(flowchart)와 프로그램을 작성해 보았으며 이를 컴퓨터에 넣어서 실행한 출력 결과도 나타냄으로써 실제문제해결에 자신감(自信感)을 얻을 수 있도록 하였다.

어떤 프로그래밍 언어든지 프로그래밍 실력을 쌓는 최선의 방법은 컴퓨터와 자주 접해 예제 프로그램을 이해할 때까지 실습하고, 또한 문제에 대한 응용력을 쌓는 것이 최선의 방법이라고 강조하고 싶다. 그리고 '**백견이 불여일행(百見而不如一行)**이다'라는 뜻의 의미를 잘 새기길 바랍니다.

완벽한 책이란 없는 법이므로 본 책의 저자(著者)로서는 이상과 같은 목표를 달성하도록 노력하였다고는 하나 학생이나 독자들에게 미비한 점도 많을 것이지만 아낌없는 조언과 지적을 해주신 다면 다음 출판을 할 때 이들에 대해서는 완전히 보완토록 하겠다. 아무쪼록 본서가 FORTRAN 77을 공부하고자 하는 분들에게 좋은 안내서나 학습서로써 도움이 되길 기대해본다.

이 책이 출판되기까지 수고를 아끼지 않으신 도서출판 동화기술 정우용 회장님, 서철종 상무님과 도서출판 모든 직원 여러분께도 고마움을 표하는 바이다.

신용벌에서

저자 **전시영 씀**

# 차 례

# 1 컴퓨터와 FORTRAN의 기초 사항

# 1.1 서 론

전산처리의 기계화란 인간의 오랜 꿈이었다. 인간 생활에 있어 수와 양을 표시하고 계산하는 방법은 인류 역사와 더불어 꾸준히 발전돼 왔으며, 그 중에서 손가락이 가장 먼저 생각나는 **도구(道具, tool)**이다. 이 도구는 어린 시절에 처음 셈법을 배울 때 사용하였던 것으로 기억할 수 있다. 또한 어떤 계산을 머리로 암산하기 힘든 경우에 사용하였던 도구가 바로 손가락이다. 이로 인하여 손가락은 인간이 어떤 사물의 개수나 숫자 등을 계산하는 개념을 이해하는데 많은 도움을 주었던 도구이다.

흔히 계산을 대수학의 기본이라고 칭한다. 인간은 최초의 기계적 시스템인 **셈틀**을 이용하여 기초연산을 풀었다. 셈틀이란 용어는 컴퓨터를 한국어로 바꾸어 사용하기 위한 시도였으나 실제로는 자주 쓰이지 않았고 지금도 그러하다.

> **참고_셈틀**
>
> 셈을 하는 틀; 덧셈, 뺄셈, 곱셈 및 나눗셈을 세는 것, 숫자를 세는 것을 통틀은 말 '셈'과 '기계'의 우리말인 '틀'이 합해져서 나온 말이다.

또한 과거에는 동서양이 모두 신체의 부위를 길이의 단위로 많이 사용했다. 우리나라에서도 사람의 몸의 어떤 특정 부분을 단위로 하는 '길이 측정 방식'이 길이의 단위이다. 즉, **한 뼘, 한 발** 및 **한 길** 등이 널리 사용되었던 길이의 단위들이다. **'한 뼘'**은 비교적 짧은 길이를 잴 때 쓰는 엄지손가락과 다른 손가락을 한껏 벌린 길이이다. **'한 발'**은 두 팔을 양옆으로 벌렸을 때 한 쪽 손끝에서 다른 쪽 손끝까지의 길이이고 **'한 길'**은 어른 한 사람의 키 정도의 길이이다. 요즘도 서양에서 사용하는 **1인치**(inch, **1″ = 2.54 cm**)는 손가락 한 마디의 길이 또는 곡물 3개의 길이를 단위로 나타낸 것이며, 사람들이 키를 나타낼 때 사용하는 **1피트**(feet, **1′ = 30.48 cm**)는 발뒤꿈치에서 발가락 끝까지의 길이 즉 서양인들의 발 길이를 단위로 정한 것이다. 이 단위는 프랑스의 루이 14세가 자신의 발 크기를 표준 길이로 사용하도록 공표한 데서 유래되었다. **1야드**(yard, 1yd =

**0.9144 cm**)는 팔을 옆으로 벌렸을 때 몸의 중심으로부터 한쪽 팔의 길이, 이 단위도 1120년, 영국의 헨리 1세가 만들었는데 그는 자신의 코끝에서 팔 끝까지의 길이를 1야드라고 정하고 이를 표준 길이로 공표함으로써 유래되었다고 한다.

앞에서 기술한 신체의 부분을 이용하여 길이 등을 계산하는 방법이외에 돌의 크기나 모양 및 나무 조각에 눈금을 새기어 이들을 이용하여 계산을 하였다.

돌멩이를 계산에 사용하던 방법보다는 조금 개량된 방법이라 생각할 수 있는 주판은 영어로 **에버커스**(Abaucs)라고 불리며, 이는 페니키아 어의 'Abak'에서 유래된 것으로 '돌, 재목 등을 잘라서 만든 두꺼운 평판(평평한 널빤지)'를 의미한다.

주판은 기원전 3000년경 바빌로니아인에 의하여 발명되었다고 한다. 고대 인류는 작은 돌을 이용하여 대상물의 수를 표시하고 그것을 이용하여 계산했다. 최초의 주판은 바닥에 그어진 선 위에 늘어놓는 방식이었다고 한다. 이는 돌을 계산에 사용한 방법보다는 다소 개량(改良)된 방법이라 판단된다.

그 후 문명의 발달로 보다 큰 수를 자주 다룰 필요성이 커짐에 따라 계산 도구를 고안하게 됐는데, 고대 서양에서는 기원전 30~40세기에 원시적 수준의 'Calculi'라는 **서양식 주판**이 만들어졌다.

중국 주판(Abacus)은 기원전 26세기경 개발됐는데 배우기 쉽고 사용이 편해, 아시아권에서는 탁상용 계산기가 나오기 전까지 널리 이용되었다.

우리나라에서는 1960년대 중학교 입학 시험장에 주판을 가지고 가서 감독관이 불러주는 대로 문제를 풀었던 시절이 있었다. 주산 문제 배점이 입학시험 총점의 5%였으니 그 당시 주판 이용의 중요성을 짐작할 수 있을 것이다.

동양이 오랫동안 주판에 의존했던 반면, 서양에서는 17세기부터 새로운 계산 도구들이 개발되기 시작했다. 1617년 로그(logarithms)의 창시자인 스코틀랜드 출신의수학자 네이피어(John Napier, 1550~1617)는 '**네이피어 막대**(Napier's bones)' 또는 '**네이피어 계산표**'로 불리는 장치를 내놓았다. 그것은 각 막대의 위부터 1에서 9까지 번호가 매겨진 긴 봉(bones)을 이용한 계산기의 고안이며, 특히 곱한 결과를 알 수 있는 곱셈 계산에 매우 효율적이어서 개발된 후 약 300년간 애용되었다.

고대로부터 주판을 포함하여 계산을 돕는 많은 도구들이 있었으며 앞에서 소개한 계산기들은 모두 사람의 힘으로 계산이 수행되는 **수동식 계산기**이다.

그 이후로 1942년 프랑스의 심리학자, 수학자, 과학자 및 발명가 블레즈 파스

칼(Blaise Pascal, 1623~1662)이 톱니바퀴를 이용한 수동계산기를 만들었다. 그는 0부터 9까지의 숫자를 톱니바퀴의 회전 원리를 이용하여 덧셈, 뺄셈 그리고 자리 올림이 가능한 **세계 최초의 기계식 수동계산기**를 고안하였다. 이 계산기는 여전히 수동이지만 동력만 전달되면 톱니바퀴에 의해서 계산이 이루어질 수 있기 때문에 **반자동식 계산기**로 구분하였다.

그 후 영국의 수학자이자 철학자, 발명가 그리고 기계공학자 찰스 배비지(Charles Babbage, 1791~1871)가 1832년에 시도했던 첫 번째 기계적 계산 장치인 '**차분 기관(difference engine)**'이라 불리는 계산기를 고안했는데 이는 다항함수를 계산하기 위한 기계식 디지털 계산기이며, 이것은 1937년 12월에 기억, 연산 및 입출력 장치 등을 갖춘 '**해석 기관(analytical engine)**'이라는 이름으로 개량되어 처음으로 발표한 **기계적 범용 컴퓨터의 설계**로서 이 해석기관은 1830년대에 방정식도 풀 수 있도록 고안되었다. 해석기관은 차분기관보다 훨씬 크고 복잡한 것으로 알려졌다. 배비지의 해석기관 설계는 중앙처리장치와 많은 양의 확장 가능한(저장소 이름을 붙인) 기억장치, 연산 및 제어 장치 그리고 입·출력 장치를 갖추고 있어 오늘날 사용하는 **자동컴퓨터의 모든 요소를 모두 갖춘 모양**이었다. 그리고 프로그램이 가능한 컴퓨터 개념의 시초이다.

배비지의 아이디어는 그가 죽은 지 73년 만에 바다 건너 미국 하버드 대학의 에이킨(H. Aiken) 교수에 의해 마크-Ⅰ으로 실현되었으며, 그 후 1942년 최초의 전기기계식 컴퓨터인 'ABC'가 아이오와 주립대학에서 만들어졌다.

1946년에는 미국 Pennsylvania 대학의 Eckert와 Mauchly에 의해서 최초의 프로그래밍이 가능한 전자식 범용 컴퓨터인 **에니악(ENIAC)**이 개발됐다. 에니악은 매초 5000번의 가감산과 360번의 곱셈, 170번의 나눗셈을 해냈다. 그 후 IC칩을 이용한 탁상용 계산기가 개발됐다. 이와 관련한 이야기는 추후 다시 조명할 예정이다.

**컴퓨터(computer)라는 명칭의 유래**는 먼저 계산한다는 뜻의 라틴어 'Computare'에서 유래되었다. 컴퓨터라는 말의 의미는 많이 변화해 왔지만 원래 기계적인 도움의 유무(有無)에 관계없이 **수학 계산을 수행하는 사람을 가리키는 말로 사용**되었고 지금도 그렇게 사용되곤 한다.

서로 다른 시대와 문명에서 길이나 넓이를 측정할 경우에 나라마다 각기 다른 형태로 발전해 갔음을 알 수 있다. 따라서 각 나라마다 서로 다른 단위를 사용하면 단위들의 기준이 서로 달라 실제로 적용 시에 매우 불편하다. 프랑스에서는 1810

년부터 기술서적들은 미터법만을 사용했다. 교수들과 공무원들은 미터법 사용을 공식문서들에서 전적으로 요구했다. 결국 1840년에 프랑스의 과학자들이 가장 과학적으로 알려진 미터법(cm, m 및 km 등)을 만들었다. 이 미터법은 오늘날까지도 계속해서 쓰이는 길이를 측정하는 대표적인 기준이 되고 있다.

**주판(珠板, Abacus)**의 알(beads)을 로마인은 calculus라 불렀고 이것이 계산(計算, calculation)의 어원(語源)이 되었다. 과거에는 주판선수와 탁상계산기(卓上計算機, desk calculator)를 사용하는 계산수(計算手)와의 시합에서 주판선수가 간단히 승리를 거두었다는 이야기가 있지만 오늘날의 전자계산기(電子計算機, electronic computer)는 속도가 1급(級) 주판선수보다 적어도 100만 배 이상으로 더 빨리 계산할 수 있다. 또한 계산속도뿐만 아니라 그 기능면에 있어서도 불가능하다고 생각해 왔던 대규모의 과학기술 계산, 예를 들면, 3차원 편미분방정식, 항공기 날개와 기체의 설계, 핵융합장치의 설계, 원자로의 안정해석, 석유탐사를 위한 자료 처리, 초대규모 집적회로(VLSI) 동작의 해석 및 컴퓨터 애니메이션 등을 풀 수 있게 되었을 뿐만 아니라, 지금까지는 계산(計算)이라고 생각되지는 않았던 번역(飜譯), 정보검색(情報檢索), 정리(定理)의 증명(證明) 또는 도형(圖形), 문자(文字) 및 음성(音聲)의 인식(認識) 등 비산술적(非算術的) 처리(處理)(non-arithmetic processing)를 할 수 있는 기능을 갖게 되어 인간의 두뇌활동에 필적하는 작업을 할 수 있는 만능의 정보처리기계(情報處理機械, information processing machine)로써 등장하게 되었다.

전자계산기는 아날로그컴퓨터(analog computer)와 디지털컴퓨터(digital computer)로 구분된다. **아날로그컴퓨터**는 수치를 전압의 연속적(continuous)인 물리량으로 나타내어 계산하려는 수식(數式)과 같은 관계로 기술되는 물리계를 만들어 그 계의 동작을 관측함으로써 계산 결과를 얻는 것으로, 해(解)를 구하고자 하는 문제와 물리계와의 유추(類推, analog)를 이용하는 것이다. **계산척(計算尺, slide rule)**은 길이를 이용한 **가장 원시적인 아날로그컴퓨터**라 할 수 있다, 한편 **디지털컴퓨터**는 수치를 그에 대응하는 이산적(離散的, discrete)인 부호(符號, code)로 표시한다. 즉, 모든 정보(情報, information)는 0과 1의 조합으로 된 부호로 표시되며 그 개개의 단위를 **비트(bit; binary digit의 준말)**라 한다. 이 0과 1로 부호화된 정보는 계산기 내부에서는 전위(傳位)의 고저, 펄스(pulse)의 유무, 자화(磁化)의 방향 등으로 표시되며 복잡한 전기회로에 의해서 처리된다. 주판은 가장 원시적인 디지털계산기라 할 수 있다. **아날로그컴퓨터**는 구조가 간단하고 저렴하다는 점과 속도가 빠르다는 장점이 있지만 부품들의 정밀도의 한계 때문에 1/1,000 정도의 오차가 있으므로 정도(精度, precision)가 떨어진다. 그리고 단능(單能: 기능이 한 가지인 것)적일뿐만 아니라 환경이나 기타 물질적 조건에 의해 계산 정밀도가 약간씩 변화하기도 하므로 주로 제한된 특정문제의 해결에 사용되고 있다. 1960년 이후로는 거의 디지털컴퓨터만이 이용되고 있으며 오늘날 **그냥 전자계산기라 하면 보통 디지털컴퓨터를 뜻한다.** 이 책에서 다루는 전자계산기도 디지털컴퓨터 또는 간단히 컴퓨터로 국한된다.

최초의 전자계산기는 미국 Pennsylvania 대학의 Eckert와 Mauchly에 의해서 1946년에 완성된 **ENIAC**(Electronic Numerical Integrator And Calculator)이라는 다용도 디지털 컴퓨터의 개발이었다. ENIAC은 진공관(眞空管)을 사용한 거구(巨軀)의 계산기로 많은 스위치(switch)와 플러그반(盤)(plug board)에 의해서 프로그램을 해야 하는 아주 불편한 기계였지만 탄도계산(彈道計算)을 하는데 있어서 실제의 탄환(彈丸)이 포구(砲口)를 떠나 목표에 도달하기 전에 계산이 끝나는 속도이었으니 그 당시로서는 획기적인 것이었음이 분명하다. 한편 외부 프로그래밍 방식이라는 ENIAC의 단점을 보완하기 위하여 1945년 John von Neumann에 의해서 현대전자계산기의 가장 기본사상이 되는 **프로그램 내장 방식(內藏方式)(stored program)의 개념이 확립**되었고 Cybernetics의 주창자 Wiener가 제안한 2진 방식(2進方式)이 10진 방식(10進方式)보다 우수함을 알게 되었다. 이를 바탕으로 ENIAC에 이어 만들어진 것이 **EDVAC**(Electronic Discrete Variable Automatic Computer)으로 이 계산기는 프로그램 내장 방식과 2진 방식을 최초로 채용했다는 점에서 특기할만한 것이다. 초기에는 연구서 및 대학 등이 중심이 되어 컴퓨터 개발을 추진해 왔었는데 1950년경부터 각 계산기 제조회사가 만든 상용계산기(商用計算機)가 점차로 보급 및 실용화됨에 따라 여러 가지 방식과 규모의 컴퓨터가 개발 및 생산되는 한편 컴퓨터의 적용분야도 급속히 확대되었다. 그 후 60여 년간 발전과정은 컴퓨터를 구성하는 **소자(素子, device)**를 기준하여 다음과 같이 하드웨어(hardware) 발전사를 세대별(世代別)로 간단히 살펴보기로 하자.

> **참고**
>
> 소자(素子, device)란 반도체의 전기 전도 특성을 이용한 전자 회로나 비슷한 장치에 주로 쓰이는 부품(진공관, 트랜지스터, 집적회로(IC), 대규모 집적회로 (LSI) 및 초대규모 접적회로(VLSI) 등)을 뜻한다.

■ **제1세대 컴퓨터**(first generation computer: 1951~1958)

주요 회로 소자 : **진공관**(vacuum tube)

진공의 유리관 안의 전자운동을 이용하여 신호의 증폭에 사용하였다. 자료의 저장과 처리에 진공관을 사용하였다. 컴퓨터의 기억 장치를 이루는 회로소자로서 진공관을 사용해서 만들었던 시대 진공관을 사용함으로써 전력소모가 많고, 많은 열을 발생시켜 고장이 잦았다. 이 열을 식히기 위한 대형냉각장치가 필요하므로 그 부피 또한 매우 크기 때문에 넓은 공간이 필요한 점 등의 단점이 많았다. 주기억장치는 자기드럼을 글리고 프로그램은 기계어를 사용하여 작성하였다. 소프트웨어 보다는 **하드웨어 개발에 중점**을 둔 시대로서, **컴퓨터의 상품화 및 실용화가 시작되었던 시기**였다. 주로 과학계산용, 통계용이나 미사일 탄도 계산에 사용되었다.

■ **제2세대 컴퓨터**(second generation computer: 1959~1963)

주요 회로 소자 : **트랜지스터**(TR ; TRansistor)

회로소자가 진공관에서 반영구적인 트랜지스터로 바뀐 시대, 이러한 트랜지스터를 사용하여 진공관에 비해 크기를 1/200으로 축소시켜 소형화함으로써 전력소비나 고장도 적어져 안정적이고 신뢰성 또한 향상되었다. 주기억장치에는 접근 시간이 짧은 자기코어가 이용되었으며, 기억용량이 큰 자기드럼 및 자기디스크가 보조기억장치로 사용되었다. 계산속도는 백만분의 1초($\mu$ s, microsecond) 단위 정도까지 향상되었다. 다중 프로그램 방식을 실현하여 적용분야도 정형적인 관리업무와 과학기술계산 등 다양한 목적에 쓰였다. COBOL, FORTRAN 및 ALGOL 등의 프로그램 언어가 개발되어 컴퓨터의 이용이 보다 쉽게 된 것도 이 시기였다. 다양한 **소프트웨어를 구사할 수 있는 기능 크게 개선** 및 **온라인 실시간 처리의 실용화가 시작**되었다.

■ **제3세대 컴퓨터**(third generation computer: 1964~1970)

주요 회로 소자 : **집적회로**(IC ; Integrated Circuit)

IBM사가 1964년 4월 집적회로 IC를 기억장치 구성소자로 사용한 세대를 말한다. 컴퓨터에 IC를 사용함으로써 중앙처리장치는 소형화, 기억용량은 커져 다양한 소프트웨어를 구사할 수 있는 기능이 크게 개선되어 소프트웨어 체계가 확립되었다. 단말기에 의한 자료처리가 보편화 및 '패밀리 사상'의 확립으로 소형에서부터 대형에 이르기까지 프로그램의 호환성을 고려한 각종 컴퓨터 모델이 발표 되었고 미니컴퓨터도 관심을 모았다. 따라서 제3세대는 컴퓨터 발전과정에서 볼 때 **발전성과 충실성**과 함께 **운영 체제 발전**에 기여, **소형화, 신속화** 및 **기억용량 증가를 추구**했던 시대였다.

집적회로(集積回路)는 한 개의 기판(circuit board)이나 칩(chip) 위에 완전한 기능을 가지고 회로를 구성하는 기법으로 만들어진 회로이다. 이 회로는 전자공학에 혁명을 일으켰고 오늘날 거의 모든 전자장비에 사용된다. 현대사회에서 필수 불가결한 컴퓨터, 휴대폰 그리고 다른 모든 가전기기들은 싼 가치의 집적회로 덕분에 가능한 것들이다.

■ **제4세대 컴퓨터**(forth generation computer: 1971~1983)

주요 회로 소자 : **대규모(또는 고밀도)집적회로**(LSI ; Large Scale Integration)

이것은 제3세대 이후의 세대, 즉 오늘날을 포함한 앞으로의 세대를 뜻하며, **대규모집적회로(LSI)**를 소자로 사용한 컴퓨터를 제4세대 컴퓨터라 한다. 1971년 초부터수 평방밀리의 작은 면적의 하나의 칩에 수십 만 개의 논리소자를 집어넣고, 더욱 소형화, 저렴화 및 고속화하였고 많은 프로그램을 동시에 처리하려는 다중(多重)프로그램(multiprogramming), 복수개(複數個)의 처리장치를 결합하여 연산속도를 향상시키려는 **다중처리(多重處理, multiprocessing)** 및 여러 사용자가 전화회선 등을 통하여 하나의 컴퓨터를 통하여 동시에 사용할 수 있도록 하는 **시분할 처리방식(時分割處理方式, time sharing system)** 등을 지향하여 연구·발전하고 있다. 인공위성을 통한 컴퓨터 정보통신망(computer network) 및 인터넷(internet)의 발달로 전 세계가 수초의 정보권이 되었다.

**시분할 처리방식(시분할 시스템)**은 컴퓨터를 대화형으로 처리와 CPU의 활용도를 높이려는 시도에서 탄생하였다. 컴퓨터의 중앙처리장치(CPU)는 한 번에 한 가지 명령밖에 실행 못한다. 하지만 시간을 아주 짧게 쪼개서 여러 개의 명령을 번갈아 수행하면 동시에 여러 가지 일을 하는 것처럼 보인다. 한 대의 **서버(server)**에 여러 명의 **클라이언트(client)**가 요청을 할 때 서버의 실행 프로그램이 0.01초 동안은 이 클라이언트의 A 요청을 처리하고 그 다음 0.01초 동안에는 다른 클라이언트의 B 요청을 처리하는 식으로 동시에 여러 개의 요청을 처리할 수 있을 뿐만 아니라 CPU의 유휴시간(遊休時間)을 줄일 수 있다는 장점도 있으며, 이런 것을 시분할 처리방식라고 한다.

**참고**

- **서버** : 근거리 통신망이나 컴퓨터 네트워크 등을 통해서 다른 복수개의 컴퓨터나 워크스테이션(workstation)에 각종 자료 등의 정보서비스를 제공하는 컴퓨터나 소프트웨어
- **클라이언트** : 반대의 의미로, 서버로부터 제공을 받는 컴퓨터나 소프트웨어(인터넷을 예를 들면 MS(Micro Soft)사의 인터넷 익스플로러(explore))

■ **제5세대 컴퓨터(fifth generation computer: 1984~현재)**

주요 회로 소자 : **초대규모(또는 초고밀도)집적회로(VLSI ; Very Large Scale Integration)**

1971년도 초부터 수천 개의 트랜지스터가 하나의 칩으로, 점차적으로 마이크로컴퓨터 한대가 하나의 칩으로 집적된다. 이러한 고집적회로를 **초대규모집적회로 (VLSI)**라고 하고 이것은 **컴퓨터 마이크로 칩의 소형화 수준을 가리키는 용어**이다. 사람의 두뇌에 해당하는 중앙 처리 장치를 하나의 마이크로 칩에 수만 개 연결하여 만든 초병렬 컴퓨터, 사람의 목소리로 움직이는 컴퓨터, 사람의 두뇌를 본뜬 신경망 컴퓨터(**Neuro** compter), 살아있는 생물체의 뇌와 같은 기능을 가진 바이오컴퓨터와 같은 차세대 컴퓨터에 대한 연구가 한참 활발하게 진행되고 있다. 이런 컴퓨터들을 제5세대 컴퓨터라고 한다.

제5세대 컴퓨터는 인공 지능(AI ; Artificial Intelligence), 전문가 시스템(Expert System), 패턴 인식 시스템(pattern recognition system), 컴퓨터 응용의 의사 결정 지원 시스템(DSS; Decision Support System) 및 퍼지 이론(Fussy Theory) 등에 대해 컴퓨터를 이용하여 보다 복잡한 계산을 수행하고 고도의 시스템 분야에 활용하고 있다,

미래에 예상되는 **5세대 컴퓨터의 종류**에는 나노 컴퓨터와 양자컴퓨터로 나누어지며, (1) **나노 컴퓨터(Nano computer)**는 나노기술(Nano technology)을 접목

하거나 응용하여 만든 컴퓨터를 말한다. 나노는 10억 분의 1을 나타내는 접두사로, 나노기술은 이러한 크기인 원자나 분자 단위를 다루는 기술을 통틀어 일컫는다. 과학자들은 2020년 안에 인간의 두뇌기억과 인지능력을 지닌 나노 컴퓨터 기술이 실현 될 것으로 보고 있다. (2) **양자 컴퓨터**(Quantum computer)는 양자역학의 중첩현상(superposition)과 얽힘 현상(entanglement)을 활용하여 원자 이하의 차원에서 입자의 움직임에 기반을 두고 계산이 수행되는 컴퓨터를 말하며 연산 속도는 이전의 어느 컴퓨터보다 빠른 능력을 가지게 될 것이다. 과학자들은 2020년경에 양자컴퓨터가 실용화될 것으로 전망하고 있다. 앞으로 지금과는 또 다른 컴퓨터의 세계가 펼쳐질 것으로 예상된다.

1946년에 최초의 전자식 컴퓨터인 **에니악**(ENIAC)이 개발되어 불과 70여 년이 지나 길지 않은 역사에도 불구하고 컴퓨터는 놀라운 만큼 발전을 이룩하여 이제 과학, 공학 및 사무자료처리 등 인간 활동의 거의 모든 분야에 필수적인 도구로 등장하게 되었다.

## ■ 응용분야

초기의 전자식 디지털 컴퓨터는 군사용 목적의 미국 육군 야포의 탄도 궤적의 수학적 도표를 계산을 위해 만들어졌으며, 로켓, 미사일 및 핵무기 등을 설계하는데 주로 쓰였다. 컴퓨터의 성능이 지속적으로 좋아질수록 많은 정보의 양도 짧은 시간 안에 처리가 가능하므로 컴퓨터를 이용하여 원하는 결과를 빠르게 얻을 수 있는 분야도 다음과 같이 넓고 다양해졌다.

- **네트워크**(network) **및 인터넷**(internet) : 컴퓨터 **보안**과 **해킹**
- **엔터테인먼트**(entertainment) : 흥미를 위한 도구로 이용(영화나 게임 등)
- **디자인**(design) : 다양한 분야의 사물을 설계(design)하기 위해 이용(교량, 자동차, 건축물, 의상 및 컵 등)
- **시뮬레이션**(simulation) : 실제로 경험하기엔 너무 위험하거나 극히 작아 경험하기 힘든 상황 및 미립자계의 미립자간 충돌이나 위상에 관한 연구에 이용
- **예술**(art) : 컴퓨터 작곡, 신시사이저(music synthesizer), 컴퓨터와 설계 디자인, 컴퓨터 그래픽스(computer graphics), 의학에의 응용 및 텔레비전 방송

**참고**

- **컴퓨터 보안(Computer Security)**
  컴퓨터에 해를 입히거나 정보를 훔칠 뿐만 아니라 사용 권한 없이 컴퓨터를 불법으로 사용하는 행위로 인한 많은 피해 원인으로부터 컴퓨터 시스템과 정보를 보호하는 것을 뜻한다.
- **컴퓨터 해킹(Computer Hacking)**
  컴퓨터를 이용하여 타인의 컴퓨터에 접근하고 그 시스템에 들어있는 정보나 프로그램을 기술적인 방법으로 변조하거나 가로채는 사람들의 일체행위를 가리킨다. 이외에 보통 다른 컴퓨터 시스템관리자의 권한을 불법적으로 획득하거나 이를 악용해 다른 사용자에게 피해를 주는 경우도 포함된다.

컴퓨터는 인간의 지적(知的) 활동을 자동화한 최초 기계일 뿐만 아니라 그 적용가능한 문제의 범위를 한정하기가 어려운 기계이다. 왜냐하면, 같은 컴퓨터라 하더라도 새로운 프로그램의 개발에 의해서 새로운 기능을 발휘할 수가 있기 때문이다.

적용범위가 개방되어 있다는 사실은 컴퓨터의 성격을 가장 단적으로 나타내는 특징이라 할 수 있다. 이에 대한 적용분야 몇 가지 예만을 열거하면 다음과 같다.

i ) 사무자료의 처리(處理)(business data processing)
급여계산, 원가계산, 생산관리 및 판매통계 등

ii ) 수치해석(數値解析, numerical analysis)
대수방정식의 해법, 비선형방정식의 근사해, 수치적분 및 미분방정식의 수치해 등

iii) 시스템 모의(模擬)(system simulation)
경기모형(景氣模型)의 모의, 교통망의 모의 및 물리적 현상의 모의 등

iv) 수학적 최적화(最適化)문제(mathematical optimization problem)
수치를 구하는 문제, 선형계획법이나 동적 계획법의 대상이 되는 문제 등

v ) 실시간(實時間) 자료처리(real-time data processing)
강우, 수위 및 지하수자료, 열차의 좌석예약, 주차장 자동제어 및 공정제어 등

vi) 비산술적(非算術的) 처리(non-arithmetic processing)
정보검색, 언어번역, 정리의 증명, 도형인식 및 학습 등

우리는 기후 및 기상예측, 자원탐사, 우주항공, 유체 및 구조해석, 계산화학, 양자 및 분자 동역학 계산, 천문학, 인공위성을 포함한 군사과학, 자동차 선박 설계, 반도체설계 및 금융계산 등 과학, 공학 및 사무처리 등의 거의 모든 산업 분야의 초대형 과학계산 문제에서 공통적으로 가장 많이 사용되는 컴퓨터 프로그래밍언어인 FORTRAN을 공부한다. 이장에서는 먼저 컴퓨터와 프로그래밍의 개념을 파악할 수 있게 될 것이며, 제2장에서는 FORTRAN에 의해서 프로그래밍을 할 수 있는 최소한의 기본적인 사항을 익히고 제3장부터는 장을 거듭함에 따라 효율적인 프로그램을 작성하기 위한 비방(秘方 : 공개하지 않고 비밀스럽게 하는 방법)을 하나씩 터득하게 될 것이다.

이 책을 다 끝마쳤을 때에는 지금까지 신비스럽고 어려운 것으로만 느껴 졌던 컴퓨터가 손쉽게 접근할 수 있는 독자의 이기(利器 : 쓸모 있는 재능)로 등장할 것이다.

## 1.2

# 컴퓨터의 구성

컴퓨터는 그것을 구성하는 각 부분 간에 전기신호를 매개체로 한 정보의 교환에 의해서 동작한다. 컴퓨터 내부에는 각 부분을 연결하는 전기선로(電氣線路)들이 흡사 거미줄처럼 짜여 있으며 이들 선로를 도통(導通) 또는 차단(遮斷)시키는 스위치(switch)의 역할을 하는 수많은 전자장치들로 복잡한 전기회로를 이루고 있다. 0과 1로 부호화 정보는 전기적인 신호, 즉 전압의 고저, 전기펄스(pulse)의 유무 및 자화(磁化)의 방향등에 의해서 나타내며 전기회로는 이들 전기신호를 매우 빠른 속도로 처리한다. 컴퓨터는 이와 같이 많은 종류의 전기장치 및 저장장치들로 만들어져 있지만 그 기본적인 구성은 그림 1.1에 나타낸 바와 같이 5개의 주요부분으로 분류할 수 있다. 즉 **입력장치(入力裝置)**, **출력장치(出力裝置)**, **기억장치(記憶裝置)**, **제어장치(制御裝置)** 및 **연산장치(演算裝置)**들로 구성되어 있으며 이들 다섯 가지 장치가 서로 밀접하게 연관되어야 종합적인 기능을 수행할 수 있다.

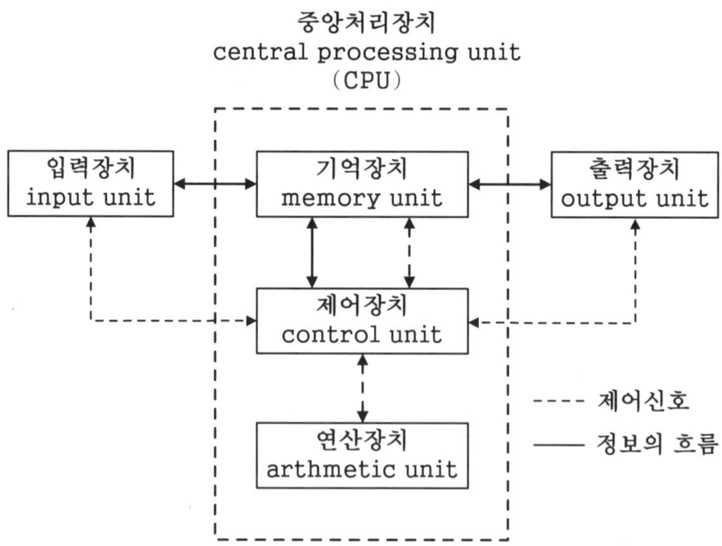


**그림 1.1** 컴퓨터의 구성

컴퓨터는 크게 논리적 지시사항인 **소프트웨어**(S/W; software)와 물리적 장치인 **하드웨어**(H/W; hardware)로 나눌 수 있다.

### 1.2.1 하드웨어(hardware) 구성

컴퓨터의 하드웨어는 중앙처리장치(CPU)와 주기억 장치(RAM) 및 입력 장치(키보드 및 마우스 등), 출력 장치(모니터 및 프린터 등) 그리고 주변 기기들로 이루어져 있다.

■ **입력 장치(入力裝置, input unit)**

사용자가 원하는 문자나 그림 등의 계산에 필요한 자료를 컴퓨터 내부로 읽어 들이거나 전달하는 역할을 하는 장치로 입력 장치에 의해서 읽은 입력정보는 모두 기억 장치에 기억시킨다. 예를 들면 키보드(keyboard), 마우스(mouse), 스캐너(scanner), 웹캠(Web com, 웹(web)과 카메라(camera)의 합성어), 터치패드(touchpad, 노트북인 경우), 디지타이저(digitizer), 조이스틱(joystick), 디지털 카메라(digital camera), 광학마크 판독기(optical mark reader, **OMR**)(예, OMR 카드), 광학문자 판독기(optical character reader, **OCR**)(예, 지로통지서), 자기잉크 문자 판독기(magnetic ink character reader, **MICR**)(예, 수표나 어음), 바코드 판독기(bar-code reader) 및 라이트펜(light pen) 등이 있다.

■ **기억 장치(記憶裝置, memory unit)**

계산에 필요한 자료를 입력 장치를 통하여 읽어 들인 자료와 프로그램, 중간결과 및 처리된 결과를 기억하는 곳으로 지정된 장소가 바로 기억 장치이다. 기억 장치는 보통 컴퓨터의 **중앙처리장치(中央處理裝置**, CPU; central processing unit)에 내장되어 있으며 이를 **주기억장치(主記憶裝置**, main memory unit)라 하며 컴퓨터의 핵심부품이라 할 수 있다. 주기억장치의 용량이 제한되어 있어서 많은 양의 정보를 저장할 공간으로 부족하므로 이를 보조하기 위하여 외부에주변장치인 **보조기억장치(補助記憶裝置**, auxiliary memory unit)를 이용한다.

예를 들면, 하드 디스크(hard disk, **HDD(SSD)**), 자기테이프(magnetic tape), 자기디스크(magnetic disk), 자기드럼(magnetic drum), 광 디스크(optical disk),

플로피디스크(floppy disk), 플래시 메모리(flash memory), CD-ROM(compact disc read only memory) 및 USB 메모리(universal serial bus memory : 플래시 메모리를 이용하여 USB 포트에 연결 사용할 수 있도록 만든 메모리이며 이동형 저장 장치) 등이 여기에 속한다.

**주기억장치**는 디스크 등의 보조 기억 장치에 비하여 속도가 빠르며 상대적으로 고가(高價)이다. **메모리(Memory)**는 자료나 프로그램의 명령과 같은 정보를 기억(저장)할 수 있도록 만든 장치로서 기능에 따라 다음과 같이 반도체 메모리인 RAM, ROM 및 **플래시 메모리**로 구분된다.

- RAM(Random Access Memory) : 임의의 기억된 내용을 읽거나 쓰기도 하고 일반적인 프로그램과 자료를 기억(저장)시킬 수 있으며, 전원이 꺼지면 기억된 내용도 지워지므로 휘발성 메모리(volatile memory)라고 한다. 따라서 대부분의 개인용 컴퓨터(PC)의 주기억 장치, 응용프로그램의 일시적 로딩(loading)이나 자료의 일시적 저장 등에 사용된다. 1980년대 후반에는 거의 640KB(kilobyte)를 사용하였으나 요즘 2010년대 PC에는 보통 Giga 단위의 주기억 장치(메인 메모리)를 사용하니 그 용량의 차이를 실감나게 한다. **램(RAM)**에서의 Random Access라는 의미는 주기억 장치의 어느 곳이든지 주소를 지정하면 같은 속도로 임의의 곳에 접근(읽고/쓰기)할 수 있다는 뜻이다(하드 디스크는 RAM이라 하지 않고 **직접접근방식**(Direct Access)이라고 한다).
- ROM(Random Only Memory) : 임의의 기억된 정보를 단지 읽어낼 수만 있는 메모리로서, 전원이 꺼지면 기억된 내용이 지워지지 않으므로 비휘발성 메모리(non -volatile memory)라고 하며, **롬(ROM)** 또한 당연히 Random Access의 특징을 지니고 있다. 전원이 꺼져도 기억된 정보가 지워지지 않는 특성을 제공하기 위하여 ROM에는 컴퓨터를 **부팅(booting; 처음 시동하는 것)** 또는 **시동(始動)**할 때 수행되어야 하는 프로그램을 주로 저장하고 있으며, 또한 ROM 내의 자료는 읽을 수만 있고 보통의 방법으로는 변경할 수 없다. 컴퓨터의 **운영체제**(OS, Operating System)나 각종 전자기기의 고정된 중요한 프로그램 등을 저장시켜 두고 싶을 때 사용한다.
- **플래시 메모리**(Flash Memory) : 전원이 꺼져도 자료가 지워지지 않는 ROM의 장점과 정보의 입·출력이 가능한 RAM의 장점을 동시에 잘 조합하여 읽기와 쓰기도 자유로운 반도체 기반의 비휘발성 메모리이다. 플래시 메모리는

읽는 속도가 빠르고 자료의 안정성이 우수하며 또한 하드 디스크보다 충격에 강하다는 장점 때문에 스마트 폰, 디지털카메라, MP3 및 USB 드라이브 등과 같은 휴대용 기기에 대용량 정보를 저장하는 용도로 다양하게 활용되고 있다. 이 기기들 중에서 가장 많이 사용되는 USB(Universal Serial Bus) 메모리가 **대표적인 플래시 메모리**이다. SSD(Solid State Drive)는 하드 디스크(HDD)와 달리 자기 디스크가 아닌 반도체 낸드(Not And)플래시 메모리를 읽고 쓰는 방식[노어(NOR)형에 비해 제조 단가가 싸고 용량이 큼]을 말하는데, 기존의 기계적인 부분을 지니고 있는 HDD에 비해서, 소음, 전력 소모, 안정성 및 컴퓨터 부팅 속도는 3배정도 그리고 대용량 파일을 읽는 속도는 6배 정도 빠르게 나타남 등에서의 장점을 지니고 있다. 또한 반도체 기술의 발전으로 SSD 개발에 따른 가격경쟁력도 갖추어져 감에 따라 최근에 빠른 속도로 기존의 기계적인 하드디스크를 대체할 차세대 저장장치로 지속적으로 발전해 가고 있다.

■ **제어 장치(演算裝置, arithmetic unit)**

이 장치는 프로그램의 명령을 하나씩 읽고 해석하며 실행과정을 제어하기 위하여 모든 장치의 적시(適時)·적소(謫所)에 필요한 제어신호를 공급하는 역할을 하는 논리회로로 이루어진다. 제어 장치는 컴퓨터에서 **가장 핵심적인 기능**으로 이러한 제어 기능이 있기 때문에 컴퓨터는 자동성을 가지며 실행할 명령을 기억장치에서 호출하여 그것을 해석하여 필요한 모든 장치를 동원하고 정보의흐름을 제어하는 등 모든 조치를 취한다. 제어 장치는 컴퓨터를 이루고 있는 모든 장치를 제어하고, 또한 중앙처리 장치(CPU)의 제어부에서 담당한다.

■ **연산 장치(演算裝置, arithmetic unit)**

제어장치와 마찬가지로 전자회로로 구성되어 있으며 실제로 연산을 수행하는 컴퓨터의 중추(中樞 : 사물의 중심이 되는 한가운데)로서 기억 장치에 기억된 자료나 프로그램을 꺼내어 논리 연산이나 산술 연산 등을 하는 기능으로서 중앙처리 장치(CPU)의 연산부에서 담당한다. 수행되는 연산은 제어 장치로부터 전자식 신호에 의해 이루어진다.

- **출력 장치(出力裝置, output unit)**

기억 장치로부터 프로그램의 계산된 결과를 받아서 출력하는 역할을 하는 장치이다. 가장 많이 사용하는 것으로는 액정화면(LCD, liquid crystal display)이나 브라운관(CRT, cathode ray tube)같은 **모니터(monitor : 디스플레이(display 장치)**, 프린터(printer), 플로터(plotter : 그래프나 도형, 복잡한 설계도면의 출력, 주로 CAD용으로 사용), 빔 프로젝터(beam projector : 컴퓨터 화면의 내용을 확대하여 TV에 표시), 스피커(speaker: 사운드가 설치되어 있는 경우 전기신호를 소리로 바꾸어주는 장치), 콤 장치(COM, computer output microfilm : 컴퓨터에서 출력되는 내용을 마이크로필름에 촬영하여 저장) 및 음성응답 장치(말하는 칩(chip)에 음성을 저장하여 출력) 등이 있다.

입력과 출력 장치들은 어떤 컴퓨터가 정보를 받아들이거나 내보여 주는 일을 맡는 장치들로 구성된다, 그들은 카드 해독기, 자기 테이프, 종이테이프 해독기, 인쇄기, 모니터 터미널 및 타자기들일 것이다. 이들 중 일부는 입력과 출력 둘 다를 위해서 사용될 수 있다.

주기억 장치, 연산 장치 및 제어 장치는 컴퓨터 본체(本體) 내에 들어 있으며 이들을 일괄하여 **중앙처리장치(中央處理裝置, CPU; Central Processing Unit)**라 부른다. 이에 대하여 입출력장치와 보조기억장치는 **주변장치(周邊裝置, peripheral device)**라 부른다. 또 상술(上述)한 기기(機器)나 장치(裝置) 등 물리적인 것을 총칭하여 **하드웨어(hardware)**라 하고 이들을 하드웨어 이용기술(利用技術) 및 프로그램을 총칭하여 **소프트웨어(software)**라 부른다.

컴퓨터에서 **소프트웨어**란 하드웨어인 컴퓨터기계를 이용하여 실제 업무에 사용할 수 있도록 작성한 특정한 목적의 하나 또는 다수의 컴퓨터 프로그램(예; 윈도우 7, 한글 2010, 포토샵(Photoshop), 리눅스(Linux), 유닉스(Unix), 메켄토시(Mcintosh) 및 윈도우 XP 등을 말하는 것이며, **하드웨어**란 원래 '철물(쇠로 만든 여러 가지 물건)'이라는 뜻이지만, 컴퓨터 본체나 주변기기(하드 디스크(HDD), RAM과 ROM, 마그네틱테이프, 프린터 및 그래픽 카드 등)와 같이 컴퓨터의 기계장치를 통틀어 이르는 말이며 소프트웨어에 대응되는 말이다. 더 쉽게 예를 들면, DVD 플레이어(player)에 영화가 담긴 DVD를 넣고 영화를 볼 때 DVD 플레이어 본체는 하드웨어에 해당되며, 영화가 담긴 DVD는 소프트웨어에 해당되는 것이다. 사실 컴퓨터는 만능이 아니고 단지 기계이다. 일반인들은 컴퓨터만 있으면 무엇이나 할 수 있다고 인식하고 있으나, 컴퓨터 본체 즉 하드웨어만으로는 아무 것도 할 수 없는 것이다. 실제 업무에 필요한 소프트웨어가 있어야만 비로소 컴퓨터의 위력이 발휘된다.

컴퓨터 자신은 0과 1이라는 두 가지 숫자밖에는 알아보지 못한다. 이 상태에서 컴퓨터와 인간이 서로 의사소통이 되도록 하는 중간 언어(COBOL, FORTRAN, BASIC 및 **어셈블리어**(Assembly language) 등)를 사용한 소프트웨어인 프로그램이 작성되었을 때 일반 업무인 인사관리, 독자관리 및 저자 관리 등을 순조롭게 처리할 수 있게 되는 것이다.

## 1.2.2 소프트웨어(software) 구성

**"소프트웨어**(software)"라는 용어는 1957년에 존 터키(John W. Tukey)가 처음 사용한 용어이다. 일상적으로 이 용어는 응용 소프트웨어의 의미로 자주 쓰인다. 컴퓨터 과학이나 공학에서 **"컴퓨터 소프트웨어**(computer software)"는 컴퓨터 시스템, 프로그램 및 자료에 의해 처리된 모든 정보나 저장장치에 저장된 특정한 목적의 하나 또는 다수의 **컴퓨터 프로그램을 뜻한다**.

소프트웨어가 전혀 들어있지 않은 컴퓨터란 전혀 생각할 수가 없다. 컴퓨터의 하드웨어를 악기에 비한다면 소프트웨어는 악보에 비유할 수 있다. 아무리 좋은 악기라 할지라도 연주할 악보가 없거나 부족하다면 그 악기의 효용가치는 거의 없다고 할 수 있다. 또 하나의 예로서 오디오의 스테레오 시스템을 컴퓨터 **하드웨어**(hardware; **소프트웨어가 실행되고 저장되는 물리 구조**)에 비한다면 레코드나 테이프에 수록된 내용 등은 소프트웨어에 해당된다. 여기서도 마찬가지로 레코드나 테이프가 없는 경우 아무리 성능이 우수한 오디오 스테레오 시스템이라도 무용지물에 불과할 것이다.

따라서 성능이 우수한 컴퓨터를 개발 이용하는 것도 중요하지만, 다양하고 훌륭한 소프트웨어를 많이 소유하여야 컴퓨터의 성능을 최대로 활용할 수 있다. 컴퓨터 하드웨어 자체는 스스로 동작할 수 없는 단지 무능한 기계에 불과하기 때문이다. 일반적으로 제작년도가 많이 경과하여 성능이 좀 떨어지는 컴퓨터 하드웨어라 할지라도 소프트웨어가 다양하고 기능이 우수하다면 하드웨어의 부족함을 충분히 보충할 수 있다. 여기서는 시스템 소프트웨어를 중심으로 대표적인 소프트웨어의 기능에 대해 살펴본다.

### (1) 언어번역기(language translator)

컴퓨터가 직접 처리 가능한 언어는 기계어 밖에 없다. 따라서 어셈블리 언어나 컴파일러 언어(고급 언어 : high level language)로 작성된 프로그램은 저급 언어인 기계어로 된 프로그램으로 바뀌어야만 비로소 컴퓨터가 이를 수행할 수 있다. 이러한 일을 해주는 소프트웨어를 총칭하여 **언어번역기**(language translator)라 한다. 즉 어떤 언어로 쓰인 프로그램을 입력으로 받아들이고 등가의 목적 프로그램을 만들어내는 프로그램을 말한다. 어셈블리 언어로 작성된 프로그램을 기계어로 된 프로그램으로 변환해주는 프로그램을 **어셈블러**(Assembler)라 하고, 어셈블러에 대한 입력을 **원시 프로그램**(source program)이라 하며, 출력은 그 프로그램이 기계어로 번역된 형태로서 **목적 프로그램**(object program)이라 한다. 또한 **고급언어**(high level language)로 작성된 프로그램을 기계어 프로그램으로 변환해주는 프로그램을 **컴파일러**(compiler)라 한다. 고급 언어는 여러 종류가 있으므로, 컴파일러도 여러 종류가 있다.

컴파일러는 규모가 큰 프로그램이어서 여러 종류의 컴파일러가 주기억장치에 상주해 있으려면 기억장치가 많이 필요하게 된다. 따라서 컴파일러나 어셈블러는 보조기억장치에 기억되어 있으며, 필요시에만 주기억장치에 들어오게 된다. **고급 언어로 작성된 프로그램을 원시 프로그램, 번역된 기계어 프로그램을 목적 프로그램**이라 한다. 또 다른 번역기인 **인터프리터**(interpreter)는 원시 프로그램을 마치 기계어 프로그램인 것처럼 수행시키는 프로그램이다. 즉, 인터프리터는 프로그램을 한 줄씩 읽어서 이것을 기계어로 고치는 대신에 **직접 해독하여 수행**한다. 일반적으로 인터프리터는 사용하기에 편리한 장점이 있으나 컴파일러보다 프로그램 번역시간이 많이 걸리는 것이 단점이다.

### (2) 운영체제(operating system, OS)

**운영체제**(operating system)는 컴퓨터의 하드웨어 시스템을 쉽고 효율적으로 운용하고 조작하기 위한 소프트웨어 프로그램이나 순서를 집대성한 것으로 자료 처리 작업을 계획하여 성능을 감시하는 제어 프로그램 (control program)과 실제로 자료 처리 작업을 행하는 처리 프로그램(processing program)으로 크게 나누어진다. 초기의 컴퓨터에서는 프로그램을 수행시키기 위하여 **운용자(運用者, operator; 컴퓨터 시스템을 관리하고 컴퓨터를 사용할 수 있도록 컴퓨터를 조작하는 사람**)가 일일이 프로그램 하나하나를 실행시켰다. 즉 하나의 프로그램이 끝나면 결과가 컴퓨터에서 나오고, 운영자는 다음 작업을 컴퓨터에 적재(load)한다. 따라서 컴퓨터의 처리효율을 분석한 결과, 유휴시간(idle time)이 50~60%나 되어 매우 비효율적이었다. 이러한 비효율적인 문제점을 개선하기 위해 1960년 중반에 운영체제가 보급되었다.

**운영체제**란 컴퓨터 스스로가 프로그램을 불러들여 작업을 처리할 수 있도록 만들어 놓은 **프로그램의 집합체**이다. 따라서 운영자는 작업 하나하나를 처리하는 대신 운영체제만 잘 수행시켜 모든 작업을 컴퓨터에서 처리되도록 맡기면 되게 되었다. 따라서 운영체제 성능이 컴퓨터 시스템 성능을 크게 좌우하는 것으로, 여러 개의 일을 병행해서 처리하는 기능(멀티프로그래밍) 등에 따라 컴퓨터의 성능을 충분히 발휘하는 것 등이 이 프로그램의 큰 존재 가치이다. 운영 체제는 소프트웨어가 주체이지만 부분적 또는 전체적으로 하드웨어 화하는 것도 가능하다.

> **참고**
>
> 프로그램의 실행을 제어하는 소프트웨어와 자원 배당, 스케줄 입·출력, 제어 및 자료 관리 등의 서비스를 제공하는 것이다.

### (3) 프로그램 편집기(program editor)

**프로그램 편집기**(program editor)는 단순한 프로그램 문서 파일을 편집하기 위해 쓰이는 소프트웨어이다. 2진 형식이 아닌 사람이 읽을 수 있는 텍스트 형식의 파일을 읽고 간단한 조작으로 편집하여 저장할 수 있는 컴퓨터의 가장 기본적인 소프트웨어 중의 하나이다. 이 편집기는 프로그램이나 자료 파일을 작성할 때 컴퓨터와 대화하는 형식으로 내용을 수정, 추가 및 삭제할 수 있도록 해준다. 프로그램을 컴퓨터에 입력시킨다는 것은 프로그램 편집기를 이용하여 프로그램 파일을 만드는 것을 뜻한다. 따라서 프로그래밍 언어를 이용하여 프로그램을 작성하려면 우선 편집기 사용법에 대해서 숙지하여야 한다.

일반적으로 프로그램을 편집하기 위하여 쓰이고 있는 편집기(EDITOR)에는 울트라에디트(UltraEdit), 에디트플러스(Editplus), 텍스트메이트(TextMate), 메모장(Notepad, **실행파일** notepad.exe), Notepad++, 아크로에디트(AcroEdit), EmEditor 및 이지패드(EasyPad) 등 여러 종류가 있는데 각각의 프로그램마다 특징과 장점이 있으므로 사용자에게 잘 맞는 것을 선택하여 사용하기 바란다.

## 1.3

# 정보의 표현

컴퓨터는 0과 1로 부호화된 정보를 처리하는 기계라고 하였다. 여기에서는 정보의 부호화 및 표현 방법에 대해서 조금 더 구체적으로 알아보기로 한다.

우리가 **기수법(記數法**, numeration system : 숫자를 나타내기 위하여 사용하는 다양한 기호들의 집합과 규칙)으로 가장 널리 사용하고 있는 것은 **10진법(拾進法**, decimal system)이며, 예를 들면

354는

$$3\times100+5\times10+4=3\times10^2+5\times10^1+4\times10^0$$

을 뜻하며 모든 수를 구성하기 위하여 10진법의 숫자는 0, 1, 2, ……, 9의 10개이다. 이에 대하여 1-2-4-8 부호는 **2진법(二進法**, binary system)이아 할 수 있으며 2진법에서는 모든 수를 0과 1의 두 개의 숫자로만 나타낸다. 예를 들면 2진법의

113은

$$1\times2^2+1\times2^1+3\times2^0$$

즉 10진법의 9를 나타낸다. 2진법의 숫자 2자리, 즉 2비트(bit)를 사용하면

00, 01, 10, 11

의 4가지 상이한 조합을 만들 수 있으며 이것으로 4가지의 상이한 대상을 구별하여 나타낼 수 있다. 또 3비트를 사용하면 다음과 같이 8가지의 상이한 조합(組合)을 만들 수 있다는 것도 쉽게 이해할 수 있다.

000 001 010 011 100 101 110 111

10진법의 숫자 10자와 알파벳 26자 그리고 특수문자 12자를 모두 구별하여 나타내려면 10+26+12=48이고

이므로 최소 3비트가 필요함을 알 수 있다.

하나의 문자를 표현하는데 사용되는 **비트**(bit)의 집단(集團)을 **바이트**(byte)라 하는데 과거 1972년부터는 거의 모든 컴퓨터(8008)가 8비트 프로세서(processor)를 사용하기 때문에 1바이트는 8비트를 나타내는 단위처럼 통용되고 있다. 그러나 1978년에 16비트 프로세서 일명 XT(8086), 1982년에 완전한 16비트 프로세서 일명 AT(80286), 1985년에 32비트 프로세서 일명 AT(80386), 1989년에 80486(마우스 사용), 1993년에 Pentium 그리고 2005년에 Pentium-D(듀얼 코어 CPU, 64비트 지원)가 출시되어 모든 작업을 회로 칩 2개가 완전히 공유하며 일을 하는 최신개념으로 작업량과 발열량이 엄청나게 개선되었다.

Pentium은 완전하지는 않지만 64비트의 성능을 가지고 있는 CPU이므로 Pentium을 64비트 컴퓨터라 할 수 있다.

1바이트는 하나의 문자 즉 숫자, 영자(英字), 또는 특수문자를 나타낼 수 있지만 산술연산에서는 여러 자리의 수를 다루어야 되므로 비트수가 더 많이 필요하다. **어**(語, word)의 길이는 계산의 편의상 보통 16비트, 32비트 및 48비트 등 바이트의 정수배로 하고 있다. N비트의 어(語)로는 $2^N$종류의 상이한 정보를 구별하여 나타낼 수 있으므로 수치의 크기 또는 자릿수는 비트 수에 따라 증가한다. 그러나 어(語)의 길이가 한정되어 있기 때문에 얼마든지 큰 수 또는 얼마든지 작은 수를 다룰 수는 없으며 그 자릿수가 제한된다는 것은 쉽게 이해할 수 있을 것이다.

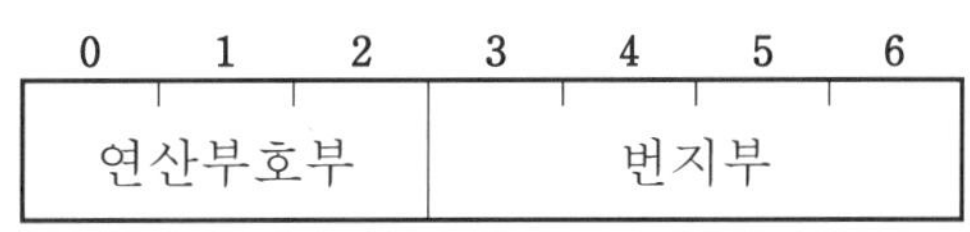

**그림 1.2** 명령어의 구조

어(語)의 내용이 명령을 나타내는가, 자료를 표시하는가에 따라 각각 **명령어**(命令語, instruction word) 및 **자료어**(data word)라 부르며 자료가 수치일 때는 **수치어**(數値語, numeric word)라고도 한다. 수치어가 정수(整數, integer)일 때와 실수(實數, real: 소수점이 붙어 있는 수)일 때와는 그 수치어의 구조 및 연산방법이 다르며 FORTRAN에서도 이들을 표기하는 방법 및 취급하는 방법이 다르다는 것을 배우게 될 것이다. 명령어의 구조는 컴퓨터에 따라 다르지만 가장 많이 사용하는 1번지방식(one address system)의 예를 들면 그림 1.2와 같다. 처음 3비트가 연산부호부(operation code part), 나머지는 4비트가 번지부(番地部, address part)로 되어 있다. 연산부호부는 「보태라」, 「빼어라」 등의 연산을 지칭하는 부호를 나타내는 **필드**(field)이고 번지부는 그 연산에 참여하는 피연산부(被演算部, operand)가 기억장치의 몇 번지에 들어 있는가를 지시(point)하는 부호를 나타내는 필드이다. 연산부호부 3비트로서는 $2^3$=8종류의 명령밖에 만들 수 없다. 실제의 컴퓨터에 있어서 명령어의 길이가 32비트, 연산부호부가 8비트라 한다면 256(=$2^8$) 종류의 상이한 명령을 만들 수 있다.

어(語)의 길이가 길어지면 그 정보를 표현하는데 있어서

10110010011101001001110010101101

식의 2진법(二進法) 표현은 매우 장황해서 우리 인간으로서는 파악하기가 더욱 힘들게 되므로 이 불편을 덜기 위하여 16진법(hexadecimal system)이 사용된다. 그 이유는 $2^4$=16이어서 4비트가 딱 한자리의 16진법에 대응하기 때문에 다음 표 1.1에서 보는 바와 같이 2진수 4자리의 16진수 1자리로 간편하게 표현할 수 있기 때문이다. 16진수(進數)는 16개의 숫자기호가 필요하기 때문에 0~9까지는 10진법의 숫자기호를 같은 의미로 그대로 사용되고 10~15까지의 6개는 보통 영자(英字)의 A(10), B(11), C(12), D(13), E(14) 및 F(15)를 사용하고 있다. 상기(上記) 32비트의 2진수를 16진법으로 나타내면 B2749CAD가 된다.

**표 1.1** 2진수와 16진수

| 2진수 | 16진수 |
|---|---|
| 0000 | 0 |
| 0001 | 1 |
| 0010 | 2 |
| 0011 | 3 |
| 0100 | 4 |
| 0101 | 5 |
| 0110 | 6 |
| 0111 | 7 |
| 1000 | 8 |
| 1001 | 9 |
| 1010 | A |
| 1011 | B |
| 1100 | C |
| 1101 | D |
| 1110 | E |
| 1111 | F |

지금까지는 주로 컴퓨터 내부에서의 정보의 표현법을 공부하였으며 그것은 정보의 양적(量的)인 개념과 밀착되어 있는 것이었다. 이제 정보의 구조적인 측면과 관계가 있는 **필드**(field), **레코드**(record) 및 **파일**(file) 등에 대해서 간단히 알아보기로 한다. 우선 계급적으로는 **비트**(bit)가 모여 **바이트**(byte: character**에 대응**)가 되고 바이트가 모여 **필드**(field: word**에 대응**)가 되며 필드가 모여 **레코드**(record: sentence**에 대응**)가 되고 레코드가 모여 **파일**(file: book**에 대응**)이 되는 구조로 되어 있다.

이러한 정보의 구조적인 개념을 쉽게 파악할 수 있도록 하나의 예를 들어 보기로 하자. 다음 표 1.2는 어떤 회사에서 종업원의 급여계산을 하기 위하여 마련한 장부이다. 여기에는 종업원에 관하여 봉급을 계산하는데 필요한 모든 자료가

전부 수록되어 있다. 이 표에서 종업원의 사원번호 또는 총급여액 등과 같이 하나의 의미 있는 정보를 전할 수 있는 **최소한의 문자의 집합으로 된 항목**을 **필드**(field)라 부른다.

**표 1.2** OO회사 종업원의 급여 계산을 위한 내역서

(단위 : 만원)

| 사원 번호 | 이 름 | 성별 | 기본 시간 | 시간당 급여액 | 주 당 기본급 | 급여 누계 | … | 실급 여액 |
|---|---|---|---|---|---|---|---|---|
| 12345 | HONG, GIL DONG | 1 | 40 | 2.40 | 96.00 | 96.00 | … | 74.49 |
| 12348 | LEE, SOON SHIN | 1 | 40 | 2.40 | 96.00 | 96.00 | … | 85.29 |
| 12349 | KIM, YOU SHIN | 1 | 40 | 2.80 | 112.00 | 112.00 | … | 97.17 |
| 12352 | YOU, KWAN SOON | 2 | 40 | 2.40 | 96.00 | 96.00 | … | 82.70 |
| : | : | : | : | : | : | : | | : |

예를 들면 종업원의 사원번호를 생각할 때 12345로써 의미가 있는 것이며 그 중의 한 숫자, 사원번호 중에서 가운데 숫자 3 하나로는 종업원 사원번호의 뜻을 전혀 나타내지 못한다. 한 종업원에 관련되는 정보를 나타내는 **항목(項目, data item)**, 즉 **필드(field)의 모임을 레코드**(record)라 하며 이들 **각 레코드의 모임을 파일**(file)이라 한다.

이와 같이 어떤 목적을 위하여 조직적으로 구성된 **정보의 집단**을 **자료 셋**(data set), 또는 **파일**(file **또는** data file)이라 한다. **파일**이라는 용어는 테이프 파일(tape file) 및 디스크 파일(disk file) 등 보조기억 매체(媒體)와 관련하여 **자료의 집단을 지칭**하는 일이 많은데 반하여 **자료 셋(파일**, file)은 기억매체의 종류와는 관계없이 **한 집단의 자료 그 자체를 지칭**한다. 또 자료 셋은 자료만이 아니라 프로그램을 구성하는 명령의 집합체에도 해당되는 아주 일반적인 개념이다. 자료 셋은 규정된 배열방법(配列方法, 자료 구조)에 따라 구성되어 특정의 이름이 부여되고 **컴퓨터에 들어오고 나가는 모든 정보는 자료 셋(파일)으로 구성**되었다고 보는 것이다.

## 1.4

# 컴퓨터 프로그래밍 언어

1946년 컴퓨터의 시조라 일컫는 ENIAC이 만들어진 이후의 20세기 후반을 우리들은 「컴퓨터 시대(the age of computer)」라고 한다. 오늘날 반도체 기술이 급격히 발전하여 사용자가 지정하는 사양(仕樣)이나 성능에 따라 저가의 PC부터 우수한 컴퓨터를 불과 수십만(數十萬) 원부터 시작하여 구입할 수 있다. 그래서 이제 컴퓨터는 특수층의 전용물이 아니라 누구나 사용할 수 있는 전자식기계 조직체로서과거의 타자기처럼 1가구당 1대이상으로 널리 보편화되었다.

컴퓨터(computer)라는 것은 과연 무엇인가?

컴퓨터란 (1) 각종 자료를 입력하여 (2) 이를 계산 처리하고 (3) 그 결과를 출력하는 기능을 가진 기계이다.

컴퓨터가 아무리 우수한 성능을 가졌다 하더라도 컴퓨터는 하나의 기계에 불과하므로 기계 자체가 스스로 문제(업무)를 분석하여 요구하는 결과가 나오도록 작업을 수행할 수 있는 것은 아니다.

또한 모든 컴퓨터에 있어서 기계의 종류가 다른 한, 그 **기계어**(machine language)도 다를 수밖에 없다. 따라서 각종 컴퓨터는 각기(各其) 다른 독특한 기계어를 가지고 있다고 할 수 있다. 기계어 명령은 2진수, 즉 1과 0으로 구성되며, 이것은 매우 복잡하다. 이러한 기계어와 비슷한 언어로 1과 0대신에 기계어와 1대 1대응으로 기호(symbol)를 부여하여 만든 언어가 **어셈블리 언어**(assembly language)이다. 어셈블리 언어로 작성된 프로그램이 입력되더라도 일단 기계어로 바뀌어야 수행이 가능하며, 어셈블리 언어를 기계어로 바꾸어주는 프로그램을 **어셈블러**(assembler)라고 한다.

오늘날, 컴퓨터 프로그램은 FORTRAN, ALGOL, COBOL, PL/I, PASCAL 등의 언어와 같이 거의 영문과 비슷하게 작성할 수 있으며 이러한 언어를 **컴파일러 언어**(compiler language)라고 한다. 이러한 고급 언어(high level language)를 기계어로 바꾸어주는 프로그램을 **컴파일러**(compiler)라고 한다. 어셈블러나 컴파일러 등은 시스템 프로그램으로 보조기억장치에 저장되어 있다가 필요에 따라 사용하게 되는 것이다. 앞의 이들 설명으로부터 **원시 프로그램**(source program)과 **목적 프로그램**(object program)의 관계는 다음 그림 1.3과 같이 나타낼 수 있다.

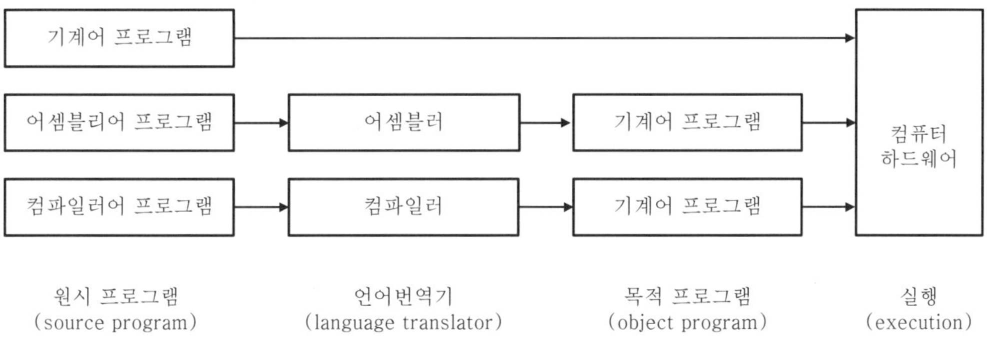


**그림 1.3** 원시 프로그램과 목적 프로그램과의 관계

컴퓨터에 의하여 어떤 업무를 처리하고자 할 때에는 사람이 해결하려는 문제를 분석하여 푸는 방법을 명령의 형태로 컴퓨터에 지시하면 컴퓨터는 주어진 명령에 따라 빠르게 그리고 정확하게 처리해 줄 뿐이다. 컴퓨터가 연립 방정식을 푼다든지 미적분을 처리하는 기능을 가지고 있는 것이 아니기 때문에 이러한 문제를 계산할 경우에는 응용 수학의 일부분인 수치 해석 명령대로만 처리할 따름이다.

위 설명을 이용한 컴퓨터 응용 분야를 크게 나누면 다음과 같은 세 가지가 있다.

① 과할기술 계산 분야

② 사무처리 분야

③ 제어분야

과학계산용은 복잡한 미분방정식이나 연립방정식을 푼다든가 하는데 사용되는 것을 말한다. **과학기술 계산 분야**에서는 계산속도가 매우 빠른 것이 요구되며 대학이나 연구소 등에서 많이 사용된다. **사무처리 분야**는 급여계산 등과 같이 사무적인 업무를 처리하는 분야를 말한다. 여기서는 계산속도보다는 오히려 취급하는 자료의 양이 많기 때문에 대용량의 보조기억장치를 필요로 하게 된다. **제어분야**라 함은 컴퓨터로 공작기계의 작동이나 산업용 로봇 등을 제어하는 분야를 말한다. 기계로부터 신호를 받고 그 신호에 따라서 컴퓨터는 기계를 작동시킬 필요가 있으므로 여기서 사용되는 컴퓨터는 기계로부터의 신호를 저장하든가 또는 기계를 작동시키기 위한 특별한 입·출력장치(Interface)를 필요로 하게 된다.

그러므로 컴퓨터로 어떤 작업을 처리하려면 컴퓨터가 이해할 수 있는 언어로 일정한 문법에 따라 문제 처리과정을 명령문 형식으로 작성하여 컴퓨터의 기억장치에 기억시켜 문제를 처리해야 한다.

이와 같이 업무를 처리하도록 컴퓨터에게 지시하는 명령문들의 작업 지령서를 **프로그램**(program)이라 하고, 프로그램을 작성하는 데 사용하는 언어를 **프로그래밍 언어**(programming language) 또는 **컴퓨터 언어**(computer language)라 한다. 컴퓨터가 어떤 문제를 풀기 위해서는 컴퓨터가 이해하는 언어로 프로그램을 작성하여야 하는데 프로그램을 작성하는 것을 **프로그래밍**(programming)이라 하고 프로그램을 작성하는 사람을 **프로그래머**(programmer)한다. 본 서에서 배우게 될 FORTRAN 언어는 과학기술 분야에 적합하도록 만들어진 프로그래밍 언어이다.

컴퓨터가 이해하는 언어에는 크게 분류하여 **기계어**(machine language), **어셈블리 언어**(assembly language)와 **컴파일러 언어**(compiler language)가 있다. **기계어**는 **명령이 숫자로 된 언어**이며, **어셈블리 언어**는 **숫자로 된 기계어를 약어로 기호화한 언어**로서 이들 언어를 **저급 언어**(low-level language)라 하며, **컴파일러 언어**는 일상 사용하는 **자연어에 가까운 인간 중심 언어**로서 **고급 언어**(high-level language)라 한다. 이절에서는 프로그래밍 언어와 작성순서에 대하여 기술한다.

## 1.4.1 기계어

기계어는 CPU가 직접 해독하고 실행할 수 있는 비트(bit) 단위로 쓰인 컴퓨터 언어를 통틀어 일컬으며, 프로그램을 나타내는 가장 낮은 단계의 저급 언어(Low Level Language)이다.

컴퓨터는 그렇게 영리한 기계는 아니므로 컴퓨터가 직접 이해할 수 있는 것은 오직 2진수(binary number)뿐이다. 모든 문장이 0 또는 1이 컴퓨터 내부의 전기 신호 중 하나로, 켜지면 1, 꺼지면 0이다. 이 부호화된 신호들은 0 또는 1 가운데 하나의 값인 2진(binary) 체계 코드로써 이루어지므로 프로그래밍 언어 역시 2

진수로 된 것이어야 할 것이다.

이들 숫자는 컴퓨터의 동작 그 자체에 직접 대응된 것으로서 컴퓨터가 바로 이해하는 명령들이다. 이와 같이 2진수의 명령어를 조합한 숫자로 표현한 언어를 **기계어(機械語, machine language)**라 한다. 그런 코드는 기계만 알 수 있기 때문이다.

모든 컴퓨터는 각기 그 자신의 고유한 기계어를 가지는데, 기종이 다르면 언어 자체도 달라진다. 따라서 어떤 기종에서 개발된 기계어 프로그램을 다른 기종에서 수행시킬 수 없다. 그러므로 기계어는 기계 종속적인 언어(machine-dependent language)라 한다. 초창기 컴퓨터에서는 사용자가 일일이 기계가 직접 해독할 수 있는 기계어를 알고 있어야 했으므로 프로그램을 작성하기도 힘들었고, 이를 이해하기도 힘들었다. 기계어의 예를 들면

```
11001001 00000110 00000000 00000000 00000000
```

위 기계어만 보고 사람이 어떤 명령인지 판단하기는 힘들기 때문에 사람이 이해하기 좀더 쉬운 언어의 필요성이 생겼으며, 이러한 불편을 덜기 위해 기계어의 숫자 코드를 인간이 이해하기 쉬운 문자 형태로 작성하는 것, 즉 각 2진수를 알기 쉽도록 기호로 대응하여 이용하는 언어가 다음에 설명하는 어셈블리 언어이다.

## 1.4.2 어셈블리 언어

**어셈블리 언어**(Assembly language)는 기계어와 일대일(1:1) 대응이 되는 컴퓨터 프로그래밍의 **저급 언어**이며 **기계어보다 한 단계 높은 언어**이다.

차츰 컴퓨터의 이용 기술이 발전하게 되고 처리하는 업무량이 많게 되자, 2진수 대신에 보다 쉽고 융통성이 있는 프로그램의 방식으로 숫자로 된 기계어의 명령을 기호화하여 프로그램을 작성하게 되었다. 이와 같이 기호화한 언어를 **어셈블리 언어** 또는 **기호 언어**(symbolic language)라고 한다.

어셈블리 언어는 기계어와 기호를 1:1로 대응시켜 숫자를 사용하는 대신 이해가 빠른 기호를 사용한 기호식 언어로서, 어셈블리 언어로 작성한 프로그램과 컴퓨터 사이에는 **어셈블러**(assembler)라는 번역 프로그램을 개입시켜 어셈블리

언어의 기호를 기계어의 숫자로 번역하게 한다. 따라서 사용자가 기호만 알면 기계어처럼 난해한 숫자(digit)들을 이해할 필요 없이 비교적 수월하게 사용할 수 있다.

예를 들면 기계어에서 나타내었던

```
11001001 00000110 00000000 00000000 00000000 → (mov ecx, 6)
```

을 이 기계어와 대응되는 어셈블리 코드 mov ecx, 6을 보면, ECX 레지스터에 상수 6을 넣으라는 명령이라는 것을 쉽게 알 수 있다.

그러나 어셈블리 언어는 컴퓨터가 직접 이해할 수 없기 때문에 어셈블리 언어로 작성된 프로그램은 기계어로 바뀌어져야만 한다. **어셈블리 언어**는 **기계어를 알기 쉽도록 부호화**했을 뿐이고 그 구조는 기계어와 거의 같기 때문에 프로그래머는 기억장소의 번지나 내부구조에 대해 상세히 알고 있어야 한다.

어셈블리 언어 역시 기계 중심의 언어이기 때문에 컴퓨터 자체에 대한 지식이 없으면 프로그램을 작성할 수 없을 뿐 아니라 기종에 따라 그 언어가 다르므로 다른 기종의 컴퓨터를 사용하면 프로그램을 전면적으로 고쳐야 한다는 단점이 있다.

고급언어(C 및 C++ 등) 들도 이와 비슷한 원리로 어셈블리를 좀 더 사람이 이해하기 쉽게 만든 것이고, 고급언어에서 하나의 라인은 하나의 기계어와 대응되지는 않는다.

## 1.4.3 컴파일러 언어

어셈블리 언어는 기계어에 비하여 프로그램을 작성하기가 쉽지만 우리가 일상 사용하는 자연어에 비하면 아직도 기계어에 가까운 언어이고, 이들 언어는 더욱이 기계 중심의 언어이다.

따라서 자연어에 가깝고 사용하는 컴퓨터에 대한 전문적인 지식이 없어도 문제 자체만을 이해하면 쉽게 프로그램을 작성할 수 있는 문제 해석 중심의 언어가 필요하게 되었다. 그리하여 자연어와 비슷하고 문자 해석 중심의 언어인 컴파일러 언어가 만들어졌다.

컴파일러 언어는 프로그래밍 언어로서 **고급언어**이며 어셈블리 언어와 같이 기호화한 언어이나 전자는 명령을 우리가 일상 사용하는 단어나 부호를 사용하고, 후자는 단어의 약자를 사용한다는 차이가 있을 뿐만 아니라 명령의 근본적 구조가 다르다.

**어셈블리 언어**는 기계어의 숫자로 된 명령을 순서대로 이해하기 쉬운 형태로 적은 것에 불과하므로 프로그램을 기계측의 입장에서 기계 중심으로 작성하고, **컴파일러 언어**는 문제 해석 중심으로 프로그램을 작성한다.

문제 해석 중심의 언어인 컴파일러 언어가 개발되어 이로부터 이용자의 컴퓨터 이용을 쉽게 하고 보편화하여 기계 중심의 언어에서 인간 중심의 언어로 바꾸어졌을 뿐만 아니라 종래의 기종에 따라 특이하게 다른 기계어나 어셈블리 언어에서 탈피하여 기종에 관계없이 사용함으로써 문제 해석을 위주로 한 언어를 사용할 수 있게 되어 컴퓨터의 적용 분야는 급속도로 확대되었다. 이 언어는 수행 속도가 빠르고, 또한 수행 프로그램에서는 원시 부호의 복원이 어렵기 때문에 원시 부호를 보호할 수 있는 장점이 있다.

컴파일러 언어로 작성한 원시프로그램을 기계어로 된 목적프로그램으로 번역하는 프로그램을 **컴파일러**(compiler)라 한다. 어셈블리 언어는 그 구성체계가 기계어와 같으므로 번역 프로그램인 **어셈블러**(assembler)가 비교적 간단하나, 반면에 컴파일러 언어는 문법 체계가 복잡하므로 번역 프로그램인 컴파일러도 복잡하여 각각의 고급 언어에는 독립적인 컴파일러가 있다.

컴파일러나 어셈블러라는 번역 프로그램을 이용하여 기계어로 번역되는 언어로 작성된 프로그램을 **원시 프로그램**(source program)이라 하고, 기계어로 번역된 프로그램을 **목적 프로그램**(object program)이라 한다. 즉 원시 프로그램은 사람들이 알아보기 쉽게 기계어로 번역되는 언어로 작성한 원래의 프로그램이고, 반면에 목적 프로그램은 컴퓨터가 알아볼 수 있도록 원래의 프로그램이 기계어로 번역된 프로그램이다.

컴파일러 언어로서 대표적인 것으로는 1950년대에 개발한 FORTRAN, 1960년대에 발한 COBOL, ALGOL, RPG, BASIC, PL/I, APL, 1970년대에 개발한 PASCAL, C 언어(language), 1980년대에 개발한 C++, 1990년도에 개발한 Java, 2000년도에 개발한 C# 등이 있다. 이러한 컴파일러 언어는 **고급언어**(High Level Language)이며 다음에서 이들에 대하여 좀더 상세하게 기술하고자 한다.

### (1) FORTRAN(FORmula TRANslation)

FORTRAN은 수식(**For**mular)변환기(**Tran**slator)의 약자이다(IBM Mathematical *For*mular *Tran*slating System에서 유래). FORTRAN은 초기에 나온 **고급언어의 대표**로서 **과학계산과 기술용으로 가장 널리 사용되는 프로그래밍 언어**이다. 이 언어의 장점은 복잡한 계산과 그래픽을 처리할 수 있는 능력이고 단점은 구조적 프로그래밍하기가 좀 어렵고 입·출력 능력이 빈약하다는 점이다. FORTRAN은 1954년 IBM사가 IBM 704 컴퓨터에서 과학적인 계산을 하기 위해 컴퓨터 프로그램 언어이고 이와 관련된 최초 보고서가 발표되었다. 1953년에 존 베커스(John Warner Backus)에 의해 IBM 704 메인프레임머신에 사용할 프로그래밍 언어에 어셈블리어에 대한 대안으로 제시하였다. 이후 1956년 첫 번째 FORTRAN 참조 매뉴얼(Reference manual)이 발행되었다.

프로그래밍의 어려움을 해결하기 위해 수년간 연구한 결과 최초로 문제 해결 중심의 언어인 FORTRAN을 1957년에 개발하여 시험적으로 사용한 후 대중에게 첫 FORTRAN 컴파일러가 제공되었다. 이듬해인 1958년에 FORTRAN Ⅱ를 발표하여 보급하기 시작하였으며, CALL 문, RETURN 문, FUNCTION 문, END 문 및 COMMON 등과 부프로그램(subprogram)간 인수(argument)들의 전달을 위한 기능이 보강된 FORTRAN Ⅱ가 IBM 704 시스템에서 구현되었다.

논리 치환문, 부프로그램의 인수(argument)를 부프로그램에 명칭을 사용한 FORTRAN Ⅲ가 나왔다. 1962년 IBM 7090194에 사용한 언어로 TYPE 문이 보강되고, 논리적(LOGICAL), 배정도(DOUBLE PRECISION), 복소수(COMPLEX), 실수(REAL), 정수(INTEGER)형의 자료와 EXTERNAL 등의 선언문이 보강된 FORTRAN Ⅳ가 개발되었다. 그러나 컴퓨터 제작 회사마다 기계의 능력을 최대한 활용 시킬 수 있도록 독자적으로 정의한 문법과 언어의 일부가 추가되어 있으므로 기종에 따라 약간의 차이가 발생하였다. 1966년에 이러한 FORTRAN의 차이점을 처음으로 표준화하여 ANS(America National Standard) FORTRAN을 발표하였으나 대중에게 FORTRAN Ⅳ와 FORTRAN 66은 혼용되어 불리게 된다.

이후 1972년 ISO(국제 표준화 기구)에서는 초기값 할당을 위한 DATA 문을 산업표준으로 받아 들여 이 ANS FORTRAN 66을 그대로 받아 들여 국제 표준으로 받아들인다.

그리고 1978년 3월 구조적 개념을 도입한 ANS FORTRAN 66의 결점을 보완하고 표준화하여 개정된 FORTRAN 77(F77)이 발표하였다. 1990년 말에는

FORTRAN 77의 모든 기능을 내포하고 있는 Fortran 90/95이 발표되었고 Fortran 2003 및 Fortran 2008(가장 최근에 발표된 표준으로 ISO/IEC 1539-1:2010이 공식문서이다)로 계속 진보하고 있으며 차기 표준 예정으로 Fortran 2015가 발표될 것으로 계획되어 있다. 본 서(書)는 ANS FORTRAN 77을 중심으로 FORTRAN의 모든 프로그램 이론이나 프로그램 언어 작성 등을 상세하게 기술하고자 한다.

FORTRAN 77까지 초기의 버전은 그 이름에 대문자를 사용하였으나, 현재는 Fortran으로 **첫 문자만을 대문자로 표기**한다. Fortran 90부터 현재에 까지 ISO, ANSI 모두 포트란에 대한 명칭은 "Fortran"을 사용한다.

전문적인 과학계산 문제를 풀기 위하여 프로그래밍 하는데 있어서 C보다 FORTRAN이 훨씬 간단명료하고 신속하게 프로그래밍을 작성할 수 있으며, 디버깅하는 데도 시간이 현저하게 단축될 뿐만 아니라, 그 계산속도 또한 일반적으로 훨씬 빠르다.

### (2) BASIC(Beginners All-Purpose Symbolic Instruction Code)

BASIC은 1960년대 후반부터 시분할 처리에 의해 각 대학에서 널리 사용되었으며, 1964년 다트무스 대학(Dartmouth College)의 존 케머리(John G. Kemery)와 토마스 쿠르츠(Thomas E. Kurtz) 교수에 의해 고안되어 개발된 **대화형 언어**이다. 1970년대 후반, 마이크로소프트(Microsoft)의 빌 게이츠(Bill Gates)에 의해 마이크로컴퓨터(Micro Computer)가 PC용으로 개량되면서 컴퓨터 시장에 본격적으로 BASIC이 널리 소개 및 사용되었다. 빌 게이츠의 BASIC은 MS가 컴퓨터 소프트웨어 시장을 독점하는 계기가 되었을 뿐만 아니라, 1980년대 PC 시장의 붐을 조성하는데 일조하기도 했다.

BASIC의 장점은 처음 시작하는 프로그래머가 배우기 쉽고 간단히 이용할 수 있도록 만든 프로그래밍 언어이고, 이 언어는 각각의 문장에 문 번호를 주며, GO TO 문을 사용하여 프로그래밍하기 쉽도록 되어 있다. 사실 이러한 BASIC 언어는 단순 간결하며, 유연하고 자유로운 변형이 가능한, '열린' 프로그래밍 언어로 이후 이 장치의 이용도가 빠르게 PC 시장에 활성화에 엄청난 기여를 하였다. 1978년 **미국표준국(ANSI)**은 여러 가지 기본적인 항목들을 표준화하였다. 그러나 대부분의 BASIC은 ANSI에 포함되지 않은 많은 특성을 부가시키고 있다. 따라서 현재 이용되고 있는 많은 BASIC 언어는 컴퓨터 기종에 따라 약간의 차이가 있다.

특히, BASIC은 마이크소프트가 PC 시장에서 성공할 수 있었던 결정적인 요인으로 작용하였다.

### (3) COBOL(COmmon Business Oriented Language)

**일반 사무용 자료처리에 사용되는 공통 프로그래밍 언어**로, 컴퓨터 제조회사와 사용자가 미국부성의 협력을 얻어 개발하여 프로그래밍 언어 협회는 1960년 CODASYL(COnference on DAta SYstem Language)에 제출된 보고서에 의하여 처음으로 COBOL이 발표되었다.

COBOL은 FORTRAN이나 ALGOL과는 달리 일상 영어회화에 가까운 구어체 형태로 명령문을 기술하며, 까다로운 입·출력 자료를 간단하게 처리할 수 있도록 되어 있어 파일의 취급이 쉬우므로 **대량의 자료를 처리하는데 편리한 언어**이다.

### (4) ALGOL(ALGOrithmic Language)

이 언어는 세계 공통의 표준적인 과학 계산용 프로그래밍 언어 개발을 목표로 국제적으로 구성된 ALGOL 위원회에서 개발하여 FORTRAN이 미국에서 개발되고 있을 무렵에 독일 및 스위스 등 유럽의 대학에서 연구하던 학자들이 제안하여 1960년에 ALGOL 60을 발표하였고, 1965년에 ISO(국제표준화기구) 대회에서 채택된 언어이다.

ALGOL 60 언어는 프로그래밍 언어의 발달사에서 큰 전환점을 이루었다. ALGOL 60은 수치 자료와 동질성의 배열을 강조한 언어이며 언어구조가 명료하고 우아한 프로그래밍 언어이다. 또한 ALGOL은 FORTRAN과 비슷하면서 COBOL의 기능을 수행할 수 있도록 만든 **과학기술계산용으로서는 아주 일반적인 프로그래밍 언어**이어서 광범위한 문제를 취급할 수 있게 되었으며 학술잡지 등에서 **수치해석 분야의 기술언어로서도 사용**되고 있으며, FORTRAN보다는 논리적인 문법 체계를 가지고 있다.

### (5) RPG(Report Program Generator)

사무처리 중 각종 보고서(report) 작성이나 파일 유지관리를 위한 **업무를 위해 개발된 컴퓨터 언어**이다. RPG 프로그래밍 언어는 기계에 대한 상세한 지식보다는 처리할 문제에 입각하여 설계된 언어로 파일의 내용을 계산 및 편집하고, 각종 보고서의 제목(title)을 인쇄하며, 대 · 중 · 소계의 계산 등을 자유롭게 하며, 그 내용을 각종 보고서 작성업무의 프로그램을 출력 양식에 맞추어 쉽게 작성할 수 있도록 되어 있다. 또한 파일의 정의나 입·출력 제어 및 계산 편집 등의 표현을 간략하게 나타낸 기술 용지, 즉 파일 지시서, 출력 지시서 및 연산 지시서 등에 기술해 주면 아주 간단한 방법으로 프로그램이 작성되는 언어이다.

### (6) PL/I(Program Language ONE)

PL/I에서 I는 숫자 1이 아니라 영문자 I로 쓰고 읽는 건 ONE으로 읽는다. PL/I는 어셈블리 언어, COBOL 및 FORTRAN의 대안으로 1960년대 초기에 개발된 3세대 프로그래밍 언어이다. COBOL, FORTRAN 및 ALGOL 등의 장점과 1960년대 초기에 나타난 운영체제를 최대로 이용할 수 있는 PL/I 언어는 IBM에서 자사의 메인프레임(mainframe)에서 사용하기 위해 1964년에 개발되었다(IBM/360 현대식 메인프레임의 시초). PL/I는 C 프로그래밍 언어보다 선행된 언어였지만, 이제는 범용 프로그래밍으로서의 자리를 C에게 내주었다.

PL/I 언어는 당시 과학 기술 계산용 언어인 FORTRAN과 사무처리용으로 만들어진 COBOL 언어의 기능을 모두 수용하며 하나의 언어로 모든 종류의 프로그램을 만들기 위해 탄생되었다고 한다. PL/I는 **과학과 공학 기술 계산 및 산업 응용 프로그램을 위해 설계된 프로그래밍 언어**이며, 물론 새로운 형의 자료 처리에도 적용할 수 있다.

**참고**

**메인프레임**(mainframe) 또는 **대형(大型) 컴퓨터**는 빠른 속도로 작동되고, 입·출력장치를 신속하게 제어하며 다양(多樣)한 자료를 처리할 수 있는 범용 목적의 컴퓨터이다. 그리고 다수(多數)의 단말기(terminal)를 연결하면 복잡한 작업일지라도 동시에 많은 사람들이 함께 수행할 수 있다.

### (7) C 언어(language)

C 언어는 1972년에 데니스 매캘리스테어 리치(Dennis MacAlistair Ritchie)와 캔 톰슨(Ken Tompson)이 미국전신전화회사(AT&T Bell Laboratories, Inc.)의 벨(Bell) 연구소에서 연구원으로 일할 당시 최초의 유닉스(UNIX) 시스템을 개발 · 설계하였다. 이 시스템은 응용 프로그램, 컴파일러나 소프트웨어 개발용 도구에 유용하게 사용되기 시작한 범용 프로그래밍 언어의 시초라 할 수 있는 새로

개발된 UNIX 운영체제에서 중심 언어로 쓰이고 있다. C 언어는 컴퓨터를 효율적으로 다룰 수 있도록 돕는 장치로 컴퓨터 운영체제나 언어 처리계 등의 **시스템을 사용하는데 필요한 프로그래밍 언어**이다. 또한 수식이나 제어 및 다양한 자료구조를 가장 간편하게 마련하고, 풍부한 연산자와 간단한 수식표현 등으로 응용 프로그램을 특정 분야에 한정하지 않고 편리하고 효율적으로 활용되고 있는 프로그래밍 언어이다.

UNIX 운영체제에서는 C 언어 번역기와 대부분의 시스템 프로그램 수치해석, 텍스트 처리(text processing) 및 데이터베이스(D/B, database)를 위하여 프로그램이 C 언어로 프로그램 되어 있다. 오늘날 많이 쓰이는 C++는 C에서 객체 지향성이 더해진 확장형 언어로 발전된 것이다. 또 다른 다양한 최신 언어 C#나 Java 등도 C++를 기반으로 하여 그 뿌리를 C에 두고 있다. 이것들 C, C++, Java 및 C#를 모두 하나로 묶어서 C **패밀리(family)**라고 한다. C 패밀리들이 기본 형식은 비슷할지 몰라도 실제 구성은 많이 다르다.

> **참고**
>
> 시분할(時分割, time-sharing)은 한 컴퓨터를 여러 명의 사용자가 동시에 사용하는 경우 사용자들이 CPU의 시간 자원을 동등하게 나누어 쓰는 것을 말한다.
>
> 이를 통하여 다수의 사용자들이 독립적으로 일할 수 있도록 허용되는 컴퓨팅 환경이 구현된다. 따라서 시분할은 PC나 워크스테이션(workstation)을 제외한 거의 모든 대형 컴퓨터 또는 메인프레임(mainframe) 및 미니컴퓨터(mini computer)들이 시분할 시스템이다.

### (8) 자바(Java)

SUN 마이크로시스템즈(Microsystems)사의 프로그래머, 제임스 고슬링(James Gosling)이 1996년 1월에 C++언어를 기반으로 간단하고 신뢰도가 높은 (버그가 적은) 언어를 인터넷에 연결이 용이하도록 가전제품들을 위해 고안된 Java 언어는 원래 "컨버전스(convergence)"라는 가전제품 중심의 **새로운 컴퓨팅 환경을 공략하기 위해 만들어진 프로그래밍 언어**이다.

인터넷을 위한 **객체지향(客體指向, Object Oriented)** 프로그래밍 언어인 자바의 특징은 어떤 플랫폼에도 실행될 수 있는 유연함과 실용성으로 **월드 와이드 웹(WWW, World Wide Web)** 환경에서 가장 인기 있는 프로그래밍 언어로 성장하였다. 그러나 자바는 네트웍 환경에 맞도록 C++보다 훨씬 **간결하게 개량**되었다.

1990년, SUN은 미래의 컴퓨팅 환경이 PC나 워크스테이션(Workstation)이 아닌 가정용 전자 제품 중심으로 바뀔 것으로 예상하였다. 1994년 넷스케이프(Netscafe)가 출시되고 WWW이 대중화되면서, SUN은 오우크(Oak) 프로그래밍 언어가 WWW라는 새로운 인터넷 환경에 적합하다는 사실을 깨닫고, 오우크가 '마케팅에 더 적합한' 이름인 **"자바(Java)"**로 변경되었다.

1995년 넷스케이프 **브라우저**(browser : **인터넷에서 웹에 떠있는 정보를 검색·열람할 수 있도록 하는 프로그램**)에 탑재되면서 WWW에 첫 선을 보인 자바는 WWW을, 단순한 텍스트와 그래픽을 위한 환경이 아닌, 게임과 퍼즐 같은 상호작용이 가능한 다양하고 역동적인 '컴퓨팅 환경'으로 바꿔 놓았다.

자바의 또 하나의 특징 중 하나는 유닉스(Unix), 매킨토시(Macintosh) 및 윈도우(Window) 등 어떤 **플랫폼**(platform: **컴퓨터 시스템의 기반이 되는 하드웨어나 소프트 웨어**)에서도 작동이 가능하다는 점입니다. 2001년까지 SUN은 200여 개의 회사와 자바 라이선스(licence) 계약을 맺었고, 전 세계 수백만 명의 자바 소프트웨어 개발자를 확보하며 자바를 세계적인 WWW 프로그래밍 언어로 만들어 놓아 휴대전화나 TV셋톱박스(set top box), 심지어는 화성탐사용 로봇에도 자바로 만든 프로그램이 탑재되어 원래의 소원을 이루게 되었다.

**참고**

**객체지향(客體指向**, Object Oriented)은 코드를 절차로 그룹 짓는 것에서 한 걸음 더 나아가 절차를 또 다시 **객체(object)로 그룹 짓는 개념**이다. 객체는 특정작업을 수행해주는 코드뿐만 아니라 그 작업에서 다루는 모든 자료도 포함한다. 즉 하나의 객체에 여러 개의 변수와 함수를 담아 두려는 것에서 출발한다.

객체(**客體**, object)

객체지향 프로그래밍이나 설계에서, 자료(실체)와 그 자료에 관련되는 동작(절차, 방법 및 기능)을 모두 포함한 개념. 예를 들면 고속버스 터미널에서의 승차권 발매를 생각할 때, 실체인 '**손님**'과 동작인 '**승차권 주문**'은 하나의 객체이다. 실체인 '**여직원**'과 동작인 '**승차권 발매**'도 하나의 객체이다

# 1.5

# 프로그래밍의 절차

컴퓨터를 사용하여 어떤 문제를 처리하려면 반드시 프로그래밍(programming)을 해야 한다. 컴퓨터는 기억된 명령을 순차적으로 수행하는 단순한 기계이기 때문에 잘못 작성된 프로그램도 걸러내지 못하고 그대로 실행하게 된다. 따라서 프로그램은 먼저 논리적으로 체계적인 계획을 세워서 논리의 옳고 그름을 검토하고 작성하는 것이 우선되어야 한다. 프로그래머가 작성한 원시 프로그램(source program)을 컴퓨터가 일을 수 읽는 매체로 바꾸어 주어야 하며, 프로그램에 오류가 있는지 검사하여 잘못된 부분은 완전하게 수정하여야 한다.

인간이 요구하는 문제(업무)를 처리할 수 있도록 컴퓨터가 이해하는 언어로 일련의 명령문인 응용프로그램을 어떠한 절차와 순서에 따라 작성하고, 이를 어떻게 컴퓨터에서 처리하게 하는가의 과정을 살펴보자.

프로그램을 작성하여 컴퓨터에 실행시키는 과정은 일반적으로 (1) 시스템 분석(system analysis), (2) 입·출력 설계(Input/Output design, I/O design), (3) 흐름도(flowchart) 작성, (4) 프로그램 코딩(coding), (5) 키 펀칭(key punching), (6) 컴파일 및 디버깅(compile & debugging), (7) 실행(run) 그리고 (8) 문서화(documentation) 단계로 나누어 처리하며 다음에 이들 내용을 상세하게 기술한다.

### (1) 시스템 분석(system analysis)

어떤 문제(업무)를 컴퓨터로 처리하고자 할 때 제일 먼저 고려해야 할 점은 그 업무에 컴퓨터를 사용할 가치가 있는지, 그리고 컴퓨터의 이용이 가능한가의 여부에 대한 타당성 검토(feasibility study)를 하고 문제 처리의 범위를 결정해야 한다. 이때 고려해야 할 점은 경제성, 능률성, 기술적 가능성 및 문제점 등이며, 시스템 분석을 통하여 문제의 해결에 모든 조건이 만족되면 적용될 기법을 결정하고 처리 순서와 함께 가장 효과적인 시스템을 설계하여 시스템을 확정시킨다.

컴퓨터로 문제(업무)를 처리하고자 할 때에는

1. 처리하고자 하는 업무를 완전히 이해하여
2. 원하는 결과를 얻기 위해 업무(문제)를 논리적으로 전개할 수 있어야 하고
3. 논리적으로 전개한 것을 컴퓨터가 이해하는 언어로 명령할 수 있어야 한다.

이상의 3가지 조건이 구비되어야 비로소 프로그램을 작성할 수 있다고 하겠다.

컴퓨터는 주어진 자료를 가지고 주어진 명령대로 실행하는 기계에 불과하므로 만일 자료나 명령에 잘못이 있다면 정확한 결과를 기대할 수 없다는 것은 말할 나위도 없다.

어떤 문제를 컴퓨터로 처리하는 것이 적합한가는 고려해야 할 요소가 많겠으나 첫째로 「반복」(repetition), 즉 다른 자료를 가지고 같은 처리를 계속 되풀이하는 과정이 얼마나 많은가에 달려 있다. 예를 들면

$$H(x) = 2ax^3e^b - b^2x + \sin(a-b)$$

을 계산할 때 $a$, $b$와 $x$의 값이 한 개씩으로 정해져 있다면 이것은 컴퓨터로 처리하는 것보다는 오히려 수작업으로 계산하는 것이 더 효과적일 것이다. 그러나 매우 많은 양의 $a$, $b$와 $x$의 값을 변경시키면서 그에 대한 $H(x)$의 값을 계산하고자 할 때에는 계속 같은 과정이 반복되는 것이므로 **수작업(手作業, handwork)**으로 계산하는 것보다 컴퓨터로 처리하는 것이 훨씬 더 효과적이다.

둘째로는 컴퓨터로 처리한 결과가 다른 업무에 얼마나 많이 적용되는가에 따라 업무의 전산화 적합 여부가 결정된다.

### (2) 입·출력 설계(Input/Output design 또는 I/O design)

수작업으로 처리하던 업무(문제)를 컴퓨터를 이용하여 전산화 할 때에는 미리 그 자료를 처리하기 쉽게 입·출력에 대한 양식을 검토해야 한다. 일반적으로 출력 보고서 양식은 사용자로부터 대체적인 견해(見解)는 제공받지만, 컴퓨터로 처리하기에는 충분하지 못하여 재편집하는 경우가 대부분이다.

컴퓨터에 입력시킬 자료를 선정하고 어떤 매체를 통하여 어떤 형태로 입력시킬 것인가(**입력 설계**), 예를 들면, 어떤 학과의 재학생들에 대한 중간시험 성적을 기재하기 위하여 학번, 이름, 과목명, 학점 및 평점 중 어떤 항목을 어떤 형태로 편집하고 입력시킬 것인가, 또한 이 입력 자료들로써 결과를 요구할 때에는 어

떤 종류의 보고서를 어떠한 내용과 양식으로 인쇄하여 출력시킬 것인가(**출력 설계**), 그리고 자료를 보조 기억 매체(자기 디스크, 자기테이프, 광 디스크, USB 메모리 및 Flash 메모리 등)에 보관시킬 필요가 있는 경우 어떤 형태로 보관할 것인가(파일설계 ; file design) 등을 설계하여야 한다. 이들 과정을 총괄하여 **입·출력 설계**(I/O design)라 한다.

입·출력장치에 있어서도 초기의 컴퓨터는 단지 숫자와 문자만을 입력할 수 있게 되었으나 현재는 화상자료, 음성자료 및 영상자료 등 다양한 자료를 통합하여 입·출력이 가능하게 되어 컴퓨터와 전화, 비디오, 텔레비전 및 텍스 등을 함께 이용할 수 있는 멀티미디어 컴퓨터가 이용되고 있다.

입·출력 방식에 있어서는 초기에는 일일이 카드에 펀칭을 하여 키 펀칭(key punching)을 통해 카드판독기에 넣어 입력하는 방식으로 사람이 일일이 펀칭을 해야만 하는 번거로움이 있었지만 키보드를 거쳐 지금은 마우스, 전자펜, 터치스크린 및 음성인식기 등을 통해 키보드를 통하지 않고도 자료의 출력이 가능하게 되었다.

입·출력 설계를 어떤 방법으로 어떻게 하느냐에 따라서 똑같은 자료를 처리하더라도 업무의 능률적인 면에서 차이가 크므로 프로그램 작성에 있어 입·출력 설계가 결과에 미치는 영향은 매우 크다고 할 수 있다.

### (3) 흐름도 작성(Flowchart)

프로그램은 여러 개의 명령들이 모인 것이므로 문제를 처리하기 위하여 **논리(論理, logic)**를 세우고 이를 보다 쉽게 파악하고 검토할 수 있도록 표준 기호를 사용하여 그림으로 나타낸다. 이러한 그림을 **흐름도**(flowchart)라 하는데, 프로그램의 논리는 대부분 흐름도에서 검토·개선한 후 이 흐름도에 따라 프로그래밍 언어를 사용하여 원시 프로그램을 작성한다. 그러므로 프로그램 논리는 흐름도에서 충분히 검토되어 완전하고 효율이 좋은 흐름으로 판단되었을 때 적당한 프로그래밍 언어를 선택하여 프로그래밍 한다.

### (4) 프로그램 코딩(Coding)

프로그램 논리가 흐름로 나타나면, 프로그래밍 언어를 사용하여 명령어로 표현한다. 프로그램 논리를 명령어로 나타내는 것을 **코딩**(coding)이라 하며, 간단한 프로그램은 **자판**(keyboard)이 있는 **단말 장치**(terminal)에서 직접 입력할 수 있으나 코딩 용지(coding sheet)에 기입한 후 입력하는 것이 보통이며, 코딩 용지는 프로그래밍 언어에 따라 형식이 다르다.

### (5) 키 펀칭(key punching)

코딩 용지에 기록된 프로그램은 컴퓨터가 직접 읽기나 입력될 수 없으므로 컴퓨터가 읽을 수 있는 매체에 이들 명령들을 기록해야 한다. 코딩 용지에 기록된 프로그램은 컴퓨터가 읽을 수 있는 펀치 카드(punch card), 자기 디스크(magnetic disk), 자기 테이프[(magnetic tape), USB 메모리(USB memory), Flash 메모리 및 광 디스크(optical disk) 등]과 같은 매체에 기록하는 것을 키 펀칭(key punching)이라 한다.

그러나 **요즘 실습 환경**에서는, **키보드와 모니터가 입력 장비**이므로 실제로 프로그램을 카드에 천공하는 일은 거의 없다.

### (6) 컴파일 및 디버깅(compile & debugging)

프로그램 언어로 작성된 키 펀칭 프로그램은 컴퓨터가 읽을 수 없으므로 실행 가능한 프로그램으로 만들기 위해서는 언어 번역 프로그램인 **컴파일러**(compiler)에 의하여 기계어로 **컴파일**(compile) 또는 번역된다. 이때 프로그램이 문법적으로 오류가 있는지 없는지 검증하여 오류 내용을 화면에 출력하게 된다. 처음에는 오류가 있는 것이 보통이지만, 오류가 발견되면 오류를 수정하고 오류가 없을 때까지 컴파일 작업을 계속 반복 수행한다. 이 과정에서 프로그램이 완전할 때까지 오류의 수정과정을 **디버깅**(debugging)이라 한다.

프로그램 검사(program test)를 위한 자료는 쉽게 검산이 가능하도록 단순화하는 것이 좋으며 프로그램의 기능을 점검하는데 필요한 모든 조건을 포함하여야 한다. 문제가 어떤 판단이 필요한 것이라면 모든 가능한 경우에 대하여 조사해야 한다. 특히 문제에서 조건의 결합(또는 복합조건)으로 이루어진 경우라면 각별한 주의가 필요하다.

### (7) 실행(run)

프로그램이 문법적으로 이상이 없으면 논리적으로 잘못 전개된 부분이 있는지 없는지 알기 위해서 모의(模擬, simulation) 자료를 사용하여 그 결과를 검토하는 프로그램 검사 과정을 거치며, 이 때 잘못된 부분이 있으면 디버깅한다.

이와 같이 반복적인 수정 과정을 통해서 그 결과 문제의 해결에 맞는 올바른 결과가 나온 후 완전한 프로그램이 마련되면 실제 자료를 입력시켜 처리하여 그 결과를 얻는데, 이 과정을 **실행**(run)이라 한다. 이 때 일반적으로 파일 이름 OO.EXE이라는 실행 파일이 늘 만들어 진다. 프로그램에 이상이 없음이 확인되면 이 프로그램을 사용자 컴퓨터 환경으로 옮겨주어야 하며, 이를 프로그램 **설치**(設置, installation)라 한다. 앞의 파일 이름에서 OO이란 것은 실행 파일 이름이고, 이 파일 이름 OO 다음에 온점(.) 뒤 EXE는 실행 화일의 **확장자**(擴張字, file extension)를 뜻한다.

> **참고**
>
> - **확장자** : 파일의 종류와 그 역할을 구별하기 위하여 파일 이름의 온점(.) 뒤에 붙는 문자.
> - **마침표** : 주로 문장을 끝맺을 때 쓰는 부호로서 **온점(.), 고리점(。), 물음표(?) 및 느낌표(!)**를 모두 포함하는 말이다.

### (8) 문서화(documentation)

어떤 문제(업무)에 대하여 한번 작성한 프로그램은 다음에 그 업무를 처리할 때 다시 이용된다. 그러므로 흐름도, 입·출력 양식 및 원시 프로그램 등을 문서화하여 잘 보관해야 한다. **문서화**(文書化, documentation)란 소프트웨어 개발과정을 이해하기 쉽게 정리하여 기록으로 남기는 것을 말한다. 이 문서는 다음과 같은 이유 때문에 잘 보관해 두는 것이 좋다. 이미 작성된 프로그램이 사용 중에 오류가 발생하거나 기능을 확장시키고자 할 때 또는 이 프로그램을 보다 효율적으로 고치거나 업무 처리에 변동 사항이 있을 경우 종종 프로그램을 수정해야 하므로 이러한 작업을 평가 및 유지보수라 한다. 또한 대형 프로그램을 작성하려면 많은 시간과 인원이 필요하므로 프로그램을 수정할 때에도 많은 노력이 필요하게 된다. 그러므로 문서화의 기본 사항은 가능한 쉽게 파악할 수 있도록 작성하여 담당자가 바뀌더라도 작성된 문서를 알기 쉽게 분석할 수 있도록 만들어져야 한다.

1.6

# 흐름도, 코딩 및 천공

미리 정의된 기호와 그것들을 이용하여 문제를 분석하고 처리순서를 서로 연결하는 선을 사용하여 프로그램 논리의 흐름이나 처리순서를 간략하게 도표화한 것을 **흐름도(flowchart)**라 한다. 이 흐름도를 토대로 일정한 양식(FORTRAN coding form 등)에 적당한 프로그래밍 언어를 사용하여 일정한 규칙에 따라 프로그램을 적어 넣는 것을 코딩(coding)이라 하며, 코딩된 내용을 천공기(keypunch)를 이용하여 과거에는 카드에 천공한 후 컴퓨터에 입력시켜 문제를 처리하였으나 요즈음은 사용자가 바로 키보드를 이용하여 직접 쳐 넣은 후 문제를 처리하게 된다.

## 1.6.1 흐름도 작성

프로그램들이 더 복잡해짐에 따라, 어떤 프로그램의 계획, 설계 및 구조 갖추기(structuring)를 위해서는 흐름도를 그리는 것이 가장 도움이 된다. **흐름도(flowchart)**는 업무를 분석하여 어떤 알고리즘을 그림 1.4로 일목요연하게 나타낸 것으로 즉, 어떤 알고리즘의 단계들과 또한 다양한 단계들 사이에 원하는 결과를 초래하는 제어의 흐름을 보여주는 시각적 그림이다. 즉, 흐름도는 처리방법, 작업의 흐름 및 순서 등을 정해진 기호로 나타낸 것을 프로그램의 설계도라 할 수 있다(**알고리즘(algorithm)**은 어떤 문제를 풀기 위한 명백한 단계별 방법으로 정의된다). 특히, 흐름도에서는 산수계산, 지시사항 또는 일련의 지시사항들을 어떤 상자로 둘러싸고 상자들 사이에 선들을 표시하여 제어의 흐름을 나타낸다(그림 1.5). 더욱이, 다른 유형의 산술들은 그림에 예시된 다른 모양의 상자들로 나타낸다. 만약 어떤 흐름도가 다른 쪽에서 계속되거나, 또는 만약 두 상자들을 연결하기가 어려우면, 그런 연결을 나타내기 위해 꼬리표가 달린 작은 동그라미를 사용한다.

| 알고리즘(algorithm)* | 흐름도( flow chart) | 프로그램(program) |
|---|---|---|
| 1. 주어진 어떤 두수들, 그들은 I와 J의 이름으로 기록 또는 저장한다. | 자료카드 상에 I와 J의 값을 읽는다 | READ I, J |
| 2. I와 J에 저장된 수들을 더하고 그 합을 N에 저장한다. | 합을 구한다 N=I+ J | N=I+J |
| 3. N에 저장된 수를 출력하라. | 합을 출력하라 N | WRITE N |

**그림 1.4** 알고리즘 및 흐름도와 대응하는 프로그램

* 아랍(Arab)의 수학자 al-Khwarizmi의 이름에서, 780-850 A.D.

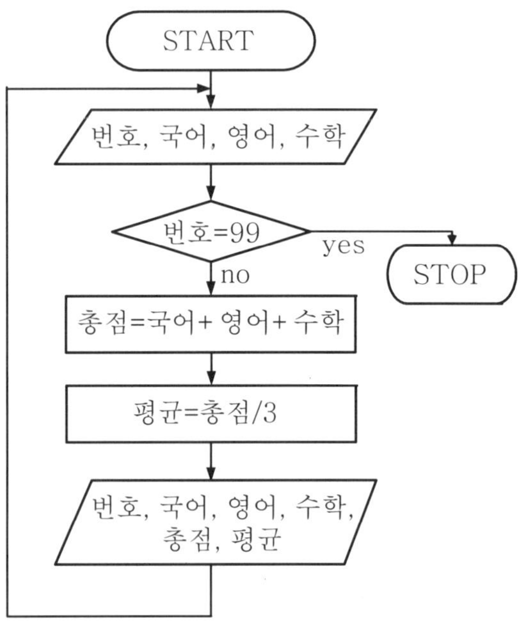


: 각 학생 번호와 국어, 영어 및 수학 점수를 입력하여 자료 파일을 만들고 파일명을 준 다음 저장한다.

: 끝 번호가 99인가를 확인한다.

: 끝 번호가 99이면 계산을 종료시킨다.

: 끝 번호가 아니면 계속 진행하면서 총점을 구한다.

: 그리고 평균을 구한다.

: 번호와 국어, 영어, 수학, 총점 및 평균을 프린터로 출력시킨다.

: 다음 학생의 것을 처리하기 위하여 앞으로 이동한다.

**그림 1.5** 총점과 평균을 구하는 흐름도

간단한 문제는 흐름도의 작성을 생략하고 바로 프로그램을 코딩할 수 있으나, 고려해야할 요소가 많고 문제가 복잡할 경우에는 간단하게 프로그램을 작성할 수가 없다. 이러한 문제는 여러 가지 해법을 생각하여 어떤 순서로 계산 처리할 것인가를 충분히 검토한 다음 논리적으로 모순이 없고 문제의 전체적 파악을 쉽게 이해할 수 있도록 흐름도를 그리는 것이 통상적이다.

업무를 분석하여 이를 흐름도로 작성하면 다음과 같은 장점을 파악할 수 있다.

1. 논리적인 체계를 쉽게 이해할 수 있다.

2. 업무의 전체적인 개요를 쉽게 파악할 수 있다.
3. 문제의 정확성 여부를 쉽게 판단할 수 있다.
4. 흐름도에 따라 프로그램을 코딩(coding)하기가 쉽다.
5. 프로그램의 흐름에 대한 **수정(debugging)**을 용이하게 한다.

프로그램을 작성하는 경우 무엇보다도 처리 순서나 흐름이 중요하므로 이 흐름도의 우열(優劣)에 따라 프로그램의 우열을 나타내기 때문에 흐름도야말로 문제 해결의 열쇠가 되는 것이다.

어떤 의미에서는 프로그램을 작성한다는 자체가 이 흐름도를 작성하는 일이라고 볼 수 있다. 코딩은 이 흐름도에 따라 문법에 의하여 기록만 하면 되기 때문이다.

그러면 이들 기호를 사용하여 OO중학교 98명의 학생들의 국어, 영어 및 수학 3과목의 총점과 평균을 구하는 통계적인 업무를 분석하여 흐름도를 그려보자. 각 학생은 자신의 번호를 사용하며 자료화일로부터 차례로 읽는 번호가 99이면 더 이상 학생의 정보가 없으므로 총점과 평균을 구하는 작업은 끝나는 것으로 한다.

여러 명칭에 관한 흐름도의 기호는 표 1.3에 나타내었다.

**표 1.3** 흐름도의 기호(flowchart symbol)

| 번 호 | 기 호 | 명 칭 | 뜻 |
|---|---|---|---|
| 1 | 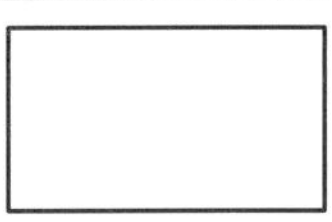 | 처리<br>(process) | 각종 자료(data)의 처리작업을 나타내며, 기호 내에 작업의 내용을 나타내는 문자를 쓴다. |
| 2 | 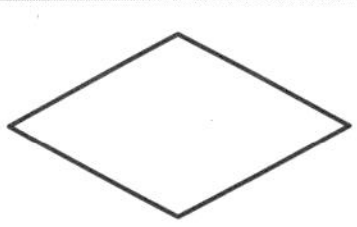 | 판단(또는 분기)<br>(decision) | 여러 개의 경로 중 조건에 따라 논리적으로 어떤 경로를 선택해야할 것인지를 결정하는 판단한다. |
| 3 | 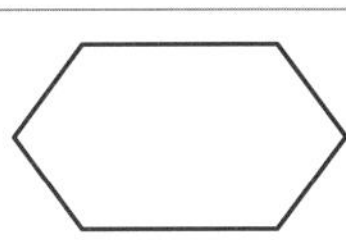 | 준비<br>(preparation) | 스위치 전환에 의해 프로그램 자체의 실행순서 변경하기 위한 명령 또는 어떤 변수의 초기값 설정 등을 표시한다. |
| 4 | 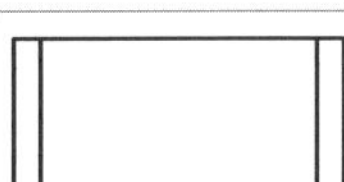 | 미리 정의된 처리<br>(predefined process) | 부프로그램 등에서 이미 정의된 프로그램의 명칭을 불러 처리하는 것을 나타낸다. |
| 5 | 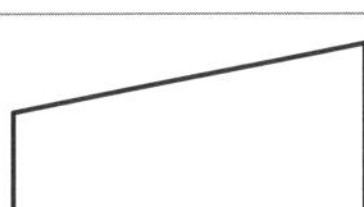 | 수동 입력<br>(manual input) | 온라인(on-line)의 키보드, 스위치 및 누름단추 등을 손으로 조작하여 처리 도중에 정보를 입력시키는 기능을 표시한다. |

**표 1.3** 계속

| 번 호 | 기 호 | 명 칭 | 뜻 |
|---|---|---|---|
| 6 |  | 입·출력<br>(input/output) | 각종의 정보를 처리 가능하게 하는 입력기능 또는 처리가 끝난 정보를 기록하는 출력기능을 나타낸다. |
| 7 | 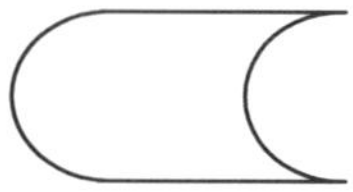 | 온라인 기억<br>(on-line storage) | 각종 online 기억장치로서 자기테이프, 자기디스크 및 자기 드럼 등을 이용한 입·출력 기능을 나타낸다. |
| 8 | 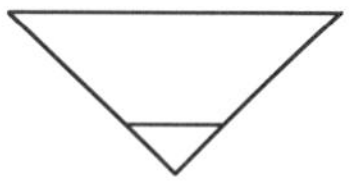 | 오프라인 기억<br>(off-line storage) | 정보를 임의 off-line의 기억매체에 저장하는 기능을 나타낸다. |
| 9 |  | 문서<br>(document) | 문서를 매체로 하는 입·출력 기능을 표시한다. |
| 10 | 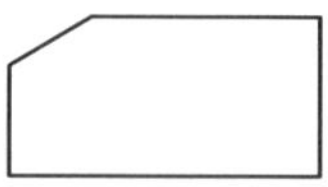 | 천공카드(또는 종이카드)(punch card) | 천공된 종이카드에 의한 입·출력 기능을 표시한다. |
| 11 | 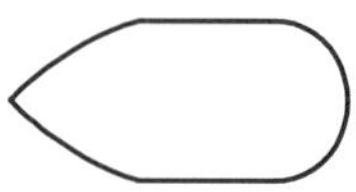 | 표시<br>(display) | 처리 중 online 표시 장치로써 비디오 장치, 프린터 및 플로터 등을 통하여 정보를 사람이 이용할 수 있도록 나타내는 입·출력 기능을 표시한다. |
| 12 |  | 흐름선<br>(flow line) | 처리의 흐름을 나타내며 선이 연결되는 순서대로 진행되고, 흐름도의 기호를 연결하는 기능을 나타낸다.<br>용법은 ①에 따른다. 흐름선의 교차는 ②에 따른다. 흐름선의 합류는 ③에 따른다. |
| 13 |   | 병렬처리<br>(parallel mode) | 두 개 이상의 동시 처리와 종료의 기능을 표시한다. |
| 14 |  | 통신연결<br>(communication link) | 정보를 전화선이나 무선 등의 각종 통신회선에 의하여 입·출력 기능을 표시한다. |
| 15 | 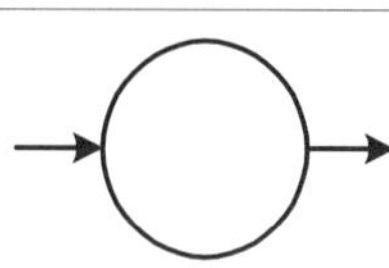 | 연결<br>(connector) | 흐름도 작성 중에 흐름도의 연결을 위한 출입구를 나타내며 기호 내의 숫자나 문자를 사용하여 중단된 부분이 상호 연결됨을 나타낸다. |
| 16 |  | 단자<br>(terminal) | 시작, 종료 및 중단 등과 같은 연결조작의 끝(또는 단자)을 나타낸다. |
| 17 | 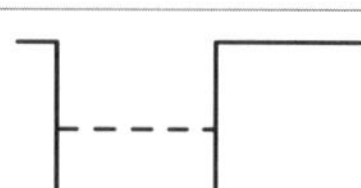 | 설명<br>(comment, anontation) | 작업내용 등의 보조적인 설명이 필요한 곳에 점선으로 연결하여 사용한다(주석기능). |

## 1.6.2 흐름도의 기본형

흐름도는 여러 가지 형태로 나눌 수 있지만 기본적으로 위에서 아래로 나타내는 **직선형(直線型,** sequence type), 하나의 처리가 끝나면 아래에 있는 다음 조건에 따라 흐름이 분기되는 **분기형(分岐型,** branch type) 및 일정한 부분을 주어진 횟수만큼 반복하는 **반복형(反覆型,** loop type)으로 크게 3가지로 나눌 수 있다. 어떤 복잡한 흐름도라도 이들 기본형을 적당히 응용한 것이라고 할 수 있다. 따라서 흐름도의 기본형을 이해함으로써 복잡한 문제 해결과정에서 전체적 또는 부분적인 흐름도를 작성하는데 도움이 될 수 있도록 한다.

### (1) 직선형

이 형태는 어떤 업무내용을 처리할 때 흐름이 좌우로 분기되는 일이 없이 제어가 위에서 아래로 실행하여 실행순서가 한 방향으로만 작성된 흐름도이다. 따라서 이 형태는 흐름도 중에서 가장 기본적인 형태로서 간단한 처리를 요하는 업무에 나타난다.

**예제 1.1** 2개의 자료(資料, data) A와 B를 읽어 들여 그 두수의 차를 구한 다음 읽어 들인 자료와 차를 출력하고 작업을 끝내는 흐름도를 작성하라.

**풀이**

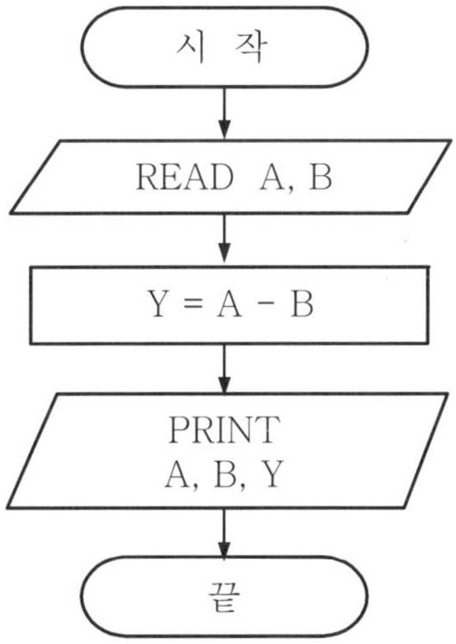


**그림 1.6a** 직선형 흐름도의 예

### (2) 분기형

흐름도를 작성하는 도중에 어떤 조건에 따라서 내용을 달리해야 할 경우가 있다. 이러한 경우에 조건을 판정하거나 비교하기 위하여 비교·판단 기호를 사용하여 작성하게 되는데 이와 같은 형태의 흐름도를 분기형 흐름도라 한다.

어떠한 조건을 검사하여 이 조건이 맞을 때의 처리와 맞지 않을 때의 처리 또는 비교한 결과의 대소에 따라 해당되는 처리를 하여야 할 경우, 각각의 처리 부분으로 흐름이 갈라지게 된다. 조건을 판단할 경우에는 의사 결정 기호를 사용하고 기호 내에 기준을 쓰며, 마름모형 기호의 왼쪽과 오른쪽, 아래의 뾰족한 곳으로 흐름선을 나타내고, 조건 중 흐름선 오른쪽은 될 수 있는 대로 오른쪽으로 분기시켜서 흐름선들이 겹치지 않게 작성한다.

분기형 흐름도에서 분기 조건은 두 값의 등가(等價) 여부 또는 대·소 관계 및 논리변수의 진위(眞僞)를 나타낼 수 있다.

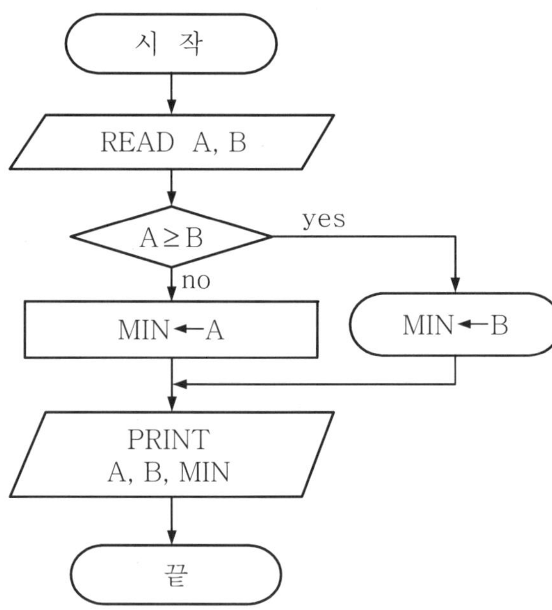


**그림 1.6b** 분기형 흐름도의 예

### (3) 반복형

이 형태는 흐름도의 일정 부분이 설정된 조건을 만족할 때까지 반복 실행하고 설정된 조건이 맞으면 아래로 제어가 이동하는 형태이다. 설정된 조건의 판단은 의사 결정 기호를 사용하고, 조건이 맞지 않으면, 왼쪽으로 분기시켜서 일련의 처리를 다시 되풀이하여 처리하도록 한다. 물론 되풀이 되는 일련의 과정 속에는 조건 설정에 접근되도록 변화하는 인수가 있으므로 일정한 규격에 따라 반복하게 된다. 그래서 이런 형태의 흐름도를 반복형 흐름도라고 한다. 이때 반복처리되는 부분을 **루프**(loop)라 한다.

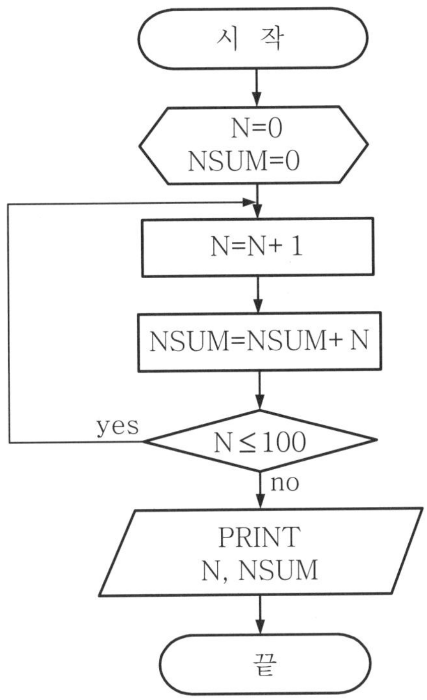


**그림 1.6c** 반복형 흐름도의 예

# 1.7

# 프로그램 작성

흐름도가 완성되면 이것을 기초로 하여 적당한 프로그램 언어를 사용하여 코딩 용지에 일정한 규칙에 따라 문을 기술하여야 한다. 이 과정을 **코딩**(coding)이라 한다.

아무리 문제를 잘 분석하고 보기 좋게 흐름도를 작성하였다 하더라도 코딩하는 과정에서 정해진 문법에 의하지 않거나 또는 철자가 틀리게 되면 컴퓨터는 처리해 주지 않거나 또는 엉뚱한 결과가 나올 수 있으므로 이것을 흐름도 작성에 못지않게 중요하다.

FORTRAN 프로그램은 흐름도에 의해 그림 1.7와 같은 FORTRAN 코딩 용지에 문을 쓰게 된다. 코딩 용지를 사용하는 이유는 첫째 쓰기가 쉽고, 둘째 카드에 천공하기 알맞도록 일정한 규격을 지니고 있기 때문이다.

코딩 용지는 한 줄이 80 난(欄, column)으로 되어 있으며 이것은 80 난으로 된 카드의 각 난에 대응시키기 위한 것이고, 코딩 용지의 한 줄은 카드 1매에 해당한다.

## 1.7.1 코딩 용지에의 기재(코우딩 방법)

흐름도에 따라 FORTRAN 언어에서는 80 난(column)으로 구성된 카드 또는 단말기(FORTRAN 프로그램을 코딩 용지에 기록할 때는 한 줄에 한 개 문(문장, statement)를 통하여 기재하는 것을 원칙으로 하며, 특히 다음과 같은 코딩양식에 따라야만 한다.

### (1) 1~5난(statement number column) : 문 번호 기재

코딩 용지의 1~5난(카드의 난)은 **문 번호**(statement number)를 적는 영역(領域, field)이다. 이때 프로그램에서 필요한 문 번호(statement number)는 1~

99999 사이의 부호가 없는 임의의 **정수(定數, integer)**를 선택하여 1번 난에서 5번 난 사이에 기재하며 끝 숫자는 5번 난에 적는 것이 좋다. 하나의 독립된 단위 프로그램에 같은 문 번호를 사용하면 번역시에 컴파일 오류(compile error)로 지적되며, 문 번호 중에 공백과 문 번호 앞에 0은 무시되며 아무런 의미가 없다. 이 때 1난에 "C"자를 쓰면 비실행문으로 인식하여 프로그램에서의 **설명문**(remark)을 나타낸다. 즉, 설명문은 프로그램 목록(list)에 인쇄 만 될 뿐이지 언어 번역 프로그램에 의하여 번역되지는 않는다. 후술되는 (5)에서 좀더 상세하게 기술할 것이다.

### (2) 6난(continuation mark column) : 연결을 나타내는 문자 기재

6 난은 **연결난**(continuation column)임을 나타내며 FORTRAN 문장이 너무 길어 문자수가 66문자 이상이 되어 한 줄(line)에 끝내지 못하는 경우, 그 다음 줄의 6난에 0이나 공백(空白, blank)이 아닌 문자를 사용한다. 그리고 7번 난 이후부터는 계속하여 문장을 기록하면 그 줄은 앞의 줄과 연결된 한 문장으로 간주한다. 그리고 연결할 수 있는 줄(lines 또는 cards)의 한계는 컴퓨터의 기종에 따라 다르나 일반적으로 19줄(또는 19회)까지 가능하며, 한 문장의 글자수는 1,320글자를 초과할 수 없다.

### (3) 7~72난(statement column) : FORTRAN 문 기재

FORTRAN 문은 7번 난에서 72번 난(총 66개의 난) 사이에만 써야하고 이 **영역(필드, field)** 내에 있는 공백문자는 모두 무시된다. 그러므로 프로그램을 읽기 쉽게 하기 위하여 공백 문자를 적절하게 삽입할 수 있다.

### (4) 73~80난(identification sequence column) : 참고내용 기재

이 난들은 FORTRAN 컴파일러가 무시하여 번역하지 않기 때문에 73난부터 어떤 내용을 적더라도 처리되지 않으므로 프로그램 실행에 어떠한 영향도 미치지 않는다. 이곳은 참고란으로서 필요에 따라 주로 프로그램의 **식별번호**(identification number, ID number)와 참고내용을 기입하거나 또는 다른 목적으로 쓰인다.

**(5) 1난에 참고란(參考欄)(또는 주석난, 註釋欄) C(comment)** : 참고내용이 나 주석 기재

프로그래머가 참고로 해야 할 사항이나 주석을 프로그램 사이에 삽입하고자 할 때에는 1난에 C(**comment의 약자**)를 적고, 2난에서 80난까지 나타난 모든 내용은 참고사항으로 되며, 컴퓨터의 수행과는 무관하지만 프로그램의 출력목록에 그대로 나타나며, 그때 출력된 내용은 차후에 그 프로그램을 이해하는데 많은 편의를 제공한다. 1난에 C자(字)가 적혀 있으면 FORTRAN 컴파일러(compiler)는 2난에서 80난까지의 내용을 기계어로 번역하지 않는다. 주석을 여러 줄에 계속하여 쓰고자 할 경우에는 각 줄의 1번 난에 계속해서 C를 반드시 적어야 한다.

이제 코딩 용지를 사용하여 규격에 맞추어 프로그램을 작성할 수 있게 된 셈이지만 실제로 프로그램을 작성하는 데는 많은 주의가 필요하다. 명령문 하나하나에 세심한 주의를 하여 정확하게 써야 하며 콤마(,) 하나를 빠뜨리거나 위치가 틀려도 그 프로그램은 컴파일을 실행할 수 없게 된다. 프로그래머가 0(zero)으로 쓴 것인데 입력 시 영자(英字) O로 하였다면 단지 이 한 가지 실수로 인해서 그 프로그램은 실행할 수 없게 된다. 잘못 입력한 영자 O를 찾아내는데 프로그래머는 하루 종일을 소비할지도 모른다. 다행이도 이러한 종류의 **오류(誤謬, error)**는 계산기 자신이 찾아내어 알려준다. 그러나 모든 종류의 오류를 컴퓨터(computer)가 다 찾아줄 수 있는 것은 아니며 모든 책임은 컴퓨터가 아니고 인간이 져야 한다는 사실을 명심해야 한다.

프로그램이 완성되면 다음 단계는 **천공(穿孔, punch)**하는 일이다. 과거에는 프로그래머가 직접 천공하기도 하지만 대부분의 경우는 **천공수(穿孔手, key puncher)**가 담당한다. 천공된 프로그램 카드(program card), 자료카드(data card)에 작업제어카드(作業制御, job control card)를 구비하여 규정된 순서로 배열하는 것을 **작업덱(job deck)**이라 한다. 이것을 흐트러지지 않도록 고무밴드(rubber band) 등으로 묶어서 계산소(計算所)에 제출한다. 계산소에서는 실행하는 대로 그 출력을 작업 덱과 함께 의뢰인에게 되돌려 주겠지만 계산기가 빠르다고 해서 즉석에서 여러 고객(顧客)을 상대로 해서 선착자 우선(先着者 優先, first come, first served) 처리를 할 것이기 때문이다. 하나의 작업(作業, job)을 의뢰하고 그 결과가 보기 좋게 프린트되어 나올 것이지만 만일 오류가 있었다면 착오를 지적하는 오류메시지(error message)가 적혀 있을 것이다. 전문(專門)프로그래머일지라도 처음 시도에서 오류가 전혀 없을 것을 기대하기는 어렵다. 그

러므로 오류메시지를 풀이하고 그 오류를 가려내는 일 즉 **디버깅**(debbugging)에도 숙달해야 한다.

요즘에는 직접 키보드를 이용하여 작업하기 때문에 프로그래밍 된 파일을 실행하면 바로 모니터에 나타나 그 결과를 알 수 있으므로 앞 단계에서와 같이 결과가 잘 나올 때까지 계속해서 디버깅하면 된다,

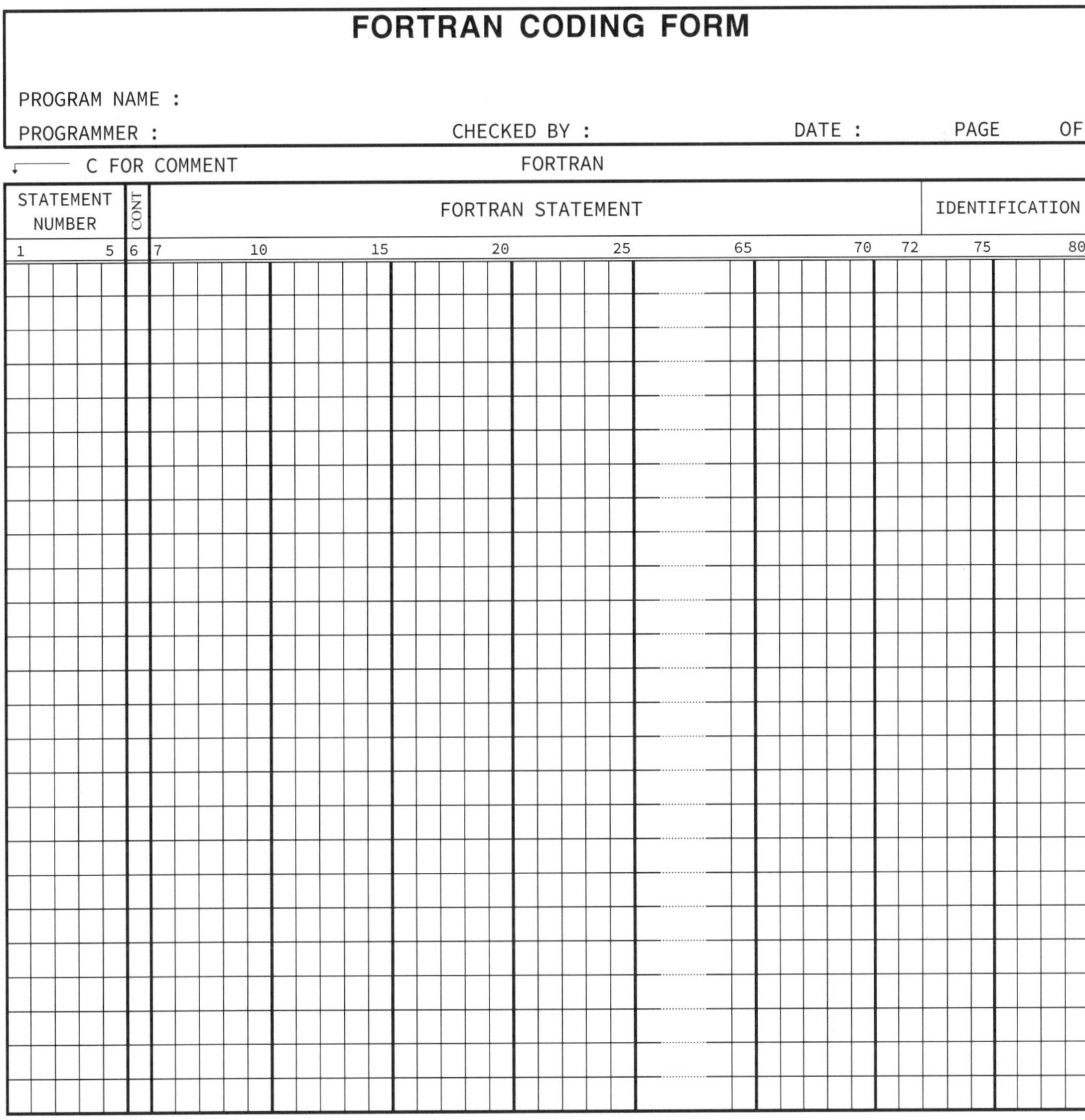
FORTRAN CODING FORM

PROGRAM NAME :

PROGRAMMER : CHECKED BY : DATE : PAGE OF

C FOR COMMENT FORTRAN

STATEMENT NUMBER | CONT | FORTRAN STATEMENT | IDENTIFICATION

1 5 6 7 10 15 20 25 65 70 72 75 80

**그림 1.7** FORTRAN 프로그램 코딩 용지

## 1.7.2 FORTRAN 문에서 사용되는 문자 및 숫자

FORTRAN에서 사용되는 **문자(文字, character)**는 다음과 같은 **영자(英字, alphabetic character)**, **숫자(數字, digit)** 및 **특수문자(特殊文字, special character)**이다.

① 영자 : 대문자(大文字) 26종(綜), 소문자(小文字) 26종(綜)*

```
A B C D E F G H I J K L M N O P Q R S T U V W X Y Z   (大文字)
a b c d e f g h i j k l m n o p q r s t u v w x y z   (小文字)
```

② 숫자 : 10종

```
0, 1, 2, 3, 4, 5, 6, 7, 8, 9
```

③ 특수문자 : 표 1.4에 나타내었다.

**표 1.4** FORTRAN 명령문에서 사용하는 특수문자

| 문자 | 문자의 명칭 | | 문자 | 문자의 명칭 | |
|---|---|---|---|---|---|
| ␣, ∧ | space, blank | 빈칸(공백) | . | point, period | 점 |
| + | plus | 더하기 | , | comma | 콤마 |
| - | minus | 빼기 | " | double quotation mark | 큰따옴표 |
| * | asterisk | 별표(星印) | : | colon | 콜론 |
| / | slash | 사선 | ; | semicolon | 세미콜론 |
| = | equal | 등호 | @ | at sign | 앳 마크 |
| ＼ | back slash | 역 사선 | $ | dollar sign | 통화기호 |
| ' | apostrophe | 인용부호 | % | percent | 퍼센트 |
| ( | left parenthesis | 좌 괄호 | > | greater than | 보다 큰 |
| ) | right parenthesis | 우 괄호 | < | less than | 보다 작은 |

- 소문자 영자는 FORTRAN 77에서만 쓴다.
- 인용부호(', apostrophe)와 콜론(:, colon)은 FORTRAN 77에서만 사용된다.
- 통화기호로서는 $뿐만 아니라 ₩나 £(pound) 등 그밖에 어떤 것도 무방하다.

FORTRAN에서는 이들 문자가 모여서 의미 있는 어(語, word), 수(數, number), 이름(name) 및 연산식(演算式, expression) 등을 만들며 또 이들이 모여서 문(文, statement)을 만든다. 그리고 FORTRAN 프로그램은 일련의 문으로 구성된다. 어떤 프로그램 중의 다음과 같은 문

```
20 SKY=EXP(1.2*Y)+(Z-SQRT(1.28/33.))
```

에 있어서 20, SKY, =, EXP, (, 1.2, *, Y,), +, Z, -, SQRT, 1.28, /, 33.는 모두 특정한 의미를 가지고 있으며(XY#27=-(*AC)식으로 아무렇게나 나열한 문자의 열은 아무런 의미가 없다. 이와 같이 문을 구성하는, 구별할 수 있는, 의미 있는 단위 요소를 원시프로그램 구성요소(primitive program constituent)라 부르며 시스템 기호(system symbol)와 식별자(identifier)로 대별된다. 시스템 기호는 FORTRAN에서 애당초 그 의미하는 바가 규정되어 있어 프로그래머가 다른 목적에 유용할 수 없게 되어 있는 것으로 여기에 속하는 것으로는 +, -, *, / 등의 **연산기호(演算記號, operator)**, =, ( ) 등의 **구분기호(區分記號, delimiter)**, 0.3, 3.28, 및 8.4 등의 **자료정수(資料定數, data constant)**, FORTRAN, GO, TO 및 END 등의 키워드(key word) 등이 있다. 식별자는 변수명, 배열명 및 함수명 등 프로그래머가 만들어 쓰는 이름이며 FORTRAN 문법규정(文法規定)에 벗어나지 않는 이상 프로그래머가 편리한대로 만들어 쓰면 된다. 앞의 SKY, EXP, Y, Z 및 SQRT는 식별자(identifier)이다. 그런데 우리가 과학기술계산에서 자주 사용하는 SIN, COS 및 앞의 EXP와 SQRT 등의 함수(函數, function)는 서브루틴으로 시스템에서 공급하고 있어 FORTRAN에서는 공급함수(supplied function)라 하며 이것을 initialized identifier라 한다.

코딩 용지에 작성한 프로그램을 카드에 천공할 때 문자의 구별을 뚜렷이 하기 위해 다음 문자들은 특히 주의하여 코딩하여야 한다.

FORTRAN에서는 영자는 대문자 또는 소문자로 적어야 하며, 더하기, 빼기, 곱하기 및 나누기의 기호는 각각 +, -, * 및 /로 나타내고 거듭제곱하는 **지수(指數, exponentiation)**제곱은 **로 나타낸다(2.3절 참고).

그러므로 FORTRAN에서는

$a \cdot b$을 A*B로, $\frac{a}{b}$을 A/B로, $a^b$을 A**B

로 나타내야 한다. 한편 FORTRAN 문에서의 빈칸 또는 공백(blank)은 컴퓨터에 의하여 무시되므로 독자는 적당히 공백을 두면서 명령문을 작성하면 읽기에 편리하다. 이를테면

A**B+B**2를    A**B + B**2로

또는 3*K+7*I을 3*K + 7*I로 중간에 적당히 빈칸들을 천공해 넣어도 되며

또는 GOTO 100을 GO TO 100

과 같이 기록하는 것도 좋겠다.

특수문자 공백은 바로 오른쪽에 예시한 코딩 용지 상에 단지 빈 공간이고, 공백들은 12와 14난 공간을 차지하고 공백은 A, +, B와 마찬가지로 문자이다. 만약 공백을 포함하는 정보는 기호 ␣(또는 ^)로 나타낸 공간들이 이 교재의 여러 곳에서 나타날 것이며, 따라서 위에서 예는 A␣+␣B를 출력할 것이다.

| 11 | 12 | 13 | 14 | 15 |
|---|---|---|---|---|
| A |  | + |  | B |
|  |  |  |  |  |

GØ TØ 100에서 글자 Ø[oh]는 그것을 0[零, zero]과 구분하기 위하여 **영자**(英字) O(oh)에 사선을 그었다. 코딩 프로그램을 작성할 때 모든 O에 사선을 긋는 습관을 하는 것을 권고한다.

## 1.7.3 프로그램에서 사용되는 문

우리들은 앞의 프로그램의 흐름도 작성에서 개개인의 국어, 영어 및 수학 점수를 읽어 총점과 평균을 구하는 업무를 분석하여 흐름도를 작성하였다. 그림 1.5의 흐름도를 FORTRAN으로 프로그램을 작성하면 프로그램 1.1과 같다.

**프로그램 1.1** 국어 영어 수학의 총점과 평균 구하는 과정을 코딩 용지에 작성

```
1   5 6 7  10   15   20   25   30   35   40   45
C
C  PROGRAM WHICH CALCULATES TOTAL AND AVERAGE
C
   10 READ *,NUM,KOR,ING,MAT
      IF(NUM .EQ. 99) STOP
      MEAN=KOR+ING+MAT
      PRINT *,NUM,KOR,ING,MAT,KAE,MEAN
      GO TO 10
      STOP
      END
```

그러면 이 프로그램에서 사용되는 명령문에 대하여 간단히 설명한다.

(1) 프로그램 1.1의 첫 번째 줄부터 세 번째 줄까지의 1번 난은 C가 적혀 있으므로 컴퓨터는 이를 주석으로 처리하여 이 내용을 인쇄만 하고 기계어로 번역하지 않는다.

## (2) READ 문(READ statement)

```
READ * NUM, KOR, ING, MAT
```

컴퓨터는 자료 파일에 적혀진 처음 숫자를 읽어 NUM이라는 기억장소(이를 FORTRAN에서는 변수라 한다)에 저장하고, 그 다음의 자료(숫자를 읽어 기억장소 KOR, ING 및 MAT에 순차적으로 저장시킨다. 자료 파일에

| 1 | | | | 5 | 6 | 7 | | | 10 | | | | | 15 | | | | | 20 | | | | | 25 |
|---|---|---|---|---|---|---|---|---|---|---|---|---|---|---|---|---|---|---|---|---|---|---|---|---|
| 1 | , | 8 | 9 | , | 9 | 3 | , | 1 | 0 | 0 | | | | | | | | | | | | | | |
| | | | | | | | | | | | | | | | | | | | | | | | | |

**그림 1.8** 자료 파일

와 같이 적혀 있다면 READ * NUM, KOR, ING, MAT 명령을 수행하면 기억장소에 NUM, KOR, ING, MAT는 다음과 같은 값이 저장된다.

| 1 | 89 | 93 | 100 |
|---|---|---|---|
| NUM | KOR | ING | MAT |

여기서 컴퓨터는 NUM에 기억된 것이 학생의 번호이고 KOR에 기억된 것이 국어 점수인지는 알지 못한다는 사실에 주의해야 한다.

이 문은 free-format 입력 문으로서 이 명령을 이해하지 못하는 컴퓨터에게는 이 문을 다음과 같이 formatted 입력 문으로 수정해야 한다.

```
      READ(5, 20) NUM, KOR, ING, MAT
20    FORMAT(4I5)
```

READ문에 대해서는 제3장에서 상세히 설명한다.

### (3) PRINT 문(PRINT statement)

```
PRINT * NUM, KOR, ING, MAT, KAE, MEAN
```

이 문은 기억장소 NUM, KOR, ING, MAT, KAE, MEAN에 저장되어 있는 현재의 값을 순차적으로 인쇄하도록 컴퓨터에게 지시하는 명령이다. 이것은 Free-format 출력 문으로서 미리 정해진 형태로 인쇄한다.

출력 장치를 일반적으로 레이저프린터 또는 잉크젯 프린터가 주로 A4 용지를 사용하는 프린터라고 가정할 때 인쇄용지는 80 난(print spaces)이므로 이 명령을 수행하면 그림 1.9와 같이 인쇄된다.

```
1 89 93 100 282 94
```

**그림 1.9** 인쇄 형식

만일 free-format 출력 문을 처리하지 못하는 컴퓨터에게 인쇄를 지시하고자 하면 이 문장을 다음과 같이 수정해야 한다.

```
      WRITE(6,30) NUM, KOR, ING, MAT, KAE, MEAN
30    FORMAT(6I8)
```

### (4) 치환 문(assignment statement)

```
KAE = KOR +ING +MAT
```

기호 =의 오른쪽에 있는 기억장소에 저장된 값들을 계산하여 그 결과를 기호 =의 왼쪽에 있는 기억장소 KAE에 넣으라는 명령이다. 컴퓨터는 KOR에 있는 값 89, ING에 있는 93과 MAT에 있는 값 100을 더하여 그 결과 282를 KAE라는 기억장소에 저장한다.

### (5) 제어문(control statement)

```
GO TO 10
```

컴퓨터는 일반적으로 프로그램에 작성된 문을 순서대로 실행한다. 즉, 하나의 명령문을 수행하면 다음 명령문을 실행하고, 그것이 끝나면 그 다음의 문을 실행한다. 그러나 경우에 따라서는 뒤따르는 몇 개의 문들을 수행하지 않고 건너뛰어 처리한다든지 또는 프로그램의 어느 부분으로 되돌아가서 처리해야할 때가 있다. 이 때 사용되는 것이 GO TO 문이다. 컴퓨터가 「GO TO 10」이라는 문을 만나면 문 번호가 10이라고 적혀 있는 문(이 프로그램에서는 READ 문의 문 번호가 10임)으로 컴퓨터의 수행을 옮겨 그 문, 이 프로그램에서는 READ 문을 처리한다. 이 프로그램에서는 한 학생의 성적을 출력한 후 다음 학생의 성적을 읽어 들이는 명령문인 READ 문으로 가서 다시 실행하여 계속 작업을 진행하게 된다. 그러므로 프로그램을 작성할 때는 수백 명 학생의 성적을 처리한다 하더라도 오직 한 학생의 것을 읽어 이를 어떻게 처리할 것인가만 생각하여 프로그램을 작성하면 된다.

컴퓨터 기능 중 기장 중요한 중의 하나가 두 개의 숫자를 비교하여 그 결과에 따라 컴퓨터의 수행을 결정할 수 있는 능력이다. 이를테면

```
IF(NUM .EQ. 99) STOP
```

이라는 문은 만일 기억 장소 NUM에 있는 값이 99와 같으면 작업을 끝내고 (STOP 문이 작업을 완료하라는 명령임), 같지 않으면 IF 문 다음에 있는 명령을 수행하도록 컴퓨터에게 지시한다. IF 문은 "NUM=99?"인가를 물어 그 결과가 참(yes)이면 IF 문에 적혀 있는 문을 수행하고, 거짓(no)이면 그 다음 문을 수행한다.

이러한 내용은 제5장 제어문에서 상세히 기술한다.

### (6) STOP과 END 문(STOP and END statements) 의 차이

STOP 문은 실행문으로서 컴퓨터에게 작업의 수행을 끝내라는 문이다.

END 문은 **항상 프로그램의 마지막에 적는 문**으로서 한 개의 **원시(原始)프로그램**(source program)이 끝났다는 것을 FORTRAN 컴파일러에게 알리는 문이다. 이에 대한 별도의 기계어 명령은 없다. 그러므로 작업의 실행과는 관계가 없고 오직 원시프로그램을 번역할 때 사용하는 문이다. 이와 같이 실행과는 관계가 없는 문을 **비실행문**(nonexecutable statement)이라 한다.

## 1.8

# 프로그램 실행

코딩 용지에 프로그램이 작성되면 컴퓨터로 처리하기 위한 프로그램은 완성되었다. 그러나 코딩 용지에 적혀있는 프로그램을 컴퓨터는 직접 읽을 수 없으므로 컴퓨터가 읽을 수 있는 매체에 이를 옮겨 컴퓨터에 입력시켜야 한다.

프로그램을 컴퓨터에 입력시키는 과정은 컴퓨터에 어떤 입력 장치가 연결되어 있는가에 따라 다른데, 카드 리더기가 있는 경우는 프로그램을 카드에 천공하여 이를 카드 판독기(card reader)를 통해 입력하도록 하며, **키보드 단말장치(keyboard terminal)**가 있을 경우에는 일반적으로 **편집기(編輯機,** EDITOR : text를 편집하기 위한 소프트웨어)라는 편집 프로그램을 통하여 사용자가 키보드로 직접 프로그램을 입력시키면 된다.

과거에는 코딩 용지에 적은 프로그램을 읽어 타자치는 것과 같은 방법으로 천공기의 키(key)를 누르면 천공된 구멍의 형태로 프로그램의 내용이 카드에 기록된다. 이러한 천공된 카드(punched card)에 기록된 프로그램의 모임을 **프로그램 덱(program deck)**이라 한다. STOP 문은 실행문으로서 컴퓨터에게 작업의 수행을 끝내라는 문

1946년 Pennsylvania 머큘리(J.W. Mauchly)와 에커트(J.P. Eckert)에 의해 개발된 최초의 컴퓨터인 ENIAC(Electronic Numerical Integrator And Calculator)은 기억과 연산이 동일한 하나의 장치에서 이루어지며 계산과정을 지시하는 명령들은 스위치(switch)와 배전반(plug board)을 사용하여 필요한 순서대로 미리 연결시켜 문제를 처리하도록 하였다. 이것을 **외부 프로그램방식**이라 한다. 외부 프로그램 방식은 탁상 계산기(calculator)에서 명령을 일일이 손으로 처리하는 것보다는 상당히 편리하고 처리시간도 절약된다. 그러나 수천 개에 달하는 스위치와 배전판을 연결시키는데 많은 시간과 노력이 필요하며 실수를 일으킬 확률이 커지게 된다. 이러한 결점을 보완하기 위해 뉴먼(J. Von Neuman)이 의해 **내부 프로그램 기억 방식(internally stored program)**이 제안되어 1949년에 개발된 EDVAC(Electronic Discrete Variable Automatic Compute) 컴퓨터에서 처음으로

사용되었으며, 오늘날의 컴퓨터는 모두 이 방식으로 작업을 처리한다.

내부 프로그램 기억 방식으로 명령을 수치로 표시하여, 즉 코드화 하여 기억 장치에 자료의 기억 방법과 같은 형식으로 프로그램을 기억시켜 수치 형식으로 기억된 명령을 컴퓨터의 제어 기억 장치가 차례대로 한 개씩 읽으면서 실행하는 방식이다. 이 경우 그 명령 자체를 적당히 조정하여 새로운 명령을 만들어 가면서 실행할 수도 있기 때문에 매우 융통성이 있다.

FORTRAN으로 작성한 프로그램이 내부 프로그램 기억방식에 의해 처리되어 목족하는 결과가 나오게 하기 위해서는 프로그램 덱만 있어서는 안 된다. 왜냐하면 프로그램 덱에 기록된 프로그램은 **고급 언어로 작성**된 것이므로 이를 컴퓨터의 기억 장치에 기억시켜 명령을 수행하도록 지시한다고 하여도 컴퓨터는 이들 명령이 기계어가 아니므로 무슨 뜻인지를 알지를 못한다. 그러므로 번역관(飜譯官)인 컴파일러를 불러들여 고급 언어로 작성된 프로그램을 기계어로 번역시켜야 한다. 이때 번역관이 읽어 들이는 프로그램을 **원시(原始)프로그램**(source program)이라 하고 번역되어 나오는 프로그램을 **목적(目的)프로그램**(object program)이라 한다. 컴퓨터를 작동시켜 결과가 나오기까지의 컴퓨터 처리과정은 일반적으로 다음과 같다.

1. 컴퓨터로 하여금 작업을 시작하도록 한다.
2. 외부기억장치(예 : 디스크 또는 테이프)에 수록되어 있는 여러 컴파일러 중에서 해당 컴파일러를 주 기억 장치로 불러 들여 번역하게 된다.
3. 컴파일러는 원시 프로그램을 읽어 들이면서 번역한다.
4. 번역된 기계어의 목적 프로그램을 외부 기억 장치(예 : 디스크가 테이프)에 수록한다.
5. 외부 기억 장치에 수록된 목적 프로그램을 읽어 주 기억 장치에 기억시켜 명령을 수행하게 한다.
6. 명령을 수행하는 도중 외부의 자료를 입력하는 명령(READ 명령에 해당하는 기계어)이 있으면 자료를 읽어 들이면서 수행한다.
7. 작업을 끝낸다.

이상의 과정을 도표로 나타내면 그림 1.10과 같다.

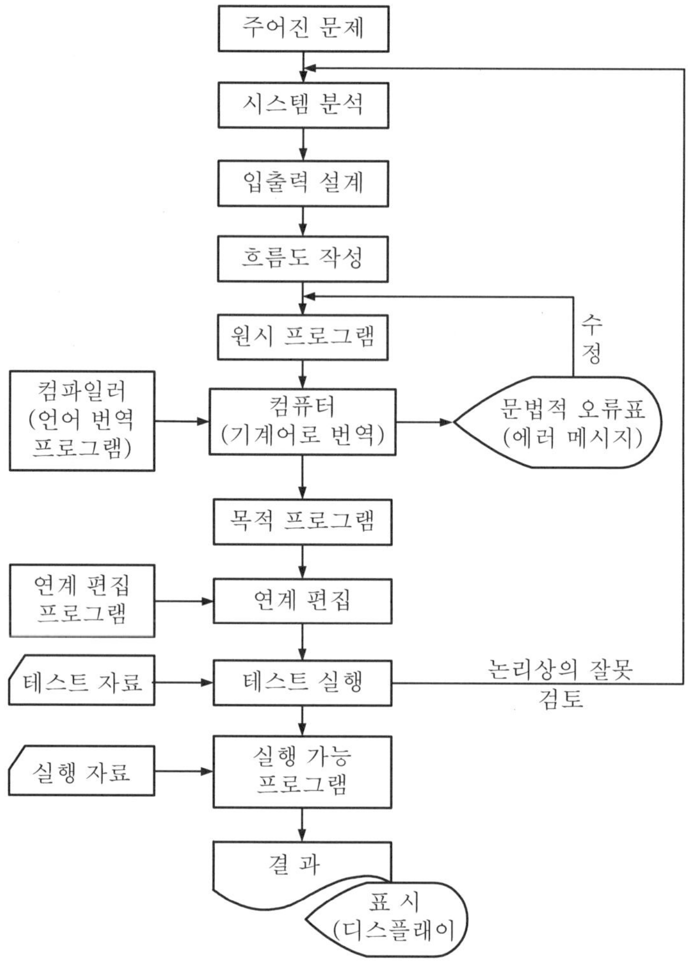


**그림 1.10** 프로그램 번역과 실행 단계(과정 흐름도)

프로그램을 컴퓨터로 처리하시 위해서는 우리들이 지금까지 작성한 FORTRAN 프로그램(program deck)은 컴퓨터에게 주어야 할 패키지(package)의 일부분이라는 것을 알 수 있다.

컴퓨터에게 지시해야 할 패키지는 일반적으로 다음과 같은 순서로 구성된다.

1. ID 카드 : 이 카드는 프로그래머 이름, project 및 account number, 최대 실행시간 등을 기록한다.
2. FORTRAN 프로그램 덱
3. Data Deck : READ 문이 FORTRAN 프로그램에 있는 경우에는 필요하나 그렇지 않으면 필요 없다.
4. End-of-file(EOF) Card

이들 카드의 네 그룹 사이에는 그림 1.11에서 보는 바와 같이 한 장 또는 여러 장의 컨트롤 카드들이 삽입된다. 앞에서 설명한 컴퓨터 처리과정에서의 컴파일러를 주기억 장치로 불러들여 번역하게 한다든지 또는 목적 프로그램을 주기억 장치에 기억시켜 작업을 수행하도록 컴퓨터에 지시하는 것은 컨트롤 카드로 명령한다. 컨트롤 카드를 작성하는 방법은 컴퓨터의 기종에 따라 다르므로 사용할 컴퓨터의 사용설명서(manual)를 참고하여야 한다.

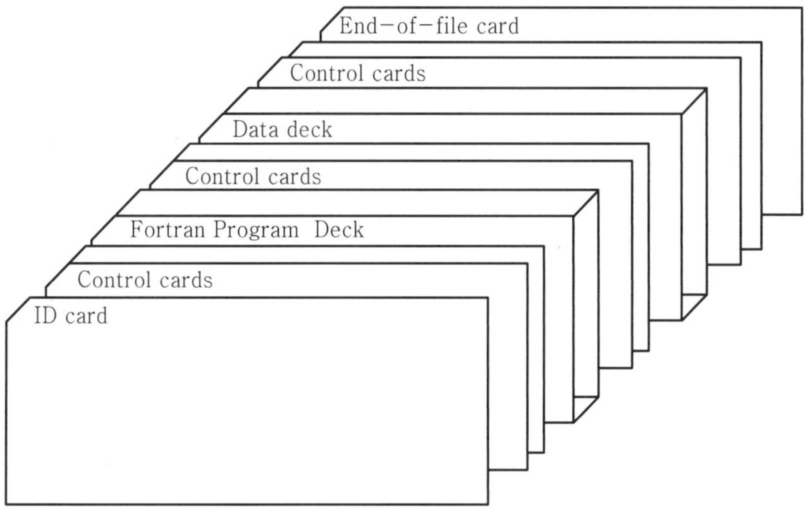


**그림 1.11** FORTRAN package

컴파일러가 원시 프로그램을 읽어 번역하는 중 문법이 맞지 않는 명령문을 발견하면 몇 번 줄의 명령문이 어떤 잘못, 오류(error)가 있다고 화면상에 지적하여 알려주므로 이를 수정하여 다시 번역 시켜야 한다. 이때 컴파일러는 문법상의 잘못은 지적하나 프로그램의 **논리상의 오류(logic error)는** 지적하지 못하므로 컴퓨터가 처리한 결과가 원하는 대로 잘되었는지 검토하여 잘못이 있으면 프로그램을 수정해야 한다. 이와 같이 프로그램을 수정하는 작업을 **디버깅**(debugging)이라 한다.

여러 번의 디버깅 과정을 거쳐 프로그램이 작성되면 비로소 목적한 문제를 처리하기 위해 필요한 자료를 입력시키면서 프로그램을 실행하게 된다.

# 1장 • 연습문제

**1.1** 수와 양을 표시하고 계산하는 방법 중에서 가장 먼저 생각나는 도구는 무엇인가?

**1.2** 1946년 세계 최초로 개발한 프로그래밍이 가능한 전자식 범용 디지털 컴퓨터는 무엇인가?

**1.3** 하드웨어(hardware) 발전사를 세대별 제1세대~제5세대로 설명할 때 각 세대에서의 주요회로 소자에 대하여 기술하라.

**1.4** 컴퓨터의 구성을 5개의 주요부분으로 분류하라.

**1.5** 컴퓨터에서 주기억 장치와 보조기억장치의 차이점을 기술하라.

**1.6** RAM(Random Access Memory)과 ROM(Random Only Memory)을 비교 설명하라.

**1.7** 대표적인 플래시 메모리는 무엇인가?

**1.8** 어셈블러(Assembler)와 컴파일러(compiler)를 비교 설명하라.

**1.9** 프로그램을 편집하기 위하여 쓰이고 있는 편집기(EDITOR)를 아는 대로 들라.

**1.10** 컴퓨터 내부에서의 정보의 구조적인 용어 필드(field)와 레코드(record)를 설명하라.

**1.11** 컴퓨터 프로그램과 프로그래밍을 비교 설명하라.

**1.12** 저급 언어(low-level language)와 고급 언어(high-level language)를 들고 설명하라.

**1.13** 고급언어의 대표적인 프로그래밍 언어는 무엇인가?

**1.14** 프로그램 코딩(coding)이란 무엇인가?

**1.15** 프로그램 디버깅(debugging)이란 무엇인가?

**1.16** 흐름도의 기본형을 들고 그 특성을 간단히 설명하라.

**1.17** STOP과 END 문의 차이를 간단히 설명하라.

## 1장 | 연습문제 해답

1.1 손가락

1.2 에니악(ENIAC)

1.3 **제1세대** : 진공관(vacuum tube), **제2세대** : 트랜지스터(TR), **제3세대** : 집적회로(IC),
**제4세대** : 대규모(또는 고밀도)집적회로(LSI),
**제5세대** : 초대규모(또는 초고밀도)집적회로(VLSI)

1.4 입력장치, 출력장치, 기억장치, 제어장치 및 연산장치

1.5 **주기억장치**는 계산에 필요한 자료를 입력 장치를 통하여 읽어 들인 자료와 프로그램, 중간 결과 및 처리된 결과를 기억하는 곳으로 지정된 장소
**보조기억장치**는 주기억장치의 저장 공간의 부족을 보충하기 위하여 외부의 기억장치

1.6 RAM은 임의의 기억된 내용을 읽거나 쓰기도 하고 프로그램과 자료를 기억(저장)시킬 수 있고, 전원이 꺼지면 기억된 내용도 지워지는 휘발성 메모리
ROM은 임의의 기억된 정보를 단지 읽어낼 수만 있고, 전원이 꺼지면 기억된 내용이 지워지지 않는 비휘발성 메모리

1.7 USB(Universal Serial Bus) 메모리

1.8 **어셈블러(Assembler)**는 어셈블리 언어로 작성된 프로그램을 기계어로 된 프로그램으로 변환해주는 프로그램
**컴파일러(compiler)**는 고급언어로 작성된 프로그램을 기계어 프로그램으로 변환해주는 프로그램

1.9 울트라에디트(UltraEdit), 에디트플러스(Editplus), 텍스트메이트(TextMate), 메모장

(Notepad), Notepad++, 아크로에디트(AcroEdit), EmEditor 및 이지패드(EasyPad) 등

**1.10** **필드(field)**는 word에 대응하고 바이트가 모여,
**레코드(record)**는 sentence에 대응하고 필드가 모여서

**1.11** **프로그램**이란 컴퓨터 프로그램을 설계하고, 쓰고, 검사하는 것을 지시하는 것
**프로그래밍**이란 컴퓨터가 이해하는 언어로 프로그램을 작성하는 것

**1.12** **저급 언어** : 기계어(명령이 숫자로 된 언어)와 어셈블리 언어(숫자로 된 기계어를 약어로 기호화한 언어
**고급 언어** : 컴파일러 언어(일상 사용하는 자연어에 가까운 인간 중심 언어)

**1.13** FORTRAN 언어

**1.14** (프로그램 논리를 명령어로 나타내어) 프로그램을 작성하는 것

**1.15** 작성된 프로그램의 오류를 수정하는 과정

**1.16** **직선형:** 기본적으로 위에서 아래로 나타내는
**분기형:** 하나의 처리가 끝나면 아래의 다음 조건에 따라 흐름이 분기되는 형
**반복형:** 일정한 부분을 주어진 횟수만큼 반복하는

**1.17** END 문은 항상 프로그램의 마지막에 적는 문으로서 한 개의 원시(原始)프로그램이 끝났다는 것을 FORTRAN 컴파일러에게 알리는 명령문
STOP 문은 실행문으로서 컴퓨터에게 작업의 수행을 끝내라는 문

# 2 기본 연산과 수식

# 2.1

# 상수(constants)

FORTRAN에서 사용되는 자료를 상수(자료)라 하며 이들의 형에는 크게 수치형과 비 수치형으로 나눌 수 있다. **수치형자료**는 수학적인 수식연산에 직접 사용되는 자료들로 정수형 자료, 실수형 자료 및 복소수형 자료로 나누어지고, **비 수치형자료**는 문자형 자료와 논리형 자료로 나누어지는데, 논리형 자료는 참(.TRUE.)과 거짓(.FALSE.)의 두 가지 값만 갖는다.

Constant란 수학식이나 계산하는 과정에서와 같이 값이 변하지 않는 수(數, number)라는 의미로서 상수(常數)라 번역하여 사용되나 FORTRAN에서는 계산에 직접 사용되는 수 그 자체를 말한다. 이를 테면

```
I = 3
X = A +1.28
IF(NUM . EQ. 99) STOP
```

등과 같은 명령문에서 사용되는 3, 1.28 및 99를 상수라 한다.

상수는 **소수점**(小數點, decimal point)을 포함한 **실수형 상수**(實數型 常數, real constant)와 소수점을 포함하지 않는 **정수형 상수**(整數型 常數, integer constant)로 나누어진다. 이들 두 종류의 숫자는 연산하는 방법, 컴퓨터 내부에서 기억하는 방법 그리고 외부에 표현하는 방법이 각각 다르다. 그러나 여기서는 이들 숫자를 어떤 방법으로 나타내는가, 즉 외부 표시 방법에 대해서만 설명하기로 한다.

## 2.1.1 정수형 상수

정수형 상수를 **고정 소수점 상수**(fixed-point constant)라고도 하는데 이는 소수점 없이 사용되는 숫자를 말한다. 즉, … −3, −2, −1, 0, 1, 2, 3 … 등과

같은 정수를 일컫는데 양(陽)의 수(또는 자연수)를 나타낼 때에는 +기호를 생략하여도 좋다. 따라서 **정수형 상수**에는 0부터 9까지의 10진수 이내의 숫자로 조합되며, 소수점을 포함하지 않는 10진 정수와 +, - 부호 등 모두 **12자만으로 구성된 수**를 말한다.

여기서 주의할 점은 일반 수학에서는 이와 같은 수의 크기에 한계가 없으나 FORTRAN에서 사용할 수 있는 정수형 상수의 크기에는 제한이 있다. 이 크기는 사용되는 컴퓨터의 기종에 따라 다르다. 예를 들면 32자리의 주판에 표시할 수 있는 수의 한계는 $10^{32}-1$이 되고 24자리의 주판에 표시할 수 있는 수의 한계는 $10^{24}-1$이 되는 것과 마찬가지로 컴퓨터도 하나의 정수를 나타내기 위해 몇 bit(binary digit ; **2진수의 한자리를 bit라 한다**)를 사용하는가에 따라 다르다. 즉 16 bit로 정수형 상수를 나타내는 컴퓨터는 그 한계가 $-2^{15}\sim2^{15}-1$(-32 768~32 767)까지 표현이 가능하고, 32 bit로 정수형 상수를 나타내는 컴퓨터는 그 한계가 $-2^{31}\sim2^{31}-1$(-2 147 483 648 ~2 147 483 647)까지 표현이 가능하다. 그러므로 정수형 상수의 한계는 컴퓨터의 기종에 따라 다르므로 일반적으로 10진수 9자리를 넘어서는 안 된다.

다음 숫자들의 예는 정수형 상수가 된다.

```
25,    367 458,    -4824,    0,   +48 232
```

그러나 다음의 숫자들은 정수형 상수가 될 수 없다.

| | |
|---|---|
| 3.1415 | (소수점이 있음) |
| -314. | (소수점이 있음) |
| 1, 000, 000 | (숫자 사이에 콤마가 있음) |
| 8 923 454 022 | (숫자가 너무 큼) |

**참고_over flow와 underflow**

주어진 값 또는 계산 결과가 그 컴퓨터에서 취급하는 최대허용치를 초과한 상태를 "overflow 되었다"라 하고 최소 허용치에 미달한 상태를 "underflow 되었다"라고 한다.

정수형 상수가 컴퓨터 내부에 기억되는 형태(32 bit 컴퓨터라고 가정할 때)는 다음과 같다.

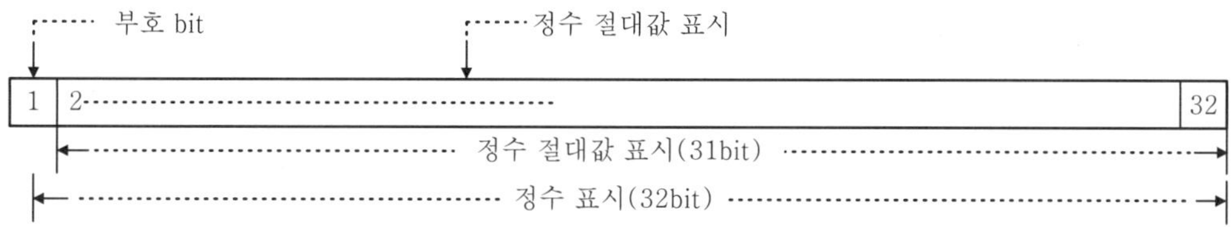


> **참고**
>
> 부호는 좌단의 1bit에 표시되며 양수(또는 자연수)이면 "0"으로 음수이면 "1"로 나타내진다. 또한 **비트(bit)**란 binary digit의 약자로서 **2진법**(binary system)의 수에서 한 자리의 숫자 "1" 또는 "0"을 말한다.

## 2.1.2 실수형 상수

**실수형 상수(實數型, real constant)**에는 일명 **부동소수점 상수**(floating-point constant)라고도 하는데, 이는 소수점이 포함한 10진형 실수형 상수이거나 또는 지수(指數, exponent)를 포함한 지수형 상수형 상수(또는 숫자)를 말한다. 실수형 상수는 다음과 같은 10진형이나 지수형의 상태로 나타낸다.

- **10진형**(decimal form) : 10진법 숫자에 **소수점을 가진 실수**, 즉 ±n., ±n.n, ±.n 형의 숫자로서 예를 들면 17., −36.0, .022 등이다.
- **지수형**(exponential form) : **지수를 가진 실수**, 즉 ±n.nEs, ±n.Es, ±.nEs의 숫자로서 예를 들면 −2.E3, 2.0E7, 0.2E5 등이다.

앞에서 n은 숫자를, E는 지수를, s는 지수의 크기를 나타낸다. 즉, 지수 부분은 문자 E 다음에 10의 몇 제곱이라는 것을 나타낸다.

0.00234는 수학적으로 $0.234 \times 10^{-2}$로 표시하는데 FORTRAN에서는 0.234E−2 으로 나타낸다. 즉 **밑**(radix)인 10 대신에 E로 표시하고 그 뒤에 지수를 적는데 음수일 경우에는 반드시 −부호를 붙이고 양수인 경우에는 +부호를 생략하여도 좋으며, 이 지수의 크기는 기종에 따라 한계가 다르다.

FORTRAN에서 지수형 표현법을 사용하는 이유는 **아주 큰 숫자나 또는 아주 작은 숫자를 나타낼 때 간편하게 쓰기 위함**이다. 즉, 0.000 000 000 000 000 013 7라는 수를 표시할 때 그대로 나타내는 것 보다는 0.137E−16라고 표시하는 것이 간편하기 때문이다.

실수형 상수를 컴퓨터 내부에서 기억하는 방법이 정수형 상수와는 다르기 때문에 숫자를 표시할 때 주의하여야 한다. 즉, 정수형 상수인 2193은 그대로 2진수로 바뀐 형태로 기억되나 실수형 상수 219.0은 $0.219\times10^3$형태로 분리되어 소수부분 0.219와 지수부분 3이 각각 독립적으로 기억되므로 **일반 수학**에서는 219와 219.을 **구별하지 않고 사용하는 것이 상례**이나 FORTRAN에서는 **반드시 구별하여 사용**하여야 한다.

한편 219.0과 0.219E3은 외부적으로 표현방법이 다르나 둘 다 실수형 상수이므로 **컴퓨터 내부에서 기억하는 방법은 동일**하다.

다음 숫자들은 실수형으로 사용할 수 있다.

```
-465.0   465.  465.E-1   0.0
```

그러나 다음의 숫자들은 실수형 상수가 될 수 없다.

| | |
|---|---|
| `135` | (소수점이 없음) |
| `2.4524E3.5` | (지수 부분에 소수점이 있음) |
| `5,234.42` | (숫자 사이에 특수문자 콤마 ,가 있음) |
| `$ 135.7` | (특수문자 $가 포함) |

- 10의 거듭제곱 형태로서 "E"를 사용하여 실수를 나타낼 수 있으며 이 때 주의해야 할 것은 "E"가 반드시 소수점 다음에 위치해야 하고 지수의 거듭제곱(승수, power)이 두 자리를 초과해서는 안 된다.

다음에 예제는 모두 같은 것을 여러 가지 형태로 나타낸 것이다.

예 $-37.6=-3.76\times10^1=-3.76E+01$

$=-376.\times10^1=-376.E-01$

$=-.376\times10^2=-.376E+02$

**실수형 상수**(real constant)의 허용범위도 컴퓨터 기종에 따라 다르며 실수형 상수가 컴퓨터 내부에 기억되는 형태는 다음과 같다.

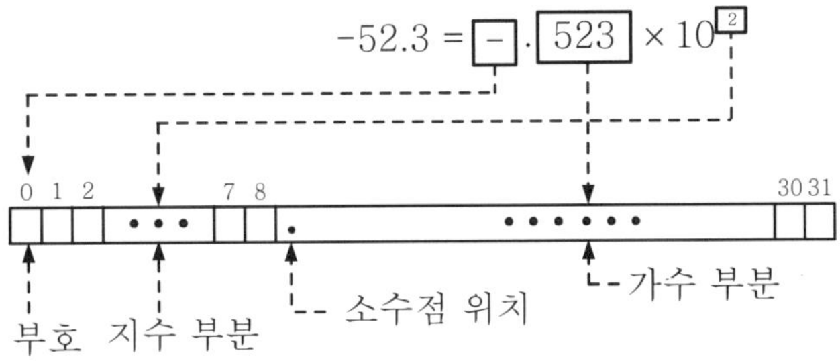


**설명** −52.3을 지수형태로 표시한 $-.523 \times 10^2$에서 **"523"**은 **가수(假數**, mantissa)부분(8~31 bit)에 **"2"**은 지수부분(1~7 bit)에 "−"는 부호(符號, sign) 부분(0 bit : 부호 비트(sign bit)로 +일 때 0, −일 때는 1이다)에 각각 기억된다.

**예**

| | |
|---|---|
| $0.123 \times 10^3 = -.123E03$ ··· | (03 : 지수, 123 : 가수) |
| $120 \times 10^{13} = 1200E13$ ··· | (13 : 지수, 120 : 가수) |
| $-0.69 \times 10^2 = -.69E2$ ··· | ( 2 : 지수, 69 : 가수) |

## 2.2

# 변수(variables)

Variable은 변하는 숫자라는 의미로 **변수(變數)**라 번역하여 사용하는데, 변수란 어떤 수를 가정하여 기호로 나타낸 명칭이다. 예를 들면 삼각형의 면적을 나타내는A=BH/2이라는 수식에서 B와 H는 각각 밑변과 높이를 가정하여 기호로 나타낸 것이다. 그러므로 B와 H를 변수라 한다. 위의 식을 컴퓨터로 계산하고자 하면 우선 밑변과 높이의 값을 기억시킬 정소를 마련하여야 한다. 이 기억장소에 이름을 붙여서 그 이름을 수학에서 말하는 변수와 같이 사용한다. 즉, FORTRAN에서 변수는 어떤 값을 기억(또는 치환)할 수 있는 **기억장소**를 가리킨다. 그리고 변수로 표시되는 수는 기억 장소에 기억된 그 당시의 수치이므로 프로그램의 실행 도중에 변수에 기억(또는 저장)되어 있는 수치를 변경할 수 있다. 그러므로 변수로 표기되는 수치는 일정한 값이 아니라 항상 변할 수 있다는 것에 주목해야 한다. 이를 테면

Y=X+4.9

앞의 문장에서 4.9는 상수로서 컴파일러가 기억 장치 속의 일정한 장소에 4.9를 기억시키는데 이 기억 장소에는 이름이 없어 언급할 수 없으므로 이곳에 기억된 값은 프로그램의 처리가 끝날 때까지 변하지 않고 4.9일 수밖에 없다. 그러나 변수 X와 Y는 기억장소에 각각 X와 Y라는 이름이 있으므로 프로그래머가 임의로 X 또는 Y라는 이름으로 그곳에 저장되어 있는 값을 언제든지 변경시킬 수 있다.

Y=X+4.9라는 명령문의 의미는 기억 장소 X번지에 들어있는 값(자료, data)에 4.9를 더하여 그 결과를 기억장소 Y번지에 넣어 기억시키라는 뜻이다. 그러므로 기억 장소 X번지의 값은 이 명령문을 실행하면 이전에 기억된 값은 없어지고 새로운 값으로 변경되고 Y번지의 내용도 같이 바꾸어진다. 그런데, X번지에 들어 있는 수치는 그 자체 결정되는 것이 아니고 구체적으로 지정된다. 예를 들면 X번지에 2.7을 기억시키기 위해서는

X=2.7

라고 하여야 한다. 이렇게 해주면 컴퓨터 내부에서는 다음과 같이 일이 일어난다.

- 먼저 메모리 내의 적당한 빈 번지(番地)에 자리가 확보된다.
- 그 자리에 X라는 이름이 붙여진다.
- X번지에 2.7이 기억된다.

이 3가지의 동작이 컴퓨터 내부에서 행해지고 **기억장치(記憶裝置, memory)**는 그림 2.1을 참고하기 바란다.

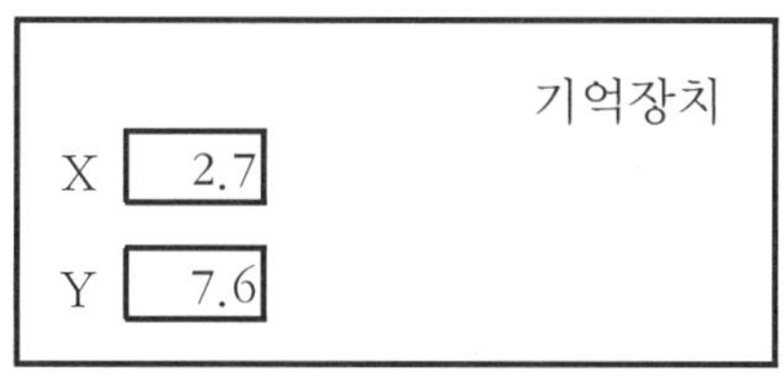


**그림 2.1** 변수의 정의

자료를 저장하는 기억 장소인 **변수**(variable)는 프로그래머의 취향에 따라가 재량으로 기억하기에 편리하도록 그 이름을 자료의 특성에 따라 보통 영문자(英文字)의 첫 자나 둘째 자까지 만으로 붙일 수 있다. 변수의 값은 정수(定數)처럼 양적(陽的)으로 표시되지 않고 이 이름을 **변수명(變數名, 변수명)**을 사용하여 표시하며, 변수명이란 기억 장소의 이름으로서 명령문에서 변수명을 언급하면 그 속에 기억되어 있는 값을 가리킨다. 즉, X+4.9와 같이 X라는 변수명을 명령문에서 사용하면 X는 X에 저장되어 있는 자료(또는 값 또는 수)를 지칭한다.

## ■ 변수 사용 규칙

FORTRAN에서 사용 가능한 문자는 FORTRAN이 지정하는 예약어(do, if, data 등 - 예약어 참고)를 제외하고 영문 대·소문자, 숫자 그리고 일부 특수 문자를 사용한다. 그러나 FORTRAN 컴파일러는 영문 대·소문자를 구분하지 않는다. 예를 들면 대문자 FORTRAN이나 소문자 fortran이나 또는 FoRtRaN이나 등 모두 같은 것으로 간주한다(FORTRAN 77 기준) 과거에 작성된 FORTRAN 프로그램의 경우 거의 대문자로 되어 있으나 소문자로만 코딩을 해도 상관없다. 최근 일부 사용자들은 대·소문자의 구분이 없는데도 각자 정해놓은 규칙에 따라 혼용해서 사용하기도 한다. 또 개발자(開發者, developer)에 따라 대·소문자 구분 옵션(case sensitive)을 제공하기도 한다.

어떤 방법을 사용하든지 문제가 되지 않지만, FORTRAN에서 변수나 상수의 이름을 정할 때 반드시 따라야 하는 규칙이 있다.

변수명은 반드시 다음의 작성 규칙에 따라 만들어야 한다.

① 변수명은 **영숫자(alphanumeric)만을 사용**해야하며 의미가 통하도록 해주면 좋다. 여기서 **영숫자**란 영문자와 숫자를 뜻한다.

② 변수명의 **첫 글자는 반드시 영문자**이어야 한다. 즉 대문자 A, B, C, …, Z 또는 소문자 a, b, c, …, z로 시작해야 한다. 그 다음에는 숫자가 와도 되고 일부 특수문자(예를 들면 underbar _, $ 등)를 사용할 수도 있다. 그러나 **변수명 사이에 공백이 있어서는 절대로 안 된다.**

③ **변수명의 길이는 딱히 제한적인 것은 없다.** 과거에 작성된 FORTRAN 프로그램을 보면 변수명 길이에 제한(일반적으로 과거에는 6글자 이내로 제한적)이 있어 이름만 보고 그 변수가 어떤 것을 의미하는지 알기 어려웠으나 요즘 FORTRAN 컴파일러에서는 컴퓨터 기종과 **운영체제(運營體制,** operating system, OS)마다 약간의 차이는 있지만 길이에 따른 제약은 거의 없다고 봐도 좋다.

단지 변수명을 너무 짧게 짓는다면 나중에 프로그램을 다시 보았을 경우 그 이름이 의미하는 바를 파악하기 어려울 것이고 반대로 너무 길게 짓는다면 코딩 중에 긴 변수이름을 매번 컴퓨터에 입력(入力, typing)해야 하는 번거로움이 있다. 그러므로 각자 자신만의 규칙을 세워서 변수명을 잘 짓는 것이 중요하다.

④ 변수명은 유일하여야 한다. 즉 2개 이상의 변수명에 같은 이름을 부여할 수 없다.

⑤ 변수명의 문자 사이에 공백(blank) ␣이 있어서는 안 된다(다음의 틀린 예 참고)

[맞는 예] AA, KIM, IBM, A12, GOOD, LEE30

[틀린 예]

| | |
|---|---|
| 2YZ | (첫 글자가 영문자로 시작하지 않음) |
| A␣B | (변수명의 문자 사이에 공백(blank) ␣이 있어서는 안 됨.) |
| K*H12 | (변수명 사이에 특수 문자 *가 있어서는 안 됨.) |

변수는 상수와 마찬가지로 여러 종류가 있는데 우선 **정수형 변수(整數型變數,**

integer variable)와 **실수형 변수(實數型變數, real variable)**에 대해서만 설명하기로 한다.

## 2.2.1 정수형 변수

정수형 변수는 수치를 정수의 형태로 기억하는 **변수(變數, variable : 기억장소)**를 말하며 **변수명(變數名, variable name : 기억 장소의 이름)**은 첫 글자가 I, J, K, L, M 및 N 중의 어느 한 글자로 시작해야 한다. 컴퓨터의 기종에 따라 정수형 변수의 크기가 다르므로 기억할 수 있는 수치의 범위가 다르다.

[맞는 예] NICE, IBM, K, LADY, M13, L3

[틀린 예]

| | |
|---|---|
| 2M | (첫 글자, 변수명이 영문자로 시작하지 않음) |
| ABC | (첫 글자가 I~N 중의 어느 한 글자로 시작되지 않았음.) |
| K.m | (변수명에 특수 문자 .이 포함되어 있음.) |
| ITEM-2 | (변수명 사이에 -는 허용되지 않음) |

## 2.2.2 실수형 변수

실수형 변수는 **수치를 실수의 형태로 기억하는 변수**를 말하며 변수명은 첫 글자가 I, J, K, L, M 및 N 이외의 영문자로 시작해야 한다.

[맞는 예] ABC, SEOUL, ABBA, SUN, STRESS, RH023

[틀린 예]

| | |
|---|---|
| 3B | (변수명이 영문자로 시작되어야 함) |
| KIM | (첫 글자가 I~N 이외의 영문자로 시작되어야 함.) |
| CHUN. | (변수명에 특수 문자 .이 포함되어 있음.) |
| SUN-JA | (변수명에 특수문자 -이 포함되어 있음) |

상수에서는 정수형 상수에 소수점을 찍으면 실수형 상수가 되나 정수형 변수를 실수형 변수로 변환시키고자 할 때 변수명에 소수점을 찍어서는 안 된다. 즉, NEW이라는 정수형 변수에 소수점을 붙인 NEW.은 실수형 변수가 되지 않을 뿐

아니라 이것은 변수명이 될 수가 없다.

변수명에는 기억장치 하나의 번지가 할당된다. 우리가 편지를 부칠 때 봉투에는 수신인(受信人)의 이름뿐만 아니라 도로명(道路名), 건물번호 및 상세주소를 적어야 한다. 그래야만 편지가 목적지에 바로 들어가지 상세주소를 쓰지 않았을 경우 이름만 보고 상세주소를 찾아 편지를 보내주려고 하지는 않을 것이다. 마찬가지로 기계어 프로그램에서는 기억시킬 정보의 기억장소(記憶場所)를 상세주소로서 명시해야 한다. 그러나 FORTRAN 프로그램에서는 이름만 밝히면 그 이름에 대응하는 수가 기억될 장소를 컴퓨터가 찾아 주는 셈이다.

FORTRAN 프로그램이 어떤 형태를 갖는가를 보기 위하여 다음과 같은 간단한 예를 들어 보자.

```
99   READ(5, 10) X
10   FORMAT(2F8.3)
20   BOY=EXP(0.5*X)+(X-SQRT(3.28/84.))
     WRITE(6, 10) X, BOY
       GO TO 99
     END
```

앞의 프로그램 예의 식에서 X에는 하나의 상세주소가 할당되고(예를 들면 단독주택이라면 안국동(127) 등 READ 문으로 읽어 들인 자료는 그 할당된 번지에 들어가게 되며 주어진 식

```
Y=X+4.9
```

라는 연산을 할 때 X(=127) 상세주소에 들어 있는 자료를 연산장치(演算裝置)에 호출(呼出)하여 연산식(演算式)에 따라 계산한 결과는 Y에 할당된 상세주소(예를 들면 227)에 기억시킨다. 이 때 다음과 같은 출력문을 이용하여

```
WRITE(6, 10) X, Y
```

하면 처음에 읽어 들였던 **입력자료(入力資料**, input data) X와 방금 계산한 결과 Y를 출력할 것이라는 것이 쉽게 이해가 갈 것이다.

## 2.3

# 산술(연산)식(arithmetic expressions)

Expression은 수식으로 번역하여 표현한다. FORTRAN에서는 수식을 우리들이 수학에서 사용하는 수식과 거의 같은 형태로 상수와 변수들을 **연산자(演算子, operator)**로 결합하여 표시한다. 여기서 **연산자란 수행되는 연산을 나타내기 위한 기호**를 뜻한다.

수학에서

$$a \cdot b \qquad \frac{b}{a} \qquad a^b.$$

을 FORTRAN에서는 각각 A*B, B/A, A**B로 나타낸다.

연산자는 **산술(算術) 연산자**(arithmetric operator), **관계(關係) 연산자**(relational operator) 및 **논리(論理) 연산자**(logical operator)로 나누어지고, 수식은 이들 연산자 중에서 어떤 연산자를 사용했는가에 따라 산술식(**算術式**)(arith-metric expression), **관계식(關係式)**(relational expression), **논리식(論理式)**(logical operator)으로 나누어지나 여기에서는 산술식만을 설명하기로 한다.

FORTRAN의 산술식에 사용되는 기본적인 산술 연산자는 더하기, 빼기, 곱하기, 나누기 및 거듭제곱의 5가지 있는데 이들의 기호는 수학에서 사용하는 연산자의 기호와는 약간의 차이가 있다. 연산에서 가장 중요한 것은 연산 순서일 것이다. 왜냐하면 순서에 따라 계산되는 값은 크게 달라지기 때문이다. 이 5가지 연산자보다 우선순위를 가지는 것은 무엇일가? **산술 연산에서 최고의 우선순위는 괄호**이다. 복잡한 수식일수록 괄호를 잘 사용하여 계산이 제대로 이루어지도록 해야 할 것이다.

**표 2.1** FORTRAN의 산술 연산자

| 연 산 | 연산자 | 수학적 표현 | FORTRAN 표현 |
|---|---|---|---|
| 더 하 기(addition) | + | $a+b$ | A+B |
| 빼 기(subtraction) | - | $a-b$ | A-B |
| 곱 하 기(multiplication) | * | $a \cdot b$ | A* B |
| 나 누 기(division) | / | $\frac{a}{b}$ | A / B |
| 거듭 제곱(exponentiation) | ** | $a^b$ | A**B |

주의 : 거듭 제곱의 연산자 **는 곱셈 곱셈의 의미가 아니다.

FORTRAN의 산술식은 위의 5가지의 연산자, 괄호, 상수, 변수 및 함수 등을 결합하여 만들며 다음 예제를 통하여 알아보자.

**예제 2.1** 주어진 수학식을 FORTRAN 식으로 나타내어라.

| 수학식 | FORTRAN 식 |
|---|---|
| $xy$ | `X*Y` |
| $3(h+2)$ | `3*(H+2)` |
| $x^{2+b}$ | `X**(2+B)` |
| $\left(\frac{a-b}{x+y}\right)^2$ | `((A-B)/(X+Y))**2` |
| $a+x-c+\frac{g}{d+s}$ | `A+X-C+G/(D+S)` |
| $c=\sqrt{a^2+b^2}$ | `C=SQRT(A**2.+B**2.)` |
| $4k^{2+n}$ | `4*K**(2+N)` |
| $a=\sqrt[5]{bc-de}$ | `A=(B*C-D*E)**0.2` |
| $v=2\alpha^2+\sqrt{\beta}$ | `V=2.*ALPHA**2.+SQRT)BETA)` |

**참고**

수학식의 $a^{b^c}$를 FORTRAN 식으로 표시하려면, 컴파일러(compiler)에 따라 A**(B**C), 또는 (A**B)**C로 취급되기 때문에 반드시 소괄호 ( )를 사용하여 정확한 의미를 살릴 수 있도록 해야 한다. 또한 $2^{1/2}$의 결과는 1이다. 왜냐 하면, $2^0$=1(1/2=0)이기 때문이다. 따라서 $2^{1/2}$는 $2.^{1/2}$, $2.^{1/2.}$ 또는 $2.^{1./2.}$으로 표시해 주어야 한다.

FORTRAN의 산술식에는 다음과 같은 규칙이 있으므로 FORTRAN으로 산술식을 만들 때 각별히 주의하여야 한다.

1. 2개의 연산자를 계속하여 쓸 수 없다.

A*−B는 2개의 연산자가 연달아 나왔기 때문에 잘못되었으며 이것은 괄호를 사용하여 A*(−B)나 변수의 순서를 바꾸어 −B*A로 고쳐야 한다. 수학에서는 수식이 복잡할 경우 소괄호 ( ), 중괄호 { } 및 대괄호 [ ]를 사용하지만 FORTRAN에서는 **소괄호( )만 사용**한다는 것에 주의하여야 한다. 그러므로 수식이 매우 복잡한 경우에는 수식을 부분 부분으로 잘라서 임시로 변수를 만들어 저장하고 마지막에 완전한 계산을 수행하는 것이 오류를 줄이고 프로그램을 재확인할 때 아주 편리한 방법이다.

2. 괄호는 계산의 순서를 지정하기 위해서만 사용된다.

일반적인 수학공식에서는 곱하기 기호를 생략하고 $(x+a)(x-a)$에서 보는 바와 같이 괄호가 계산 순서의 지정과 동시에 곱한다는 의미가 내포되어 있으나 FORTRAN에서는 곱셈의 기호를 절대로 생략해서는 안 된다 그러므로 (X+A)*(X−A)와 같이 기술해야 한다. 만약에 FORTRAN 프로그램에서 곱셈기호를 생략하여 AB로 쓴다면 이는 A와 B의 곱 즉, A×B를 의미하는 것이 아니라 AB라는 변수로 인식하기 때문에 늘 주의해야 한다.

3. 정수의 연산의 결과는 정수이다. 특히 **나누기를 할 경우에는 변수형에 주의**를 해야 한다.

정수와 정수를 연산하면 그 결과는 정수가 되므로 1/2은 정수 1을 정수 2로 나누는 것인데 수학적인 답은 0.5가 되지만 FORTRAN에서는 0.5가 아니라 정수가 되어 0이 된다. 그렇기 때문에 이러한 계산에는 자료의 형에 신경을 더 써야한다.

가장 많이 하는 실수(?)로 분모가 0이 되는 경우이다. 프로그램 실행 시 제일 많은 오류가 발생하는 경우가 이 경우인데 분모가 들어있는 연산식은 반드시 분모가 0인지 아닌지 판단하는 명령문을 사용하여 미리 방지하길 바란다.

4. 실수의 연산 결과는 실수가 된다.

3.0/2.0의 값은 실수 1.5가 된다.

5. 정수와 실수가 혼합되는 연산에서 정수는 실수로 변환되어 실수 연산을 하게된다.

3/2.0의 혼합연산은 정수 3이 실수 3.0으로 바뀌어 3.0/2.0의 실수 연산

이 되어 그 결과는 1.5가 되어 4항과 같은 결과가 된다.

앞의 경우와 같은 계산을 하다보면 서로 다른 자료형의 연산이 나타나는데 이 경우 수치표현의 정확도가 높은 쪽의 자료의 형으로 나타내어진다. 즉, 정수형과 실수형의 계산을 수행하면 결과는 실수형이 된다. 여기서 중요한 점은 계산결과를 저장하는 변수도 실수형이 되어야 한다. 계산 결과가 실수형이 나왔는데 정수형 변수에 저장하는 어리석음(우, 愚)을 범하지 말자.

6. 산술식의 계산 순위는 첫째 괄호( ) 속, 둘째 함수 연산, 셋째 거듭 제곱(지수, **), 넷째 곱하기(*)와 나누기(/)(**먼저 나온 순**으로), 다섯째 더하기(+)와 빼기(−)(**먼저 나온 순**으로)의 순서로 이루어진다. 여기서 먼저 나온 순이란 의미는 같은 순위의 것은 왼쪽에서 오른쪽으로 이동하면서 계산된다는 뜻과 같다.

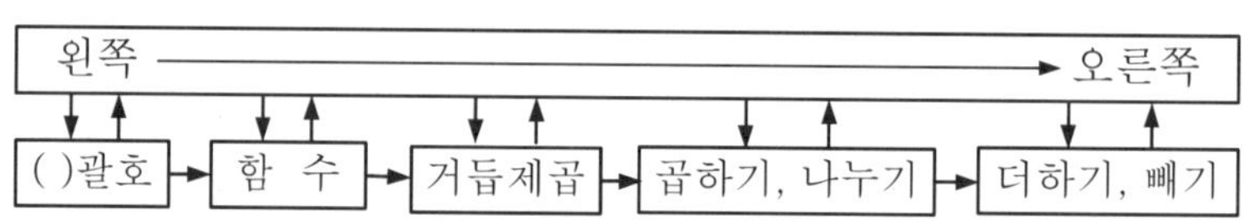


산술식의 연산 우선순위에 대하여 다음 그림 2.2를 통하여 알아보자.

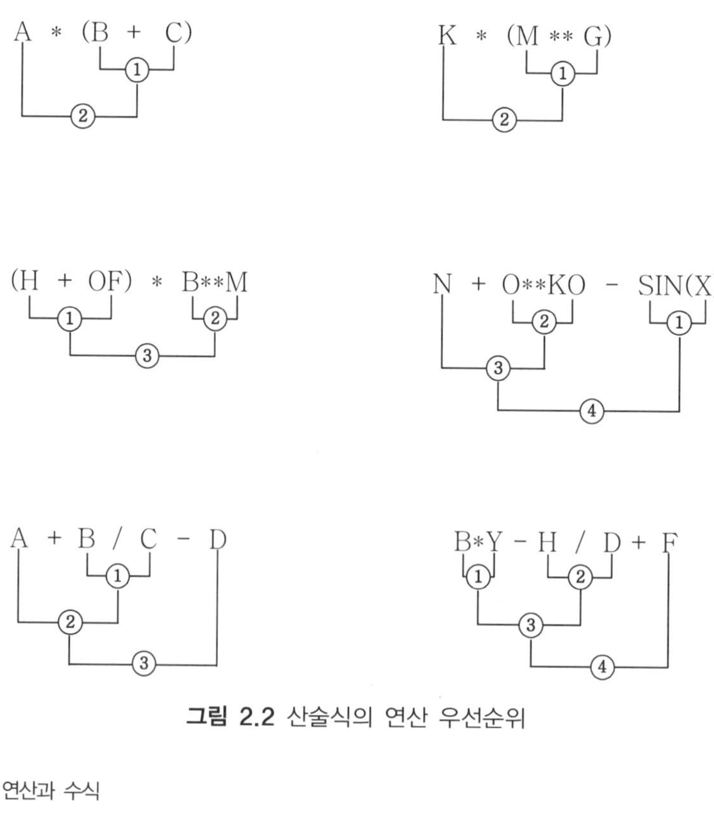


**그림 2.2** 산술식의 연산 우선순위

X=A+B/C**N*(N−3.5)의 FORTRAN 문이 계산되는 순서는

첫째, (N−3.5)를 계산한 실수가 기억장소 $T_1$에 임시 보관된다. 이때 N에 기억된 정수가 실수로 변환한 것이 계산에 사용되나 변환된 실수가 N에 저장되지는 않는다.

둘째, C**N를 계산하여 기억장소 $T_2$에 임시 보관시킨다.

셋째, B를 $T_2$로 나누어 그 결과 실수가 임시 기억 장소 $T_2$에 임시 보관된다.

넷째, 셋째 과정에서 계산된 $T_2$와 $T_1$을 곱하여 $T_1$에 임시 보관한다.

다섯째, $T_1$에 A를 더하여 $T_1$에 잠시 보관한다.

여섯째, $T_1$을 X에 기억시킨다.

이러한 앞의 과정을 연산되는 순서로 그림을 작성하면 다음과 같다. 여기서 ①~⑥까지의 번호는 연산되는 순서를 나타낸다.

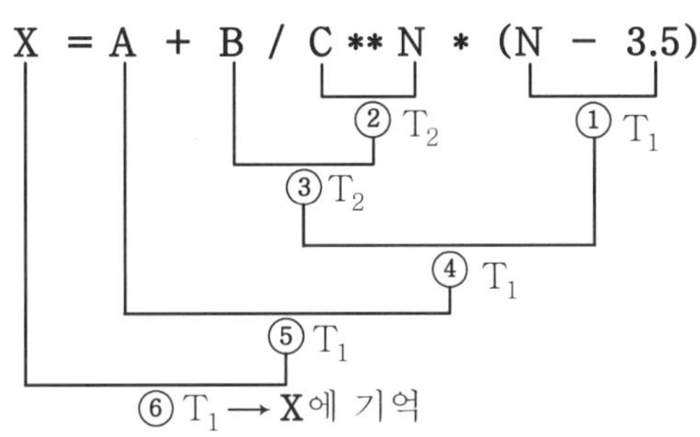


**예제 2.2** 6**3/8+4*5*9−6*(8−3)이 연산되는 순서를 나타내어라.

**풀이**

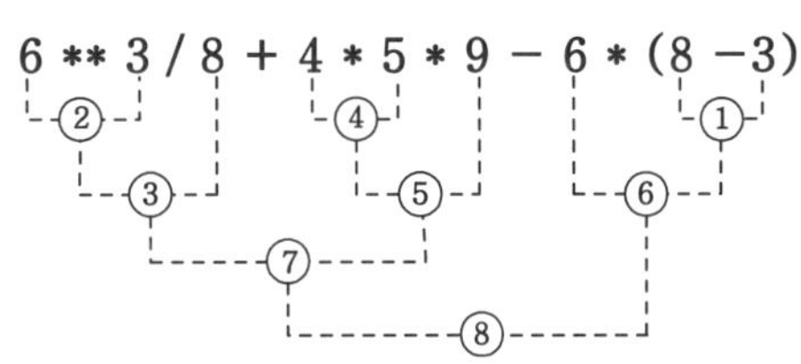


①~⑧번의 순서는 앞 페이지 6항을 참고하면 쉽게 이해할 수 있다.

컴퓨터를 사용하여 연산을 할 때 특히 주의해야 할 점은 **매우 큰 숫자와 아주 작은 숫자를 연산할 경우 작은 숫자가 무시되는 수**가 있다. 실수는 지수 부분과 소수 부분으로 나누어 기억되는데 소수 부분이 기억되는 bit의 수가 한정되어

있으므로 큰 수와 작은 수와의 더하기나 빼기에서 작은 수가 의미를 잃어 그 결과가 틀리는 수가 있다. 예를 들면 유효 숫자 8자리까지만 기억하는 컴퓨터로 0.200 000 000 +12 345 678. −12 345 677.을 계산하면 그 결과는 1.000 000 0이다. 왜냐하면 0.2+12 345 678.의 값은 12 345 677.2이나 유효 숫자가 9자리이므로 이러한 컴퓨터는 유효 숫자 8자리밖에 기억하지 못하기 때문에 9번째 자리의 수인 2는 버리고 12 345 678.0만을 기억하여 12 345 678.0−12 345 677.0을 계산한 결과는 1.0이 된다. 그러나 이 명령문을 0.2+(12 345 678.0−12 345 677.0)로 수정하면 정확한 결과 1.2를 얻을 수 있다.

FORTRAN 산술식을 쓸 때에는 사소한 것에도 신경을 써야 한다. 예를 들면, $\frac{12}{2\times3}$을 산술식으로 나타낸다는 것이 12/2*3이었다고 한다면 답은 엉뚱한 것이 나올 수밖에 없다. 답이 2가 되어야 옳은데, 18이 된다. 따라서 12/(2*3)이라고 괄호를 이용하여 먼저 연산의 우선순위를 지킴으로서 정확한 결과를 얻을 수 있다.

> **참고**
>
> 산술연산에서 괄호로 인해 컴퓨터에서 의도하지 않은 결과값이 나올 수 있다. 예를 들면, (A+B)+C는 수학적으로 동일한 의미를 갖지만 A, B 및 C값의 **유효숫자 자릿수의 제한으로 발생하는 오차 때문**에 괄호를 어떤 기호(상수 또는 변수)와 묶느냐에 따라 각각 다른 값을 출력할 수 있다.

### ■ 여러 가지의 산술 연산

#### (1) 정수형과 정수형의 연산

정수형과 정수형의 연산 결과는 정수형이 된다.

예 5/3 → 1, 4/5 → 0, 11/3 → 3, 7/3 → 2

#### (2) 정수형과 실수형의 연산

정수형과 실수형의 연산 결과는 실수형(정수는 실수로 변환되어 실수연산을 한다.)이고, 값의 길이는 크기와 동일하다.

예 4.2/3 → 1.4, 2.0/5 → 0.4, 4.4/2 → 2.2, 4/5.0 → 0.8

### (3) 실수형과 실수형의 연산

실수형과 실수형의 연산 결과는 실수형이다.

예 4.2/3.0 → 1.4, 2.0/5.0 → 0.4, 4.4/2.0 → 2.2, 4.0/5.0 → 0.8

### (4) 정수형 변수=식 : I, J, K, L, M 및 N 중의 1개의 변수=식

먼저 우변의 식이 계산된 후에 좌변이 변수명에 맞는 형(型, type)으로 값이 치환된다.

① 정수형 변수=정수형과 정수형 : 연산 결과는 정수형

② 정수형 변수=정수형과 실수형 : 연산 결과는 정수형

③ 정수형 변수=실수형과 실수형 : 연산 결과는 정수형

예 I=2+4 → 6, I=2*4 → 8, I=3/4 → 0, I=3.0/4 → 0,

I=2.0/2 → 1, I=3/2.0 → 1, I=2.0/5.0 → 0, I=3.0/2.0 → 1,

### (5) 정수형 변수=식 : I~N 중의 변수를 제외한 A~Z 중의 1개의 변수 =식

① 실수형 변수=정수형과 정수형 : 연산 결과는 실수형

② 실정수형 변수=정수형과 실수형 : 연산 결과는 실수형

③ 실수형 변수=실수형과 실수형 : 연산 결과는 실수형

예 A=3/2 → 1.0, A=4/4 → 1.0, A=2/2 → 1.0, A=3.0/2 → 1.5

A=1.5*2 → 3.0, A=1 +2.5 → 3.5, A=1.0+5.0 → 6.0, A=3.0/2.0 → 1.5

**참고**

우측의 식에서 하나가 실수형이고, 다른 하나가 **배정도(倍精度, double precision)** 실수형 또는 복소수(複素數, complex)형일 경우 연산결과 값은 배정도형 또는 복소수형이 된다.

FORTRAN 산술식에 대한 구체적인 예를 들면 다음과 같다.

**예제 2.3** 다음은 수식을 FORTRAN 식으로 정확히 표현한 예와 잘못 표현한 예이며, 여러 식에서 괄호의 중요성을 느낄 수 있다.

| 수 식 | 바른 FORTRAN 산술식 | 틀린 FORTRAN 산술식 | |
|---|---|---|---|
| $a \cdot b$ | A*B | AB | (연산자 빠짐) |
| $a(-b)$ | A*(-B) 또는 -B*A | A*-B | (연산자 중복) |
| $a+bc$ | A+B*C | (A+B)*C | $(a+b)c$을 의미함 |
| $a^{i+2}$ | A**(I+2) | A**I+2 | $(a^i+2)$를 의미함 |
| $\frac{a}{3b}$ | A/(3.*B) | A/3.*B | $\left(\frac{ab}{3}\right)$을 의미함 |
| $\frac{a}{b+c}$ | A/(B+C) | A/B+C | $\left(\frac{a}{b}+c\right)$을 의미함 |
| $a-(b-c)$ | A-(B-C) | A-B-C | $(a-b-c)$를 의미함 |
| $\sqrt{a+b}$ | (A+B)**0.5 | A+B**0.5 | $(a+\sqrt{b})$을 의미함 |
| $\frac{a \cdot b}{c \cdot d}$ | A*B/(C*D) | A*B/C*D | $\left(\frac{abd}{c}\right)$을 의미함 |
| $\left(\frac{P+Q}{C}\right)^2$ | ((P+Q)/C)**2 | (P+Q)/C**2 | $\left(\frac{P+Q}{C^2}\right)$을 의미함 |

FORTRAN은 과학 및 공학 계산의 전용 컴파일러라고 하였다. 그렇기 때문에 수학에서 자주 사용되는 제곱근, 로그, 지수, 삼각함수, 절대값, 최대값 및 최소값 등과 같은 함수들을 구하는 프로그램을 컴퓨터 제작 회사에서 미리 프로그래밍하여 컴퓨터 내부에 자체적으로 기억시켜 두었다가 사용자가 필요한 경우에 해당 함수의 함수명과 하나 이상의 인수만 쓰면 함수의 값을 구할 수 있도록 하였다. 이러한 함수를 **공급함수(供給函數)** 또는 **내장함수(內藏函數)**(supplied function, library function, intrinsic function, built-in function)라고 한다.

컴퓨터 제작회사와 기종에 따라 공급함수의 종류와 수가 약간 다르지만 각 함수는 3~6글자의 영숫자로 된 고유의 이름을 가지고 있다. 가장 많이 사용되는 몇 가지 예를 들면 다음 표 2.2와 같다(공급함수의 자세한 표는 부록 A에 수록한다).

**표 2.2** 대표적인 공급함수(또는 내장함수)

| 함수명 (function name) | 수학식 (math. ex -pression) | 수학적 의미 (mathematical meaning) | 인수의 수 (no. of argument | 인수의 형 (type of argument) | 함수의 형 (type of function) |
|---|---|---|---|---|---|
| SQRT(X) | $\sqrt{x}$ | $x$의 제곱근 | 1 | 실수($\geq 0$) | 실수 |
| ALOG(X) | $\log_e x$ | $x$의 자연 로그값 | 1 | 실수($>0$) | 실수 |
| $ALOG_{10}(X)$ | $\log_{10} x$ | $x$의 상용 로그값 | 1 | 실수($>0$) | 실수 |
| EXP(X) | $e^x$ | $e$의 $x$승($e$는 자연대수의 밑) | 1 | 실수 | 실수 |
| SIN(X) | $\sin x$ | $x$라디안의 사인값 | 1 | 실수 | 실수 |
| COS(X) | $\cos x$ | $x$라디안의 코사인값 | 1 | 실수 | 실수 |
| TAN(X) | $\tan x$ | $x$라디안의 탄젠트값 | 1 | 실수 | 실수 |
| ASIN(X) | $\sin^{-1} x$ | $x$의 역 사인값 | 1 | 실수($\leq 1.0$) | 실수(라디안) |
| ACOS(X) | $\cos^{-1} x$ | $x$의 역 코사인값 | 1 | 실수($\leq 1.0$) | 실수(라디안) |
| ATAN(X) | $\tan^{-1} x$ | $x$의 역 탄젠트값 | 1 | 실수 | 실수(라디안) |
| SINH(X) | $\sinh x$ | $x$의 쌍곡사인값 | 1 | 실수 | 실수 |
| COSH(X) | $\cosh x$ | $x$의 쌍곡코사인값 | 1 | 실수 | 실수 |
| TANH(X) | $\tanh x$ | $x$의 쌍곡탄젠트값 | 1 | 실수 | 실수 |
| ABS(X) | $\|x\|$ | $x$의 절대값 | 1 | 실수 | 실수 |
| IFIX(X) | · | 실수$x$을 정수로 변환 | 1 | 실수 | 정수 |
| FLOAT(X) | · | 정수 M을 실수로 변환 | 1 | 정수 | 실수 |

※ $\sin^{-1}x$ : 역사인 $x$ , 역 sine $x$ 또는 아크사인(arcsine) $x$ 등으로 나타낼 수 있다.

함수명 뒤의 괄호 속에 있는 값 X, M을 **인수(因數, argument)**라 하는데 일반적으로 연산식을 나타내며 X는 실수형, M은 정수형을 뜻한다. 마지막 2개의 예는 대표적인 것이라고 하기는 어렵지만 인수의 형(型), 수(數) 그리고 함수 자체의 형이 여러 가지로 규정되어 있음을 보이기 위한 것이다. 인수로는 상수, 변수 또는 수식 중에 어느 것을 써도 좋으나 인수의 형(정수형 또는 실수형)의 함수가 요구하는 형과 같아야 한다. 대개 함수의 형태는 대부분 실수형이어야 하는 경우가 많지만, 어떤 함수는 정수형인 경우가 있다.

이와 같이 함수에 따라서 다르기 때문에 세심한 주의가 필요하다. 예를 들면

SQRT(213.0)　　　SQRT(X27)　　　SQRT(X+Y)

는 213.0, X15 및 X+Y의 제곱근, 즉 $\sqrt{\mathbf{213.0}}$ , $\sqrt{\boldsymbol{x27}}$ 및 $\sqrt{\boldsymbol{x+y}}$ 을 구하기 위한 함수를 사용한 것으로서 인수가 실수형이므로 정확한 표현이다. 다음과 같은

SQRT(213)　　　SQRT(K)　　　SQRT(N+3)

는 잘못된 표현이다. 왜냐하면 SQRT 함수의 인수는 실수형이어야 하는데 이들 명령에서는 정수형인 213, K 및 N+3을 인수로 사용했기 때문이다.

IFIX(X) 함수는 인수 X가 실수형이므로 즉 X=2.6일 때 IFIX(2.6)의 값은 실인수의 값 2.6에서 소수점 이하는 버리고 정수형 수치로 바꾸어 정수 2가 된다. $FIX_{ed}$의 FIX 대신 IFIX로 I자(字)를 붙인 것은 정수형으로 만들기 위한 것이다. FLOAT(M)은 인수 M으로 주어진 정수를 실수로 변환한다. 예를 들면 FLOAT(2)는 2.0이 된다.

내장함수를 인용하기 위해서는 내장함수의 이름을 쓰고 괄호 안에 인수에 대응하는 연산식을 써 주면 된다. 예를 들면 $b^2-4ac$의 제곱근을 구하기 위해서는

```
SQRT(B**2-4.*A*C)
```

하면 된다. 이때 주의해야할 것은 실인수(實因數, actual argument)는 시스템에서 지정한 가인수(假因數, dummy argument)와 형, 수 및 순서가 일치해야 한다는 것이다. 예를 들면 SQRT(4.0)은 2.이 되지만 SQRT(4)는 계산되지 않는다. 또 한 가지 주의할 것은 내장함수는 변수명과는 달라서 기억장소의 상세주소가 할당되는 것은 아니므로

```
WRITE(6, 50) SQRT(B**2-4.*A*C)
```

와 같이 쓸 수는 없으며 $b^2-4ac$의 제곱근을 계산하여 출력하고자 할 때에는

```
Y=WRITE(6, 50) SQRT(B**2-4.*A*C)
WRITE(6, 50) Y
```

와 같은 형식을 써야 출력된 Y값으로부터 그 결과를 알 수 있다. 그러나 내장함수는 연산식을 만들 때 예를 들면 2차방정식의 2개의 실근 등을 구할 때

```
(B+SQRT(B**2-4.*A*C))/(2.0*A)
```

또는

```
(B-SQRT(B**2-4.*A*C))/(2.0*A)
```

등으로 자유롭게 사용할 수 있어 프로그래머에게는 매우 유익한 함수이다.

SIN(X), COS(X) 및 TAN(X)의 삼각함수를 구하는 내장함수의 인수 X는 **라디안(radian, rad)이어야 한다. 각도(角度, degree)는 라디안으로 환산하여 대입해**

야 하므로 60°의 sine값, 즉 sin 60°의 값을 구하기 위해서는 SIN(60*π/180)로 표현해야 한다. 다음 사항을 참고하고 꼭 기억하기 바란다.

**참고**

원에서 $2\pi\ \mathrm{rad} = 360^\circ$ ⇨ $\pi\ \mathrm{rad} = 180^\circ$ $\therefore\ 1^\circ = \frac{\pi}{180}\ \mathrm{rad}$

따라서 중심각이 $x^\circ$일 때는 몇 rad(radian)에 해당되는지를 계산하려면 앞 식 의 우변에 $x$을 곱하여 그 결과를 $y$로 놓으면 다음과 같이 나타낼 수 있다.

$$y = \frac{x\pi}{180}(\mathrm{rad})$$

주어진 sin 60°는 $x$가 60°이므로 이것을 마지막 식에 넣고 정리하면 SIN Y는 Y 대신에 60*π/180을 대입함으로서 최종적으로 SIN(60*π/180)을 얻을 수 있다.

## 2.3.1 관계식

**관계식(關係式**, relational expression)이란 상수, 변수, 함수 및 산술식 등이 관계연산자와 결합되어 만들어진 식을 말한다. 그리고 관계식은 2개의 산술식과 문자식 사이에 크고 작은 관계를 나타내는 경우이다. 관계연산자 전·후에는 반드시 하나 이상의 상수나 변수 또는 산술식 등이 존재해야 하며, 산술식, 관계식의 계산 순서는 산술식, 관계식 순서로 이루어진다. 이들의 결과값은 모두 논리값인 **참**(.TRUE.)과 **거짓**(.FALSE.)으로 나타난다. 관계식은 논리식의 가장 단순한 형태이다.

논리연산식은 예를 들면 $x$가 0과 같으냐, K가 99보다 크냐, 또는 체중이 지난 달에 비하여 얼마나 증가했느냐 하는 비교(比較)의 형태로 주어지며 이러한 비교를 수행하는 관계연산자는 다음과 같은 6가지를 표 2.3에 나타내었다.

**표 2.3** FORTRAN 관계연산자

| 관계연산자 | 수학기호 | 의 미 |
|---|---|---|
| (좌) .LT. (우) | < | (좌)는 (우)보다 작다(less than). |
| .LE. | ≤ | (좌)는 (우)보다 작거나 같다(less than or equal to). |
| .EQ. | = | (좌)와 (우)는 같다(equal to). |
| .NE. | ≠ | (좌)와 (우)는 같지 않다(not equal to). |
| .GT. | > | (좌)는 (우)보다 크다(greater than). |
| .GE. | ≥ | (좌)는 (우)보다 크거나 같다(greater than or equal to). |

이들 연산자는 좌우에 두개의 소수점(.)이 꼭 필요한 것이다. 그렇지 않으면 관계연산자로 읽는 것이 아니라, LT, EQ, NE, GT 및 GE와 같은 변수로 인식하기 때문이다. 서로 다른 2개의 기억장소의 값을 비교하거나 하나의 기억장소의 값을 정수나 산술연산식의 비교 또는 산술연산시과 상수를 비교하는데 사용된다.

FORTRAN 77에서는 수학기호 <, =, >을 사용할 수는 없으나 FORTRAN 90 이후부터는 이들 기호를 그대로 사용할 수 있게 되었다. 어떤 것을 사용해도 상관은 없으나 **경험에 의하면 한 프로그램에서는 일관성을 유지하지 것이 좋다.**

다음은 몇 가지 예를 보여주는 것이다.

예 `IF(A .EQ. B) GO TO 10`

예 `I F(A*C/B .GT. D/F+H) PAPA=BROTHER`

예 `IF(A*S+L .GE. K/M**I-J) TOTAL=COIN+20`

**예제 2.4** 다음은 수학적 표현과 그에 대응하는 FORTRAN 관계식이다.

| 수학적 표현 | FORTRAN 관계식 | 의 미 |
|---|---|---|
| I<J | I .LT. J | $i$는 $j$보다 작다. |
| (A+3)>B | (A+3) .GT. B | $a+3$은 $b$보다 크다 |
| 5I=3J | 5*I .EQ. 3*J | $5i$는 $3j$와 같다. |
| $B \geq A^2$ | B .GE. A**2 | $b$는 $a^2$보다 크거나 같다. |
| (I+2)≠J | (I+2) .NE. J | $i+2$이 $j$와 같지 않다 |
| $B^2-4AC<0$ | B**2−4.0*A*C .LT. 0.0 | $b^2-4ac$가 0보다 작다. |

예제 2.4에서 마지막 연산식은 다음과 같이 나타내어도 같은 의미를 갖는다.

```
D=B**2-4.0*A*C
D .LT. 0.0
```

I, J, A, B 및 C에 3, 5, 4.0, 5.0 및 1.0이 각각 저장되어 있다고 가정하자. 앞 표의 첫 번째 식부터 차례로 각각 저장되어있다는 값을 대입하면 다음과 같다.

$I<J$ → $3<4$에서 부등호가 성립하므로 : 참

$(A+3)>B$ → $(4.0+3)=7.0>5.0$에서 부등호가 성립하므로 : 참

$5I=3J$ → $5\times3=3\times5=15$에서 등호(같다)가 성립하므로 : 참

$B\geq A^2$ → $5.0\geq A^2$ $=16.0$에서 부등호가 성립하지 않으므로 : 거짓

$(I+2)\neq J$ → $(3+2)\neq5$에서 같지 않다는 성립하지 않으므로 : 거짓

$B^2-4AC<0$ → $5^2-4.*5.*1.=25-20-5<0$이 성립하지 않으므로 : 거짓

따라서 첫 번째부터 3개의 관계식들은 참(true)이고 나머지 3개는 거짓(false)이다.

두 가지를 좀더 부연 설명하면 다음과 같다.

1. 어떤 정수식을 실수식과 비교하지 말아야 하는 이유는 정수와 실수 값들은 기억장치(memory)에서 내부적 표현이 서로 다르기 때문이다.
2. 실수들 사이에서 .EQ.와 .NE.를 사용 시에는 매우 주의해야 한다. 컴퓨터 내에서의 오차 때문에 A .EQ. B 대신에, 계산과정에서 발생할 수 있는 반올림 오차들을 보상하기 위하여 허용오차를 설정한다. 그리고 다음의 주어진 식을 이용하여 그들의 차이가 설정한 허용오차(0.000 1)보다 작은지를 비교하여 결정한다.

```
ABS(A-B) .LT. 0.0001
```

## 2.3.2 논리식

**논리식(論理式, logical expression)**이란 상수, 변수, 함수, 산술식 및 관계식 등이 **논리연산자와 결합되어 만들어진 식**을 말한다. 이 식은 논리적인 연산을 수

행하는데 사용된다. 즉 몇 개의 관계식과 논리식들 사이에 논리적인 관계를 참(true)과 거짓(false)으로 나타내는 경우이다. 논리연산자 전·후에는 반드시 하나 이상의 상수, 변수, 산술식 또는 관계식 등이 존재해야 하며, **계산 순서는 산술식, 관계식** 및 **논리식 순**이다.

논리 연산식에는 전술한 표 2.3에서 6개의 관계연산자를 사용하는 경우 외에도 **.AND., .OR. 및 .NOT.** 등의 **논리연산자(論理演算子, logical operator)**를 사용하여 더욱 일반적인 논리 연산식을 만들 수 있다. 이들은 2개의 조건이 동시에 만족되거나, 둘 중 어느 하나가 만족되거나, 또는 어느 조건이 만족되지 않은 경우에 각각 사용된다. 예를 들면, 주사위 K와 M 2개를 던져서 K는 4가 나오고 M도 4가 나와야 한다거나 또는 K와 M 두 개의 합이 6이 되거나 12가 되어야 한다거나 또는 윷놀이에서 모가 나오지 않아야 한다거나 하는 등의 경우에 각각 해당한다. 그러면 이들이 어떠한 형태로 사용되나 알아보자.

1. .AND.와 .OR.의 전후에는 논리 연산식이 온다.
   K .EQ. 4 .AND. M .EQ. 4 → K도 4이고 M도 4이다.
   K+M .EQ. 7 .OR. K+M .EQ. 12 → K와 M의 합이 6 또는 12이다.
2. .NOT.에는 단지 오른쪽에만 논리연산식이 오고 2개의 논리적 표현을 연결하지는 않는다.
   .NOT. K .EQ. 5 → K가 5에 같은 것이 아니다.

**예제 2.5** 주어진 논리식의 계산 순서에 대한 번호를 붙여서 나타내어라.

```
IF(N*2-3 .GE. M.N .OR. K-14 .LT. 4/J) GO TO 10
```

**풀이** 계산 순서에 대한 번호 ①~⑧까지의 부여 과정은 산술식, 관계식, 논리식 순으로 하여 다음과 같이 나타내었다.

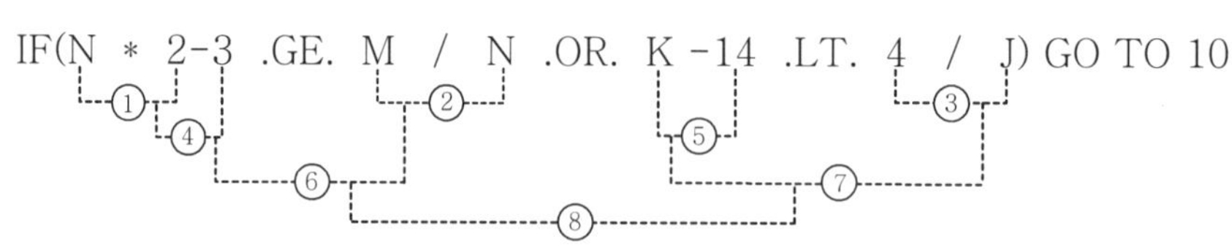

# 2장 • 연습문제

**2.1** Fortran 문(Fortran statement)에 대하여 간단히 설명하여라.

**2.2** 상수(constant)와 변수(variable)에 대하여 간단히 설명하여라.

**2.3** 변수명(variable name)의 조건을 간단히 설명하여라.

**2.4** 식(expression)에 대하여 간단히 설명하여라.

**2.5** 내장함수 또는 공급함수(library function or supplied function)에 대하여 설명하여라.

**2.6** 실행문(executable statement)과 비실행문(non-executable statement)에 대해 간단히 설명하여라.

**2.7** 다음 주어진 변수들 중에서 실수형은 "R"로 정수형은 "I"로 그 외는 "N"으로 표시하여라.

| | | | | |
|---|---|---|---|---|
| ① KBS | ② GOOD | ③ MAMA | ④ Y24 | ⑤ LADY |
| ⑥ F10.3 | ⑦ 2ND | ⑧ NUM | ⑨ 2×38 | ⑩ PEACE |

**2.8** 다음 주어진 변수들 중에서 실수형은 "R"로 정수형은 "I"로 그 외는 "N"으로 표시하여라.

| | | | | |
|---|---|---|---|---|
| ① TBS | ② LAMP | ③ SPOON | ④ POST | ⑤ C*E |
| ⑥ KIND | ⑦ LION | ⑧ BUT | ⑨ A=B | ⑩ 7.77 |

**2.9** 다음 숫자를 FORTRAN의 정수형 상수로 나타내어라.

| | | | | |
|---|---|---|---|---|
| ① 5.393 | ② $6.42\times10^3$ | ③ −34.0 | ④ +306 | ⑤ −2,457,894 |
| ⑥ −237 | ⑦ 26 | ⑧ 8.9 | ⑨ $5.387\times10^2$ | |

**2.10** 다음 숫자를 FORTRAN의 정수형 상수가 아닌 이유를 설명하라.

① 3,5732 ② 64973608903 ③ 3.537 ④ 0.3E4

**2.11** 다음 숫자를 FORTRAN의 실수형 상수가 아닌 이유를 설명하라.

① 3,753.0 ② 5.4E4.8 ③ 2.7E500
④ E12 ⑤ 394 ⑥ −53,749.3

**2.12** 정수형 변수가 될 수 없는 것은 어느 것 인가?

① ATOM ② KIN ③ HAPPY ④ M736
⑤ K.33 ⑥ 3M ⑦ K2 ⑧ IN−OUT

**2.13** 정수형 변수, 실수형 변수 그리고 변수명이 될 수 없는 것을 구분하라.

① NEST ② Y.46.3 ③ RATE ④ SUPERMAKET
⑤ 4BC ⑥ JTV ⑦ B+673.0 ⑧ B236
⑨ NEAR ⑩ YES ⑪ 678 ⑫ BETA
⑬ EQUAL KIN ⑭ .GE. ⑮ SAME

**2.14** 다음의 수학식을 FORTRAN 산술식으로 나타내어라.

① $A\left[B-\left(C+\frac{D}{E}\right)\right]$ ② $G/\left(\frac{A+B}{C+D}-E\right)$ ③ $X^{5+K/L}$

④ $X-\left(\frac{B+C}{D+E}-5\right)^3$ ⑤ $\frac{SIN\ X}{|Y|+COS\ Z}$ ⑥ $\frac{e^{X+Y}}{X+Y}$

⑦ $18+\log(k+2)$ ⑧ $|x+4xy|$ ⑨ $\cos(3\sqrt{y+9})$

⑩ $\frac{x^2}{2!}$ ⑪ $x^3y+xy^2$ ⑫ $\frac{b\cdot c}{a+b}$

**2.15** 다음의 수학식을 FORTRAN 산술식으로 나타내어라.

① $X(Y+Z)$ ② $G^{K/L}$ ③ $\left(\frac{A}{B+C}-\frac{B}{C+D}\right)K$

④ $P+5-\frac{K}{2-\frac{R}{I-4}}$ ⑤ $abc^2$ ⑥ $(PQ)^{\frac{1}{2}}$

**2.16** 다음 중 FORTRAN 문이 될 수 없는 것은 어느 것인가?

① X=X+2.2 ② X+3.0=X ③ X=X+1 ④ X=521
⑤ AB=NO+YES ⑥ XYZ=2ABC ⑦ A*B=B*A ⑧ XYZ=ZYX

**2.17** 다음 FORTRAN 산술식에서 필요 없는 괄호를 지워라.

① (X+Y)+Z ② (A+(B**3))/(X*Y) ③ (X*(Y−Z))*(A**2)
④ X+(Y+Z) ⑤ A+((B*C)/D) ⑥ ((A**2)+(B**3))−(D*(E/F))

**2.18** 다음의 FORTRAN 산술식을 수학식으로 나타내어라.

① D/E/F ② U*V*Y ③ D*E−F+G
④ D+E*F−G ⑤ EXP(ABS(X−Y))+X ⑥ A+B/ABS(FLOAT(M−N))
⑦ P**Q**R

**2.19** 다음의 FORTRAN 산술식을 수학식으로 나타내어라.

① A+B/C+D ② A*B/(C−D**2) ③ 1.+A/(B+1./C)
④ A/(B*C)−D**2 ⑤ SQRT(X) ⑥ ABS(X)

**2.20** 다음 변수에 기억될 값은?

① A=(3+4)/5 ② I=(3+4)/5 ③ A=(3.+4)/5
④ I=(3.+4)/5 ⑤ A=3/2.*3 ⑥ I=3/2.*3
힌트 : 정수/정수→정수, 실수/실수→실수, 정수/실수 →실수, 실수/정수 →실수

**2.21** 다음 변수에 기억될 값은?

① B=(4.+2)/3. ② K=(4.+2)/3. ③ R=(2+3)/2
④ L=(2+3)/2 ⑤ C=(5+3)/2. ⑥ N=(5+7)/2.

**2.22** 다음 연산문을 수행하면 A 또는 I의 값이 어떻게 되는가? 그리고 그 값은 실수인가 정수인가?

① A=2*6+1 ② A=2/3 ③ I=2*(10/4)
④ A=2*(10/4) ⑤ A=1./3.+1./3.+1./3.+1./3. ⑥ A=(4.0)**(3./2.)
⑦ I=19/4+5/4 ⑧ I=3.0/2+2.0/2 ⑨ A=3.0/2+2.0/2

**2.23** X=3.1, Y=4.6, L=2, M=−3이 기억되어 있을 때 다음 문을 처리하면 A와 J의 값은 얼마인가?

①
```
A=X+2*Y
A=2*A+4
J=A
```

②
```
A=X-2*Y+X/L**2
J=X-2*Y+(X/L)**2
```

③
```
A=8/M+3*L
J=8.0/M-Y
```

④
```
A=L/M*X/Y
J=L/(M+X)*Y
```

**2.24** 다음 변수들의 부적당한 변수들임을 설명하여라.

① COUNTER ② A*B ③ R2.5
④ 5FEET ⑤ SUM−2 ⑥ U.S.A.

**2.25** 다음 변수들의 부적당한 변수들임을 설명하여라.

① 8SHEET ② 6.2 ③ YELLOWBOOK
④ PIANO· ⑤ FORTRAN Ⅳ ⑥ A−B

## 2장 | 연습문제 해답

**2.1** 치환문, 입출력문, 제어문 및 선언문

**2.2** 상수 : 계산하는 과정에서 변하지 않는 수 [정수형상수, 실수형상수]
변수 : 어떠한 값을 기억할 수 있는 기억 장소 [정수형변수, 실수형변수]

**2.3** (1) 첫 글자는 영문자 (2) 영수자로 구성 (3) 변수의 길이는 6자 이상도 가능

**2.4** 연산자의 결합에 따라 [산술식, 논리식 및 관계식]으로 구성

**2.5** 과학계산에서 특히 많이 사용되는 특수한 값을 구하기 위한 프로그램을 미리 컴퓨터에 저장해 두었다가 함수값을 계산

**2.6** 실행문 : 기계어로 변환되어 실제로 어떠한 명령을 실행하는데 사용하는 문
비실행문 : 컴파일러에만 정보를 제공할 뿐 기계어로 변환되지 않는 문

**2.7** 실수(R) : 2, 4, 10 정수(I) : 1, 3, 5, 8 그 외(N) : 6, 7, 9

**2.8** 실수(R) : 1, 2, 4 정수(I) : 2, 6, 7 그 외(N) : 5, 6, 9, 10

**2.9** ① 5393 ② 6420 ③ −34 ④ +306 또는 306 ⑤ −2457894
⑥ −237 ⑦ 26 ⑧ 불가능 ⑨ 불가능

**2.10** ① 콤마가 있다.
② 대부분의 컴퓨터는 정수가 9자리 숫자이다.
③ 소수점이 있다.
④ 정수는 지수형으로 표시하지 않는다.

**2.11** ① 콤마가 있다.
② 지수 부분이 실수이다.
③ 지수가 너무 크다(대부분의 지수는 2자리이다).
④ 지수만으로 나타내었다(0.0E12로 고쳐야 한다).
⑤ 소수점이 없다.
⑥ 콤마가 있다

**2.12** 정수형 변수가 될 수 없는 것은 어느 것 인가?
①, ③, ⑤, ⑥ 및 ⑧

**2.13** 정수형 변수, 실수형 변수 그리고 변수명이 될 수 없는 것을 구분하라.
① 정수 ② 안됨 ③ 실수 ④ 실수 ⑤ 안됨 ⑥ 정수 ⑦ 안됨 ⑧ 실수
⑨ 정수 ⑩ 실수 ⑪ 안됨 ⑫ 실수 ⑬ 실수 ⑭ 안됨 ⑮ 실수

**2.14** ① A*(B−(C+D/E)) ② G/((A+B)/(C+D)−E) ③ X**(5+K/L)
④ (X−(B+C)/(D+E)−5)**3 ⑤ SIN(X)/(ABS(Y)+COS(Z)) ⑥ EXP(X+Y)/(X+Y)
⑦ 18+ALOG(K+2.) ⑧ ABS(X+4*X*Y) ⑨ $\text{COS}(3.0^* \sqrt{(\text{Y}+9.0)})$
⑩ X**2/(5.*4.*3.*2.) ⑪ X**3*Y+X*Y**2 ⑫ $\frac{\text{B*C}}{(\text{A}+\text{B})}$

※ 2.14 ⑩에서 5!=5*4*3*2*1= 5*4*3*2

**2.15** ① X*(Y+Z)　② G**(K/L)　③ (A/(B+C)−B/(C+D))*K
④ P+5−K/(2−R/(I−4))　⑤ A*B*C**2　⑥ (P*Q)**(1./2.)

**2.16** FORTRAN 문이 되지 않는 것은?
②, ⑥ 및 ⑦

**2.17** ① X+Y+Z　② (A+B**3)/(X*Y)　③ X*(Y−Z)*A**2
④ X+Y+Z　⑤ A+B*C/D　⑥ A**2+B**3−D*E/F

**2.18** ① $\frac{d}{ef}$　② $uv^y$　③ $de-f+g$　④ $d+ef-g$
⑤ $e^{|x-y|}+x$　⑥ $a+\frac{b}{|m-n|}$　⑦ $p^{q^r}$

**2.19** ① $a+\frac{b}{c}+d$　② $\frac{ab}{(c-d^2)}$　③ $1+\frac{a}{b+\frac{1}{c}}$　④ $\frac{a}{bc-d^2}$
⑤ $\sqrt{x}$　⑥ $|x|$

**2.20** ① 1.　② 1 ③ 1.4　④ 1　⑤ 4.5　⑥ 4

**2.21** ① 2.　② 2 ③ 2.　④ 1　⑤ 4.5　⑥ 4

**2.22** ① 13.0(실수)　② 0.0(실수)　③ 4(정수)　④ 4.0(실수)　⑤ 1.3333332(실수)
⑥ 8.0(실수)　⑦ 5(정수)　⑧ 2(정수)　⑨ 2.5(실수)

**2.23** ① A=28.6, J=28　② A=−5.325, J=−3　③ A=4.0, J=−7　④ A=0.0, J=92

**2.24** ① 2.　② 특수문자 포함(*)　③ 특수문자 포함(.)
④ 첫 글자가 숫자　⑤ 특수문자 포함(-)　특수문자 포함(.)

**2.25** ① 첫 글자가 숫자　② 상수　③ 6글자 초과
④ 특수문자 포함(.)　⑤ 공백 포함 6글자 초과　⑥ 특수문자 포함(−)

# 3 입 · 출력문

3.1

# 입·출력문의 개념

**입·출력문(入出力文, input, output statement)**이란 계산에 필요한 자료(資料, data)들을 입력 장치를 통하여 외부로부터 읽어 들여 주기억 장치 속의 각각의 기억장소에 기억시키는데 필요한 **입력문(入力文, input statement)**과 기억장소에 기억되어 있는 처리된 내용을 출력장치를 통하여 그 결과를 알 수 있도록 출력시키는데 필요한 **출력문(出力文, output statement)**을 말한다.

이 장에서 컴퓨터가 어떻게 외부 자료를 읽어 들이고(input) 자료를 출력해 내는지(output) 알아볼 것이다. 이것은 각각 READ와 WRITE 문에 의하여 수행된다. 이들을 **입력/출력 작업**(input/out operations) 또는 간단히 I/O **작업**이라고 부른다. 앞에서 기술한 바와 같이 **입력 장치**는 **카드 판독기(判讀機)**(또는 **카드 리더**(card reader)) 또는 **키보드**(keyboard)로 가정하고 **출력 장치**는 **라인프린터**(line printer) 또는 **모니터**(monitor)인 것으로 가정한다.

READ 문은 컴퓨터에게 자료 덱(data deck, 내용이 다른 자료 카드 모임)으로부터 수치(數値, numerical value) 또는 부호로 된 정보를 읽어 들이라고 명령하고, WRITE 문은 컴퓨터에게 정보를 프린터로 출력해 내라고 지시한다. 정상적으로 READ 또는 WRITE 문은 FORMAT 문을 수반한다. 입력에서 FORMAT 문은 컴퓨터에게 정보의 유형들과 어떤 입력 레코드 내에서 그들의 개별 장소들을 제공한다. 출력에서 FORMAT 문은 또한 컴퓨터에게 정보를 출력해 내보내야 하는 곳을 알려준다. 분명히 FORMAT 문들은 매우 자세(仔細, details)하게 나타낼 수 있다. 그러나 소위 **무형식 입출력**(unformatted input/output) 특징들이 허용되는 경우도 많다. 그런 무형식 I/O를 먼저 논의할 것이다(일부 교재들은 무형식(unformatted)이라는 용어 대신 "**형식 없는**(free-format)"이라는 용어를 사용하기도 한다).

**참고**

PC **환경**에서는, 카드 판독기(card reader)대신 키보드를 주 기억장치로, 라인프린터(line printer)를 대신하여 모니터(monitor)가 주 출력장치로 생각하면 된다. 앞으로 계속될 설명에서, 입력 관련해서는 카드 자료를 이용해서 설명을 하지만, 카드 자료 한 장이 모니터에서 한 줄(1~72 난)로 간주하면 아무런 문제가 없다. 출력장치도 라인프린터가 아닌 모니터로 간주하면 편리하다.

입·출력문에 대한 문을 상세히 배우기 전에 프로그램 3.1을 살펴보자. 간단한 입·출력문(READ, PRINT)과 연산문을 배웠으므로 FORMAT에 관한 문을 제외하고는 거의 알 수 있는 프로그램이라고 생각한다. 이 프로그램은 3각형의 3변의 값 A, B 및 C를 외부로부터 입력하여서

$$\text{Area} = \sqrt{s(s-a)(s-b)(s-c)}$$

여기서 $s = (a+b+c)/2$

의 공식을 이용하여 3각형의 면적(面積, area)을 계산하여 프린터로 출력(또는 인쇄)하는 것으로서 프로그램에 대해서는 4.3절에서 설명하기로 하고 우선 외부의 자료를 어떤 방법으로 컴퓨터에 읽어 들이고 컴퓨터가 계산한 정보를 어떤 방법으로 외부로 출력하는가를 살펴보자.

```
C
C   Calculate the area of a triangle
C
        READ(5, 10) A, B, C
    10  FORMAT(3F10.2)
        P=A+B+C
        S=P/2.0
        AREA=SQRT(S*(S-A)(S-B)(S-C))
        WRITE(6, 20) A, B, C, AREA
    20  FORMAT(3(4X, F8.2), 4X, 'AREA = ', E12.5)
        STOP
        END
```

**프로그램 3.1** 삼각형의 면적 계산

사용자가 프로그램을 한번만 사용하기 위하여 작성한다면 필요한 자료를 치환문의 형태로 코딩 용지에 나타내면

```
6 7
  A=3.5
  B=12.5
  C=9.2
```

과 같이 변수에 초기값을 기억시켜 처리할 수 있다. 그러나 다량(多量)의 자료를 이러한 방법으로 처리한다면 문이 너무 많아 프로그램이 길어져서 기억장소의 낭비가 클 뿐 만 아니라 변수의 값을 바꾸기 위해서는 프로그램의 문을 수정해야 되므로 필요한 자료는 일반적으로 외부에서부터 입력시킨다. 그리고 처리한 결과는 최종적으로 우리가 볼 수 있도록 프린터를 통해 출력해야 한다. 그러므로 입·출력이 프로그램에서 매우 중요한 역할을 한다. FORTRAN에도 자료를 입·출력하는 문이 있다. 즉, 카드 판독기, 테이프 및 디스크 등의 입력 장치에 의해 외부에 있는 자료를 읽어 주기억 장치 속으로 입력시키는 READ 문과 라인 프린터, 테이프 및 디스크 등의 출력 장치에 의해 주기억 장치 속에 기억되어 있는 정보를 외부로 출력시키는 WRITE 문이 FORTRAN의 중요한 입·출력 문들이다.

여기서는 입·출력 장치들 중의 대표인 카드 리더와 라인 프린터를 사용하여 숫자 자료를 입·출력하는 문만을 배우기로 한다.

READ 문은 컴퓨터로 하여금 카드 덱에 있는 숫자나 문자로 적혀 있는 자료를 읽어 들이도록 하고, WRITE 문은 컴퓨터 내부에 있는 정보를 라인 프린터로 출력하도록 한다. READ나 WRITE 문은 대체로 FORMAT 문과 한 쌍이 되어 사용된다. FORMAT 문이 READ 문과 쌍이 되어 사용될 때는 입력할 자료가 정수인가 또는 실수인가 하는 자료의 형태와 그 자료가 카드의 몇 번 난에 적혀 있는가의 위치를 컴퓨터에게 알려 주며, WRITE 문과 함께 사용될 때는 프린트의 용지의 어느 줄, 어느 난, 즉 어느 위치에 어떤 형태로 인쇄할 것인가를 알려준다. 오늘날 대부분의 컴퓨터는 FORMAT 문 없이 입출력하는 Free-format 입·출력 기능을 갖고 있다. (ANS FORTRAN 77에서 이 기능을 표준화했음) Free-format 입·출력이 간단하고 쉬우므로 이것부터 살펴본다.

**참고**

미국국립표준협회 ANSI(American National Standard Institute)에서 1966년 FORTRAN 언어의 표준화 작업을 실시하여 ANS FORTRAN을 발표하였다. 그리고 1978년 미국국가표준 ANS(American National Standard) FORTRAN의 결점을 보완하고 구조적 프로그래밍이 가능한 FORTRAN 77을 발표하여 현재도 많이 사용하는 FORTRAN 언어가 되었다.

# 3.2

# Free-format 입·출력

Free-format **입·출력**을 list-directed **입·출력**이라고도 하며, 우리들은 이미 1.7.3항의 프로그램 1.1에서 조금 배웠다.

Free-format 입·출력문에서 입력자료는 표준 입력장치에, 출력 자료는 표준 출력장치로 출력되는 것으로 간주된다. 일반적으로 표준 입·출력 장치로는 자료의 입출력을 담당하는 **단말기(端末機**, terminal)을 사용한다.

> **참고_단말기(端末機, 말단) 또는 터미널(terminal)**
>
> 컴퓨터에서, 단말기(때로는 **단순 단말기**라고 불리는 경우도 많으며 인간과 접속으로 자료 입·출력을 담당하는 기기(器機)이며, 나름대로 지능을 가지고 자료의 입·출력, 기억, 처리기능 중 자료 제어기능을 가진 **지능단말기**로 나뉘는데 개인용 고성능 컴퓨터가 지능단말기를 대신 한다.) 또는 터미널은 컴퓨터나 컴퓨팅 시스템에 자료를 입력하거나 표시하는데 쓰이는 사용자 측에 설치된 장치(전자 하드웨어 기기)를 말한다. 보통 키보드와 모니터만을 갖추고 그 자신은 거의 소프트웨어가 없는 상태에서 메인프레임(main frame)이나 서버(server) 등 다른 컴퓨터에게 처리능력을 의존한다. 때때로 네트워크(network)에 연결되어 있는 개인용 컴퓨터(personal computer, PC)나 워크스테이션(workstation)들을 의미하기도 한다.

Free-format READ 문의 일반형식은

```
READ *, A, B, C
```

와 같이 READ 뒤에 *를 쓰고 그 뒤에 각 변수명을 쓴다.

*과 변수명 사이에는 반드시 콤마로 구분해야 하며, 마지막 변수 뒤에는 콤마가 필요 없다는 것에 주의해야 한다. ANS FORTRAN 77에서 Free-format READ 문에는 READ 다음에 *이 오도록 표준화하였으나 일부 컴퓨터에서는 *를 생략하고

```
READ, A, B, C
```

와 같은 문을 쓰는 경우도 있으며, 아예 이 Free-format 입출력 기능이 없는 컴퓨터들도 있다,

이 문은 자료 덱에 있는 카드의 첫 난부터 3개의 숫자를 읽어 차례로 A, B 및 C에 기억시킨다. 만일 읽어 들이는 자료 카드에 3개 이상의 숫자가 있으면 앞에서부터 3개만 읽고 나머지 숫자들은 무시되며, 그 카드에 3개보다 숫자가 적으면 컴퓨터는 3개 모두가 될 때까지 자료 덱으로부터 계속해서 다음의 자료 카드들을 읽어 들일 것이다. 즉, READ 문의 실행은 열거된 모든 변수들에 값들이 할당될 때까지 마무리되지 않는다.

한 장의 자료 카드는 그것이 읽기에 사용되고 난 후에는 용도 폐기된다는 것을 주목하라. 그래서 앞에서 읽혀진 카드의 다음 번 카드가 항상 자료 덱의 맨 위에 있게 될 것이며 이러한 현상은 자료 덱이 끝날 때 까지 계속 반복된다.

Free-format 입력문들로 읽혀진 자료 덱에 있는 숫자들은 쉼표(,)로 구분되이야 한다(일부 컴퓨터 센터들은 쉼표 대신 공백(blank space)들에 의하여 구분되는 것도 허락된다). 실수들은 소수점이 찍힌 형태(decimal)나 지수형이나 어떤 유형으로 적혀 있어도 상관없다. 분명히 카드(들)에 있는 숫자들과 상응하는 변수들은 동일한 유형이어야 한다.

Free-format READ 문으로 읽어 들이는 자료 덱의 숫자들은 콤마나 공백으로 숫자와 숫자가 구분되어 있어야 한다.

**예제 3.1** 어떤 컴퓨터가 아래의 Free-format READ 문을

```
READ *, A, B, C
READ *, J, K
```

실행하고 자료 카드들이 다음과 같이 천공되어있는 것을 읽어 들인다고 하면 그 결과 A, B, C, J 및 K에 기억되는 값을 써라.

첫 번째 자료 카드 : 12.7, 234.6

두 번째 자료 카드 : 437.9, 376.1, 43.8

세 번째 자료 카드 : 17, 349, 682

**풀이** 첫 번째 READ 명령은 첫 번째 카드로부터 12.7와 234.6을 읽어 A와 B에 기억시키고 아직은 C의 것을 채우지 못했으므로 두 번째 카드를 읽어 437.9을 C에 기억시키고 남은 376.1과 43.8은 버린다. 두 번째 READ 명령은 세 번째 카드로부터 17과 349

를 J와 K에 넣고 남은 682는 버린다.

그 결과는 다음과 같은 값들이 각각 기억된다.

```
A=12.7,  B=234.6,  C=437.9,  J=17,   K=682
```

여기서 주의해야 할 것은 자료 카드에 적은 숫자의 형태와 변수의 형태가 일치해야 한다. 즉, 실수형 변수에 들어갈 자료는 실수이어야 하고 정수형 변수에 들어갈 자료는 정수이어야 한다. 변수와 자료의 형태가 같지 않으면 컴퓨터는 오류메시지(error message)를 출력하고 작업을 끝내버린다.

어떤 컴퓨터의 경우에는 자료 카드에 있는 숫자들이 쉼표보다는 다음과 같은 기호 ␣로 표시된 공백(또는 빈칸)으로 구분해야 한다. 그런 경우에는 자료 카드들이 다음과 같이 **천공(펀치, punch)**되어야 한다.

첫 번째 자료 카드 : 12.7␣234.6

두 번째 자료 카드 : 437.9␣376.1␣43,8

세 번째 자료 카드 : 17␣349␣682

키보드(key board)를 이용하여 자료를 컴퓨터에 입력하는 경우에는 다음과 같다.

첫 번째 줄 : 12.7␣234.6 ⏎
두 번째 줄 : 437.9␣376.1␣43,8 ⏎
세 번째 줄 : 17␣349␣682 ⏎

**참고_**

**키보드**(key board) 또는 **자판(字板)**을 이용하여 자료를 컴퓨터 입력하는 경우에는 마지막에는 반드시 return 키를 쳐야 한다. 여기서 컴퓨터의 return 키 치는 것을 '⏎'로 나타낸다. 여기서 키보드는 사용자가 원하는 문자 등의 키를 누르면 그에 대응하는 신호를 보냄으로써 컴퓨터에 문자나 기호를 입력할 수 있는 장치.

Free-format 출력 문의 일반형식은

```
PRINT *, A, B, C, AREA
```

와 같으며 PRINT 문을 쓰는 방법은 Free-format READ 문과 같다. 변수의 값들이 미리 정해진 형태로 인쇄된다. 인쇄되는 형태는 컴퓨터 기종에 따라 차이가 있으나 일반적으로 **실수는 지수형(指數型, exponential form)으로 출력**되고, 한 줄에 몇 개의 숫자를 출력할 수 있는가는 역시 기종에 따라 다르다. 그러나

PRINT 명령을 만날 때마다 줄을 바꾸어 새로운 줄의 처음부터 출력하게 된다.

PRINT 문의 예를 들면 다음과 같다.

```
PRINT *, 'L= ', L, 'K= ', K
```

이 때 천공된 자료 카드 값이 다음과 같다면

```
L=11
K=22
```

출력되는 결과는 다음과 같다.

```
L=       11  K=       22
```

PRINT 문이 다음과 같이 두 줄로 나누어서 주어진다면

```
PRINT *, 'L= ', L,
PRINT *, 'K= ', K
```

출력되는 결과는 다음과 같다.

```
L=    11

K=    22
```

이 경우에는 앞의 경우 출력을 한 줄에 두 변수를 출력하라는 것과는 달리 한 변수만을 출력하라는 각각의 PRINT 문이므로 서로 다른 줄(line)에 출력된다.

**예제 3.2** 변수 I, K 및 SUM에 각각 127, 92345 및 3456.7이 기억되어있다고 할 때

```
PRINT *, I, K, SUM
PRINT *, I, K
PRINT *, SUM
```

을 수행하면 출력되는 결과를 그림으로 나타내어라.

---

**풀이** I와 K는 정수이므로 정수형으로 출력되고 SUM은 실수이므로 지수형으로 출력되며 그 결과는 예제 3.2 그림과 같다.

**출력결과**

```
127        92345   .34567E 04
127        92345
.34567E 04
```

**예제 3.2 그림** 주어진 변수들의 출력 결과

**예제 3.3** 어떤 컴퓨터가 하나의 READ 문에 입력되는 자료는 (1) 한 줄에 또는 (2) 여러 줄에 걸쳐 사용자 임의로 줄 수 있다. 두 결과를 비교하라.

```
READ *, A, B, C, D
SUM=A+B+C+D
P=A*B*C*D
PRINT *, 'SUM=', SUM, 'P=', P
STOP
END
```

**풀이**

(1) 자료를 한 줄로 입력하는 경우

[입력 자료]

```
1 2 3 4 ↵
```

[출력 결과]

```
SUM=    10    P=    24
```

(2) 자료를 여러 줄로 입력하는 경우

[입력 자료]

```
1 ↵
2 ↵
3 ↵
4 ↵
```

[출력 결과]

```
SUM=    10    P=    24
```

※ ↵ : 컴퓨터의 return 키 치는 것을 나타낸다.

**설명** 자료를 한 줄로 입력하는 경우나 여러 줄로 입력하는 경우, READ 문을 free- format 문으로 인쇄하면 출력 결과는 같다는 것을 알 수 있다. 그러나 READ 문에서 FORMAT 문을 쓰는 경우 자료를 읽는 방법과 FORMAT 문의 변환 기호에 따라 다른 결과를 나올 수 있으므로 주의해야 한다.

**예제 3.4** 여러 개의 READ 문에 입력되는 자료는 최소한 READ 문의 개수만큼 자료의 줄이 필요하다는 것을 확인해보아라.

```
READ *, A, B
READ *, C
READ *, D
SUM=A+B+C+D
P=A*B*C*D
PRINT *, 'SUM=', SUM
PRINT *, 'P=', P
STOP
END
```

풀이

(1) 변수 수가 자료 수보다 적은 경우

[입력 자료]

```
1 2 3 ↵
4 5   ↵
6 7   ↵
```

[출력 자료]

```
SUM=    13

P=    48
```

(2) 변수 수가 자료 수와 같은 경우

[입력 자료]

```
1 2 ↵
3   ↵
4   ↵
```

[출력 자료]

```
SUM=    10

P=    24
```

※ ↵ : return 키를 치는 것을 나타낸다.

## 3.3

# READ 문

READ 문(READ statement) 또는 **입력문(入力文, input statement)**에 의해 외부에 기록되어 있는 자료를 기억장치 속으로 입력시키도록 하기 위해서는 컴퓨터에 아주 상세한 정보를 제시해야한다. 예를 들면

1. 외부 자료를 **무슨 입력 장치**를 통하여 입력하며
2. 외부 자료를 **무슨 형**(실수, 정수 및 문자 등)으로 기록되었으며
3. **몇 글자**씩을 읽으며
4. 읽어 들인 자료는 **어느 기억 장소**(변수)에 저장시키는가

에 대한 정보를 컴퓨터에게 알려주어야만 비로소 컴퓨터는 외부 자료를 읽어 들일  수 있을 것이다. 이들 정보를 READ 문과 FORMAT 문에서 제시한다. 첫 번째와 네 번째 것은 READ 문으로, 두 번째와 세 번째 것은 FORMAT 문으로 컴퓨터에게 알려준다.

READ 문과 이와 관련하는 FORMAT 문의 일반 형식은

```
    READ(m, n) variable list    : 변수 목록
n   FORMAT(format code list) : 변환 기호 목록
```

와 같다. READ 문은 입력 장치를 가리키는 정수 m은 **입력장치번호(入力裝置番號, input device number)**로서 정수형 상수 또는 정수형 변수 또는 *(**보통 5가 많이 사용**된다)가 사용된다. 특히 m 대신 *가 사용되는 경우에는 Free format 문이므로 FORMAT 문이 필요 없다. 외부 자료에 관한 정보를 기술한 FORMAT 문을 가리키는 **문번호(文番號, statement number)** n는 1~99999 중에서 임의의 상수를 괄호 속에 적고 읽어 들인 자료를 저장시킬 변수명을 적는다. 정수 m과 n 사이, 그리고 어떤 변수나 배열명 또는 첨자변수에 기억시킬 것인가, 이때 변수명이 여러 개 있을 경우 변수명들 사이에는 콤마(,)로 구분하여야 한다.

FORMAT 문은 반드시 문번호 n이 있어야 하며 괄호 속에는 외부 자료에 대한

명세, 즉 **변환 기호(變換記號, format code)**를 적는다. 변환 기호가 여러 개 있는 경우는 서로 콤마(,)로 구분해야 한다.

변환기호를 field specification code라고도 한다.

어떤 대규모 컴퓨터 시설에서는 여러 종류의 다른 입·출력 장치를 사용될 수 있다. 이들 장치들을 서로 구별하기 위해 표 3.1과 같이 전형적인 각 장치에 번호를 붙인다. 이들을 **논리 장치 번호(論理裝置番號, logical unit number)**라 한다. (이 번호들은 처음에 많은 IBM(International Business Machine) 설비들에 사용되었고 아직 까지도 널리 사용되고 있다.) 이 교재에서 입력 장치 카드 리더는 장치 번호가 5이므로 예제 3.5의 READ 문에서는 카드 리더를 통해 카드 덱에 있는 자료를 읽어 들인다. 출력 장치인 라인 프린터는 장치 번호가 6번이다.

**표 3.1** 입출력장치와 장치 번호

| 입출력 장치 | 장치 번호 | 비 고 |
|---|---|---|
| 디스크 장치(disk unit) | 1 | |
| 카드 리더(card reader) | 5 | 표준 입력 장치 |
| 라인 프린터(line printer) | 6 | 표준 입력 장치 |
| 카드 천공기(card punch) | 7 | |

**참고**

PC **환경**에서는 입력 장치 키보드에 대해서 5번, 출력 장치 모니터(monitor)에 대해서 6번을 사용하면 된다. 출력자료를 파일에 기록할 때에는 임의 번호로 출력 자료 기록 파일을 지정할 수 있다.

입력 장치를 카드 판독기(또는 리더, reader)로 상상하기 때문에 입력 자료는 카드 덱에 의하여 컴퓨터에 주어질 것이다. 이 카드들은 FORTRAN 문들이 작성되는 카드들과 같은 것들이다. 그러나 FORTRAN 문들을 작성하는데 관련된 규칙(規則)들은 여기에는 적용되지 않는다. 즉 자료 카드의 80칸 전부를 사용할 수 있고 6번 난이나 그 어떤 난들도 특별한 목적을 가지지 않는다.[**모니터(monitor) 한 줄(1번째 난부터 72번째 난까지) 전체를 자료 카드의 한 장으로 간주**하면 된다.

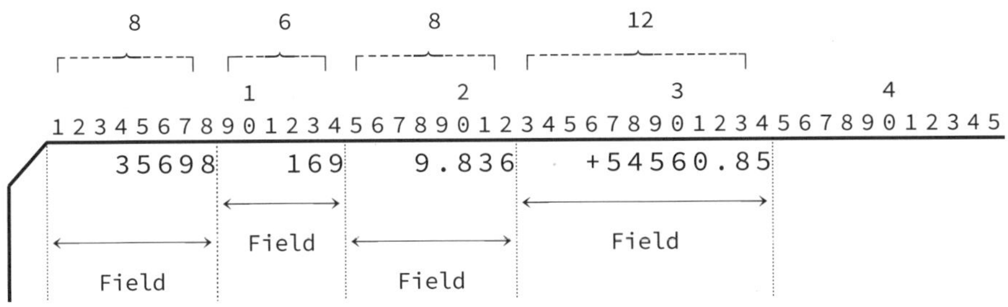


**그림 3.1** field와 field 폭을 보여주는 자료 카드

입력 자료는 카드에 연달아 있는 난들의 어떤 블록들 안에 **천공(穿孔, punch)** 된다. 그림 3.1은 이 카드에 4개의 숫자들이 천공되어 있는 자료 카드를 보여주는데, 첫 번째 숫자 35698은 1~8 난에 천공되어 있고, 두 번째 숫자 169는 9~14 난에 천공되어 있으며, 세 번째 숫자 9.836은 15~22 난에 천공되었고 그리고 네 번째 숫자 +54560.85은 23~34 난에 천공되었다. 인접하는 난들의 그러한 블록들을 **필드**(fields)라 부르고 어떤 필드의 칸들의 수를 **필드 폭**(field width)이라 부른다. 각 숫자는 그것이 필드에서 right-justified(숫자의 마지막 자리수가 그 필드의 오른쪽 마지막 칸에 오도록) 또는 right-adjusted로 천공되어 있음을 관찰하라.

지금까지는 자료를 카드로 입력할 경우에 대하여 설명했는데, FORTRAN 언어 개발당시의 컴퓨터 기술 환경을 반영한 것이라 할 수 있다. 요즈음 거의 모든 컴퓨터는 윈도우 환경의 **개인용(個人用) 컴퓨터** 즉, PC(personal computer)를 이용해서 FORTRAN을 배우는 경우에 입력 장치는 보통 키보드와 모니터이다. 그림 3.1을 모니터에 대비해서 설명하면 다음과 같다. 제일 윗줄은 필드 폭을 나타내는 숫자이다. 그 다음 줄은 자료가 적힌 칸이 몇 번째 난인지를 나타내는 10 자리 수이고 그 아래 줄은 1자리 수만을 적어 놓은 것이다. 그래서 두 번째 줄의 1과 세 번째 줄의 0을 합하여 10번째 난을 나타낸다. 예를 들어, 자료 줄(4번째 줄)에서 숫자 9가 처음 입력된 칸은 7번째 난임을 쉽게 알 수 있다.

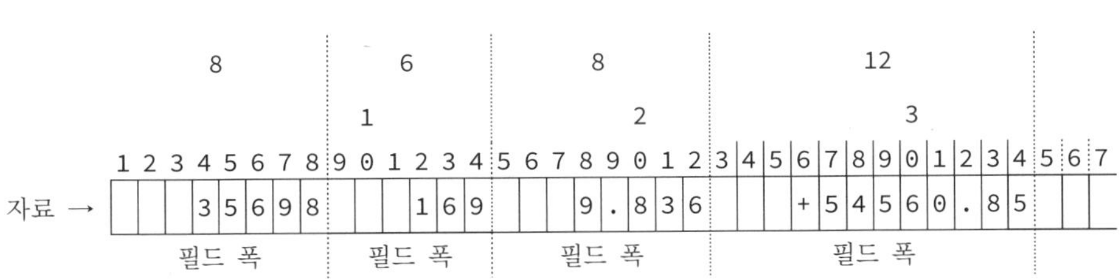

**예제 3.5** 앞의 4개의 숫자들이 변수 ID, LOT, RATE 및 PRICE에 할당되기를 희망한다고 하자. 이것은 다음에 주어진 READ와 FORMAT 문에서 각각의 수치나 변수 목록 및 변환 기호 목록에 의하여 완수되고 이들에 대하여 설명하라.

```
      READ(5, 10) ID, LOT, RATE, PRICE
10    FORMAT(I8, I6, F8.0, F12.0)
```

**설명** READ 문은 5라는 입력 장치를 통해 10번 FORMAT 문에 적힌 양식에 따라 자료를 읽어 첫째와 둘째 자료는 정수로서 **부동 소수점(浮動小數點, floating point con-stant)** 각각 8자리와 6자리 숫자이며 처음 것은 변수 ID에, 둘째 것은 변수 LOT에 넣도록 컴퓨터에 지시하고, 또한 FORMAT 문은 셋째와 넷째 자료 실수로서 각각 **유동 소수점(流動小數點, floating point constant)** 8자리와 12자리 숫자라는 것을 알려준다. 세 번째 것은 변수 RATE에 네 번째 것은 변수 PRICE에 넣도록 컴퓨터에 지시한다.

단어 READ 문 다음에 나오는 괄호 속의 두 숫자에 대하여 주목하라. 첫 번째 숫사 5는 카드 리더(또는 키보드)를 지정하는 **입력장치 번호**이다(만약 카드 리더 대신에 테이프 드라이버를 사용하기를 원한다면 즉 만약 입력 자료가 어떤 자기 테이프에 저장 되어 있다면 5대신에 1을 썼어야 한다(표 3.1 참조). 두 번째 숫자 10은 이 READ 문에 수반되는 FORMAT 문을 지정한다(FORMAT 문은 변수들에 맞는 유형과 장소 정보를 제공한다). 여기서 숫자 10의 선택은 전적으로 사용자에 의하여 임으로 결정되며 알기 쉽고 편리한 것을 선택하면 된다. 변수 이름 들은 그 뒤에 열거되는데, 그 순서는 그 값들이 자료 카드에 펀치 되어 있는 순서대로 이다.

이 순서는 또한 수반되는 FORMAT 문에 나열되어 있는 4개의 **앤트리**(entry) I8, I6, F8.0 및 F12.0들에 적용된다. 이 엔트리들을 **필드 명세**(field specification 또는 format code)라고 부른다. 각 엔트리는 자료 유형, 즉 정수 또는 실수를 나타내는 문자 하나와 필드 폭을 나타내는 것 그래서 상응하는 자료 항목의 필드 장소를 나타내는 숫자 하나를 담고 있다. 이 경우에 첫 번째 필드 명세 I8은 첫 번째 숫자가 어떤 정수이고 카드의 맨 처음 8 난에서 찾을 수 있다는 것을 지시한다. 두 번째 명세 I6은 두 번째 숫자가 정수이고 카드의 다음 6 난에서 찾을 수 있다는 것을 지시한다. 세 번째 명세 F8.0은 세 번째 숫자는 실수이고 카드의 다음 8난에서 찾을 수 있다는 것을 지시한다. 네 번째 명세 F12.0은 네 번째 숫자가 실수이고 카드의 다음 12 난에서 찾을 수 있다는 것을 지시한다.

이 예제에서 어떤 정수의 필드 명세가 형태 Iw이고 어떤 실수의 필드 맹세는 형태 Fw.0인데 여기서 w는 필드 폭(幅, width)을 나타낸다. 또한 실수들은 소수점을 갖는 형태로 적혀있다고 가정한다.

**예제 3.6** READ 문(또는 입력문)에 대응되는 변수명과 FORMAT 문의 변환기호(복소수형의 두 개)는 순서대로 일대일(1:1) 대응되며 반드시 형도 일치해야 한다. 이 때 남는 변환 기호는 무시된다.

```
      READ(5, 10) A, B, C
10    FORMAT(F2.1, F5.2, F4.3, F4.1)
```

앞의 입력문에서 A는 F2.1, B는 F5.2, C는 F4.3에 각각 순서대호 1:1 대응되나 마지막 변환기호는 F4.1은 대응할 변수가 없으므로 무시된다.

**예제 3.7** READ 문의 변수명의 개수가 읽고자 하는 자료수보다 많을 때는 다음 카드(또는 줄)에서 계속해서 자료를 읽는다. 즉, 카드에 다음과 같은 자료가 있을 때 5I3으로 5개의 정수형에 해당하는 3 자리수의 값을 각각 할당시키라는 뜻이다.

```
      READ(5, 10) I, J, K, L, M
10    FORMAT(3I3)
```

**입력자료** 각 자료는 free format일 때 반드시 한 난식 띄워서 입력한다.

카드 1 : 12345678

카드 2 : 876123654123456

**변수에 읽혀지는 값**

카드 1 : I=123, J=456, K=780

카드 2 : L=876, M=123 값을 취한다.

앞의 입력문에서 I, J 및 K는 3I3에서 각각 I3에 대응되고 L과 M은 각각 3I3에서 2I3만 필요하므로 각각 I3에 대응하고 나머지 자료는 대응할 변수가 없으므로 무시된다.

**예제 3.8** READ 문의 변수명의 개수가 읽고자 하는 자료수보다 적을 때는 변수명의 개수만큼 읽고, 나머지 자료는 버린다. 즉, 입력 자료의 카드에 각각 다음과 같은 수가 입력되어 있을 때

```
      READ(5, 10) I, M
10    FORMAT(2I4)
```

**입력자료** 카드 1 : 2345678910123456789

카드 2 : 4123456

**변수에 읽혀지는 값**

카드 1 :  I=2345, M=6789

앞의 입력문에서 I와 M은 2I4에서 각각 I4에 대응되고 두 번째 카드의 자료는 읽을 READ 문이 없으므로 대응할 변수도 없어 나머지 값은 무시된다.

**예제 3.9** READ 문 하나에 카드가 한 장씩(모니터에서는 한 줄) 대응되며 READ 문과 FORMAT 문이 단위 프로그램 내에서 END 문 이전에 서로 떨어져 있어도 관계없다. 즉, 카드에 다음과 같은 자료들이 입력되어 있을 때 READ 문 하나에 카드가 한 장씩(모니터에서는 한 줄) 읽혀진다.

```
      READ(5, 10) I, J
      READ(5, 10) K, L
      READ(5, 10) N, M
10    FORMAT(2I4)
```

**입력자료** 카드 1 : 1234567890

카드 2 : 2483475971

카드 3 : 6622334455

카드 4 : 1357913579

**변수에 읽혀지는 값**

첫 번째 READ 문 :  I=1234, J=5678

두 번째 READ 문 :  K=2483, J=4759

세 번째 READ 문 :  N=6622, M=3344

앞의 3개의 READ 문에서 변수 I~M은 2I4에서 각각 I4 대응되어 각각 자료 카드에서 읽을 수 있지만 네 번째 카드의 자료는 READ 문이 없으므로 대응할 변수도 없어 나머지 자료는 무시된다.

**예제 3.10** 여러 개의 자료를 입력하는 경우 자료 사이를 콤마, /(slash) 또는 한 개 이상의 공백을 사용해야 하며 콤마와 /의 경우 전후에 한 개 이상의 공백을 포함해도 좋으며, /가 나타나면 입력문은 종료된다, 즉, 다음과 같은 목록(list)의 입력문으로부터

①

```
READ * A, B, C
READ * J, M
```

**입력자료** 카드 1 : 23.4, 456.78, 90.77

카드 2 : 24␣34␣44␣54

**변수에 읽혀지는 값**

첫 번째 READ 문 : A=23.4, B=456.78, C=90.77

두 번째 READ 문 : J=24, J=34

앞의 첫 번째 READ 문에서 변수 A, B 및 C가 자료 카드 1로부터 읽은 값은 자료 카드에 입력된 값과 같으며 두 번째 READ 문에서 변수가 J와 M으로 두 개밖에 없음으로 4개의 자료 중 앞의 2개의 자료만 읽혀지고 뒤에 2개의 자료는 무시된다. 즉,

변수의 수(2) < 자료의 수(4) : 남는 자료는 대응할 자료가 없어서 무시됨

②
```
READ (5, *) A, B, C, D, E, F
```

**입력자료** 3*2.7, 5.94, 7.25

위의 3*2.7은 2.7, 2.7, 2.7과 같은 뜻이다. 즉 2.7, 2.7, 2.7, 5.94, 7.25이다.

**변수에 읽혀지는 값**

A=2.7, B=2.7, C=2.7, D=5.94, E=7.25

앞의 READ 문에서 변수 A, B, C, D, E 및 F는 6개이나 주어진 자료는 5개밖에 안되므로 마지막 변수 F의 값은 자료가 없으므로 입력되지 않고 종료된다. 즉,

변수의 수(6) > 자료의 수(5) : 남는 변수의 값은 입력이 안 됨

**예제 3.11** 입력문은 다음과 같은 Free-format 문을 이용하여 정수형과 실수형 입·출력 변수 목록을 혼용해서 사용할 수 있다. 이때 각 변수에 기억되는 값은 각각 얼마인가?

```
READ(5, *) A, B, C, I, J
```

**입력자료** 각 자료는 반드시 한 난식 띄워서 입력한다(Free-format 문).

-5.2␣39,4␣2.1␣99␣723

**변수에 읽혀지는 값**

A=-5.2, B=39.4, C=2.1, I=99, J=723

**예제 3.12** 다음의 READ 문에서 입력 장치 번호가 생략되고 *로 나타나는 경우는

```
      READ (*, 10) A, B, C
10    FORMAT(3F6.3)
```

READ 문에서 입력 장치 번호 대신 *를 적는 경우에 운영체제에 의해 정의된 입력 장치로부터 자료를 읽어 들인다는 뜻이므로 표 3,1을 참고하기 바란다.

**예제 3.13** 다음과 같은 READ 문에서 변수명과 자료의 형은 반드시 일치해야 한다. 다음의 입력문에 기억되는 값은 무엇인가?

```
      READ * A, L, N
      READ * Q, R,
      READ * J, K
```

**입력자료** 카드 1 : 20.␣20␣3␣6␣7␣8␣9

카드 2 : 23.6␣26.78␣88.67

카드 3 : 200␣316␣87.89␣87

**변수에 읽혀지는 값**

첫 번째 READ 문 : A=20. **또는** 20.0, L=20. N=3

두 번째 READ 문 : Q=23.6, R=26.78

세 번째 READ 문 : J=200, K=316

앞의 3개의 READ 문 모두에서 변수의 수가 자료의 수보다 적으므로 나머지 자료는 대응할 변수가 없어 무시된다.

3.4

# WRITE 문

주 기억장치 속의 변수에 있는 정보를 출력 장치를 통하여 외부로 출력하기 위해서는 WRITE-FORMAT 문을 사용한다. 자료를 외부로 출력시키려면 입력할 때와 마찬가지로 컴퓨터에게

1. 어떤 **출력 장치**를 통하여
2. 어느 **변수**에 있는 정보를
3. 어떤 **형태**로
4. **몇 개의 글자씩**을 출력할 것 인가

하는 4가지의 정보를 알려 주어야 한다. 이 가운데 1과 2에 대한 정보는 WRITE 문으로, 3과 4에 대한 정보는 FORMAT 문으로 컴퓨터에게 알려 준다.

WRITE 문과 이와 관련하는 FORMAT 문의 일반 형식은

```
    WRITE(m, n) variable list  : 변수 목록
n   FORMAT(format code list) : 변환 기호 목록
```

와 같다. WRITE 문은 출력 장치를 가리키는 정수 m은 **출력장치번호(出力裝置番號,** output device number)로서 정수형 상수 또는 정수형 변수 또는 *(**보통** 6**을 많이 사용**한다)를 사용한다. 외부 자료에 관한 정보를 기술한 FORMAT 문을 가리키는 **문번호(文番號,** statement number) n는 1~99999 중에서 임의의 상수를 괄호 속에 적고, 변수 목록에는 출력 시킬 자료, 즉 하나 이상의 변수나 배열명 또는 첨자변수가 기억되어 있는 변수명을 출력 시킬 순서대로 적는다. 이때 변수명이 여러 개 있을 경우 변수명들 사이에는 콤마로 구분시켜야 한다.

FORMAT 문은 반드시 문번호 n을 적고 괄호 속에 어떤 형태로 출력시킬 것인가에 대한 명세, 즉 **변환 기호(變換記號,** format code)를 적는다. 변환 기호가 여러 개 있는 경우는 서로 콤마로 구분해야 한다.

**예제 3.14** 다음에 주어진 WRITE 와 FORMAT 문에서 각각의 수치나 변수 목록 및 변환 기호 목록에 대하여 설명하라.

```
      WRITE(6, 20) K, A, B
20    FORMAT(I4, F10.3, F10.3)
```

**설명** WRITE 문의 괄호 속 첫 숫자 6은 출력 장치의 번호이다. 대부분의 컴퓨터에서 6은 출력 장치인 라인 프린터를 가리킨다. 두 번째 숫자 20은 FORMAT 문의 문번호이다.

WRITE 문의 의미는 “K, A 및 B” 있는 값을 20번의 문 번호를 가진 FORMAT 문에 적혀 있는 양식에 따라 출력 장치인 라인 프린터로 인쇄하라”는 의미이다. 이 WRITE 문에서 앞의 4가지 정보 중 처음의 출력 장치의 이름이 명시되어 있고 두 번째의 내용이 변수 목록에 기록되어 있으며 3번째와 4번째의 것은 FORMAT 문에 적혀 있다.

출력 장치 중 대표적인 라인 프린터로 인쇄할 경우에는 WRITE 문 대신 PRINT 문을 써도 좋다.

```
      PRINT 20 K, A, B
20    FORMAT(I4, F10.3, F10.3)
```

PRINT 문에서는 WRITE 문과는 달리 괄호가 없으며. PRINT는 라인 프린터로 출력하라는 명령이므로 명령 자체에 출력 장치가 명시 되어 별도로 출력 장치의 번호는 적지 않고 FORMAT 문의 문 번호만 적는다.

FORMAT 문이 없는 WRITE 문은 다음과 같은 변수 목록에 의한 Free format 출력을 의미한다. 즉 출력 장치의 문 번호가 필요 없고 기종에 따라 *는 쓰지 않는 경우도 있다.

```
      PRINT * variable list   : 변수 목록
```

일반적으로 제목(MAIN PROGRAM) 즉 보통 문자 상수를 인쇄할 때는 변수 목록이 필요 없고 이때 사용되는 출력문은 다음과 같다.

```
      WRITE(6, 20)
20    FORMAT(1X, 'MAIN PROGRAM‘)
```

WRITE-FORMAT 문은 컴퓨터 내부에서 변환 기호에 맞추어 문자로 된 **출력 레코드**(output record)를 만들어 이것을 외부로 출력한다. 출력 레코드에서는 공백도 한 개의 글자이므로 편의상 ␣로 나타낸다. 출력 레코드를 라인 프린터

로 출력하면 레코드의 첫 글자는 인쇄되지 않고 후술되는 표 3.2의 지시와 같이 라인 프린터의 **줄 바꿈**(carriage control) 등을 지시하는데 사용된다. 그러므로 출력 레코드의 길이가 40자이라면 실제 인쇄되는 것은 39글자만 이다.

FORTRAN에서 자료 카드를 읽으면 80자의 내용이 입력 버퍼에 기억되고 FORMAT 문에 의해 변환되어 변수들에 기억되지만, 출력할 때는 WRITE 문에 대한 FORMAT 문에 의해 **출력 버퍼**(output buffer, 133byte)에 편집된다. 이 때 I 변환기호 및 F 변환기호 등은 **수평간격을 조정**하는데 사용되지만, **줄 바꿈 문자**(carriage control character)는 프린터 용지에 인쇄되는 결과를 조정(**연직간격 조정**)하는데 사용한다. 즉, 133열 프린터 용지에서 출력에 영향을 주는 1열은 줄 바꿈 문자이므로 사용할 수 있는 132열만을 사용해서 어떤 변수에 기억된 값을 출력해야 한다. **라인 프린터가 아닐 경우에는 줄 바꿈 문자의 영향을 받지 않는다.**

**참고_입력 버퍼(input buffer)와 출력 버퍼(output buffer)**

- **입력 버퍼**는 다른 장치에서 자료를 수신할 때 일어나는 시간의 차이나 자료의 흐름 속도의 차이를 보상하기 위해서 사용하는 일시적인 저장 장치.
- **출력 버퍼**는 컴퓨터로부터 출력되는 자료를 일시적으로 저장하여 출력시킴으로써 **중앙 처리 장치**(central process unit, CPU)의 처리 속도와 출력 장치의 속도 차이에 대한 완충적인 역할을 하도록 하여, 전체적인 시스템의 성능 향상을 위해 확보하는 기억 장소.

라인 프린터로 하여금 우리가 원하는 양식으로 보고서를 작성하도록 하려면 H (Hollerith) **변환기호**를 적극적으로 활용할 필요가 있다. FORMAT 문에서 지적하는 제일 첫 번째 난에 대응하는 자료는 사실 인쇄되지 않고 **줄 바꿈**(carriage control)에 사용하게끔 되어 있다. 이 제1난에 공백문자(空白文字, blank character)를 지정할 때에는 라인 프린터는 정상적인 단일간격(單一間隔, single space)으로 인쇄하지만 만일 여기에 0자(字)를 지정하면 배간격(倍間隔, double space)으로 인쇄하며 또 만일 1자를 지정하면 페이지를 바꾸어 새로운 페이지에 인쇄하도록 되어 있다. 이러한 내용은 다음 표 3.2에 좀더 자세하게 기술되어 있다.

**표 3.2** 줄 바꿈 문자(carriage control character)

| 줄 바꿈 문자 | 변환 기호 | 인쇄하기 전에 줄 바꿈 문자의 영향 |
|---|---|---|
| ␣(공백) | 1X 또는 1H␣ 또는 '␣' | single space: 다음 줄(행)의 첫 난에 인쇄하라(공백 줄이 없음) |
| 0(숫자) | 1H0 또는 '0' | double space: 인쇄하기 전에 한 줄(행)을 띄우고, 다음 줄에 인쇄하라(한 줄을 띄운다). |
| 1(숫자) | 1H1 또는 '1' | new page: 다음 페이지의 첫줄에 인쇄하라(새로운 페이지를 준비함). |
| +(plus) | 1H+ 또는 '+' | no page: 줄(행)을 바꾸지 않고 그(같은) 줄의 첫 난에 인쇄하라(중복인쇄). |

※ 라인 프린터(line printer)가 아닐 경우에는 줄 바꿈 문자의 영향을 받지 않는다.

WRITE-FORMAT 문으로 자료를 라인 프린터로 출력하면 그 과정은 다음과 같이 요약할 수 있다.

1. WRITE-FORMAT 문에 직힌 양식에 따라 출력 레코드를 만든다.
2. 출력 레코드의 첫 글자로 줄 바꿈(carriage control)을 한다.
3. 출력 레코드의 나머지 글자들을 인쇄한다.

WRITE-FORMAT 문으로 라인 프린터가 아닌 테이프나 디스크에 출력할 경우는 위의 2번 과정은 생략되고 출력 레코드에 있는 전체 글자를 다 출력한다는 것에 주의해야 한다.

그러면 출력에 사용되는 변환기호에 대하여 살펴보기로 하자. 출력용 변환 기호는 입력에서 사용하는 변환 기호

```
wX, Iw, Fw.d, Ew.d
```

와 **문자 코드(string code)**가 있다. 이들이 출력용으로 사용되면 입력 시와는 약간 다른 기능을 하는 경우가 있다. 예를 들면 숫자를 출력할 때는 반드시 해당 영역의 오른쪽 끝에 맞추어(right-justified), 영역이 숫자의 자리수보다 길면 왼쪽의 남는 자리에는 공백으로 채우고, Fw.d와 Ew.d의 **변환 기호에서 입력 시 d가 무시되는 경우가 있으나 출력 시에는 항상 중요한 기능**을 한다.

지금까지 설명한 문 중에서 FORMAT 문은 입·출력 문이 참조하는 문으로서 그 자신이 어떤 동작을 하는 것은 아니므로 비실행문이고 READ, WRITE 및 연산문 등은 실행문이다.

**예제 3.15** 한 줄(line)에 몇 개의 자료를 출력하는지는 컴퓨터 기종에 따라 다르다. 주어진 PRINT 문에 대한 결과를 나타내어라.

```
A=13.56
IB=234
PRINT *, A, IB
PRINT *, A,
PRINT *, IB
END
```

```
A=13.56
B=-46.789
PRINT *, A, B
END
```

---

**출력결과**

```
0.1356E+02     -0.46789E+02
```

컴퓨터의 기종에 따른 다소 다르게 출력된 결과(실수형 상수, real constant)

```
13.5600004  -46.7890015
```

**예제 3.16** PRINT 문은 출력 장치 번호가 필요 없으며(항상 프린터로 출력),

```
A=13.56
IB=234
PRINT *, A, IB
PRINT *, A,
PRINT *, IB
END
```

PRINT 문 하나가 새로운 줄의 시작이다.

---

**출력결과**

```
0.1356E+02     234
0.1356E+02
234
```

컴퓨터의 기종에 따른 다소 다르게 출력된 결과(실수형 상수, real constant)

```
13.5600004 234
13.5600004
234
```

**예제 3.17** 다음은 FORMAT 문을 사용한 경우와 사용하지 않은 경우의 PRINT 문 사용한 프로그램 예이다.

```
      A=10.25
      B=50.5
      WRITE(6, 10) A, B
10    FORMAT(3X, F5.2, 3X, F4.1)
      PRINT *, A, B
      END
```

**출력결과** ␣은 공백을 나타냄

```
␣␣10.25␣␣␣50.5
0.1025E+02   0.505E+02
```

컴퓨터의 기종에 따른 다소 다르게 나타내어 출력된 결과(실수)

```
␣␣10.25␣␣␣50.5
10.2500000 50.5000000
```

**예제 3.18** IROOM, JROOM 및 KROOM에 1357, 678 및 90213이 다음과 같이 각각 기억되어 있다고 할 때

```
      WRITE(6, 20) IROOM, JROOM, KROOM
20    FORMAT(1H0, I4, 2X, I3, 2X, I5)
```

출력결과를 나타내어라.

---

**출력결과**

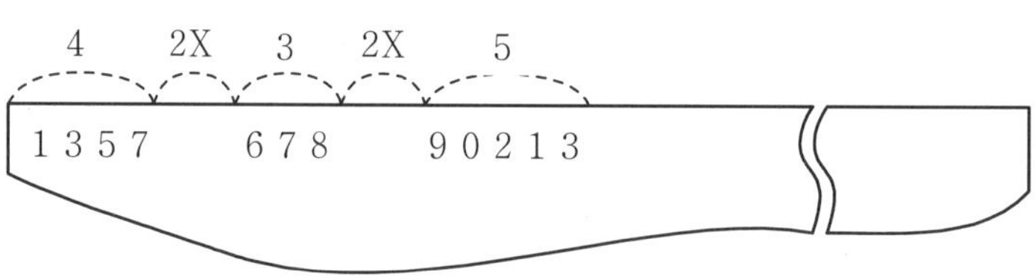


**설명** 첫째 난(欄, column)부터 네 번째 난까지를 마련하여 IROOM에 기억되어 있던 1357을 인쇄하고, 다음에 두 난을 건너 뛴 후 세 개의 난을 마련하여 JROOM에 기억되어 있던 678을 인쇄하고, 두 난을 건너 뛴 후 다섯 개의 난을 마련하여 KROOM에 기억되어 있던 90213을 마지막으로 뒤에서부터 채워서 인쇄하게 된다.

**예제 3.19** BROWN, JAIN 및 TOMMY에 5.340, 289 및 4.20587이 다음과 같이 각각 기억되어 있다고 할 때

```
      WRITE(6, 20) BROWN, JAIN, TOMMY
20    FORMAT(1H0, F5.3, 4X, I3, 4X, F7.5)
```

출력결과를 나타내어라.

---

**출력결과**

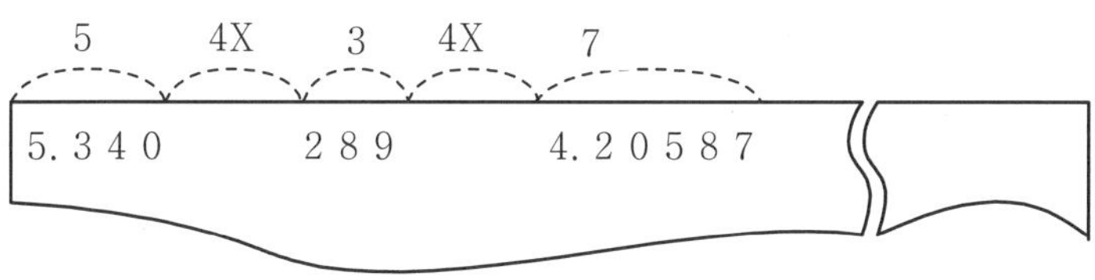


**설명** 첫째 난부터 다섯 번째 난까지를 마련하여 BROWN에 기억되어 있던 5.340(F5.3)을 인쇄하고, 다음에 네 난을 건너 뛴 후 세 난을 마련하여 JAIN에 기억되어 있던 289(I3)를 인쇄하고, 다음에 다시 네 난을 건너 뛴 후 일곱 개의 난을 마련하여 TOMMY에 기억되어 있던 4.20587(F7.5)을 마지막으로 뒤에서부터 채워서 인쇄하게 된다.

**예제 3.20** LEE, MA 및 KI에 189, 625 및 200이 다음과 같이 각각 기억되어 있다고 할 때

```
      WRITE(6, 20) LEE, MA, KI
20    FORMAT(1H0, I2, 2X, I3, 2X, I6)
```

출력결과를 나타내어라.

---

**출력결과**

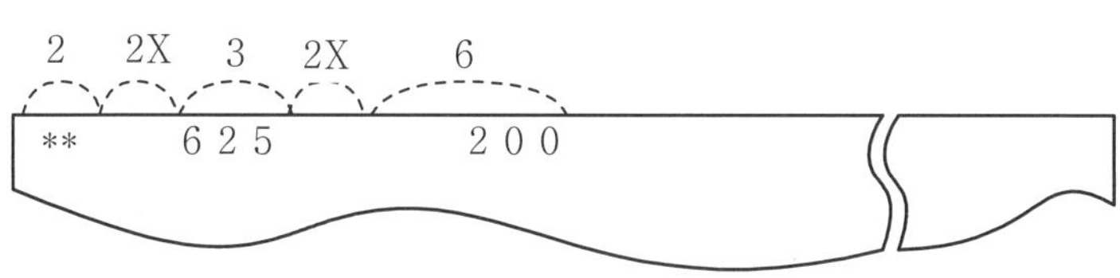


**설명** 첫째 난부터 두 번째 난까지를 마련하여 2개의 공간이 LEE에 기억되어 있던 3자릿수, 즉 189(I3)가 인쇄해야 되는데 난이 하나가 부족(I2)하여 인쇄가 안 되므로 "**"가 인쇄되고(대부분의 컴퓨터는 기억되어 있는 값의 자리수보다 인쇄할 곳의 자리수가 적을 때는 "*"가 인쇄할 곳의 자릿수만큼 인쇄되나 **컴퓨터의 기종에 따라 틀린 값이 인쇄되는 경우도 있다**. 따라서 두 난을 건너 뛴 후에 세 난을 마련하여 MA에 기억되어 있던 625(I3)를 인쇄하고, 다음에 두 난을 건너 뛴 후 여섯 개의 난을 마련하여 KI에 기억되어 있던 ␣␣␣200(I6)을 마지막으로 인쇄하게 된다.

**예제 3.21** A, DOCK 및 DO에 22.56, 43.14 및 52.58이 다음과 같이 각각 기억되어 있다고 할 때

```
       WRITE(6, 10) A, DOCK. DO
10     FORMAT(1H0, F6.1, 2X, F6.3, 2X, F6.5)
```

출력결과를 나타내어라.

---

**◎ 출력결과**

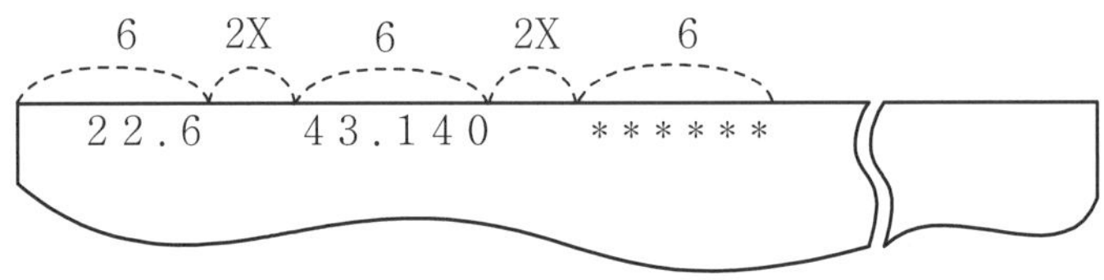


**◎ 설명** 첫째 난부터 여섯 번째 난까지를 마련하여 A에 기억되어 있던 22.56을 인쇄해야 하는데 22.56이 인쇄되지 않고 22.6이 뒤에서부터 채워져서 인쇄되고[FORMAT 문의 F6.1에서 소수점 이하 한 자리까지만 인쇄하라고 했으나 둘째 자리에서 반올림되어 소수점 이하 첫 자리만 구해져서 인쇄되었다. 즉 22.56→22.6, 자세한 것은 변환 문(format statement)에서 언급하겠다. 다음에 두 난을 건너 뛴 후 여섯 난을 마련하여 DOCK에 기억되어 있던 43.14를 인쇄해야 하는데 43.14가 인쇄되지 않고 43.140이 인쇄된다(FORMAT 문의 F6.3에서 소수점 이하 3자리까지 인쇄하라고 했으므로 43.14는 43.140이 된다). 다음에 두 자리를 건너 뛴 후 여섯 개의 난을 마련하여 DO에 기억되어 있던 값을 인쇄하려고 하니 전체의 자릿수는 여덟인데 인쇄할 곳의 자릿수가 여섯 자리밖에 안되므로 자릿수가 부족하여 ******이 인쇄된다(FORMAT 문의 F6.5에서 소수점 이하 다섯 자리까지 인쇄하라고 했으니까 52.58이 소수점을 5자리까지 확보하게 되어 52.58000이 되므로 전체 자릿수는 소수점을 포함하여 여덟 개가 된다).

**참고**

**인쇄형식을 조정하거나 제목 등을 인쇄**하고자 할 때에는 **변수를 생략한 WRITE 문을 이용**하면 된다.

**예제 3.22** 다음과 같은 WRITE 문과 이와 관련된 FORMAT 문이 아래와 같이 각각 기억되어 있다고 할 때

```
      WRITE(6, 20)
20    FORMAT(1H0, 7X, “GOOD MORNING EVERYONE”)
```

출력결과를 나타내어라.

---

**출력결과**

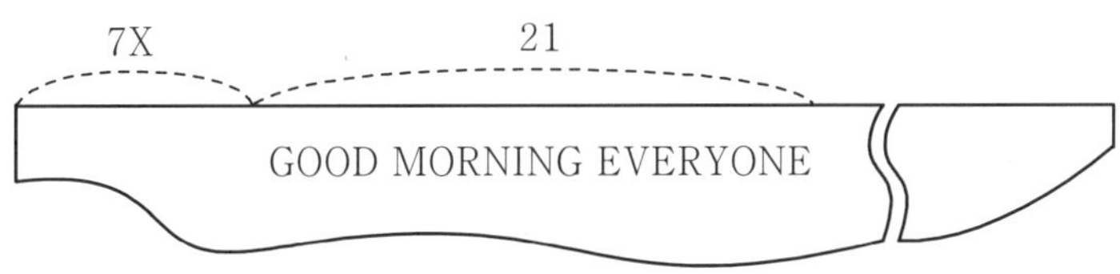


**설명** 첫째 난부터 일곱 번째 난까지는 건너뛰고 8번째 난부터 29번째 난까지 출력할 곳을 마련하여 GOOD MORNING EVERYONE을 인쇄하게 된다.

**예제 3.23** 어떤 중학교에서 실시한 시험 성적을 전산처리하려고 한다. 시험과목은 국어(IKOR), 영어(IENG) 및 수학(IMAT) 3과목이며 입력양식은 다음과 같고 출력 양식도 다음과 같으며 이에 대한 흐름도와 프로그램을 작성하고 각 과목당 총점(ITOT) 및 평균(IAVE)을 인쇄하라.

**입력 양식, input format**

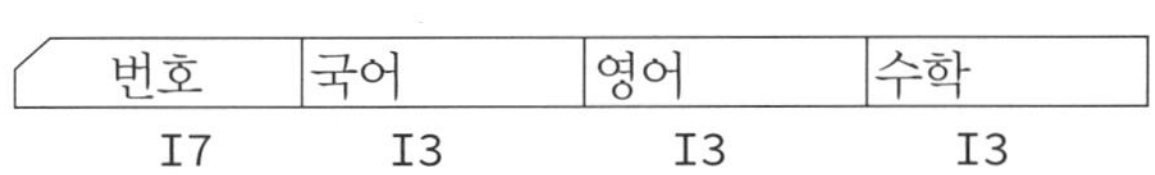


**입력 자료, input data**

```
201501 96 96 90
```

**출력 양식, output format**

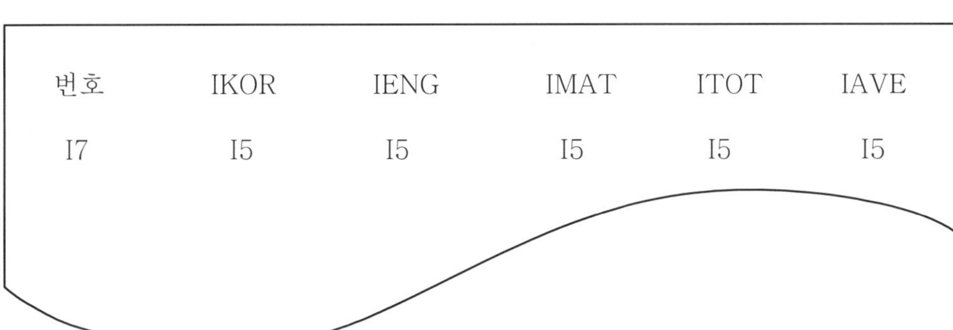

◎ 흐름도, flow chart

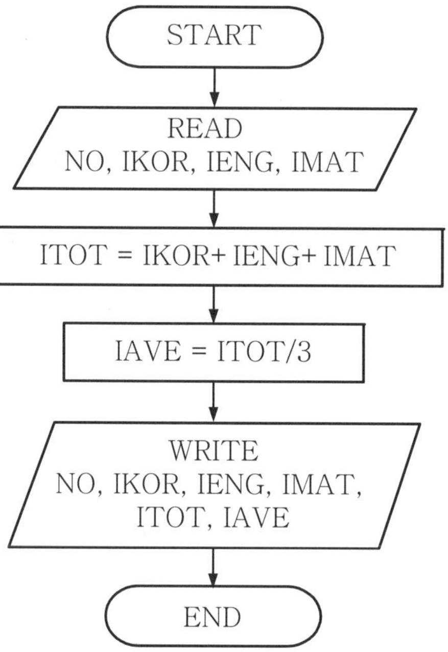


**예제 3.23 그림** 시험 성적 3과목 흐름도

◎ 프로그래밍, programming

```
C
C     PROGRAM
C
      READ(5, 10) NO, IKOR, IENG, IMAT
   10 FORMAT(I7, 3I3)
      ITOT=IKOR+IENG+IMAT
      IAVE=ITOT/3
      WRITE(6, 20)
   20 FORMAT(/ 5X, 'NUMBER', 5X, 'KOR', 5X, 'ENG', 5X,
     & 'MAT', 5X, 'TOTAL', 5X, 'AVERAGE')
      WRITE(6,200) NO, IKOR, IENG, IMAT, ITOT, IAVE
  200 FORMAT(4X, I7, 2X, I5, 2(3X, I5), 5X, I5, 6X, I5)
      STOP
      END
```

◎ 출력 자료, output data

```
NUMBER     KOR     ENG     MAT     TOTAL     AVERAGE
201501     96      96      90       282         94
```

# 3장 • 연습문제

**3.1** 입력문(input statement)에 대하여 간단히 설명하여라.

**3.2** 출력문(output statement)에 대하여 간단히 설명하여라.

**3.3** 자료카드(data card)의 1~6란, 7~12란, 13~19란에 천공(punch)되어 있는 정수(integer)들을 J, K 및 L에 기억시키는 문(statement)을 작성하여라.

**3.4** 자료카드의 1~4란, 5~9란, 10~15란에 천공되어 있는 정수들을 $N_1$, $N_2$, 및 $N_3$에 기억 시키는 문(statement)을 작성하여라.

**3.5** 자료카드의 1~7란, 8~14란, 15~25란에 있는 실수(real number)들을 H, G 및 Q에 기억시키되 소수점 이하의 자리수가 각각 2, 1 및 3이 되도록 하는 READ 문을 작성하여라.

**3.6** 자료카드의 1~5란, 6~12란, 13~18란에 있는 실수들을 $K_1$, $K_2$, 및 $K_3$에 기억시키되 소수점 이하의 자리수가 각각 2, 2 및 3이 되도록 하는 READ 문을 작성하여라.

**3.7**

␣␣1 2 3 4　　　␣ : 공백(blank)을 뜻한다.

위와 같은 자료 카드가 있을 때 READ 문에 다음과 같은 FORMAT code를 이용하면 어떠한 값이 각각 기억될까?

① I7　② I6　③ F7.0　④ F7.2　⑤ F6.3　⑥ F5.2

**3.8**

␣␣␣1 2 3　　　␣ : 공백(blank)을 뜻한다.

위와 같은 자료 카드가 있을 때 READ 문에 다음과 같은 FORMAT code를 이용하면 어떠한 값이 각각 기억될까?

① I6　② I9　③ F6.2　④ F8.4　⑤ F8.5　⑥ F4.1

**3.9** 다음의 free-format 입·출력 문에서 틀린 것이 있으면 수정하여라.

① `READ, A, B, I, J` ② `READ *, A, B, RATE`
③ `WRITE * A, B, RATE` ④ `PRINT, A, B, RATE`

**3.10** 자료 카드 덱이 다음과 같이 천공되어 있을 때

카드 1 : 22, 33, 4.4, 5.5
카드 2 : 6.6, 7.7, 88
카드 3 : 99, 11, 23.45
카드 4 : 6.78, 9.87, 123, 456

다음 명령문들을 수행하면 각 변수에 기억되는 수치는?

①
```
READ *, J, M, D
READ *, C, F, I, J
READ *, G, H
```

②
```
READ *, K, M
READ *, C, D
READ *, N
READ *, A, B
```

**3.11** 자료카드의 1~2란, 3~5란, 6~7란에 있는 실수(real number)들을 A, B 및 C에 기억시켜 $D=AB^C$의 계산을 한 뒤 A, B, C 및 D에 기억되어 있는 각각의 값을 두 난(column)씩 건너뛰어 계속해서 인쇄하는 READ와 WRITE 문을 작성하여라(단 소수점 이하 자릿수는 없다고 하자).

**3.12** 자료카드의 1~3란, 4~5란, 6~10란에 있는 실수들을 P, Q 및 R에 기억시켜 S=P*Q*R의 계산을 한 뒤 P, Q, R 및 S에 기억되어 있는 각각의 값을 3란 씩 건너뛰어 계속해서 인쇄하는 READ와 WRITE 문을 작성하여라(단 소수점 이하 자릿수는 없다고 가정하자).

**3.13** 다음에서 틀린 곳이 있으면 고쳐라.

①
```
READ(5, 10) HOURS RATE
```
②
```
WRITE(6, 20) HONG, GIL, DONG,
```
③
```
READ(5, 30) I
30 FORMAT(F4.1)
```
④
```
READ(5, 40)
40 FORMAT(F6.3)
```
⑤
```
WRITE(6, 50) A, 1.4
50 FORMAT(2F3.1)
```

**3.14** 다음에서 틀린 곳이 있으면 고쳐라.

①
```
      READ(5, 10) MONKEY, FARE, ECHO
```
②
```
      WRITE(6, 20) HONG GIL DONG
```
③
```
      READ(5, 30) M, N, H
   30 FORMAT(I3, I5, I2)
```
④
```
      WRITE(6, 40) I, J
   40 FORMAT(1H0, I3, F6.2)
```

**3.15** 다음의 FORMAT code에 의해 M, T 및 K에는 각각 어떠한 값이 기억될까?

```
23␣5.3␣␣␣-234.56
```

```
      READ(5, 20) M, T, K
```
① `20 FORMAT(I1, F4.1, I2)`

② `20 FORMAT(I3, 1X, F3.2, 2X, I4)`

③ `20 FORMAT(I4, 2X, F5.1, 1X, I1)`

④ `20 FORMAT(I2, 2X, F5.3, 1X, I3)`

⑤ `20 FORMAT(I4, 2X, F6.1, 2X, I5)`

⑥ `20 FORMAT(I1, 1X, F4.1, 1X, I2)`

**3.16** 다음의 FORMAT code에 의해 N, Q 및 I에는 각각 어떠한 값이 기억될까?

```
-35␣432␣␣35790
```

```
      READ(5,30) N, Q, I
```
① `30 FORMAT(I3, 2X, F4.2, 1X, I4)`

② `30 FORMAT(I4, F5.1, I6)`

③ `30 FORMAT(I2, 3X, F3.1, 3X, I3)`

④ `30 FORMAT(I4, F6.2, 1X, I2)`

⑤ `30 FORMAT(I3, F4.2, 1X, I3)`

⑥ `30 FORMAT(I5, 1X, F3.0, 2X, I4)`

**3.17** 다음 문에서 잘못 된 곳을 수정하여라.

①
```
      READ(5, 10) A, I, J, C,
   10 FORMAT(F8.3, I5, F7.2, I5)
```

②
```
      READ(5, 20) B, C, D, E, K, L
   20 FORMAT(3F8.3, 4I5)
```

③
```
      READ(5, 30), A, I, N, C
   10 FORMAT(F8.3, I8)
```

**3.18** 다음 연습문제 3.18 그림과 같이 자료 덱을 READ 할 때 각 변수에 기억되는 값은 얼마인가?

①
```
      READ(5, 10) J, B
      READ(5, 10) K, C, N, I
   10 FORMAT(I5, F5.2, I5)
```

②
```
      READ(5, 20) J, K, B, N, C, M
   20 FORMAT(I5/I5, F5.2/I5, F5.2, I5)
```

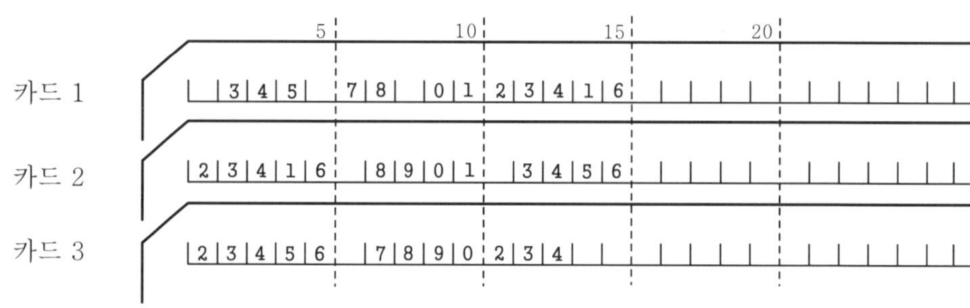


**연습문제 3.18 그림** 프로그램의 설명을 위한 다른 형태의 입력 자료 천공

**3.19** 다음의 READ 문에 의하여 어떠한 값들이 각각의 변수들에 기억되는지 써라.

```
278308104302101029716
```

```
READ(5,10) A, B, C, I, J, K
10 FORMAT(F4.1, 3X, F3.2, F6.3, I1, 1X, I4, 2X, I3)
```

**3.20** 다음의 READ 문에 의하여 어떠한 값들이 각각의 변수들에 기억되는지 써라.

```
56471549568123456831012428
```

```
READ(5,30) F, G, H, L, M, N
30 FORMAT(F2.1, 3X, F4.2, 2X, F3.1, I2, 2X, I3, 3X, I4)
```

**3.21** 각각의 변수들에 기억된 내용들이 다음의 WRITE 문에 의해서 각각 어떻게 인쇄되는 지 나타내어라.

```
H=34.217, I=63, J=17, K=3, P=0.0013, Q=-4.19
WRITE(6, 90) H, I, J, K, P, Q
90  FORMAT(1H0, F5.2, 2X, I2, 2X, I1, 2X, I3, 2X, F5.3, 2X, F4.1)
```

**3.22** 각각의 변수들에 기억된 내용들이 다음의 WRITE 문에 의해서 각각 어떻게 인쇄되는지 나타내어라.

```
R=100.29, S=-19.54, L=7, M=222, Z=100, X=-0.09
WRITE(6, 100) R, S, L, M, Z, X
100  FORMAT(1H0, F3.2, 2X, F6.3, 2X, I2, 2X, I3, 2X, F4.1, 2X, F5.2)
```

**3.23** NUM의 값이 13579일 때

```
        WRITE(6, 20) NUM
```

의 WRITE 문이 다음과 같은 FORMAT 문과 쌍이 되어 라인프린터로 NUM의 값을 인쇄되는 형태를 나타내어라.

① `20 FORMAT(I8)`
② `20 FORMAT(I5)`
③ `20 FORMAT(5X, I4)`
④ `20 FORMAT(2X, F8.2)`

**3.24** M1=111, M2=222, M3=333, M4=444, M5=555, M6=666일 때 다음 명령을 수행하면 인쇄되는 결과를 나타내어라.

①
```
      WRITE(6, 10) M1, M2, M3, M4, M5
   10 FORMAT('0', I7 / I8)
```

②
```
      WRITE(6, 10) M1, M2, M3, M4, M5
   10 FORMAT(1H0, I7 / (1X, I7))
```

**3.25** 다음 프로그램에서 WRITE 문에 적합한 FORTRAN 문을 작성하라.

①
```
A=110.6
B=3.8
C=23.
D=A*B+C
```

```
   WRITE(6, 30) A, B, C, D
```

② 
```
   I=20
   J=6
   K=2
   M=I/J*2
   WRITE(6, 40) I, J, K, M
```

③ 
```
   P=2.7
   Q=12.8
   K=5
   S=P*Q*K
   WRITE(6, 50) P, Q, K, S
```

**3.26** 다음 프로그램에서 WRITE 문에 적합한 FORTRAN 문을 작성하라.

① 
```
   Q=11.6
   I=38
   S=2.3
   H=Q+I*S
   WRITE(6, 20) Q, I, S, H
```

② 
```
   S=10.4
   T=16.2
   IY=2
   Z=V/W/IY
   WRITE(6, 30) S, T, IY, Z
```

③ 
```
   F=4.9
   G=14.82
   H=3.5
   I=2
   D=(F+G)/H*I
   WRITE(6, 50) F, G, H, I, D
```

**3.27** N1, N2, N3은 어느 학생 세 과목의 성적이, A에는 평균이 기억되어 있다고 할 때

① 다음과 같은 형태로 프린터의 새 용지 첫줄 5난부터 인쇄하는 출력 문을 작성하여라.

```
TEST SCORES
     ×××
     ×××
     ×××
AVERAGE
```

```
xxx.xx
```

② WRITE-FORMAT 문 하나로 작성하여라.

**3.28** 어느 학교 학생 10명의 기말시험 성적 중 국어(KOR), 영어(ENG) 및 수학(MAT) 점수가 주어졌을 때 총점(TOTAL) 및 평균(AVERAGE)을 구하는 프로그램을 작성하고 결과를 출력하여라.

■ 입력 자료

```
001 95 95 95
002 90 78 89
003 79 60 93
004 89 89 90
005 83 78 88
006 78 60 98
007 80 81 79
008 85 78 85
009 90 80 84
010 94 69 90
```

## 3장 | 연습문제 해답

**3.1** 자료를 외부로부터 읽어 들여 주기억장치 속 각각의 기억 장소에 기억시키는 문.

**3.2** 기억장소에 기억되어 있는 처리된 내용을 출력 장치를 통하여 그 결과를 알 수 있도록 출력시키는데 필요한 문 또는 문.

**3.3**

```
      READ(5, 10) J, K, L
   10 FORMAT(I6, I6, I7)
```

**3.4**

```
      READ(5, 10) N1, N2, N3
   10 FORMAT(I4, I5, I6)
```

**3.5**

```
      READ(5, 10) H, G, Q
   10 FORMAT(F7.2, F7.1, F11.3)
```

**3.6**

```
      READ(5, 10) X1, X2, X3
   10 FORMAT(F5.2, F7.2, F6.3)
```

3.7 ① 12340 ② 1234 ③ 12340. ④ 12.34 ⑤ 1.234 ⑥ 1.23

3.8 ① 123 ② 123000 ③ 1.23 ④ 1.2300. ⑤ 0.12300 ⑥ 0.1

3.9 ① READ 다음에 컴마(,) 대신에 *이 있어야 한다(컴퓨터 기종에 따라 문제에서 주어진 것 같이 쓸 수도 있으나 ANS FORTRAN 77의 표준이 아님).
② 맞음
③ WRITE 대신 PRINT를 써야 한다.
④ 다음에 *이 있어야 한다(컴퓨터 기종에 따라 문제에서 주어진 것 같이 쓸 수도 있으나 표준이 아님).

3.10 ① J=22, M=33, D=4.4, C=6.6, F=7.7, I=88, J=99, G=6.78, H=9.87
② K= 22, M=33, C=6.6, D=7.7, N=99, A=6.78, B=9.87

3.11

```
      READ(5, 10) A, B, C
10    FORMAT(F2.0, F3.0, F2.0)
      D=A*B**C
      WRITE(6, 20) A, B, C, D
20    FORMAT(1H0, F2.0, 2X, F3.0, 2X, F2.0, 2X, F10.0)
```

3.12

```
      READ(5, 10) P, Q, R
10    FORMAT(F3.0, F2.0, F5.0)
      S=P*Q*R
      WRITE(6, 20) P, Q, R, S
20    FORMAT(1H0, F3.0, 3X, F2.0, 3X, F5.0, 3X, F10.0)
```

3.13 ① READ(5,10) HOURS, RATE(콤마 추가)
② WRITE(6, 20) HONG, GIL, DONG(콤마 삭제)
③ 형이 일치하지 않음(I는 정수인데 F4.1로)
④ READ 문에 변수 누락
⑤ 변수위치에 숫자 1.4가 오면 안 된다.

3.14 ① READ(5,10) MONKEY, FARE, ECHO(마침표 .를 콤마 ,로 수정)
② WRITE(6, 20) HONG, GIL, DONG(콤마 ,추가)
③ 형이 일치하지 않음(H는 실수인데 I2로)
④ 형이 일치하지 않음(J는 정수인데 F6.2로)

3.15 ① 2305., 30 ② 230, .30, −234 ③ 2305, −.2, 4
④ 23, .3000, 234 ⑤ 2 305, −2.3, 56000 ⑥ 2, 5.3, 0

**3.16** ① −35, 32.00, 5790 ② −350, 4320.0, 35790
③ −3, 32.0, 790 ④ −350, 4320.03, 79
⑤ −35, 4.32, 35 ⑥ −3504, 200., 7900

**3.17** ① READ 문 마지막 변수 다음에 콤마(,)가 있으면 안 되고 FORMAT 문에서 변수 J는 정수형인데 변환 기호는 실수형 F7.2로 하였고 C는 실수형인데 변환기호는 정수형 I5로 하여 잘못됨(즉 변환기호가 일치하지 않는다).
② FORMAT 문에서 변수 E는 실수형인데 변환기호는 정수형 변환기호 I5이므로 잘못 됨.
③ READ 문에서 변수 A 앞에 콤마(,)가 있으면 안 되고 변환 기호는 2개 이고 변수 는 4개이므로 N와 C의 변환기호는 각각 F8.3과 I8이 되는데 변수형과 변환기호가 각각 일치하지 않는다.

**3.18** ① J=3450, B=780.01, K=23416, C=89.01, N=3456, I=23456
② J=3450, K=23416, B=89.01, N=23456, C=78.90, M=23400

**3.19** A=278.3, B=0.43, C=21.010, I=2, J=7160, K=0

**3.20** F=5.6, G=54.95, H=12.3, L=45, M=310, N=2800

**3.21** 34.22␣␣63␣␣*␣␣␣␣3␣␣0.001␣␣−4.2 : (반올림)

**3.22** 1.00␣␣******␣␣␣7␣␣222␣␣****␣␣−0.09 : (반올림)

**3.23** ① ␣␣13579
② 3579(다음페이지의 첫줄에 인쇄)
③ ␣␣␣␣****
④ 작업을 끝낸다(변환기호가 정수형이 아니고 실수형이므로).

**3.24**

① blank line
␣␣␣␣111
␣␣␣␣222
blank line
␣␣␣␣333
␣␣␣␣444
blank line
␣␣␣␣555

② blank line
␣␣␣␣111
␣␣␣␣222
␣␣␣␣333
␣␣␣␣444
␣␣␣␣555

■ 설명

②의 FORMAT 문에서 / 다음 (1X, I7)는 변수 M2를 인쇄하고 다음 변수 M3을 인쇄할 때는 1H0, I7의 변환 기호를 따르는 것이 아니라 (1X, I7)의 괄호에 의하여 이 변환기호를 따라야 하므로 ①과는 다르게 blank line 없이 계속해서 M4과 M5도 같은 형태로 인쇄한 결과를 나타내었다.

**3.25**

```
① 30 FORMAT(1H0, F5.1, 5X, F3.1, 5X, F3.0, 5X, F6.2)
② 40 FORMAT(1H0, I2, 5X, I1, 5X, I1, 5X I1)
③ 50 FORMAT(1H0, F3.1, 5X, F4.1, 5X, I1, 5X, F5.2)
```

**3.26**

```
① 20 FORMAT(1H0, F4.1, 5X, I2, 5X, F3.1, 5X, F5.2)
② 30 FORMAT(1H0, F4.1, 5X, F4.1, 5X, I1, 5X, I1)
③ 40 FORMAT(1H0, F3.1, 5X, F4.1, 5X, I1, 5X, F5.2)
```

**3.27**

```
①       WRITE(6, 10)
     10 FORMAT('1', 4X, 'TEST SCORES') N1, N2, N3
        WRITE(6, 20) N1, N2, N3
     20 FORMAT(5X, I8)
        WRITE(6, 30)
     30 FORMAT(5X, 'AVERAGE')
        WRITE(6, 40) A
     40 FORMAT(5X, F8.2)

②       WRITE(6, 10) N1, N2, N3, A
     10 FORMAT('1', 4X, 'TEST SCORES' / 3(5X, I8) / 5X, 'AVERAGE' /
       &      5X, F8.2)
```

**3.28**

■ 프로그램

```
   ITOT=0
   AVE=0.0
   N=0
   WRITE(6, 10)
10 FORMAT(13x,'**** SUNG JUK PYO ****')
   WRITE(6, 20)
20 FORMAT(/ 5x, 50('=') / 5x, 'NUMBER', 5X, 'KOR', 5X,' ENG', 5X,
 &       'MAT', 5X, 'TOTAL', 5X, 'AVERAGE' / 5X, 52('='))
99 READ(5, *) I, J, K, L
   ITOT=J+K+L
   AVE=ITOT/3.0
   N=N+1
   WRITE(6, 30) I, J, K, L, ITOT, AVE
30 FORMAT(/ 5X, I3, 4X, 4(5X, I3), 8X, F6.2)
   IF(N .NE. 10) GO TO 99
   WRITE(6, 40)
40 FORMAT(/// 52('='))
   STOP
   END
```

■ 출력 결과

```
        **** SUNG JUK PYO ****
  ======================================================
  NUMBER    KOR    ENG    MAT    TOTAL    AVERAGE
  ======================================================
     1        95      95      95     285          95.00
     2        90      78      89     257          85.67
     3        79      60      93     232          77.33
     4        89      89      90     268          89.33
     5        83      78      88     249          83.00
     6        78      60      98     236          78.67
     7        80      81      79     240          80.00
     8        85      78      85     248          82.67
     9        90      80      84     254          84.67
    10        94      69      90     253          84.33
```

앞의 출력결과는 변수들과 수치들이 서로 잘 맞지 않으므로 프로그램을 수정하여 다시 실행한 결과는 다음과 같다.

■ 수정된 프로그램

```
   ITOT=0
   AVE=0.0
   N=0
   WRITE(6, 10)
10 FORMAT(20x, '*** SUNG JUK PYO ***')
   WRITE(6, 20)
20 FORMAT(/ 5x, 54('=') / 6x 'NUMBER', 5X, 'KOR', 5X, 'ENG', 5X,
 &        'MAT', 5X, 'TOTAL', 5X, 'AVERAGE' / 5X,54('='))
99 READ(5,*) I, J, K, L
   ITOT=J+K+L
   AVE=ITOT/3.0
   N=N+1
   WRITE(6, 30) I, J, K, L, ITOT, AVE
30 FORMAT(6X, I3, 3X, 3(5X, I3), 6X, I3, 6X, F6.2)
   IF(N .NE. 10) GO TO 99
   WRITE(6,40)
40 FORMAT(5X, 54('='))
   STOP
   END
```

■ 수정된 출력 결과

```
                 *** SUNG JUK PYO ***

=====================================================
NUMBER     KOR     ENG     MAT     TOTAL     AVERAGE
=====================================================
   1       95      95      95       285       95.00
   2       90      78      89       257       85.67
   3       79      60      93       232       77.33
   4       89      89      90       268       89.33
   5       83      78      88       249       83.00
   6       78      60      98       236       78.67
   7       80      81      79       240       80.00
   8       85      78      85       248       82.67
   9       90      80      84       254       84.67
  10       94      69      90       253       84.33
=====================================================
```

# 4 변환문

**변환문(變換文, format statement)**이란, 입·출력장치(input/output unit)와 주기억장치(main memory unit) 사이에 정보가 어떠한 형태로 전달되는가를 정의하는 비실행문(非實行文, non-executable)으로서 입·출력문(input/output statement)과 문 번호(statement number)로써 서로 연결되어야 비로소 효력을 발생한다. 따라서 FORMAT 문은 **입·출력문의 위치에 관계없이 END 문 앞의 어느 곳에 위치해도 상관없으며** 일반적인 형식은 다음과 같다.

```
10    FORMAT(FORMAT CODE) : 변환기호
```

**예제 4.1** 다음과 같은 READ 문의 변수들과 변환문의 변환기호가 순서대로 서로의 형이 잘 일치하는지 확인하여라.

```
READ(5, 10) K,     O,     R,     E,     A
            ↕정수형 ↕실수형 ↕실수형 ↕실수형 ↕실수형
10 FORMAT(  I2,    F2.1,  F4.2,  F3.1,  F5.3)
```

여기서 FORMAT의 왼쪽에 숫자 10은 변환문과 입·출력문을 연결시켜주는 문번호.

**풀이** READ 문의 변수들과 변환문의 변환기호가 순서대로 일대일(1:1) 대응에서 서로의 형이 잘 일치하는 것으로 나타남.

**예제 4.2** 다음과 같은 WRITE 문의 변수들과 변환문의 변환기호가 순서대로 서로 형이 잘 일치하는지 확인하여라.

```
WRITE(6, 20) DAE,       HAN,       MIN,      KOOK
             ↕실수형     ↕실수형     ↕정수형    ↕정수형
20 FORMAT(1H0, F4.1, 2X, F3.1, 2X, I3,   2X, I5)
```

**풀이** WRITE 문의 변수들과 변환문의 변환기호가 순서대로 서로의 형이 잘 일치하는 것으로 나타남.

**참고**

입출력문의 변수와 변환문의 변환기호가 순서대로 일대일(1:1) 대응에서 서로 **형(型, type)**이 잘 일치해야 한다.

■ 변환기호는 **정보형(자료용) 변환기호**(format code for data)와 **편집용 변환기호**(format code for editing)의 두 가지로 나눌 수 있으며 다음에서 상세히 기술한다.

# 4.1

# 정보형 변환기호

**정보용 변환기호**(format code for data)에는 여러 가지가 있으나 주로 많이 사용되는 입력용 변환기호로는 I 변환기호(I format code), F 변환기호(F format code), E 변환기호(E format code), D 변환기호(D format code), A 변환기호(A format code) 및 L 변환기호(L format code) 등에 관해서 알아보기로 하자.

## 4.1.1 I 변환 기호

10 진수(拾眞數, decimal number)의 정수형 자료(integer data)를 정수형 변수(integer variable)에 기억시키거나 또는 정수형 변수에 기억되어 있는 값을 10 진수의 정수형태(integer type)로 출력시키는데, 즉 소수점이 없는 정수를 입·출력하는데 I 변환 기호가 이용되며, 일반적인 형식은 다음과 같다.

① Iw

I : Integer의 약자로서 정수형을 의미

W : 정수로서 자료의 전체 자릿수(field width)

② rIw

r : 반복횟수로 Iw가 r(r>0) 횟수만큼 반복됨을 의미(r=1일 때는 생략)

**예제 4.3** 주어진 자료(data)가

```
240␣␣␣␣-99
```

일 때

```
   READ(5, 10) IN, IOUT, LADY
10 FORMAT(I4, I5, I2)
```

이면, READ 문에 기억되는 값은 각각 얼마인가?

**⊙ 풀이** IN=2400(4자리 확보), IOUT= -9(5자리 확보) 그리고 LADY=90(2자리 확보)이 각각 기억된다.

**⊙ 설명** 자료 각각의 값을 기억할 때, 마련된 **자릿수 내의 공백은 "0"으로 간주**되고 **모두가 공백일 때는 "0" 하나만이 기억**된다.

**예제 4.4** 다음과 같은 WRITE 문의 변수 JEONG, JIN 및 MOUNG에 2400, -7 및 20이 각각 기억되어 있고 FORMAT 문이 주어졌을 때 인쇄결과를 나타내어라.

```
     WRITE(6, 20) JEONG. JIN, MOUNG
20   FORMAT(1H0, I2, 2X, I3, 2X, I2)
```

**⊙ 풀이**

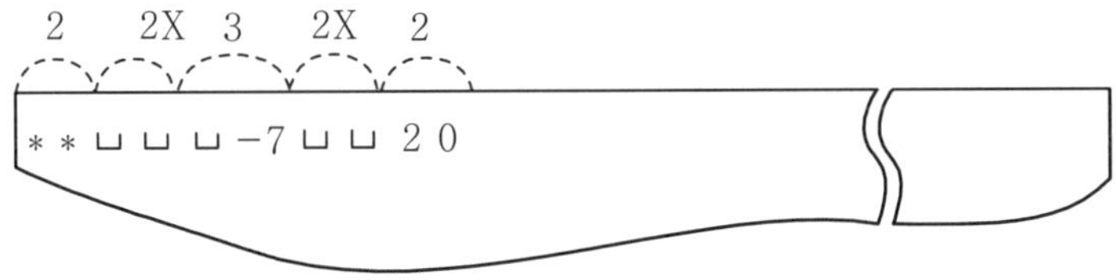


**⊙ 설명** 기억된 값보다 인쇄할 곳의 자리수가 부족할 경우에는 **자릿수만큼 "*"가 인쇄**되므로 자리수를 여유 있게 잡아주어야 한다.

**예제 4.5** 다음은 정수형 자료를 변환 기호 Iw와 같은 각각의 변환에 의하여, 자료가 어떠한 형태로 기억(입력)되고 또한 기억된 값이 어떻게 출력되는 형식에 대하여 살펴보기로 하자.

| 입력자료 | 입력변환 기호(Iw) | 변수에 기억된 값 | 출력변환기호(Iw) | 출력 시 기억된 값 |
|---|---|---|---|---|
| ␣␣123 | I5 | 123 | I3 | 123 |
| ␣␣123 | I4 | 12 | I3 | ␣12 |
| ␣␣123 | I3 | 1 | I3 | ␣␣1 |
| +123 | I4 | 123 | I5 | ␣␣123 |
| −123 | I4 | −123 | I5 | ␣-123 |
| 123␣␣ | I3 | 123 | I2 | ** |
| 123␣␣ | I4 | 1230 | I4 | 1230 |
| 123␣␣ | I5 | 12300 | I4 | **** |

주의 : **입력 시** 기억된 값은 입력 변환 기호의 자릿수(w)만큼(- 부호도 포함)만 자료 **왼쪽부터 채워지고, 출력 시** 기억된 값은 출력 변환 기호의 자릿수(w)만큼(- 부호도 포함)만 **오른쪽부터 채워진다.** 만일 **자리수가 부족하면 자릿수만큼 *가 출력**된다는 점을 늘 기억하라.

## 4.1.2 F 변환 기호

10 진수의 실수형 자료(real data)를 실수형 변수(real variable)에 기억시키거나 또는 실수형 변수에 기억되어 있는 값을 10 진수의 실수형태(real type)로 출력시키는데 F 변환 기호가 이용된다. 단, **입력 자료의 값이 아주 크기가 크거나 작은 경우나 출력되는 숫자의 자리수를 예상하기 어려울 때**에는 **지수형(E 변환) 실수로 변환**해야 한다. 일반적인 형식은 다음과 같다.

① Fw.d

F : **부동소수점**(Floating point)의 약자로서 10 진형 실수형을 의미

w : 자료의 전체 자릿수(w>0)를 가리키는 정수

d : 자료의 소수점 이하의 자릿수를 가리키는 정수(d>0)

② rFw.d

r : 동일한 형식으로 반복되는 반복횟수로 Fw.d가 r(r>0) 횟수만큼 반복됨을 의미.

기본형은 Fw.d이며 F는 내부 실수(부동소수점형)과 외부 실수(고정소수점형)와의 변환을 뜻한다.

■ **입력 자료일 경우 :**

(1) 자료에 소수점이 없을 때

$$\underbrace{\times\times\cdots\cdots\times\underbrace{\times\cdots\cdots\times}_{d}}_{w}$$

예를 들면

```
   READ(5, 10) A
10 FORMAT(F3.2)
```

| 4052843 |
|---|
| **(자료 파일)** |

위의 프로그램이 실행되면 F3.2에 의하여 처음부터 3난까지 405만이 4.05로 입력되어 A번지에 기억된다.

A ← 4.05 즉 A=4.05가 기억된다.

(2) 자료에 소수점이 있을 때

$$\underbrace{\times\times\cdots\cdots\times.\underbrace{\times\times\cdots\cdots\times}_{d}}_{w}$$

입력일 경우 **소수점의 사용 여부는 임의(任意, optional)**이지만 만약 **사용한다면 소수점의 위치가 d에 우선(優先, override)**한다.

예를 들면

```
   READ(5, 10) A
10 FORMAT(F3.2)
```

| 4.052843 |
|---|
| **(자료 파일)** |

위의 프로그램이 실행되면 F3.2에 의하여 처음부터 3난까지 4.0만이 4.0으로 입력되어 A번지에 기억된다. F3.2이므로 .40으로 입력되어야 하나 **자료 파일에 소수점의 위치가 명시되어 있을 때에는 자료 파일의 것이 우선**한다는 것을 꼭 기억하라.

A ← 4.0 즉 A=4.0이 기억한다.

■ **출력 자료일 경우 :**

$$\underbrace{\pm\times\times\cdots\cdots\times.\underbrace{\times\times\cdots\cdots\times}_{d}}_{w}$$

출력의 경우 소수점이하 d자리가 공급된다. 정수 d는 소수점 아래의 자릿수들의 개수를 나타내고, 이것은 항상 **반올림**(round off)에 의해 마무리된다. 다시 말하면, Fw.d는 컴퓨터에 상응하는 실수를 d 개의 소수점 아래 자리 수들로 반올림하고 그 수를 폭이 w인 필드에 right-justified로 인쇄하라고 명령한다.

예를 들면

```
      WRITE(6, 20) A, B
20    FORMAT(1X, F4.1, F6.2)
```

위의 프로그램이 실행되면 A와 B에 대한 값을 다음과 같은 모양으로 출력한다. 즉 라인 프린터인 경우 1X는 줄 바꿈 문자로 F4.1은 4자리를 확보하고 소수점 아래 한자리를 F6.2는 6자리를 확보하고 소수점 아래 두 자리를 확보하여 출력한다.

```
××.××××.××
A에 대한  B에 대한
 출력       출력
```

일반적으로 전체의 자릿수(난의 폭) w와 소수점 이하의 자리수 d간에는 다음 조건을 만족하여야 한다. 이것은 F 변환의 입력의 경우에는 없는 조건이다.

$w \geq d+3$

하나는 소수점을 위하여, 또 하나는 +, −부호를 위하여, 나머지 하나는 정수부(整數部)가 없는 실수(實數) 예컨대 −.314의 경우에 −0.314와 같이 0의 인쇄를 위하여 할당되어야 하기 때문이다. 그러므로 자료가 분명히 정(正, +)의 부호를 갖는 수이거나, 정수부가 없는 실수가 아닌 경우에는 다음 조건도 허용된다.

$w \geq d+2$

이런 이유에서 .45의 출력은 F3.2가 아니고 F5.2 또는 F6.2로 되어야 한다.

**예제 4.6**

```
1 0 3 4 5 6 7 8 9 1 . 2 3
```
이고 FORMAT 문이 주어졌을 때 인쇄결과를 나타내어라.

```
      READ(5, 10) WON, DER, FUL
10    FORMAT(F4.2, F5.3, F4.2)
```
이면,

**풀이** WON=10.34(4자리 확보), DER= 56.789(5자리 확보) 그리고 FUL=1.23 (4자리 확보)이 각각 기억된다.

◎ 설명 자료가 소수점을 포함하고 있으면 d의 영향을 받지 않고 전체자릿수만 맞추면 되고 소수점을 포함하고 있지 않으면 제일 뒷자리에서 d의 개수만큼 왼쪽으로 자리를 옮긴 후 앞에 소수점을 찍어 주면 된다.

**예제 4.7** 다음과 같은 WRITE 문의 변수 SI, GOL 및 GIL에 563.354, 23.6 및 9.7095이 각각 기억되어 있고 FORMAT 문이 주어졌을 때 인쇄결과를 나타내어라.

```
      WRITE(6, 20) SI, GOL, GIL
20    FORMAT(1H0, F7.2, 2X, F6.3, 2X, F7.6)
```

◎ 풀이

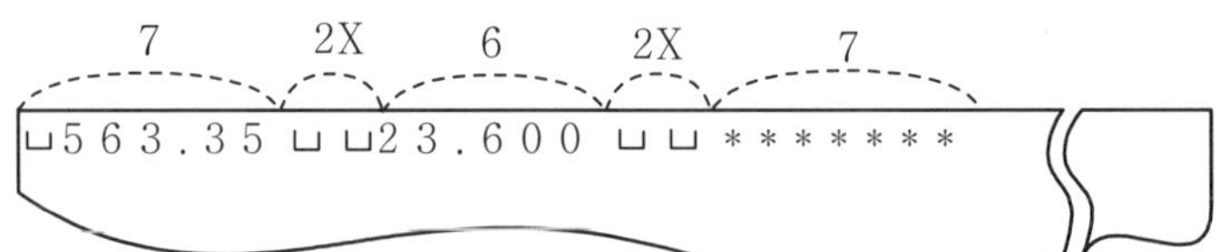


◎ 설명 WRITE 문에서는 먼저 d(소수점 이하의 자릿수)를 맞추고 난 후 전체 자리수를 맞추어 인쇄한다. 기억된 값보다 인쇄할 곳의 자리수가 부족할 때에는 **자릿수만큼 "*"가 인쇄**되므로 자리수를 여유 있게 잡아주어야 한다.

**예제 4.8** 다음은 10진수의 실수형 자료를 변환 기호 Fw.d를 사용한 각각의 변환에 대하여, 자료가 어떠한 형태로 기억(입력)되고 또한 기억된 값이 어떻게 출력되는지 살펴보기로 하자.

| 입력자료 | 입력변환기호 (Fw.d) | 변수에 기억된 값 | 출력변환기호 (Fw.d) | 출력 시 기억된 값 |
|---|---|---|---|---|
| ␣␣12345 | F7.3 | 12.345 | F6.2 | ␣12.35 (반올림) |
| ␣␣12345 | F7.2 | 123.45 | F6.3 | ****** |
| ␣␣1.234 | F7.4 | 1.234 | F6.4 | 1.2340 |
| +12.34 | F6.2 | 12.34 | F5.2 | 12.34 |
| −12.345 | F7.3 | −12.345 | F7.2 | ␣-12.35 (반올림) |
| 12345␣␣ | F7.5 | 12.34500 | F5.1 | ␣12.3 (반올림) |
| 12345␣␣ | F7.4 | 123.4500 | F6.2 | 123.45 |
| 12.34␣ | F6.3 | 12.34 | F8.5 | 12.34000 |

**주의** : 소수점 이하의 부분이 잘릴 경우에는 반올림되어 출력된다,

## 4.1.3 E 변환 기호

지수(指數, exponent)의 실수형 자료(real data)를 실수형 변수(real variable)에 기억시키거나 또는 실수형 변수에 기억되어 있는 값을 지수형의 실수형태(real type)로 출력시키는데 **E 변환 기호**(E format code)가 이용된다. 이 변환은 F 변환과는 달리 **유효숫자의 자릿수가 많이 필요한 경우에 사용**한다. 이 변환의 일반적인 형식은 다음과 같다.

① Ew.d

E : 지수(Exponent)의 약자로서 읽어 들일 자료는 실수형을 의미

w : 자료의 전체 자릿수(w > 0)를 가리키는 정수

d : 자료의 소수점 이하의 자릿수를 가리키는 정수(d > 0)

② rEw.d

r : 동일한 형식으로 반복하는 반복횟수로 Ew.d가 r(r > 0) 횟수만큼 반복됨을 의미

E 변환은 글자 E가 F로 바뀌었다는 것 외에는 F 변환과 비슷하다.

Ew.d는 기본형이며 E는 내부 실수와 부동소수점형으로 표현한 외부 실수와의 변환을 의미한다. w는 부호, 소수점, 지수부 및 공백을 포함하는 전체(全體) 문자수(文字數)이다.

### ■ 입력 자료일 경우

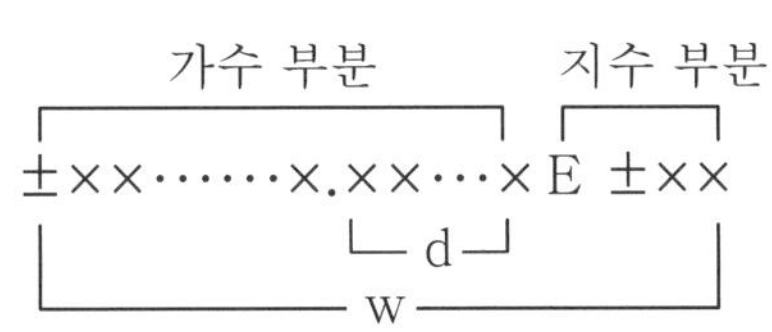


입력 자료는 ±××···×.××···×E±××와 같은 형식으로 나타난다. 소수점의 사용여부는 임의이지만 사용하였을 때 d에 우선한다. 지수부의 일반형은 E±××이지만 예를 들어 E+02, E02, E+2, E2 및 +2는 모두 동일한 양(量)을 표시하며 다같이 허용되고 있다. 따라서 예를 들면 다음과 같은 4개의 입력 자료를 E14.7로 읽어 들이면 모두 1234.5678과 동일한 값으로 변환한다.

```
     READ(5, 10) A
10   FORMAT(E14.7)
```

■ 입력 자료

```
+1.2345678E3
  12345678.E-4
  1234.5678E0
+0.12345678+4
```

## ■ 출력 자료일 경우

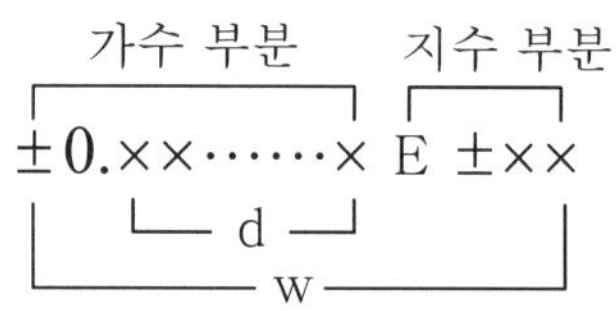


일반적으로 출력 자료는 ±0. ××…×E± ××(정수일 경우는 공백으로 대치)와 같이 정규형(正規型)으로 인쇄한다. 따라서 d 이외에 지수부 E±××에 4자리(음, -의 경우이며 양(+)의 경우는 부호가 빠지므로 E××에 3자리), 소수점(.) 한자리, 소수점 왼쪽의 0에 한자리, 그리고 부호에 한 자리 총이 최소한 7자리[음(−)의 경우, 양의 경우에는 6자리]의 여유가 필요하므로 $w \geq d+7$(음의 경우) 또는 $w \geq d+6$[양(+)의 경우[의 출력 영역인 필드 폭(자리수)을 확보하는 것이 안전하며, d는 소수점이하의 자릿수이다.

실수형 변수의 값을 F 변환 기호로 변환시켜 출력하려면 그 변수의 값이 얼마나 큰가 또는 작은가를 예측해야 한다. 만일 F 변환 기호에 기입한 자리보다 큰 수이면 *이 출력되고 F 변환 기호의 d에 명시한 자리수보다 더 작은 수이면 0이 출력되므로 소용없는 숫자가 되고 만다. 그러므로 실수형의 지수형태는 전술한 바와 같이 주로 아주 큰 수(數)나 또는 작은 수로 코딩하는 경우나 프로그래머가 그 수의 자리수를 예측할 수 없을 경우에는 E 변환 기호로 실수형 변수의 값을 변환시켜 출력하여야 한다. 비록 7.24와 같은 수(數)일지라도 0.724E+1로 씌워질 수 있다.

**예제 4.9** 주어진 자료(data)가

654321678E+2114976.8506E−396472567␣␣E␣2 일 때

다음과 같은 format 문에 의하여 출력되는 결과를 나타내어라.

```
      READ(5, 10) PA, GO, DA
10    FORMAT(E12.3, E14.2, E13.8) 이면,
```

**풀이** PA=654321.678*$10^2$, GO= 114976.8506 그리고 DA=96.47256700*$10^2$이 각각 기억된다.

**설명** 자료가 소수점을 포함하고 있으면 d의 영향을 받지 않으나 그렇지 않으면 E의 왼쪽 자리부터 d의 개수만큼 왼쪽으로 자리를 옮긴 후 앞에 소수점을 찍어 주면 된다. 공백(blank)을 포함해서 전체 자리수를 맞추되 제일 앞의 난(column)이 공란이면 "+" 부호가 첨가된다.

**예제 4.10** 다음과 같은 WRITE 문의 변수 DO, REMI 및 PA에 30.954806 −24.658 및 651.2이 각각 기억되어 있고 FORMAT 문이 주어졌을 때 인쇄결과를 나타내어라.

```
      WRITE(6, 20) DO, REMI, PA
20    FORMAT(1H0, E11.5, 2X, E14.7, 2X, E10.6)
```

**풀이** WRITE 문의 FORMAT 문에 의하여 DO, REMI 및 PA는 다음과 같은 형태로 인쇄된다.

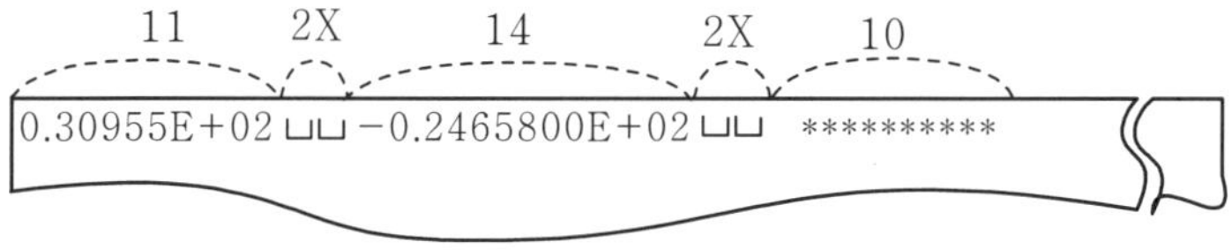


**설명** WRITE 문에서는 먼저 d(소수점 이하 자릿수)를 맞추고 난 후 전체 자리수를 맞추어 인쇄한다. 기억된 값보다 인쇄할 자리수가 부족할 때는 자릿수만큼 "*"가 인쇄되므로 자리수를 여유 있게 해주어야한다.

□ w≥d+6(양의 경우), w≥d+7(음의 경우),

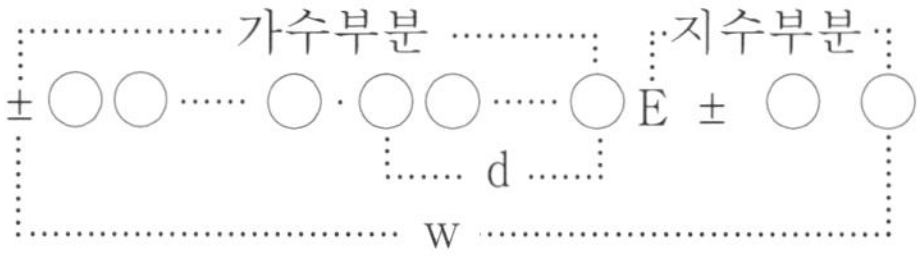

**예제 4.11** 다음 표는 각각의 E 변환에 의하여 자료가 어떠한 형태로 기억(입력)되고 또한 기억된 값이 어떻게 출력되는가를 살펴보자.

| 입력자료 | 입력변환기호 (Ew.d) | 변수에 기억된 값 | 출력변환기호 (Ew.d) | 출력 시 기억된 값 |
|---|---|---|---|---|
| 12.345E+2 | E9.3 | 1234.5 | E10.4 | ␣.1235E+04 |
| 1234.5E-03 | E10.1 | 1.2345 | E11.5 | ␣.12345E+01 |
| 12345 | E5.3 | 12.345 | E7.4 | * * * * * * * |
| 123E01 | F6.2 | 1230. | E11.5 | ␣.12300E+04 |
| +12.3E3 | F7.3 | 12300. | F10.4 | ␣.1230E+05 |
| ␣␣+12.3E1 | E6.0 | 123. | E10.3 | ␣␣.123E+03 |
| ␣␣123456E3 | E10.6 | 123.456 | E10.5 | ␣.12346E+03 |
| ␣␣-123.4 | E7.1 | −123.4 | E11.4 | ␣-.1234E+03 |

## 4.1.4 D 변환 기호

실수형 자료(real data)를 입·출력하거나 연산을 처리하는 과정에서 가끔 문제가 되는 것은 유효숫자의 자릿수의 제한이다. 이를 해결하기 위하여 정확과 정밀을 요하는 지수 형태의 실수형 자료를 **배정도 실수형 변수(倍精度 實數型 變數, DOUBLE PRECISION real variable)**에 기억시키거나 또는 배정도 실수형 변수에 기억되어 있는 값을 출력시키는데 D **변환 기호**(D format code)가 이용되며 유효숫자의 자릿수를 2배정도 확장시킬 수 있다는 것 외에는 E 변환과 같다. 이 때 기억장소도 보통 실수형 변수(E나 F 변환)보다 1어(語, word) 길이의 2배가 할당되어 2배 정도 많이 소요되고, 유효숫자의 자릿수를 2배정도 확장시킬 수 있는 반면에 시간도 많이 걸리므로 반드시 **정도(精度, precision)**를 요구하는 경우에만 사용하도록 해야 한다. 이 변환의 일반적인 형식은 다음과 같다.

Dw.d

D : 배정도(Double precision)의 약자로서 읽어 들일 자료는 실수형을 의미 하고 반드시 사용될 변수는 Double precision**임을 선언**해 주어야 함

w : 자료의 전체 자릿수(w>d+7)를 가리키는 정수

d : 자료의 소수점 이하의 자릿수를 가리키는 정수(d>0)

rDw.d

r : 동일한 형식으로 반복되는 반복회수로 Dw.d가 r(r>0) 횟수만큼 반복됨을 의미

**배정도정수(倍精度定數, double precision integer)**는 부동소수점형으로 이를 나타내는데 있어서 E 대신 D란 문자(文字)를 사용한다.

예를 들면

```
1.5D0
5.0D3
5.0D-4
1.2345678923456D0
```

등은 배정도정수이다. 어떤 컴퓨터 기종(계산기)에서는 D를 사용하지 않더라도 예컨대 1.234567892345와 같이 정상적인 **단정도수(單精度數, single precision number)**의 자릿수를 초과하면 이것도 배정도수(倍精度數)로 취급하게끔 되어 있는 것도 있다.

배정도수의 연산식은 실수와 같은 방법으로 만들 수 있다. 실수(단정도수)와 배정도수와의 혼합연산(混合演算)도 허용되며 그 연산결과는 배정도수가 된다. 다음은 허용되는 연산문(演算文)의 예이며 등호(等號, equal sign)의 양변의 형이 다를 때에는 우변의 계산을 한 다음 좌변의 형(型)으로 변환하여 기억시킨다(이 예에서 D1, D2 등은 배정도수, R1, R2 등은 실수(實數), I1, I2 등은 정수(整數)이다).

```
D1=D2*D3+(D4-8756.1234567D0)/D5
D1=4.0*D2-D3/1.1D0
D1=R1+D1+R2
R1=(D1*D2-D3*D4)/(D1*D5-D3*D6)
D1=R1+2.0
D1=(I1-8)*I2
I1=R1+D1
D1=D2**2
```

배정도계산을 하는 내장함수명은 누구나 알아볼 수 있도록 **첫 자(字)**를 D로 **시작**되도록 하고 있다.

배정도수의 입·출력의 경우에는 D 변환 기호 Dw.d를 사용하여 자릿수가 많다는 것 외에는 E 변환 기호와 같다. 출력의 경우는 F 변환 기호를 사용하고

자릿수만을 넉넉히 주어도 된다.

**예제 4.12** 다음 프로그램에서 주어진 자료(data)가

`1 2 3 4 5 6 7 8 9 8 7 6 D 2 1 5 4` 일 때 A에 기억되는 값은 얼마인가?

```
      DOUBLE PRECISION A
      READ(5, 10) A
10    FORMAT(D14.6)
```
이면,

**풀이** A에는 A=123456.789876*$10^2$가 각각 기억된다.

**예제 4.13** 다음과 같은 WRITE 문의 변수 A에 12345678.9876이 각각 기억되어 있고 FORMAT 문이 주어졌을 때 인쇄결과를 나타내어라.

```
      WRITE(6, 20) A
20    FORMAT(1H0, D20.14)
```

**풀이** WRITE 문의 변수 A에 기억된 값의 인쇄결과는 다음과 같다.

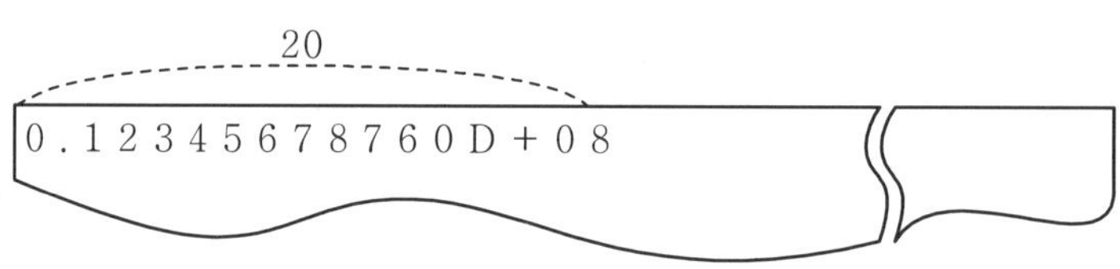


**참고**

배정도 실수형 변수는 TYPE 문에 의해서 선언되어져야 한다. 또한, 배정도 실수형 변수는 보통 변수보다 2배정도 큰 기억장소를 차지할 뿐만 아니라 프로그램의 특성에 따라 연산시간(演算時間)이 2~10배정도의 더 소요되기 때문에 **정확하고 정밀한 값을 요구하는 특별한 경우에만 사용**하도록 해야 한다.

형 선언문과 관련된 이름 목록(目錄)(name list)은 DOUBLE PRECISION에서 산정되는 변수명 뿐만 아니라 계산과정에서 이용되는 함수명도 포함시켜야 한

다. 따라서 각각의 $\alpha$와 $X=\sin\alpha$는 둘 다 DOUBLE PRECISION에서 수치를 구해야 한다면 형 선언문은 다음과 같이 읽혀져야 한다.

```
DOUBLE PRECISION ALPHA, X, DSIN
```

**예제 4.14** 다음의 프로그램에서 7의 제곱근을 배정도수(DSQRT)로 계산하여라.

◎ 프로그램

```
      DOUBLE PRECISION A, B, DSQRT
      A=7. ←(정수는 항상 정확하게 저장되어져야 한다.
      B=DSQRT(A)
      WRITE(6, 20) B
20    FORMAT(1H0, D23.16)
      STOP
      END
```

◎ 출력결과 ␣0.2645751311064591D+01 또는 ␣0.2645751311064591D␣01

**예제 4.15** 다음의 프로그램에서 두 수 P와 Q의 출력을 배정도수로 인쇄하여라.

◎ 프로그램

```
      DOUBLE PRECISION P, Q
      P=12.34D+00
      Q=-0.000567D-2
      WRITE(6, 20) P, Q
20    FORMAT(1H0, 2D13.5)
      STOP
      END
```

◎ 출력결과 ␣␣0.12340D+02␣-0.56700D-05 또는 ␣␣0.12340D␣02␣-0.56700D-05

**예제 4.16** 다음 표는 각각의 E 변환에 의하여 자료가 어떠한 형태로 기억(입력)되고 또한 기억된 값이 어떻게 출력되는가를 살펴보자.

| 입력자료 | 입력변환기호 (Dw.d) | 변수에 기억된 값 | 출력변환기호 (Dw.d) | 출력 시 기억된 값 |
|---|---|---|---|---|
| 1234567D+03 | D11.5 | 12345.67 | D13.7 | ␣.1234567D+05 |
| 123456D-01 | D10.3 | 12.3456 | D12.4 | ␣␣.1235D+02 |
| 1234D+4 | D8.4 | 1234. | D11.7 | *********** |

| 입력자료 | 입력변환기호 (Dw.d) | 변수에 기억된 값 | 출력변환기호 (Dw.d) | 출력 시 기억된 값 |
|---|---|---|---|---|
| 123D01 | D6.2 | 1230. | D11.5 | ␣.12300D+04 |
| +12.3E3 | D7.3 | 12300. | D10.4 | ␣.1230D+05 |
| ␣␣+12.3E1 | D6.0 | 123. | D10.3 | ␣␣.123D+03 |
| ␣␣123456E3 | D10.6 | 123.456 | D10.5 | ␣.12346D+03 |
| ␣␣-123.4 | D7.1 | −123.4 | D11.4 | ␣-.1234D+03 |

## 4.1.5 A 변환 기호

**문자형 자료(文字型 資料,** alphanumeric data)를 어떤 변수에 기억시키거나 또는 어떤 변수에 **기억되어 있는 값이 수치 자료가 아닌 문자형태**(character type)로 입·출력시키는데 A **변환 기호**(A format code)가 이용된다(그러나 만일 이 A형 자료를 IF 문에서 비교하는데 사용할 것이라면 변수는 I형이어야 한다). 이 변환의 일반적인 형식은 다음과 같다.

① Aw 또는 A

A : Alphabet의 약자로서 문자나 특수 문자를 입·출력하라는 의미

w : 자료의 전체 자릿수(w>0)를 가리키는 정수

② rAw

r : 동일한 형식으로 반복되는 반복횟수로 Aw를 r(r>0) 횟수만큼 반복됨을 의미

**참고**

문자형 자료는 연산을 할 수 없으며 문자형 자료에 사용되는 변수는 실수형 변수이거나 정수형 변수이거나 상관없다. 그러나 **주로 정수형 변수를 사용**한다. 또한, 한 개의 문자 형태의 자료를 기억하는데 1 byte(=8 bit)가 필요하지만 컴퓨터의 기종에 따라 약간의 차이가 있을 수 있다.

하나의 **문자(文字,** character)를 기억시키는 데는 1 **바이트**(byte)가 필요하므로 w는 바이트수를 표시하는 셈이다. 컴퓨터의 **어(語,** word)의 길이는 몇 개의 바이트가 하나의 어를 형성하느냐는 컴퓨터 기종에 따라 다르므로 4바이트 경우

에 대하여 살펴보기로 하자(다른 컴퓨터 기종에도 적용되는 원리(原理)는 같다). 한 어(word)에는 4개의 문자 밖에 들어갈 수 없으므로 전체 자릿수(필드 폭) w는 4 이하이어야 한다. 그러므로 20개의 문자로 된 이름을 읽으려면 5개의 변수명에 5A4를 대응시켜야 하며 A20**으로는 절대로 읽을 수 없다**.

I, F 및 E 변환에서는 자료 카드에 있는 공백은 0으로 간주하였으나 A 변환에서는 공백을 0으로 처리하지 않고 **공백문자로 취급한다는 점을 유의**해야 한다.

■ **A 변환으로 자료를 문자형으로 변환하여 변수에 입력할 경우**

1. w < 4이면 w개의 읽은 문자는 왼쪽으로 몰아 변수에 넣어 기억시키고 오른편의 나머지 (C−w)개는 공백으로 채운다(left justified).
2. w ≥ 4이면 w개의 읽은 문자 중에서 오른쪽의 C개만 각 4문자(文字)씩 읽어 대응하는 변수에 넣는다.

■ **A 변환으로 자료를 문자형으로 변환하여 출력할 경우**

1. w < 4이면 변수에 기억된 문자 중에서 왼쪽의 w개만 출력된다.
2. w ≥ 4이면 w개의 읽은 문자 중에서 오른쪽의 C개만 각 4문자(文字)씩 읽어 대응하는 변수에 넣는다.

출력의 경우에는 w > 4이면 왼쪽에 w개의 문자가 인쇄된다. 예를 들면 문자 자료 ABC를 A3으로 읽어 A4로 출력하면 ABC␣가 되며 A5로 출력하면 첫 난은 공백이 되어 ␣ABC␣가 된다. 즉 A5는 1X, A4와 동일하다.

문자 자료는 문자형 변수뿐만 아니라 일반 변수, 즉 정수형이나 실수형 등의 변수에 기억될 수 있으므로 **어떤 변수에 문자 자료가 저장되어 있는 경우에는 반드시 Aw 변환으로 출력**해야 한다. 만일 정수형 변수에 문자 자료가 기억되어 있는 경우 Iw 변환으로 출력하면 기억된 자료를 정수형으로 변환하여 10진수 정수가 출력된다.

**예제 4.17** **문자 자료의 입출력**

문자형 변수를 사용하지 않고 그림 4.1의 자료 카드에 기록된 1~30난의 문자를 읽어 인쇄하는 프로그램을 작성하라.

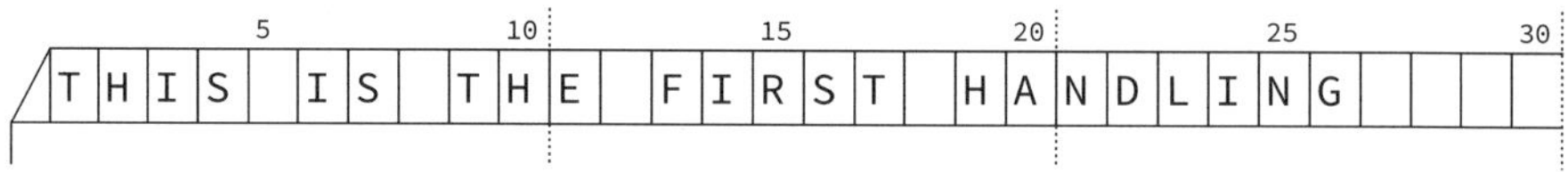


**그림 4.1** 자료 카드

---

◎ **설명(문제 분석)**

(1) A1로 문자를 입력한다고 하면 이를 기억할 변수가 30개 필요하다. C=4인 경우는 A4로 입력할 수 있으므로 이때는 변수가 8개 필요하다.

(2) A1로 입력하였다면 출력 시에도 A1로 변환해야 한다.

◎ **프로그램**

```
      DIMENSION NAME(30)
      READ(5,10) NAME
10    FORMAT(30A1)
      WRITE(6, 20) NAME
20    FORMAT(1X, 30A1)
      STOP
      END
```

**프로그램 4.1**

문자 자료를 입출력할 때 Aw의 w가 변수의 길이 C보다 커서는 안 되며, 출력 시 Aw의 w는 입력시의 w와 같아야 한다. 예제 4.17에서 20의 FORMAT 문을

```
20    FORMAT(1X, 30A2)
```

와 같이 적어 입력 시에는 A1으로, 출력시에는 A2로 변환하면

```
T␣H␣I␣S␣␣␣I␣S␣␣␣T␣H␣E␣␣␣F␣I␣R␣S␣T……
```

와 같이 글자 사이에 공백이 1개씩 더 들어가 원하는 결과가 인쇄되지 않는다.

**예제 4.18** 문자의 개수

자료 카드의 1~80난에 문장이 천공되어 있다. 이를 읽어 인쇄하고 문자 A가 몇 개 있는가를 헤아리는 프로그램을 작성하여라.

---

◎ **문제분석** 자료 카드에 천공된 문자 A의 개수를 셈하기 위해서는 각 변수에 문자 1개씩을 기억하도록 해야 한다. 이를 프로그램으로 작성하면 다음과 같다.

◎ **프로그램**

```
C     PROGRAM
```

```
C     Compute No. of letter A
C
      DIMENSION M(80)
      CHARACTER*1 MA, M
      OPEN(7,file='17.out')
      DATA MA/'A'/
      READ(5,10) M
   10 FORMAT(80A1)
      NUM=0
      DO 11 I=1,80
      IF(M(I) .EQ. MA) NUM=NUM+1
   11 CONTINUE
      WRITE(6, 30) MA, NUM
   30 FORMAT(1X, A1, ' appears ', I2, ' times in this
      program.')
      STOP
      END
```

**입력자료**

```
A가 50개
AAAAAAAAAAAAAAAAAAAAAAAAAAAAAAAAAAAAAAAAAAAAAAAAAA
```

**출력결과**

```
A가 50개
AAAAAAAAAAAAAAAAAAAAAAAAAAAAAAAAAAAAAAAAAAAAAAAAAA
A appears 50 times in this program.
```

여기서 WRITE 문의 FORMAT 문에서 왼쪽 괄호 (의 오른쪽에 1X는 줄 바꿈 문자의 역할은 출력 결과를 모니터로 보는 경우 첫 난부터 인쇄되지만 출력 파일을 만들어 인쇄하면 한 개의 난을 띄우고 그 다음 칸의 둘째 난부터 인쇄를 한다는 것을 기억하라.

앞에서 설명한 바와 같이(A 변환 기호에서) 그림 4.2과 같이 4개의 바이트가 하나의 어를 형성하는 것으로 한다(물리적으로는 2 byte/1word이나 이를 두 개 묶어서 쓰므로 내용상으로는 4 byte/1word이다).

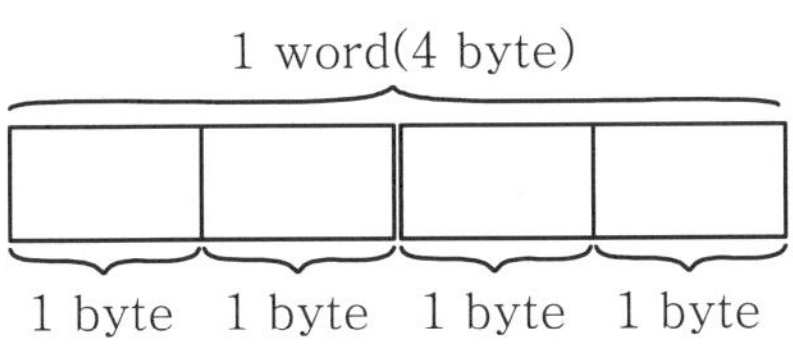


**그림 4.2** byte와 word의 관계

**그림 4.3** 문자 자료

그러므로 하나의 번지에는 최대 4개의 문자를 기억할 수 있다. 그 이상의 문자로 구성된 문자형 자료를 기억시키기 위해서는 2개 이상의 번지가 필요하다. 예를 들면 그림 4.3와 같이 처음 7개 난에 HISTORY라는 말이 들어있는 자료를 읽어 들이기 위해서는 다음과 같이 2개의 번지가 필요하다.

```
      READ(5, 10) I, J
10    FORMAT(A4, A4)
```

이와 같은 입력문이 실행한 후 I와 J 각 번지(番地)의 내용은 다음과 같이 된다.

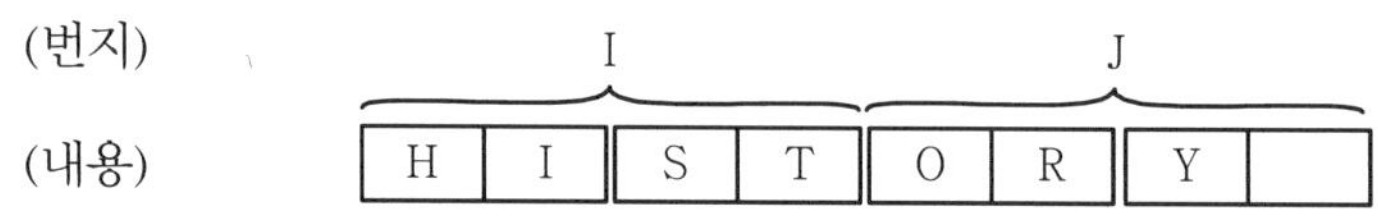


이처럼 HISTORY라는 문자정보를 읽어 들이기 위해서는 적어도 2개의 기억번지가 필요하다. 그렇다고 해서 꼭 위에서처럼 I와 J 등 2개의 변수를 지정해 주어야 하느냐? 그렇게 할 필요는 없고 다음과 같이 해주면 해결된다.

```
      CHARACTER*7 M
      READ(5, 10) M
10    FORMAT(A7)
```

앞의 프로그램에서 CHARACTER*7 M이 문자형변수(文字型 變數)이고 그 내용은 모두 7자(字)라고 선언해 주는 것이다. 이렇게 해주면 7개의 문자(文字)까지 M의 이름으로 읽어 들일 수 있다. 이럴 경우에 M은 하나의 기억번지를 의미하지 않고 하나의 기억장소, 즉 기억번지의 군(群)을 의미한다. CHARACTER*255까지 허용한다.

이처럼, 문자정수(文字定數)의 입·출력에는 **문자 치환문(文字置換文, character assignment statement)**을 쓰면 편리하다. 문자 치환문은 문자 상수, 문자형 변수, 문자형 배열 또는 부분 문자열을 문자형 변수, 문자형 배열, 문자형 함수열 또는 문자열명에 기억시키고자 할 때 사용하는 실행문이다. 이 문(文)의 일반형식은 다음과 같다.

CHARACTER*n $V_1, V_2, \cdots\cdots, V_n$

또는

CHARACTER*n $V_1*n_1, V_2*n_2, \cdots\cdots, V_n*n_n$

단, $V_1$, $V_2$, ……$V_n$는 변수열(變數列)

예를 들면,

```
CHARACTER*8  CODE, NAME
```

은 CODE와 NAME이 각각 8개의 문자를 가지는 변수라는 것을 밝히고,

```
CHARACTER  CODE*5, NAME*13
```

은 CODE는 5개의 문자를, NAME은 13개의 문자를 가지는 변수라는 것을 선언(宣言)하고 있다.

후술하는 배열(配列, array)에 쓰이는 문자정수의 배열도 같은 형태이다. 예를 들면,

```
CHARACTER*3 DAY(5)
```

는 5개의 된 문자배열 DAY가 각각 3개의 문자정수로 되어 있음을 선언하고 있다. 이들의 내용을 구체적으로 지정해주고 싶으면 예를 들면 다음과 같이 하면 된다.

```
DAY(1)='MON'
…
…
DAY(5)='FRI'
```

**문자정수(文字定數) 입력**의 경우 난폭(欄幅) w가 문자길이 L보다 크거나 같을 때(즉 $w \geq L$일 때)에는 오른쪽 L개만 입력되고, w가 L보다 적을 때(즉 $w<L$일 때)에는 w개의 문자와 (L−w)개의 공백이 입력된다. 예를 들면, 천공된 입력 자료가 962E, MAIN ST.이라고 할 때(즉 L=15), w의 크기에 따라 입력되는 내용은 다음과 같이 된다.

```
CHARACTER*15 ADDR
…
…
READ(5, 10) ADDR
…
…
```

| | FORMAT | ADDR에 입력되는 내용 |
|---|---|---|
| 10 | FORMAT(A) | 962 E, MAIN ST. |
| 10 | FORMAT(A15) | 962 E, MAIN ST. |
| 10 | FORMAT(A20) | 962 E, MAIN ST. |
| 10 | FORMAT(A11) | 962 E, MAIN ␣␣␣␣ |
| 10 | FORMAT(A9) | 962 E, MA␣␣␣␣␣␣␣ |

**문자정수(文字定數) 출력**의 경우 난폭(欄幅) w가 문자길이 L보다 클 때(즉 w>L일 때)에는 (w−L)개의 공백과 L개의 문자가 출력되고, w가 L보다 같거나 적을 때(즉 w≤L일 때)에는 왼쪽 w개만이 출력된다. 만약 w가 명시되지 않으면 L개의 문자가 출력된다. 예를 들면, NAME이라는 기억장소에 'JOHN A. SMITH'가 기억되어 있을 경우 FORMAT 문의 w의 크기에 따라 출력되는 내용은 다음과 같다.

```
CHARACTER*13 NAME
...
...
WRITE(6, 20) NAME
```

| | FORMAT | NAME의 출력 형식 |
|---|---|---|
| 20 | FORMAT(1X, A) | JOHN A. SMITH |
| 20 | FORMAT(1X, A13) | JOHN A. SMITH |
| 20 | FORMAT(1X, A15) | ␣␣ JOHN A. SMITH |
| 20 | FORMAT(1X, A4) | JOHN |
| 20 | FORMAT(1X, A10) | JOHN A. SM |

**예제 4.19** 문자 자료를 기억할 변수의 길이가 C=4라 하고 주어진 자료(data)가

```
I␣AM␣A␣BOY. · · · · YOU␣ARE␣A␣GIRL.
```

일 때

```
   READ(5, 10) N1, N2, N3, N4, N5, N6, N7, N8
10 FORMAT(A4, A4, A4, A4, A4, A4, A4, A4)
```

이면,

FORMAT(A4, A4, A4, A4, A4, A4, A4, A4)는 FORMAT(8A4)와 같은 뜻이다.

N1, N2, N3, N4, N5, N6, N7 및 N8에 각각 기억되는 문자는 무엇인가?

**풀이** 컴퓨터 4 바이트인 경우 N1, N2, N3, N4, N5, N6, N7 및 N8에 각각

| I |  | A | M |, |  | A |  | B |, | O | Y | . | · |, | · | · | · | Y |,

| O | U |  | A |, | R | E |  | A |, |  | G | I | R |, | L | . |  |  |이 기억된다.

자료 영역의 길이가 문으로 외부의 자료를 입력하면 N1~N7까지는 주어진 자료의 영역길이(w=4)가 C(=4)와 같으므로 이 자료를 순서대로 4문자씩 읽어(공백 포함) 문자형으로 변환하여 대응하는 변수명에 각각 기억시키고, 마지막 남은 자료는 영역의 길이(w=2)가 C보다 작으므로 왼쪽으로 몰고 남는 자리는 공백으로 채워 기억장소 N8에 기억시킨다.

**예제 4.20** 주어진 변수 K1, K2, K3, K4 및 K5에 | O | H | ! |  |, | H | A | P | P |,

| Y |  | B | I |, | R | T | H | D |, | A | Y | ! |  |이 각각 기억되어 있다고 할 때

```
    WRITE(6, 20) K1, K2, K3, K4, K5
20  FORMAT(1H0, 5A4)
```

이면 어떻게 인쇄가 되는지 나타내어라.

**풀이** WRITE 문의 변수 K1, K2, K3, K4 및 K5에 기억된 값의 인쇄결과는 다음과 같다.

OH!␣HAPPY␣BIRTHDAY!

**예제 4.21** 주어진 자료(data)가

ABC 일 때

```
    READ(5, 10) NAME
10  FORMAT(A3)
```

이면, NAME에 어떻게 기억되는지 나타내어라.

**풀이** 자료 영역의 길이(w=3)가 C보다 작으므로 왼쪽으로 몰아 남는 자리는 공백으로 채워 기억장소 NAME에 다음과 같이 | A | B | C |  | 기억된다(4바이트 컴퓨터 기종인 경우).

**참고**

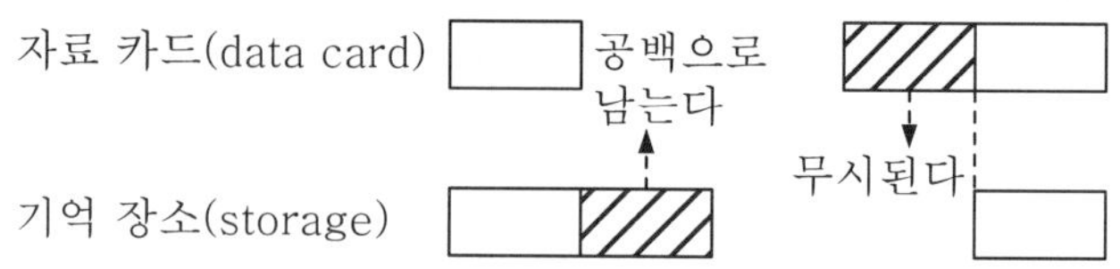


**예제 4.22** 주어진 자료(data)가

```
SOUTHKOREA
```

일 때

```
    READ(5, 10) BLUE
10  FORMAT(A10) 이면,
```

BLUE에 어떻게 기억되는지 나타내어라.

---

**풀이** 자료 영역의 길이(w=10)가 C(=4)보다 크므로 오른쪽의 4글자만 문자형으로 변환시켜 기억장소 BLUE에 다음과 같이 | O | R | E | A |이 기억된다(4바이트 컴퓨터 기종인 경우).

**참고**

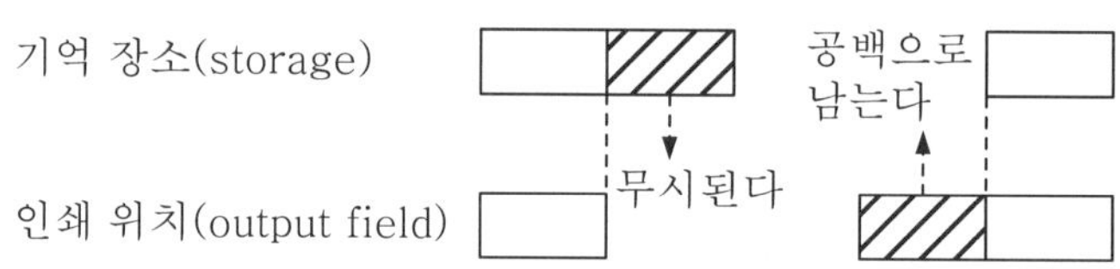


앞의 경우는 DATA 문이나 치환문에서 처리하는 것과는 다르다는 점에 주의해야 한다.

```
DATA NAME/'SOUTHKOREA'/
NAME='SOUTHKOREA'
```

이들 두 NAME에는 | S | O | U | T |가 기억된다.

**예제 4.23** 주어진 변수 LOTTO1, LOTTO2에 각각 | L | I | O | N |, | M | O | T | O | 기억되어 있다고 할 때 WRITE 문의 출력 결과를 나타내어라.

```
    WRITE(6, 20) LOTTO1, LOTTO2
20  FORMAT(1H0, A2, A7)이면
```

---

**풀이** WRITE 문 LOTTO1, LOTTO2의 출력 결과는 다음과 같이 인쇄된다.

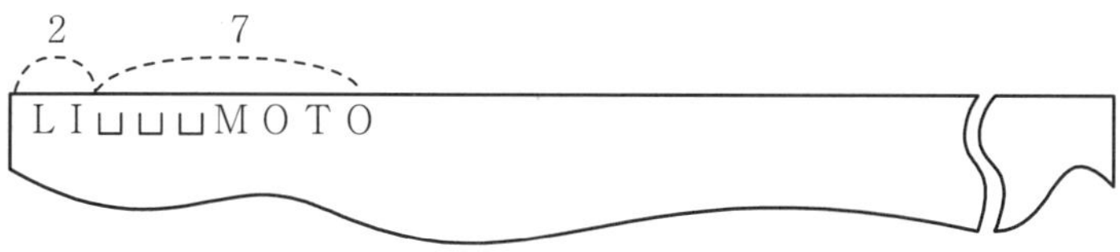


여기서 A2에서 w=2, C=4이므로 w(=2)<C(=4)이므로 왼쪽부터 w개만 출력되어 LI와 A7에서 w=7, C=4이므로 w(=7)>C(=4)이므로 또 A7은 3X, A4와 동일하므로 3개는 공란이 되고 나머지 4개의 난에는 MOTO가 인쇄 즉, ␣␣␣MOTO가 인쇄된다.

**예제 4.24** 주카드에 입력 자료가 다음과 같이 천공되어 있을 때

| 1 | 2 | 3 | 4 | 5 | 6 | 7 | 8 | 9 | 10 | 11 | 12 |
|---|---|---|---|---|---|---|---|---|---|---|---|
| H | I | S | T | O | R | Y | | | | | |

여러 가지 FORMAT 문을 사용하여

```
READ(5, 10) K, M
```

을 수행하여 K와 M의 기억내용에 대하여 인쇄한 결과를 그림으로 나타내어라.

① FORMAT(A3, A4) ② FORMAT(A4, A3) ③ FORMAT(A3, A3)

④ FORMAT(A1, 3X, A1) ⑤ FORMAT(A1, A1)

그리고 주어진 입력 자료가 기억되어 있는 내용을 서로 다른 두 가지 FORMAT 문을 사용하여 출력 결과를 비교·설명하여라.

⑥ FORMAT(1H0, A3, A4) ⑦ FORMAT(1H0, A4, A3)

**풀이**

| FORMAT 문 | 기억내용(記憶內容) | |
|---|---|---|
| ① FORMAT(A3, A4) | H I S ␣ | T O R Y |
| ② FORMAT(A4, A3) | H I S T | O R Y ␣ |
| ③ FORMAT(A3, A3) | H I S ␣ | T O R ␣ |
| ④ FORMAT(A1, 3X, A1) | H ␣ ␣ ␣ | O ␣ ␣ ␣ |
| ⑤ FORMAT(A1, A1) | H ␣ ␣ ␣ | I ␣ ␣ ␣ |

FORMAT 문 인쇄 결과

⑥ FORMAT(1H0, A3, A4)　　　　　　HISTORY

⑦ FORMAT(1H0, A4, A3)　　　　　　HISTORY

이 예제의 한 예 ① FORMAT(A3, A4)에 대한 프로그램을 작성하면 다음과 같다.

```
      CHARACTER*4 K, M
      READ(5, 10) K, M
10    FORMAT(A3, A4)
      WRITE(6, *) K, M
      STOP
      END
```

이 프로그램을 돌려보면 ①번의 기억 내용과 같은 결과를 컴퓨터 화면에서 확인할 수 있으며 다른 FORMAT들도 같은 방법으로 수행하면 쉽게 얻을 수 있다.

## 4.1.6 L 변환 기호

참(TRUE) 및 거짓(FALSE)과 같은 **논리형 자료**(logical data)를 **논리형 변수**(logical variable)에 기억시키거나 또는 논리형 변수에 기억되어 있는 논리형 자료를 출력시키는데 L **변환 기호**(L format code)가 이용되며, 일반적인 형식은 다음과 같다.

① Lw

L : Logical의 약자로서 논리형 자료[참(true)과 거짓(false)]를 의미

w : 자료의 전체 자릿수(w＞0)를 가리키는 정수

② rLw

r : 반복회수로 Lw를 r(r＞0) 회수만큼 반복됨을 의미

■ **논리형 자료를 논리형 변수에 기억하거나 출력 시 유의(有意) 사항(事項)**

(1) 프로그램 작성 시 반드시 형(TYPE) 선언문을 이용하여 LOGICAL로 변수를 선언해야 한다.

**예제 4.25** 다음 두 개의 프로그램은 동일한 의미를 갖는지 확인하여라.

①

```
      LOGICAL A, B, C, D
      READ(5, 10) A, B, C, D
10    FORMAT(L2, L3, L4, L5)
```

②

```
      LOGICAL A, B, C, D
      READ(5, *) A, B, C, D
```

②는 READ 문을 Free format로 작성한 경우이며 두 개의 프로그램은 같은 의미를 갖는다.

(2) 논리형 자료는 첫 자만 인식하므로 첫 자가 T 또는 F이면, 두 번째 문자와는 관계없이 그대로 기억된다.

**예제 4.26** 다음의 프로그램을 통하여 주어진 입력 자료의 LOGICAL 변수 A, B, C, M 및 N에 기억되어 있는 논리형 자료를 출력하여라.

```
      LOGICAL A, B, C, M, N
      READ(5, 10) A, B, C, M, N
10    FORMAT(L2, L3, L4, L1, L2)
```

**입력자료** T FAEFALSTFETHENFALSE

**출력결과** 각 변수에 기억된 값

A=.TRUE., B=.FALSE,. C=.FALSE,. M=.TRUE., N=.FALSE

위의 결과에 의하면 입력 자료를 각 변수에 해당하는 FORMAT 문과 대응하면 논리형 자료는 첫 자만 인식하므로 첫 자가 T 또는 F이면, 두 번째부터는 다른 문자에 상관없이 기억된다.

(3) 자료의 첫 자가 T 또는 F로 시작하지 않으면 오류이다.

**예제 4.27** 다음의 프로그램을 통하여 주어진 입력 자료의 LOGICAL 변수 C, D 및 K에 기억되어 있는 논리형 자료를 출력하여라.

```
      LOGICAL C, D, K
      READ(5, 10) C, D, K
10    FORMAT(L4, L5, L2)
```

**입력자료** ERUEFALSEELSETRUE

**출력결과** 각 변수에 기억된 값

주어진 입력 자료의 첫 글자가 T나 F가 아닌 E(ERUE)이므로 오류이고 따라서 각각의 변수에는 어떠한 값도 기억될 수 없다.

(4) 논리형 변수의 내용 출력 시 출력형식은 일반적으로 T 또는 F이다.

**예제 4.28** 다음 프로그램을 통하여 얻어진 논리형 변수 G와 H의 내용을 출력하여라.

```
      LOGICAL G, H
      G=.TRUE.
      H=.FALSE.
      WRITE(6, 20) G, H
20    FORMAT(' ', L2, L3)
      STOP
      END
```

**출력결과**

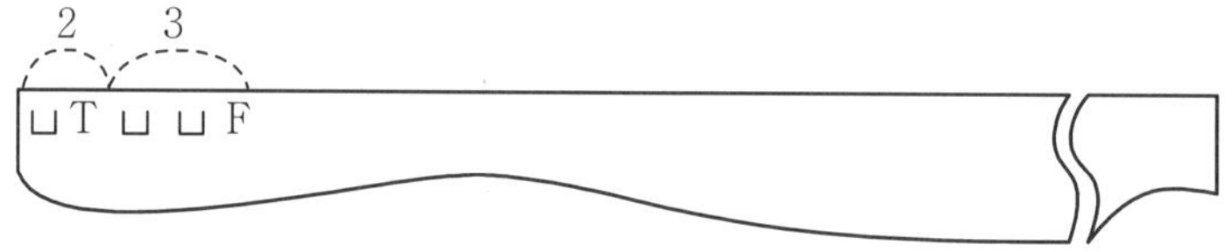


(5) 수치는 논리형 변수로 할당할 수 없다. 즉, 잘못된 예를 들면

```
LOGICAL K
DATA K/25/
```

**예제 4.29** 다음의 프로그램을 통하여 LOGICAL 변수 X, Y 및 Z에 기억되어 있는 논리형 자료를 출력하여라.

```
      LOGICAL X, Y, Z
      A=12.9
      B=13.9
      X=.TRUE.
      Y=A .GE. B
      Z=.FALSE.
      WRITE(6, 20) X, Y, Z
20    FORMAT(1H0, 3L4)
      STOP
      END
```

◎ **출력결과** T F F

**예제 4.30** 다음에 주어진 LOGICAL 자료가 다음과 같을 때

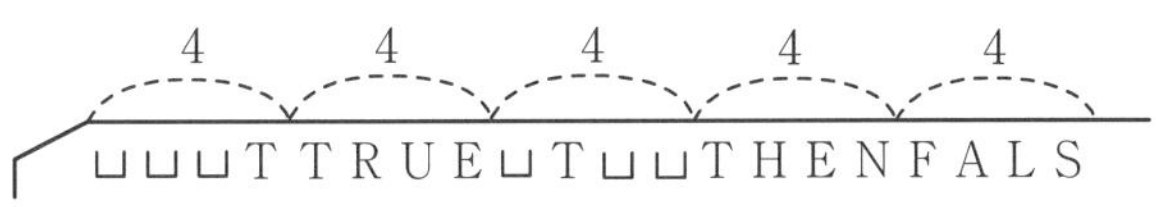


다음의 프로그램을 통하여 LOGICAL 변수 A, B, C, D 및 E에 기억되어 있는 논리형 자료를 출력하여라.

```
      LOGICAL A, B, C, D, E
      READ(5,10) A, B, C, D, E
10    FORMAT(5L4)
      WRITE(6, 20) A, B, C, D, E
20    FORMAT(1H0, L1, L2, L3, L4, L5)
      STOP
      END
```

◎ **출력결과**

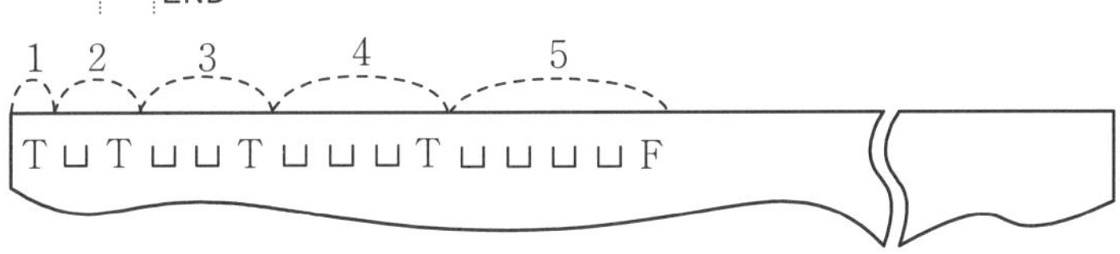


◎ **설명** A, B, C 및 D에는 .TRUE.의 의미가 기억된다. 즉, 입력란(column)의 첫글자가 "T"로 시작하면 .TRUE.의 의미가, "F"로 시작하면 .FALSE.의 의미가 기억된다. 입력란의 첫 글자가 "T"나 "F"로 시작되지 않으면 컴퓨터의 기종에 따라 .FALSE.로 처리되거나 오류(誤謬, error)로 처리된다.

**참고**

논리형 변수는 TYPE 문에 의해서 선언(LOGICAL **변수명**)되어져야 하며 논리형 변수에 .TRUE. 및 .FALSE.가 기억되는 형태는 컴퓨터의 기종에 따라 다르나 "1", "0" 또는 전체가 "1", "0"으로 풀 커버(full cover)된 상태로 각각 기억된다.

# 4.2

# 편집형 변환기호

**편집용 변환기호(編輯用 變換記號, format code for editing)**에는 여러 가지가 있으나 주로 많이 사용되는 **입력용 변환기호**로는 H 변환기호(H format code), X 변환기호(X format code), / 변환기호(slash format code), T 변환기호(T format code) 등에 관해서 알아보기로 한다.

## 4.2.1 H 변환 기호

FORMAT 문에서 F, E 및 I 변환 기호는 수치들만 입력 및 출력하기 위하여 제공한다. 표제들(상품목록, INVENTORY), 칼럼 제목(COLUMN HEADINGS, 이름(NAME), 급여(PAY), $) 또는 단위들(units, METERS)과 같은 어떤 기술 정보와 같이 종종 수치 정보를 동반하는 것이 바람직하다. 입·출력문의 변수와는 관계없이 표제(標題, title) 등과 같이 인쇄하고자 하는 내용(또는 문자)을 출력하고자 할 때 H **변환기호**[H(Hollerith) format code]가 사용되며, 이것은 FORMAT 문내에서 자유롭게 사용할 수 있다. 지금까지의 변환 기호와는 달리 이 변환 기호는 대응할 변수를 필요로 하지 않는다. 그리고 하나의 문내에서 공백이 무시되지 않는 유일(唯一, unique)한 경우이기도 하다. 즉, **공백도 자릿수에 꼭 포함**시켜야 한다. 이 변환 기호의 일반적인 형식은 다음과 같다.

$wHh_1h_2...h_n$

H : Hollerith의 약자를 의미
w : H 다음의 공백을 포함한 문자들 $h_1h_2$까지의 문자수
$h_1h_2...h_n$ : 출력하고자 하는 문자열

문자의 수 w와 $h_1h_2...h_n$의 개수가 같지 않으면 오류가 발생하며, 많은 문자 개수를 출력할 때는 가능한 ' '(apostrophe)나 " "(따옴표, quotation mark)를 사용하는 것이 좋다. 예를 들면

```
      WRITE(6, 20)
20    FORMAT(5X, 'LOVE IS' , 1X,
   &  33HTHING WHICH IS EMBRACED EACH OTHER)
```

여기서는 ' '(apostrophe)와 H 변환기호를 사용하였는데 후자는 문자의 개수가 많으므로 H 변환기호보다는 ' '(apostrophe)를 사용하는 것이 좋다.

**문자 자료의 입력**은 A 변환을 사용하는 것이 좋지만, **문자열을 출력**할 때는 A 변환, H 변환, ' '(apostrophe) 변환 및 " "(따옴표) 변환 등을 사용할 수 있다.

예를 들면

```
      WRITE(6, 30) 'MEAN=', X
30    FORMAT(5X, A, F5.2)
```

**입력(入力, input)일 경우**는 입력 레코드에서 FORTRAN 문의 H 다음에 w개의 문자를 삽입하고 출력(出力, output)일 경우에는 H 다음의 w개의 문자를 있는 그대로 인쇄한다. H 변환 기호는 주로 표제, 설명문 및 줄 바꿈 문자 등에 사용된다.

WRITE 문의 FORMAT 문에서 지정하는 첫 번째 난에 대응하는 것은 줄 바꿈(carriage control) 또는 행조정(行調整)에 쓰게끔 되어 있다. 이 제1난에 공백문자를 지정하면 라인 프린터는 정상적인 단일간격으로 출력하지만, 0을 지정하면 배간격으로 출력하고 1을 지정하면 페이지를 바꾸어 새로운 페이지에 출력한다. 결국 이들이 **종간격 명령(從間隔命令)**이다. 라인 프린터 용지를 적당히 위로 올려 줌으로써 종으로 적당한 간격을 주고, 그리하여 보기에 편리하고 구분이 용이하도록 해 준다.

줄 바꿈 기호는 이미 앞의 표 3.2에서 기술한 바 있다.

H 변환 기호의 약간 불편한 점은 모든 문자와 H 오른쪽까지의 공백을 정확하게 계산되어야 한다. 이러한 불편함은 ' '(apostrophe)나 " "(따옴표, quotation mark)를 사용함으로써 완전하게 없앨 수 있으며, 그리고 H와 H 앞의 정수의 숫자를 동시에 제거할 수 있다. 따라서 변환 기호

```
6HRADIUS 또는 'RADIUS' 또는 "RADIUS"
```

는 출력 시 위의 3개 모두 다 RADIUS를 인쇄할 것이다.

H 변환 기호의 사용 예들은 다음 예제를 통하여 나타낼 것이다.

**예제 4.31** 다음 FORTRAN 문에 SEPTEMBER 27, 2015를 출력하는 WRITE 문을 H 변환 기호로 작성하고 그 결과를 인쇄하여라.

```
         FORTRAN STATEMENT
1   5 6 7  10   15   20   25   30   35   40   45
      WRITE(6,10)
   10 FORMAT1(1X,17HSEPTEMBER 27, 2015)
```

**예제 4.31 그림** H 변환 기호로 출력문 작성

라인 프린터로 1X는 줄 바꿈 기호로 사용되어 용지의 한 줄 아래인 다음 줄로 진행할 것이고, 왼쪽 끝에서 시작하는 프린터는 17개의 문자와 공백을 다음과 같이 출력할 것이다. 라인 프린터가 아닌 경우 1X는 첫 자리 즉 첫 난을 건너 띄우라는 뜻이다.

**출력결과**

```
SEPTEMBER␣27,␣ 2015
```

**예제 4.32** 다음 FORTRAN 문에 SEPTEMBER 27, 2015를 출력하는 WRITE 문을 ' '(apostrophe) 변환 기호로 작성하고 그 결과를 인쇄하여라.

```
         FORTRAN STATEMENT
1   5 6 7  10   15   20   25   30   35   40   45
      WRITE(6,10)
   10 FORMAT1(1X,'SEPTEMBER 27, 2015)
```

**예제 4.32 그림** ' '(apostrophe)로 출력문 작성

출력 결과는 예제 4.31과 같은 형태로 나타날 것이다.

**예제 4.33** 다음과 같은 값이 반경 R(半徑, radius)과 면적 A(面積, area)에 저장되어있다고 가정한다.

| 저장 위치 | R | A |
|---|---|---|
| 저장된 값 | 5.0 | 78.5 |

이들 값을 한 줄에 제목과 단위들과 함께 인쇄하기 위한 프로그램을 FORTRAN 코딩 용지에 작성하라.

**풀이** 주어진 자료를 이용하여 프로그램을 FORTRAN 코딩 용지에 작성하면 다음과 같으며, 문자는 출력하기 위하여 ' '(apostrophe)를 사용하였다.

프로그램작성 중 코딩 용지 난이 부족한 내용은 다음과 같이 계속해서 적는다.

FORTRAN STATEMENT

```
1   5 6 7   10   15   20   25   30   35   40   45
      WRITE(6,20)R,A
   20 FORMAT(1X,9HRADIUS = ,F3.1,3H m,,3X,7HA

       50   55   60   65
REA = ,F4.1,5H SQ.m)
```

**예제 4.33 그림** 주어진 자료를 위한 프로그램

**예제 4.34** 다음과 같이 WRITE 문의 변수 KSUM과 AVER에 각각 235와 23.5가 기억되어 있다고 할 때, 이들 변수의 값을 다음 FORMAT 문에 따라 인쇄하라.

```
   WRITE(6, 20) KSUM, AVER
20 FORMAT(1X, 8HTOTAL␣=␣, I3, 2X, 10HAVERAGE␣=␣, F4.1)
```

이면,

**출력결과** 이 변수들의 출력된 결과는 다음과 같다.

```
TOTAL␣=␣235␣␣AVERAGE␣=␣23.5
```

**예제 4.35** 다음과 같이 WRITE 문에 변수가 없는 FORMAT 문에 대하여 인쇄한 결과를 나타내어라.

```
   WRITE(6, 20)
20 FORMAT(1X, 17HGOOD␣LUCK␣TO␣YOU.)
```

이면,

**출력결과**

```
GOOD␣LUCK␣TO␣YOU.
```

**예제 4.36** 다음에 주어진 WRITE 문의 FORMAT 문에서 지정하는 줄 바꿈 기호가 다음 자료와 같을 때 출력되는 위치를 나타내어라.

```
      WRITE(6, 20)
20    FORMAT(1H0, …)
```

**풀이** 출력되는 위치는 한 줄(행)을 건너뛰고 인쇄하는 변환 기호이므로 다음과 같다.

```
              × × × × × × × × ← 현재 인쇄 위치
공백 줄(행) → ________________
              × × × × × × × × ← 다음 인쇄 위치
공백 줄(행) → ________________
```

H 변환은 이처럼 **종(줄, 또는 수직이동)간격 명령**으로 사용되었다. 그러나 WRITE (6, fn)의 "6"이 더 이상 라인 프린터를 의미하지 않을 뿐만 아니라, 출력 파일을 의미하는 현대 시스템에서는 종간격 명령으로서는 작용되지 않고, 인용의 뜻으로만 작용한다(여기서 fn은 FORMAT 문의 문 번호(statement number)). 그러므로 1H0라고 하면 0이 인쇄되고, 1H1이라고 하면 1이 인쇄된다. 따라서 H 변환을 쓰지 말고, **횡간격 명령**(예 1X, **수평이동**)만을 쓰던지, "/(slash)"(**수직이동**)를 쓰는 것이 더 좋다.

문자 자료를 출력하는 두 가지 방법으로써 (1) ' '(apostrophe) **안에 자료**를 나타내는 방법과 (2) H **변환 기호**를 이용하는 방법이 있으나 앞에서도 설명한 바와 같이 요즘은 H 변환 기호 대신에 사용하기 편리한 인용부호 (1)의 ' '(apostrophe)**가 주로 이용**된다.

## 4.2.2 X 변환 기호

입·출력문에서 필요한 만큼의 공간을 수평(水平)으로 건너 띄울 때 사용하는 변환 기호로서 X 변환 기호가 이용되며, 일반적인 형식은 다음과 같다.

wX

w : 건너뛰고자 하는(skip) 자릿수(정수) 또는 영역의 길이
X : 건너뛰라는 의미

wX는 출력 레코드에 w개의 공백을 채운다, 다른 변환기호는 I10, F10.5와 같이 기능을 가리키는 기호 I나 F 다음에 w에 해당하는 숫자를 적는데 X 변환 기호는 w가 X의 앞에 있으므로 **X10과 같이 쓰지 않도록 주의**해야 한다.

FORMAT 문에

```
10    FORMAT(10X, ……)
```

이라하면 출력 레코드의 1난부터 10난 까지 10개의 공백을 채우는데 라인 프린터로 인쇄하면 첫 난의 것은 줄 바꿈에 사용되어 다음 줄의 1~9난에 공백 9개가 인쇄된다. 즉 9글자를 띄우게 된다.

## ■ 입력의 경우 X 변환 기호의 역할

입력일 경우는 이 필드 폭 w글자를 건너 뛰어 읽어 들이지 않는다. I, F 및 E 변환 기호는 변수와 대응하는 변환 기호이나 **X 변환 기호는 변수와 대응하는 변환 기호가 아니다**.

예를 들면 그림 4.4와 같은 자료 파일에서 처음 3자리를 읽고 4자리를 건너뛴 후 다시 두 자리를 읽을 필요가 있을 때 X 변환 기호를 쓴다.

```
            5         10
 2 3 4 × × × × 7 8
```

**그림 4.4** 자료 파일

```
      READ(5, 10) M, N
10    FORMAT(I3, 4X, I2)
```

이 문이 실행되면 9자리 가운데 중간 4~7란에 있는 4자를 띄운다. 주어진 자료 파일에 READ 문의 변수 목록과 FORMAT문의 정수 및 실수의 변환 기호를 1:1 대응해서 생각하면 다음과 같다.

READ 문의 정수 M은 FORMAT문의 변환기호 I3과 자료화일의 숫자 234가 서로 대응되고 FORMAT문의 변환기호 4X에서 4자를 띄우라고 했으므로 자료 파일에서 4자 ××××를 띄우고, 그 다음 READ 문의 정수 N은 FORMAT문의 변환기호 I2와 자료화일의 숫자 78이 서로 대응된다는 것을 알 수 있으며 이 관계를 그림으로 나타내면 다음과 같다.

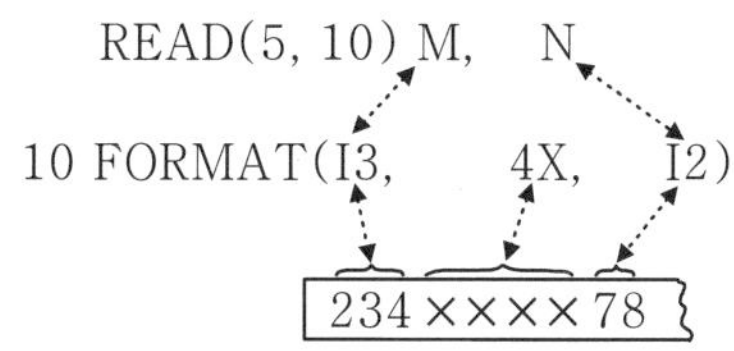


**그림 4.5** X 변환

자료 카드에 다음과 같이 천공되어 있을 때

```
                   5                  10                  15                  20
카드  / 2  3  5  6  7  2  8  4  3  2  6  5  1  2  3  4  5  6  8  9
```

다음과 같은 문을 작성하면

```
      READ(5, 10) K, S, R
10    FORMAT(I5, 3X, F5.2, 2X, F6.3)
```

READ 문의 FORMAT 문에서 1~5난의 5자리 정수(I5) 23567을 읽어 K에 기억시키고, 3X, 즉 3난(284)을 건너뛰고, 9~13난의 숫자(32651)를 실수(F5.2)로 변환하여 소수점 아래 2자리수를 취하면 S=326.51이 되고, 또 2난(23)을 건너뛰어(2X), 16난부터 6숫자(456890 : 0은 공백)를 읽어 실수(F6.3)로 변환하고 소수점 아래 3자리수를 취하면 R=456.890이 된다.

**예제 4.37** 주어진 입력 자료를 이용하여 다음의 X 변환에 따라 각각의 변수 A, B 및 C에 기억되는 값을 구하여라.

**입력자료**

```
         5         10         15         20         25         30
/ 1 2 3 4 5 6 7 8 9 1 0 1 1 1 2 1 3 1 4 1 5 1 6 1 7 1 8 1 9 2 0
```

```
      READ(5,10) A, B, C
10    FORMAT(3X, F3.1, F4.1, 2X, F4.2)
```

**기억되는 값**

A=45.6, B=789.1, C=11.21

**예제 4.38** 주어진 입력 자료를 이용하여 다음 READ문의 FORMAT 문에 따라 각각의 변수 I, J, A, B, C, K, L, M 및 Z에 기억되는 값을 구하여라.

**입력자료**

```
        5         10        15        20        25
3 0 3 1 3 2 3 3 3 4 3 5 3 6 3 7 3 8 6 5 4 3 2 1 0
8 . 4 3 2 - 2 3 4 5 6 7 8 9 1 2 3
- 9 8 7 6 5 4 3 2 1 9 8 7 6 5 4 3 2 1
```

```
      READ(5, 10) I, J, A
      READ(5, 20) B, C, K
      READ(5, 10) L, M, Z
   10 FORMAT(I5, 5X, I5, 2X, F3.1)
   20 FORMAT(5X, F5.2, F3.1, 2X, I2)
```

**기억되는 값**

```
I=30313, J=35363, A=86.5
B=-23.45, C=67.8, K=23
L=-9876, M=98765, Z=21.0
```

**예제 4.39** 주어진 입력 자료를 이용하여 다음 READ문의 FORMAT 문과 다음 3가지로 천공된 프로그램에서 각각의 변수 I, A, B 및 J에 기억되는 값을 구하여라.

①

```
      READ(5, 10) I, A, B, J
   10 FORMAT(I3, F4.1, F4.1, I2)
```

**입력자료**

```
        5         10        15        20
1 0 0 9 0 . 5 3 0 . 4 5
```

②

```
      READ(5, 10) I
      READ(5, 20) A
      READ(5, 10) J
      READ(5, 20) B
   10 FORMAT(5X, I3)
   20 FORMAT(4X, F3.1)
```

**입력자료**

```
        5         10        15        20
5 2 3 - 1 1 0 0 6 5 4 3 2 1
5 . 4 0 9 0 5 1 2 3 4 5 6 7
- 5 4 . 3 0 4 5 9 8 7 6 5 4
2 6 ␣ ␣ 3 0 0 2 3 5 6 7 8 9
```

③

```
      READ(5, 10) I, A, B, J
   10 FORMAT(2X, I3, 4X, 2F4.1, 5X, I3)
```

**입력자료**

```
         5         10        15        20        25
2 ␣1 0 0 5 6 7 8 9 0 . 5 3 0 . ␣1 2 3 . 4 ␣4 5
```

**기억되는 값**

3가지로 천공된 프로그램에서 각각의 변수 I, A, B 및 J에 기억되는 값 4개 모두가 같은 값으로 나타나 3가지는 동일한 뜻을 갖는다는 것이 확인되었다. 즉,

I=100, A=90.5, B=30.0, J=45

■ **출력의 경우 X 변환 기호의 역할**

출력일 경우에는 이 필드를 공백으로 남긴다. 이것은 흔히 출력결과를 즉, 숫자와 숫자 사이에 공백을 띄어 적절한 간격으로 인쇄하고자 할 때 X 변환 기호를 사용하지만 다음과 같은 경우에도 효과적으로 사용할 수 있다.

그림 4.5에 대한 READ 문의 예문이 실행되면 M번지에는 234가, N번지에는 78이 기억된다. 이것을 그대로 출력하고자 할 때

```
      WRITE(6, 20) M, N
   20 FORMAT(1X, I3, I2)
```

으로 한다면

23478

이 출력되기 때문에 앞 프로그램 WRITE 문의 변수 M과 N의 값이 구분되지 않아 23, 478인지 234, 78 등인지 전혀 알 수가 없다.

따라서 이러한 경우에는 X 변환 기호를 사용하여 FORMAT 문을 다시 써

```
      WRITE(6, 30) M, N
   30 FORMAT(1X, I3, 5X, I2)
```

로 수정하면 출력되는 변수 234와 78 사이에 5자릿수만큼의 공백(空白, blank)이 생기기 때문에 즉, 2 3 4 ␣ ␣ ␣ ␣ ␣ 7 8로 출력되어 식별하기가 매우 쉽다. 그러므로 **입력문에서 nX는 주어진 자료를 n자리만큼 건너뛰라**는 뜻이고, **출력문에서 nX는 주어진 자료를 n개의 공백을 두라**는 뜻이다. 다른 말로 하면, 다음 형태의 FORMAT 문들은

```
n FORMAT(1X, …)
```

항상 첫 난에 쓰고 정상적인 단 **한 줄 띄우기**(single spacing)로 이끈다. 마찬가지로

```
n FORMAT(10X, …)
```

는 항상 9난 들여쓰기를 갖는 한 줄 띄우기를 뜻한다.

가령 한 카드에 10개씩의 값이 천공되어 있는 자료 카드 덱이 있다고 할 때 어떤 특정시간의 계산에서 카드의 마지막 5개의 값만을 필요로 한다면 자료 카드를 전부 다시 만들어야만 해결되겠는가? 이러한 경우에 다음의 FORMAT 문

```
FORMAT(45X, 5F9.0)
```

을 사용하면 동일한 카드 덱으로 소기(所期; 기대한바)의 목적을 달성할 수 있다. 부연 설명하면 한 카드에 10개의 값이 천공된 카드 덱 중에서 하나의 카드에 한개 값의 자리수가 9이라면, 첫 번째 카드에서 다섯 번째까지 카드의 값을 제외하려면 FORMAT 문에서 5개의 카드에 대한 45개의 자리수를 건너뛴 후(45X) 나머지 값은 5F9.0에 확보된 내용을 인쇄하거나 화면상에서 확인할 수 있을 것이다.

만약에 마지막 3개의 값만을 필요로 한다면 자료 카드를 어떻게 하면 되겠는가? 즉, FORMAT(63X, 3F9.0)을 이용하면 마지막 3개의 값만을 알 수 있다.

**예제 4.40** 다음의 프로그램을 이용하여 출력하면 어떠한 형태로 인쇄되는지 나타내어라.

```
      SEOUL=234.56
      IKSAN=2345
      WRITE(6, 20) SEOUL, IKSAN
20    FORMAT(2X, F6.2, 4X, I4)
      STOP
      END
```

**출력결과**

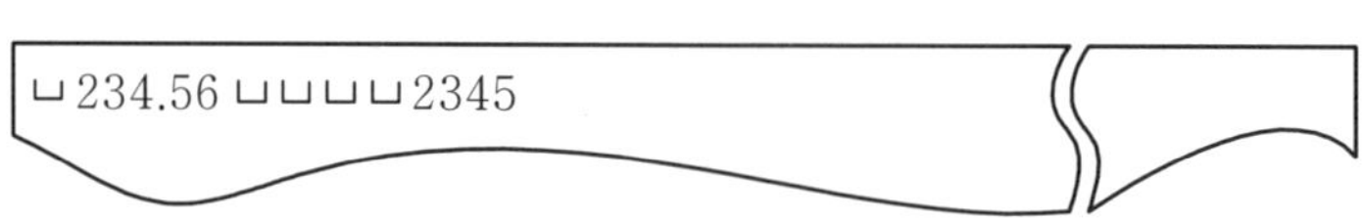

주어진 프로그램을 이용하여 출력할 때 FORMAT 문 바로 다음에 나오는 1X는 줄 바꿈 문자이므로 출력에 영향을 주지 않으며, 자료의 기록 여부에 종속되지 않고 무조건 w만큼 띄워서 인쇄한다.

**예제 4.41** 다음의 프로그램에서 X 변환 기호와 ' '(apostrophe)를 이용하여 출력하면 어떠한 결과로 인쇄되는지 나타내어라.

①

```
      K=1234
      L=5678
      WRITE(6, 20) K, L
   20 FORMAT(1X, I4, 4X, I4)
      STOP
      END
```

②

```
      K=1234
      L=5678
      WRITE(6, 20) K, L
   20 FORMAT(1X, I4, '␣␣␣␣', I4)
      STOP
      END
```

**출력결과**

```
1234␣␣␣␣5678
```

X 변환 기호와 ' '(apostrophe)로 둘러싸인 공백 문자열은 같은 결과로 나타난다. 즉, 다음 두 가지 방법에 의한 인쇄 결과는 같은 모양으로 나타난다.

앞에서 기술한 바와 같이 입·출력 목록의 요소들이 단순변수(單純變數)로써 모두 양적(陽的)으로(explicitly) 표시되어 있고 양식(樣式) 목록 역시 중복괄호(重複括弧) 또는 **레코드 구분자(區分子)**를 사용하지 않은 단순 목록의 경우에는 왼쪽에서 오른쪽으로 순차적으로 대응시켜감으로써 대응관계가 명백해지며 오류가 생길 일은 거의 없다. 그러나 입·출력 목록이 첨자변수(添字變數), 배열명(配列名) 및 DO형(型) 목록(implied DO list)을 포함하거나 또는 양식 목록이 중복괄호, 반복회수(反復回數) 및 레코드 구분자 등을 포함하게 되면 그렇게 간단한 문제만은 아니다.

## 4.2.3 / 변환 기호

자료를 입력(入力, input)할 때 필요한 수만큼의 카드를 건너 띄우거나 또는 필요한 수만큼 건너 띄워 줄을 변경하고자 하여 새로운 줄(line)에 출력(出力, output)할 때 /(slash) 변환 기호가 이용되며, 일반적인 형식은 다음과 같다.

w(/) 또는 /

w : 반복 횟수(정수)
/(slash) : 입출력할 때 건너 띄우라는 의미(skip)

/(slash) 변환은 다른 변환 기호와 콤마로 구분하지 않아도 된다(또는 구분해도 관계없다).

**예제 4.42** 다음과 같은 자료 카드 또는 자료 파일이 있을 때

| 자료 카드 | 자료 파일 |
|---|---|
| 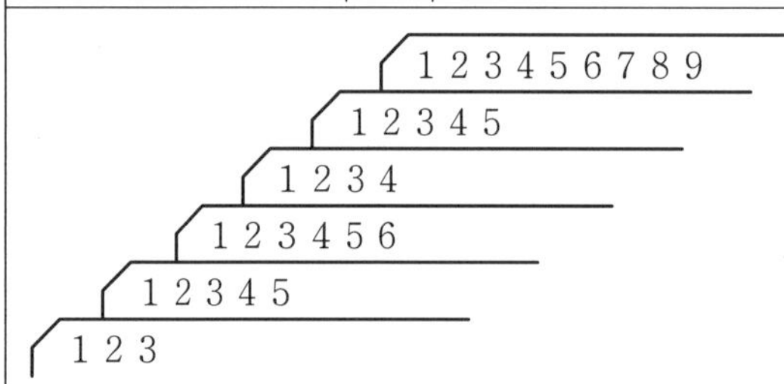 | 123<br>12345<br>123456<br>1234<br>12345<br>123456789 |



**예제 4.42 그림** 자료카드와 자료 파일

※ 자료카드는 앞에서부터 읽고 오른쪽의 자료 파일은 위에서부터 읽지만 그 결과는 서로 같은 값으로 나타난다.

주어진 READ 문으로부터 각각의 변수에 기억되는 값은 무엇인가?

```
   READ(5, 10) GA, NA, DA, RA
10 FORMAT(F3.1, / , I4, /// , F5.2)
```

**풀이** 첫째 자료카드 또는 자료 파일로부터 실수 GA는 GA=12.3(F3.1에서 3자리를 택하면 123이 되어 소수점 아래 한 자리는 이 숫자의 1의 자릿수 3의 바로 왼쪽에 소수점을 찍으면 된다)이다, 다음 /는 다음 카드로 가서 취한 NA는 I4에서 정수 4자리를 택하면 NA=1234, 그 다음 ///에서 처음 /는 다음 카드 또는 파일의 다음 줄로 이동하고

나머지 // 즉, / 두개는 2장의 카드를 건너 뛰어 다섯 번째 카드로 이동 또는 자료 파일에서 두 줄을 건너뛰어 5번째 줄의 자료로부터 DA(F5.2)는 실수 DA=123.45, 마지막 RA는 6번째 카드의 자료로부터 FORMAT 문의 F3.1을 이용하면 3자리이므로 변수 GA와 같은 방법으로 실수 GA=12.3이 각각 기억된다.

**참고**

**입력**할 때, FORMAT 문의 중간에 n개의 연속된 "/"가 있으면 (n−1)개의 자료 카드가 건너뛰게 되고 n개의 연속된 "/"가 FORMAT 문의 끝에 있으면 n개의 자료 카드가 건너뛰게 된다. 또한, FORMAT 문의 마지막 오른쪽 괄호 [)]는 "/" 한 개의 의미를 지니고 있다.

**예제 4.43** 다음과 같은 자료 카드 또는 자료 파일의 GA, NA, DA 및 RA에 12.3, 1234, 123.45 및 12.3이 각각 기억되어 있다고 할 때 다음의 WRITE 문

```
    WRITE(6, 20) GA, NA, DA, RA
20  FORMAT(1X, F4.1, 2X, I4, / ,1X, F6.2, /// , 1X, F5.2)
```
이면

출력이 어떻게 되는지 결과를 나타내어라.

---

**풀이** 라인 프린터이면 출력되는 첫 줄에서 1X는 줄 바꿈 문자가 되고, 다음의 F4.1로 4자리를 확보하고 소수 한자리에 소수점을 찍고 GA의 값을 출력하고 두 자리를 건너뛰어 I4로 정수 4자리로 NA를 출력한다. /는 다음 줄로 이동하여 F6.2로 다음 자료 DA를 출력하고 ///에서 첫 번째 /는 다음 줄로 나머지 //는 두 줄을 건너뛰어 F5.2로 RA를 출력하면 다음 그림과 같다.

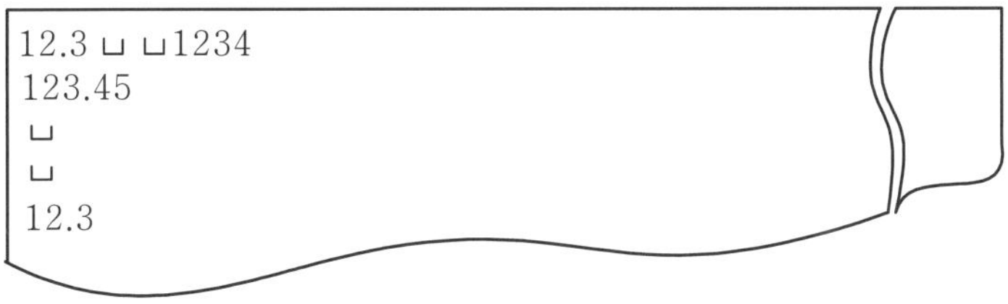


**참고**

**출력**할 때, FORMAT 문의 중간에 n개의 연속된 "/"가 있으면 (n−1)개의 줄을 건너뛰고 n개의 연속된 "/"가 FORMAT 문의 끝에 있으면 n개의 줄을 건너뛰게 된다. 또한, FORMAT 문의 마지막 오른쪽 괄호 [)]는 "/" 한 개의 의미를 지니고 있다.

복수의 레코드를 정의하기 위해 /(slashes)들을 사용해도 된다. /들은 **레코드들의 끝**이라는 것을 지적하기 위해서 FORMAT 문들에서 사용된다. 그래서 다음 문들은 두 개의 레코드를 정의한다.

```
      READ(5, 30) A, B, C, D
30    FORMAT(F8.3, F8.3/E12.6, E12.6)
```

즉 그것은 F8.3을 사용해서 카드 1로부터 A와 B를 그리고 E12.6을 사용해서 카드 2로부터 C와 D를 읽을 것이다. 마찬가지로, 다음 문들은

```
      WRITE(6, 40) N, AVE
40    FORMAT(1X, 'NUMBER OF STUDENTS=', I3 /1X, 'EXAM
   &       AVERAGE=', F8.3)
```

두 개의 레코드를 정의하고 한 새로운 쪽의 맨 위에 다음 두 줄을 인쇄할 것이다.

```
NUMBER OF STUDENTS=XXX
EXAM AVERAGE=␣␣XXX.XXX
```

**참고**

- **레코드(record)** : 하나 이상의 연관성 있는 **필드(field)**들이 모여서 구성된 자료의 기본 단위
- **필드(field)** : 자료의 의미상의 최소단위이며 **바이트(byte: 비트(bit)가 모여서)**가 모여서 되고, 아이템(item) 또는 속성이라고 함. 필드는 어(語, word)에 대응한다.
- **비트(bit)** : 컴퓨터에서 사용되는 최소 자료의 단위이고 **2진법의 0과1이 바로 비트**이다.
- **바이트(byte)** : **영문자나 숫자**는 한 글자에 **1바이트가 필요**하고, **한글이나 한자**는 **2바이트가 필요**하다. 1바이트=8비트

연이은 /들도 또한 나타날 수 있다. 그러나 어떤 FORMAT 문의 끝에 나타나는 /들은 입력에서 중간에 있는 것들보다는 약간 다른 결과를 준다. 구체적으로 다음에 기술한 입력과 출력의 경우에 대하여 알아보기로 하자.

(1) **입력**. n개의 연이은 /들이 **중간에 나타날 때**, 그때 n−1개의 카드들이 건너 띄어 지지만, n개의 연이은 /들이 **끝에 나타날 때** 그 때 n개의 카드들이 건너 띄어진다. 예를 들면,

```
      READ(5, 30) I, K
30    FORMAT(I9/// I9)
```

은 I는 첫째 카드로부터 읽혀지게 하고 K는 네 번째 카드에서 읽혀지게 할 것 인데; 즉, 카드 두 개는 건너 띄어진다(연속된 /들이 중간에 있으므로). 그러나

```
    READ(5, 40) I, K
40  FORMAT(I9///)
```

는 첫 번 카드로부터 I가 읽혀지게 하지만 K는 다섯 번째 카드로부터 읽혀지는데; 즉 세 개의 카드들이 건너 띄어진다(연속된 /들이 끝에 있으므로).

(2) **출력**. n개의 연이은 /들이 나타날 때, 그때 n−1 개의 빈 줄들이 인쇄된다. 예를 들면,

```
    WRITE(6, 20) I, K
20  FORMAT(1X, I9///1X, I9)
```

와

```
    WRITE(6, 30) I, K
30  FORMAT(1X, I9///)
```

는 I와 K사이에 등장하는 2개(3−1=2)의 빈 줄들로 출력될 것이다.

**예제 4.44** 다음 두 프로그램은 같은 뜻을 갖는지 확인하여라.

①

```
    READ(5, 30) Q1, Q2, Q3
30  FORMAT(3F4.1)
    READ(5, 40) F1, F2
40  FORMAT(2F3.1)
```

②

```
    READ(5, 30) Q1, Q2, Q3, F1, F2
40  FORMAT(3F4.1/2F3.1)
```

**풀이** ②에서 /변환은 다른 변환 기호와 콤마로 구분하지 않아도 되며, 앞의 두 프로그램 ①과 ②는 같은 뜻을 갖는다.

**예제 4.45** 다음의 ①과 ② 두 프로그램은 같은 뜻을 갖는지 확인하여라. 이 때 주어진 입력 자료로부터 변수 A와 B는 어떤 값으로 기억되는지 나타내어라.

①

```
    READ(5, 10) A
    READ(5, 10) B
10  FORMAT(F4.1)
```

②

```
    READ(5, 10) A, B
10  FORMAT(F4.1,/,F4.1)
```

**입력자료**

```
123456789
987654321
```

**기억되는 값**

앞의 두 프로그램 ①과 ②는 같은 뜻으로 A=123.4, B=987.6의 값을 기억한다.

**예제 4.46** 다음과 같은 READ 문의 FORMAT 문과 자료가 천공되었을 때 A, B, C, D, I, J 및 K의 기억된 값은 얼마인가?

```
   READ(5, 10) A, B, C, D, I, J, K
10 FORMAT(F3.1 // F4.1 / 3X, F4.1 / F3.1 /// I2, I3 / I2)
```

**입력자료**

```
1.234-56789
-0.56789.10
12.654321
56789101112
-56.98760
12345678910
78910918976
56789101112
-1234567895
```

**출력결과**

| 변 수 | 기억된 값 | 레 코 드 |
|---|---|---|
| A | 1.2 | 1 |
| B | 12.6 | 3 |
| C | 891. | 4 |
| D | −0.5 | 5 |
| I | 56 | 8 |
| J | 789 | 8 |
| K | −1 | 9 |

**설명** 카드 리더는 첫 번째 카드를 스캐닝 하여 1~3난(F3.1) 자료의 A값을 읽어 A=1.2로 기억한다, 첫 번째 /(slash)는 그 이상 읽는 것을 멈추고 첫 번째 카드에서 다음 카드로 이동하며 두 번째 /는 두 번째 카드에서 이동하여 카드 리더는 세 번째 카드를 스캐닝 하기 위해 다시 맞추어 놓는다. 세 번째 카드를 스캐닝 하여 카드 리더는 1~4 난(F4.1) 자료의 B값을 읽어 B=12.6으로 기억한다. 3 번째 /의 뜻은 3 번째 카드를 제거하고 3난을 수평으로 건너 띄워 4~7난(F4.1) 자료의 C값을 읽고 C=891.으로 기억한다. 4 번째 /는 4 번째 카드로 이동하고 5번째 카드를 스캐닝 하여 카드 리더는 1~3난(F3.1) 자료의 D값을 읽는다(D=−0.5). 그 다음 ///에서 처음 /는 다음 카드로 이동하고 나머지 //, 즉 / 두개는 2장의 카드를 건너뛰어 8번째 카드의 1~2

난 자료를 I2로 읽으며(I=56), 계속해서 3~5난 자료의 J값을 I3으로 읽는다(J=789). 그리고 8 번째 /는 8 번째 카드를 건너뛰고 9번째 카드의 1~2난 자료의 K값을 I2로 읽는다(K=−1). [예제 4.46]은 입력의 경우이고 /가 중간에 나타난 결과로 n−1의 줄을 건너뛰었다는 것을 알 수 있다.

**예제 4.47** 다음 두 프로그램은 같은 뜻을 갖는가?

①

```
        READ(5, 20) A, B
        READ(5, 40) I, J
        READ(5, 20) C, D
        READ(5, 30) K, L
20      FORMAT(2F4.2)
40      FORMAT(I2, I3)
```

②

```
        READ(5, 20) A, B, I, J, C, D, K, L
20      FORMAT(F4.2, F4.2/I2, I3/F4.2, F4.2/I2, I3)
```

**풀이** ②에서 /변환은 다른 변환 기호와 콤마로 구분하지 않아도 되며, 앞의 두 프로그램 ①과 ②는 같은 뜻을 갖는다.

**예제 4.48** 다음 두 WRITE 문은 동일한 출력값을 갖는가?

①

```
        WRITE(6, 50) SUMA
50      FORMAT(5X, 'HAP IS=', F5.2)
        WRITE(6, 60) AVER
60      FORMAT('␣', 'AVERAGE IS=', F5.2)
```

②

```
        WRITE(6, 50) SUMA, AVER
50      FORMAT(5X, 'HAP IS=', F5.2/'␣', 'AVERAGE IS=', F5.2)
```

**풀이** ②에서 /변환은 다른 변환 기호와 콤마로 구분하지 않아도 되며, 앞의 두 프로그램 ①과 ②는 같은 출력값을 갖는다.

## 4.2.4 T 변환 기호

컴퓨터 키보드 또는 타자기에서 tab키를 사용하는 것과 같은 방식으로, 컴퓨터에게 자료의 전송(입·출력문)에서 시작되는 위치를 지정해 주고자 할 때 입·출력 조정 변환 기호인 T 변환 기호가 이용된다. 즉, X 변환과 다르게 해당 줄의 맨 처음부터 w만큼 떨어진 곳에서 입·출력한다. 또한 T 변환은 X 변환과 마찬가지로 **변수와는 무관**하다. 이 변환기호의 일반적인 형식은 다음과 같다.

Tw

T : Tab의 약자로서 자료의 전송 시작 위치(column)를 의미
w : 입·출력 자료의 시작위치를 나타내는 자릿수(w ≥ 1)

예를 들면

```
   WRITE(6, 20) X, Y
20 FORMAT('0', T30, F10.3, T75, F11.3)
```

을 수행하면 X는 30 난부터 Y는 75 난부터 인쇄하게 된다. 이것은 표제(標題)를 인쇄하는 위치를 지정하거나 표를 만들 때 아주 편리하게 사용할 수 있다.

**예제 4.49** 자료 카드에 다음과 같은 숫자가 주어졌을 때

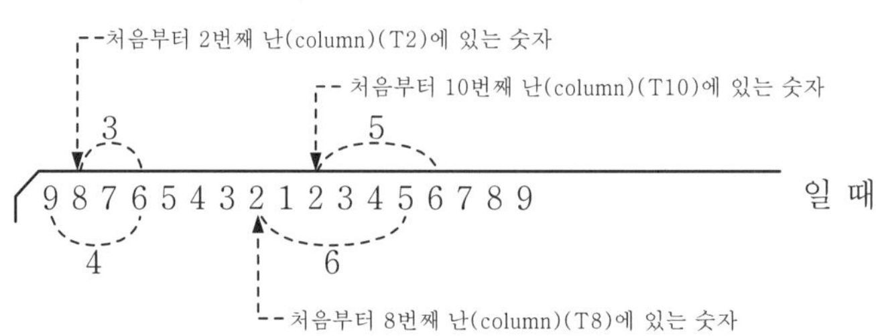


**예제 4.49 그림** 자료 카드

```
   READ(5, 10) DO, LE, MI, PA
10 FORMAT(F4.2, T2, I3, T10, I5, T8, F6.3)
```

READ 문의 각 변수에 기억되는 숫자는 각각 얼마인가?

**풀이** DO(F4.2)는 4자리(9876)에 소수점이하 2자릿수를 확보하므로 DO=98.76, LE(I3)는 T2가 처음부터 두 번째 위치에 있는 숫자를 시작으로 3자릿수를 확보하므로 LE=876, MI(I5)는 T10이 처음부터 열 번째 위치에 있는 숫자를 시작으로 5자릿수

를 확보하므로 MI=23456, PA(F6.3)는 T8이 처음부터 여덟 번째 위치에 있는 숫자를 시작으로 6자리(212345)이고 소수점이하 3자릿수를 확보하므로 PA= 212.345 즉, DO=98.76, LE=876, MI=23456 및 PA= 212.345가 각각 기억된다.

이 내용을 앞에서 주어진 자료 카드 또는 자료 파일을 함께 보면서 비교하면 이해하는데 많은 도움을 줄 것이다.

**예제 4.50** WRITE 문의 변수 DO, LE, MI 및 PA에 98.76, 876, 23456 및 212.345가 각각 기억되어 있다고 할 때

```
   WRITE(6, 20) DO, LE, MI, PA
20 FORMAT(1H0, F5.2, T7, I3, T15, I5, T23, F7.3)
```

WRITE 문 각각의 변수가 어떻게 인쇄되는지 상세하게 나타내어라.

**풀이** WRITE 문 각각의 변수는

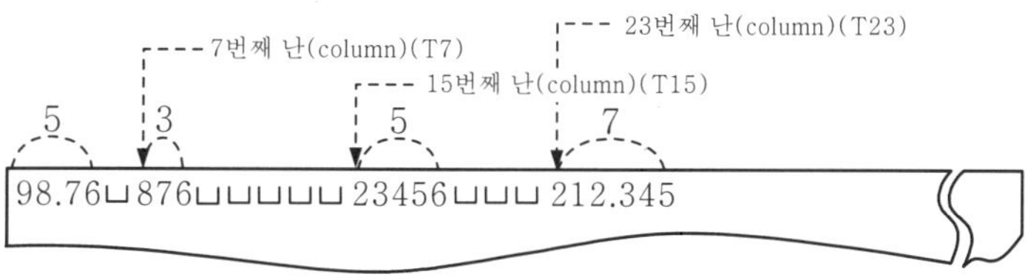


와 같이 인쇄된다.

예를 들면, N와 Y에 12~16 난과 20~29 난에 입력된 값들을 저장하려고 할 경우를 생각하자. 이것은 다음 프로그램

①
```
   READ(5, 50) N, Y
50 FORMAT(11X, I5, T20, F10.3)
```

에 의하여 얻을 수 있다. T 변환기호를 사용해서, 다음과 같은 FORMAT 문을 사용해도 결과는 같다는 것을 알 수 있다.

②
```
   READ(5, 50) N, Y
50 FORMAT(T12, I5, T20, F10.3)
```

**설명** 프로그램 ①에서 11X는 11난을 띄우고 I5에 맞게 정수 자료를 읽으라는 뜻이고 프로그램 ②에서 T12는 12번째 난부터 I5에 맞게 정수 자료를 읽으라는 뜻이므로 결국 같은 의미를 갖는다는 것을 알 수 있다. 즉, 2개의 프로그램은 같은 값들을 저장한다.

가끔, T 변환 기호의 사용이 X 변환 기호 사용보다 더 단순하다는 것을 알 수 있는데 이것은 전자가 **난의 위치를 세어야하는 번거로움이 제거되기 때문**이다.

모든 필드 명세들은 연이어지는 필드들을 상정하기 때문에 READ 문과 FORMAT 문의 짝

```
      READ(5, 60) A, B
   60 FORMAT(T20, F8.2, 12X, F8.2)
```

은 A에 대한 값은 20~27 난에서 그리고 B에 대한 값은 40~47 난에 기억될 것임을 뜻한다.

T-필드들을 사용해서, 변수들의 값들은 순서와 관계없이 읽혀져도 된다. 예를 들면,

```
      READ(5, 70) X, T
   70 FORMAT(T31, F8.2, T11, F8.2)
```

는 X에는 31~38 난에 있는 숫자를 그리고 T에는 11~18 난에 있는 숫자를 치환할 것이다.

어떤 항목은 여러 번 읽어도 될 것이다. 예를 들면

```
      READ(5, 80) M, N, K1, K2, K3
   80 FORMAT(T21, A3, T21, I3, T21, 3I1)
```

는 21~23 난에 있는 정보를 어떤 문자열[즉, 알파뉴메릭(alphanumeric) 형태]로서 장소 M에, 정수 값(수치 형태로)으로 장소 N에, 그리고 수치값(digits)들을 K1, K2 및 K3에 각각 저장할 것이다.

**참고**

**스트림**(stream)이란 바이트 형태로 되어져 있는 자료를 프로그램 상에서 모니터 또는 다른 것과의 자료 교환이나 전송을 해주기 위해 제공되는 논리적 장치

출력에서, T 변환 기호는 인쇄용지에서가 아니라 **출력 스트림**(output stream)에서 시작하는 위치를 알려준다. 어떤 출력 레코드에서 첫 문자가 줄 바꿈을 위하여 사용되기 때문에, 인쇄용지에서 시작되는 위치는 실제로 T 변환기호(필드 명세)에 나타낸 숫자보다 하나 더 작을 것이다. 예를 들면

```
      WRITE(6, 20) I, J, K
   20 FORMAT(15X, I7, T28, I5, T42, I9)
```

는 컴퓨터에게 I를 오른쪽으로 14 난을 건너뛰어 14~20 난에, J도 오른 쪽으로 26 난을 건너뛰어 27~31 난에, 그리고 K는 오른 쪽으로 40 난을 건너뛰어 41~49 난에

인쇄하라고 지시한다. 이것은

```
     WRITE(6, 20) I, J, K
20   FORMAT(T15, I7, 6X, I5, 9X, I9)
```

와 같다. 자연적으로, 변수 값들은 순서와 관계없이 인쇄될 것이다. 예를 들면

```
     WRITE(6, 30) A, B
30   FORMAT(T41, F8.3, T21, F8.2)
```

는 B가 20~27 난에 A는 40~47 난에 인쇄할 것이다.

**예제 4.51** 입력 자료에 다음과 같은 숫자가 주어졌을 때

**입력자료**

```
12345678901234567890
--------------------
26457863219084138932
```

```
     READ(5, 10) I, J, K, L
10   FORMAT(I3, I2, T3, I4, T13, I5)
```

이면

READ 문의 각 변수에 기억되는 숫자는 각각 얼마인가?

**풀이** READ 문의 각 변수에 기억되는 숫자는 다음과 같다.

I=264, J=57, K=4578, L=84138

**예제 4.52** WRITE 문의 변수 I, J 및 K에 각각 123, 23 및 1453이 각각 기억되고 있다고 할 때

```
     WRITE(6, 20) I, J, K
20   FORMAT(1X, I3, T7, I2, T12, I4)
```

을 수행하면 (1) 라인 프린터 (2) 모니터로 출력하면 어떻게 인쇄되는지 나타내어라.

**풀이** 모니터로 결과를 나타내는 경우 1X는 줄 바꿈 문자로 사용되므로 I3은 첫 난부터 3 난을 확보하여 인쇄되므로 그 결과는 다음과 같다.

(1) 라인 프린터로 출력

**출력결과**

```
12345678901234567890
--------------------
␣123␣␣23␣␣␣1453
```

(2) 모니터로 출력

**출력결과**

```
12345678901234567890
--------------------
123␣␣23␣␣␣ 1453
```

4.3

# 프로그램의 설명

프로그램을 처음 배우는 사람에게는 정보처리에 관한 기초개념, 이를테면 수식을 FORTRAN 수식으로 표현하는 것이라든지, flowchart를 기초로 하여 코딩하는 것, 또는 DO 나 IF 문들을 잘 활용하는 것도 중요하나 입·출력 명령에 더욱 중점을 두어야 한다. 입·출력에 대한 명령을 완전히 이해하면 FORTRAN 언어 자체는 완성되었다 할 정도로 입·출력 명령이 FORTRAN 프로그래밍에 중요한 부분을 차지한다. 이제 수치를 입·출력하는 문들을 익혔기 때문에 간단한 프로그램을 작성할 수 있게 되었다. 3장에서 프로그램 3.1의 WRITE FORMAT을 좀더 알기 쉽게 다음과 같은 프로그램 4.2로 나타내었으나 결과의 수치는 같다.

**[프로그램]**

```
C   Calculate the area of a triangle
C
          READ(5, 10) A, B, C
   10     FORMAT(3F10.2)
          P=A+B+C
          S=P/2.0
          AREA=SQRT(S*(S-A)(S-B)(S-C))
          WRITE(6, 20) A, B, C, AREA
   20     FORMAT(4X, 'A = ', F7.2, ' cm,', 4X, 'B = ', F7.2,
     &           4X, ' cm,', 'C = ', F7.2, ' cm,' /4X, 'AREA = ',
     &           F9.3, ' sq cm')
          STOP
          END
```

**프로그램 4.2** 삼각형의 면적 계산

그러면 프로그램 4.2의 프로그램을 살펴보자. 3각형의 3변의 길이가 각각 61.3, 57.2 및 39.6일 때 이들의 자료 카드는 어떻게 작성하며 그 결과는 어떻게 인쇄되는가를 살펴보자. 3변 A, B 및 C의 값을

```
      READ(5, 10) A, B, C
10    FORMAT(3F10.2)
```

로 입력하므로 각 자료는 10자리씩 그림 4.6의 카드 1과 같이 작성하면 된다. 만일 카드 2 또는 카드 3과 같이 자료를 천공하면 A=6.13, B=5.72 및 C=3.96이 되므로 주의해야 하며 출력 결과에 나타내었다. **자료 파일로 하는 경우** 카드 1은 한 줄이 되고 카드 2와 3은 각각 2째 줄과 3째 줄이 된다.

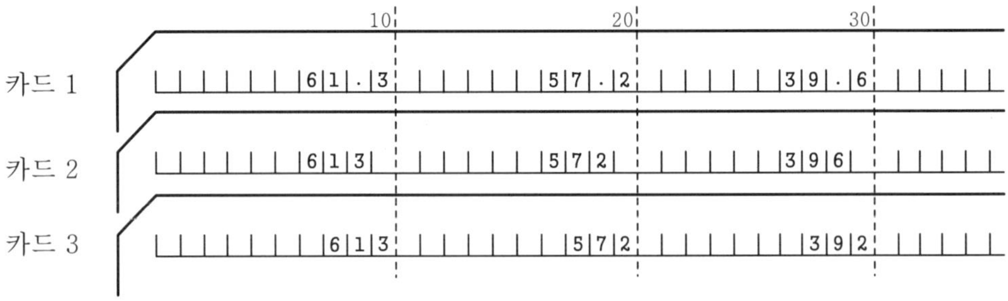


**그림 4.6** 프로그램의 설명을 위한 다른 형태의 입력 자료 천공

line 1~3. 첫 난에 C가 있으므로 **주석행(註釋行**, comment line)이 된다.

line 4~5. READ-FORMAT 문으로서 자료 카드로부터 첫 10자리의 실수를 A에 그 다음의 10자리 실수를 B에, 그 다음의 10자리 실수를 C에 넣는다. 이 명령을 실행하면

A ← 61.3　　B← 57.2　　C ← 39.6

line 6. A, B, C에 실수를 더하여 P에 넣는다.

A ← 158.1

line 7.　S ← 79.5(158.1/2.0)

line 8.　AREA ← 1099.764(= $\sqrt{1,209,479,976}$ )

line 9~10 A, B, C, AREA의 값을 WRITE하면 출력레코드는 FORMAT 문의 / 때문에 출력 레코드 1과 2는 다음과 같다.

■ 출력 레코드 1

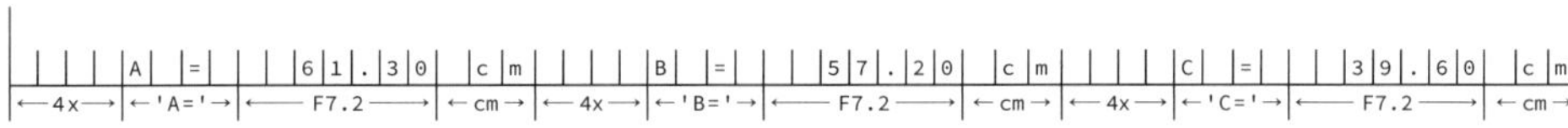


■ 출력 레코드 2

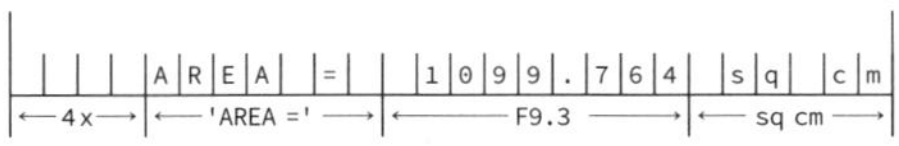


와 같이 되어 라인프린터로 인쇄하면 레코드의 첫 글자(blank, 1X에 해당)는 줄 바꿈에 사용되고 나머지 것(3X 띄우고)이 인쇄된다.

line 11. 작업을 끝낸다.

line 12. 프로그램의 끝이라는 것을 컴파일러에게 알린다. END **문은 기계어로 번역되지 않는다.**

■ 출력 결과

: 앞의 출력 레코드 1과 2를 참고

```
A =   61.30 cm,    B =   57.20 cm,    C =   39.60 cm
```
(카드 1의 이용 결과)

```
AREA =  1099.764 sq cm
```

```
A =  6.13 cm,   B =    5.72 cm,    C =    3.96 cm
```
(카드 2와 3의 이용 결과)

```
AREA =    10.998 sq cm
```

# 4장 • 연습문제

**4.1** 각 변환기호(format code)에 대하여 간단히 설명하여라.

**4.2** 줄 바꿈 문자(carriage control character)에 대하여 간단히 설명하여라.

**4.3** 어떤 자동차 엔진의 고유번호가 5X3548N4A333443HA라고 한다. 엔진 고유번호를 입력시켜 인쇄하는 READ 문과 WRITE 문을 작성하여라(단 "THE ENGINE NUMBER IS"를 앞부분에 첨가해서 인쇄하고 한 개의 기억장소(변수)에 4개의 문자까지 기억될 수 있는 컴퓨터의 기종이라 가정하자).

**4.4** GOOD-BYE 2015!를 입력시켜 인쇄하는 READ 문과 WRITE 문을 작성하여라(단 "GOOD LUCK EVERYBODY AND"를 앞부분에 첨가해서 인쇄하고 한 개의 기억장소(변수)에 4개의 문자까지 기억될 수 있는 컴퓨터의 기종이라 가정하자).

**4.5** 기억장소에 기억된 다음 값들을 E10.3에 의하여 출력시키면 각각 어떻게 인쇄될까?

① $-9.34 \times 105$  ② $8.60 \times 10^{-3}$  ③ $35.476 \times 10^{-4}$  ④ $-5.834 \times 10^{7}$

**4.6** 기억장소에 기억된 다음 값들을 E14.7에 의하여 출력시키면 각각 어떻게 인쇄될까?

① $3.5834 \times 10^{2}$  ② $39.422 \times 10^{-6}$  ③ $1234.6789 \times 10^{-2}$  ④ $-2094.2088 \times 10^{-2}$

**4.7** 자료카드(data card)의 첫째 난(column)부터 아홉째 난 사이에 다음 값들이 각각 천공(punch)되어 있다고 할 때 변환기호(format code)로서 E9.2를 이용하면 어떠한 값들이 각각 기억될까?

① −87654E2␣  ② ␣234␣E−02  ③ ␣−98765␣E2

④ −␣.765␣E−2  ⑤ ␣␣␣␣␣␣1E−1

**4.8** 자료카드(data card)의 첫째 난부터 아홉째 난 사이에 다음 값들이 각각 천공(punch)되어 있다고 할 때 변환기호로서 E10.2를 이용하면 어떠한 값들이 각각 기억될까?

① −36.584E−1　　② ␣␣␣123␣E+02　　③ −␣.24315␣E4

④ 24869.24E2　　⑤ ␣␣␣␣.3559E5

**4.9** 변수 C, D 및 N에 10.2, −9.3, 7이 각각 기억되어 있다고 할 때 WRITE 문에 의해서 결과가 어떻게 인쇄될까?

```
      WRITE(6, 30) C, D, N
30    FORMAT(1X, 2HC=, F7.3, 3X, 2HD=, E10.3, 3X, 2HN=, I3)
```

**4.10** 변수 A, B, C 및 K에 2.4, −10.5, 4.83 및 29가 각각 기억되어 있다고 할 때 WRITE 문에 의해서 결과가 어떻게 인쇄될까?

```
      WRITE(6, 40) A, B, C, K
40    FORMAT(1H0, 2HA=, F4.2, 2X, 2HB=, E6.3, 2X, 2HC=, F5.1, 2X,
     &       2HK=, I4)
```

**4.11** 자료카드의 1~7란, 21~29란, 34~37란에 각각 천공되어 있는 정수(integer)들을 A, B 및 K에 기억시키는 READ 문(statement)을

① X 변환을 이용하여

② T 변환을 이용하여 작성하여라.

(단, A와 B는 소수점 이하 3자리를 포함한다고 가정하자)

**4.12** 자료카드의 1~5란, 15~21란, 38~41란에 각각 천공되어 있는 정수들을, C, D 및 L에 기억시키는 READ 문(statement)을

① X 변환을 이용하여

② T 변환을 이용하여 작성하여라.

(단, C와 D는 소수점 이하 2자리를 포함한다고 가정하자)

**4.13**

```
      READ(5, 10) L, P, G
10    FORMAT(I5 , / , F10.3, // , E12.5 /)
```

을 마치면

① 몇 장의 자료카드가 카드 판독기(또는 리더)(card reader)를 통과하겠으며

② L, P 및 G에는 몇 번째의 자료 카드에 천공되어 있는 값들이 기억될까?

**4.14**

```
   READ(5, 20) A, B, K
20 FORMAT(/, F4.2, / , F5.3. //, I3)
```
을 마치면

① 몇 장의 자료카드가 카드 판독기(또는 리더)(card reader)를 통과하겠으며

② A, B 및 K에는 몇 번째의 자료 카드에 천공되어 있는 값들이 기억될까?

**4.15** 다섯 과목의 성적(P1~P5)이 1매의 카드에 F5.1의 형태로 천공되어 있다. 이 자료 카드를 읽어 평균과 표준편차를 인쇄하는 프로그램을 작성하고 그 결과를 출력하여라. 단 **표준편차(標準偏差**, standard deviation, SD)는 다음 식과 같다.

$$SD = \sqrt{\frac{1}{n}\sum_{i=1}^{n}(x_i - \bar{x})^2}$$

여기서 $x_i$는 다섯 과목의 가각 성적이고, $\bar{x}$는 다섯 과목의 평균 그리고 $n$은 자료의 수이다.

■ 입력 자료, intput data]

| 1 5 | 6 | 7 10 | 15 | 20 | 25 | 30 | 35 | 40 |
|---|---|---|---|---|---|---|---|---|
| 85.5 | | 92.3 | 88.2 | 83.6 | 95.7 | | | |

## 4장 | 연습문제 해답

**4.1** I : 정수형, F : 실수형, E : 단정도 실수형,
D : 배정도 실수형, A : 문자형, L : 논리형

**4.2**

| | | | |
|---|---|---|---|
| 1H␣ | : 다음 줄(행)에 인쇄 | 1H0 | : 한 줄 건너뛰어 인쇄 |
| 1H1 | : 새로운 페이지에 인쇄 | 1H+ | : 중복 인쇄(같은 줄에 또 인쇄) |

**4.3**

```
   READ(5, 10) X1, X2, X3, X4, X5
10 FORMAT(A4, A4, A4, A4, A1)
   WRITE(6, 20) X1, X2, X3, X4, X5
20 FORMAT(1H0,10X, 'ENGINE NUMBER IS', A4, A4, A4, A4, A1)
```

**4.4**

```
   READ(5, 10) IA1, IA2, IA3, IA4
10 FORMAT(3A4, A2)
   WRITE(6, 20) IA1, IA2, IA3, IA4
20 FORMAT(1H0,10X, 'GOOD LUCK EVERYBODY AND', 3A4, A2)
```

**4.5** ① -0.934E+06 ② ␣0.860E-03 ③ ␣0.355E-02 ④ -0.583E+08

**4.6** ① ␣0.3583400E+03 ② ␣0.3942200E-04
③ ␣0.1234679E+02 ④ -0.2094209E+02

**4.7** ① $-876.54*10^{20}$ ② $23.40*10^{-2}$ ③ $-987.65*10^{4}$
④ $0.472*10^{-2}$ ⑤ $0.01*10^{1}$

**4.8** ① $-36.58*10^{-1}$ ② $1.23*10^{4}$ ③ $-0.356*10^{4}$
④ $0.24689.24*10^{2}$ ⑤ $0.24*10^{5}$

**4.9**

| 1X | 2 | 7 | 3X | 2 | 10 | 3 | 2 | 3 |
|---|---|---|---|---|---|---|---|---|
| | C= | 10.200 | | D= | -0.93E+01 | | N= | 7 |

**4.10**

| 2 | 4 | 2X | 2 | 6 | 2X | 2 | 5 | 2X | 2 | 4 |
|---|---|---|---|---|---|---|---|---|---|---|
| A= | 2.40 | | B= | ****** | | C= | 4.8 | | K= | 29 |

**4.11** ①

```
      READ(5, 10) C, D, N
   10 FORMAT(F7.3, 13X, F9.3, 4X, I4)
```

②

```
      READ(5, 10) C, D, N
   10 FORMAT(F7.3, T21, F9.3, T34, I4)
```

**4.12** ①

```
      READ(5, 10) C, D, L
   10 FORMAT(F5.2, 10X, F7.2, 17X, I4)
```

②

```
      READ(5, 10) C, D, L
   10 FORMAT(F5.2, T15, F7.2, T38, I4)
```

**4.13** ① 5장 ② L(1, 첫 번째), P(2, 두 번째), G(4, 네 번째)

**4.14** ① 5장 ② A(2, 두 번째), B(3, 세 번째), K(5, 다섯 번째)

**4.15**

■ 프로그래밍, programming

```
C
C     STATISTICAL PROGRAM
C
C     Compute MEAN and Standard Deviation(SD)

      READ(5, 10) P1, P2, P3, P4, P5
   10 FORMAT(5F5.1)
```

```
      AVER=(P1+P2+P3+P4+P5)/5.
      SDA=(P1-AVER)**2+(P2-AVER)**2+(P3-AVER)**2+(P4-AVER)**2
     &     +(P5-AVER)**2
      SD=SQRT(SDA/5.)
      WRITE(6, 20) AVER, SD
   20 FORMAT(5X, 'MEAN=', F8.3, '점'/, 5X, 'Standard Deviation=',
     &      F8.3, '점')
      STOP
      END
```

■ 출력 자료, output data

```
12345 6
------------------------------------------------
     MEAN=   89.06점
     Standard Deviation=   4.423점
```

# 5 제어문

이제 우리는 컴퓨터에 간단한 지시를 하여 연산(演算)을 수행할 수 있게 되었다. 앞장에서도 언급한 바와 같이 **FORTRAN** 프로그램은 별도로 지시하지 않는 한 하나의 문이 수행되면 바로 그 다음에 있는 문을 수행한다. 그러나 어떤 경우에는 각 문을 위에서 아래로 순서대로만 수행하지 않고 일련의 문을 반복해서 수행하던지 또는 계산의 중간 결과를 판단하여 그 판단 여하에 따라 합당한 진로를 포착(捕捉)하도록 해야 할 때가 있다. 이와 같이 문의 수행순서를 제어(制御)하는데 사용되는 것이 **제어문(制御文, control statement)**이다. 그러면 이들의 판단에 대한 예를 몇 가지 들어 본다.

어떤 판단은 성격으로 보아 논리적(論理的)인 것으로 그 사항이 옳은가, 그른가,[또는 참(true)인가 거짓인가(false)]를 판단하여 두 가지 진로(進路) 중 하나를 택하는 2지형(二枝型)으로 예를 들면, 이번 주 토요일(土曜日)에 비가 오지 않으면 우리는 축구경기를 보러 간다는 경우이다. 다른 경우의 판단은 상격으로 보아서 산술적(算術的)인 것으로 산술치가 영(零, zero)보다 작은가, 같은가 또는 큰가를 판단하여 세 가지 진로 중 하나 또는 둘을 택하는 3지형(三枝型)이다. 예를 들면, 어느 주식이 일정기간 후에 매입가(買入價)보다 떨어졌는가, 그대로 있는가? 또는 올랐는가에 따라 매매(賣買)가 결정된다. 또 다른 판단은 숫자적인 것으로 여러 가지 진로 중 하나를 택하는 다지형(多枝型)의 것으로 예를 들면, 주사위를 던졌을 경우 숫자가 1에서 6까지 6개 중에서 어느 것이 나오느냐에 따라 다음 과정이 결정된다. 그러면 이러한 판단에 이르는 과정, 판단 후 결정된 진로에 어떻게 접근하는 가를 차례로 살펴보자.

이 때 사용하는 문의 종류로는 **GO** 문, **IF** 문, **DO** 문, **CONTINUE** 문, **STOP** 문, **END** 문 및 **PAUSE** 문 등이 있다. 본장에서는 이들에 관해서 기술하고자 한다.

# 5.1

# GO TO 문

지금까지의 프로그램 예(例)에서와 같이 FORTRAN 문은 일반적으로 쓰인 순서대로 수행된다. 그러나 경우에 따라서는 다른 자료와 다른 조건하에서 이미 수행된 부분을 반복수행할 필요가 생기거나 판단을 하여 여러 개의 진로(進路) 중에서 하나를 선택해야 할 경우에는 몇 개의 문(文)을 건너뛰어 앞으로 또는 뒤로 제어를 이동할 필요가 생긴다.

앞에서 기술한 GO TO 문은 GO TO 다음에 지정된 문으로 수행을 변경(또는 제어)시키라는 문으로서 제어조건(또는 변경조건)에 따라 **무조건(無條件)** GO TO **문**(unconditional GO TO statement), **계산형**(計算型) GO TO **문**(computed GO TO statement) 및 **할당형(割當型)** GO TO **문**(assignment GO TO statement)으로 구분한다.

## 5.1.1 무조건 GO TO 문

GO TO 다음의 문 번호(文番號, statement number)로 프로그램의 수행을 무조건 옮겨 이행하라는 제어문으로서, 일반적인 형식은 다음과 같다.

```
GO TO n
```

여기서 n은 특정한 실행문을 가리키는 문 번호(반드시 부호 없는 정수형 상수)

무조건 GO TO 문 사용 시 적용해야 할 다음 규칙에 대해 잘 알아야 한다.

(1) GO와 TO는 붙여 써도 관계없다.

```
    :
GOTO 10
    :
    :
GOTO 50
```

(2) GO TO와 n사이는 반드시 **하나 이상의 공백**이 있어야 한다.

```
      :
      :
GO TO 10
      :
GO TO 30
      :
```

(3) GO TO 다음의 문 번호 n은 반드시 **실행문에 대한 문 번호**이어야 한다. 즉, 제어가 비실행문으로 옮겨질 수 없다.

① 맞는 경우

```
      GO TO 10
        :
10    WRITE(6, 20) A, B
20    FORMAT(10X, F5.2, 3X, F4.2)
```

② 틀린 경우

```
      GO TO 10
         :
      WRITE(6, 10) A, B
10    FORMAT(10X, F5.2, 3X, F4.2)
```

(4) GO TO 문이 자기 자신으로 제어가 이동되면 무한 루프(loop)에 빠진다.

```
      K=0
      M=0
      K=K+1
      M=M+1
50    GO TO 50
      WRITE(6, 20) M
          :
```

(5) 필요 없는 GO TO 문은 쓰지 않는 것이 좋다. 즉, ④번 GO TO 30은 아무런 의미도 없으며, ③ 다음에 ④가 없어도 ⑤를 실행한다.

```
      I=0              ①
      J=0              ②
      I=I+1            ③
      GO TO 30         ④
10    J=J+I            ⑤
```

**예제 5.1** 다음에 주어진 문에서 GO TO 30에 도달한 후 다음 단계 실행하는 내용에 대하여 설명하라.

```
        X=0.0
30      SUM=SUM+X
        X=X+1
        GO TO 30
           :
```

**설명** 문(文, statement)의 순서대로 실행하다가 무조건 GO TO 문이 있는 GO TO 30에 도달하면 GO TO 30 다음의 문을 실행하는 것이 아니라 문 번호가 30인 SUM=SUM+X의 문으로 제어가 이동하여 아무런 조건 없이 이행하게 된다.

**예제 5.2** 다음은 RATE가 3.5보다 큰지 또는 작은지에 따라 SUDANG에서 차이를 보이는 프로그램의 일부를 GO TO 문과 같이 작성한 문이다.

```
                 :
        IF(RATE .GT. 3.5) GO TO 20
        GROSS=BONBONG+RATE*HOUR
        GO TO 30
20      GROSS=BONBONG+RATE*HOUR+SUDANG
                 :
```

**설명** RATE가 3.5보다 작거나 같으면 제어는 바로 아래 문인 GROSS=BONBONG+ RATE* HOUR을 수행하고 RATE가 3.5보다 크면 제어는 문 번호가 20인 GROSS= BONBONG+ RATE*HOUR+SUDANG을 이행하게 된다.

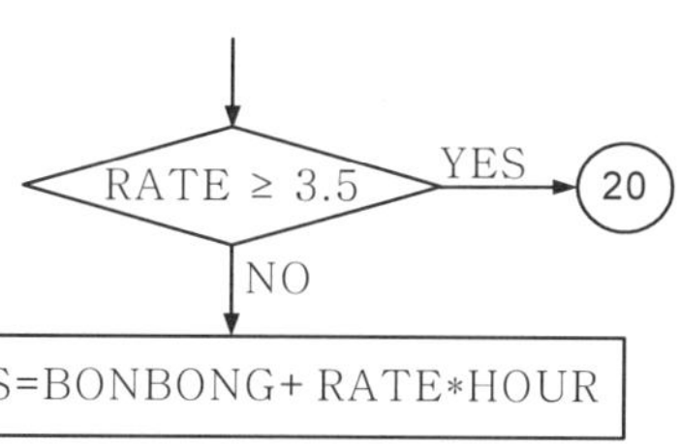


**그림 예제 5.2** 무조건 GO TO

간단한 예로서 다음과 같은 프로그램을 생각해 보자.

```
90      READ(5, 10) K, X
10      FORMAT(1X, I5, 5X, F10.2)
        WRITE(6, 20) K, X
```

```
20   FORMAT(10X, I5, 10X, F10.2)
     GO TO 90
     STOP
     END
```

첫째 지시(指示)는 READ로서 K와 X를 읽고 다음은 WRITE로서 이들을 인쇄한 다음 제어(制御)는 문 GO TO 90에 의하여 다시 READ로 돌아와서 두 번째 카드를 읽고 이들을 인쇄한 후 다시 READ로 돌아와서 읽고 인쇄하는 작업을 계속하는 소위 **루프(loop)**을 형성한다.

이 예에서는 루프가 무한정 계속되나 카드 수효만큼 루프를 형성한 후 END에 도달하는 과정은 다음에 기술된다. 여기서 **문 번호** 90은 FORMAT이나 END 같은 비실행문(非實行文)에는 붙일 수 없고 **두 번 쓸 수 없다**는 점은 전술한 바와 같다. 같은 FORMAT이 매번 사용된 사실을 주목한다면 이는 모두 카드가 같은 형태로 천공되어 있고 동일한 형태로 인쇄됨을 알 수 있다.

**예제 5.3** [정수의 인쇄]

정수 1, 2, 3, …을 컴퓨터 내부에서 만들어 인쇄하는 프로그램을 작성하여라.

**풀이** 이들 정수는 계산에 필요한 원하는 정수까지 앞의 숫자에 1을 더하여 그 다음 숫자를 만들 수 있다는 것을 알 수 있다. 그러므로 이전의 숫자에 1을 더하여 현재의 숫자를 만들어 인쇄하는 것을 계속 되풀이 하는 프로그램을 만들면 된다. 정수를 가리키는 변수를 I라고 하면 처음의 정수를 만들기 위해서는 이전의 값이 0이어야 하므로 변수 I에는 초기값으로 1을 넣는다. 이 문제에서의 흐름도(flowchart)[그림 5.1(a)]와 FORTRAN 프로그램[그림 5.1(b)]는 다음과 같다.

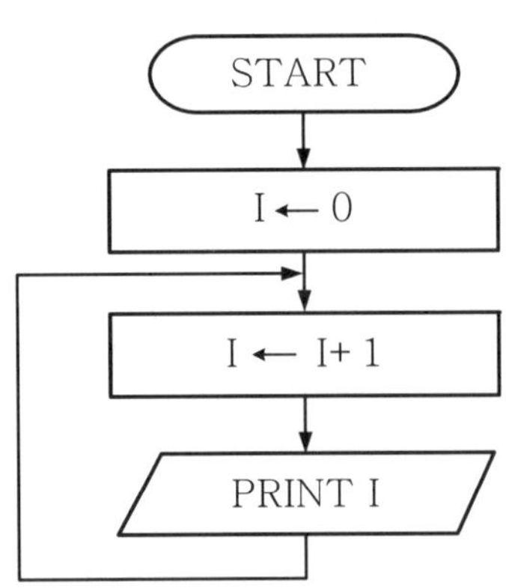


(a) 흐름도

```
     I=0
10   I=I+1
     PRINT *, I
     GO TO 10
     STOP
     END

     I=0
10   I=I+1
     WRITE(6, 20) I
20   FORMAT(1X, I5)
     GO TO 10
     STOP
     END
```

(b) Fortran 프로그램

**그림 5.1** 정수의 인쇄

이 프로그램에서 I를 인쇄한 후 무조건 10번 문장으로 가서 이전의 정수에 I을 더하여 새로운 정수를 만들어 인쇄하고, 다시 10번 문장으로 가는 것을 끝없이 되풀이하여 컴퓨터는 작업을 끝내지 않는다. 그러므로 정수의 값이 얼마가(필요한 값) 되면 작업을 끝낼 수 있는 문으로 작성해야 한다.

**예제 5.4** **프로그램 예제**

1+2+3+⋯+10를 계산하는 FORTRAN 프로그램을 작성하여라.

---

**프로그램**

```
C          PROGRAM IS HAP
C
           N=0
           ISUM=0
      10   N=N+1
           ISUM=ISUM+N
           IF(N .NE. 10) GO TO 10
           WRITE(6, 20) ISUM
      20   FORMAT(5X, 'HAP=', I4)
           STOP
           END
```

**출력결과** ① 라인프린터나 모니터로 출력하면

␣␣␣␣HAP=␣␣55

② 레이져 프린터 등으로 출력하면

␣␣␣␣␣HAP=␣␣55

을 얻는다. ①은 줄 바꿈 문자로 1X가 사용되어 4난만 띄움을 알 수 있다.

## 5.1.2 계산형 GO TO 문

작성된 프로그램의 계산 결과에 따라 GO TO 다음의 문 번호로 수행을 옮겨 실행하라는 제어문으로서 즉, 3 가지 이상의 조건 중에서 변수의 수치에 따라 판단 결정하는 다기형(多技型)의 경우에 계산형 GO TO을 사용하며 2기형(二技

型)에도 사용할 수 있다. 이에 대한 일반적인 형식은 다음과 같다.

```
GO TO(n1, n2, …nm) K
```

여기서 K의 값에 의하여 $n_1, n_2, \ldots, n_m$ 중의 어느 한 개로 분기될 실행문의 문 번호로써 콤마로 분리한다. K는 **색인(index) 변수**로서 첨자가 붙지 않은 **정수형 변수(整數形 變數)** 또는 결과값이 **정수인 수식**이어야 하며, 이 때 K의 값은 1보다 크거나 같고, m(문 번호 개수)보다 작거나 같아야 한다. 즉, 1≤K의 값≤m이다.

설명 앞 식에서 K의 값이 1이면 $n_1$, 2이면 $n_2$, …, m이면 $n_m$의 문 번호를 가진 문으로 수행을 옮겨 실행하게 된다. 즉,

```
GO TO(10, 20, 5, 100), K
```

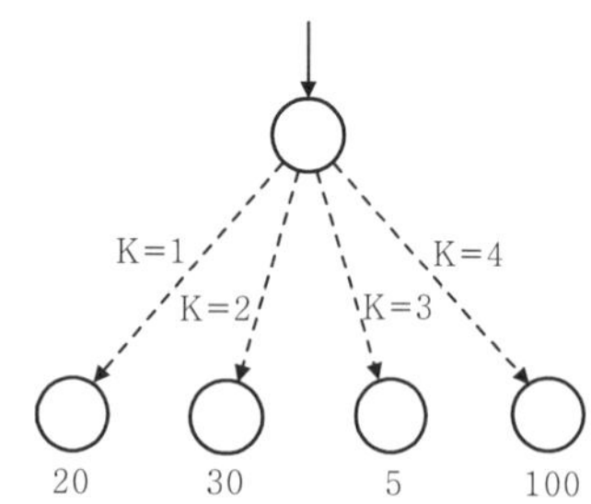


K=1이면, 10번의 문 번호로 분기되어 실행된다.

K=2이면, 20번의 문 번호로 분기되어 실행된다.

K=3이면, 5번의 문 번호로 분기되어 실행된다.

K=4이면, 100번의 문 번호로 분기되어 실행된다.

이 예에서 K의 값은 1, 2, 3 및 4 중의 하나를 취하고 K의 값은 1보다 작을 수도 없고 4보다 클 수도 없다. 즉 1≤K≤4이다. 그러나 만약 K가 1보다 작거나 4보다 큰 값이 되면 컴퓨터는 이를 수행할 수 없으므로 틀린 결과가 나오게 된다. 이러한 경우에 대비해서 다음과 같은 문을 GO TO 문 보다 전치(前置 : 앞에 놓음)하는 것이 현명할 때가 있다.

```
IF(K . LT. 1 .OR. K .GT. 4) GO TO 200
```

문 번호 200은 **오류(誤謬)메시지**(error message)를 인쇄하게 하고 다음 문을 수행하게 할 것이다.

계산형 GO TO 문에서 다시 한번 강조할 점은 I가 반드시 정수형 변수로서 그 값은 1부터 시작하되 취할 수 있는 가장 큰 값은 괄호 안에 콤마로 분리된 문 번호의 숫자와 같아야 한다.

계산형 GO TO 문 이용 시 적용해야 할 다음 규칙에 대해 잘 알아야 한다.

(1) GO TO($n_1$, $n_2$, $n_3$, … ,nm), I에서 I 앞에는 반드시 콤마(,)가 있어야 하며, FORTRAN 77에서는 콤마를 생략할 수 있다.

① 
```
GO TO(10, 5, 30), I
```

② GO TO(10, 5, 30) I

(2) GO TO($n_1$, $n_2$, $n_3$, ⋯ ,nm), I에서 I<0 또는 I>m이면 CONTINUE 문과 같은 기능을 갖는다. 즉, 다음 프로그램에서 I=4이라면, GO TO 문 다음 문장으로 제어가 옮겨져 실행된다.

```
      GO TO(20, 30, 40), I
10    A=A+10
      GO TO 40
20    A=A+20
      GO TO 40
30    A=A+30
40    WRITE(6, *) A
      STOP
      END
```

예 A값이 0.0이고 I=4이면 A의 출력된 값은 10.0 이다.

(3) $n_1$, $n_2$, $n_3$, ⋯ ,$n_m$에서 같은 문 번호가 여러 번 존재(①)할 수 있으며, 모두 같은 문 번호일 경우 무조건 GO TO 문(②)과 뜻이 같다.

```
①     GO TO(10, 30, 30, 40), I*2
②     GO TO(10, 10, 10, 10), K         = GO TO 10
```

(4) 계산형 GO TO 문은 무조건 GO TO 문(①)을 많이 사용하게 되므로 논리형 IF 문(②)이나 블록 IF 문을 사용하는 것이 좋다. 이들은 후술된다.

①

```
      IMPLICIT INTEGER (A-Z)
55    READ(5, *) VALUE, I
      GO TO(10, 20, 30), I
      GO TO 55
10    MONEY=VALUE/2
      GO TO 66
20    MONEY=VALUE/4
      GO TO 66
30    MONEY=VALUE/6
66    WRITE(6, *) MONEY
```

②

```
      INTEGER VALUE
55    READ(5, *) VALUE, I
      IF(I .LT. 1) .OR. (I .GT. 3))GO TO 55
      IF(I .EQ. 1) MONEY=VALUE/2
      IF(I .EQ. 2) MONEY=VALUE/4
```

```
IF(I .EQ. 3) MONEY=VALUE/6
WRITE(6, *) MONEY
```

**예제 5.5** 다음 문 GO TO (11, 22, 33), KING에서 KING의 값에 따른 문 번호의 선택에 대하여 설명하여라.

**설명** 앞의 GO TO 문에서 KING의 값이 1이면 11번, 2이면 22번, 3이면 33번의 문 번호를 가진 문으로 수행을 옮겨 프로그램을 실행하게 된다.

**예제 5.6** 다음 문 GO TO(10, 20, 30, 40, 50), IRANK에 대하여 설명하여라.

```
        :
     GO TO(10, 20, 30, 40, 50), IRANK
10   BONUS=NETPAY*1.1
     GO TO 100
20   BONUS=NETPAY*1.2
     GO TO 100
30   BONUS=NETPAY*1.3
     GO TO 100
40   BONUS=NETPAY*1.4
     GO TO 100
50   BONUS=NETPAY*1.5
     GO TO 100
        :
```

**설명** IRANK 값이 1이면 10번, 2이면 20번, … , 5이면 50번의 문 번호를 가진 문으로 수행을 옮겨 실행한 후 무조건 GO TO 문인 GO TO 100에 의하여 100의 문 번호를 가진 문으로 수행을 옮겨 실행하게 된다.

**예제 5.7** 자동차 운전보험(運轉保險)의 프리미엄(premium) 문제를 생각해보자. 운전사(運轉士)에 대한 교통위반기록 카드의 자료가 아래와 같이 파일 되어 있다.

1~16란 : 운전사 이름

20란 : 지난 6개월 동안의 교통 위반 건수(件數)

이름이 "AAAA"이면 종료신호로서 자료의 마지막을 나타냄

이들 자료를 읽고 나서 다음 표에 표시한 규정(規定)에 따라 운전사의 보험프리미엄(insurance premium)을 계산하라.

| 교통위반건수 | 프리미엄 증가 |
|---|---|
| 0 | 7.5% |
| 1 | 33.3% |
| 2 | 50.0% |
| 3이상 | 면허취소 (cancel) |

① 문제의 해석 및 흐름도

자료파일에서 레코드 하나(1매(枚)의 자료 카드에 상당)를 읽고 이름이 AAAA인지를 조사하여, AAAA이면 마지막 자료를 말하므로 멈추고(STOP), 그렇지 않으면 교통 위반 회수가 3회 이상이냐를 조사하여 그 이상이면 취소(取消, cancel)시키고, 이하이면 위반회수에 따라 프리미엄을 결정해야 하는데, 그 경우가 3가지이므로 산술(算術) IF문을 쓰던지, 아니면 계산형(計算型) GO TO 문을 써야 한다. **계산형** GO TO 문을 쓸 경우, 예를 들면 GO TO (11, 22, 33), KING이면 예제 5.5에서와 같이 KING값이 1이냐, 2이냐, 3이냐에 따라 분지(分枝, branch)가 된다. 이 문제의 경우 교통 위반 건수는 0, 1 및 2이므로 이를 1, 2 및 3으로 하기 위하여 교통 위반 건수에 1을 더(+)하였다(I=NVIO+1).

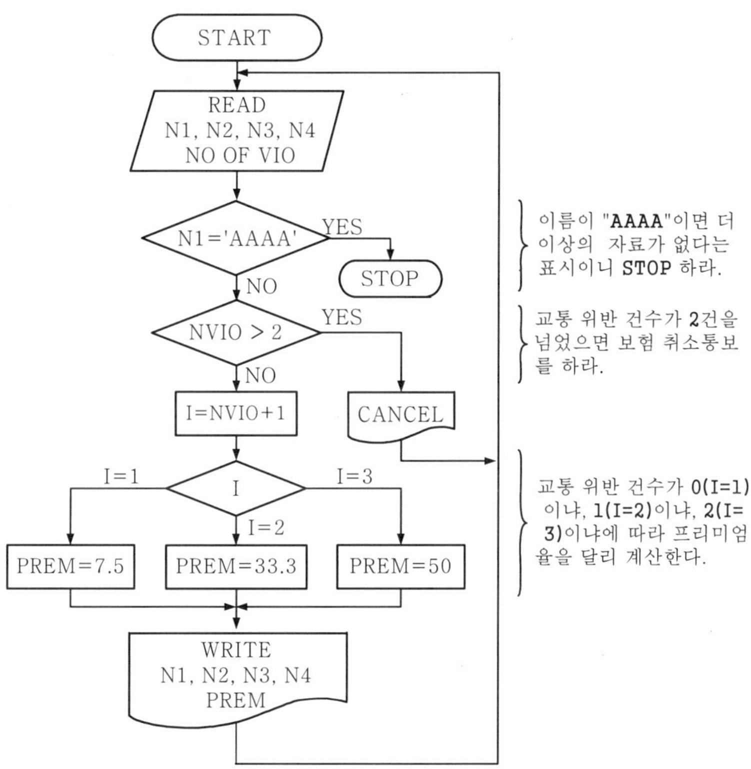


**그림 5.2** 예제 5.5에 대한 흐름도

② 프로그램 및 실행결과

**프로그램**

```
C
C       COMPUTED GO TO STATEMENT PROGRAM
C
        CHARACTER*4 N1, N2, N3, N4
        OPEN(5,file='5.dat')
        OPEN(6,file='5.out')
        WRITE(6, 100)
  100   FORMAT(4x, 43('=')/5x, 'name of drivers', 10x,
     &'premium increase'/4x, 43('='))
   99   READ(5,200) N1, N2, N3, N4, NVIO
  200   FORMAT(4A4, 6X, I1)
        IF(N1 .EQ. 'AAAA') write(6, 300)
  300   FORMAT(4x, 43('='))
C
C       CHECK FOR THE END OF DATA
        IF(N1 .EQ. 'AAAA') GO TO 88
C
C       FOR TOO MANY VIOLATIONS CHECK
        IF(NVIO .GT. 2) GO TO 40
        I=NVIO+1
C
C       DETERMINING PREMIUM INCREASE
        GO TO(10, 20, 30), I
C
   10   PREM=7.5
        GO TO 50
   20   PREM=33.3
        GO TO 50
   30   PREM=50.0
        GO TO 50
   40   WRITE(6, 60) N1, N2, N3, N4
   60   FORMAT(5X, 4A4, 13X, 'CANCEL')
        GO TO 99
   50   WRITE(6, 70) N1, N2, N3, N4, PREM
   70   FORMAT(5X, 4A4, 7x, F10.1)
        GO TO 99
   88   STOP
        END
```

**입력자료**

```
HONG KILDONG                 3
SUNG CHUNHYANG               0
LEE MONGYONG                 2
NOL BOO                      1
HEUNG BOO                    3
KONG JUI                     0
PAT JUI                      2
LIM KUKJUNG                  3
```

```
KIM SATKAT                    0
AAAA
```

**출력결과**

```
==================================================
name of drivers                   premium increase
==================================================
HONG KILDONG                           CANCEL
SUNG CHUNHYANG                          7.5
LEE MONGYONG                           50.0
NOL BOO                                33.3
HEUNG BOO                              CANCEL
KONG JUI                                7.5
PAT JUI                                50.0
LIM KUKJUNG                            CANCEL
KIM SATKAT                              7.5
==================================================
```

③ 프로그램의 해설 - [제4행] CHARACTER*4 N1, N2, N3, N4 : 이것은 N1~ N4이라는 기억번지들에 읽어 들일 문자가 모두 16자(字)라는 것을 선언한(宣言文)이다. 이는 CHARACTER*16 NAME로 선언해도 된다. 따라서 전자는 READ 문의 FORMAT 중에 있는 4A4와 관계되며, 후자는 4A4대신에 A16으로 나타내어야 프로그램이 오류 없이 잘 실행한다.

[제21행] I=NVIO+1 : 계산형 GO TO 문을 쓰려고 하는데, 이것은 1이면 제어가 어디로, 2이면 어디로, 3이면 어디로 … 이러 식으로 제어가 이동되므로, NVIO의 값이 0, 1 및 2인 것을 1, 2 및 3으로 바꾸기 위하여 1을 더(+)한 것이다.

**예제 5.8** 일년 중의 각 월(月)(또는 달)을 읽어 그 월(또는 달)이 며칠까지 있는지 출력하는 FORTRAN 프로그램을 작성하고 입력 자료에 대한 결과를 출력하여라.

**프로그램**

```
C        COMPUTED GO TO PROGRAM
C
      99 READ(5, 10) MON
      10 FORMAT(I2)
         IF(MON .LE. 0 .OR. MON .GT. 12) STOP
         GO TO(31, 28, 31, 30, 31, 30, 31, 31, 30, 31, 30, 31)
      28 NAL=28
         GO TO 200
      30 NAL=30
         GO TO 200
      31 NAL=31
         WRITE(6, 300) MON, NAL
     110 FORMAT(5X, 'MONTH=', I3, 10X, 'NALJA=', I3)
```

```
      GO TO 99
      STOP
      END
```

◎ 입력자료

```
 1
 3
12
 7
 9
11
 2
 8
 5
10
 6
 4
```

◎ 출력결과

```
MONTH=  1  NALJA= 31
MONTH=  3  NALJA= 31
MONTH= 12  NALJA= 31
MONTH=  7  NALJA= 31
MONTH=  9  NALJA= 30
MONTH= 11  NALJA= 30
MONTH=  2  NALJA= 28
MONTH=  8  NALJA= 31
MONTH=  5  NALJA= 31
MONTH= 10  NALJA= 31
MONTH=  6  NALJA= 30
MONTH=  4  NALJA= 30
```

**예제 5.9** 어떤 수를 입력 받아 그 수를 출력하는 무한 루프(infinite loop) 프로그램을 작성하여라.

◎ 프로그램

```
C          COMPUTED GO TO PROGRAM
C
        99 READ(5, 10) A
        10 FORMAT(F4.2)
           WRITE(6, 20) A
        20 FORMAT(3X, F4.2)
           GO TO 99
           STOP
           END
```

◎ 입력자료

```
2.60
1.70
1.00
4.80
3.50
```

◎ 출력결과

```
   2.60
   1.70
   1.00
   4.80
   3.50
```

**예제 5.10** 입력받아 그 수가 1이면 +, 2이면 −, 3이면 *, 4이면 /연산을 수행하는 프로그램을 작성하고 입력 자료에 대한 결과를 출력하여라.

```
C          COMPUTED GO TO PROGRAM
C
      99   READ(5, 10) I
      10   FORMAT(I1)
           N=I
           GO TO(11, 22, 33, 44), I
      11   I=I+I
           GO TO 50
      22   I=I-I
           GO TO 50
      33   I=I*I
           GO TO 50
      44   I=I/I
      50   WRITE(6, 20) N, I
      20   FORMAT(3X, 'N =', I2, 5X, 'I =', I3/)
           GO TO 99
           STOP
           END
```

| 입력자료, I | 출력결과 |
|---|---|
| 1 | 2 |
| 2 | 0 |
| 3 | 9 |
| 4 | 1 |
| 5 | 10 |

## 5.1.3 할당형 GO TO 문

지금까지 배운 GO TO 문은 GO TO 10 또는 GO TO(20, 30), M와 같이 GO TO의 목적어가 되는 문 번호가 상수로 정해져 있다. GO TO 문에서 제어가 옮겨지는 방향을 나타내는 목적어가 상수로 정해지는 것이 아니라

```
GO TO K
```

과 같이 가는 방향을 변수로 하여 K값에 따라 그 값이 10이면 10 번문으로, 20이면 20 번문으로 가게 하는 GO TO 문을 **할당형** GO TO **문**이라 한다. 즉, 전항의 계산형 IF 문의 M의 값은 GO TO 문 이전에 계산되어야 하는데 반하여 어떤

값을 I에 지정(指定)함으로써 다음에 수행할 문 번호를 지시하는 경우를 생각할 수 있다. 이와 같이 다음에 수행할 문 번호를 계산 결과에 따라 ASSIGN 문에 의해 이전에 지정하여 GO TO 다음의 문 번호로 수행을 옮겨 실행하라는 제어문으로서 일반 형식은 다음과 같다.

```
ASSIGN n TO I
GO TO I, (n1, n2, n3, … , nm)
```

n은 문 번호로서 정수형 수치 상수, $n_1$,~$n_m$ 중의 어느 하나와 같은 값을 가져야 한다. $n_1$, $n_2$, $n_3$, … , $n_m$도 문 번호로써 GO TO 문 다음에 수행될 문을 지시(指示)한다. I는 정수형(整數型) 변수(變數)로써 괄호 안에 있는 $n_1$, $n_2$, $n_3$, … , $n_m$ 중의 하나와 같은 값을 가짐으로써 $n_1$, $n_2$, $n_3$, … , $n_m$ 중의 하나를 지시한다. 물론 n은 $n_1$, $n_2$, $n_3$, … , $n_m$중에 있는 번호라야 한다. 예를 들면

```
                 :
      ASSIGN 10 TO ITEM
                 :
20    GO TO ITEM, (40, 23, 30, 99)
                 :
30    NUM=NUM+1
                 :
40    NUM=2*NUM+1
```

정수형 변수 ITEM에 10이 지정되었으므로 다음에 수행될 문은 문 번호가 10인 문이다.

**참고_할당형 GO TO 문과 계산형 GO TO 문과의 차이점**

할당형 GO TO 문의 I에는 ASSIGN 문에 의해서 지정된 문 번호가 기억되고, 계산형 GO TO 문의 I에는 READ 문이나 또는 산술문의 결과에 의한 수치가 기억된다. **할당형 GO TO 문은 특별한 경우 외에는 사용하지 않는다.**

할당형 GO TO 문 사용 시 적용해야 할 다음 규칙에 대해 잘 알아야 한다.

(1) 할당형 GO TO 문이 실행되기 전에 반드시 ASSIGN 문에 의해 제어 변수의 값이 정의되어야 한다. 그러나 다음의 N 값은 수식에 의해 받았으므로 오류이다. 즉 할당된 변수는 연산이 불가능하다.

```
ASSIGN 40 TO N=N+10
GO TO N,(20, 30, 40, 50)
```

(2) 정수형 변수 뒤의 콤마는 생략이 가능하며(FORTRAN 77), 정수형 변수 I에 할당된 문 번호는 반드시 괄호 안에 존재해야 한다.

① 맞는 경우

```
ASSIGN 20 TO NK
GO TO NK, (10, 20, 40)
```

② 틀린 경우

```
ASSIGN 30 TO NK
GO TO NK, (10, 20, 40)
```

설명 NK가 30이 할당되었는데 GO TO 문의 괄호 안에 이 문 번호가 없다.

(3) 할당형 GO TO 문에서 정수형 변수에 문 번호(정수형 상수)가 할당되지 않으면, 무조건 GO TO 문(②에 해당)과 같은 의미를 가진다.

① `GO TO K, (20, 40, 60)`

② `GO TO K`

(4) 계산형 GO TO 문과 할당형 GO TO 문의 차이점은 다음 표 5.1과 같다.

**표 5.1** 계산형 GO TO 문과 할당형 GO TO 문의 차이점

| GO TO 문 / 내용 설명 | 계산형 GO TO 문 | 할당형 GO TO 문 |
|---|---|---|
| 일반 형식 | GO TO($n_1$, $n_2$, $n_3$, …, nm), I | ASSIGN n TO I<br>GO TO I, ($n_1$, $n_2$, $n_3$, …, nm) |
| 제어 이동 문 번호 | I번째의 문 번호로 제어가 이동되어 실행됨 | I값의 문 번호로 제어가 이동되어 실행됨 |
| 문 번호의 범위 | $1 \leq I \leq m$ | 괄호 안에 존재하는 문 번호<br>($n1 \leq I \leq nm$) |
| I 값의 제공 방법 | READ 문이나 산술식에 의해 | 반드시 ASSIGN 문에 의해서만 |

(5) 다음의 두 프로그램을 비교함으로써 계산형 GO TO 문과 할당형 GO TO 문의 차이점을 이해해보자. 그리고 입력 자료를 이용하여 출력 결과를 나타내어라.

① 계산형 GO TO 문

```
 99  READ(5, 10) N
 10  FORMAT(I2)
     GO TO(11, 20, 30, 40, 50, 60), N
 11  K=10
     GO TO 70
 20  K=20
     GO TO 70
 30  K=30
     GO TO 70
 40  K=40
     GO TO 70
 50  K=50
     GO TO 70
 60  K=60
 70  WRITE(6, 100) N, K
100  FORMAT(4X, I3, 20X, I3)
     GO TO 99
     STOP
     END
```

| ■ 입력자료 | ■ 출력결과 |
|---|---|
| 1 | 10 |
| 2 | 20 |
| 3 | 30 |
| 4 | 40 |
| 5 | 50 |
| 6 | 60 |
| 7 | 70 |

② 할당형 GO TO 문

```
 99  READ(5, 10) NO
 10  FORMAT(I2)
     ASSIGN 11 TO N
     IF(NO .EQ. 1) ASSIGN 20 TO N
     IF(NO .EQ. 2) ASSIGN 30 TO N
     IF(NO .EQ. 3) ASSIGN 40 TO N
     IF(NO .EQ. 4) ASSIGN 50 TO N
     IF(NO .EQ. 5) ASSIGN 60 TO N
     GO TO N, (11, 20, 30, 40, 50, 60)
 11  K=10
     GO TO 70
 20  K=20
     GO TO 70
 30  K=30
```

```
      GO TO 70
40    K=40
      GO TO 70
50    K=50
      GO TO 70
60    K=60
70    WRITE(6, 100) NO, K
100   FORMAT(4X, I3, 20X, I5)
      GO TO 99
      STOP
      END
```

할당형 GO TO 문에서 사용한 입력 자료는 계산형 GO TO 문에서 사용한 입력 자료와 같은 것을 사용하였고, 이 문에서 얻은 출력 결과도 계산형 GO TO 문에서 얻은 출력 결과와 같다.

**예제 5.11** 일년 중의 각 월을 읽어 그 달이 며칠까지 있는지 알아내는 FORTRAN 프로그램을 할당형 GO TO 문을 이용하여 작성하고 입력 자료에 대한 결과를 출력하여라.

**프로그램**

```
C         ASSIGN GO TO PROGRAM
C
  999     READ(5, 10) MON
   10     FORMAT(I2)
          IF(MON .LE. 0 .OR. MON .GT. 12) STOP
          ASSIGN 31 TO NAL
          IF(MON .EQ. 2) ASSIGN 28 TO NAL
          IF(MON .EQ. 4) ASSIGN 30 TO NAL
          IF(MON .EQ. 6) ASSIGN 30 TO NAL
          IF(MON .EQ. 9) ASSIGN 30 TO NAL
          IF(MON .EQ. 11) ASSIGN 30 TO NAL
          GO TO NAL(28, 30, 31)
   28     JA=28
          GO TO 90
   30     JA=30
          GO TO 90
   31     JA=31
   90     WRITE(6, 100) MON, NAL
  100     FORMAT(' ', 'MONTH=', I3, 10X, 'NALJA=', I3)
          GO TO 999
          STOP
          END
```

◎ 입력자료　　　　◎ 출력결과

```
  12          MONTH= 12   NALJA= 31
  11          MONTH= 11   NALJA= 30
   1          MONTH=  1   NALJA= 31
   2          MONTH=  2   NALJA= 28
   3          MONTH=  3   NALJA= 31
   7          MONTH=  7   NALJA= 31
   9          MONTH=  9   NALJA= 30
   4          MONTH=  4   NALJA= 30
   8          MONTH=  8   NALJA= 31
  10          MONTH= 10   NALJA= 31
   6          MONTH=  6   NALJA= 30
   5          MONTH=  5   NALJA= 31
```

# 5.1 • 연습문제

**5.1** GO TO 문(GO TO statement)에 대하여 간단히 설명하여라.

**5.2** 다음에서 틀린 것이 있으면 고쳐라.

① `GO TO(3, 25, 7, 164) KNT`

② `GO TO(2, 4, 8), CODE`

③ `GO TO 199999`

④ `ASSIGN 72 FOR M`

⑤ `GO TO(22, 34, 85, 12, 66)`

⑥
```
ASSIGN 4.2 TO M
        :
GO TO N, (22.4, 12.9, 7.0)
        :
```

**5.3** 다음에서 틀린 것이 있으면 고쳐라.

① `GO TO, (3, 4, 5), J`

② `GO TO(4, 5, 7). K`

③ `GO TO(1.4, 2, 5)`

④ `ASSIGN 8.4 TO M`

⑤ `TO GO (2, 4, 6, 8), KOUNT`

⑥ `GO TO(20, 40, 60), 80`

**5.4** 두개의 수 A와 B를 읽어 A의 값은 B로, B값은 A로 바꾸어 기억시키는 프로그램을 작성하라.

**5.5** 세 개의 수 A, B 및 C를 읽어 A의 값은 B로, B의 값은 C 및 C의 값은 A로 바꾸어 기억시키는 프로그램을 작성하라.

**5.6** 회사 사원들에게 근무년수에 따라 연말 상여금(bonus)을 지급하려고 한다. 자료 카드에 서 사원번호(NO), 근무년수(NY)를 읽어서 상여금을 계산하는 프로그램을 작성하라.
(단, 본봉 NPAY=200,000원)

근무년수 1년 이하 : 본봉의 100%
2년 이하 : 본봉의 120%
3년 이하 : 본봉의 150%
4년 이하 : 본봉의 180%
5년 이하 : 본봉의 200%

**5.7** 어느 도시의 전기요금을 전산처리하고자 한다. 다음 처리조건에 따라 프로그램을 작성하라.

■ 입력 양식

| 항 목 | column 위치 | 형 태 | 비 고 |
|---|---|---|---|
| 전력계 번호 | 1~4 | ×××× | |
| 종 별 | 5~6 | ×× | |
| 사 용 량 | 7~10 | ××××× | |

■ 출력 양식

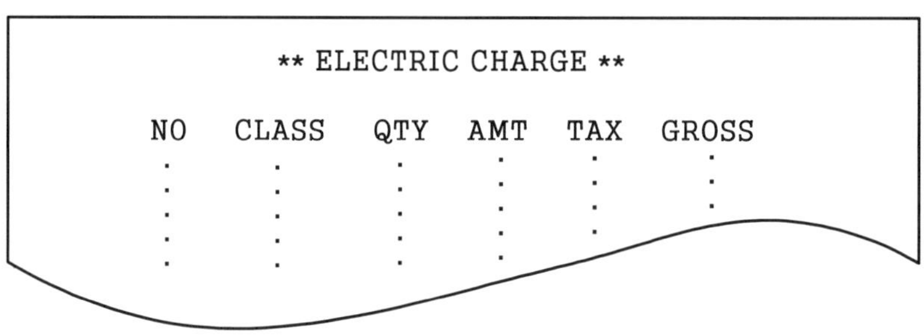


**문제 5.7 그림** 전기요금

■ 조건

① 종별이 1인 경우 kW당 30원
② 종별이 2인 경우 kW당 40원
③ 종별이 3인 경우 kW당 50원
④ 종별이 4인 경우 kW당 70원
⑤ 세금은 산정금액의 7%로 한다.
⑥ 종별이 5일 경우 끝난다.

**5.8** 어느 학교에서 체력검사를 학년별로 달리기와 높이뛰기에 대해 실시하였다. 이들의 평균을 구하여 다음과 같은 출력양식대로 인쇄하는 프로그램을 작성하라.

■ 입력 양식

| 학 년 | 달리기 | 높이뛰기 |
|---|---|---|
| NYEAR<br>(I2) | RUN<br>(F4.1) | HIGH<br>(F4.1) |

■ 출력 양식

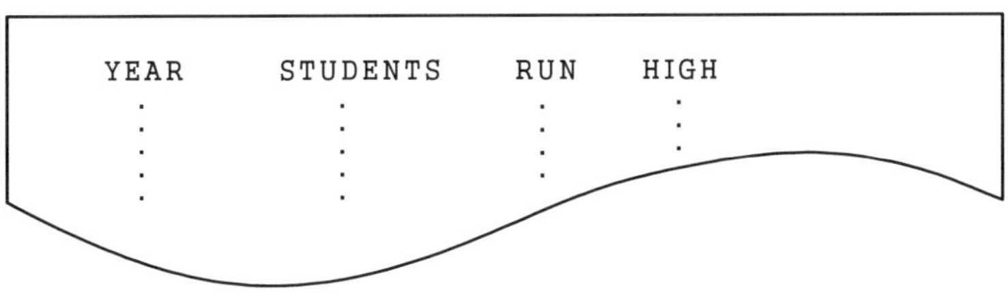


**문제 5.8 그림** 달리기 및 높이뛰기

■ 조건

학년은 1, 2 및 3학년까지이며 학년이 4이면 끝난다.

## 5.1 | 연습문제 해답

**5.1** 실행 순서를 변경 시키려는 문

**5.2**
① GO TO(3, 25, 7, 164), KNT [컴마,가 누락]
② GO TO(2, 4, 8), KODE [정수형 변수라야 함, CODE→ KODE]
③ GO TO 199999 [문 번호가 너무 큼, 99999이하인 숫자로]
④ ASSIGN 72 FOR M [FOR가 아닌 TO]
⑤ GO TO(22, 34, 85, 12, 66), I [,와 정수형 변수 누락]
⑥ ASSIGN 5 TO M
:
GO TO N, (22, 12, 7) [소수점이 있는 실수를 모두 정수로 고침]

**5.3**
① GO TO, (3, 4, 5), J [GO TO, 에서 컴마(,)를 빼어 GO TO로 수정]
② GO TO(4, 5, 7). K [.를 ,로 수정]
③ GO TO(1.4, 2, 5) [실수 1.4를 정수로 수정]
④ ASSIGN 8.4 TO M [실수 8.4를 정수로 수정]
⑤ TO GO(2, 4, 6, 8), KOUNT [명령 오류, TO GO를 GO TO로 수정]

⑥ GO TO(20, 40, 60), 80 [80을 변수로 고침]

**5.4**

```
C
       READ(5, 10) A, B
    10 FORMAT(2F3.0)
       C=A
       A=B
       B=C
       WRITE(6, 20) A, B
    20 FORMAT(1X, 'A= ', F3.0, 5X, 'B= ', F3.0)
       STOP
       END
```

■ 입력 자료

```
A=10. B=30.
```

■ 출력 결과

```
A= 30.     B= 10.
```

■ 설명

A의 값을 임시로 C에 저장(4행)한 다음 B의 값은 A(5행)로, 6행에서 B의 값은 A의 값을 C로 임시 저장한 값(4행)을 기억시켜서 출력하면 위의 값을 얻는다. 여기서 A의 값을 임시로 C에 저장하지 않으면 B의 값을 A의 값으로 바꾸려하면 A값은 C로 임시 저장하지 않았다면 A와 B는 둘 다 30.(5행)으로 같은 값이 출력된다.

**5.5**

```
C
       READ(5, 10) A, B, C
    10 FORMAT(3F3.0)
       X=B
       B=A
       A=C
       C=X
       WRITE(6, 20) A, B, C
       FORMAT(1X, 'A= ', F3.0, 5X, 'B= ', F3.0, 5X, 'C= ', F3.0)
       STOP
       END
```

■ 입력 자료

```
A=11. B=22. C=33.
```

■ 출력 결과

```
A= 33.     B= 11.     C= 22.
```

■ 설명

A의 값을 임시로 X에 저장한 다음 A의 값은 B로, C의 값은 A로, C의 값은 X로 임시

저장한 값을 기억시켜서 출력하면 위의 값을 얻는다. 이에 대한 설명은 5.4를 참고하면 쉽게 이해할 수 있을 것이다.

5.6

```
C        Calculation of bonus
C
         WRITE(6, 10)
      10 FORMAT(24X, '* BONUS CALCULATION *'//20X, 31('=')/21X,
     &'NO', 7X, 'BONBONG'. 8X, 'BONUS', 20X, 31('=')/)
         NPAY=200000
      20 READ(5, 30, END=99) NO, NY
      30 FORMAT(I3, I1)
         GO TO (40, 50, 60, 70, 80), NY
      40 LBONUS=NPAY*100
         GO TO 90
      50 LBONUS=NPAY*120
         GO TO 90
      60 LBONUS=NPAY*150
         GO TO 90
      70 LBONUS=NPAY*180
         GO TO 90
      80 LBONUS=NPAY*200
      90 LBONUS=LBONUS/100
         WRITE(6, 100) NO, NPAY, LBONUS
     100 FORMAT(19X, I3, 6X, I8, 5X, I8)
         GO TO 20
         STOP
         END
```

■ 입력자료

```
001 1
002 3
003 2
004 4
005 5
```

■ 출력 결과

```
          * BONUS CALCULATION *
  ====================================
   NO    NY       BONBONG          BONUS
  ====================================
   1      1        200000         200000
   2      3        200000         300000
   3      2        200000         240000
   4      4        200000         360000
   5      5        200000         400000
  ====================================
```

5.7

```
C      Calculate Electric charge
C
       WRITE(6, 10)
    10 FORMAT(21X, '** ELECTRIC CHARGE **')
       WRITE(6, 20)
    20 FORMAT(1X, 'NO', 7X, 'CLASS', 10X, 'QTY', 9X,
     & 'AMT', 8X, 'GROS'/)
    99 READ(5, 30) NO, IND, QTY
    30 FORMAT(I4, I2, 1X, F4.1)
       GO TO (11, 22, 33, 44, 55), IND
    11 AMT=QTY*30
       GO TO 70
    22 AMT=QTY*40
       GO TO 70
    33 AMT=QTY*50
       GO TO 70
    44 AMT=QTY*70
    70 TAX=AMT*0.07
       GROSS=AMT+TAX
       WRITE(6, 100) NO, IND, QTY, AMT, TAX, GROS
   100 FORMAT(1X, I4, 7X, I2, 7X, 4(F8.2, 4X))
       GO TO 99
    55 STOP
       END
```

■ 입력 자료

```
1201 1  148
1202 2 1392
1203 3 3148
1204 4 2073
1205 1 6374
1206 2 4433
1207 3 2687
1208 5
```

■ 출력 결과

```
                   ** ELECTRIC CHARGE **
================================================================
  NO      CLASS      QTY          AMT         TAX       GROS
================================================================
 1201       1       14.80       444.00       31.08     475.08
 1202       2      139.20      5568.00      389.76    5957.76
 1203       3      314.80     15740.00     1101.80   16841.80
 1204       4      207.30     14511.00     1015.77   15526.77
 1205       1      637.40     19122.00     1338.54   20460.54
 1206       2      443.30     17732.00     1241.24   18973.24
 1207       3      268.70     13435.00      940.45   14375.45
================================================================
```

5.8

```
C        Calculate MEAN
C
         IST1=0
         IST2=0
         IST3=0
         RUN1=0
         RUN2=0
         RUN3=0
         HIG1=0
         HIG2=0
         HIG3=0
         WRITE(6, 10)
      10 FORMAT(1X, '  YEAR', 2X, 'STUDENTS', 3X, 'RUN', 4X,
        &        'HIGH'/)
      99 READ(5, 20) NYEAR, RUN, HIGH
      20 FORMAT(I2, 2F4.1)
         GO TO (11, 22, 33, 44), NYEAR
      11 IST1=IST1+1
         RUN1=RUN1+RUN
         HIG1=HIG1+HIGH
         GO TO 99
      22 IST2=IST2+1
         RUN2=RUN2+RUN
         HIG2=HIG2+HIGH
         GO TO 99
      33 IST3=IST3+1
         RUN3=RUN3+RUN
         HIG3=HIG3+HIGH
         GO TO 99
      44 AVR1=RUN1/FLOAT(IST1)
         AVH1=HIG1/FLOAT(IST1)
         NY=1
         WRITE(6, 30) NY, IST1, AVR1, AVH1
         NY=NY+1
         AVR2=RUN2/FLOAT(IST2)
         AVH2=HIG2/FLOAT(IST2)
         WRITE(6, 30) NY, IST2, AVR2, AVH2
         NY=NY+1
         AVR3=RUN3/FLOAT(IST3)
         AVH3=HIG3/FLOAT(IST3)
         WRITE(6, 30) NY, IST3, AVR3, AVH3
      30 FORMAT(2X, I3, 6X, I2, 2X, 2(3X, F5.1))
         STOP
         END
```

■ 입력 자료

```
1 150 476
3 146 532
2 137 457
2 155 489
3 144 548
1 141 541
3 132 564
4
```

■ 출력 결과

```
================================
  YEAR  STUDENTS   RUN    HIGH
================================
   1       2       14.6   50.8
   2       2       14.6   47.3
   3       3       14.1   54.8
================================
```

5.2

# IF 문

프로그램에 적힌 문(文)의 순서대로 실행하는 도중에 자료나 계산 결과가 어떤 조건에 맞는가를 판단하여 그 결과에 따라 실행할 문을 선택해야 할 필요가 생긴다. 이를 위하여 실행하는 문이 IF 문이다.

예제 5.3의 프로그램에서 정수 100까지만 인쇄한다고 하면 I를 인쇄한 후

I의 현재값<100이냐?

을 물어 100보다 작으면 작업을 계속 수행하고 100보다 크거나 또는 같으면 작업을 끝내도록 한다.

이것을 영어로 나타내면

```
I<100 THEN repeat process
      ELSE stop
```

이다. IF…THEN…ELSE…에 해당하는 FORTRAN 문이 IF 문이며 흐름도는

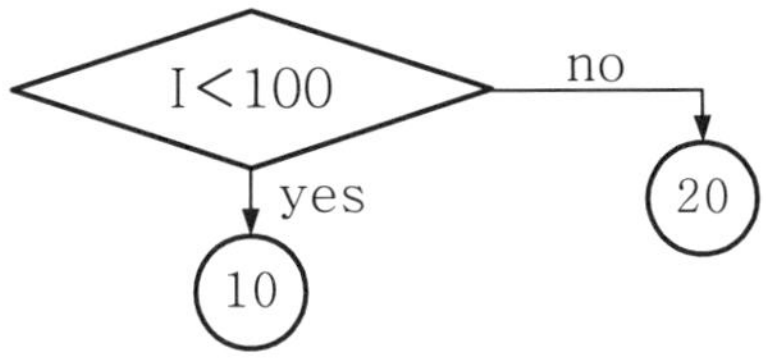


와 같이 판단 기호로 나타낸다. 이때 판단의 결과에 따라 yes 이면 10번 또는 no 이면 20번의 방향으로 옮겨진다. 예제 5.3의 프로그램에서 정수 100까지만 인쇄하도록 흐름도를 수행하면 그림 5.3(b)와 같다.

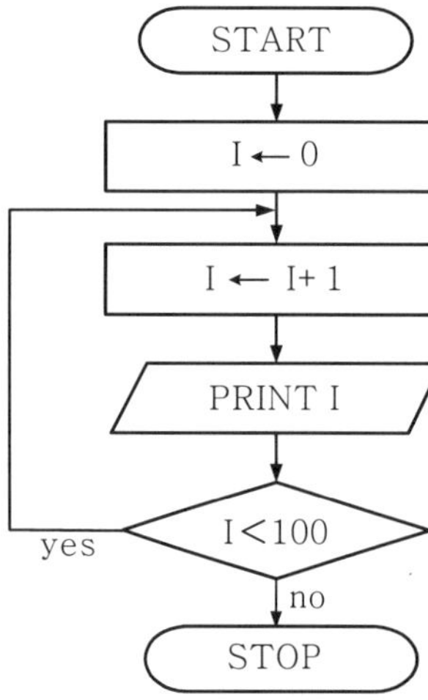


(a) 흐름도

```
    I=0
10  I=I+1
    WRITE(6, 20) I
20  FORMAT(1X, I5)
    IF(I .LT. 100) GO TO 10
    STOP
    END
```

(b) 프로그램

**그림 5.3** 정수의 인쇄

IF 문은 프로그램의 실행 도중 어떠한 조건, 즉 두 수의 크고 작음(산술식) 또는 논리적인 판단(논리식)에 의하여 지정된 명령문으로 제어를 이동할 때 사용하는 문으로서 제어조건(制御條件, control condition)에 따라 다음과 같이

① 산술(算術) IF 문(arithmetic IF statement),

② 논리(論理) IF 문(logical IF statement)

③ 블록 IF 문(block IF statement)

으로 나누어진다.

## 5.2.1 산술 IF 문

괄호 속의 산술식인 조건문에서 그 계산된 결과값이 IF 문 다음의 지정된 문번호로 수행을 옮겨 실행하라는 제어문으로서 2지형판단(二枝型判斷)에는 산술 IF 문을 사용하는데 반해 3지형판단(三枝型判斷)에는 산술 IF 문을 사용한다. 일반적인 형식은 다음과 같다.

```
IF (e) n1, n2, n3
```

여기서 괄호 속의 e는 **산술식(算術式**, arithmetic expression) 또는 **하나의 변수**로서 계산 결과가 음수(陰數, -)이면 제어는 $n_1$의 번호를 가진 문장으로 옮기고, 결과가 0(零, zero)이면 $n_2$의 문장으로, 그리고 결과가 양수(陽數, +)이면 $n_3$의 문장으로 제어가 옮겨져 실행된다. $n_1$, $n_2$, $n_3$은 문 번호로서 이들 **3개의 번호는 반드시 콤마로 구분**해야 한다.

예를 들면

```
IF(X-1.2) 10, 50, 100
```

은 X의 값이 1.2보다 크면 산술식의 결과가 양수이므로 제어는 100의 문장으로 옮겨 실행되고, X가 1.2이면 50번 문장으로, 그리고 1.2보다 적으면 제어는 10번 문장으로 옮겨 실행된다.

산술 IF 문사용 시 적용해야 할 다음 규칙에 대해 잘 알아야 한다.

(1) 산술 IF 문의 흐름도는 다음 그림 5.4와 같다.

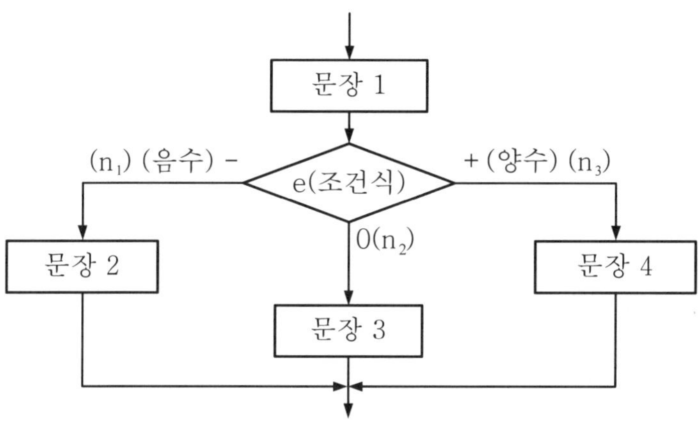


**그림 5.4** 산술 if 문 흐름도

(2) IF (e) $n_1$, $n_2$, $n_3$에서 e(조건식)는 반드시 상수, 변수 및 산술식만이 가능하며 아래의 조건식은 가능한 표현이다.

① `IF(Y) 1, 2, 3`(변수)

② `IF(X+5) 10, 20, 30`(산술식)

(3) e(조건식)에는 정수형, 실수형 및 배정도 실수형의 산술식을 쓸 수 있으며, $n_1$, $n_2$, $n_3$는 문 번호 이므로 반드시 콤마로 구분해야 한다.

① 맞는 경우

```
DOUBLE PRECISION D
IF(D*3/2) 4, 6, 8
```

② 틀린 경우

```
IF (D) 4 6 8
IF (D) 4. 6. 8
IF (D) 4* 6* 8
IF (D) A, B, C,
IF (D) 7, A, 9
```

**풀이** 첫 번째 콤마 , 누락, 두 번째 .대신 , 사용, 세 번째 *대신 , 사용, 네 번 째 문 번호는 알파벳이 아닌 아라비아 숫자로 수정, 다섯 번째는 네 번째와 같은 내용임.

(4) $n_1$, $n_2$, $n_3$에서 어느 것이든지 두개의 문 번호가 동일하더라도 오류는 아니다. 즉, 변수 X의 값이 음수 또는 양수일 경우는 20번 문 번호, 0일 경우는 10번 문 번호로 제어가 옮겨진다.

```
      IF (X) 20, 10, 20
          :
10    GO TO 30
          :
20    GO TO 70
          :
```

식이 논리식인 경우 산술 IF 문을 사용하려면, 논리식을 산술식으로 고쳐서 사용한다. 예를 들면, X≤2이면 Y=X+3, X>2이면 Y=X−3을 계산하는 프로그램은 다음과 같다.

```
          :
      IF(X-2) 40, 40, 20
40    Y=X+3
      GO TO 30
20    Y=X-3
30        :
```

앞의 프로그램에서 X가 2보다 작다면 즉, (X−2)≤0이면 40번의 문장으로 제어가 옮겨져 Y=X+3가 처리되고, 반대로 X가 2보다 크다면 즉, (X−2)>0이면 20번의 문장으로 제어가 옮겨져 Y=X−3이 처리된다. 앞 프로그램에서 4행의 GO TO 30 문은 40번 문장을 처리한 후에는 20번 문장을 처리하지 않게 제어를 50번 문장으로 옮겼다. 만일 GO TO 30 문장을 적지 않으면 Y의 값은 문 번호 40에서 Y=X+3에 의해 계산된 Y가 Y=X−3에 의해 다시 계산되어 잘못된 결과를 얻을 것이다.

산술 IF 문의 다른 중요한 역할은 **시산법(試算法) 또는 시행착오법(試行錯誤法)**(trial & error method: T & E method)으로 해를 구하는 것이다. 다음 예제 5.12를 통하여 살펴보자,

**예제 5.12** $x^3 - 122.5 = 0$의 해는 시산법을 이용하여 구해 보기로 한다.

컴퓨터의 작업량을 줄이기 위해 사전에 간단히 검토할 필요가 있다. $x = 1$이면 $x^3 - 122.5$는 음수(陰數, −)가 되고 $x = 10$이면 $x^3 - 122.5$는 양수(陽數, +)이므로 우리는 해가 1과 10 사이에 존재함을 알 수 있다. 해를 구하는 과정은 우선 해가 1과 2 사이에 있는가? 그렇지 않으면 2와 3 사이에 있는가 … 등으로 해서 해가 존재하는 구간을 찾는다. 이에 대한 프로그램은 다음과 같다.

**◎ 프로그램**

```
      X=0.0
      DELX=1.0
 10   X=X+DELX
      IF(X**3-123.4) 10, 20, 30
 20   WRITE(6, 90) X
 90   WRITE(10X, 11HSOLUTION IS, F10.3)
      GO TO 40
 30   Y=X-DELX
      WRITE(6, 100) Y, X
100   FORMAT(10X, 21HSOLUTION LIES BETWEEN, F6.1, 2X,
     &       3HAND, F6.1)
 40   STOP
      END
```

**◎ 출력결과**

```
SOLUTION LIES BETWEEN   4.0  AND   5.0
```

**앞의** 예제 5.12에서는 $x = 1$에서 시작하여 구간 폭 DELX을 1.0으로 하여 해가 존재하는 구간을 찾는 프로그램이다. $x = 1$로 해서 IF 문 괄호 안의 식에 대입하여 계산하면 부호가 -(음수)가 되므로 문 번호가 10인 문으로 이동해서 $x$를 DELX만큼 즉 1 만큼 증가하여 $x = 2$를 가지고 IF 문의 괄호 안의 식을 다시 검토한다. 만약 괄호 안의 식이 0(영, 零)이면 이는 정답(正答)을 뜻하며 문 번호 20으로 이동해서 $x$를 인쇄한다. 또한 만약 괄호 안의 식이 양수(+)이면 이는 괄호 안의 식에 사용된 $x$보다 작음을 의미하므로 해는 바로 앞의 $x$와 지금 사용된 $x$ 사이에 있음을 뜻하므로 문 번호 30으로 이동해서 적절한 메시지와 함께 구

간을 인쇄할 것이다. 이 예는 결과적으로 해는 4와 5 사이에 있다고 인쇄할 것이라고 위의 출력 결과부터 확인 할 수 있다.

좀더 정확한 해를 구하기 위하여 이번에는 구간(區間)을 4.0~4.1, 4.1~4.2……로 좁힌 수정된 프로그램은 다음과 같다. 설명을 편의적(便宜的. 그 때의 사정에 의하여 임시로 채택된 또는 그런 것)으로 하기 위하여 해가 4와 5사이에 있고 소구간(小區間)을 4.0~4.1, 4.1~4.2……등으로 했으나 이러한 모든 과정을 기계가 수행토록 한다.

```
          X=0.0
          DELX=1.0
   10     X=X+DELX
          IF(X**3-123.4) 10, 20, 30
   20     WRITE(6, 90) X
   90     WRITE(10X, 11HSOLUTION IS, F10.3)
          GO TO 40
   30     IF(DELX .LE. 0.1) GO TO 50
          DELX=DELX/10.0
          X=X-DELX
          GO TO 10
   50     Y=X-DELX
          WRITE(6, 100) Y, X
  100     FORMAT(10X, 21HSOLUTION LIES BETWEEN, F6.1, 2X,
     &          3HAND, F6.1)
   40     STOP
          END
```

■ 출력결과

```
SOLUTION LIES BETWEEN    4.90  AND    5.00
```

이 수정 프로그램에서는 DELX를 0.1로 하였더니 그 출력 결과가 소수 1자리 4.90~5.00로 나타났는데 앞의 DELX를 1로 했을 때 출력결과가 4.0~5.0의 1의 자리로 나타나 전자(DELX=0.1)가 더 정확해에 접근한다는 것을 알 수 있다. 그러므로 DELX를 좀더 작게 수정하면 정확해에 보다 더 접근하는 근사해를 얻을 수 있다.

**예제 5.13** 자료 파일에서 3개의 실수(實數) $a$, $b$, $c$를 읽어 들여서 2차방정식 $y = ax^2 + bx + c$의 근을 구하는 프로그램을 작성하여라. (단 이면 $a = 0$ 실행을 종료하라).

---

① 문제의 해석 및 흐름도 - 2차방정식의 해는 판별식(判別式, discriminant) $b^2 - 4ac$의 부호에 따라 다르다. 즉,

i) $b^2 - 4ac > 0$일 경우에는 2개의 **실근(實根, real root)**, $x_1$과 $x_2$을 가지며

$$x_1 = -\frac{b}{2a} + \frac{\sqrt{b^2 - 4ac}}{2a}$$

$$x_2 = -\frac{b}{2a} - \frac{\sqrt{b^2 - 4ac}}{2a}$$

ii) $b^2 - 4ac = 0$일 경우에는 **중근(重根, multiple root)** $x = x_1 = x_2$을 갖는다.

$$x = x_1 = x_2 = -\frac{b}{2a}$$

iii) $b^2 - 4ac < 0$일 경우에는 2개의 **허근(虛根, imaginary root)**, $x_1$과 $x_2$을 갖는다.

$$x_1 = -\frac{b}{2a} + j\frac{\sqrt{b^2 - 4ac}}{2a}$$

$$x_2 = -\frac{b}{2a} - j\frac{\sqrt{b^2 - 4ac}}{2a}$$

그러므로 이 예제 대한 흐름도는 다음과 같다.

② 프로그램 및 출력 결과

**프로그램**

```
C        Arithmetic IF statement program
C
C        Compute roots of a quadratic equation
C
      99 READ(5, 10) A, B, C
      10 FORMAT(3F5.2)
         IF(A .EQ. 0) GO TO 100
         WRITE(6, 11) A, B, C
      11 FORMAT(/'THE COEFFICIENTS ARE ',  8X, 'A=',F5.2,
     &         9X, 'B=',  F5.2, 9X, 'C= ',F5.2,)
C
         D=B**2.0-4*A*C
         IF(D) 20, 30, 40
C
      20 DM=-D
         XREAL=-B/(2.0*A)
```

```
         XIMAG=SQRT(DM)/(2.0*A)
         WRITE(6, 21) XREAL, XIMAG, XREAL, XIMAG
   21    FORMAT(1X,  'TWO  IMAGINARY  ROOTS  ARE',5X,  'X1=',
     &   F6.3, '+J', F6.3, 4X, 'X2=' , F6.3,'-J', F 6.3)
         GO TO 99
C
   30    X=-B/(2.0*A)
         WRITE(6, 31) X
   31    FORMAT(1X, 'MULTIPLE ROOT ', 14X, 'X=X1=X2=', F5.3)
         GO TO 99
   40    X1=(-B+SQRT(D))/(2.0*A)
         X2=(-B-SQRT(D))/(2.0*A)
         WRITE(6, 41) X1, X2
   41    FORMAT(1X, 'TWO REAL ROOTS ARE ', 9X, 'X1=', F6.3,
     &   3X, ' X2=', F 6.3)
         GO TO 99
  100    STOP
         END
```

**입력자료**

```
1.   4.  3.
1.  -4.  4.
1.   3.  3.
2.   4. -3.
```

**출력자료**

```
THE COEFFICIENT ARE    A= 1.00         B= 4.00         C= 3.00
TWO REAL ROOTS ARE     X1=-1.000       X2=-3.000

THE COEFFICIENT ARE    A= 1.00         B=-4.00         C= 4.00
MULTIPLE ROOT          X=X1=X2=2.000

THE COEFFICIENT ARE    A= 1.00         B= 3.00         C= 3.00
TWO IMAGINARY ROOTS ARE   X1=-1.500+J0.866  X2=-1.500-J 0.866

THE COEFFICIENT ARE    A= 2.00         B= 4.00 C=-3.00
TWO REAL ROOTS ARE     X1= 0.581       X2=-2.581
```

③ 프로그램의 해설

이 예제는 2차방정식의 계수 $a$, $b$ 및 $c$의 값들을 각각 4개씩에 대하여 얻어진 근의 종류별로 계산한 결과를 정리한 것이다.

[제10행]과 [제11행] : D=B**2-4*A*C($b^2-4ac$)를 계산해서 그 값 D가 -[음(陰) 또는 부(負), negative]이면 문 번호 20으로, 0이면 30으로 +[양(陽) 또는 정(正), positive]이면 40으로 제어를 옮겨 실행하라는 내용의 산술문과 산술 IF 문이다.

[제15행] : DM=-D는 허수는 제곱근 안이 -(음)의 값이어서 구할 수 없으므로

계산이 가능한 +(양)의 값으로 부호를 고친 것이다.

[제18행]과 [제19행] : 즉,

```
      WRITE(6, 21) XREAL, XIMAG, XREAL, XIMAG
   21 FORMAT(1X, 'TWO IMAGINARY ROOTS ARE',5X, 'X1=', F6.3,
     & '+J', F6.3, 4X, 'X2=' , F6.3,'-J', F 6.3)
```

은 a, b, c와 허근 $x_1 = -b/2a + j\sqrt{-(b^2-4ac)}$ ,

$x_2 = -b/2a - j\sqrt{-(b^2-4ac)}$ 를 인쇄하기 위한 WRITE 문과 FORMAT 문이다. FORMAT 문에서 '+J'나 '−J'는 **허수(虛數**, imaginary number)를 나타낸다. XREAL과 XIMAG가 두 번 나오는데, 앞의 것은 $x_1 = -b/2a + j\sqrt{-(b^2-4ac)}$ 에 필요한 것이고, 뒤의 것은 $x_2 = -b/2a - j\sqrt{-(b^2-4ac)}$ 에 필요한 것이다.

## 5.2.2 논리 IF 문

세상에는 어떤 사실이 참(眞, true)이냐 거짓[僞(위), false]이냐에 따라서 어떤 결정을 하는 일이 매우 흔하다. 보행자가 횡단보도 건널 때의 흐름도를 다룰 수 있다. 여기에서 보행자는 신호등이 녹색(綠色)이냐 아니냐를 따져서 녹색이면 건너고 아니면 기다린다고 하였다. 이와 같이 주어진 사실이 참이냐 아니냐의 논리적 성질에 기초를 두어 결정을 지을 때에 FORTRAN에서는 **논리(論理) IF 문**(文)을 쓴다.

괄호 속의 논리식의 결과에 따라 참이면 괄호 다음의 문이나 또는 GO TO 문에 의해서 지정된 문 번호로 수행을 옮겨 실행하고 거짓이면 IF 문이나 GO TO 문에 의해서 지정된 문 번호로 수행을 옮겨 실행하라는 제어문으로서 일반적인 형식은 다음과 같다.

```
IF(e) S
```

여기서 e(expression)는 논리식(論理式, logical expression) 또는 논리형 변수(logical variable)를 가리키며, S(statement)는 IF나 후술되는 DO 문이 아닌 FORTRAN의 실행문 한 개를 말한다.

**산술 IF 문**에서는 괄호 속의 수식이 산술식 또는 변수로서 그 값이 음수냐, 양수냐 또는 0이냐에 따라 세 방향 중 한 방향으로 제어가 옮겨져 거기서부터 정상적인 순서로 처리되었다. 그러나 **논리 IF 문**은 괄호 속의 논리식이나 논리 변수의 값에 따라 두 방향 중 한곳으로 제어가 옮겨진다.

**논리식**이란 앞에서 설명한 바와 같이 그 식의 값으로 **참이나 거짓을 취하는 식**이고 **논리형 변수란 참이나 거짓의 논리값을 기억하는 변수**이다. 따라서 논리 IF 문은 논리식이나 논리형 변수의 값이 참이면 IF 문의 괄호 뒤에 적힌 문을 실행한 후 IF 문 다음에 적은 문을 처리한다. 물론 IF 문에 적힌 문이 GO TO 문이면 그 지시에 따라 문 번호 n의 문으로 제어가 옮겨져 IF 문 다음 문장을 처리하지 않는다. 그리고 논리식이나 논리 변수의 값이 거짓이면 IF 문에 적힌 문은 실행하지 않고 곧 바로 IF 문 다음의 문을 실행한다.

그러면 논리 IF 문에서 사용하는 논리식(논리 계산)에 대하여 먼저 설명하기로 한나.

지금까지의 계산은 수치계산, 즉 **산술 계산**이었으나 FORTARN에서는 산술 계산 뿐만 아니라 논리 계산도 한다. **논리 계산**이란 두 자료 사이의 대소 관계를 다룬다던지 또는 몇 개의 자료 사이의 논리적인 관계를 다루어 참 또는 거짓으로 나타내는 계산을 말하며, 이때 사용하는 식을 **논리식**이라 한다. 그러므로 논리식에는 대소 관계를 다루는 식과 논리적인 관계를 다루는 식이 있다. 전자를 **관계식**이라 하고 후자를 협의의 **논리식**이라 한다.

논리 IF 문사용 시 적용해야 할 다음 규칙에 대해 잘 알아야 한다.

(1) 논리 IF 문의 흐름도는 다음과 같다. 즉, e(조건식)의 결과값이 참일 경우 IF 문에 있는 문장 $S_1$을 실행하고 거짓일 경우는 IF 문 다음 실행문 $S_2$로 제어가 옮겨진다.

① 형식

```
IF (e) S₁
    S₂
```

② 흐름도

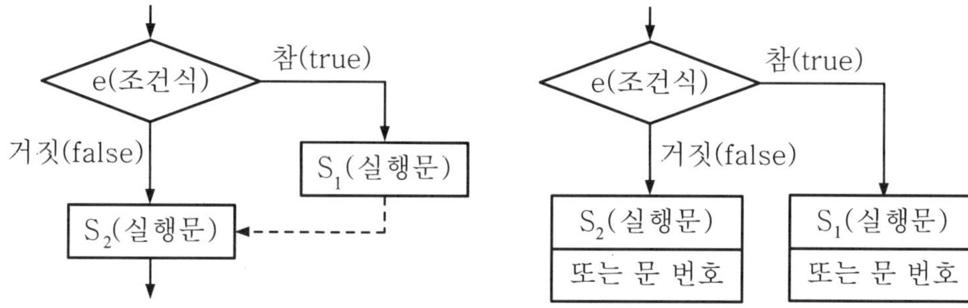


(2) 논리 IF 문의 형식인 IF(e) 문장에서 반드시 (e) 다음에는 실행문(비실행문은 제외)이 나와야 하며 문 번호를 쓰고자 하면, GO TO 문을 이용해야 한다. 이 때 실행문에 DO 문, 또 다른 IF 문, 후술되는 ELSE IF 문, END IF 문, END 문 및 블록 IF 문은 서술할 수 없다.

① `IF(I .GT. K) THEN GO TO 20`

② `IF(I .GT. K) N=N+1`

③ `IF(I .GT. K) WRITE(6, *) REPUBLIC OF KOREA`

(3) 논리 IF 문은 GO TO 문에 의한 반복되는 실행문의 범위에서 루프(loop) 밖으로 제어를 옮기기 위하여 사용할 수 있다.

```
 99   READ(5, 10) A, B
 10   FORMAT(2F4.1)
      C=A+B
      IF (C .GT. 100) GO TO 333
           :
      GO TO  99
333   STOP
      END
```

**예제 5.14** **프로그램 예제**

N의 값을 입력하여 1+2+3+…+N을 계산하는 프로그램을 작성하여라. (단, N≤0이면 실행을 종료하라).

```
C          LOGICAL IF statement program
C
       99  READ(5, 10) N
       10  FORMAT(I3)
```

```
      IF (N .LE. 0) GO TO 100
      I=0
      ISUM=0
 40   I=I+1
      ISUM=ISUM+I
      IF(I .NE. N) GO TO 40
      WRITE(6, 20) N, J
 20   FORMAT(10X, 'N=', I5, 5X, 'ISUM=', I8/)
      GO TO 99
100   STOP
      END
```

**입력자료**

```
10
20
30
-1
```

입력 자료의 마지막 −1은 N≤0이면 실행을 종료하라는 제어를 위한 수치이다.

**출력결과**

```
N=   10     ISUM=      55
N=   20     ISUM=     210
N=   30     ISUM=     465
```

**예제 5.15** 다음 프로그램의 논리식에 따라 어떻게 실행되는지 설명하라.

```
IF(N .GT. 0 .AND. N .LE. 1000)) GO TO 88
N=N+1
        :
```

**설명** 괄호 안의 논리식의 결과가 참이면 괄호 다음의 문인 GO TO 88에 의해서 88의 문 번호를 가진 문으로 수행을 옮겨 실행하게 되고, 거짓이면 괄호 다음의 문인 GO TO 88을 수행하지 않고 IF 문의 다음 문인 N=N+1을 실행하게 된다.

:

**예제 5.16** 다음 프로그램의 논리식에 따라 어떻게 실행되는지 설명하라.

```
IF(J .EQ. 1 .AND. NOT. (K .EQ. 0 .AND. L. EQ. 0)) K=K+1
     GO TO 99
       :
```

**설명** 괄호 안의 논리식의 결과가 참이면 괄호 다음의 문인 K=K+1을 수행한 후 IF 문의 다음 문인 GO TO 99에 의해서 99의 문 번호를 가진 문으로 수행을 옮겨 실행하게 되고, 거짓이면 괄호 다음의 문인 K=K+1을 수행하지 않고 IF 문의 다음 문인 GO TO 99에 의해서 99의 문 번호를 가진 문으로 수행을 옮겨 실행하게 된다.

(4) 논리 IF 문과 산술 IF 문의 비교는 다음 표 5.2에 나타내었다.

**표 5.2** 논리 IF 문과 산술 IF 문의 비교

| IF 문 / 내용 설명 | 논리 IF 문 | 산술 IF 문 |
|---|---|---|
| 분기 방향과 제어 | 논리식의 계산에 따라 두 방향 중 한 방향으로 제어가 분기. | 산술식의 계산에 따라 세 방향 중 한 방향으로 제어가 분기. |
| 논리 추적의 용이성 여부 | 논리식이 참일 경우에만 분기하므로 프로그램의 논리 추적이 용이. | 산술 IF 문은 세 개의 GO TO 문의 내포와 같으므로 프로그램의 논리 추적이 어려움. |
| 문의 표현 방법 | 복합 분기형일 경우 논리식 조합이 가능. | 복합 분기형일 경우 여러 개의 산술 IF 문이 필요함 |

**예제 5.17** 대여금 총액 AMT의 값이 자료로 입력되고, AMT가 $10,000이면 이자율 RATE가 7%이고, AMT가 $10,000보다 크면 6%라 한다면, 이자 INT를 계산하는 프로그램을 블록 IF 문을 이용하여 작성하라.

```
C           Block IF statement program
            REAL INT
      99    READ(5, *) AMT
            IF (AMT .LE. 10000) GO TO 100
              RATE=0.06
            GO TO 200
     100      RATE=0.07
     200    INT=AMT*RATE
            WRITE(6, 20) INT, AMT
      20    FORMAT(10X, 'THE INTEREST(INT) IS $', F8.2, 2X,
     &      'FOR $', F6.0)
            IF(NUM .NE. 7) GO TO 99
            STOP
            END
```

**입력자료**

```
5000   1
10000  1
20000  7
```

**출력결과**

```
THE INTEREST(INT) IS $  350.00  FOR $ 5000.
THE INTEREST(INT) IS $  700.00  FOR $10000.
THE INTEREST(INT) IS $ 1200.00  FOR $20000.
```

**예제 5.18** 한 장의 카드에서 $x$ 를 읽어 $x$ 의 제곱근을 구하기로 한다. 이때 $x$ 의 부호를 조사하여 만약 $x$ 가 −(음수)이면 +(양수)로 바꾸어 절대치(絕對値)의 근(根, root) 구하는 프로그램을 작성하라.

**프로그램**

```
99   READ(5, 10) X
10   FORMAT(F5.0)
     IF(X .EQ. 0.0) STOP
     X1=X
     IF (X .LT. 0.0) X=-X
     ROOT=X**0.5
     WRITE(6, 20) X1, ROOT
20   FORMAT(5X, 'X=', F10.3, 5X, 'ROOT=', F10.3)
     GO TO 99
     END
```

**입력자료**

```
 5.
-5.
 0.
```

**출력결과**

```
X=     5.000     ROOT=      2.236
X=    -5.000     ROOT=      2.236
```

**설명** IF의 괄호 안에 연산식이 옳으면 즉 $x$ 가 0보다 적으면 $-x$ 를 $+x$ 로 바꿔서 근을 구하고 옳지 않으면 즉 $x$ 가 양수(+)이면 문 X=−X를 거치지 않고 바로 근을 구한다. 이 때 X1=X로 치환하는 것은 처음에 읽은 X값의 부호도 인쇄 하라는 뜻이다.

**예제 5.19** 한 장의 카드에서 $x$ 를 읽어 그의 역수 구하는 프로그램을 작성하라.

```
99   READ(5, 10) X
10   FORMAT(F5.0)
     IF(X .EQ. 999.) STOP
     IF(X .EQ. 0.0) GO TO 30
     RX=1.0/X
     WRITE(6, 20) X, RX
20   FORMAT(5X, 'X=', F10.3, 5X, 'RX=', F10.3)
     GO TO 99
30   WRITE(6, 40)
40   FORMAT(5X, 'X IS ZERO')
```

```
GO TO 99
END
```

**입력자료**

```
  5.
  0.
-12.
999.
```

**출력결과**

```
X=     5.000     RX=     0.200
X IS ZERO
X=   -12.000     RX=    -0.083
```

**설명** 입력 자료의 마지막 숫자 999.는 프로그램을 끝내라는 뜻을 나타낸다.

앞의 예제에서 IF 문의 논리연산식이 옳으면 오른쪽에 GO TO 30을 썼기 때문에 예제 5.18에서와는 달리 다음에 수행하는 문은 IF 다음 문이 아니라 문 번호가 30인 WRITE 문이 수행된다.

IF 문의 아주 효율적인 용도 중의 하나는 프로그램에서 같은 과정의 반복, 즉 루프(loop)가 형성될 때 이 루프를 종료시키는 수단으로 쓰이는 것이다. 그러면 이와 같은 IF의 용법을 설명해 보자.

### 방법 1

경우에 따라서는 자료 카드수가 방대(尨大)하여 카드수를 세는데 많은 시간이 필요하게 된다. 더욱이 내용이 다른 카드의 모임[이를 자료 덱(data deck)]이 여러 개가 연속해 있다면 시간의 소비는 더 많아 질 것이다. 여기서는 자료 덱이 하나인 경우만 생각하기로 한다. 자료 덱의 마지막 카드 다음에 이질적(異質的)인 다른 카드 한 장을 추가시키면 된다. 이 요령을 다음 예로 통하여 살펴보기로 하자.

**예제 5.20** 섭씨(攝氏, celsius), CT로 측정된 온도를 **화씨(華氏**, fahrenheit), FT로 환산하는 프로그램을 작성하라.

```
99  READ(5, 10) CT, NUM
10  FORMAT(F5.0, I5)
    IF(NUM .NE. 0) GO TO 20
    FT=CT*9.0/5.0+32.0
```

```
      WRITE(6, 20) CT, FT
20    FORMAT(5X, 'CT=', F8.3, 5X, 'FT=', F8.3)
      GO TO 99
      STOP
      END
```

◎ 입력자료

```
  0.   0
 20.   0
100.   0
  0. 999
```

◎ 출력결과

```
CT=   0.000     FT=  32.000
CT=  20.000     FT=  68.000
CT= 100.000     FT= 212.000
```

◎ 설명 섭씨온도(CT)가 카드의 난 1~5에 천공되었을 때 여기에 추가되는 카드는 난 11~80 중 임의의 난(여기서는 난 6~10)에 영(0)이 아닌 임의의 숫자(여기서 999)를 천공한다. 그러면 추가한 마지막 카드 외에 모든 카드는 난 1~5에는 온도가 난 9에는 공란 즉 영이 천공되었으므로 난 6~10에서 영이 아닌 다른 수를 읽게 되면 컴퓨터(기계)는 모든 자료 카드를 다 읽었다는 것을 알게 된다. 즉 READ 문에서 NUM은 계산의 종료(終了)를 알리는 숫자를 뜻한다.

예제 5.20에서 설명한 방법은 계산의 종료 외에 특히 자료들을 **분류(分類, sorting)**하는데 매우 효율적이다. 예를 들면, 국세조사(國勢調査, census)에서 성별(性別)을 가리는 경우 남자인 경우는 난 11에 1을 천공하고 여자인 경우 난 11에 2를 천공하여 NUM으로 나타내면 카드를 읽어서 NUM이 1이면 남자로 NUM이 2이면 여자로 분류될 것이다. NUM의 숫자와 난은 사용자가 임의로 정하면 된다.

**참고_분류(分類, sorting)**

사물을 종류에 따라 가르거나 어떤 자료 집합 원소들을 일정한 성질 등에 따라 순서로 재배열하는 연산

다른 예를 들면 이번에는 체중변화에 따르는 비타민복용량(服用量) 결정 문제를 여러 사람 즉, 여러 카드에 대하여 적용해보자. 난 1~16에 환자(患者)이름 난 20에 분류번호 난 30~35에 어제의 체중(體重) 난 40~45엔 오늘의 체중이 천공되고 또 난 79~80에 77을 천공한 카드를 종료신호(終了信號)로서 마지막

자료 카드에 다음 내용을 추가 한다. 이 프로그램에서 D는 어제 체중(W1)에서 오늘 체중(W2)를 뺀 결과에 대한 제곱을 나타낸다.

앞의 예를 다음과 같이 수정(修正)해 보자. 만약 계량(計量)이 잘 못되어서 체중이 너무 크게 나가거나 적게 나가면 비타민복용량이 과대해서 치사량(致死量)이 될 수 있다. D가 50을 초과하는 양을 치사량으로 정하고 이를 검출(檢出)해서 나오면 TOXIC(중독성, 中毒性)이란 메시지를 인쇄한다. 이번에는 카드를 추가하는 대신 마지막 카드의 난 79~80에 77을 천공해서 종료신호 카드를 바꾸어 보기로 한다.

```
      WRITE(6, 20)
20    FORMAT(5X,'NAME', 18X, 'GROUP', 1X, 'DOSAGE')
99    READ(5, 10) N1, N2, N3, N4, NG, W1, W2, NUM
10    FORMAT(4A4, 3X, I1, 9X, F6.0, 4X, F6.0, 33X, I2)
      D=(W1-W2)**2
      IF(D .GT. 50.0) GO TO 40
      WRITE(6, 30) N1, N2, N3, N4, NG, D
30    FORMAT(5X, 4A4, 4X, I1, 3X, F6.2)
      GO TO 55
40    WRITE(6, 50) N1, N2, N3, N4, NG, D
50    FORMAT(5X, 4A4, 4X, I1, 3X, F6.2, 'DOSAGE IS TOXIC')
      IF(NUM .NE. 77) GO TO 99
      STOP
      END
```

### 방법 2

동일한 과정이 반복되는 회수(回數)를 세어서 요구되는 회수에 도달하면 프로그램을 종료하는 것이다.

**예제 5.21** 학생들의 기말성적을 천공한 자료 덱에서 앞 번호에서부터 60명 성적의 합계를 구하고 요구되는 횟수에 도달하면 종료하는 FORTARN 프로그램을 작성하라.

**프로그램**

```
      N=0
      SUM=0.0
99    READ(5, 10) X
10    FORMAT(F10.0)
      N=N+1
      SUM=SUM+X
      IF(N .LT. 60) GO TO 99
      WRITE(6, 20) SUM
20    FORMAT(5X, 'SUM=', F10.0)
```

```
STOP
END
```

**설명** 여기서 N=N+1의 등호를 수학적인 기호로 절대로 착각해서는 안 된다. 이는 N이라는 기억장소에 처음에 영(零, 0)을 기억(N=0)시키고 첫째 카드를 읽은 다음에는 영(0)에 1을 더한 값 1을 N에 기억시키고 둘째 카드를 읽은 다음에는 지금 N에 기억되어 있는 값 1에 다시 1을 더한 값 1에 다시 1을 더한 값 2를 다시 N에 기억시켜 60번째 카드를 읽으면 N에는 60이 들어가서 루프(loop)를 벗어나게 된다. 만약 N=0 문이 READ 문 다음에 들어가면 계산결과가 어떻게 되나 생각해 보라. 아주 흥미 있는 결과가 나올 것이다.

다른 예로 이번에는 $1^2+2^2+3^2+\ldots\ldots+10^2$의 계산을 해보자. 이를 수행하는 프로그램은 다음과 같다.

```
      ISUM=0.0
      N=1
10    ISUM=ISUM+N**2
      IF(N. EQ. 10) GO TO 20
      N=N+1
      GO TO 10
20    WRITE(6, 30) ISUM
30    FORMAT(5X, 'SUM=', I5)
      STOP
      END
```

이러한 방법은 계산기법인 **시산법[試算法**, trial and error(T & E) method]에도 많이 이용된다. 예를 들면, $x^3+8x-399=0$을 푸는 데는 수학적(數學的)인 방법도 가능하나 여기서는 시산법을 적용해 본다. 이 방법은 많은 작업을 필요하나 컴퓨터를 이용하면 매우 간단히 해를 구할 수 있다. 구하고자 하는 해는 대략 1과 10 사이에 존재한다는 것을 즉 $x=1$과 $x=10$을 주어진 식에 대입하면 쉽게 알 수 있으며 문제를 간단히 하기 위해서 해는 소수점(小數點)이 없이 구해진다고 하면 이에 대한 프로그램은 다음과 같다.

```
      X=1.0
10    Y=X***3+8.0*X
      IF(X. EQ. 399.0) GO TO 20
      X=X+1.0
      GO TO 10
      WRITE(6, 30) X
```

```
30    FORMAT(5X, 'X=', F4.0)
      GO TO 10
      END
```

앞 프로그램에서 주어진 식은 $x^3 + 8x = 399$으로 정리된다. 이 식의 좌변을 $y$로 놓으면 $y = x^3 + 8x$이 되어 $x$의 시작값($x$=1.0)이 1이므로 정리된 식에 대입하여 조건식에 맞을 때까지 반복 계산하면 결과를 얻을 수 있다.

### 방법 3

입력이나 출력의 한계를 설정하고 입력이나 출력이 이 한계치(限界値)에 도달할 때까지 루프를 반복하는 것이다. 이것은 다음의 예를 통하여 살펴보자.

**예제 5.22** 다음에 주어진 3차 방정식 $y = x^3 + 8x - 399$의 해 $x$가 0~5의 구간에 존재 여부를 확인하여라. 이때 단계별 $x$의 증분은 0.5로 한다.

```
      X=0.0
10    Y=X***3+8.0*X-399.0
      WRITE(6, 30) X, Y
30    FORMAT(5X, 'X=', F10.3, 'Y=', F10.3)
      IF(X. EQ, 5.0) STOP
      X=X+0.5
      GO TO 10
      END
```

**설명** 이 프로그램에서 $x = 0$에서 $x = 5$까지 일정한 간격 $\Delta$X=0.5로 증가 시켜가면서 $y$을 계산하여 이들을 인쇄했을 때 $y = 0$이 되면 $x$는 해가 될 것이다. 그러나 다음의 출력 결과를 보면 $x = 5$까지 해가 없다는 것을 알 수 있다.

```
X=     0.000    Y=  -399.000
X=     0.500    Y=  -394.875
X=     1.000    Y=  -390.000
X=     1.500    Y=  -383.625
X=     2.000    Y=  -375.000
X=     2.500    Y=  -363.375
X=     3.000    Y=  -348.000
X=     3.500    Y=  -328.125
X=     4.000    Y=  -303.000
X=     4.500    Y=  -271.875
X=     5.000    Y=  -234.000
```

따라서 $x$을 8까지 더 확장하여 계산한 결과는 다음과 같으며 $x = 7$에서 $y = 0$이 되는 것을 확인할 수 있었다.

```
X=     0.000    Y=  -399.000
X=     0.500    Y=  -394.875
X=     1.000    Y=  -390.000
X=     1.500    Y=  -383.625
X=     2.000    Y=  -375.000
X=     2.500    Y=  -363.375
X=     3.000    Y=  -348.000
X=     3.500    Y=  -328.125
X=     4.000    Y=  -303.000
X=     4.500    Y=  -271.875
X=     5.000    Y=  -234.000
X=     5.500    Y=  -188.625
X=     6.000    Y=  -135.000
X=     6.500    Y=   -72.375
X=     7.000    Y=     0.000    → 해
X=     7.500    Y=    82.875
X=     8.000    Y=   177.000
```

예를 들면 어떤 전공과목의 점수가 60점에서 69점 사이에 있는 학생을 가려내서 학생이름과 점수를 인쇄한다고 하자. 단 카드의 난 1~12에 이름이, 난 15~20에 점수가 천공되었고 종료신호로는 난 22에 7을 천공한 카드를 추가한다.

```
99   READ(5, 10) N1, N2, N3, POINT, NUM
10   FORMAT(3A4, 2X, F6.0, 1X, I1)
     IF(NUM .EQ. 7) STOP
     IF(POINT .GE. 60.0 .AND. POINT .LE. 69.0) GO TO 20
     GO TO 99
20   WRITE(6, 30) N1, N2, N3, POINT
30   FORMAT(5X, 3A4, F10.2)
     END
```

논리연산식에는 표 2.3에서 사용한 6개의 관계연산자외에도 2.3.3항에서 설명한 .AND., .OR. 및 .NOT., 등이 어떤 형태로 사용되는지 이미 자세하게 설명한 바 있으므로 제2장을 참고하기 바란다.

**예제 5.23** $x$ 의 범위가 $-1$과 5 사이일 때 **계단함수(階段函數**, step function)는 $-1 \leq x < 0$ 에서 $f(x) = 0$, $0 \leq x \leq 5$에서 $f(x) = 1$이 주어졌을 때 $x$ 을 읽어서 $f(x)$을 구해보자. 이때 종료신호 NUM은 난 11에 7을 천공한다.

```
99   READ(5, 10) X, NUM
10   FORMAT(F10.0, I1)
     IF(X .LT. -1.0 .OR. X .GT. 5.0 ) GO TO 50
```

```
      IF(X .GE. 0.0) GO TO 20
      FX=0.0
      GO TO 30
   20 FX=1.0
   30 WRITE(6, 40) X, FX
   40 FORMAT(5X, 'X=',F6.2, 'f(x)=',F10.3)
      GO TO 70
   50 WRITE(6, 60) X
   60 FORMAT(5X, 'x=', F6.2, 'x IS OUT OF RANGE')
   70 IF(NUM .NE. 7) GO TO 99
      STOP
      END
```

여기서 종료신호검사의 문을 마지막 부분에 넣은 것은 최소한 자료 카드의 처음 한 장은 있을 것이므로 첫째 카드를 읽고 그리고 종료신호에 대한 검사를 해도 되기 때문이다. 만약 앞부분에 위치시키면 필요 없는 검사를 한 번 더 하게 된다.

**입력자료**

```
-2.5  1
-1.0  1
 1.0  1
 3.0  1
 5.0  1
 6.5  7
```

**출력결과**

```
x= -2.5      x IS OUT OF RANGE.
x= -1.0      f(x)=      0.00
x=   1.0     f(x)=      1.00
x=   3.0     f(x)=      1.00
x=   5.0     f(x)=      1.00
x=   6.5     x IS OUT OF RANGE.
```

## 5.2.3 블록(BLOCK) IF 문

FORTRAN 77에서 사용되는 IF 문 형식으로서 논리 IF 문에서와 같이 양방향(2개) 이상으로 분기해야 할 경우 GO TO 문을 여러 개 사용하지 않고, 하나의 블록 문으로 IF 문을 처리하여 복잡한 문을 단순화하는 문이다. 이러한 IF 문에는 (1) **블록 IF 문** (2) ELSE IF 문 (3) **다중 IF 문**으로 분류할 수 있다.

논리 IF 문에서 논리값이 참일 때 처리해야 할 문장이 그림 4-6과 같이 2개 이상이면 GO TO n을 써서 다음과 같이 코딩해야 한다.

```
      IF (HOURS .LE. 40.0) GO TO 100
      RPAY=40.0*4.10
      OVER=1.5*4.10*(HOURS-40.0)
      GO TO 200
100   RPAY=HOURS*4.10
      OVER=0.0
 50   [          ]
```

프로그램은 다른 사람이 읽을 때 쉽게 이해되어야 하는데 GO TO 문장을 많이 쓰면 앞으로 갔다 때로는 뒤로 갔다하여 이해하기가 매우 어려울 뿐만 아니라 이해하는데 에도 많은 시간이 필요하다. 그러므로 가능한 한 **GO TO 문을 사용하지 않고 작업의 처리 순서대로 문을 작성**할 수 있다면 소설을 읽듯이 순서대로 읽어가면서 프로그램을 이해할 수 있다.

이러한 목적을 달성하기 위하여 ANS FORTRAN 77에서는 새로운 기능의 IF 문, 즉 IF THEN ELSE 문을 추가 하였다.

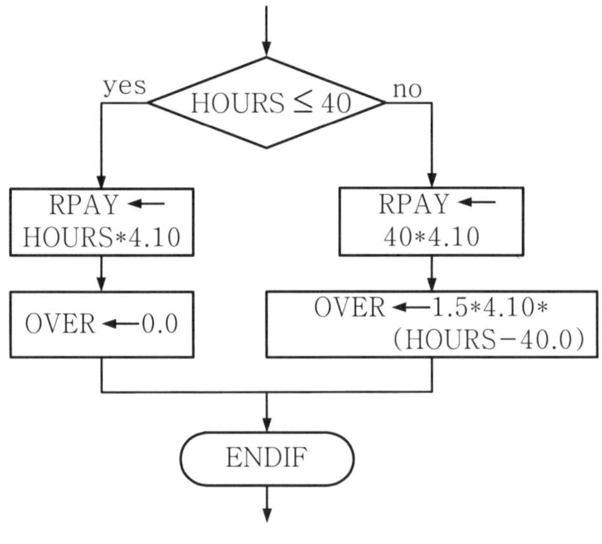


**그림 5.5** 논리 IF 문에 대한 흐름도

그림 5.5에 나타낸 논리 IF 문에 대한 흐름도를 블록 IF 문으로 코딩하면

```
IF (HOURS .LE. 40.0) THEN
   RPAY=40.0*4.10
   OVER=0.0
```

```
ELSE
    RPAY=HOURS*4.10
    OVER=1.5*4.10*(HOURS-40.0)
END IF
```

이와 같이 블록 IF 문으로 코딩하면 논리 IF 문으로 작성한 것보다 읽어서 이해가 훨씬 쉽다는 것을 앞의 프로그램을 통하여 확인할 수 있었다.

조건에 따라 두 개의 문장군(文章群, one set of statement) 중 어느 하나를 실행시키기 위해서 IF THEN ELSE ENDIF 문을 쓴다. 이러한 블록 IF 문의 일반 형식은

```
IF (e) THEN
    문장 1(statement 1 or S1)
    문장 2(S2)
     :
    문장 n(Sn)
ELSE
    문장 n+1(Sn+1)
    문장 n+2(Sn+2)
     :
    문장 m(Sm)
END IF
```

이다. 여기서 문장 1~문장 n은 논리식이 **참**(true) 또는 yes일 때 즉, 조건이 만족되면 처리하는 문들로서 1부터 n까지의 문장이 수행되며 블록 IF 문이 올 수도 있다. ELSE는 다른 줄에 적어야 하고 문장 n+1~ 문장 m은 n은 논리식이 **거짓**(false) 또는 no일 때 즉, 조건이 만족되지 않으면 처리하는 문들로서 n+1부터 m까지의 문장이 수행되며 블록 IF 문이 올 수도 있다. 블록 IF 문의 마지막에는 반드시 END IF를 다른 줄에 적어야 한다. ELSE 문장 n+1~ 문장 m은 조건에 따라 생략할 수도 있다. 그리고 블록 IF에서 ELSE와 END IF **문은 한 줄로** 써 나타내어야 한다.

다음은 형식 1~형식 5의 흐름도를 나타내었다.

1.

```
IF (e) THEN
    문장 1(S1)
    문장 2(S2)
      :
      :
END IF
```

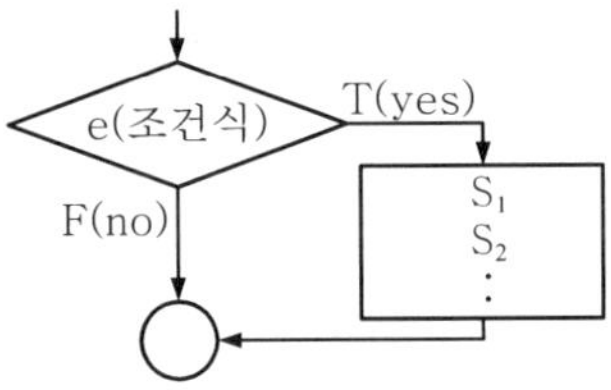


2.

```
IF (e) THEN
    문장 1(S1)
    문장 2(S2)
      :
      :
ELSE
    문장 3(S3)
    문장 4(S4)
      :
END IF
```

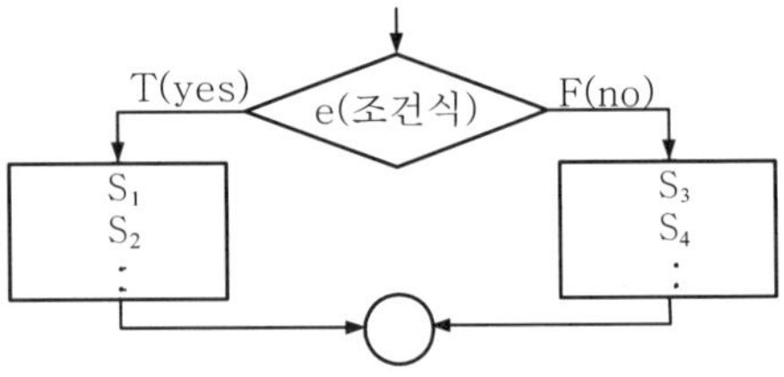


3.

```
IF (e1) THEN
  IF (e2) THEN
      문장 1(S1)
      문장 2(S2)
  ELSE
      문장 3(S3)
      문장 4(S4)
  END IF
ELSE
      문장 5(S5)
      문장 6(S6)
ENDIF
```

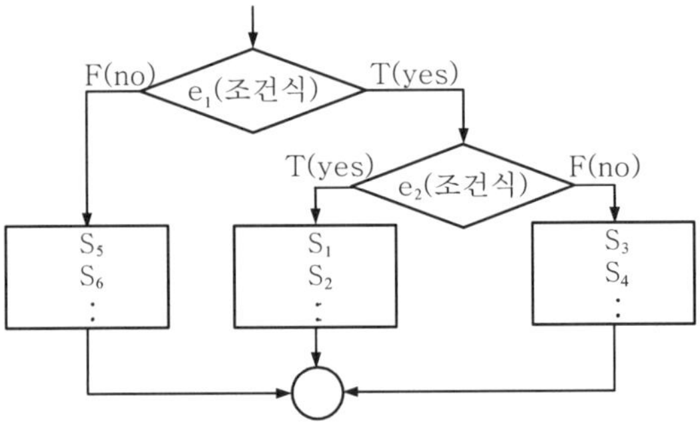


4.

```
IF (e1) THEN
      문장 1(S1)
      문장 2(S2)
        :
  ELSE IF (e2) THEN
      문장 3(S3)
      문장 4(S4)
        :
ELSE
      문장 5(S5)
      문장 6(S6)
END IF
```

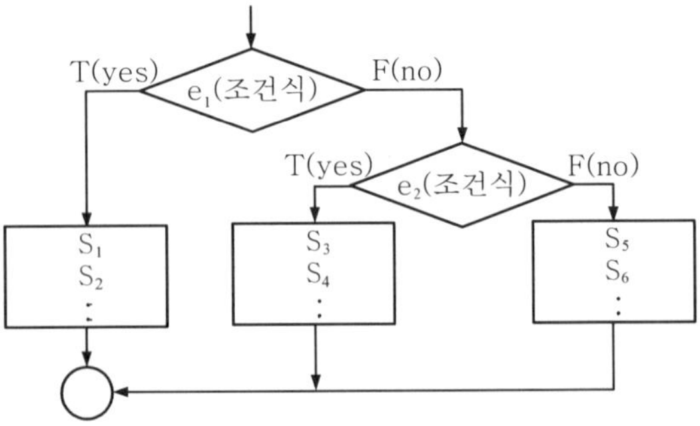

5.

```
IF (e1) THEN
      문장 1(S1)
      문장 2(S2)
  ELSE IF (e2) THEN
        문장 3(S3)
        문장 4(S4)
          :
  ELSE IF (en) THEN
        문장 5(S5)
        문장 6(S6)
ELSE
      문장 7(S7)
      문장 8(S8)
ENDIF
```

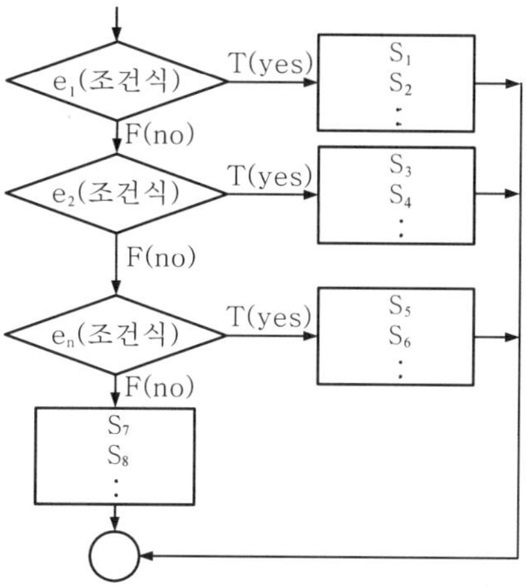


여기서 e, $e_1$, $e_2$, …는 조건식, T는 true이고 F는 false이며 S1~S8은 실행문이다. 블록 IF 문의 가장 간단한 형태는 IF … ENDIF 문으로 다음과 같은 경우이다.

① **단일 블록 IF 문** : 주어진 조건이 맞는 경우 여러 개의 명령을 실행할 필요가 있을 때 사용한다. 이 명령의 의미는 앞의 형식 1의 그림과 같다.
논리 IF 문과 같은 경우는 조건식이 참이 될 경우 하나의 명령문을 수행한다. 그러나 수행할 명령문이 둘 이상이 되거나, 참과 거짓에 따라 수행할 내용이 다를 경우에는 블록 IF 문을 사용한다. 물론 논리 IF 문과 이미 앞에서 기술한 GO TO 문을 조합해서 프로그램을 작성할 수 있으나 이럴 경우 프로그램의 제어 순서에 혼란을 가져오는 경우가 많아 이해하기도 어렵고 문제가 발생하였을 경우 디버깅하기도 어렵다.
  조건식에 따라 여러 개의 문을 실행할 수 있기 때문에 블록 IF 문이라고 한다. 조건식이 참 일 경우 THEN 이하의 문장 $S_1$과 $S_2$를 실행하고 조건식이 거짓일 경우 제어가 END IF 다음 문으로 이동된다. 조건식이 참일 경우 문이 몇 개가 되었든 IF 문과 END IF 문 사이에 있는 문은 모두 실행이 된다. 블록 IF 문에서 IF 문에 대응하는 END IF 문은 동일한 프로그램 내에 존재해야 한다. 또한 경우에 따라서는 블록 IF 문 안에서 GO TO 문을 사용하여 밖으로 나갈 수는 있으나 반대로 블록 IF 문 밖에서 안으로 제어가 이동할 수 없다. 즉, 들어올 수 없다.

② **양자 택일 블록 IF 문** : 형식 2의 IF~THEN~ELSE IF 구조는 조건식이 참일 경우에만 문제를 해결하는 것이 아니라 거짓일 경우에도 문을 수행해야하는

경우도 있으며 이럴 경우에는 ELSE 문을 사용하며 형식 2에 흐름도와 형식을 나타내었다.

조건식이 참 일 경우 THEN 이하의 문장 $S_1$과 $S_2$를 실행하고 조건식이 거짓일 경우 ELSE 이하의 문장 $S_3$과 $S_4$를 수행한 후 제어가 END IF 다음 문으로 이동된다. 여기서도 마찬가지로 블록 IF 문에서는 반드시 IF로 시작하고 반드시 END IF로 끝나야 한다. 또한 THEN을 사용하였는데 END IF가 없으면 컴파일러는 블록 IF 문으로 간주하는 것이 아니고 논리 IF 문의 형식과 같아져서 오류(error)가 발생한다. 즉, 논리 IF 문은 조건식 다음에 명령문이 나오지만 블록 IF 문은 조건식 다음에 THEN이 나오고 그 다음 줄에 수행할 명령문이 나오고 END IF로 마무리한다.

**예제 5.24** 대여금 총액 AMT의 값이 자료로 입력되고, AMT가 \$10,000이면 이자율 RATE가 7%이고, AMT가 \$10,000보다 크면 6%라 한다면, 이자 INT를 계산하는 흐름도를 작성하고 이 흐름도를 블록 IF 문을 이용하여 프로그램을 작성하라.

```
C      Block IF statement program
C
       REAL INT
   99  READ(5, *) AMT
       IF (AMT .LE. 10000) THEN
         RATE=0.07
       ELSE
         RATE=0.06
       ENDIF
       INT=AMT*RATE
       WRITE(6, 20) INT, AMT
   20  FORMAT(10X, 'THE  INTEREST(INT)  IS  $',  F8.2,  2X,
      &'FOR $', F6.0)
       IF(NUM .NE. 7) GO TO 99
       STOP
       END
```

**입력자료**

```
 5000  1
10000  1
20000  7
```

**출력결과**

```
THE INTEREST(INT) IS $  350.00  FOR $ 5000.
THE INTEREST(INT) IS $  700.00  FOR $10000.
THE INTEREST(INT) IS $ 1200.00  FOR $20000.
```

논리 IF 문을 사용한 프로그램과 비교하여 블록 IF 문을 사용하므로서 GO TO 문이 필요 없음을 알 수 있으며, 프로그램 작성 시 GO TO 문을 없애는 일은 바람직한 것이다.

다음 프로그램은 앞의 예제와 같이 논리 IF 문을 이용하여 프로그램을 작성할 때보다 블록 IF 문을 이용함으로써 GO TO 문을 줄임으로써 구조화 프로그램을 작성할 수 있다.

```
      IF(H .LE. 50.0) GO TO 30
      R=4.0*41
      O=1.5*41*(H-40.0)
      GO TO 50
30    R=H*41
      O=0.0
50    WRITE(6, *) R, O
```

다음은 형식3에 해당하는 프로그램을 블록 IF 문을 사용하여 작성하고 수행한 내용이다.

**예제 5.25** 각 학군별 학생들의 성적이 주어졌다. 이 학생들의 성적 중에서 가장 성적이 좋은 학생의 번호와 성적, 가장 나쁜 학생의 번호와 성적을 출력시키는 프로그램을 작성하라. 단, 동점자는 없는 것으로 한다.

**입력자료**

```
 1    80
 2    60
 3    37
 4    12
 5    39
 6    28
 7    56
 8    79
 9    98
10    42
-1     0
```

**프로그램**

```
C     Block IF statement program
C     MAX SCORE OR MIN SCORE
C
      INTEGER HAKGUN, SCORE
      READ(5, *) HAKGUN, SCORE
      MAXNUM=HAKGUN
```

```
                MINNUM=HAKGUN
                MAXSC=SCORE
                MINSC=SCORE
        99      READ(5, *) HAKGUN, SCORE
                IF (HAKGUN .EQ. -1) GO TO 100
                IF (SCORE .LT. MAXSC) THEN
                  IF (SCORE .GT. MINSC) THEN
                     GO TO 99
                  ELSE
                     MINSC=SCORE
                     MINNUM=HAKGUN
                     GO TO 99
                  ENDIF
                ELSE
                   MAXSC=SCORE
                   MAXNUM=HAKGUN
                   GO TO 99
                ENDIF
       100      WRITE(6, 20) MAXSC, MAXNUM, MINSC, MINNUM
        20      FORMAT(8X, '*** RESULT ***'/4X,'HIGHEST SCORE =',
              & I3,'(HAKGUN=', I2,‘)’/4X,'LOWEST SCORE =',
              & I3,'(HAKGUN =', I3,‘)’)
                IF(NUM .NE. 7) GO TO 99
                STOP
                END
```

**출력결과**

```
        *** RESULT ***
    HIGHEST SCORE = 98(HAKGUN = 9)
    LOWEST  SCORE = 12(HAKGUN = 4)
```

앞의 결과에 의하면 9학군에서 최고점수 98점이 나왔고 반면에 최저 점수 12점은 4학군에서 나왔다.

(2) 조건식에서 결과값이 거짓일 때 또 다른 조건을 비교할 경우 ELSE IF 문을 사용한다. 즉, 형식 4의 흐름도와 같은 조건에 입력 자료를 적용한 **블록(Block) IF 문**을 이용하여 코딩한 프로그램은 다음과 같고 이를 수행하면 다음과 같은 결과를 얻는다.

■ 흐름도

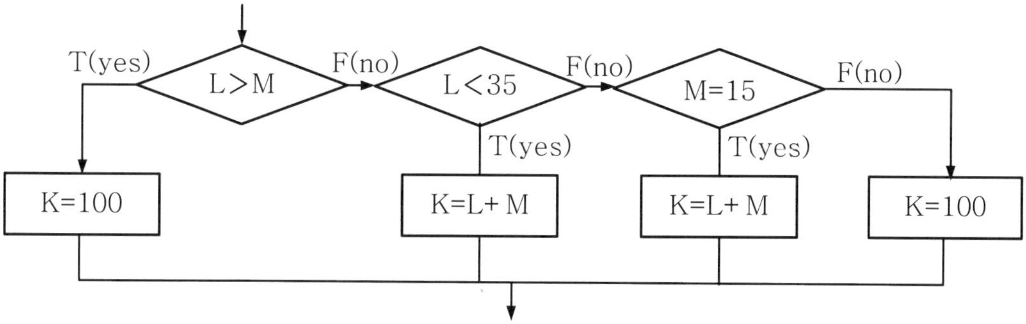


**그림 5.6** 예제 블록(BLOCK) IF 문 흐름도

■ 프로그램

```
C         Block IF statement program
C
   99     READ(5, *) L, M, NUM
          IF (L .GT. M) THEN
               K=100
            ELSE IF (L .LT. 35) THEN
               K=L+M
            ELSE IF (M .EQ. 15) THEN
               K=L+M
          ELSE
               K=1000
          END IF
          WRITE(6, 20) L, M, K
   20     FORMAT(5X, 'L=', I4, 5X, 'M=', I4, 5X, 'K=', I5)
          IF(NUM .NE. 7) GO TO 99
          STOP
          END
```

■ 입력자료

```
50  40   1
30  40   1
10  15   1
40  55   7 → 계산 종료 숫자
```

각 줄의 마지막 숫자는 프로그램의 계산 종료(7)를 하기 위하여 천공된 것이다.

■ 출력결과

```
L=  50     M=  40     K=  100
L=  30     M=  40     K=   70
L=  10     M=  15     K=   25
```

```
L=  40     M=  55     K= 1000
```

③ **다중 블록 IF 문(ELSE IF 문)** : 앞에서 나타낸 형식 4에서 조건식 ($e_1$)이 참 일 경우 THEN 이하의 문장 $S_1$과 $S_2$ 등을 실행하고 조건식 ($e_1$)이 거짓이고 조건식 ($e_2$)가 참이면 문장 $S_3$과 $S_4$을 수행되며 조건식 ($e_1$)과 ($e_2$)가 거짓일 경우 ELSE 이하의 문장 $S_5$과 $S_6$을 수행한 후 제어가 END IF 다음 문으로 이동된다. 여기서도 마찬가지로 블록 IF 문에서는 반드시 IF로 시작하고 반드시 END IF로 끝나야 한다.
필요할 때마다 얼마든지 ELSE IF 문을 추가해서 사용할 수 있다.
다음은 성적에 따른 학점을 A, B, C, D 및 E로 부여하는 예를 나타내고 있다.

**예제 5.26** 국어, 영어 및 수학의 3과목 점수에 대한 평균을 구하고 그 평균에 대한 학점을 판별하여 인쇄하는 프로그램을 작성하라.

```
C        Block IF statement program
C
         REAL KOR, ENG, MATH
         WRITE(6,20)
   20    FORMAT(4X, 44('='),/5X,'KOR', 5X,'ENG', 5X,'MATH',
     &   5X,'AVERAGE', 5X,'GRADE'/4X, 44('='))
   99    READ(5, *) KOR, ENG, MATH, NUM
         AVERAGE=(KOR+ENG+MATH)/3.0
         IF(AVERAGE .GE. 90.0) THEN
           WRITE(6,20) KOR, ENG, MATH, AVERAGE
   20      FORMAT(5X, F3.0, 5X, F3.0, 5X, F4.0, 5X, F6.2, 8X,
     &     'A')
           ELSE IF(AVERAGE .GE. 80.0) THEN
             WRITE(6,30) KOR, ENG, MATH, AVERAGE
   30        FORMAT(5X, F3.0, 5X, F3.0, 5X, F4.0, 5X, F6.2,
     &       8X, 'B')
           ELSE IF(AVERAGE .GE. 70.0) THEN
             WRITE(6,40) KOR, ENG, MATH, AVERAGE
   40        FORMAT(5X, F3.0, 5X, F3.0, 5X, F4.0, 5X, F6.2,
     &       8X, 'C')
           ELSE IF(AVERAGE .GE. 60.0) THEN
             WRITE(6,50) KOR, ENG, MATH, AVERAGE
   50        FORMAT((5X, F3.0, 5X, F3.0, 5X, F4.0, 5X, F6.2,
     &       8X, 'D')
         ELSE
```

```
            WRITE(6,60) KOR, ENG, MATH, AVERAGE
60          FORMAT(5X, F3.0, 5X, F3.0, 5X, F4.0, 5X, F6.2,
     &          8X, 'F')
        END IF
        IF(NUM .NE. 7) GO TO 99
        WRITE(6,80)
80      FORMAT(4X, 44('='))
        STOP
        END
```

**입력자료**

```
80  90  100  1
40  60  30   1
90  75  95   1
55  66  75   7
```

**출력결과**

```
============================================
    KOR     ENG     MATH     AVERAGE     GRADE
============================================
    80.     90.     100.      90.00        A
    40.     60.      30.      43.33        F
    90.     75.      95.      86.67        B
    55.     66.      75.      65.33        D
============================================
```

## 5.2 • 연습문제

**5.1** 논리 IF문(logical IF statement)에 대하여 간단히 설명하여라.

**5.2** 산술 IF문(arithmetic IF statement)에 대하여 간단히 설명하여라.

**5.3** 다음에서 어떠한 문 번호(statement number)로 실행이 옮겨질까?

①
```
J=5/(-2)
IF(J) 100, 200, 300
```

②
```
A=67.3
IF(A .GT. 67.3) GO TO 70
GO TO 60
```

③
```
I=1
I=I+1
IF(I .EQ. 2) GO TO 10
GO TO 40
```

**5.4** 다음에서 어떠한 문 번호로 실행이 옮겨질까?

①
```
A=14.7
B=6.9
IF(A-B) 11, 22, 33
```

②
```
A=14.7
B=6,9
IF(A .GE. B) GO TO 10
GO TO 30
```

③
```
L=4
IF(L .NE. 4) GO TO 20
GO TO 30
```

**5.5** 다음의 조건을 만족하는 적당한 IF 문(IF statement)을 작성하여라.

① CN이 CM, CT 또는 CJ보다 크면 실행을 문 번호 76으로 옮겨라.

② R의 값이 SUM/2. 보다 작거나 같으면 다른 자료카드(data card)를 읽어 R에 기억시켜라.

③ ROOT의 값이 0이면 STOP하여라.

④ A의 값이 10.1이고 그리고 B의 값이 4.0보다 크면 실행을 문 번호 41로 옮겨라.

**5.6** 다음의 조건을 만족하는 적당한 IF 문을 작성하여라.

① K이 L의 값 보다 크면 실행을 문 번호 41으로 옮겨라.

② P의 값이 1.4 보다 크거나 같으면 PAPA에 5.2를 더하여라.

③ COPY의 값이 TYPE보다 크고 PONY 보다 COPY에서 15.4를 빼라.

④ A가 B와 같고 C와 다르면 문 번호 10으로 옮겨라.

**5.7** B=AK  for $D \geq 0$

B=A−K  for $D < 0$

산술 IF 문을 사용하여 위의 계산을 위한 간단한 FORTRAN 문을 작성하여라.

**5.8** $DAP = -\frac{b}{2a}$ for $D \geq 0$

DAP=0.0  for $D < 0$

산술 IF 문을 사용하여 위의 계산을 위한 간단한 FORTRAN 문을 작성하여라.

**5.9** 다음에서 틀린 곳이 있으면 고쳐라.

① `IF(J .LT, 2M-3) GO TO 42`

② `IF(SUM .LE, 10.1) 10, 20, 30`

③ `IF(A EQ B) C=A`

④ `IF INT 11, 22, 33`

⑤ `IF(N .EQ, 1 AND L .GT. 5) STOP`

**5.10** 다음에서 틀린 곳이 있으면 고쳐라.

① `IF(K .GT, 2.4) GO TO 10`

② `IF(P .EQ, 4.9) 10, 20, 30`

③ `IF(P .EQ R) P=R`

④ `IF(L .GE, K AND P .EQ. R) GO TO 99`

**5.11** 다음 IF 문에서 K에 기억된 값이 얼마일 때 문 번호 10, 20 및 30을 수행하는가?

① `IF(K-5) 10, 20, 30`

② `IF(K+5) 10, 20, 30`

③ `IF(K**2-K) 10, 20, 30`

④ `IF(K*(-4*K)) 10, 20, 30`

**5.12** 다음 IF 문에서 H에 기억된 값이 얼마일 때 문 번호 11, 22 및 33을 수행하는가?

① `IF(H-4.1) 11, 22, 33`

② `IF(2*H+3.0) 11, 22, 33`

③ `IF(H**2-2*H) 11, 22, 33`

④ `IF(H*(-2.0*H)) 11, 22, 33`

**5.13** A=10.4, B=2.9, C=8.8 및 L=10 일 때 다음 IF 문에 의하여 실행이 어디로 옮겨질까?

①
```
IF(B*C .LE. A) GO TO 10
GO TO 20
```
②
```
IF(2*H+3.0) GO TO 30
GO TO 40
```
③
```
IF(A+B .LT. B+C) READ(5, 10) E, F
WRITE(6, 20) M, K, N
```

**5.14** I=2, K=13, N=20 및 D=10.8 일 때 다음 IF 문에 의하여 실행이 어디로 옮겨질까?

①
```
IF(K**I .LE. N-D) GO TO 10
GO TO 20
```
②
```
IF(K*I .GT. N) GO TO 30
WRITE(6, 20) K, I, N
```
③
```
IF(N-K*I/2 .NE. D*I-N) GO TO 50
GO TO 60
```

**5.15** 다음 문을 FORTRAN 문으로 나타내어라.

① If `A>B`, stop

② If `J≠M`, go to the statement labeled 31

③ If `A+3<100`, go to the statement labeled 100

④ If `X2≤I+J`, go to the statement labeled 50

**5.16** 다음 흐름도(flowchart)를 FORTRAN 문으로 작성하여라.

①

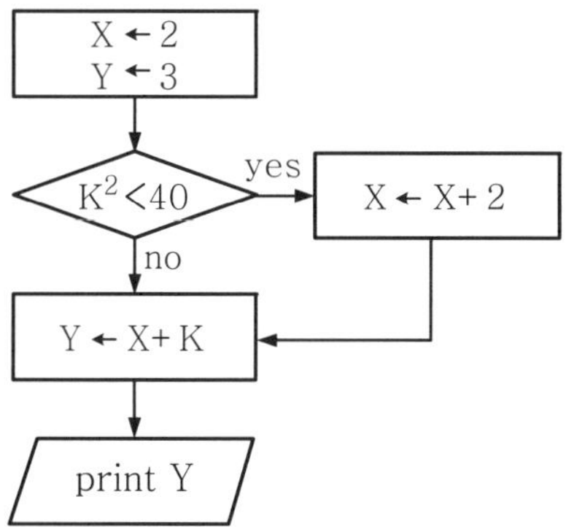


**연습문제 5.16** ① 그림 제어문

②

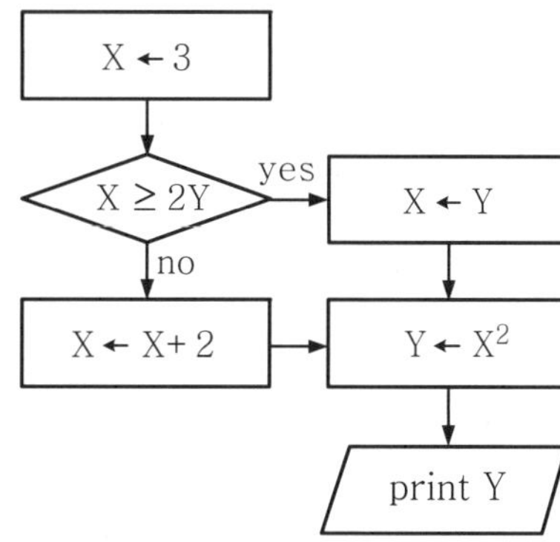


**연습문제 5.16** ② 그림 제어문

**5.17** 논리 IF 문을 산술 IF 문으로 고쳐라.

① If (A .LT. B) X=X+1.0
   Y=2.*X+1.0

② If (3*J .LE. K) J=J+2
   J=J+3

③ If (J .EQ. K) GO TO 30
   J=K

④ If (J .GE. K) GO TO 30
   J=K
   Computed GO TO 문

**5.18** 논리 IF 문으로 바꾸어라.

GO TO(10. 20. 25, 30), K

**5.19** 산술 IF 문으로 바꾸어라.

GO TO(20. 30, 40), M
Block IF 문

**5.20** J=5, K=10일 때 다음 문을 수행하면 J와 K의 값은 얼마인가?

```
① IF (J .LE. 10) THEN
       K=K+5
       J=J+K
   END IF
   J=J+K
   J=2*J
```

```
② IF (J .GT. 10) THEN
       K=K+5
   ELSE
       K=K-5
   ENDIF
   J=2*K
```

**5.21** 다음 흐름도를 블록 IF 문과 논리 IF 문으로 코딩하여라.

① 블록 IF 문과 논리 IF 문　　② 블록 IF 문과 논리 IF 문

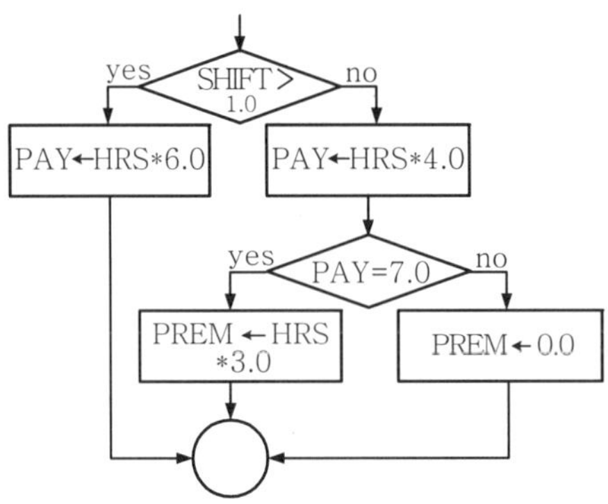


**연습문제 5.21** ① 그림 제어문

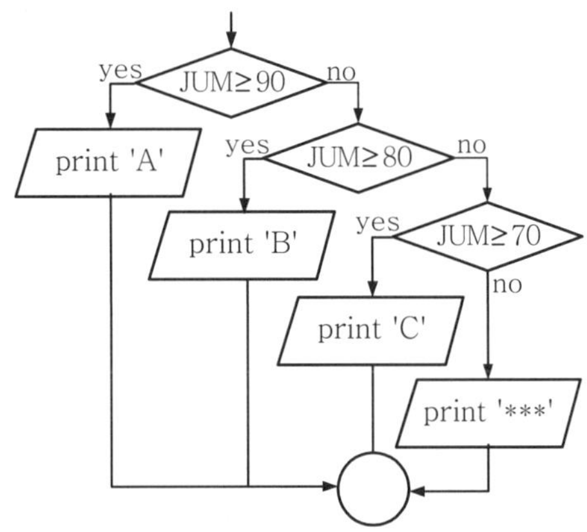


**연습문제 5.21** ② 그림 제어문

**5.22** 어느 학교에서 체력장 검서 중 높이뛰기를 하였다. 이중 제일 높이 뛴 학생의 높이와 제일 낮게 뛴 학생의 높이를 찾으려고 한다. 입력 자료는 F3.2로 천공되어 있으며, 입력 자료가 '–' 나 '0'이면 마지막 자료로 하는 프로그램을 작성하라.

> **참고**
>
> 입력 자료가 F3.2이므로 최대치가 9.99 m일 가능성이 있으며, 최소치는 0.01 m일 수도 있다. 그러므로 초기치를 설정할 때는 최대치 0.01, 최소치 9.99로 하여야 한다.

## 5.2 | 연습문제 해답

**5.1** 논리식의 결과에 따라 괄호 다음의 문 번이나 또는 GO TO 문에 의한 지정된 문 번호로 수행을 옮겨 실행하는 제어문.

**5.2** 산술식의 계산결과에 따라 IF 문 다음의 지정한 문 번호로 수행을 옮겨 실행하는 제어문.

**5.3** ① 100 ② 60 ③ 10

**5.4** ① 33 ② 10 ③ 30

**5.5**

① IF(CN .GT. CM .OR. CN .GT. CT .OR. CN .GT. CJ ) GO TO 76

② IF(R .LE. SUM/2.) READ(5,10) R

③ IF(ROOT .EQ. 0) STOP

**5.6**

① IF(K .NE. L) GO TO 41

② IF(D . GE. 1.4) PAAA=PAAA+5.2

③ IF(COPY .GT. TYPE .AND. COPY .LT. PONY) COPY=COPY-15.4

④ IF(A .EQ. B .AND. A .NE. C) GO TO 10

**5.7**

```
      IF(K) 10, 10, 20
10    B=A**(-K)
      GO TO 30
20    B=A**K
30    ……
```

**5.8**

```
      IF(D) 10, 20, 20
10    DAP=0
      GO TO 30
20    DAP=-B/2*A
30    ……
```

**5.9**

① IF(J .LT. 2M-3) GO TO 40 [* 누락, 2M을 2*M으로 수정]

② IF(SUM .LE. 10.1) 11, 22, 33 [문이 틀렸음, 11, 22, 33을 GO TO 11로 수정

③ IF(A EQ B) C=A [.이 누락, EQ을 .EQ.로 수정]

④ IF KNT 10, 20, 30 [괄호 ()가 누락, KNT를 (KNT)로 수정]

⑤ IF(N .EQ. 1 AND L .GT. 5 ) STOP [.이 누락, AND을 .AND.로 수정]

**5.10**

① IF(K .GT. 2.4) GO TO 20 [GO TO 20 앞에 , 누락]

② IF(P .EQ. 4.9) 11, 12, 13 [문이 틀렸음, 11, 12, 13을 GO TO 10으로 수정

③ IF(Q .EQ S) Q=S [.이 누락, .EQ을 .EQ.로 수정]

④ IF(L .GE. K AND P .EQ. Q) GO TO 30 [.이 누락, AND을 .AND.로 수정

**5.11**

① K<5, K=5, K>5

② K<-5, K=-5, K>-5

③ 0<K<1, K=0 또는 1, K>1 또는 K<0

④ K가 0이 아닌 실수, K=0, K가 허수

**5.12**

① H<4.1, H=4.1, F>4.1

② H<-1.5, H=-1.5, H>-1.5

③ 0<H<2, H=0 또는 2, H<0 또는 H>2

④ H가 0이 아닌 실수, H=0, H가 허수

**5.13** ① GO TO 20 ② GO TO 30 ③ WRITE(6, 20) A, B, C

**5.14** ① GO TO 20 ② GO TO 30 ③ GO TO 50

**5.15**
① If (A .GT. B) STOP
② If (J .NE. M) GO TO 31
③ If (A+3 .LT. 100.0) GO TO 100
④ If (X*X .LE. FLOAT(I+J)) GO TO 50

**5.16**
①
```
      X=2
      Y=3
      If (K*K .LT. 40) X=X+2.0
      Y=X+K
      PRINT *, Y
```
②
```
      X=3
      If (X .GE. 2.0*Y) GO TO 10
      X=X+2
      GO TO 11
   10 X=Y
   11 Y=X*X
      PRINT *, Y
```

**5.17**
①
```
      IF(A-B) 10, 20, 20
   10 X=X+1.0
   20 Y=2.*X+1.0
```
②
```
      If (3*J-K) 10, 20, 20
   10 J=J+2
   20 J=J+3
```
③
```
      If (J-K) 10, 30, 10
   10 J=K
```
④
```
      If (J-K) 10, 30, 30
   10 J=K
```

**5.18**
```
If (K .EQ. 1) GO TO 10
If (K .EQ. 2) GO TO 20
If (K .EQ. 3) GO TO 25
If (K .EQ. 4) GO TO 30
```

**5.19**
```
If (M-2) 20, 30, 40
```

**5.20** ① J=70, K=15 ② J=10, K=5

**5.21** ① 블록 IF 문

```
      IF (SHIFT .GT. 1.0) THEN
           PAY=HRS*6.0
        ELSE
           PAY=HRS*4.0
           IF(DAY .EQ. 7.0) THEN
                    PREM=HRS*3.0
              ELSE
                    PREM=0.0
              ENDIF
      ENDIF
```

논리 IF 문

```
      IF (SHIFT .GT. 1.0) GO TO 10
      PAY=HRS*4.0
      IF(DAY .EQ. 7.0) GO TO 5
         PREM=HRS*3.0
         GO TO 20
    5    PREM=0.0
         GO TO 20
   10 PAY=HRS*6.0
   20 
```

② 블록 IF 문

```
      IF (JUM .GE. 90) THEN
           PRINT *, 'A'
      ELSE IF (JUM .GE. 80) THEN
           PRINT *, 'B'
      ELSE IF (JUM .GE. 70) THEN
           PRINT *, 'C'
      ELSE
           PRINT *, '***'
      ENDIF
```

논리 IF 문

```
      IF (JUM .GE. 90) GO TO 10
      IF (JUM .GE. 80) GO TO 11
      IF (JUM .GE. 70) GO TO 12
        PRINT *, '***'
          GO TO 20
   10     PRINT *, 'A'
          GO TO 20
   11     PRINT *, 'B'
```

```
       GO TO 20
12    PRINT *, 'C'
20    [          ]
```

**5.22** ■ 프로그램

```
C      Find MAX and MIN
C
       HMAX=0,01
       HMIN=9.99
99     READ(5, 10) HIGH
10     FORMAT(F3.2)
       IF(HIGH) 11, 11, 22
22     IF(HMAX .GE. HIGH) GO TO 55
       HMAX=HIGH
55     IF(HMIN .LE. HIGH) GO TO 99
       HMIN=HIGH
       GO TO 99
11     WRITE(6, 20) HMAX, HMIN
20     FORMAT(5X, 'MAX height = ', F5.2, 5X //6X, 'MIN height =
       ', F5.2)
       STOP
       END
```

■ 입력 자료

```
145
172
128
188
 92
162
  0
```

■ 출력 결과

```
  MAX height =  1.88 m
  MIN height =  0.92 m
```

# 5.3

# STOP, PAUSE 및 END 문

프로그램의 정지, 일시정지, 끝 및 계속 등의 역할을 하는 **제어문(制御文, control statement)**인 STOP, PAUSE, END 및 CONTINUE 문 등에 대하여 알아보기로 하자.

## 5.3.1 STOP 문

FORTRAN의 모든 프로그램을 보면 마지막은 반드시 END로 끝나고 바로 위에는 STOP이라는 명령어가 사용된다. 컴퓨터는 프로그램을 한 문(文)씩 순차적으로 수행(遂行, execute)해 나간다. 이 수행 동작을 정지시키는 역할을 하는 것이 STOP 문이다. 이 명령어는 목적프로그램(object program)의 끝이나 프로그램 상에서 사용되는 실행문으로서 프로그램의 실행이 끝났다는 것을 컴퓨터에게 알려주는데 사용되고 적어도 하나 이상의 STOP 문이 프로그램 내에 있어야 한다. 이러한 STOP 문의 일반적인 형식은 다음과 같다.

```
STOP[n]
```

여기서 n : 다섯 자리 이하의 숫자 열(정수형 상수) 또는 문자 상수

사용 예를 들면 다음과 같다.

STOP : n은 생략이 가능하다.

STOP 99999 : 다섯 자리의 숫자까지 사용이 가능하다.

STOP ' DAE HAN MIN KOOK' : 다섯 자리 이상의 문자 상수도 가능하다.

프로그램 끝이나 프로그램 상에서 이들 두 경우 모두가 프로그램이 끝났을 때 그 내용(정수형 상수나 문자형 상수)을 출력하기 때문에 프로그램이 어디에서 끝났는지 알 수 있는 확실한 근거가 된다. 또 하나의 단위 프로그램에서 여러 개의 STOP 문을 사용할 수도 있다. 예기치 못한 착오가 발생했을 경우 이 문제

를 처리하기 위해 프로그램을 계속 수행하지 않고 중지시키는 방안으로도 사용될 수 있다.

STOP 문 사용 시 적용해야 할 다음 규칙에 대해 잘 알아야 한다.

(1) STOP 문은 하나의 단위 프로그램 내에 여러 개 존재할 수 있으며 이를 구분하기 위하여 STOP 다음에 n(**다섯 자리 이하의 정수형 상수나 문자형 상수**)을 사용한다.

```
IF (A .GT. B) STOP
      :
STOP 'KOREA'
END
```

위의 프로그램에서 STOP 문 다음에 문자형 상수를 사용했을 경우 프로그램 종료 시 문자형 상수 KOREA를 출력하게 된다.

((2) n은 생략이 가능하며, n을 지정했을 경우 어떤 STOP 문에 의해 실행이 종료되었는지 터미널(모니터)에 n의 내용이 출력된다. 앞 페이지의 사용 예에서 99999가 출력됨을 뜻한다.

(3) END 문 앞의 STOP 문은 생략이 가능하다.

**예제 5.27** 주어진 자료 A와 B를 읽어 그대로 출력하는 프로그램을 작성하여라(단, A*B<0이면 실행을 종료하라).

**프로그램**

```
C         STOP PROGRAM
C
   99     READ(5, 10) A, B, NUM
   10     FORMAT(2F4.1, I4)
          IF (A*B .LT. 0) STOP
          WRITE(6, 20) A, B, NUM
   20     FORMAT(5X, 'A =', F5.2, 5X, 'B =', F5.2, 5X, 'NUM =', I2)
          IF(NUM .NE. 7) GO TO 99
          END
```

**입력자료**

```
10.  10.  0
 0.   0.  7
```

**출력결과**

```
A =10.00    B =10.00    NUM = 0
A = 0.00    B = 0.00    NUM = 7
```

만약 앞의 프로그램에서 IF 문에서 LT 대신에 LE로 바뀐다면 어떤 결과가 출력되겠는가?

A =10.00　　B =10.00　　NUM = 0만 출력된다. 그 이유는 무엇인가?

## 5.3.2 PAUSE 문

프로그램의 중간과정검사(test), 테이프(tape) 교환 또는 운영자(operator)에게 특별히 지시할 사항이 있을 때 프로그램의 수행을 일시적으로 중지시키는데 사용되는 실행문이다. 만약 프로그램을 계속 수행하고자 할 때에는 enter나 space bar 등을 누르면 PAUSE 문 다음 문부터 수행된다. 이 문의 일반적인 형식은 다음과 같다.

```
PAUSE[n]
```

여기서 n : 다섯 자리 이하의 숫자 열(정수형 상수) 또는 문자 상수

PAUSE 문에서도 n은 생략 가능하며 n을 지정했을 때 STOP 문에서와 같이 n의 내용이 출력된다.

```
C        EXAMPLE OF PAUSE PROGRAM
C
         READ(5, *) J, K
         M=J+K
         PAUSE 'PLEASE, WAIT A MOMENT'
         WRITE(6, *) M
         STOP
         END
```

**예제 5.28** 다음은 NUM가 일정한 값에 도달하면 프로그램이 일시적으로 정지되는 경우이다.

```
      READ(5, 10) NUM
   10 FORMAT(I4)
      IF(NUM .EQ. 10000) PAUSE 777
           ⋮
```

**설명** NUM의 값이 10000이면 운영자(operator)의 조작이 있을 때까지 IF 다음 문을 수행하지 않고 수행이 일시적으로 정지된다. 따라서 "START" 버튼이나 enter나 space bar key 등을 누르면 PAUSE(또는 IF) 다음 문부터 수행된다.

## 5.3.3 END 문

이미 설명한 바와 같이 모든 FORTRAN 프로그램은 컴파일러(compiler)에 의해서 **기계어(機械語, machine language)**로 된 목적프로그램으로 번역된다. END 문은 컴파일러에게 **번역할 원시프로그램이 더 이상 없다는 것을 알려 주는 비실행문**으로서 FORTRAN 프로그램은 끝이 났다는 것을 알려 주는 역할을 한다. 언제나 모든 FORTARN 프로그램의 마지막에서 사용하는 문이므로 프로그램의 마지막임을 나타내는 역할을 한다. 그렇게 때문에 FORTRAN 프로그램은 반드시 END 문으로 끝난다. 함수 부프로그램(function subprogram)이나 서브루틴 부프로그램(subroutine subprogram)문도 맨 마지막은 항상 END로 끝난다. 이들 두 부프로그램은 앞에서 설명한 STOP이나 RETURN 문이 생략되었을 경우 END 문이 이들 실행문의 역할을 대신하게 된다. 이 문의 일반적인 형식은 다음과 같다.

```
END
```

END와 STOP은 서로 어의(語意)가 비슷하여 혼동하기 쉽지만 그 기능이 전혀 다르다는 것을 잊어서는 안 된다. END는 컴파일러에게 주는 지시(指示, compiler directive)이며 목적프로그램에는 이에 대응하는 기계어명령(machine language instruction)이 나타나지 않는다. 따라서 이것은 명령의 수행단계(遂行段階)에서는 아무런 동작을 취하지 않는 비실행문(非實行文, non-executable statement)이다. STOP 문은 실제로 컴퓨터를 멈추든지 또는 제어를 넘겨주는 동작을 하는 실행문(實行文, executable statement)이다.

다음은 지금까지 기술한 STOP, PAUSE 및 END 문의 사용 및 차이점을 요약하여 표 5.3에 나타내었다.

**표 5.3** STOP, PAUSE 및 END 문의 사용 및 차이점

| STOP 문 | PAUSE 문 | END 문 |
|---|---|---|
| ■ 프로그램의 실행이 끝남을 의미한다. | ■ 프로그램이 잠시 중단된 상태를 나타낸다. | ■ 원시 프로그램의 끝을 나타낸다. |
| ■ 한 프로그램에 여러 번 STOP 문이 나올 수 있다. | ■ 프로그램이 잘 실행되고 있는지 알아보기 위해 사용된다. | ■ 모든 프로그램의 마지막에 단 한 번 위치한다. |
| ■ 프로그램을 다시 시작 하려면 처음부터 실행 하여야하며 실행문이다. | ■ 일부의 키(key)에 프로그램이 PAUSE 문 다음부터 실행되며 실행문이다. | ■ 비실행문이다. |

# 5.3 • 연습문제

5.1 STOP 문(STOP statement)에 대하여 간단히 설명하여라.

5.2 END 문(END statement)에 대하여 간단히 설명하여라.

5.3 PAUSE 문(PAUSE statement)에 대하여 간단히 설명하여라.

## 5.3 | 연습문제 해답

5.1 목적프로그램의 끝에 사용되는 설명문이고 적어도 하나 이상의 STOP 문이 프로그램 내에 존재해야한다.

5.2 번역할 원시 프로그램이 더 이상 없다는 것을 컴파일러에게 알려주는 비실행문이며 하나의 프로그램 마지막에 반드시 하나만 존재해야 한다.

5.3 프로그램을 일시적으로 중지시키는 실행문이고 일부의 키에 의해 프로그램이 PAUSE 문 다음부터 실행된다.

**예제 5.29** **프로그램 작성_ 공의 부피와 표면적이 계산**

반경 R=5 cm인 공의 체적 $\forall=(4/3)\pi R^3$과 표면적 $S=4\pi R^2$를 구하고 그 결과의 값 R, V 및 S를 모두 인쇄하라.

**해설** 프로그램 내에서 사용하고 있는 변수명은 모두 실수형으로, R : 공의 반경(cm), ∀ : 공의 체적($cm^3$), PI : 원주율(=3.14159) 및 S : 공의 표면적($cm^2$)이다.

**프로그램**

```
      PI=3.14159
      R=5
      V=4*PI*R**3/3
      S=4*PI*R**2
      WRITE(6, 10)
 10   FORMAT(6X, 24('=') / 7x,'R', 6X, 'V', 7X, 'S'.6X,
     & 24('='))
      WRITE(6, 20) R, V, S
 20   FORMAT(3x, 3F10.3)
      WRITE(6, 30)
 30   FORMAT(6X, 24('='))
      STOP
      END
```

**출력결과**

```
==========================
   R       V        S
==========================
 5.000   523.598   314.159
==========================
```

**예제 5.30** **프로그램 작성_ 수의 합계**

1+2+3+ ... +1000+1001+ ... +10000의 합계를 구하는 중 1000항마다 중간 결과를 계산하여 다음과 같이 인쇄하는 프로그램을 작성하라.

**프로그램**

```
      INTEGER SU, SUM, COUNT
      SU=0
      SUM=0
C
      WRITE(6, 10) SU, SUM
 10   FORMAT(7x, 24('=')/10X, 'SU' 13X, 'SUM'/7x,
     & 24('='))
 99   COUNT=O
 30     SU=SU+1
```

```
          SUM=SUM+SU
          COUNT=COUNT+1
        IF (COUNT . LT. 1000) GO TO 30
        WRITE(6, 20) SU, SUM
20      FORMAT(1X, 2I12)
        IF (SU . LT. 10000) GO TO 99
40      WRITE(6, 40)
        FORMAT(1X, I12, 5X, I12)
        STOP
        END
```

**출력결과**

```
=====================
   SU          SUM
=====================
 1000        500500
 2000       2001000
 3000       4501500
 4000       8002000
 5000      12502500
 6000      18003000
 7000      24503500
 8000      32004000
 9000      40504500
10000      50005000
=====================
```

**문제분석** 1부터 2… 등으로 1000항까지 차례로 계산되었는가를 헤아리는 변수 COUNT를 지정하여 한번 계산할 때마다 COUNT의 값을 하나씩 증가시켜 그 값이 1000이 되면 그때의 SU와 SUM을 출력하고 다음 단계에는 COUNT의 값을 0으로 다시 세트(clear)시켜서 같은 방법으로 계속 계산하여 10000이 되면 계산을 끝낸다.

**예제 5.31 각도 계산에 따른 어느 사분면?**

다음과 같이 0°에서 360°까지의 각이 어느 사분면에 속하는지 구분하여 인쇄하려고 한다. 이에 대한 프로그램을 작성하라.

| | |
|---|---|
| $0° <$ 각(角) $\leq 90°$ | 제1사분면의 각 |
| $90° <$ 각(角) $\leq 180°$ | 제2사분면의 각 |
| $180° <$ 각(角) $\leq 270°$ | 제3사분면의 각 |
| $270° <$ 각(角) $\leq 360°$ | 제4사분면의 각 |
| $360° <$ 각(角) | 끝난다 |

**프로그램**

```
C          QUADRANT
           INTEGER QUAD
           WRITE(6, 10)
   10      FORMAT(1X, 22('=') / 2x, 'ANGLE', 7X,'QUADRANT'/1X,
      &    22('='))
   99      READ(5, 20) ANG
   20      FORMAT(1X, F3.0)
           IF (ANG .GT. 360.0) GO TO 44
           IF (ANG .LE. 270.0) GO TO 11
             QUAD=4
             GO TO 100
   11      IF (ANG .LE. 180.0) GO TO 12
             QUAD=3
             GO TO 100
   12      IF (ANG .LE. 90.0) GO TO 13
             QUAD=2
             GO TO 100
   13        QUAD=1
  100      WRITE(6, 30) ANG, NCL
   30      FORMAT(2X, 'ANGLE', F4.0, 3X,'QUADRANT=', I3)
           GO TO 99
   44      WRITE(6, 40)
   40      FORMAT(1X, 22('='))
           STOP
           END
```

**입력자료**

```
246.
175.
 90.
360.
127.
192.
400.
```

마지막 자료 400은 360보다 크므로 '끝난다.' 따라서 계산의 마지막을 알리는 값이다.

**출력결과**

```
=====================
  ANGLE     QUADRANT
=====================
   246.         3
   175.         2
    90.         1
   360.         4
   127.         2
   192.         3
=====================
```

**예제 5.32 원주율의 계산**

π의 값을 다음과 같은 공식을 이용하여 n의 값이 10000이 될 때까지 계산하되 1000항마다. 원주율을 출력하라.

$$\text{공식 } \pi = \sqrt{6\left(\frac{1}{1^2} + \frac{1}{2^2} + \frac{1}{3^2} + \dots\dots + \frac{1}{n^2}\right)}$$

**프로그램**

```
C          Calculate the value of pi

           WRITE(6, 10)
      10   FORMAT(16X,  22('=')  /  2x,  'SU',  11X,'VALUE  OF
     &     PI'/1X, 22('='))
           SUM=0.0
           BUN=0.0
C
      55   K=0
      66     BUN=BUN+1.0
             SUM=SUM+ 1.0/(BUN*BUN)
             K=K+1
             IF(K .LT. 1000) GO TO 66
           PI=SQRT(6.0*SUM)
           WRITE(6, 20) BUN, PI
      20   FORMAT(1X, F20.0, E20.9)
           IF (BUN .LT. 10000.0) GO TO 55
           WRITE(6, 30)
      40   FORMAT(16X, 22('='))
           STOP
           END
```

**출력결과**

(a) 10000이 될 때까지 1000항마다 인쇄

```
==============================
  SU          VALUE OF PI
==============================
  1000.       0.314063811E+01
  2000.       0.314111519E+01
  3000.       0.314127445E+01
  4000.       0.314135385E+01
  5000.       0.314140177E+01
  6000.       0.314143348E+01
  7000.       0.314145613E+01
  8000.       0.314147329E+01
  9000.       0.314148664E+01
 10000.       0.314149714E+01
==============================
```

(b) 1000000이 될 때까지 100000항마다 인쇄

```
==============================
  SU             VALUE OF PI
==============================
  100000.       0.314158320E+01
  200000.       0.314158797E+01
  300000.       0.314158940E+01
  400000.       0.314159036E+01
  500000.       0.314159083E+01
  600000.       0.314159107E+01
  700000.       0.314159131E+01
  800000.       0.314159155E+01
  900000.       0.314159155E+01
 1000000.       0.314159179E+01
===============================
```

**프로그램 분석** 출력 결과 (a)는 예제 5.32에 대한 것이고 (b)는 10만부터 시작하여 100만이 되면 계산을 끝내는 프로그램으로 수정하여 실행한 결과 훨씬 더 개선된 계산 결과를 보여주고 있다.

# 6 DO 문

공학도나 과학도가 만드는 대부분의 프로그램은 주로 전공분야와 관련된 물리적인 현상을 식으로 나타내어 그 결과를 구하려면 계산과정이 필요하다. 이러한 과정에서 수치해석 프로그램이 아주 간단한 경우도 있겠지만 해를 얻기 위해 식 자체가 복잡하고 반복 계산이 필요한 경우도 많다. 물론 수치해석 프로그램 외에 개인용도로 사용할 주소나 학생들의 간단한 성적 계산도 여러 반에 대하여 정리하려면 반복적인 작업을 필요로 한다. 이 경우 컴퓨터는 같은 일을 반복처리(反復處理)하는데 아주 큰 위력을 발휘한다. 한 사람의 수학능력시험의 성적을 처리하는데 컴퓨터를 동원할 필요는 없겠지만 수천, 수만 및 수십만 명이 된다면 비로소 이용할 가치를 느낄 것이다. 이때 수천, 수만 및 수십만 학생의 성적(자료, DATA)은 달라도 이를 처리하는 방법(프로그램)은 같다. 그러므로 서로 다른 자료에 대하여 같은 프로그램을 반복 수행케 함으로써 원하는 목적을 훌륭하게 달성할 수 있다.

이제 우리는 이러한 문제를 쉽게 이해하기 위하여 아주 간단한 예를 하나 들어보자. 1부터 10까지의 자연수들의 합을 구하는 문제를 생각해보기로 한다. 자신의 학년에 따라 답을 얻는 방법은 독자의 학년에 따라 여러 가지 있을 것이다. 아마 초등학생들은 계산기로 1부터 10까지 차례대로 합할 것이고 학년이 조금 올라가면 1+10, 2+9, 3+8 등으로 구할 수도 있고 고등학생 정도의 수준이라면 등차수열의 합의 공식을 이용하여 $10 \times (10+1)/2 = 55$를 구할 수 있다. 그러나 계산 자체가 복잡한 수식이나 반복계산을 요구하는 경우를 만난다면 손 계산으로는 거의 불가능한 경우가 발생할 수 있다. 이러한 경우에는 현재 다루고 있는 FORTRAN 프로그램을 사용하면 같은 작업을 경제적이고 신속한 시간 내에 반복 처리하는데 큰 위력을 발휘하므로 이러한 방법에 대하여 단계별로 조금 더 상세히 알아보기로 하자.

6.1

# DO 문

이미 전술한 바와 같이, 다른 자료를 써서 프로그램의 어떤 부분을 반복수행(反復遂行)하는 데는 **논리** IF 문과 GO TO 문을 써서 처리할 수도 있다. 예를 들면, 1에서 100까지의 자연수에 대한 제곱의 합을 구하는 문은

```
 1  ISUM=0
 2  N=1
99  ISUM=ISUM+N**2
 3  N=N+1
 4  IF(N .LE. 100) GO TO 99
```

이다. 여기서 문 번호 2, 3 및 4는 반복수행을 실행하는데 필요한 것으로서, 다음과 같은 강력한 힘을 가진 **하나의 DO 문으로 대체**할 수 있다. 이와 같이 DO 문을 씀으로서 위의 프로그램은 다음과 같이 간단해진다.

```
 1  ISUM=0
    DO 11 N=1, 100, 1
11  ISUM=ISUM+N**2
```

여기서 "DO 11 N=1, 100, 1"은 「문 번호 11까지의 명령을 반복 수행하되, 최초에는 N=1, 1(초기치)부터 시작하여 1(증가치)씩 증가하여 두 번째는 N=2,…, 백 번째는 N=100이 될 때까지 계속 반복 수행한 후 DO 루프 다음 문을 수행하라」는 뜻이다. 이 관계를 흐름도로 나타내면 다음 그림 6.1과 같다. DO 문을 쓴 프로그램에는 처음에 ISUM이라는 기억장소에 0을 넣어주고 N을 1로 하면 우측 식에 N**2는 1**2=1로 되어 우측의 ISUM에 기억되어있는 0에 더해 준다. 그러면 좌측의 ISUM은 1을 기억하게 된다. 다음에 N이 100과 같은가를 검토하여 100보다 작으므로 N이 1만큼 자동적으로 증가되어 N이 2가 되며 우측 식에 N**2은 2**2=4로 되어 우측의 ISUM에 기억되어있는 1에 더해 준다. 그러면 좌측의 ISUM은 1+4가 되어 5를 기억하게 된다. 이러한 과정이 계속 되풀이되어 N이 100이 되면 우측 식에서 N**2는 100**2=10000으로 되어 우측의 ISUM에 기억되어있는 99번째의 값에 10000을 더한 값이 ISUM에 기억된다. 이

때 N은 100과 같으므로 반복 작업이 끝나고 반복수행의 횟수는 100이 됨을 알 수 있다. 이 프로그램에서 인쇄되는 **N의 값이 101이라는 점에 주의**해야 하고 ISUM은 338350으로 인쇄된다. 이와 같이 DO 문은 반복횟수를 나타내는 정수의 값이 자동적으로 변하는 것이 제5장의 IF와 GO TO 문을 사용하는 것보다 월등한 점이라 하겠다. 이와 같이 DO 문으로 인하여 반복되는 과정을 DO 루프(DO-loop)라 한다. 그림 (b)에서 쌍방화살표는 이 사이의 것이 반복되는데 N=1에서 N=100까지 하나씩 N값이 바뀐다는 것을 뜻한다. 반복계산 기호에는 이와 같은 쌍방화살표 외에 그림(c)과 같은 것도 있고 다른 형태의 것도 있다.

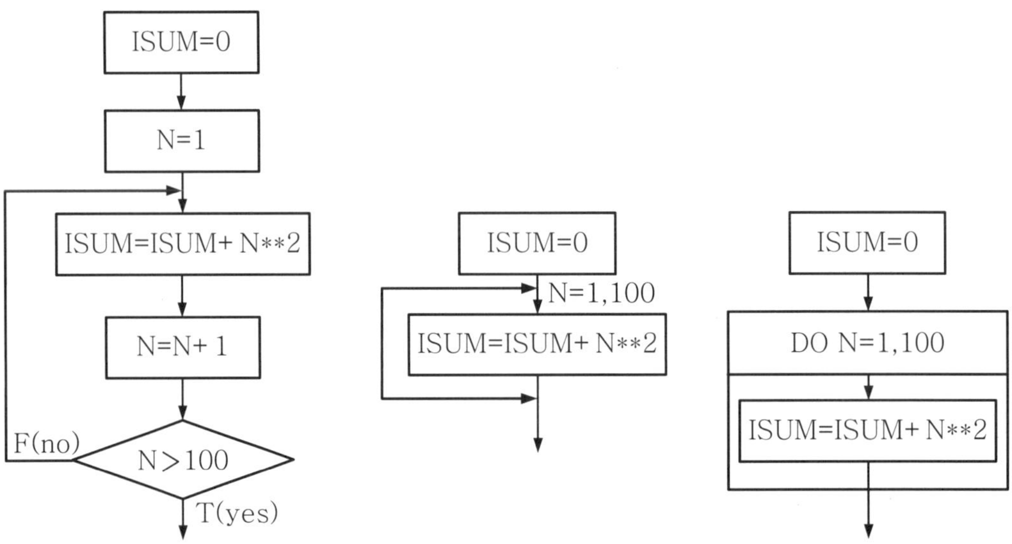


(a) 논리 IF 문을 쓰는 경우 (b) DO 문을 쓰는 경우(1) (c) DO 문을 쓰는 경우(2)

**그림 6.1** 반복계산에 대한 흐름도

이와 같이 프로그램 상의 어느 부분을 반복 처리한다든가 또는 일정한 수를 증가 또는 감소하면서 같은 계산과정을 되풀이하는 경우 등에는 형식이 간단하고 이용하기 편리한 DO 문이 사용된다. DO 문을 사용하면 IF 문이나 GO TO 문을 사용한 것보다 훨씬 간단히 프로그램을 작성할 수 있으며, 이러한 DO 문의 일반적인 형식은 다음과 같다.

```
    DO n iv=m1, m2, m3
       S1
       S2
       :
  n CONTINUE
```

여기서 n : DO 문의 범위를 지정해주는 실행문 또는 CONTINUE 문의 문 번호

iv : 지표변수(index variable)로서 정수형, 실수형 또는 배정도 실수형 변수로 표현.

$m_1$ : DO 문 실행 시 제어변수가 갖는 **초기치**(initial value)로서 상수, 정수형, 실수형 또는 배정도 실수형 변수, 산술식으로 표현.

$m_2$ : 목적치 또는 **최종치**(last value)로서 이 값이 iv에 전달되면 DO 문은 종료(상수, 정수형, 실수형 또는 배정도 실수형 상수, 변수, 산술식으로 표현)

$m_3$ : DO loop을 한번 끝날 때마다 **증가치**(increment value)로서 상수, 정수형, 실수형 또는 배정도 실수형 변수, 산술식으로 표현, 증가치가 1일 경우 생략할 수 있다.

$s_1$, $s_2$ : 반복적으로 실행되는 문장

DO 문이 프로그램의 어느 일정 부분을 계속해서 반복하여 처리하는 문이라면 반복 처리할 때 (1) 반복하는 범위와 (2) 반복횟수를 명시해야 할 것이다.

**첫째 문제** (1)는 어느 문장에서 어느 문장까지를 반복할 것인가는 DO 문장의 n으로 그 범위를 지정하여 DO 문의 다음 문장에서 문 번호 n이 붙은 문장까지 반복하게 된다. 이것을 **DO의 범위**(range of DO) (또는 DO loop?)라 한다. 지표 변수 iv에 I를 사용하였다면 이 I는 정수형 변수 또는 첨자로 사용할 수 있다. 그리고 만약 **DO 루프 밖에서 정수 I가 사용되었다 하더라도 DO 루프 안에서 사용되는 I와는 전혀 관계가 없다.**

지표 I를 정수형(변)수와 첨자(添字)로 사용하는 예를 들면 다음과 같은 식

$$\sum_{i=1}^{10} iX_i = 1 \cdot x_1 + 2 \cdot x_2 +,\dots,+ 10 \cdot x_{10}$$

을 생각해보자. 이 식을 구하는 FORTRAN 프로그램은 다음과 같다.

```
      DIMENSION X(10)
      SUM=X(1)
      DO 11 I=2, 10
      AI=I
11    SUM=SUM+AI*X(I)
```

SUM=0.0으로 하는 대신 SUM=X(1)로 하면 I=1일 때 $x_1$은 이미 $0+1 \cdot x_1$으로 계산되어 있으므로 계산은 I=2부터 시작해서 $2 \cdot x_2$를 $0+1 \cdot x_1$에 더해 준

다. **실수와 정수의 혼용(混用)을 피하기 위하여** I 대신 AI=I를 사용하여 정수 I를 실수 AI로 변환하였다.

**둘째 문제** (2)는 몇 번 반복할 것인가 DO 문장의 변수 iv에 초기치로 $m_1$을 기억시켜 DO의 범위를 처리한 후 iv에 있는 값에 $m_3$ 만큼 증가시켜 iv에 넣어 (iv=iv+$m_3$) 그 값이 $m_2$보다 클 때까지 DO의 범위를 처리하고 iv가 $m_2$보다 크면 DO의 범위를 벗어나 n문장의 다음 문이 처리된다. 이것을 그림으로 나타내면 그림 6.2와 같다.

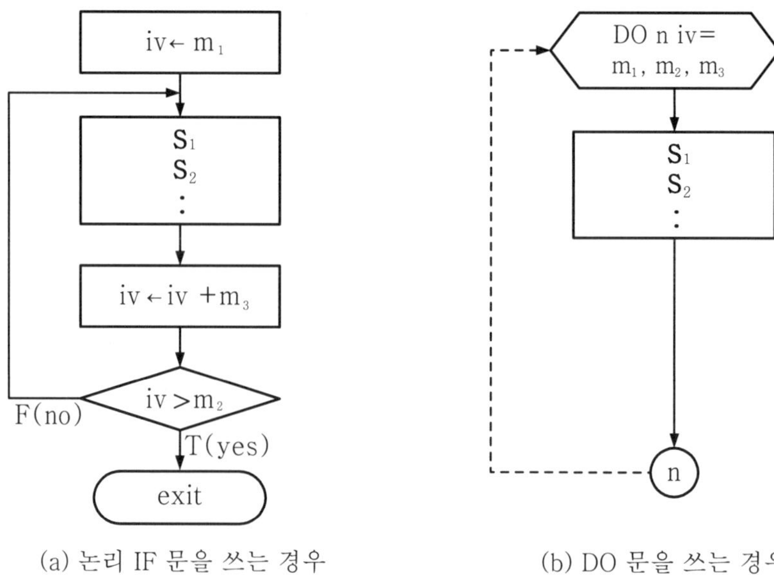


**그림 6.2** DO 문에 대한 흐름도

DO 문과 이에 따른 명령들을 합해서 DO 루프라고 하고, DO 문 바로 다음의 문으로부터 DO로 인하여 반복되는 DO 루프 마지막 문장까지를 **DO 문의 범위(範圍, range)**라고 한다.

- **DO 문을 사용하는데는 다음 규정(規定)(general rules)들을 지켜야 한다.**

(1) DO 문 안에서는 수식을 사용할 수 없다.

```
[틀린 예] DO 11 I=1, J+3, 2
```

(2) DO 문 안에서 증가치가 1일 때는 생략할 수 있다.

```
[예제] DO 22 I=1, 30
```

(3) DO 루프의 지표(指標, index)는 정수형, 실수형 또는 배정도 실수형 변수이

건 관계없다. 그러나 배열(配列)이나 산술식(算術式)은 허용되지 않는다.

[바른 예] DO 11 N=1, 10

```
DO 11 A=1.5, 10.7, 2.1
```

[틀린 예] DO 11 N(3)=1, 10

```
DO 11 3*1=1, 10
```

(4) 지표의 초기치 및 최종치도 정수형, 실수형 또는 배정도 실수형 변수이건 관계없다. 또 부호가 +(양수) 또는 -(음수)이건 상관없다.

[바른 예] DO 22 I=N1, N2

```
DO 22 I=1, N
DO 33 A=I+J, -(SQRT(Z)), 2.1
```

[틀린 예] DO 11 I=N(1), N(2)

(5) 지표변수의 증분은 -(음수)라도 관계없다. 단 0은 허용되지 않는다.

[바른 예] DO 33 I=9, 1, -2

[틀린 예] DO 33 I=1, 9, -2

(6) 지표변수는 DO 루프 안에서 다시 변경시켜서는 안 된다. 지표변수(指標變數, index variable)를 변경했을 때를 running parameter라고 한다.

[틀린 예] DO 11 I=3, 12

```
 I=I-1
5N(I)=I**3
```

(7) DO 문 안에서 $m_1$은 $m_2$보다 작아야 한다. 만일 $m_1$이 $m_2$와 같거나 큰 경우에는 반복은 단 한번만 수행한다. 그리고 $m_1 > m_2$이고 $m_3 > 0$일 때와 $m_1 < m_2$이고 $m_3 < 0$일 때는 본체(body of loop)를 실행하지 않고 루프를 벗어난다.

(8) 지표의 초기값 및 최종값도 DO 루프 안에서 변경시켜서는 안 된다.

[틀린 예] DO 55 I=1, N

```
  N=N+1
6 M(I)=N**2
```

(9) DO 루프의 마지막 문장으로서 무조건 GO TO 문, 할당형 GO TO 문, 산술 IF 문, 블록 IF 문, ELSE IF 문, END IF 문, STOP 문, CALL 문, RETURN 문 및 다른 DO 문 등과 같은 제어문(control statement)이나 FORMAT 문, DATA 문 및 END 문 등과 같은 비실행문이 와서는 안 된다. 만일 이들을 사용해야 할 경우는 CONTINUE 문을 추가하여 그 뒤에 삽입해야 한다.

CONTINUE 문을 사용할 필요가 없는 DO 루프에도 CONTINUE 문을 써도 관계없으며 특히 긴 프로그램에서 DO 범위의 한계(限界)를 명료하게 하고 프로그램을 검토하는데 CONTINUE 문을 사용하는 것이 매우 능률적이라고 알려져 있다.

[틀린 예]
```
      N=1
      DO 11 I=N, 10
    7 IF(A(I)-5.2) 10, 20, 20
```

[바른 예]
```
      N=1
      DO 11 I=N, 10
      IF(A(I)-5.2) 10, 20, 20
    7 CONTINUE
```

**예제 6.1** 3자리의 수 i j k 의 값이 각 숫자의 3승(乘)의 합(合)$i^3+j^3+k^3$과 같은 수를 찾아 나타내어라. 여기서 I의 백의 자리수, J는 10의 자리수, K는 일의 자리수를 나타낸다.

```
C     CONTINUE STATEMENT PROGRAM
C
      INTEGER RHS, LHS
      DO 11 I=1, 9
      DO 22 J=1, 10
      DO 33 K=1, 10
        JM1=J-1
        KM1=K-1
        LHS=100*I+10*JM1+KM1
        RHS=I**3+JM1**3+KM1**3
        IF(LHS .EQ. RHS) WRITE(6, 20) I, JM1, KM1
   33 CONTINUE
   22 CONTINUE
   11 CONTINUE
   20 FORMAT(5X,'I= ', I3, 'JM1= ', I3, 'KM1 = ', I3)
      STOP
      END
```

**출력결과**

```
I =  1    JM1 =  5    KM1 =  3
I =  3    JM1 =  7    KM1 =  0
I =  3    JM1 =  7    KM1 =  1
I =  4    JM1 =  0    KM1 =  7
```

구하는 수가 3자리 수이므로 100단위(單位) 자리 I에는 1에서 9까지 숫자가 올 수 있으나 10과 1단위 자리 J와 K에는 0에서 9까지 숫자가 올 수 있다. 그러나 DO 문에서 지표가 1보다 작을 수는 없으므로 10과 1단위의 J와 K를 1에서 10까지 변하게 하되 시험에 사용하기 전에 1을 빼준다.

(10) 하나의 DO 범위 안에 다른 DO 문을 포함하는 경우(즉, 다중 DO 루프(nested DO loop)의 경우에는, 내부 DO 루프는 외부 DO 루프 범위 안에 있지 않으면 안 된다. 즉 DO 루프가 서로 교차하면 안 된다.

[틀린 예]
```
DO 11 I=1, 10
DO 22 J=1, 10
11 CONTINUE
22 CONTINUE
```
[바른 예]
```
DO 11 I=1, 10
DO 22 J=1, 10
22 CONTINUE
11 CONTINUE
```

(11) DO 범위(DO loop) 안에서 GO TO 문, IF 문과 같은 제어문에 의해서 DO 범위 밖으로 수행이 벗어날 수는 있으나 밖에서 DO 범위 안으로 수행이 다시 들어올 수는 없다. 이때 제어가 외부 DO 범위 밖으로 나가면, DO 루프는 실행되지 않는다. 단 DO 루프의 본체에서 함수명(函數名, function name)이나 CALL 문(제8장)에 의해 부프로그램(subprogram)을 처리한 후 되돌아오는 것은 관계가 없다. 또한 DO 범위 안에서 GO TO 문, IF 문 등에 의해서 밖으로 수행이 옮겨졌을 때는 일정 부분을 수행한 후 다시 돌아올 수 있다. 이 때, DO 범위 밖에서 수행되는 문 전체를 DO의 확장범위(擴張範圍, extended range)라고 한다. 이 확장 범위 안에서 DO 문이 있어도 안 되고 $m_1$, $m_2$ 및 $m_3$의 값을 변경시켜도 안 된다.

[틀린 예]

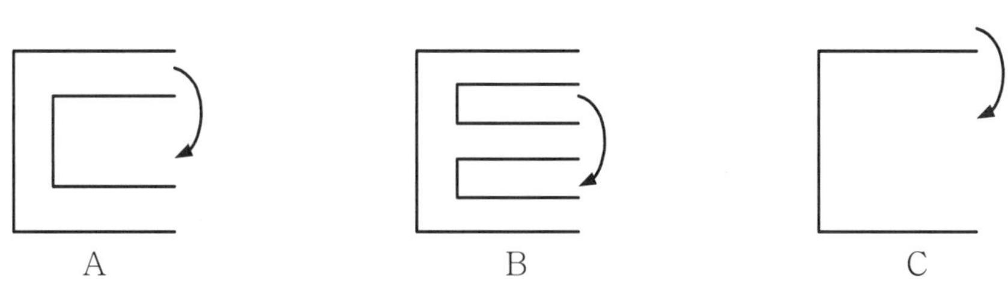

[바른 예]

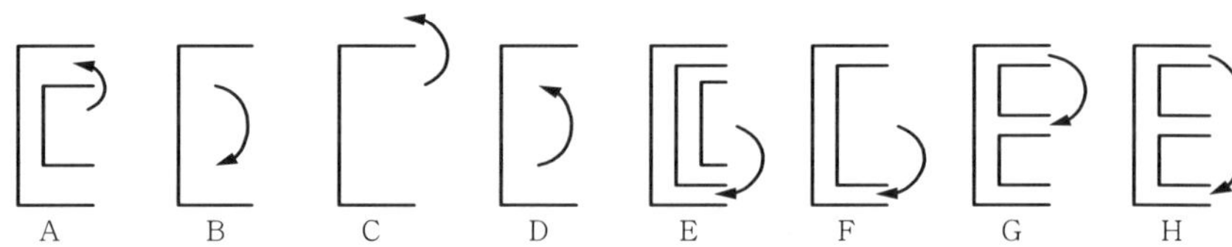


■ 예제

```
      ISUM=0
      DO 11 I=1, 1000, 1
      ISUM=ISUM+I
      IF(ISUM .GT. 333) GO TO 99
11    CONTINUE
99    WRITE(6, 20) ISUM, I
20    FORMAT(1X, I8 , 10X, I5)
```

앞의 예제는 DO **범위**(DO loop) 안에서 IF 문에 의해서 DO 범위 밖의 문 번호 99로 수행이 옮겨지는 경우를 나타내고 있다.

(11)에서 DO 범위(DO loop) 안에서 GO TO 문, IF 문과 같은 제어문에 의해서 DO 범위 밖으로 수행이 벗어날 수는 있으나 밖에서 DO 범위 안으로 수행이 다시 들어올 수는 없다. 즉 다음과 같은 문장은 허용되지 않는다.

```
      GO TO 10
      DO 11 N=1, 20          NO!
      READ(5, *) A, B
10    C=A+B
11    WRITE(6, 50) C
```

그러나 비록 WATFIV가 아닐지라도 컴파일러는, DO 루프 안으로 들어가는 것이 순환의 지표변수에 영향을 주지 않고 어떤 문을 실행하기 위한 목적으로 같은 DO 루프 밖으로 수행된다면 이러한 규정을 위배하는 것은 허가된다. 따라서 어떤 컴파일러는 다음의 문장을 허용함으로서 다음과 같은 출력결과를 얻을 수 있다.

반복 DO 루프

안으로 이동

밖으로 이동

```
      ISUM=0
      K=3
      DO 11 I=1, 6
      IF(ISUM .EQ. 2*K) GO TO 20
   40 ISUM=ISUM+K
   11 K=K+1
      GO TO 50
   20 WRITE(6, 30) I, ISUM, K
      GO TO 40
   50 WRITE(6, 30) I, ISUM, K
   30 FORMAT(1X, 'ISUM' .EQ. 2*K '/3X, 'I =', I3, 3X,
     &         'K =', I3, 3X, 'ISUM= ', I4/)
```

■ 출력 결과

```
ISUM .EQ. 2*K
  I =  4   K =  6   ISUM=   12
 ISUM .NE. 2*K
  I =  7   K =  9   ISUM =  33
```

(12) DO 루프 안의 문장들이 반복되는 횟수 n는 다음 식으로 나타낸다.

$$n = \frac{\text{최종치} - \text{초기치}}{\text{증분}} + 1$$

예를 들면 DO 11 K=5, 83, 4이면 문 번호 11까지의 문장들이 반복되는 횟수는

$$n = \frac{83 - 5}{4} + 1 = 20$$

즉, 20번 수행된다.

(13) DO 루프의 초기치, 최종치 및 증분 등에 대한 검사 즉, 소위 DO test가 FORTRAN 77에서는 사전에 실시되며 한번도 수행되지 않을 수도 있다. 다음의 프로그램은 DO 범위를 벗어날 때 정상적으로 벗어나는 경우와 비정상적으로 벗어나는 경우에 대하여 나타낸다.

■ DO 범위(DO loop, DO range)를 벗어나는 경우

① DO 문의 조건을 만족하는 경우(정상 벗어남, normal exit)

■ 예제

```
      DO 11 I=1, 100, 10
      I2=I*I
      IJK=I2*K
11    WRITE(6, 20) I, I2, IJK
20    FORMAT(1X, I3, 2X, I6, 2X, I8)
```

② IF 문이나 GO TO 문 등의 제어문에 의한 경우(비정상 벗어남, abnormal exit)

■ 예제

```
         :
      X=3.0
      DO 11 I=1, 100, 3
      X=X+2*I
      IF(X .GE. 10.2) GO TO 20
11    CONTINUE
20    Y=Y+X
         :
```

이때 DO 범위를 벗어날 당시의 I의 값은 DO 루프를 벗어난 후에도 이 값을 변경시키지 않으면 그 값이 그대로 유지된다.

**예제 6.2** 정수의 합계

정수 1, 2, 3, ⋯ , 10000의 합계를 구하여 인쇄하는 프로그램을 DO 문을 사용하여 작성하라.

---

**프로그램**

```
C     INTEGER SUM PROGRAM
C
      ISUM=0
      DO  11 I=1, 10000, 1
      ISUM=ISUM+I
11    CONTINUE
      WRITE(6, 20) I, ISUM
20    FORMAT(1X, 'SUM OF 1 THRU ' , I5, 'IS ' , I10)
      STOP
      END
```

**출력결과**

```
SUM OF 1 THRU 10001  IS   50005000.
```

(THRU는 through이다.)

이 프로그램에서 인쇄되는 I의 값이 10001**이라는 점에 주의**해야 한다. 그리고 ISUM 즉, 계산된 합은 50005000**으로 인쇄**된다.

6.2

# CONTINUE 문

CONTINUE 문은 프로그램의 순서나 연산과 같은 실행에 어떠한 영향을 주지 않고 다만 실행이 계속 이루어지도록 하는 뜻을 갖는 형식적인 실행문(dummy executable statement)으로서 DO 루프(DO loop) 범위의 끝을 나타내는 마지막 문장이 비실행문이나 GO TO 문, STOP 문 및 IF 문 등으로 끝나는 것을 방지해 주는 역할을 하고 있다.

또한 CONTINUE 문을 사용함으로써 DO 루프의 구조가 확실히 드러나며, 그에 따른 프로그램의 이해가 훨씬 더 쉬어진다.

CONTINUE 문의 일반적인 형식은 다음과 같다.

```
n   CONTINUE
```

여기서, CONTINUE : 계속 실행하라는 명령어

n : DO 문에서 사용하는 문 번호(statement number)

CONTINUE 문은 (1) 반드시 문 번호를 가져야 하며 (2) DO 루프의 마지막 문장으로 사용한다든지 또는 어떤 명령문에 특별히 문 번호를 붙이지 않고 그 문 번호를 CONTINUE 문에 적어 그 문장의 앞에 삽입시켜 같은 의미로 사용하게 된다.

(1)의 경우에서 ① 맞는 경우, ② 틀린 경우를 나타내었다.

① 맞는 경우

```
      DO 11 N=1, 30
          :
11    CONTINUE
```

② 틀린 경우

```
      DO 11 N=1, 30
          :
      CONTINUE
```

CONTINUE 문은 생략이 가능하다(②). 즉, DO 루프의 범위를 확실하게 하기 위해서 CONTINUE 문을 사용하지만, 실제적인 DO 루프의 범위는 CONTINUE

문 바로 전의 실행문이다.

①
```
      DO 11 I=1, 100
      READ(5, 10) NUM
   10 FORMAT(I4)
   11 CONTINUE
```

②
```
      DO 11 I=1, 100
   11 READ(5, 10) NUM
   10 FORMAT(I4)
```

① CONTINUE 문은 생략하고 CONTINUE 문의 문 번호는 이 문의 바로 앞의 실행문인 READ 문에 문 번호를 삽입(②)시키면 두 프로그램은 같은 의미로 사용하게 된다.

DO 문 사용 규칙 (11)에서도 기술한 바와 같이 어떤 DO 루프(범위) 안의 어떤 문으로부터 같은 DO 범위 안의 다른 곳으로 항상 옮겨갈 수 있으며, 또 DO 범위의 밖으로 자유로이 수행이 옮겨질 수 있다. 그러나 어떤 DO 범위의 중간으로 수행이 옮겨지는 것은 불가능하다. 즉, 어떤 DO 범위 안의 문들로 옮겨갈 수 있는 유일한 방법은 원래의 DO 문을 경유하는 길 뿐이다. 그러나 제어가 어떤 DO 문으로 옮겨올 때마다 DO 범위의 색인은 그것의 처음값으로 재설정된다는 것을 늘 기억하는 것이 중요하다.

주어진 정수에서 다음과 같은 정수의 합, 즉 정수 4를 제외한 첫 열개의 양의 정수들의 합을 구하기 위해 DO 범위를 사용하는 어떤 FORTRAN 프로그램 부분을 원한다고 가정하자.

```
1+2+3+5+6+7+8+9+10
```

앞의 양의 정수들의 합을 구하기 위한 두 프로그램 ①과 ②를 고려해보자.

①
```
      ISUM=0
      DO 11 I=1, 10
        IF(I .EQ. 4) I=I+1
        ISUM=ISUM+I
   11 CONTINUE
```

②
```
      ISUM=0
   99 DO 11 I=1, 10
        IF(I .EQ. 4) GO TO 99
        ISUM=ISUM+I
   11 CONTINUE
```

프로그램 ①은 DO 범위 안의 색인 I가 I=4이면 I가 I+1로 변경되기 때문에

틀린 것이다. 즉, 만약 다음과 같은

```
IF(I .EQ. 4) I=I+1
ISUM=ISUM+I
```

문들이 어떤 DO 범위에 있지 않았으며, 그때 I가 원래 4를 기억하고 있었다면 좌측의 I는 4+1=5로 되어 그 아래의 문 ISUM에 더해졌을 것이다. 그러나 DO 범위 안에 있기 때문에, 그 문들은 허용되지 않는다.

이와는 대조적으로, 프로그램 ②에서는 DO 범위가 바르게 사용되었다. 그러나 프로그램의 논리조작이 잘못되었다. 즉, 지표변수 I값이 4일 때 "I=I+1"을 처리한 후 ISUM=ISUM+I을 처리하지 않고 제어는 DO 루프를 계속 반복하기 위해서 DO 문의 문 번호인 "GO TO 99"에 의해서 DO 문으로 되돌아간다. 전술한 바와 같이 이렇게 DO 문이 실행될 때에는 언제나, 지표변수 I는 다시 그것의 초기값 1로 기억된다. 따라서 이 프로그램은 다음과 같이 어떤 무한 DO 루프(범위)를 계속 처리하게 되어 DO 루프를 벗어나지 못하게 될 것이다.

```
1+2+3+1+2+3+1+2+3+,…,+
```

프로그램 ②의 의도는 I가 4를 기억하고 있을 때 ISUM=ISUM+I를 건너뛰려는 것이다. 또한 DO 범위는 자연스럽게 그 과정을 계속 처리하기를 원한다. 그렇게 하기 위해서는 제어를 DO 문 대신에 CONTINUE 문으로 옮기면 쉽게 해결된다. 즉, 프로그램 ②는

```
    IF(I .EQ. 4) GO TO 99
대
    IF(I .EQ. 4) GO TO 11
신
```

로 고치면 요구되는 합을 계산할 것이다. 실제로 이 예제는 다음 절의 주요 핵심인 CONTINUE 문의 필요성을 예시한 것이다.

### 6.2.1 CONTINUE 문의 필요성

실제로, 어떤 프로그램에서 DO 루프의 마지막 문이 CONTINUE 문이 아니어도 되지만, 이때 DO 루프의 마지막 문은 GO TO 문, STOP, 산술 IF 문 및 다른 DO 문이 아닌 어떤 다른 실행문이어야 한다. 예를 들면 아래 프로그램

```
      ISUM=0
      DO 11 I=1, 50
      ISUM=ISUM+I
11    CONTINUE
```

는 대신하여 다음과 같은 프로그램으로 써도 된다. 즉 CONTINUE 문은 생략하고 이 문 바로 앞의 실행문 ISUM 문 앞에 문 번호 11을 삽입시키면 된다.

```
      ISUM=0
      DO 11 I=1, 50
11    ISUM=ISUM+I
```

그러나 여전히 DO-CONTINUE 문의 짝을 사용하는 것을 권장하는데 그것은 다음과 같은 형식의 통상적인 오류(誤謬, error)를 방지할 수 있기 때문이다.

```
      DO 11 K=1, 50
      WRITE(6, 11) K
11    FORMAT(5X, 'I=', I3)
```

비실행문인 FORMAT 문을 DO 루프의 마지막 문으로 사용하는 오류이다. 이 경우는 앞에서 기술한 DO 루프의 마지막 문은 비실행문의 문 번호 11을 실행문인 WRITE에 문 번호를 옮겨야 한다. 그리고 FORMAT 문의 문 번호 11은 다른 숫자로 바꾸어야 한다. 더욱 중요한 것은 DO-CONTINUE 문의 짝은 그것을 사용함으로써 어떤 DO 루프의 형태를 표준화하는 뚜렷한 이점을 제공할 뿐만 아니라 CONTINUE 문은 DO 루프의 마지막을 나타내는 역할도 한다.

다른 한편으로는, 반드시 CONTINUE 문을 사용해야만 하는 상황이 있다. 어떤 DO 루프 내에 어떤 조건문이 있다고 가정하고, 그림 6.3과 같은 흐름도의 부분을 생각해보기로 하자. 그런데 이 DO 루프 내에 나타난 바와 같이 두 대안들은 전혀 공통점이 없다. 흐름도에서 DO 루프의 범위를 나타낼 수 없기 때문에 앞의 흐름도를 다음 그림 6.4와 같은 흐름도로 변형시켜야 한다. 두 대안이 모두 참조되어서 DO 루프가 자연스럽게 계속 실행할 수 있도록 사용되는 특별한 실행문의 종류들이 요구된다. 이 목적으로 생성된 문이 CONTINUE 문이고 6.2절 양의 정수들이 합을 구하기 위하여 수정된 프로그램의 ②부분이 이에 해당된다.

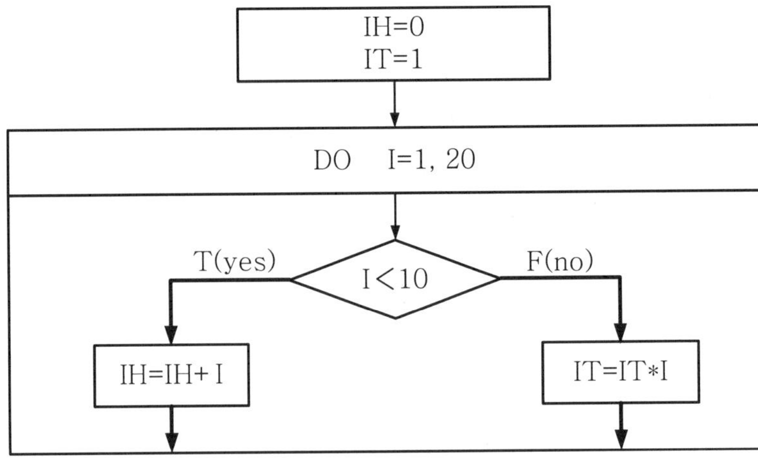


**그림 6.3** CONTINUE 문 흐름도

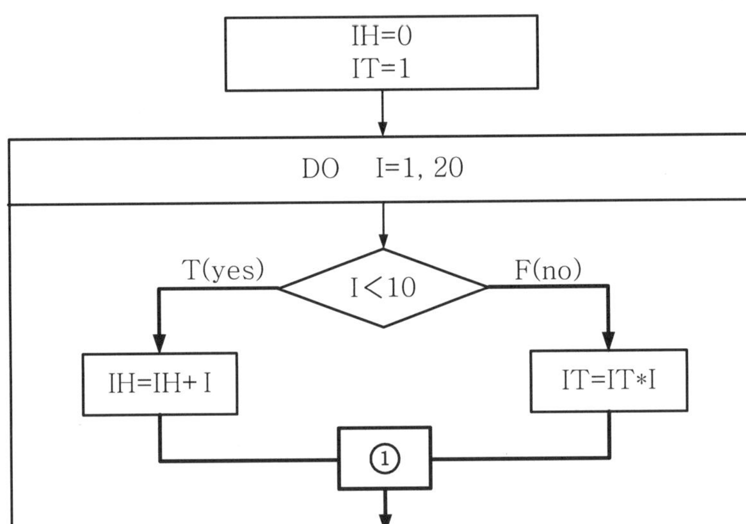


**그림 6.4** CONTINUE 문 흐름도

앞의 그림에서도 그림 6.3에서 설명한 것처럼 DO 루프 안에 두 대안 들은 공통점이 없으므로 DO 루프가 자연적으로 계속해서 실행할 수 있는 실행문이 필요하다. 그러나 위와 같은 흐름도에서 이러한 문제를 쉽게 해결할 수 있는 ①에 들어갈 명령어를 선택하는 것은 매우 번거로운 일이다. 이러한 문제를 해결해주는 제어문이바로 CONTINUE 문이다. 위의 흐름도에 CONTINUE 문을 이용하여 FORTRAN 프로그램으로 나타내면 다음과 같다.

```
      IH=0
      IT=0
      DO 11 I=1, 20
      IF(I .LT. 10) GO TO 50
      IT=IT*I
      GO TO 11
 50   IH=IH+I
 11   CONTINUE
         :
```

앞의 프로그램을 근거로 그림 6.4의 흐름도에서 “DO I=1, 20”를 “DO 11 I=1, 20”로, ①을 11로 수정하면 CONTINUE 문이 추가되어 DO 루프의 범위를 구체적으로 나타낼 수 있다.

**예제 6.3** 10개의 자료가 0이 아닌 음이나 양수일 경우, 음수와 양수의 개수를 계산하는 흐름도와 프로그램을 작성하고 계산 결과를 나타내어라.

**흐름도**

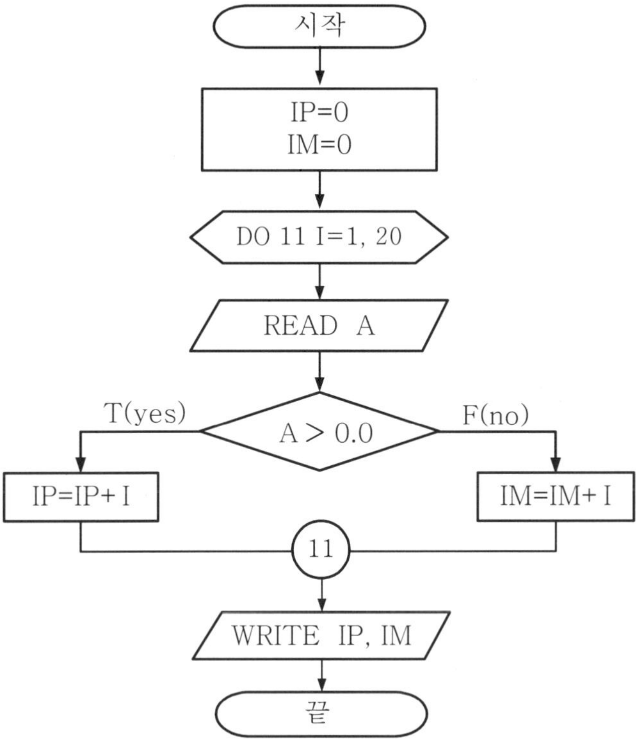


**예제 6.3 그림** 흐름도

**프로그램**

```
C     CONTINUE STATEMENT PROGRAM
C
      IP=0
      IM=0
      DO 11 I=1, 10
      READ(5, *) A
      IF(A .GT. 0.0) GO TO 22
        IM=IM+1
      GO TO 11
22      IP=IP+1
11    CONTINUE
      WRITE(6, 20) IP, IM
20    FORMAT(5X,'P0SITIVE(IP)=', I3 /
      5X,'P0SITIVE(IM)=', I3)
      STOP
      END
```

**입력자료**

```
 123.45
 234.56
-345,67
-456.78
 567.89
-678.90
 789.01
-890.12
-901.23
 876.54
```

**출력결과**

```
P0SITIVE(IP)=  5
P0SITIVE(IM)=  5
```

프로그램 출력 결과 주어진 자료의 음수와 양수의 개수는 각각 5개로 나타났다.

## 6.2.2 다중 DO 문

하나의 DO 루프 안에 다른 DO 문을 포함하는 경우가 있다. DO 문 내에 또 다른 DO 문이 포함될 수 있는데 이를 **다중 DO 문**(nest DO statement)이라 하고 그림 6.5에 주어졌다. 이 때 밖의 DO 문을 **외부(外部) DO 루프**(outer DO loop), 안쪽의 DO 문을 **내부(内部) DO 루프**(innter DO loop **또는** nested DO loop)라고 하며, 이들을 **다중 DO 루프**라 한다. 즉, DO 문으로 인하여 반복되는 과정을 말한다. 한 개의 내부 DO 루프의 마지막 문이 외부 DO 루프의 마지막 문과 같거나 그 내부에 완전히 포함되어 있어야 한다. 다시 말하면 내부(內部) DO의 마지막 문장이 외부 DO의 마지막 문장과 같거나 또는 그 앞에 있어야 한다. 컴퓨터 기종에 따라 다르나 어떤 것은 25개의 내부 DO 루프까지 가능하다.

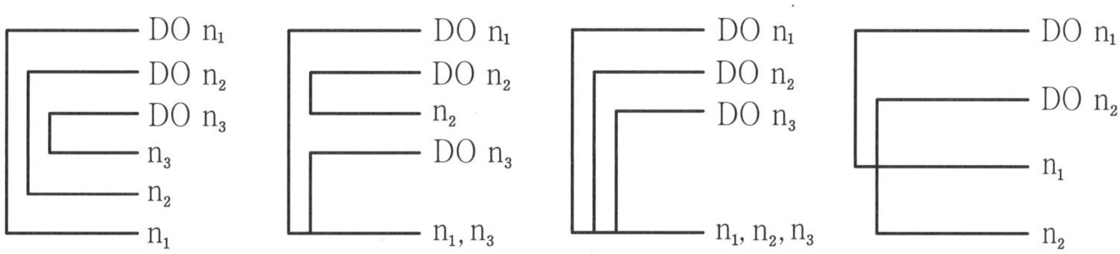


(1) 가능　(2) 가능　(3) 가능　(4) 불가능

**그림 6.5** 여러 형식의 다중 DO 문

다중 DO의 처리순서는 **내부 DO를 완전히 처리한 후 외부 DO가 처리**된다. 그러므로

```
   DO 11 I=1, 10, 1
     K=I*5
   DO 11 J=1, 10, 1
     L=J*3+K
11 CONTINUE
```

가 처리되는 순서는 I가 초기치 1이 되어 K=1*5 문을 처리한 후 J를 지표변수(index variable)로 하여 내부 DO 루프 안에 있는 문 L=J*3+K를 10번 수행하고 다시 I가 1이 증가되어 같은 방법으로 문들을 처리한다. 그러므로 외부 DO 범위를 벗어날 때까지는 K=I*5 문은 10번 처리되고 내부 DO 루프 안에 있는 L=J*3+K 문은 100번 처리된다.

내부 DO 루프에서 GO TO나 IF 문으로 외부 DO 범위로 뛰어가는 것은 가능하나 그 반대의 경우는 뒤에서 설명할 규칙 (4)에 어긋나므로 불가능하다. 그리고 DO 루프 안에서는 자유롭게 제어를 옮길 수 있으나, 둘 이상의 루프가 하나의 문장으로 루프의 끝 문을 만들었을 경우 이 문장으로 뛰어갈 수 있는 내부 DO 루프에서만 가능하다[그림 6.6].

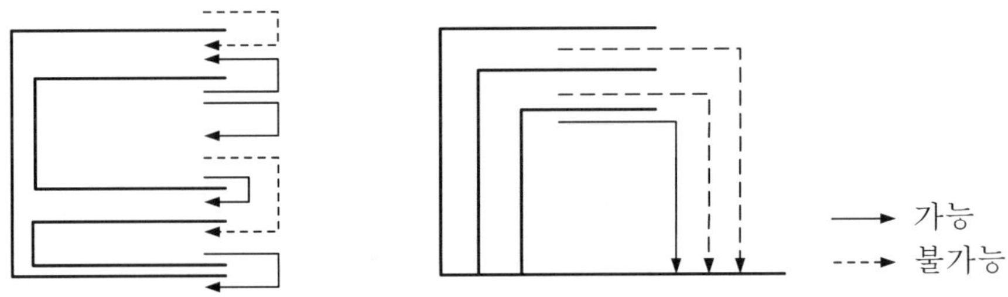


**그림 6.6** DO 루프의 출입 가능 여부

■ 예제

앞 그림 6.5의 여러 가지 DO 루프 (1)~(4)에 대한 예를 부분프로그램으로 아래와 같이 나타내었다.

(1)에 대한 프로그램

```
      DO 10 I=1, 10
         :
      DO 20 J=1, 10
         :
      IF(J .GT. 5) GO TO 20
      DO 30 K=1, 10
30    CONTINUE
         :
20    CONTINUE
         :
10    CONTINUE
         :
```

(가능)

```
      DO 10 I=1, 10
         :
      DO 10 J=1, 10
         :
      IF(J .GT. 5) GO TO 10
      DO 10 K=1, 10
10    CONTINUE
         :
```

※ 이런 경우, 가장 안쪽의 DO loop 안에서만이 IF 문과 같은 제어문의 사용이 가능하다.

(불가능)

(2)에 대한 프로그램

```
      DO 10 I=1, 10
         :
      DO 20 J=1, 5
         :
20    CONTINUE
         :
      DO 30 K=1, 10
30    CONTINUE
         :
10    CONTINUE
         :
```

(가능)

(3)에 대한 프로그램

```
      DO 10 I=1, 10
         :
      DO 10 J=1, 5
         :
      DO 10 K=1, 10
         :
10    CONTINUE
         :
```

(가능)

(4)에 대한 프로그램

```
        DO 10 I=1, 10
           :
        DO 20 J=1, 5
           :
           :
           :
   10   CONTINUE
           :
   20   CONTINUE
           :
```

(불가능)

다중 DO 문 사용 시 적용해야 할 다음 규칙에 대해 잘 알아야 한다.

(1) 외측 DO 루프는 DO 루프를 완전 포함해야하며, DO 루프의 마지막 문장은 공유할 수 있다.

```
      K=0
      DO 11 I=1, 3
      DO 11 J=1, 4
      K=K+1
 11   CONTINUE
```

(2) 내측 DO 루프에서 외측 DO 루프의 제어변수를 변경시키면 안 되며, 내측의 제어변수와 외측의 제어변수가 같으면 다음과 같이 원하는 결과를 얻을 수 없다.

① 내측제어변수≠외측제어변수

```
      K=0
      DO 11 I=1, 2
      DO 11 J=1, 3
      K=K+1
 11   WRITE(6, 20) K
```

앞의 부분프로그램을 아래와 같이 완전한 프로그램으로 작성하여 실행하면 다음과 같은 결과를 얻을 수 있다.

■ 프로그램

```
C     DO STATEMENT PROGRAM
C
      OPEN(6, file='148.OUT')
      WRITE(6, 10)
```

```
10 FORMAT(6X, 19('=')/7X,'I', 7X, 'J', 7X, 'K'/6X, 19('='))
   K=0
   DO 11 I=1, 2
   DO 11 J=1, 3
     K=K+1
   IF(J .EQ. 1) THEN
     WRITE(6, 20) I, J, K
20   FORMAT(5X, I3, 5X, I3, 5X, I3)
   ELSE
     WRITE(6, 30) J, K
30   FORMAT(13X, I3, 5X, I3)
   END IF
11  CONTINUE
   WRITE(6, 40)
40 FORMAT(6X, 19('='))
   STOP
   END
```

■ 출력결과

```
================
 I      J      K
================
 1      1      1
        2      2
        3      3
 2      1      4
        2      5
        3      6
================
```

② 내측제어변수=외측제어변수

```
    K=0
    DO 11 I=1, 2
    DO 11 I=1, 3
    K=K+1
11  WRITE(6, 20) I, K
```

앞의 부분프로그램을 아래와 같이 완전한 프로그램으로 작성하여 실행하면 다음과 같은 결과를 얻을 수 있다.

내측 제어변수 I를 J로 바꾸어야 원하는 결과를 얻을 수 있다. 만약에 바꾸지 않으면 오류가 발생한다.

■ 프로그램

```
C     DO STATEMENT PROGRAM
C
      OPEN(7,file='148-1.OUT')
```

```
   WRITE(6, 10)
10 FORMAT(6X, 11('=')/7X,'I', 7X, 'K'/6X, 11('='))
   K=0
   DO 11 I=1, 2
   DO 11 J=1, 3
    WRITE(6, 20) I, K
20  FORMAT(5X, I3, 5X, I3)
11 CONTINUE
   WRITE(6, 40)
40 FORMAT(6X, 11('='))
   STOP
   END
```

■ 출력 결과

```
==========
I      K
==========
1      1
1      2
1      3
2      4
2      5
2      6
==========
```

(3) 내측과 외측 DO 루프가 겹쳐서는(overlap) 안 된다.

① 맞는 경우

```
   DO 11 I=1, 2
   DO 11 J=1, 3
   READ(5, 10) N
11 WRITE(6, 20) N
```

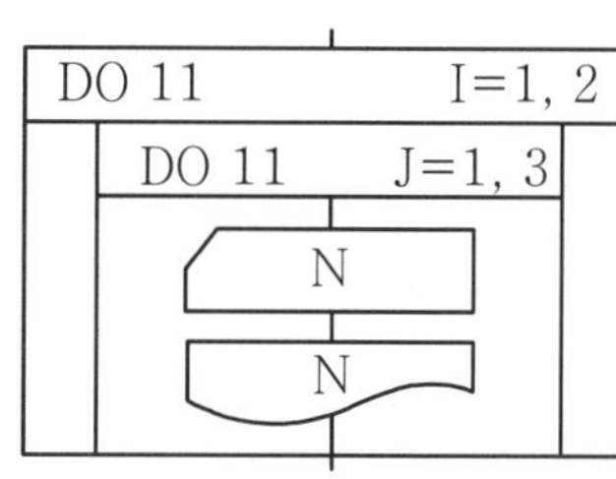


② 맞는 경우

```
   K=0
   DO 11 I=1, 3
   DO 22 J=1, 2
22 K=K+1
   DO 11 K=1, 2
   DO 11 L=1, 3
11 WRITE(6, 20) K
```

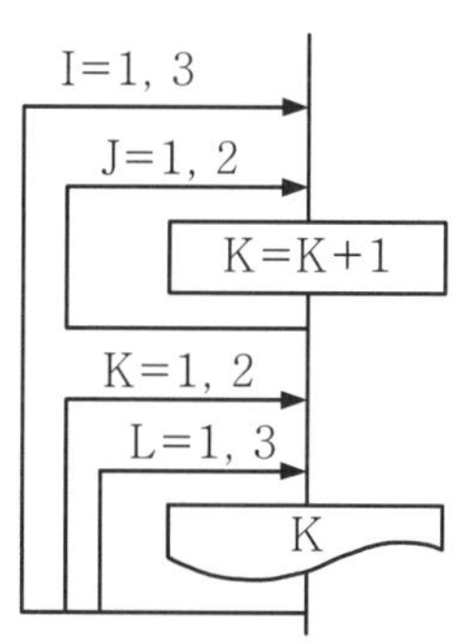

③ 틀린 경우

```
      K=0
      DO 11 I=1, 2
      DO 22 J=1, 3
      K=K+1
   11 WRITE(6, 20) K
   22 CONTINUE
```

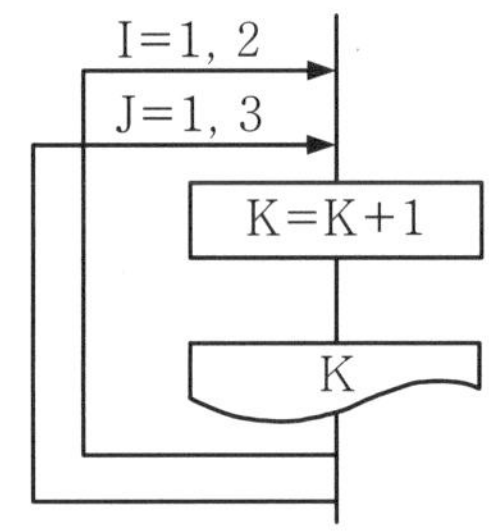


(4) 내측 루프에서 외측으로 제어가 이동될 수 있으나 역은 성립하지 않는다.

① 맞는 경우

```
      K=0
      DO 11 I=1, 3
      DO 22 J=1, 4
      K=K+1
      IF(K .GT. 10) GO TO 33
   22 CONTINUE
   33 WRITE(6, 20) K
   11 CONTINUE
```

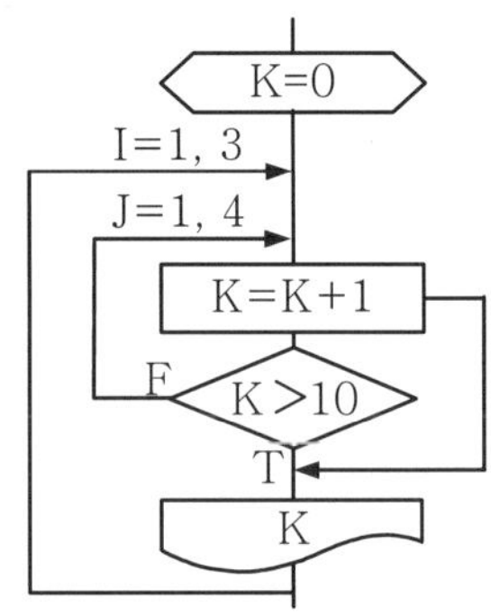


② 틀린 경우

```
      K=0
      DO 11 I=1, 3
      IF(K .GT. 10) GO TO 22
      DO 33 J=1, 4
      K=K+1
   22 L=L+1
   33 CONTINUE
   11 CONTINUE
```

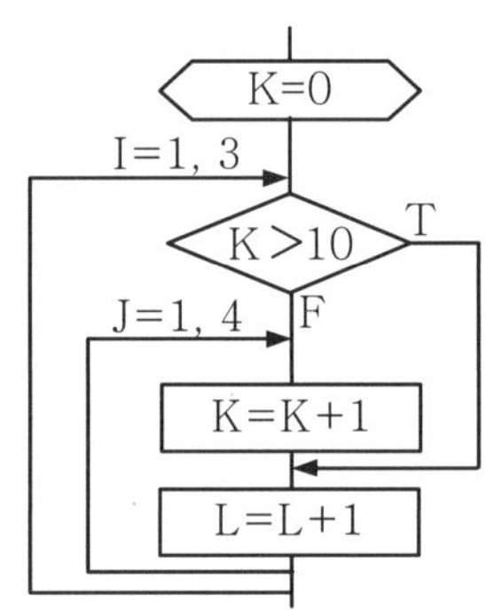


(5) 블록 IF 문에 DO 문이 사용되는 경우는 THEN 또는 ELSE 이하의 문장에 완전히 포함되어야 한다.

```
      READ(5, *) A
      IF(A .LE. 10) THEN
        DO 11 I=1, 10, 2
        READ(5, *) K
        L=K*2
   11   WRITE(6, *) L
      ELSE
        DO 22 J=1, 10, 2
        READ(5, *) K
        L=K/2
   22   WRITE(6, *) L
      END IF
```

(6) 다중 DO 루프 중의 먼 쪽에 있는 DO 루프에서 함수명 또는 CALL 문에 의해 부프로그램을 호출했다가 동일한 DO 루프 안으로 이동되는 것은 가능하다. 이 때 DO 루프의 제어변수, 초기치, 증가치 및 최종치를 절대로 변경해서는 안 된다.

(7) 다중 DO 루프들은 마지막 문을 같이 사용해도 된다는 것에 주목하라. 아래 그림 6.7은 가능한 프로그램으로 다중 DO 루프가 모두 같다는 것을 보여준다.

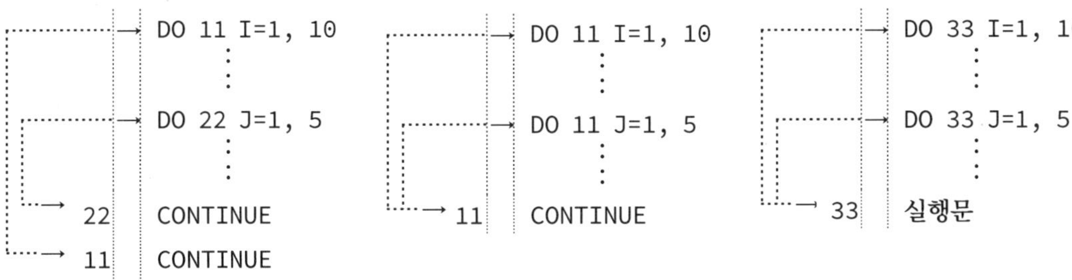


**그림 6.7** 같은 다중 DO 루프

앞에서 설명한 다중 DO의 규칙을 다음 그림 6.8에 예시하고 아래에 언급하였다. 금지해야 되는 이송은 ×표로 나타내었다.

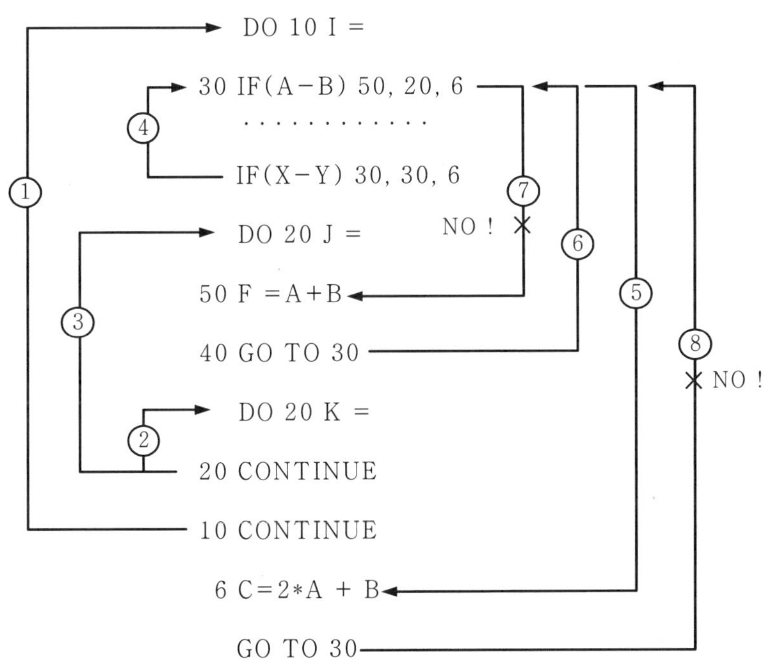


**그림 6.8** 다중 DO 문

**규칙 1.** 제어는 1, 2 및 3의 이송에 의하여 보여준 바와 같이 DO 범위의 마지막 문으로부터 DO 범위에서 시작하는 DO 문까지 자동으로 이송된다.

**규칙 2.** 두개의 DO 범위들이 마지막 문이 같을 때 제어는 DO가 만족할 때까지 DO의 내부 범위까지 이송된다. 그때 제어는 외부 DO 범위까지 통과한다. 이와 같이 이송 2는 이송 3이 시작하기 전에 완료되어야한다.

**규칙 3.** 제어는 이송 4에 의해 보여준 바와 같이 DO 루프 안의 어떤 두 문들 사이로 이송된다.

**규칙 4.** 제어는 이송 5와 6에 의해 보여준 바와 같이 DO 루프 안의 문으로부터 외부 DO 루프 문까지 이송될 것이다.

**규칙 5.** 제어는 이송 5와 6에 의해 보여준 바와 같이 외부 DO 루프 문으로부터 내부 DO 루프 문까지 이송되지 않을 것이다. 이 규칙의 예외적인 것에 대해서는 단일 DO문에서 설명된 바와 같이 제어는 외부 DO 루프 문으로부터 이송되지 않기 때문이다.

**예제 6.4** 다음 프로그램은 A 값이 출력되려면 어떤 과정을 거치는지 구체적으로 설명하라.

**주어진 프로그램**

```
C        PROGRAM DO
         A=0
     99  DO 11 I=1, 3
     11  WRITE(6, 10) I
     10  FORMAT(10X, 'I=', I8)
         A=A+1
         IF(A .LE. 2) GO TO 99
         WRITE(6, 20) A
     20  FORMAT(10X, 'A=', F8.5)
         STOP
         END
```

**출력결과**

```
I=        1
I=        2
I=        3
I=        1
I=        2
I=        3
I=        1
I=        2
I=        3
A= 3.00000
```

**설명** DO 루프에서 처음에 I값 1, 2 및 3이 끝나면 다음 단계로 이동하여 A는 초기값이 0이므로 1을 더하면 1이 되어 이 값은 IF 문에서 2보다 작으므로 GO TO 99에 의하여 바로 앞에서 설명한 과정을 거치면 A값이 1+1=2가 되어도 2와 같으므로 다시 GO TO 99에 의하여 앞에서 설명한 과정을 다시 거치면 A값이 2+1=3이 되어 2보다 크므로 오른쪽 GO TO 99로 가지 않고 바로 아래로 이동하여 A값을 FORMAT 10X, F8.5에 맞추어 출력하면 A= 3.00000이 된다. 즉 3번째 DO 루프 범위에서 제어가 벗어나야 A값을 출력할 수 있다.

**예제 6.5** 1+2+3+4+6+7+8+9+10을 계산하는 프로그램을 작성해보자(5는 제외).

**프로그램 A**

[프로그램 A]

```
   ISUM=0
   DO 11 I=1, 10
   IF(I .EQ. 5) I=I+1
   ISUM=ISUM+1
11 CONTINUE
   WRITE(6, 20) ISUM
20 FORMAT(5X, 'ISUM =', I4)
   STOP
   END
```

[프로그램 B]

```
   ISUM=0
99 DO 11 I=1, 10
   IF(I .EQ. 5) GO TO 99
   ISUM=ISUM+1
11 CONTINUE
   WRITE(6, 20) ISUM
20 FORMAT(5X, 'ISUM =', I4)
   STOP
   END
```

앞의 두 프로그램에서 프로그램 A에서는 제어변수 I가 DO 루프 범위 내에서 변하기(다시 정의되기) 때문에 잘못된 프로그램이다. 프로그램 B는 DO 루프가 올바르게 사용한 프로그램이지만 프로그램의 논리가 잘못되어 있다. 즉, I=5일 때 제어가 문번호 99번으로 옮겨가면 I=1로 다시 초기값이 정해지기 때문에 오류(아직 I값이 계산 중이므로)이다.

따라서, 프로그램 B에서 IF(I .EQ. 5) GO TO 99를 IF(I .EQ. 5) GO TO 11로 다시 초기값으로 정해지기 때문이다.

즉, 다음과 같이 고쳐서 다시 실행하면 원하는 결과를 얻을 수 있다.

[프로그램 B]

```
   ISUM=0
99 DO 11 I=1, 10
   IF(I .EQ. 5) GO TO 11
   ISUM=ISUM+1
11 CONTINUE
   WRITE(6, 20) ISUM
20 FORMAT(5X, 'ISUM =', I4)
```

```
      STOP
      END
```

◎ 출력결과　　ISUM = 50

**예제 6.6** 1에서 100까지의 자연수에 대한 제곱 및 제곱근표를 만드는 프로그램을 작성하라.

◎ 해설　1에서 100까지의 자연수에 대한 제곱과 제곱근을 프린트하라고 하였으므로, 예제 6.6 그림과 같이, N값을 1에서 100까지 하나씩 증가시키면서 그때마다 N, N2, $\sqrt{N}$ 을 계산한다.

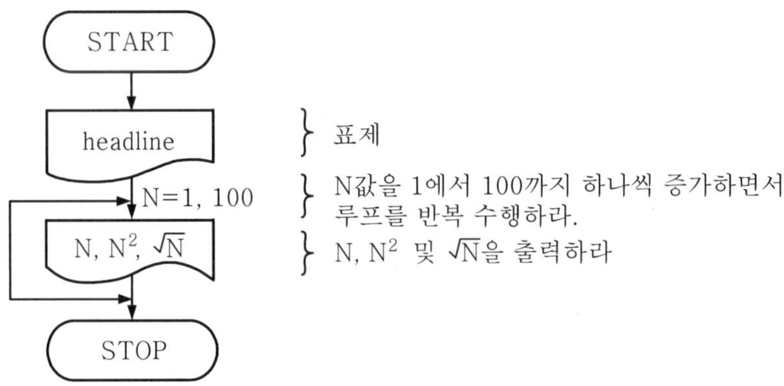


**예제 6.6** 그림에 대한 흐름도

◎ 프로그램

```
      PROGRAM DO
      WRITE(6, 10)
   10 FORMAT(1X, 34('=')/2X, 'NUMBER', 4X, 'SQUARE',
     & 5X, 'SQUARE ROOT'/ 1X, 34('='))
      DO 11 I=1, 10
        A=I
       WRITE(6, 20) I, I**2, SQRT(A)
   20 FORMAT(2X, I3, 6X, I5, 7X, F8.4)
   11 CONTINUE
      WRITE(6, 30)
   30 FORMAT(1X, 34('='))
C
      STOP
      END
```

**출력결과**

```
===================================
NUMBER    SQUARE     SQUARE ROOT
===================================
   1         1          1.0000
   2         4          1.4142
   3         9          1.7321
   4        16          2.0000
   5        25          2.2361
   6        36          2.4495
   7        49          2.6458
   8        64          2.8284
   9        81          3.0000
  10       100          3.1623
===================================
```

**프로그램 해설**

[제1행] : 프로그램의 이름이 DO라고 밝힌 PROGRAM 문이다.

[제6행] A=I : 이는 다음 행에서 제곱근을 구하는 내장함수 SQRT가 실수형이기 때문에 그 안에 들어가는 인수(因數)도 실수형으로 해주기 위함이다. A=FLOAT(I)라고 해도 같은 뜻이다.

[제9행] CONTINUE : DO문의 단말문으로서, 순전히 형식적인 무의미명령(dummy instruction)이다.

[제12행] : 프로그램을 보기에 편하게 하기 위해서 넣어 놓은 주석문(註釋文)이다.

**예제 6.7** 10개의 수가 주어졌을 때 이들 수중에서 가장 큰 수를 찾는 프로그램을 작성하라.

**프로그램**

```
C     FIND THE MAXIMUM INTEGER
C
      REAL MAX
      DO 11 I=1, 10
        READ(5, 10) X
   10   FORMAT(1X, F8.2)
        IF(I .EQ. 1) MAX=X
        IF(MAX .LT. X) MAX=X
   11 CONTINUE
      WRITE(6, 30) MAX
   30 FORMAT(5X, 'MAX=', F8.2)
      STOP
      END
```

**입력자료**

```
123.45
234.56
567.89
```

```
345.67
987.65
890.12
456.78
789.01
901.12
678.90
```

**출력결과**

```
MAX=  987.65
```

**프로그램 해설**

[제7행] : 10개의 주어진 자료에서 DO 루프 I=1일 때 첫 번째 값을 최대 MAX로 한 다음

[제8행] : 다음 단계는 I=2이므로 7행은 건너 뛰어 8행에서 MAX(=123.45) > X(=234.56)가 성립하지 않으므로 CONTINUE 문에 의하여 DO 루프를 실행시켜 I=3일 때 MAX(= 234.56) < X(=567.89)인 조건이 되면 그 때 X가 MAX(=567.89)로 바뀝니다. 이러한 과정이 I가 10까지 계속해서 진행되면 이 과정에서 최종 선택된 MAX를 FORMAT F8.2에 맞게 출력하면 그 값이 주어진 자료 10개 중에서 가장 큰 수, MAX= 987.65가 출력되므로 이것이 우리는 원하는 값이다.

## 6.2.3 DO WHILE 문

DO WHILE 문은 DO 문의 기능과 비슷하며 어떤 명령을 반복 수행시키는 역할을 한다. 그러나 DO 문은 제어 변수에 의해 반복 회수가 영향을 받지만 DO WHILE 문은 조건식의 결과값(참과 거짓)에 의해 일련의 문장들을 계속 반복 수행하는 문이다.

DO WHILE 문의 일반적인 형식은 다음과 같다.

```
DO WHILE(e)
     S
END DO
```

여기서 (e) : 논리식, 논리식 및 논리변수로 구성되며 결과값은 참 또는 거짓

S : 반복 실행해야할 문장들

END DO : DO WHILE 문에서 반복 실행 범위의 경계를 의미

DO WHILE 문의 수행방법은 반복 문들의 실행에 앞서 DO WHILE의 조건식의 결과값을 구하여 그 값이 참이면 반복 실행될 문들을 수행하고, 거짓이면 반복 실행을 멈추고 제어를 반복구조의 밖으로 이동한다. 조건식의 결과값에 따라 반복되어야 하는 실행 문장들이 한 번도 수행하지 않을 수도 있다. 조건식의 처음 결과값이 거짓이면 한번이라도 수행하지 않는다. 즉, 조건이 거짓이 될 때까지 계속하여 반복 실행시키는 명령문으로 그 의미는 다음과 같은 그림 6.9의 흐름도로 나타낸다.

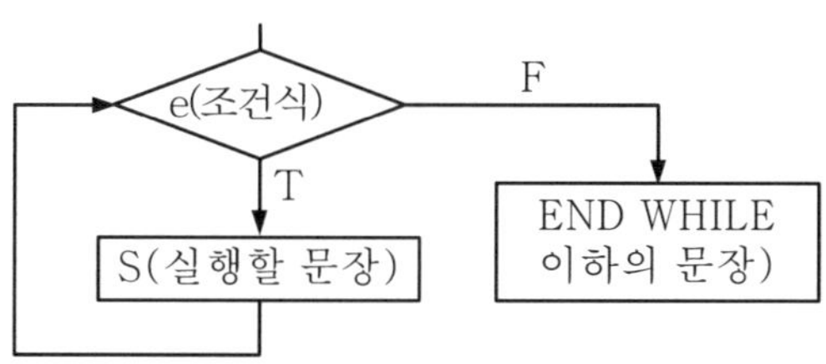


**그림 6.9** 흐름도

조건식(e)에 있는 변수는 DO WHILE 루프 안에서 값이 변해야한다. 다음 예제를 통하여 확인해보자.

**예제 6.8** 주어진 프로그램의 결과 평균과 총합을 인쇄하여라.

```
C        DO WHILE PROGRAM
C
         COUNT=0.0
         SUM=0.0
         DO WHILE (COUNT .LT. 5.0)
           READ(5, *) VAL
           SUM=SUM+VAL
           COUNT=COUNT+1,0
         END DO
         AVE = SUM / 5.0
         WRITE(6, 10) SUM, AVE
      10 FORMAT(3X, 'SUM = ', F13.3 / 3X, 'AVERAGE = ', F9.3)
         STOP
         END
```

**입력자료**

```
234.
765.
678.
```

```
345.
987.
SUM =       3009.000
AVERAGE =    601.800
```

출력결과

위의 프로그램을 실행하면 우리가 원하는 기능을 한다는 것을 확인할 수 있다. 여기서 다루고자 하는 것은 위의 예제에서 DO WHILE~END DO 사이의 DO WHILE 루프이다. DO WHILE 루프는 while이라는 단어가 주는 느낌 그대로 어떤 조건식을 만족하는 동안은 계속해서 루프 안을 순환한다. 앞의 예에서도 사용자가 0을 입력하지 않는 한 입력하는 값을 계석해서 더해나갈 것이다.

또한 이 예에서 COUNT의 식을 잘 살펴보자. DO 루프는 구분 자체에 제어부를 포함하고 있다. 반면에 DO WHILE 문은 제어부가 없으므로 루프에 관련된 변수를 직접 제어하여야 한다. COUNT의 식은 바로 루프를 제어하기 위하여 추가된 부분이며, DO 루프에는 없는 내용이다. 아래에 두 루프를 비교하여 표 6.1에 나타내었다.

**표 6.1** DO WHILE 루프와 DO 루프의 비교

| DO WHILE 루프 | DO 루프 |
|---|---|
| DO WHILE(COUNT .LT. 5.0)<br>SUM=SUM+VAL<br>COUNT=COUNT+1.0<br>END DO | DO COUNT=1., 5.0<br>SUM=SUM+VAL<br>END DO |

표 6.1에 의하면 DO 문이 제어부를 가지고 있는 반면 DO WHILE 문은 제어부가 없고 대신에 조건부를 가지고 있다. 따라서 DO 루프를 제어하는 **제어변수**(COUNT)가 추가적으로 필요하다. 이것은 앞의 예제 평균과 총합을 구하는 프로그램에서 바로 COUNT=COUNT+1.0이 제어부 역할을 하고 있는 것이다.

## 6.2 • 연습문제

**6.1** DO 문(DO statement)에 대하여 간단히 설명하여라.

**6.2** DO 문 사용 시 주의사항은?

**6.3** Inner DO와 Outer DO를 비교 설명하여라.

**6.4** Implied DO에 대하여 간단히 설명하여라.

**6.5** running parameter란?

**6.6** 다음에서 틀린 곳이 있으면 고쳐라.

① `DO I=1, 5`
② `DO 11 Y=1, 5, 2`
③ `DO 22 J=K, M.1`
④ `DO 40 Z=IX, IJ, 2`

**6.7** 다음에서 틀린 곳이 있으면 고쳐라.

① `DO, 11 I=1, 10, 2`
② `DO K=5, 20, 2`
③ `DO 10 J=4, 3`
④ `DO 40 L=6.40.2`

**6.8** 다음 프로그램 중에서 틀린 곳 3개를 찾아 고쳐라.

```
      N=3
      DO 11 I=1, N
      N=N+1
      DO 22 I=1, 10
   22 GO TO 99
   11 CONTINUE
```

**6.9** 다음의 문들이 실행되면 반복횟수는 각각 얼마인가?

① DO 11 I=0, 20 ② DO 33 KTR=2, 20, 2 ③ DO 22 J=10, 10
④ DO 44 LHS=5, 23, 4 ⑤ DO 55 JI=10, 0, -1 ⑥ DO 77 RHS=0, -5, -0.6

**6.10** 다음의 문을 실행한 후, X에 기억(치환)되는 값은 얼마인가?

①
```
      X=0.0
      DO 100 J=5, 15, 3
  100 X=X+2.*J
```

②
```
      Y=0.0
      DO 22 K=1, 4
   11 X=3+K
   22 Y=Y+2.*K
   33 X=X+Y
```

③
```
      X=0.0
      DO 50 K=2, 6
   50 X=X+K/2
```

**6.11** 다음의 문을 실행한 후, X에 기억(치환)되는 값은 얼마인가?

①
```
      X=2.4
      DO 10 J=2, 15, 2
   10 X=X+4.1*J
```

②
```
      Y=0.4
      DO 22 K=2, 10
   11 X=3+10*K
   22 Y=Y+5.4*K
   33 X=X+Y
```

③
```
      X=0.9
      DO 40 K=2, 16
   40 X=X+K/2.
```

**6.12** 0~50 사이에 정수 중 짝수(even number)들의 합(合, sum)울 구하는 프로그램을 DO 문을 사용하여 작성하여라.

**6.13** 0~25 사이에 정수 중 홀수(odd number)들의 합(合, sum)울 구하는 프로그램을 DO 문을 사용하여 작성하여라.

**6.14** 다음의 프로그램을 실행한 후, X와 K에 기억(치환)되는 값은 얼마인가?

```
      X=0.0
      DO 11 I=1, 100, 3
      X=X+2.*I
      IF(X .GT. 18.) GO TO 22
   11 CONTINUE
   22 K=3*I
```

**6.15** 다음의 프로그램을 실행한 후, H와 MOMMY에 기억(치환)되는 값은 얼마인가?

```
      H=4.1
      DO 33 I=2, 30, 3
      H=H+3.*I
      IF(H .GT. 21.) GO TO 44
   33 CONTINUE
   44 MOMMY=4*I
```

**6.16** 다음 DO 범위(DO loops)에서 완전 사이클(complete cycle) 횟수는 각각 몇 회이며 지표변수(index variable)는 각각 얼마인가?

①
```
      DO 11 I=1, 8
   11 CONTINUE
```

②
```
      DO 22 J=2, 7, 3
   22 CONTINUE
```

③
```
      DO 33 K=4, 9, 2
          :
   33 CONTINUE
```

**6.17** 다음 DO 범위에서 완전 사이클 횟수는 각각 몇 회이며 지표변수(index variable)는 각각 얼마인가?

①
```
   DO 11 K=1, 18, 3
        :
11 CONTINUE
```

②
```
   DO 22 J=2, 24, 13
        :
22 CONTINUE
```

③
```
   DO 33 K=4, 18, 2
        :
33 CONTINUE
```

**6.18** 다음 inner DO 루프에서 완전히 실행을 하면 몇 번 반복될까?

①
```
   DO 33 K=1, 3
   DO 22 K=1, 4
        :
22 CONTINUE
33 CONTINUE
```

②
```
   DO 55 J=2, 6, 2
   DO 44 K=1, 5, 3
        :
44 CONTINUE
55 CONTINUE
```

**6.19** 다음 inner DO 루프에서 완전히 실행을 하면 몇 번 반복될까?

①
```
   DO 10 I=1, 4
   DO 20 J=2, 16, 2
        :
20 CONTINUE
10 CONTINUE
```

②
```
   DO 30 K=2, 9, 2
   DO 40 L=1, 9, 4
        :
40 CONTINUE
50 CONTINUE
```

**6.20** 다음과 같은 내용의 프로그램에서 얻은 결과는 무엇일까?

```
      DO 11 I=2, 10, 3
10    WRITE(6, 20) I
20    FORMAT(10X, I5)
```

**6.21** 다음과 같은 내용의 프로그램에서 얻은 결과는 무엇일까?

```
      DO 22 I=1, 100, 5
22    WRITE(6, 30) I
30    FORMAT(10X, I3)
```

**6.22** 다음 내용을 Implied DO 문을 이용하여 표시하여라.

```
① READ(5, 10) I(1), I(2), I(3), I(4), I(5), I(6)
② READ(5, 20) I(1, 1), I(1, 2), I(1, 3), I(1, 4)
③ WRITE(5, 30) I(1), I(3)), I(5), I(7), I(9)
④ WRITE(5, 40) I(1, 1), I(1, 2), I(1, 3), A(2, 1), A(2, 2), A(2, 3)
⑤ WRITE(5, 50) K(1, 1), L(1, 1), M(1, 1), K(1, 2), L(1, 2), M(1, 2)
```

**6.23** 정수를 1~10까지, 10~1까지 인쇄하는 프로그램을 작성하여라.

**6.24** 10!를 계산하는 프로그램을 작성하라(hint : F=10, N=9, 1, −1, F=F*N)(7–5).

**6.25** 다음 무한수열을 계산하는 프로그램을 DO 문을 이용하여 작성하라(7–7).

$$e^z = 1 + z + \frac{z^2}{2!} + \frac{z^3}{3!} + \ldots\ldots + \frac{z^n}{n!}$$

**6.26** $1^2 - 2^2 + 3^2 - 4^2 + \ldots\ldots + 100^2$의 합을 구하는 프로그램을 DO loop를 사용하여 작성하라.

**6.27** 정수 N을 읽어 다음과 같은 수열의 합을 구하는 프로그램을 DO 문을 이용하여 작성하라. 단 정수 N의 최대 크기는 최대 9990이며 N이 '0' 이면 마지막 자료(last data)로 간주한다.

$$S = 1 + (1+2) + (1+2+3) + \ldots\ldots + (1+2+3+\ldots\ldots+\mathrm{N})$$

**6.28** 1~40까지의 수를 다음 출력 양식과 같이 한 줄에 4개의 수를 각각 출력시키는 프로그램을 작성하여라.

**6.29** 구구단의 결과를 다음 형태로 인쇄하는 프로그램을 작성하여라.

[출력 양식]

```
** Multiplication Table **
   □ * □ = □
   □ * □ = □
   ⋮   ⋮   ⋮
```

**6.30** 주사위 1개를 가지고 3번 연속으로 던져서 그 숫자의 합이 10이 되는 경우에 대한 각 각의 숫자와 총 횟수를 인쇄하는 프로그램을 작성하라.

**6.31** 화씨(華氏, Fahrenheit, °F) 30°F에서 55 oF까지의 온도를 섭씨(攝氏, Celsius 또는 Centigrade, ℃)온도와 캘빈(Kelvin, K)온도로 출력하는 프로그램을 작성하라.

[참고] $℃ = \frac{5}{9}(°F - 32)$, $K = ℃ + 273$

## 6.2 | 연습문제 해답

**6.1** 되풀이 되는 계산 과정이나 일정한 수의 증감을 실행하는 반복 수행문

**6.2**
① DO에는 수식사용 불가
② 증가치가 1이면 생략
③ DO의 마지막 문은 제어문이 올 수 없다.
④ DO loop 안에서 지표변수(index variable)를 변경시켜서는 안 된다.
⑤ 초기치는 증가치보다 적어야 한다.
⑥ DO 문 안으로 수행이 옮겨질 수 없다.

**6.3** DO 문 범위 안에 다른 DO를 포함하는 경우 밖의 DO 루프를 outer DO, 안의 DO 루프를 inner DO라 한다.

**6.4** 입·출력문 I/O 목록(list) 이용

**6.5** DO 루프 안에서 지표변수를 변하게 한 것.

**6.6**

① `DO 11 I=1, 5` [문 번호 누락]
② `DO 22 I=1, 5, 2` [실수형 변수 X를 정수형 변수로 대치]
③ `DO 33 I=K, M, 1` [.을 ,로 수정]
④ `DO 44 K=IX, IM, 2` [실수형 변수 U를 정수형변수로 대치]

**6.7**

① `DO, 11 I=1, 10, 2` [,의 삽입]
② `DO 22 K=5, 10, 1` [문 번호 누락]
③ `DO 10 J=4, 3` [4>3, 초기값 4가 최종값 3보다 크다]
④ `DO 44 L=8. 4. 2` [.을 ,로 수정]

**6.8** (1) DO 문내에서 N=N+1에 의해서 N이 수정되었다.
(2) DO 11의 I가 DO 22에 의해서 수정되었다.
(3) 무조건 GO TO 문은 DO 루프 범위의 끝을 나타내는 문, 즉 단말문(端末文, terminal statement)이 될 수 없다.

**6.9** ① 21회 ② 10회 ③ 1회 ④ 5회 ⑤ 9회 ⑥ 8회

**6.10** ① 76. ② 51. ③ 9.

**6.11** ① 232. ② 3165.2 ③ 64.9

**6.12**

```
      K=0
      DO 11 I=2, 50, 2
   11 K=K+I
      WRITE(6, 20) K
   20 FORMAT(1X, I5)
      STOP
      END
```

**6.13**

```
      ISUM=0

      DO 11 I=1, 50, 2
   11 ISUM=ISUM+I
      WRITE(6, 20) ISUM
   20 FORMAT(1X, I5)
      STOP
      END
```

**6.14** X(24), K(21)

**6.15** H(49.1), MOMMY(20)

**6.16** ① 8회(1, 2, 3, 4, 5, 6, 7, 8) ② 2회(2, 5) ③ 3회(4, 6, 8)

**6.17** ① 6회(1, 4, 7, 10, 3, 16) ② 2회(2, 15) ③ 8회(4, 6, 8,1 0, 12, 14, 16, 18)

**6.18** ① 12회 ② 6회

**6.19** ① 32회 ② 12회

**6.20** 2, 5, 8이 각각 인쇄된다.

**6.21** (1, 6, 11, 16, 21, 26, 31, 41, 46, 51, 56, 61, 71, 76, 81, 86, 91, 96)

**6.22**

① `READ(5, 10) (I(I), I=1, 6)`
② `READ(5, 20) (I(1, J), J=1, 4)`
③ `WRITE(5, 30) (I(K), K=1, 9)`
④ `WRITE(5, 40) (I(1, K), K=1, 3), (A(2, J), J=1, 3)`
⑤ `WRITE(5, 50) ((K(1, I), L(1, I), M(1, I)), I=1, 2)`

**6.23** ■ 프로그램

```
C
          DO 11 K=1, 10, -1
             N=11-K
          WRITE(6, 20) N, K
       20 FORMAT(2(3X, I2))
       11 CONTINUE
          STOP
          END
```

■ 출력 결과

```
  1  10
  2   9
  3   8
  4   7
  5   6
  6   5
  7   4
  8   3
  9   2
 10   1
```

**6.24** ■ 프로그램

```
          INTEGER F
          INT=10
          F=INT
          DO 11 N=9, 1, -1
             F=F*N
       11 CONTINUE
```

```
      WRITE(6, 20) INT, F
   20 FORMAT(3X, I3,'!(Factorial)=', I9)
      STOP
      END
```

■ 출력 결과

```
10!(Factorial)=  3628800
```

6.25 ■ 프로그램

```
      INTEGER Z
      READ(5, 10) N, Z
   10 FORMAT(I2, I2)
      EXPZ=1.0
      DO 11 I=1, N
        K=1
      DO 22 J=1, I
   22   K=K*J
   11 EXPZ=EXPZ+Z**I/K
      WRITE(6, 20) N, Z, EXPZ
   20 FORMAT(1X, 'N=', I3, ',', 3X, 'EXP(',I2, ')=', F10.3)
      STOP
      END
```

■ 입력 자료

```
10 10
```

■ 출력 결과

```
 N= 10,   EXP(10)= 10471.000
```

6.26 ■ 프로그램]

```
      IS=0
      NUM=100
      DO 11 N=1, 100
        M=N+1
        IS=IS+(-1)**M*N*N
   11 CONTINUE
      WRITE(6, 20) NUM, IS
   20 FORMAT(/ 5X, 'NUM=', I4, ',', 5X, 'SUM=', I8)
      STOP
      END
```

■ 출력 결과

```
     NUM= 100,     SUM=   -5050
```

**6.27** ■ 프로그램

```
C          PROGRAM
C
C          Summation of Progression
           WRITE(6, 10)
      10   FORMAT(4X, 20('=')/6X, 'NO' 10X, 'SUM'/4X, 20('='))
      99   READ(5, 20) N
      20   FORMAT(I3)
           IF(N .EQ. 0) GO TO 333
           NSUM=0
           DO 11 I=1, N
           DO 11 J=1, I
             NSUM=NSUM+J
      11   CONTINUE
           WRITE(6, 30) N, NSUM
      30   FORMAT(5X, I3, 6X, I9)
           GO TO 99
     333   WRITE(6, 40)
      40   FORMAT(4X, 20('='))
           STOP
           END
```

■ 입력 자료

```
100
200
300
400
500
600
700
800
900
```

■ 출력 결과

```
==================
 NO          SUM
==================
100       171700
200      1353400
300      4545100
400     10746800
500     20958500
600     36180200
700     57411900
800     85653600
900    121905300
==================
```

**6.28** ■ 출력 양식

```
 1   2   3   4
 5   6   7   8
 :   :   :   :
37  38  39  40
```

■ 프로그램

```
DO 11 I=1, 40, 4
  L=I+1
  M=I+2
```

```
              N=I+3
            WRITE (6, 20) I, L, M, N,
      20    FORMAT(4(3X, I3))
      10    CONTINUE
            STOP
            END
```

■ 출력 결과

```
   1    2    3    4
   5    6    7    8
   9   10   11   12
  13   14   15   16
  17   18   19   20
  21   22   23   24
  25   26   27   28
  29   30   31   32
  33   34   35   36
  37   38   39   40
```

**6.29** ■ 프로 그램

```
C           PROGRAM
C
C           Multiplication Table
            WRITE(6, 10)
      10    FORMAT(/ 3X, '** Multiplication Table **'/)
            DO 11 I=1, 9
            DO 11 J=1, 9
              KMUL=I*J
      11    WRITE(6, 20) I, J, KMUL
      20    FORMAT(/ 10X, I2, ' *', I2, ' =', I3)
            STOP
            END
```

■ 출력 결과

```
** Multiplication Table **

1 * 1 =  1     2 * 1 =  2     3 * 1 =  3     4 * 1 =  4     5 * 1 =  5
1 * 2 =  2     2 * 2 =  4     3 * 2 =  6     4 * 2 =  8     5 * 2 = 10
1 * 3 =  3     2 * 3 =  6     3 * 3 =  9     4 * 3 = 12     5 * 3 = 15
1 * 4 =  4     2 * 4 =  8     3 * 4 = 12     4 * 4 = 16     5 * 4 = 20
1 * 5 =  5  →  2 * 5 = 10  →  3 * 5 = 15  →  4 * 5 = 20  →  5 * 5 = 25
1 * 6 =  6     2 * 6 = 12     3 * 6 = 18     4 * 6 = 24     5 * 6 = 30
1 * 7 =  7     2 * 7 = 14     3 * 7 = 21     4 * 7 = 28     5 * 7 = 35
1 * 8 =  8     2 * 8 = 16     3 * 8 = 24     4 * 8 = 32     5 * 8 = 40
1 * 9 =  9     2 * 9 = 18     3 * 9 = 27     4 * 9 = 36     5 * 9 = 45
```

```
6 * 1 =  6     7 * 1 =  7     8 * 1 =  8     9 * 1 =  9
6 * 2 = 12     7 * 2 = 14     8 * 2 = 16     9 * 2 = 18
6 * 3 = 18     7 * 3 = 21     8 * 3 = 24     9 * 3 = 27
6 * 4 = 24     7 * 4 = 28     8 * 4 = 32     9 * 4 = 36
6 * 5 = 30  →  7 * 5 = 35  →  8 * 5 = 40  →  9 * 5 = 45
6 * 6 = 36     7 * 6 = 42     8 * 6 = 48     9 * 6 = 54
6 * 7 = 42     7 * 7 = 49     8 * 7 = 56     9 * 7 = 63
6 * 8 = 48     7 * 8 = 56     8 * 8 = 64     9 * 8 = 72
6 * 9 = 54     7 * 9 = 63     8 * 9 = 72     9 * 9 = 81
```

위의 결과는 1단부터 9단까지 연직방향으로 출력된 결과를 화살표로 나타낸 것과 같이 수평방향으로 출력 순서대로 다시 나타내었다.

**6.30**

```
C       ** FAIR DICE GAME **
C
        KC=0
        WRITE(6, 10)
10      FORMAT(9X, '** FAIR DICE GAME **')
        WRITE(6, 20)
20      FORMAT(3X, 32('=')/5X, 'NO', 6X, '1st', 6X, '2nd', 6X,
     &  '3rd'/3X, 32('='))
        DO 11 I=1, 6
        DO 11 J=1, 6
        DO 11 K=1, 6
          NSUM=0
          NSUM=I+J+K
        IF(NSUM .NE. 10) GO TO 99
          NO=NO+1
          KC=KC+1
        WRITE(6, 30) NO, I, J, K
30      FORMAT(4X, I2, 8X, I1, 8X, I1, 8X, I1)
11      CONTINUE
        WRITE(6, 40)
40      FORMAT(3X, 32('='))
        WRITE(6, 50) KC
50      FORMAT(/ 11X, I2, 'Total = ', I2, ' times')
        WRITE(6, 40)
        STOP
        END
```

■ 출력결과

```
    ** FAIR DICE GAME **
==============================
 NO      1st      2nd      3rd
==============================
  1       1        3        6
  2       1        4        5
  3       1        5        4
  4       1        6        3
  5       2        2        6
  6       2        3        5
  7       2        4        4
  8       2        5        3
  9       2        6        2
 10       3        1        6
 11       3        2        5
 12       3        3        4
 13       3        4        3
 14       3        5        2
 15       3        6        1
 16       4        1        5
 17       4        2        4
 18       4        3        3
 19       4        4        2
 20       4        5        1
 21       5        1        4
 22       5        2        3
 23       5        3        2
 24       5        4        1
 25       6        1        3
 26       6        2        2
 27       6        3        1
==============================
       Total = 27 times
==============================
```

**6.31**

```
C
C     Temperature Conversion
      WRITE(6, 10)
   10 FORMAT(4X, '** Temperature Conversion **')
      WRITE(6, 20)
   20 FORMAT(1X, 34('=')/2X, 'Fahrenheit', 3X, 'Celsius', 5X,
     &       'Kelvin'/1X, 34('='))
      DO 11 I=30, 55, 1
        T=I
        CT=5./9.*(T-32)
        TK=CT+273
```

```
      WRITE(6, 30) T, CT, TK
30    FORMAT(/ 3X, F6.2, 6X, F6.2, 5X, F7.2)
11    CONTINUE
      STOP
      END
```

■ 출력 결과

```
 ** Temperature Conversion **
================================
 Fahrenheit  Celsius    Kelvin
================================
   30.00       -1.11     271.89
   31.00       -0.56     272.44
   32.00        0.00     273.00
   33.00        0.56     273.56
   34.00        1.11     274.11
   35.00        1.67     274.67
   36.00        2.22     275.22
   37.00        2.78     275.78
   38.00        3.33     276.33
   39.00        3.89     276.89
   40.00        4.44     277.44
   41.00        5.00     278.00
   42.00        5.56     278.56
   43.00        6.11     279.11
   44.00        6.67     279.67
   45.00        7.22     280.22
   46.00        7.78     280.78
   47.00        8.33     281.33
   48.00        8.89     281.89
   49.00        9.44     282.44
   50.00       10.00     283.00
   51.00       10.56     283.56
   52.00       11.11     284.11
   53.00       11.67     284.67
   54.00       12.22     285.22
   55.00       12.78     285.78
================================
```

# 7

# 배 열

## 7.1

# 첨자변수(배열의 개념)

이제까지 우리는 X 또는 N이라는 변수를 만들어 하나의 수를 의미하는 변수로 사용하였다. 이러한 변수를 **단순변수(單純變數 simple variable 또는 un-subscripted variable)**라 한다. 이 변수는 한 개의 값(자료, data)만 기억하는 기억 장소 하나를 가리킨다. 컴퓨터라는 것은 반복계산을 수행할 때 가장 빛을 발하는 것 같다. 공학적인 문제를 다루다 보면 대량의 자료를 이용하여 반복적으로 조작하는 작업이 빈번하게 일어난다. 이러한 경우 단순변수만으로 문제를 해결하려면 문장이 복잡해지거나 길어져서 매우 어려울 것이다. 예를 들면 단순변수 X를 다음과 같이 하나의 기억 상자(box)로 나타낼 수 있겠다.

X ▭

모든 변수를 단순변수로 붙인다면 변수가 많을 때는 일일이 각각 다른 이름을 붙여야만 되기 때문에 여간 힘들지 않다. 지금 컴퓨터에 기억된 20개의 변수를 합산하는 경우를 생각해 보자. 이 변수들에 각각 다른 이름을 붙인다면

```
SUM=A+B+C+D+……+R+S+T
```

와 같이(물론 점을 찍어서도 안 되고 변수 20개를 다 써야 한다.) 길게 하나의 연산문으로 적든지 또는 일일이 하나의 문으로 하여

```
   :
SUM=A
SUM=SUM+B
SUM=SUM+C
   :
```

등으로 나타내어야 한다. 이것보다 자료의 수가 더 커져 수 만개가 된다면 이들을 모두 다 열거한다는 것이 거의 불가능할 뿐만 아니라 가능하다 하더라도 이는 정말 의미가 없는 표현방법 이라하겠다.

이때 실험결과를 X라는 하나의 이름으로 나타낼 때 그 수(數)가 한개 이상인

경우에는 여러 개의 기억 장소를 만들어 놓고 흔히 X(1), X(2),……,X(n)와 같이 첨자(添字, subscript)를 쓰면 변수이름 하나로 많은 양의 수를 기억시키고 또한 나타낼 수 있어 매우 편리하고 효과적일 것이다. 수학에서도

$$\text{sum}= \sum_{i=1}^{20} x_i = x_1 + x_2 + \ldots\ldots + x_{20}$$

$$\text{mean}= (x_1 + x_2 + \ldots\ldots + x_{20})/20 = \sum_{i=1}^{20} x_i / 20$$

과 같이 둘 이상의 변수가 공통적인 의미를 가지고 있으면서 위치만 다른 경우에 한 변수에 첨자를 붙여서 한꺼번에 편리하게 처리한다.

아래 첨자들은 FORTRAN에서도 사용되어 이러한 처리가 가능하지만 그들은 서로 다른 모습을 하고 있다. 즉, 개별 FORTRAN 문은 한 줄에 천공하거나 또는 타이핑해야하기 때문에, 아래첨자들은 괄호 사이에 써야하는데 즉, $x_1, x_2, \ldots, x_{20}$ 대신에 FORTRAN에서는 X(1), X(2), ……, X(n)로 쓴다.

X라는 이름으로 20개의 수를 대표하게 하고, 수 하나하나를 Xi로 표시하여 첨자 I를 1에서 20까지 변하면서 20개의 수를 합산하면 된다. 이러한 첨자는 수학에서와 같이 작은 글자로 쓸 수 없으므로 X(I)와 같이 첨자를 괄호 속에 써서 나타낸다.

```
      :
   SUM=0.0
   DO 11 I=1, 20, 1
     SUM=SUM+X(I)
11 CONTINUE
```

이때 공통의 성격을 가진 수들의 집합 또는 첨자변수들 전체를 **배열(配列, array)**이라 하며, 그 묶음을 대표하는 이름을 **배열명(配列名, array name** : 보기에서의 X)이라고 한다. 또 배열을 이루고 있는 개개의 변수를 **배열요소(配列要素, array element** : 보기에서의 X(1), X(2),……,X(n))라 하고 그들이 배열된 순서대로 번호(이것을 첨자)를 붙여 그들이 어떤 위치에 배열되어 있는지를 지정한다. 배열요소는 배열명에 첨자를 붙인 변수이므로 일반적으로 **첨자변수(添字變數, subscripted variable)**라 한다. 또한 어떤 임의의 배열에 대한 선언은 단위 프로그램 안에서 단 한번만 선언되어야 한다. 즉 A(5), A(5, 5) 및 A(3, 3, 3)의 배열명을 쓰면 오류가 발생한다.

간단한 예를 들면, 어느 고등학교 한 학급의 학생이 40명이고, 중간 모의고사

에서 국어, 영어 및 수학 총 3과목 시험을 본다. 이 때, 단순 변수로 모든 값을 나타내려면 학생이름, 국어, 영어 및 수학 3과목 성적 각각 40개씩 총 160개의 변수가 필요할 것이다. 그러나 뒤에서 기술할 배열을 도입한다면, 아래와 같이 문자형 배열(학생이름) 1개와 실수형 배열(과목 성적) 3개, 총 4개의 배열만 이용하여 모든 학생의 성적을 간단하면서 편리하게 처리할 수 있는 장점이 있다.

배열은 첨자를 몇 개 사용하는가에 따라서 1개를 사용하면 1차원 배열, 2개를 사용하면 2차원 배열, 3개를 사용하면 3차원 배열이라 하고, 컴퓨터 기종에 따라 다르나 7차원 배열까지 가능하다.

7.2

# DIMENSION 문

지금까지 설명한 바와 같이 프로그램을 작성하는데 있어서 단순변수보다는 첨자변수를 사용하는 것이 매우 바람직하고 편리하다. 그런데 첨자변수는 배열을 뜻하므로 이를 사용하기 위한 고려사항으로는

1. 배열의 이름은 무엇으로 할 것인가?
2. 몇 차원의 배열, 즉 아래 첨자는 몇 개 쓸 것인가?(즉 1차원, 2차원 등)
3. 배열의 크기, 즉 각 첨자(차원)의 최대치는 얼마로 할 것인가?(즉, 할당되는 기억장소들의 전체 수)

에 대한 정보를 컴파일러에게 알려 주어 첨자형태의 기억 장소를 확보시켜야 한다. 이 정보를 FORTRAN에서는 DIMENSION 문이나 COMMON 문 또는 형선언문으로 컴파일러에게 알린다.

DIMENSION 문은 컴파일러에게 어떤 정보만 제공하고 목적 프로그램의 명령으로 만들어지지 않는 비실행문으로서 첨자변수가 나오기 이전이면 어디에 있어도 무방하나 보통 **프로그램 첫머리에 실행문 이전에 가장 먼저 선언**해야 한다. 이 문의 일반적인 형식은 다음과 같다.

```
DIMENSION VN1(n1), VN2(n2), … , VNm(nm)
  VN1, … , VNm : 배열명(variable name, VN)
  n1, n2, …,nm : 배열의 크기와 차원을 명시하는 첨자
```

**참고_첨자의 형태**

① 양의 정수인 경우 : X(10, 30)
② 정수형 변수인 경우 : X(n)
③ 산술식인 경우 : X(n+5), X(10*n), X(10*n−5)

DIMENSION 문이 다음과 같이

```
DIMENSION K(30), ARRAY(50)
```

주어졌을 때 이 문에서 K(30)은 컴파일러에게 K라는 이름으로 기억 장소 30개의 기억장소를 순차적으로 확보케 한다. 즉, 첫째 기억장소에는 K(1)를 둘째에는 K(2)를, 30번째에는 K(30)을 기억시킨다. 따라서 K에 대한 첨자는 30보다 클 수 없다. 이때 DIMENSION에 주어진 기억장소를 다 사용하지 않아도 되므로 예로서 이 경우 DIMENSION K(60)이라 써도 무방하다. 이때 뒤의 30개는 사용되지 않을 것이다. 어느 경우나 DIMENSION의 크기를 정의하는 숫자는 1보다 큰 정수이다. ARRAY라는 이름으로 기억 장소 50개를 할당(확보)하도록 지시한다. 이 배열 ARRAY(50)가 기억되는 기억장소는 K(30)에서 설명한 내용과 완전히 같다.

첨자를 붙여야하는 모든 변수가 DIMENSION 들에 포함되기만 하면, 각각의 배열들의 나열 순서는 별로 중요하지 않다. 또한 DIMENSION의 단어 다음에는 쉼표가 필요 없지만, 나열된 다른 배열들 사이에는 반드시 쉼표들로 구분되는 것에 주의하라.

배열에 대한 기억장소는 프로그램이 실행될 때가 아니라 컴파일 될 때 할당하므로 다음의

```
DIMENSION K(M)
```

와 같이 M개의 기억장소를 확보하라고 지시하면 컴파일러는 M의 값이 숫자로 주어지지 않아 얼마 인지를 모르기 때문에 컴파일 오류(compile error)가 생긴다. (단 부프로그램에서는 DIMENSION 문이 실제 기억 장소를 할당하는 것이 아니므로 DIMENSION 문에서 첨자를 쓸 수 있다.)

또한 다음과 같은 형태의 문들도 쓰면 안 된다.

```
K=66
DIMENSION RAINFALL(K)
```

또는

```
READ(5,10) I
DIMENSION POINT(I)
```

일반적으로 첨자 0이나 음수를 사용할 수 없으므로(FORTRAN 77에서는 가능) DIMENSION 문에서 명시한 요소의 개수보다 큰 첨자를 쓰지 않도록 각별히 주의해야 한다. 예를 들면

```
DIMENSION K(30), ARRAY(50)
```

```
K(I)=2*IN
```

에서 I의 값이 32라면 K의 기억장소는 30개밖에 확보하지 않았으므로 다른 기억장소(여기서는 ARRAY(2))의 값을 파괴시켜 버린다. 그러나 **이것은 대부분의 컴퓨터에서 오류(error)로 지적하지 않는다.**

SEOUL이라는 이름으로 100개의 요소를 가진 1차원 정수형 배열을 만들기 위해

```
INTEGER SEOUL
DIMENSION SEOUL(100)
```

또는

```
DIMENSION SEOUL(100)
INTEGER SEOUL
```

이라고 선언하면 SEOUL이라는 이름으로 정수형 기억장소 100개가 만들어 진다. 위의 명령은 두개의 문으로 썼지만 다음과 같은 하나의 문

```
INTEGER SEOUL(100)
```

으로 명령하여도 같은 뜻을 갖는다. 즉 형선언문으로도 배열을 선언할 수 있다.

**예제 7.1** 주어진 자료와 프로그램이 다음

```
1 2 3 4 5 6 7 8 9
```

와 주어진 프로그램이

```
         :
   DIMENSION MEN(9)
   READ(5, 10) MEN
10 FORMAT(9I1)
   WRITE(6, 20) MEN
20 FORMAT(1X, 9I2)
         :
```

일 때 9개의 첨자변수에 기억되는 값들의 형태와 인쇄 결과를 나타내어라.

**풀이** 9개의 첨자변수에 기억되는 값들은 다음과 같으며

**기억되는 값들**

| MEN(1) | MEN(2) | MEN(3) | MEN(4) | MEN(5) | MEN(6) | MEN(7) | MEN(8) | MEN(9) |
|---|---|---|---|---|---|---|---|---|
| 1 | 2 | 3 | 4 | 5 | 6 | 7 | 8 | 9 |

이렇게 기억된 값들 9개를 출력하면 다음과 같이 인쇄된다.

◎ 출력결과

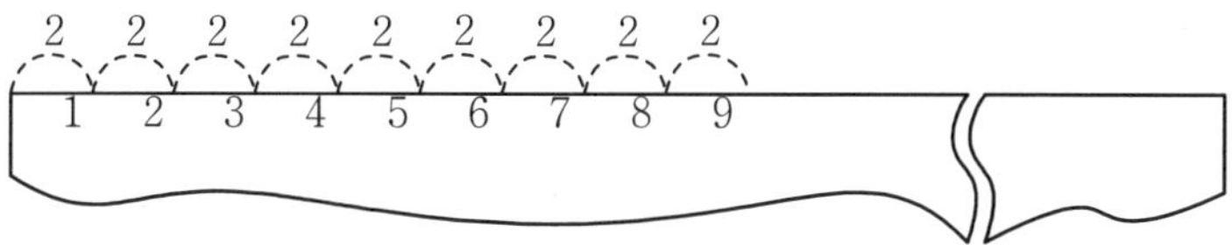


**예제 7.1** 그림 DIMENSION

**예제 7.2** 다음과 같은 프로그램이 주어졌을 때 어떠한 내용을 나타내는지 구체적으로 설명하여라.

◎ 프로그램

```
      DIMENSION M(9)
      DO 11 I=1, 9
      READ(5, 10) M(I)
   10 FORMAT(I3)
   11 CONTINUE
```

◎ 설명 9장의 자료카드(data card)에 있는 내용을 M(1), M(2), …, M(9)의 9개의 첨자변수 속에 각각 기억된다.

**예제 7.3** 다음 프로그램이 나타내는 내용과 구하고자하는 값이 무엇인지 구체적으로 설명하여라.

◎ 프로그램

```
        :
      DIMENSION N(7)
      ISUM=0
      DO 11 I=1, 7
      READ(5, 10) N(I)
   10 FORMAT(I3)
      ISUM=ISUM+N(I)
   11 CONTINUE
      AVER=ISUM/7.
        :
```

◎ 설명 7장의 자료카드에 있는 내용을 N(1), N(2), …, N(7)의 7개의 첨자변수 속에 각각 기억된 후 프로그램이 진행하여 그 합(ISUM→SUM)과 평균(AVER→ AVERAGE)을 구하는 프로그램이다.

> **참고**
>
> 프로그램 안에서 사용되고 있는 모든 배열(配列, array)은 반드시 DIMENSION 문에 의해서 선언되어져야 한다. 그러나 INTEGER 문 REAL 문, CHARACCTER 문 및 DOUBLE PRECISION 문 등과 같은 형 선언문(TYPE declaration statement)에 의해서도 배열을 선언할 수 있다.

## 7.2.1 1차원 배열

1차원 배열(one-dimensional array, linear array)(또는 선형배열이라고도 부름)은 수학에서 $X_{1,}$ $X_2,\ldots,X_{20}$과 같이 첨자를 1개만 사용하는 배열로써 n개의 요소를 가진 1차원 배열은 선형구조 형태의 배열이고, 각 요소에 한 개의 값을 기억할 수 있는 기억 장소 n개를 가리킨다. 이들 기억 장소는 연속적으로 되어 있으며, 공동의 이름을 갖고 있으므로 각 요소는 공동 배열명과 위치(첨자)로 표시한다. 이를 테면 X는 50개의 요소를 가진 1차원 배열이라고 하면 X의 기억 장소는 그림 7.1과 같으며 이들 각 요소는 배열명과 위치로서 표시되어 X(1)은 배열 X는 I번째의 요소를 가리킨다. 그러므로 X의 5번째 요소에 39.2를 넣고자 하면

```
X(5)=39.2
```

과 같이 쓴다. 만일

```
X=X+A
X=39.2
```

과 같이 배열명을 일반 연산식에서 쓰면 안 된다.

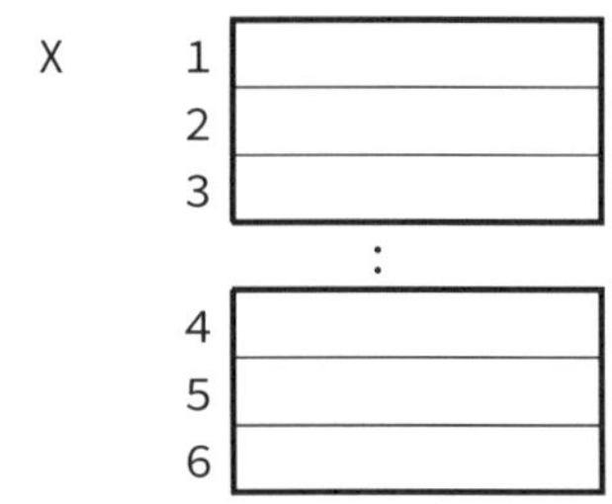


그림 7.1

**예제 7.4** 다음 1차원배열의 기억순서를 나타내어라

```
K(5)
```

**풀이**

| K(1)<br>① | K(2)<br>② | K(3)<br>③ | K(4)<br>④ | K(5)<br>⑤ |
|---|---|---|---|---|

크기가 5인 1차원배열(선형배열)이며 기억순서는 ①, ②, ③, ④ 및 ⑤순이다.

배열명은 일반 변수명을 만들 때에 적용되는 규정을 따른다. 즉, 배열명은 첫 글자는 반드시 영문자이어야 하고 1~6글자로서 영자나 숫자로 구성(**6글자 이상도 가능**)되며, 형선언이 없는 경우 I, J, K, L, N 및 M으로 시작하면 **정수형 배열(整數型 配列**, integer array)이고 그 외의 영문자로 시작하면 **실수형 배열(實數型 配列**, real array)이다. 배열의 각 요소는 그 요소의 위치를 나타내는 값에 의해 참조된다. 이 위치값을 첨자라고 말하며 첨자는 배열 내에서 한 원소를 나타내는 데 사용된다. 즉 첨자변수는 X(3), X(I)와 같이 배열명 바로 뒤에 괄호를 써서 그 첨자를 써 넣는다. 이때 첨자가 여러 개일 경우는 첨자와 첨자 사이에 콤마로 구분하여야 한다. FORTRAN에서 첨자를 나타내기 위하여 다음과 같은 ① 정수형 상수 ② 정수형 변수 ③ 정수형 산술식 총 3가지 경우가 있다. 지금까지의 첨자변수에서 사용한 첨자는 정수형 상수였으나 이 외에도 다음과 같은 형식 즉, 앞에서 기술한 정수형 변수 및 정수형 산술식에도 첨자를 사용할 수 있다.

```
C,  V,  V+K,  V-K,  C*K,  C*V+K,  C*V-K
```

여기서 C와 K는 정수형 상수이고 V는 정수형 변수이다. 다음은 첨자의 형태가 올바른 것들을 나타낸다.

```
C(4),  A(M),  Y(I-3),  Y(3*J),  Y(3*N-2)
```

**예제 7.5** 배열 내에서 첨자가 한 원소를 나타내는 앞에서 기술한 3가지 경우에 대해서 예를 들라.

① 첨자가 상수인 경우

```
A(2), B(2, 6), C(1, 3, 5)
```

② 첨자가 변수인 경우

```
A(I), B(I, K), C(I, J, K)
```

③ 첨자가 산술식인 경우

| 지정된 변수명 | 첨자값(I=2인 경우) |
|---|---|
| VAL(4-I-1) | 1 |
| VAL(4-I/2) | 3 |
| VAL(1+I*5-2) | 9 |

다음 표는 첨자의 형태가 잘못된 예를 나타낸 것들이다.

| 첨자의 형태가 잘못된 1차원 배열 | 첨자의 형태가 잘못된 1차원 배열의 내용 |
|---|---|
| A(K*3-2) | (V*2-K는 첨자형이 아니므로 A(3*K-2)) |
| A(N+I) | (V+V의 첨자형은 없음) |
| A(4-1) | (K-K의 첨자형은 없음) |
| A(9-3*K) | (K-C*V의 첨자형은 없음) |
| A(-5) | (첨자가 음수는 안 됨) |
| A(D) | (첨자가 실수는 안 됨) |
| A(K(I)) | (첨자가 첨자변수이어서는 안 됨) |

FORTRAN 77에서는 첨자의 표시 방법이 반드시 C*V±K의 형태이어야 한다는 제약을 없애고, 일반 산술식이면 다 되도록 기능을 강화하였다.

비록 지금까지는 1차원 배열들만 논의했지만, 아래 첨자들에 관한 위의 규정들은 또한 다차원 배열들에도 똑같이 적용된다.

다음 DIMENSION 문들은 A의 배열명하에 10개의 기억 장소가 1~10번까지 확보되며, 이 기억장소에는 실수형 자료가 기억된다. 또한 I의 배열명하에 1~5번까지 다섯 개의 기억 장소가 확보되며 기억될 수 있는 자료는 정수형 상수이다.

① `DIMENSION A(10)`

| A | A(1) | A(2) | ····· | A(10) |
|---|---|---|---|---|

② `DIMENSION I(5)`

| I | I(1) | I(2) | I(3) | I(3) | I(5) |
|---|---|---|---|---|---|

다음 프로그램은 배열명 X의 세 번째에 10.3을 기억시키고, 네 번째에 X의 세 번째에 59.7을 더한 값을 기억시킨다.

```
DIMENSION X(15)
X(3)=10.3
X(4)=X(3)+59.7
```

**1차원 배열에서 자료를 초기화하는 방법**은 다음과 같이 3가지 방법 ① READ 문 ② 치환문 ③ DATA 문을 이용으로 할 수 있다.

① READ 문(READ statement)을 이용하는 경우

```
                                          ■ 입력 자료
      DIMENSION POP(5)                       2.5
      DO 11 I=1, 5                           3.5
      READ(5, 10) POP(I)         ←           4.5
   10 FORMAT(3X, F3.1)                       4.5
   11 CONTINUE                               4.5
```

② 치환문(Assignment statement)을 이용하는 경우

```
      DIMENSION POP(5)
      POP(1)=2.5
      POP(2)=3.5
      DO 11 I=3, 5
      POP(I)=4.5
   11 CONTINUE
```

③ DATA 문(DATA statement)을 이용하는 경우

```
      DIMENSION POP(5)
      DATA POP/2.5, 3.5, 4*4.5/
```

**예제 7.6** 다음 프로그램에서 나타난 의미가 무엇인지?

```
              :
      DIMENSION N(7)
      READ(5, 10) (N(I), I=1, 7)
   10 FORMAT(1X, 7I3)
              :
```

**설명** 1장에 카드에 있는 내용이 N(1), N(2), ··· , N(7)의 7개의 첨자변수 속에 7개의 첨자변수 속에 각각 기억된다. 여기서, (N(I), I=1, 7)는 Implied DO 문으로서 N(1), N(2), ··· , N(7)을 말하며 자세한 것은 후술하는 Implied DO 문을 참고하기 바란다.

## 7.2.2 다차원 배열

지금까지는 첨자가 1개만 있는 경우에 대하여 알아보았다. FORTRAN에서는 2개, 3개로 나타내는 배열도 쓸 수 있다. 이들을 2차원(二次元, two-dimensional) 및 3차원(三次元, three-dimensional) 배열(配列, array)이라 한다.

사실, 일부 대형 컴퓨터들은 첨자를 7개 즉 7차원 배열까지를 쓸 수 있도록 기능을 강화하였으나 소형 컴퓨터에서는 대부분 3차원까지 사용할 수 있다.

**2차원 배열**은 첨자 2개를 사용하여 수평의 행(行, row)과 수직의 열(列, column)로 구성되는 배열이다. 이 배열의 일반적인 형식은 다음과 같다.

```
DIMENSION VN1(n1, n2)
```

VN1 : 배열명(variable name, VN)

n1 : 행(row)을 나타내는 정수형 산술식(첨자식)

n2 : 열(column)을 나타내는 정수형 산술식(첨자식)

2개의 첨자 중에서 첫 번째 것 n1은 행을, 두 번째 것 n2는 열을 가리킨다. 그러므로 A(2, 3)는 배열 A의 두 번째 행, 세 번째 열의 요소를 뜻한다. A(2, 3)와 같이 첨자 사이에 콤마로 구분하여 나타내어야 한다. 컴파일러가 번역시 이 명령문을 만나면 A라는 이름으로 기억 장소 6(=2×3)을 확보한다. 그러나 주의할 점은 컴퓨터에 기억 장소가 확보될 때 2차원의 첨자변수로 확보되는 것이 아니라 1차원의 첨자변수로 6개가 확보되며, **첨자식의 값이 열 중심**(column major) **순서로 기억**된다.

**예제 7.7** 다음 2차원배열의 기억순서를 나타내어라.

```
DIMENSION A(2, 3)
```

**풀이**

| A | 1열 | 2열 | 3열 | |
|---|---|---|---|---|
| | A(1, 1) ① | A(1, 2) ③ | A(1, 3) ⑤ | 1행 |
| | ↓ | ↓ | ↓ | |
| | A(2, 1) ② | A(2, 2) ④ | A(2, 3) ⑥ | 2행 |

(a) 2차원의 외부적 표현(논리적 구조)

주어진 배열은 행이 2개이고, 열은 3개인 크기가 6(=2×3)인 2차원 배열이고 기억순서는 ①, ②, ③, … 순이고 다음 그림 (b)에 순서대로 나타내었다.

| A | A(1, 1) | A(2, 1) | A(1, 2) | A(2, 2) | A(1, 3) | A(2, 3) |
|---|---|---|---|---|---|---|

(b) 컴퓨터 내부의 2차원 배열(물리적 구조)

3×4의 2차원 배열 A를 만들기 위해서는

```
DIMENSION A(3, 4)
```

와 같이 DIMENSION 문을 쓴다. 물론

```
REAL A(3, 4)
```

와 같이 형선언문을 사용하여도 좋다. 컴파일러가 번역시 이 명령문을 만나면 A라는 이름으로 기억 장소 12(=3×4)를 확보한다. 2차원 배열 A는 외부적으로는 그림 7.3(a)와 같이 표현하나 내부에서는 그림 7.3(b)와 같이 앞의 첨자, 즉 행이 먼저 변하는 형태로 기억 장소가 마련된다. 그러므로 요소(要素, element) A(2, 3)는 배열 A의 8번째의 기억 장소이다(그림 7.3(a) 참고).

2차원 배열 S($d_1$, $d_2$)에서 첨자(m, n)의 값을 구하는 식은 m+(n-1)×d1이다. 단, $m \le d_1$, $n \le d_2$ 이어야 한다. 즉, 다음의 선언문에서 A(2, 3)는 배열 A의 8번째 기억 장소이다. A(2, 3)는 A(m, n)이므로 m=2, n=3 및 d1=3[A(3, 4)=A($d_1$, $d_2$)]을 구하는 식에 넣으면(그림 7.2)

$$8 = 2 + (3 - 1) \times 3$$

elment A(2, 3)  elment A(2, 3)  DIMENSION A(3, 4)

**그림 7.2** 2차원 배열에서 첨자(m, n)의 값을 구하는 식

다차원 배열이 컴퓨터 내부에서 모두 1차원으로 기억 장소가 할당되므로 명령문에 A(2, 3)와 같이 다차원의 첨자변수를 실행시에는 이를 1차원의 첨자변수로 바꾸어 처리한다.

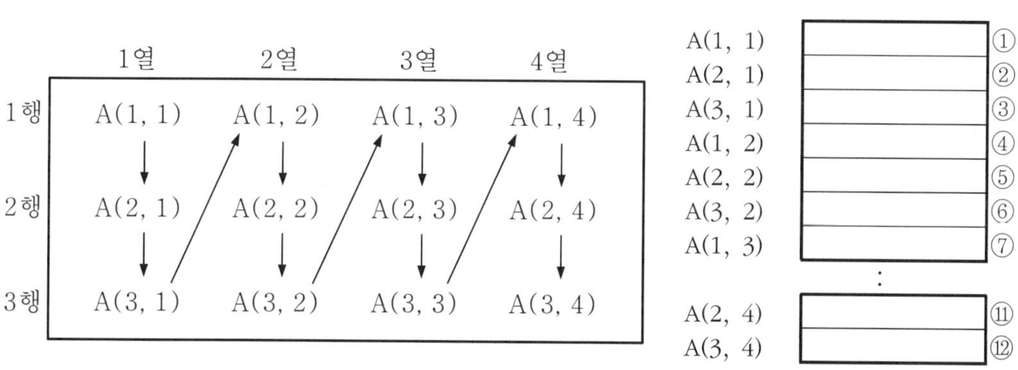


(a) 2차원의 외부적인 표현

(b) 컴퓨터 내부의 2차원 배열

**그림 7.3** 2차원 배열의 외부적과 컴퓨터 내부적 표현

그림 7.3 (b)에서 기억순서는 ①, ②, ③, … ⑫순이고 순서대로 나타내었다.

행렬 연산은 2차원 배열을 이용하면 편리하며, 다음 프로그램은 두 행렬의 합을 구하는 프로그램의 예제이다.

**예제 7.8** 다음 두 2차원배열 A(2, 2)와 B(2, 2)의 합 C(2, 2)를 구하는 프로그램을 작성하라.

$$A = \begin{bmatrix} 1 & 2 \\ 3 & 4 \end{bmatrix},\quad B = \begin{bmatrix} 5 & 6 \\ 7 & 8 \end{bmatrix},\quad C = \begin{bmatrix} 6 & 8 \\ 10 & 12 \end{bmatrix}$$

**프로그램**

```
      INTEGER A, B, C                           또는
      DIMENSION A(2, 2), B(2, 2), C(2, 2)  INTEGER A(2, 2), B(2, 2), C(2, 2)
      DO 11 I=1, 2
      DO 11 J=1, 2
        READ(5, *) A(I, J), B(I, J)
        C(I, J)=A(I, J)+B(I, J)
   11 CONTINUE
      DO 22 I=1, 2
      DO 22 J=1, 2
   22 WRITE(6, 20) I, J, I, J, C(I, J)
   20 FORMAT(2X, 'I=', I2, ',' 1X, 'J=', I2, ',', 1X, 'C(', I1, ',', 1X,
     &        I1, ')=', I2)
      STOP
      END
```

**출력결과**

```
I= 1, J= 1, C(1, 1)= 6
I= 1, J= 2, C(1, 2)= 8
I= 2, J= 1, C(2, 1)=10
I= 2, J= 2, C(2, 2)=12
```

$$\rightarrow C = \begin{bmatrix} 6 & 8 \\ 10 & 12 \end{bmatrix}$$

위 결과를 정리하면 주어진 2차원 배열 C와 같다는 것을 알 수 있다.

2차원 배열에서도 1차원 배열에서와 같이 자료를 초기화하는 방법은 다음과 같이 3가지 방법 ① READ 문 ② 치환문 ③ DATA 문을 이용으로 할 수 있다.

① READ 문을 이용하는 경우

```
DIMENSION POP(2, 2)
DO 11 I=1, 2
DO 11 I=1, 2
```

■ 입력 자료

```
10
20
30
```

```
      READ(5, 10) POP(I, J)                    40
   10 FORMAT(3X, I3)
   11 CONTINUE
```

② 치환문을 이용하는 경우

```
DIMENSION POP(2, 2)
POP(1, 1)=10
POP(1, 2)=20
POP(2, 1)=30
POP(2, 2)=40
```

③ DATA 문을 이용하는 경우

```
DATA ((POP(I, J), J=1, 2), I=1, 2)/10, 20, 30, 40/
```

다음의 배열에 대한 선언문은 같은 의미를 갖는다.

① 
```
DOUBLE PRECISION KEY(3, 6)
```

② 
```
DIMENSION KEY(3, 6)
DOUBLE PRECISION KEY
```

③ 
```
DOUBLE PRECISION KEY
DIMENSION KEY(3, 6)
```

**예제** **프로그램 예제**

[1]

| 10 | 20 | 30 |
|---|---|---|
| 40 | 50 | 60 |

의 형태로 기억되는 프로그램을 작성하여라.

**프로그램**

```
C        DIMENSION PROGRAM
         DIMENSION M(2, 3)
         I=0
         DO 11 J=1, 2
         DO 11 K=1, 3
         I=I+10
         M(J, K)=I
      11 CONTINUE
         DO 22 J=1, 2
         DO 22 K=1, 3
      22 WRITE(6, 20) J, K, J, K, M(J, K)
      20 FORMAT(2X, 'J=', I3, ',' 1X, 'K=', I3, ',', 1X, 'M(',
        &I1,',',1X,  I1, ')=', I3)
         STOP
         END
```

**출력결과**

```
J= 1, K= 1, M(1, 1)= 10
J= 1, K= 2, M(1, 2)= 20
J= 1, K= 3, M(1, 3)= 30
J= 2, K= 1, M(2, 1)= 40
J= 2, K= 2, M(2, 2)= 50
J= 2, K= 3, M(2, 3)= 60
```

**예제 7.9** 주어진 자료와 프로그램이 다음

```
1 2 3 4 5 6 7 8 9
```

와 주어진 프로그램이

```
      :
      DIMENSION K(3, 3)
      READ(5, 10) K
10    FORMAT(9I1)
      WRITE(6, 20) K
20    FORMAT(1X, 9I2)
      :
```

일 때 9개의 첨자변수에 기억되는 값들의 형태와 인쇄 결과를 나타내어라.

---

**풀이** 9개의 첨자변수에 기억되는 값들은 다음과 같으며

**기억되는 값들** 다음과 같은 9개의 첨자변수 속에 1, 2, … ,9가 각각 기억되고

| K(1, 1)<br>1 | K(1, 2)<br>4 | K(1, 3)<br>7 |
|---|---|---|
| K(2, 1)<br>2 | K(2, 2)<br>5 | K(2, 3)<br>8 |
| K(3, 1)<br>3 | K(3, 2)<br>6 | K(3, 3)<br>9 |

이렇게 기억된 값들 9개를 출력하면 다음과 같이 인쇄된다.

**출력결과**

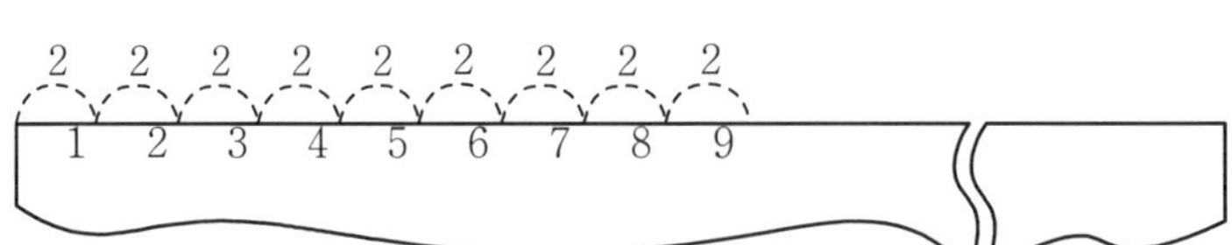


**예제 7.9** 그림 DIMENSION

**3차원 배열**은 그림 6.4과 같이 행과 열을 포함하는 면으로 구성되는 배열로서

3개의 첨자를 사용하여 행과 열을 포함하고 면을 구성하는 배열로써 첫 번째 첨자는 행, 두 번째 것은 열 그리고 세 번째 것은 면(面, plane)을 가리키며, 첨자가 3개 이상일 경우를 **다차원 배열(多次元 配列, multi-dimensional array)**이라 한다. 이 배열의 일반적인 형식은 다음과 같다.

```
DIMENSION VN1(n1, n2, n3)
```

VN1 : 배열명(variable name, VN)

n1 : 행(行, row)을 나타내는 정수형 산술식(첨자식)

n2 : 열(列, column)을 나타내는 정수형 산술식(첨자식)

n3 : 면(面, plane)을 나타내는 정수형 산술식(첨자식)

3차원 배열 S($d_1$, $d_2$, $d_3$)에서 첨자(l, m, n)의 값을 구하는 식은 l+(m−1)×d1+(n−1)×d2이다(단, $l \le d_1$, $n \le d_2$, $m \le d_3$ 이어야 한다). 즉, 선언문에서 A(2, 4, 1)는 14번째의 기억장소에 저장된다. 주어진 3차원 배열 A(4, 5, 2)=A($d_1$, $d_2$, $d_3$)와 A(2, 4, 1)=첨자(l, m, n)에 적용되는 식 l+(m−1)×d1+(n−1)×$d_2$에 각 값을 대입하면 2+(4−1)×4+(1−1)×5=14 즉, 주어진 값과 같다는 것을 알 수 있다.

이를 테면

```
DIMENSION B(2, 4, 3)
```

은 그림 7.4(a)과 같은 형태의 배열이며, 컴퓨터 내부에서는 그림 7.4(b)와 같은 순으로 24개(=2×4×3)의 기억장소가 마련된다.

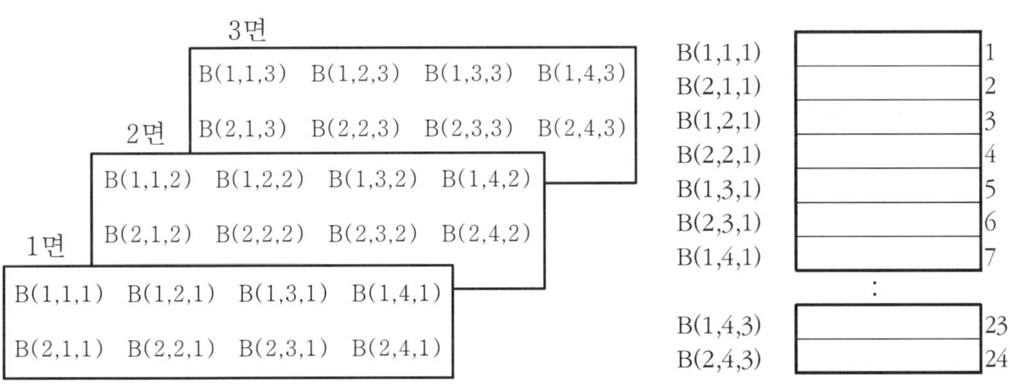


(a) 3차원의 외부적인 표현　　(b) 컴퓨터 내부의 3차원 배열

**그림 7.4** 3차원 배열의 외부적과 컴퓨터 내부적 표현

2차원이나 3차원 등의 다차원 배열은 우리가 일상 사용하는 수학에서 같은 방법으로 문제를 풀기 위해 개념적으로 각 요소의 위치를 지정하여 준 것이나 실제 컴퓨터의 기억 장치 안에서는 입체적 배열의 형태를 가지는 것이 아니라 순차적으로 한 줄의 형태, 즉 1차원 배열의 형태로 기억 장치 안에서 배열될 때에는 첫 번째  첨자(열)가 바뀌고 그 다음의 첨자(그 다음 열)가 바뀌는 순서로 그리고 그 다음의 첨자가 바뀌는 순서대로 배열된다.

**예제 7.10** 다음의 프로그램에서 명령된 X, Y에 어떤 변수의 값이 기억되는가?

**프로그램**

```
DIMENSION A(4, 5, 2), B(100)
     :
X=A(5, 2, 1)
Y=A(1, 1, 3)
     :
```

**풀이** DIMENSION 문에서 배열 A로 40개(=4×5×2)와 배열 B로 100개 모두 140개의 기억 장소를 마련한다. 첨자변수 A(5, 2, 1)는 배열 5번째 행을 지적하였으나 DIMENSION 문에서 배열 A는 행이 4개밖에 없으므로 이것은 오류이다. 그러나 대부분의 컴퓨터는 이러한 것을 잘못으로 처리하지 않고 A(5, 2, 1)을 1차원으로 바꾸어 배열 A의 9번째 요소, 즉 A(1, 3, 1)의 값이 X에 기억된다. 마찬가지로 A(1, 1, 3)는 배열 A의 41번째의 요소가 되는데 배열 A의 기억 장소는 40개뿐이나 그 다음의 배열 B(1)의 값이 Y에 기억된다. 이와 같이 첨자를 잘못 쓰면 다른 변수의 지역을 침범하므로 주의해야 한다.

```
5    +  (2   -   1)  *  4    +  (1    -   1)  *   4     *   5    = 9
↑       ↑               ↑       ↑                 ↑         ↑
행(row) 열(column)      행(ROW) 면(plane)         행(ROW)   열(COLUMN)
```

(대문자는 DIMENSION 문에서 지정한 것)

**그림 7.5** 3차원 배열에서 첨자(l, m, n)의 값을 구하는 식

배열 A의 9번째 요소, 즉 A(1, 3, 1)의 값이 X에 기억된다. 마찬가지로 A(1, 1, 3)는 배열 A의 41번째의 요소가 되는데 배열 A의 기억 장소는 40개뿐이나 그 다음의 배열 B(1)의 값이 Y에 기억된다. 이와 같이 첨자를 잘못 쓰면 다른 변수의 지역을 침범하므로 주의해야 한다.

3차원 배열에서도 1차원이나 2차원 배열에서와 같이 자료를 초기화하는 방법은 다음과 같이 3가지 방법 ① READ 문 ② 치환문 ③ DATA 문을 이용으로

할 수 있다.

① READ 문을 이용하는 경우

```
      DIMENSION B(1, 2, 2)
      DO 11 I=1, 2
      DO 11 J=1, 2
      READ(5, 10) B(1, J, I)
   10 FORMAT(F3.2)
   11 CONTINUE
```

■ 입력 자료

```
235
345
455
565
```

② 치환문을 이용하는 경우

```
      DIMENSION B(1, 2, 2)
      B(1, 1, 1)=2.35
      B(1, 2, 1)=3.45
      B(1, 1, 2)=4.55
      B(1, 2, 2)=5.65
```

③ DATA 문을 이용하는 경우

```
      DATA ((B(1, I, J), I=1, 2), J=1, 2)/2.35, 3.45,
      4.55, 5.65/
```

①, ② 및 ③에서 초기화된 자료를 프로그램을 작성하여 출력하면 다음과 같이 모두 같은 값으로 인쇄된다.

■ 출력 결과

```
B(1, 1, 1)=2.35
B(1, 2, 1)=3.45
B(1, 1, 2)=4.55
B(1, 2, 2)=5.65
```

**예제 7.11** 주어진 자료와 프로그램이 다음

```
1 2 3 4 5 6 7 8 9
```

와 주어진 프로그램이

```
        :
      DIMENSION L(2, 2, 2)
      READ(5, 10) L
   10 FORMAT(8I1)
      WRITE(6, 20) L
   20 FORMAT(1X, 8I2)
        :
```

일 때 8개의 첨자변수에 기억되는 값들의 형태와 인쇄 결과를 나타내어라.

**풀이** 9개의 첨자변수에 기억되는 값들은 다음과 같으며

**기억되는 값들** 다음과 같은 9개의 첨자변수 속에 1, 2, … ,8이 각각 기억되고

| L(1,1,1)<br>1 | L(1,2,1)<br>3 |
|---|---|
| L(2,1.1)<br>2 | L(2,2,1)<br>4 |

| L(1,1,2)<br>5 | L(1,2,2)<br>7 |
|---|---|
| L(2,1.2)<br>6 | L(2,2.2)<br>8 |

이렇게 기억된 값들 9개를 출력하면 다음과 같이 인쇄된다.

**출력결과**

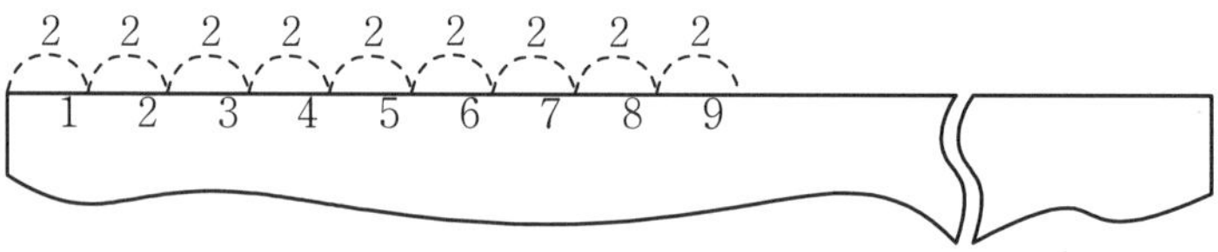


**예제 7.11** 그림 DIMENSION

# 7.3

# 배열의 입·출력

배열을 입·출력하는 방법에는 다음과 같은 다섯 가지로 분류할 수 있다.

(1) 배열 요소를 전부 나열하는 방법

(2) 배열명만 사용하는 방법

(3) DO 문을 사용하는 방법

(4) implied DO 문을 사용하는 방법

(5) (3)와 (4)를 혼합하는 방법(혼합형)

다섯가지로 분류된 배열의 입·출력하는 방법을 상세하게 기술한다.

(1) 배열 요소를 전부 나열하는 방법도 배열의 자료를 입·출력하는 가장 간단한 방법으로 배열의 어떤 특정 요소만 입·출력하고자 할 때 편리하다. 그러나 배열 요소가 많을 경우는 프로그램 코딩의 양이 크게 늘어나는 단점이 있다.

① 입력의 경우

i) 1차원

```
      DIMENSION A(5)
      READ(5, 10) A(1), A(2), A(3), A(4), A(5)
   10 FORMAT(F3.1)
```

■ 입력 자료

```
123
456
789
987
654
```

■ 기억된 결과

→

| 12.3 | 45.6 | 78.9 | 98.7 | 65.4 |
|---|---|---|---|---|
| A(1) | A(2) | A(3) | A(4) | A(5) |

ii) 2차원

```
      DIMENSION M(2, 3)
      READ(5, 10) M(1, 1), M(1, 2), M(1, 3), M(2, 1),
    & M(2, 2), M(2, 3)
   10 FORMAT(I3)
```

■ 입력 자료

```
456
890
345
778
113
556
```

■ 기억된 결과

→

| 456 | 890 | 345 | 778 | 113 | 556 |
|---|---|---|---|---|---|
| M(1,1) | M(1,2) | M(1,3) | M(2,1) | M(2,2) | M(2,3) |

iii) 3차원

```
   DIMENSION A(2, 3, 3)
   READ(5, 10) A(2, 1, 1), A(2, 2, 1), A(2, 3, 1)
10 FORMAT(3F4.1)
```

■ 입력 자료

```
123456
789123
898776
543213
882345
112367
```

■ 기억된 결과

1면

| | | |
|---|---|---|
| A(1,1,1) | A(1,2,1) | A(1,3,1) |
| A(2,1,1)<br>123.4 | A(2,2,1)<br>567.8 | A(2,3,1)<br>912.3 |

2면

| | | |
|---|---|---|
| A(1,1,2) | A(1,2,2) | A(1,3,2) |
| A(2,1,2) | A(2,2,2) | A(2,3,2) |

② 출력의 경우

i) 1차원

```
   DIMENSION A(5)
   WRITE(6, 10) A(1), A(2), A(3), A(4), A(5)
10 FORMAT(3X, F4.1)
```

■ 기억되어 있는 값

→

| 12.3 | 45.6 | 78.9 | 98.7 | 65.4 |
|---|---|---|---|---|
| A(1) | A(2) | A(3) | A(4) | A(5) |

→

■ 출력 결과

```
␣␣␣12.3
␣␣␣45.6
␣␣␣78.9
␣␣␣98.7
␣␣␣65.4
```

ii) 2차원

```
   DIMENSION M(2, 3)
   WRITE(6, 10) M(1, 1), M(1, 2), M(1, 3), M(2, 1),
&  M(2, 2), M(2, 3)
10 FORMAT(2(1X, 3I4,/)
```

■ 기억되어 있는 값

| 251 | 352 | 647 |
|---|---|---|
| 859 | 777 | 898 |

■ 출력 결과

```
␣251 ␣352 ␣647
␣859 ␣777 ␣898
```

iii) 3차원

```
     DIMENSION A(3, 4, 2)
     WRITE(6, 10) A(1, 1, 1), A(1, 2, 1), A(1, 3, 1),…,
   & A(3, 3, 2), A(3, 4, 2)
10   FORMAT(3(2(4(2X, F4.1),/)))
```

■ 기억되어 있는 값

1면

| 10.5 | 90.5 | 35.5 | 45.5 |
|---|---|---|---|
| 77.0 | 88.1 | 32.3 | 44.3 |
| 65.7 | 78.9 | 11.1 | 24.7 |

2면

| 35.9 | 40.2 | 50.6 | 61.6 |
|---|---|---|---|
| 77.2 | 88.3 | 90.3 | 80.2 |
| 99.9 | 11.1 | 12.2 | 13.3 |

→ ■ 출력 결과

```
␣␣10.5␣␣90.5␣␣35.5␣␣45.5
␣␣77.0␣␣88.1␣␣32.3␣␣44.3
␣␣65.7␣␣78.9␣␣11.1␣␣24.7
␣␣35.9␣␣40.2␣␣50.6␣␣61.6
␣␣77.2␣␣88.3␣␣90.3␣␣80.2
␣␣99.9␣␣11.1␣␣12.2␣␣13.3
```

(2) 배열명을 사용하는 방법은 배열 요소 전체를 입·출력하고자 할 때 이용된다.

① 입력의 경우

i) 1차원

```
     DIMENSION A(5)
     READ(5, 10) A
10   FORMAT(F3.1)
```

■ 입력 자료

```
353
248
397
452
368
```

→ ■ 기억된 결과

| 35.3 | 24.8 | 39.7 | 45.2 | 36.8 |
|---|---|---|---|---|
| A(1) | A(2) | A(3) | A(4) | A(5) |

ii) 2차원

```
     DIMENSION B(3, 2)
     WRITE(6, 10) B
10   FORMAT(3F4.1)
```

■ 입력 자료

```
1234567898765
9876543211234
```

→ ■ 기억된 결과

| 123.4 | 567.8 | 987.6 | 987.6 | 543.2 | 112.3 |
|---|---|---|---|---|---|
| B(1,1) | B(2,1) | B(3,1) | B(1,2) | B(2,2) | B(3,2) |

iii) 3차원

```
   DIMENSION M(2, 2, 2)
   WRITE(6, 10) M
10 FORMAT(2I3)
```

■ 입력 자료

```
123478
567898
778845
667891
```

■ 기억된 결과

1면

| | |
|---|---|
| A(1,1,1) | A(1,2,1) |
| A(2,1,1)<br>123.4 | A(2,2,1)<br>567.8 |

2면

| | |
|---|---|
| A(1,1,2) | A(1,2,2) |
| A(2,1,2) | A(2,2,2) |

② 출력의 경우

i) 1차원

```
   DIMENSION A(5)
   WRITE(6, 10) A
10 FORMAT(5(2X, F4.1,/))
```

■ 기억되어 있는 값

→

| A(1) | A(2) | A(3) | A(4) | A(5) |
|---|---|---|---|---|
| 35.3 | 24.8 | 39.7 | 45.2 | 36.8 |

→

■ 출력 결과

```
␣␣35.3
␣␣24.8
␣␣39.7
␣␣45.2
␣␣36.8
```

ii) 2차원

```
   DIMENSION N(2, 2)
   WRITE(6, 10) N
10 FORMAT(2(1X, I3))
```

■ 기억되어 있는 값

| | |
|---|---|
| A(1, 1)<br>345 | A(1, 2)<br>678 |
| A(2, 1)<br>987 | A(2, 2)<br>654 |

■ 출력 결과

```
␣345   ␣987

␣678   ␣654
```

iii) 3차원

```
   DIMENSION K(2, 2, 2)
   WRITE(6, 10) K
10 FORMAT(4(2(I4, 2X),/))
```

■ 기억되어 있는 값

1면

| | |
|---|---|
| A(1,1,1)<br>112 | A(1,2,1)<br>119 |
| A(2,1,1)<br>116 | A(2,2,1)<br>114 |

2면

| | |
|---|---|
| A(1,1,2)<br>101 | A(1,2,2)<br>107 |
| A(2,1,2)<br>181 | A(2,2,2)<br>111 |

→

■ 출력 결과

```
␣112␣␣␣116
␣119␣␣␣114
␣101␣␣␣181
␣107␣␣␣111
```

(3) 다른 프로그램들은 DO 문, implied DO 문 및 혼합형에 대한 입·출력 예이다.

① DO 문을 이용하는 방법

```
    DIMENSION K(5)
    DO 11 I=1, 5
    READ(5, 10) K(I)
10  FORMAT(I2)
```

■ 입력 자료

```
15
29
35
47
80
```

■ 기억된 결과

→

| 15 | 29 | 35 | 47 | 80 |
|---|---|---|---|---|
| K(1) | K(2) | K(3) | K(4) | K(5) |

② implied DO 문을 이용하는 방법

```
    DIMENSION S(2, 2)
    WRITE(6, 10) ((S(I, J), J-1, 2), I=1, 2)
10  FORMAT(4F5.1)
```

■ 기억되어 있는 값

| S(1, 1) | S(1, 2) |
|---|---|
| 325.7 | 676.7 |
| S(2, 1) | S(2, 2) |
| 423.1 | 891.3 |

■ 출력 결과

```
325.7
676.7
423.1
891.3
```

③ 혼합형(DO 문과 implied DO 문을 혼합하여 이용하는 방법)

■ 입력의 경우

```
    DIMENSION K(2, 2, 2)
    DO 11 N=1, 2
    DO 11 M=1, 2
11  READ(5, 10) (K(N, M, L), L=1, 2)
10  FORMAT(8I2)
```

■ 입력 자료

| 5678932157893578 |
|---|

→

■ 기억된 결과

1면

| K(1,1,1) 56 | K(1,2,1) 93 |
|---|---|
| K(2,1,1) 57 | K(2,2,1) 35 |

2면

| K(1,1,2) 78 | K(1,2,2) 21 |
|---|---|
| K(2,1,2) 89 | K(2,2,2) 78 |

■ 출력의 경우

```
DIMENSION K(2, 2, 2)
DO 11 N=1, 2
DO 11 M=1, 2
```

```
11 READ(5, 20) (K(N, M, L), L=1, 2)
20 FORMAT(8I2)
   DO 22 N=1, 2
   DO 22 M=1, 2
   DO 22 L=1, 2
22 WRITE(6,30) N, M, L, N, M, L, K(N, M, L)
30 FORMAT(1x,'N=',I2,3X, 'M=',I2,3X, 'L=',I2, 3X, 'K(', I1,
 & ',', I1, ',',I1, ')=', I3)
   stop
   end
```

■출력 결과

```
N= 1   M= 1   L= 1   K(1,1,1)= 56
N= 1   M= 1   L= 2   K(1,1,2)= 78
N= 1   M= 2   L= 1   K(1,2,1)= 93
N= 1   M= 2   L= 2   K(1,2,2)= 21
N= 2   M= 1   L= 1   K(2,1,1)= 57
N= 2   M= 1   L= 2   K(2,1,2)= 89
N= 2   M= 2   L= 1   K(2,2,1)= 35
N= 2   M= 2   L= 2   K(2,2,2)= 78
```

앞에서의 출력 결과는 입력된 자료의 첨자변수에 기억된 값과 같다는 것을 알 수 있다.

### ■ 변수 목록(list)에 배열명

입·출력 문의 변수 목록(list)에 배열명(配列名, array name)이 있으며 그 배열의 요소 전체를 가리킨다. 그러므로 만일 배열 중의 특정 요소만을 지적하고자 할 때는 A(5)와 같이 첨자로 지정하여야 한다.

```
DIMENSION A(5), B(5, 2)
READ(5, 10) A
READ(5, 10) B
READ(5, 20) I, J, A(I), B(I, J)
WRITE(6, 30) A, B(5, 1), B(5, 2)
```

A는 1차원 배열이므로 요소 전체를 가리켜 처음의 READ 문장은 "READ(5, 10) A(1), A(2), A(3), A(4), A(5)"와 의미가 같으며 배열이 2차원 이상일 때는 왼편의 첨자가 먼저 변한 후 오른편 첨자가 변하게 되므로 두 번째의 READ 문장은 "READ(5, 10) B(1,1), B(2,1), B(3,1), B(4,1), B(5,1), B(1,2), B(2,2), B(3,2), B(4,2), B(5,2)"와 같은 의미이다.

세 번째의 READ 문장에서와 같이 변수 목록에 있는 변수가 같은 변수 목록에 있는 배열의 첨자로 사용될 경우는 첨자로 사용되는 변수는 첨자로 사용되기 전에 먼저 써야 한다. 보기의 READ 문장에서 I와 J는 배열 A, B의 첨자로 사용되었는데 배열 A, B보다 먼저, 즉 왼편에 있다. 만일 첨자로 사용되는 I, J가 A(I), B(I, J)보다 오른편에 있으면 컴파일 할 때 잘못으로 지적되든지 또는 기종에 따라 지적되지 않는다 해도 그 결과가 틀리게 된다.

**예제 7.12** 배열 B, C 및 D가 다음과 같이 선언되어 있다.

```
   DIMENSION B(3), C(2, 3, 2), D(3, 2)
        :
   WRITE(6, 10) B, D, C
10 FORMAT(5X, 5F10.1)
```

이때 WRITE-FORMAT 명령을 수행하면 어떻게 인쇄되는지 나타내어라.

**풀이** WRITE-FORMAT 명령을 수행하면 다음 그림과 같이 한 줄에 5개씩 21개 (=3+2×3×2+3×2)가 인쇄된다.

| | | | | |
|---|---|---|---|---|
| B(1) | B(2) | B(3) | D(1, 1) | D(2, 1) |
| D(3, 1) | D(1, 2) | D(2, 2) | D(3, 2) | C(1, 1, 1) |
| C(2, 1, 1) | C(1, 2, 1) | C(2, 2, 1) | C(1, 3, 1) | C(2, 3, 1) |
| C(1, 1, 2) | C(2, 1, 2) | C(1, 2, 2) | C(2, 2, 2) | C(1, 3, 2) |
| C(2, 3, 2) | | | | |

■ **변수 목록(list)에서의 implied DO 문**

배열의 요소들 가운데 일부분만을 가리키거나 또는 컴퓨터 내부에 기억되는 배열의 순서와는 다르게 처리하고자 할 때 각 요소를 첨자로 지정하여 원하는 순서대로 하나씩 적어도 좋으나 implied DO 문을 사용하면 편리하다.

implied DO 문이 앞에서 설명한 기본적인 DO 문과는 다음과 같은 차이가 있다.

① implied DO 문은 DO라는 예약어를 쓰지 않는다.

② 하나의 문장에서만 반복 순환(loop)한다.

③ 단지 **입·출력문에서만 이용**된다.

```
READ(5, 10) A(2), A(3), A(4)
```

을 implied DO 문을 사용하여

```
READ(5, 10) (A(I), I=2, 4, 1)
```

과 같이 적으면 된다. 입출력 문의 변수 목록에 적은 (A(I), I=2, 4, 1)은 구조상 DO 루프와 같은 뜻을 갖는다. 즉, 왼쪽 괄호는 CONTINUE를, 오른쪽 괄호는 DO의 의미를 내포하여

```
READ(5, 10) (A(I), I=2, 4, 1)
```

은

```
READ(5, 10) continue A(I), I=2, 4, 1 do
```

의 뜻으로써 실제적으로는

```
READ(5, 10) ┌DO I=2, 4, 1 ┐
            │     A(I)    │
            └CONTINUE    ┘
```

와 같이 READ문 속에 DO 루프를 포함하고 있다. 이것은 DO 루프 속에 READ 문이 있는 것과는 그 기능이 약간 다르다.

```
      DO 11 I=1, 30
      READ(5, 10) A(I)
10    FORMAT(5F10.3)
11    CONTINUE
```

는 READ 문이 DO 루프 속에 포함되어 있어 READ 문이 한번 수행할 때마다 A(I)의 한 개 변수값이 입력되므로 FORMAT 문의 5F10.3은 무의미하게 된다. 그러므로 30매의 자료 카드가 필요하다. 그러나

```
      READ(5, 10) (A(I), I=1, 30)
10    FORMAT(5F10.3)
```

은 READ 문이 한번 수행하면서 A(1), A(2), … , A(30)의 30개 변수에 자료를 입력시키므로 자료 카드 1매에 5F10.3으로 읽어 들여 카드는 6매 있으면 된다. 입·출력 문의 변수 목록에 implied DO 루프를 의미하는 괄호가 몇 겹으로 되어 있는 경우 속의 괄호가 밖의 괄호보다 먼저 처리되므로 속의 괄호는 inner DO가 되고, 바깥 괄호는 outer DO가 된다.

```
READ(5, 10) (B(I, J), J=1, 2), I=1, 3)
```

은

```
READ(5, 10) continue continue B(I, J), J=1, 2 do, I=1, 3 do
                  ↑          └──── inner DO ───┘      ↑
                  └──────────────── outer DO ─────────┘
```

가 되어

```
READ(5, 10) B(1, 1), B(1, 2), B(2, 1), B(2, 2), B(3,
1), B(3, 2)
```

와 같은 의미가 된다.

## 7.3 • 연습문제

**7.1** 배열(array)에 대하여 간단히 설명하여라.

**7.2** DIMENSION 문(DIMENSION statement)에 대하여 간단히 설명하여라.

**7.3** 배열명(array name)과 첨자변수(subscript variable)에 대하여 간단히 설명하여라.

**7.4** 다음 DIMENSION 문은 몇 개의 첨자변수(subscript variable)들을 포함하고 있는가?

① `DIMENSION A(10, 3), B(2, 3, 4)`
② `DIMENSION K(2, 2, 2, 2), P(1)`

**7.5** 다음 DIMENSION 문은 몇 개의 첨자변수들을 포함하고 있는가?

① `DIMENSION M(4, 7, 2), H(2, 3), C(54)`
② `DIMENSION L(100, 100), R(10, 10, 10)`

**7.6** 다음에서 틀린 곳이 있으면 고쳐라.

① `DIMENSION X(111, 22, 33, 122 , 55, 88, 77)`
② `DIMENSION A(10, 12), B(3), C(-4)`
③ `DIMENSION A(10) B(10)`

**7.7.** 다음에서 틀린 곳이 있으면 고쳐라.

① `DIMENSION AB(2, 3, 5,) B(12, 18)`
② `DIMENSION, M(15), B(25, 25)`
③ `DIMENSION L-B(2, 6, 8), P(120)`

**7.8** 다음의 DIMENSION 문에서 50번째의 요소명은 무엇인가?

① `DIMENSION A(6, 8) B(2, 3, 5)`
② `DIMENSION, B(5, 6, 4)`

③ DIMENSION B(4, 20)

**7.9** 다음의 문들을 수행하면 출력되는 형태는 어떠한가?

```
   DIMENSION A(4, 2, 3)
        :
   WRITE(6, 10) A
10 FORMAT(4(3X, F10.2))
```

**7.10** 다음의 implied-DO loop 문에서 틀린 곳을 고쳐라.

① READ(5, 10), (A(K), K=1, 20)
② READ(5, 20) (B(K), K=1, 10), C, (I, I=1, 10)
③ WRITE(6, 30) (A(J), J=1, 20), ((B(K, L), K=1, 3), L=K+1, 10)
④ WRITE(6, 40) (K, A(I), I=M, L, 2)

**7.11** 다음의 WRITE-FORMAT 문을 수행하면 출력 형태는 어떠한가?

①
```
   WRITE(6, 20) (N, A(N), N=5, 10)
20 FORMAT(1X, 3(I5, F10.2))
```

②
```
   WRITE(6, 30) (A(M, N), N=1, 4), M=5, 7)
30 FORMAT(1X, 3(I5, F10.2))
```

③
```
   WRITE(6, 40) (B(M), M=1, 5), D, (B(M), M=2, 4), N=1, 2)
40 FORMAT(1X, 6F10.2))
```

**7.12** 다음 조건을 만족하는 적절한 DIMENSION 문을 작성하여라.

① 배열명(array name)이 GROUP이고 첨자변수가 12개
② 배열명이 LIST이고 첨자변수가 40개
③ 배열명이 LINDA, SAM이고 첨자변수(subscript variable)가 각각 60개, 50개

**7.13** 다음 조건을 만족하는 적절한 DIMENSION 문을 작성하여라.

① 배열명이 POP, LINCOLN이고 첨자변수가 20개와 51개
② 배열명이 A이고 10개, 50개를 갖는 첨자 배열
③ 배열명이 N이고 첨자변수가 각각 40개, 40개 및 30개를 갖는 3차원 배열

**7.14** DIMENSION 문을 이용하여 다음 내용을 만족해 주는 READ, WRITE 문을 작성하여라.

| 자료카드(data card)로부터 11개의 자료를 F5.2의 형태로 읽어 들여 기억장소에 기억시킨 다음 기억된 내용을 인쇄하여라. |
|---|

**7.15** DIMENSION 문을 이용하여 다음 내용을 만족해 주는 READ, WRITE 문을 작성하여라.

| 자료카드(data card)로부터 12개의 자료를 F4.2, I2의 형태로 읽어 들여 기억장소에 기억시킨 다음 기억된 내용을 인쇄하여라. |
|---|

**7.16** 다음의 각 프로그램에서 몇 장의 자료카드가 각각 읽혀지겠느냐?

①

```
       DIMENSION X(10)
       READ(5, 10) X
    10 FORMAT(2F5.2)
```

②

```
       DIMENSION X(10)
       READ(5, 10) X
    10 FORMAT(10F5.2)
```

③

```
       DIMENSION X(10)
       READ(5, 10) (X(I), I=1, 10)
    10 FORMAT(2F5.2/F5,2)
```

**7.17** 다음의 각 프로그램에서 몇 장의 자료카드가 각각 읽혀지겠느냐?

①

```
       DIMENSION X(10)
       READ(5, 10) X
    10 FORMAT(3F5.1)
```

②

```
       DIMENSION X(20)
       READ(5, 10) X
    10 FORMAT(5F5.1)
```

③

```
       DIMENSION X(10)
       READ(5, 10) (X(I), I=1, 10)
    10 FORMAT( F5.3/2F5,3)
```

**7.18** 다음의 자료(data)를 배열명(array name) K에 기억시키는 DATA 문을 작성하여라. (9.2.3 항 DATA 문을 참조)

$$\begin{pmatrix} 1 & 2 & 3 & 4 \\ 5 & 6 & 7 & 8 \\ 9 & 10 & 11 & 12 \end{pmatrix}$$

**7.19** 다음의 자료(data)를 배열명(array name) N에 기억시키는 DATA 문을 작성하여라. (9.2.3 항 DATA 문을 참조)

$$\begin{pmatrix} 1 & 9 & 8 & 3 \\ 0 & 8 & 1 & 9 \\ 4 & 7 & 5 & 4 \end{pmatrix}$$

**7.20** 다음 프로그램에서 출력 결과가 어떻게 나타나는지 작성하라.

■ 프로그램

```
      DIMENSION L(4), K(5)
      DATA L, K/1, 2, 3, 4, 5, 6, 7, 8, 9/
      DO 11 I=1, 4
      WRITE (6, 20) L(I), K(I)
   20 FORMAT(1X, 2I10)
   10 CONTINUE
      STOP
      END
```

■ 프로그램 작성

**7.21** n개의 자료를 읽어 평균과 표준 편차를 계산하고 각 자료별로 평균과의 차이를 인쇄하는 프로그램을 작성하라.

**7.22** 행렬의 위치 바꾸기

두개의 행렬(IA, IB)이 각각 4행 4열로 선언되어 있다. 그런데 행렬 IA에 정수 3자리의 숫자를 자료 파일로부터 컴퓨터에 기억시킨 다음에, 나머지 배열 IB에는 배열 IA의 행렬의 위치를 바꾸어 기억시켜서, 두 개의 배열 내용을 인쇄하는 프로그램을 작성하라.

**7.23** 행렬의 합

3×3의 행렬 A와 B의 자료를 카드나 자료파일로부터 읽어 들여 두 행렬의 대응요소를 합계하여 행렬 C의 대응요소에 넣어라. 그리고 행렬 A, B 및 C를 2차원 행렬의 형태로 출력하라. 단, 자료는 각 카드나 자료 파일에 9개씩 I1의 형태로 두 줄로 천공되어 있다.

**7.24** 3×4의 행렬 A와 4×5의 행렬 B의 자료를 카드나 자료 파일로부터 읽어 들여 행렬 A와 B를 곱하여 3×5의 배열 C에 넣어 각 배열의 요소를 2차원 행렬의 형태로 출력하여라. 단, 행렬 A의 자료와 배열 B의 자료는 별개의 자료 카드나 자료 파일에 각각 4F4.1과 5F5.1로 천공되거나 타이핑되어있다.

**7.25** 1에서 200까지의 수중에서 소수(素數, prime number)를 구하여 한 줄에 10개씩 인쇄하는 프로그램을 작성하라.

**7.26** 50개의 수를 읽어 가장 큰 값(최대값, 最大値)부터 가장 작은 값(최소값, 最小値)까지 크기 순, 오름차순(ascending order)으로 분류하여 한 줄에 10개씩 인쇄하는 프로그램을 작성하라.

**7.27** 1차원 배열을 사용하여 이항계수[二項係數, Binomial Coefficient(Pascal의 삼각형)]을 다음과 같이 출력하는 프로그램을 작성하라.

```
1
1 2 1
1 3 3 1
1 4 6 4 1
  :
```

## 7.3 | 연습문제 해답

**7.1** 내용이 비슷한 동일 형태의 자료들을 기억시킬 때 첨자를 이용하여 기억장소를 마련한다.

**7.2** 비실행문으로써 배열을 사용하여 기억장소를 마련하는데 사용되는 선언문이다.

**7.3** 배열명 : 첨자형태를 이용하여 기억 장소를 구성할 때 이름이 되는 것.
첨자변수 : 배열명과 첨자를 이용하여 표기한 변수.

**7.4** ① 54 ② 17

**7.5** ① 116 ② 11000

**7.6** ① 기억용량 과다. ② 첨자변수는 음의 값이 될 수 없음. ③ ,가 빠졌다.

**7.7** ① B 앞에 ,가 빠졌다. ② M 앞에 ,를 빼야한다. ③ 변수는 -를 쓸 수 없다.

**7.8** ① B(2, 1, 1) ② B(5, 4, 2) ③ B(4, 13)

**7.9**

```
X(1, 1, 1)  X(2, 1, 1)  X(3, 1, 1)  X(4, 1, 1)
X(1, 2, 1)  X(2, 2, 1)  X(3, 2, 1)  X(4, 2, 1)
X(1, 1, 2)  X(2, 1, 2)  X(3, 1, 2)  X(4, 1, 2)
X(1, 2, 2)  X(2, 2, 2)  X(3, 2, 2)  X(4, 2, 2)
X(1, 1, 3)  X(2, 1, 3)  X(3, 1, 3)  X(4, 1, 3)
X(1, 2, 3)  X(2, 2, 3)  X(3, 2, 3)  X(4, 2, 3)
```

**7.10**

① READ(5, 10), 에서 ,를 삭제하면 READ(5, 10) (A(K), K=1, 20)
② 맞음
③ L=K+1, 10에서 K+1의 연산문이 잘못되었음
④ 맞음

**7.11**

① 5A(5)   6A(6)   7A(7)
   8A(8)   9A(9)   10A(10)

② A(5, 1)   A(5, 2)   A(5, 3)   A(5, 4)
   A(6, 1)   A(6, 2)   A(6, 3)   A(6, 4)
   A(7, 1)   A(7, 2)   A(7, 3)   A(7, 4)

③ B(1)  B(2)  B(3)  B(4)  B(5)  D
   B(2)  B(3)  B(4)  B(1)  B(2)  B(3)
   B(4)  B(5)  D   B(2)  B(3)  B(2)

**7.12**

① DIMENSION GROUP(12)
② DIMENSION LIST(40)
③ DIMENSION LINDA(60), SAM(50)

**7.13**

① DIMENSION POP(20), LINCOLN(51)
② DIMENSION A(10, 50)
③ DIMENSION N(40, 40, 30)

**7.14**

```
      DIMENSION A(11)
      READ (5, 10) A
   10 FORMAT(11F5.2)
      WRITE (6, 20) A
   20 FORMAT(1X, 5F5.2)
      STOP
      END
```

**7.15**

```
      DIMENSION A(5), I(12)
      READ (5, 10) A
   10 FORMAT(5F4.2)
      READ (5, 20) I
   20 FORMAT(12I2)
      WRITE (6, 30) A
   30 FORMAT(1X, 5F5.2)
      WRITE (6, 40) A
   40 FORMAT(1X, 12I3)
      STOP
      END
```

**7.16** ① 5 ② 1 ③ 7

**7.17** ① 4 ② 2 ③ 7

**7.18**

```
DIMENSION K(3, 4)
DATA K/1, 5, 9, 2, 6, 10, 3, 7, 11, 4, 8, 12/
```

**7.19**

```
DIMENSION N(3, 4)
DATA N/1, 0, 4, 9, 8, 7, 8, 1, 5, 3, 6, 4/
```

**7.20**

```
1   5
2   6
3   7
4   8
```

**7.21**

■ 프로그램 : 평균과 표준편차

```
C     To calculate mean and variance
C
      DIMENSION X(100)
      READ(5, 10) N, (X(I), I=1, N)
   10 FORMAT(I3 / (10F8.2))
C
      SUM=0.0
      DO 11 I=1, N
         SUM=SUM+X(I)
   11 CONTINUE
      XBAR=SUM/N
C
      SUM=0.0
```

```
      DO 22 I=1, N
         DIF=X(I)-XBAR
         SUM=SUM+DIF*DIF
      CONTINUE
   22
      VARIAN=SUM/N
      STDDEV=SQRT(VARIAN)
      WRITE(6, 20) N, XBAR, STDDEV
   20 FORMAT(' NO OF DATA =', I10  /' MEAN =', F10.2 / ' STD '
     & ' DEVIATION  =', F10.2// 'DATA', 6X, 'CHA')
C
      DO 33 I=1, N
         DIF=X(I)-XBAR
         WRITE(6, 30) X(I), DIF
   30    FORMAT(1X, 2F10.2)
   33 CONTINUE
      STOP
      END
```

■ 입력 자료

```
 5
 70.0    85.0    83.0    75.0    80.0
```

■ 출력 결과

```
NO OF DATA          =         5
MEAN                =     78.60
STD DEVIATION       =      5.46

     DATA       CHA
     70.00     -8.60
     85.00      6.40
     83.00      4.40
     75.00     -3.60
     80.00      1.40
```

7.22

```
C     MATRIX : Position change
C
      DIMENSION IA(4, 4), IB(4, 4)
      WRITE(6, 10)
   10 FORMAT(11X, 22('*')/12X,'* Change of position *'/ 12X,
     & 22('*')// 11X,'SOURCE MATRIX : NA ' / )
      READ(5, 20) ((IA(I, J), J=1, 4),  I=1, 4)
   20 FORMAT(4I3)
      L=0
   30 L=L+1
      IF(L-4) 40, 40, 60
```

```
40    M=0
50    M=M+1
      IF(M-4) 70, 70, 30
70    NB(M, L)=NA(L, M)
      GO TO 50
60    WRITE(6, 80) ((IA(I, J), J=1, 4), I=1, 4),
     & ((IB(NA, NB), NB=1, 4), NA=1, 4)
80    FORMAT(11X, 4(I3, 4X)/11X, 4(I3, 4X)/11X, 4(I3, 4X)/11X,
     & 4(I3, 4X)/11X, 'RESULT MATRIX : NB ' // 11X, 4(I3,
     & 4X)/11X, 4(I3, 4X)/11X, 4(I3, 4X)/11X, 4(I3, 4X)/)
      STOP
      END
```

■ 입력 자료

```
125234567435
332563225786
326455668863
135689248369
```

■ 출력 결과

```
 *************************
   * Change of position *
 *************************

  SOURCE MATRIX : IA
 ====================
  125    234    567    435
  332    563    225    786
  326    455    668    863
  135    689    248    369

  RESULT MATRIX : IB
 ====================
  125    332    326    135
  234    563    455    689
  567    225    668    248
  435    786    863    369
```

7.23

```
C     Calculate MATRIX ADDITION
C
      DIMENSION IA(3, 3), IB(3, 3), IC(3, 3)
      READ(5, 10) ((IA(I, J), J=1, 3),  I=1, 3)
      READ(5, 10) ((IB(I, J), J=1, 3),  I=1, 3)
10    FORMAT(9I2)
      DO 11 I=1, 3
      DO 11 J=1, 3
11    IC(I, J)=IA(I, J)+IB(I, J)
```

```
      WRITE(6, 20)
20    FORMAT(22X, 'MATRIX ADDITION'/ 21X, 12('-')/11X, '[A]',
     &       11X, '[B]', 11X, '[C]')
      DO 22 K=1, 3
      WRITE(6, 30) (IA(K, J), J=1, 3), (IB(K, J), J=1, 3),
     &             (IC(K, J), J=1, 3)
30    FORMAT(7X, 3(3I3, 5X))
22    CONTINUE
      STOP
      END
```

■ 문제 분석

1. 배열 A, B 및 C를 2차원 배열로 정의한다.
2. $\begin{bmatrix} a_{11}\, a_{12}\, a_{13} \\ a_{21}\, a_{22}\, a_{23} \\ a_{31}\, a_{32}\, a_{33} \end{bmatrix} + \begin{bmatrix} b_{11}\, b_{12}\, b_{13} \\ b_{21}\, b_{22}\, b_{23} \\ b_{31}\, b_{32}\, b_{33} \end{bmatrix} = \begin{bmatrix} c_{11}\, c_{12}\, c_{13} \\ c_{21}\, c_{22}\, c_{23} \\ c_{31}\, c_{32}\, c_{33} \end{bmatrix}$

$$c_{11} = a_{11} + b_{11}$$
$$c_{12} = a_{12} + b_{12}$$
$$c_{13} = a_{13} + b_{13}$$
$$\vdots$$
$$c_{33} = a_{33} + b_{33}$$

와 같이 배열 A, B 및 C는 행과 열의 숫자가 같으므로 정사각행렬이라고 하며 행을 가리키는 첨자를 I, 열을 가리키는 첨자를 J라고 하면

```
C(I, J)=A(I, J)+B(I, J)
```

와 같이 I와 J의 순서를 같게 하여 I의 값을 1, 2, 3, J의 값을 1, 2, 3으로 변경시키면서 계산하면 된다.

■ 입력자료

```
1 2 3 4 5 6 7 8 9
9 3 3 8 5 2 7 4 1
```

■ 출력 결과

```
              MATRIX ADDITION
             ===================
   [A]          [B]          [C]
 1  2  3      9  3  3     10  5  6
 4  5  6      8  5  2     12 10  8
 7  8  9      7  4  1     14 12 10
```

**7.24**

■ 문제 분석

1. 행렬 A, B 및 C를 2차원 행렬로 정의한다.

```
DIMENSION  A(3, 4), B(4, 5), C(3, 5)
```

행렬 A의 열과 행렬 B의 행이 같아야 하고, 행렬 C의 행은 행렬 A의 행, 행렬 C의 열은 행렬 B의 열과 같아야 한다.

2. $A = \begin{bmatrix} a_{11}\, a_{12}\, a_{13}\, a_{14} \\ a_{21}\, a_{22}\, a_{23}\, a_{24} \\ a_{31}\, a_{32}\, a_{33}\, a_{34} \end{bmatrix} \qquad B = \begin{bmatrix} b_{11}\, b_{12}\, b_{13}\, b_{14}\, b_{15} \\ b_{21}\, b_{22}\, b_{23}\, b_{24}\, b_{25} \\ b_{31}\, b_{32}\, b_{33}\, b_{34}\, b_{35} \\ b_{41}\, b_{42}\, b_{43}\, b_{44}\, b_{45} \end{bmatrix}$

일 때 행렬 A와 B를 곱하여 이루어지는 배열 C는

$$\mathrm{C} = \begin{bmatrix} \sum a_{1k}b_{k1}, \sum a_{1k}b_{k2}, \sum a_{1k}b_{k3}, \sum a_{1k}b_{k4}, \sum a_{1k}b_{k5} \\ \sum a_{2k}b_{k1}, \sum a_{2k}b_{k2}, \sum a_{2k}b_{k3}, \sum a_{2k}b_{k4}, \sum a_{2k}b_{k5} \\ \sum a_{3k}b_{k1}, \sum a_{3k}b_{k2}, \sum a_{3k}b_{k3}, \sum a_{3k}b_{k4}, \sum a_{3k}b_{k5} \end{bmatrix}$$

로 된다. 즉, $C_{11}$은

$$\mathrm{C}_{11} = a_{11} . b_{11} + a_{12} . b_{21} + a_{13} . b_{31} + a_{14} . b_{41}$$

와 같이 열이 바뀌는 행렬 A와 행렬 B를 곱하여 이들을 더한 값이다, 즉,

$$\mathrm{C}_{11} = \sum_{k=1}^{4} \mathrm{A}_{1k} \cdot B_{k1}$$

이다. 이때 A의 열과 B의 행이 같은 요소, 즉 $a_{1k}$와 $b_{k1}$을 곱해야 한다. 그러므로 행렬 C의 각 요소$\mathrm{C}_{ij}$는 다음과 같이 표시할 수 있다.

$$\mathrm{C}_{ij} = \sum_{k=1}^{4} \mathrm{A}_{ik} \cdot B_{kj}$$

단, $i = 1, 2, 3,$
$j = 1, 2, 3, 4, 5$

■ 프로그램

```
C          Calculate Matrix Multiplication
C
           DIMENSION A(3, 4),  B(4, 5),  C(3, 5)
           READ(5, 10) ((A(I, J), J=1, 4),  I=1, 3)
      10   FORMAT(4F4.1)
           READ(5, 20) ((B(I, J), J=1, 5),  I=1, 4)
      20   FORMAT(5F4.1)
           DO 11 I=1, 3
           DO 11 J=1, 5
             SUM=0.0
               DO 22 K=1, 4
      22       SUM=SUM+A(I, K)*B(K, J)
```

```
      C(I, J)=SUM
11  CONTINUE
    WRITE(6, 30) ((A(I, J), J=1, 4),  I=1, 3)
    WRITE(6, 40) ((B(I, J), J=1, 5),  I=1, 4)
    WRITE(6, 50) ((C(I, J), J=1, 5),  I=1, 3)
30  FORMAT(/6X, '[A MATRIX]'/ 5X, 12('-')/ (4F11.2))
40  FORMAT(/6X, '[B MATRIX]'/ 5X, 12('-')/ (5F11.2))
50  FORMAT(/6X, '[C MATRIX]'/ 5X, 12('-')/ (4X, (5F11.2)))
    STOP
    END
```

■ 입력 자료

```
1235326711476783
3312246854311297
4523113733199236
2347116834942683l986
25321234325672312552
34214231423181414258
91412534123242516254
```

■ 출력 결과

```
[A MATRIX]
----------
123.50    326.70    114.70    678.30
331.20    246.80    543.10    129.70
452.30    113.70    331.90    923.60

 [B MATRIX]
-----------
234.70    116.80    349.40    268.30    198.60
253.20    123.40    325.60    723.10    255.20
342.10    423.10    423.10    814.10    425.80
914.10    253.40    123.20    425.10    625.40

 [C MATRIX]
-----------
 770978.75  275150.38  281620.56  651094.44  580949.00
 444575.66  331790.88  441844.00  764595.19  441126.03
1092749.38  441326.34  449268.75  866390.69  837785.50
```

7.25 ■ 문제 분석

1. 소수란 2, 3, 5, 7, 11 등과 같이 1과 자신 이외의 수로는 나누어지지 않는 1보다 큰 자연수(1과 자신 이외에 약수를 가지고 있지 않은 수)를 말한다.
2. 200개의 요소를 가진 배열을 마련하여 KK(1)=1, KK(2)=2, ……, KK(200)=200을 넣는다.
3. 2의 배수가 되는 요소에 0을 넣는다.
4. 3의 배수가 되는 요소에 0을 넣는다.

5. 4는 2의 배수이므로 4의 배수가 되는 요소에는 이미 0이 들어 있다. 그러므로 0이 아닌 요소의 배수를 찾아 0을 넣는다.
6. KK(I) ≤ 14(= $\sqrt{200}$ )이면 과정 5를 되풀이한다.
7. KK(I) > 14이면 배열 KK에서 0이 아닌 수치가 기억되어 있는 요소들을 인쇄한다.

■ 프로그램

```
C         Find  prime numbers
C
          DIMENSION KK(200)
          DO 11 I=1, 200
          KK(I)=I
   11     CONTINUE
          N=SQRT(200.0)
          DO 22 I=2, N
            IF(KK(I) .EQ. 0) GO TO 22
            DO 33 K=2, 200
              M=I*K
              IF(M .GT. 200) GO TO 22
              KK(M)=0
   33         CONTINUE
   22     CONTINUE
          M=0
          DO 44 I=1, 200
              IF(I .EQ. 1 .OR. KK(I) .EQ. 0) GO TO 44
              M=M+1
              KK(M)=KK(I)
   44     CONTINUE
          WRITE(6, 30) (KK(I), I=1, M)
   30     FORMAT(//  '** PRIME NUMBERS FROM 1 TO 200 **'/ (2X, 10(I6)))
          STOP
          END
```

■ 출력 결과

```
** PRIME NUMBERS FROM 1 TO 200 **(M= 46)

     2     3     5     7    11    13    17    19    23    29
    31    37    41    43    47    53    59    61    67    71
    73    79    83    89    97   101   103   107   109   113
   127   131   137   139   149   151   157   163   167   173
   179   181   191   193   197   199
```

1은 소수에서 제외된다.

**7.26** ■ 프로그램

```
C     Find  SORT numbers
C
      DIMENSION NO(50)
      READ(5, 10) (NO(I), I=1, 50)
   10 FORMAT(10I2)
      DO 11 I=1, 49
        M=50-I
        DO 11 J=1, M
          IF(NO(J) .LT. NO(J+1)) GO TO 11
          NT=NO(J)
          NO(J)=NO(J+1)
          NO(J+1)=NT
   11   CONTINUE
      WRITE(6, 20) (NO(I), I=1, 50)
   20 FORMAT(6X, 'SORT numbers(ascending order)' / (4X, 10I4))
      STOP
      END
```

■ 입력 자료

```
56686575766987609438
36732714174495397764
30403715924220717980
59111923818963725943
21184546495862788588
```

■ 출력 결과

```
SORT numbers(ascending order: 오름차순)
11  14  15  17  18  19  20  21  23  27
30  36  37  38  39  40  42  43  44  45
46  49  56  58  59  59  60  62  63  64
65  68  69  71  72  73  75  76  77  78
79  80  81  85  87  88  89  92  94  95
```

**7.27** N(16)의 배열을 잡아 초기값으로 모두 I를 넣어 준다. I를 2부터 16까지 변화키면서 각 줄에 찍히는 값들을 계산한다.

■ 프로그램

```
C     Calculate Binomial Coefficient(Pascal's Triangle)
C
      DIMENSION N(16)
      WRITE(6, 10)
   10 FORMAT(10X, 'Pascal''s Triangle')
      DO 11 I=1, 16
   11   N(I)=I
      DO 22 J=2, 16
```

```
      J=I-1
20  IF(J-1) 40, 40, 30
30  N(J)=N(J)+N(J-1)
      J=J-1
      GO TO 20
40  WRITE(6, 50) (N(J), J=1, I)
50  FORMAT(1X, 2I3, 2I4, 3I5, 3I6, 3I5, 2I4, I3))
22  CONTINUE
    STOP
    END
```

■ 출력 결과

```
Pascal's Triangle
1  2
1  3   3
1  4   6   4
1  5  10  10    5
1  6  15  20   15    6
1  7  21  35   35   21    7
1  8  28  56   70   56   28     8
1  9  36  84  126  126   84    36     9
1 10  45 120  210  252  210   120    45    10
1 11  55 165  330  462  462   330   165    55   11
1 12  66 220  495  792  924   792   495   220   66   12
1 13  78 286  715 1287 1716  1716  1287   715  286   78   13
1 14  91 364 1001 2002 3003  3432  3003  2002 1001  364   91  14
1 15 105 455 1365 3003 5005  6435  6435  5005 3003 1365  455 105  15
1 16 120 560 1820 4368 8008 11440 12870 11440 8008 4368 1820 560 120 16
```

# 8 부프로그램

8.1

# 부프로그램의 개념

이제까지는 어떠한 문제를 전산처리하는데 단 하나의 프로그램만으로도 충분하여 그 문제를 효과적(시간적·경제적·효율적인 측면에서)으로 처리되는 간단한 경우의 프로그램에 관해서만 생각해 보았다. 어떤 하나의 프로그램에서는 **같은 일련의 문들이 여러 곳에서 같은 계산과정이 반복하여 사용하는 경우**가 있다. 이를테면 한 프로그램 안에서 그림 8.1(a)과 같이 이들을 필요할 때마다 적어도 좋으나 프로그램이 길어진다는 단점이 있다. 이때 이들 문들을 그림 8.1(b)와 같이 독립된 하나의 프로그램으로 작성하여 이것에 이름을 붙여 필요한 경우에 그 이름을 호출하여 처리한다면 프로그램이 간명해진다.

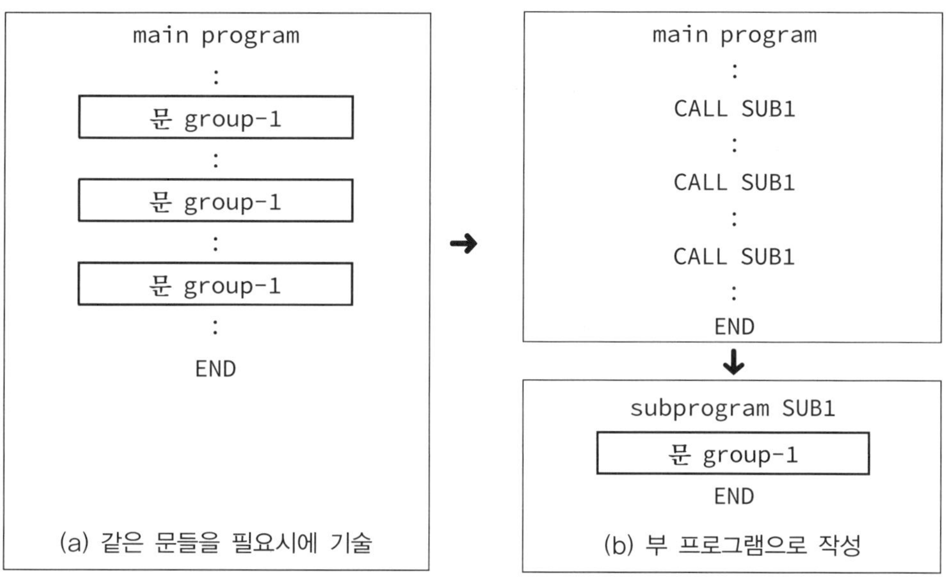


**그림 8.1** 같은 문들로 구성된 주프로그램과 부프로그램 개념

내장함수 사용 시 다음과 같은 규칙에 대해 잘 따라야 한다.

프로그램이 독립된 여러 개의 **단위 프로그램**(unit program)으로 구성되어 있는 경우 이들 단위 프로그램 중에서 전체를 통제하는 프로그램을 **주프로그램**(main program) 또는 **호출 프로그램**(calling program)이라 하고, 주프로그램의 통제를 받으면서 한정된 일부분의 처리를 분담하는 나머지 단위 프로그램을 **부프로그램**(subprogram) 또는 **피호출 프로그램**(called program)이라 한다. 제2장에서 배운 SQRT, SIN, COS 및 ABS와 같은 함수는 부프로그램이다. 이러한 부프로그램은 사용자의 편의를 위해 FORTRAN 컴파일러를 만들면서 많이 사용하는 함수(函數, function)를 미리 작성하여 라이브러리(library)에 마련해 둔 것이다. 이러한 함수를 **내장함수(內藏函數, library function, 또는** intrinsic function) 이라 한다. FORTRAN 라이브러리에 응용 분야에서 사용하는 모든 함수나 서브루틴을 모두 제공할 수는 없다. 그러므로 내장함수에서 제공하지 못하는 부프로그램을 사용자가 필요하면 자기 자신의 직접 만들어 사용하면 된다.

부프로그램 사용 시 다음과 같은 규칙에 대해 잘 따라야 한다.

(1) 부 프로그램은 주프로그램과 같은 방법으로 작성하는 한 개의 완전한 단위 프로그램이나 주프로그램에 종속되어 있으므로 부프로그램만을 독립적으로 처리할 수 없고 반드시 주프로그램의 호출에 의해 비로소 실행된다.

(2) 그러므로 FORTRAN의 원시 프로그램은 반드시 하나의 주프로그램이 있어야 하고 필요한 경우에 한하여 여러 개의 부프로그램이 존재할 수도 있다.

(3) 부프로그램에서도 주프로그램과 마찬가지로 모든 문법 규칙이 그대로 적용된다. 단, 프로그램 문은 주프로그램에 이름을 부여하는 문이므로 부프로그램에서 사용할 수 없다.

(4) 주프로그램만이 부프로그램을 호출할 수 있는 것이 아니고 부프로그램에서 다른 부프로그램을 호출하여 사용할 수 있다. 이때 다른 부프로그램을 부르는 프로그램을 **호출 프로그램**(calling program), 불리는 프로그램을 **피호출 프로그램**(called program)이라고 한다.

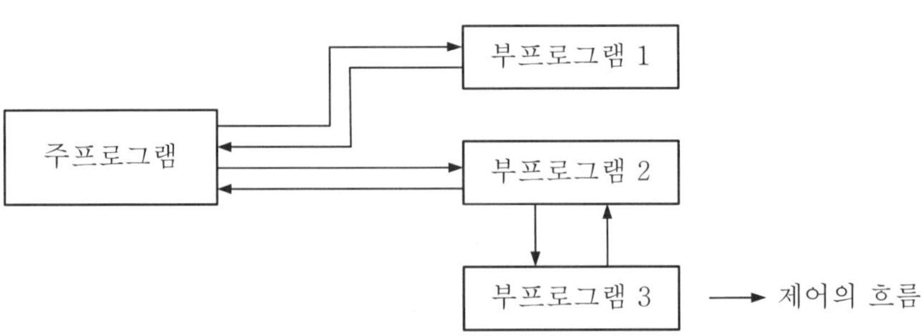


**그림 8.2** 주프로그램과 부프로그램간의 관계

(5) FORTRAN에서는 자기 자신을 호출할 수 없으며, 자신을 호출한 프로그램을 호출(상호 호출) 할 수 없다.

(6) 부프로그램은 다음과 같은 4가지 종류로 분류된다.

① 함수 부프로그램에는 **문함수**(statement function), **라이브러리 함수**(library function) 및 **함수 부프로그램**(function subprogram) 그리고 ② **서브루틴 부프로그램**(subroutine program)이 있다. 부프로그램은 이를 호출하는 주프로그램과는 별도로 컴파일되는 별개(別個)의 프로그램 단위이다. FORTRAN 프로그램 덱이 주프로그램과 부프로그램으로 구성되어 있는 경우 일반적으로 그림 8.3과 같이 먼저 주프로그램을, 그 뒤에 부프로그램들을 놓는다.

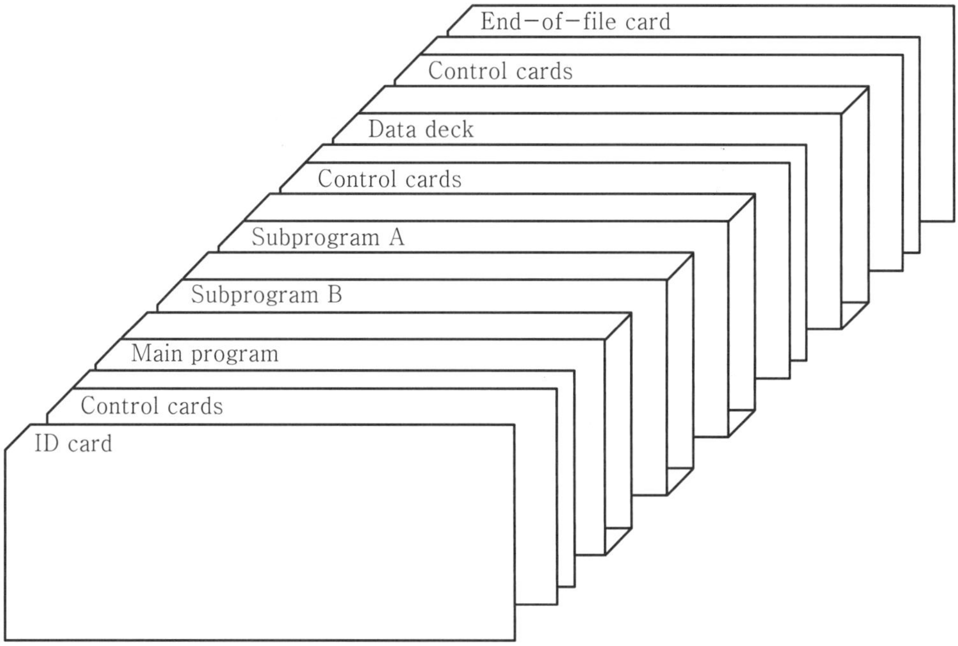


**그림 8.3** FORTRAN package

프로그램을 한 개의 주프로그램으로만 작성하는 것보다 여러 개의 독립된 부프로그램으로 작성하면 다음과 같은 장점이 있다.

1. 반복하는 계산 과정을 몇 차례 쓰지 않고 한곳으로 모으기 때문에 프로그램이 짧아지고 컴퓨터의 기억장소가 절약된다.
2. 컴파일을 독립적으로 하기 때문에 오류 교정이 즉 **디버깅**(debugging)이

쉽다.

3. 기능별로 단위 프로그램을 작성한다.
4. 하나의 부프로그램을 작성하면 언제라도 필요할 때마다 다른 프로그램에서 호출하여 공동으로 이용할 수 있다.

그러므로 복잡하고 큰 문제를 한번 작성할 경우 전체를 몇 개의 독립된 프로그램으로 나누어 여러 사람이 분담하여 작성해서 컴파일하고 수정하였다가 진행시에 이들 독립된 프로그램을 하나로 모아서 사용하면 매우 편리하다.

FORTRAN 부프로그램은 **함수 부프로그램**(function subprogram)과 **서브루틴 부프로그램**(subroutine subprogram)의 두 종류가 있으며, 그 기능은 서로 비슷하나 다음과 같은 기본적인 차이점이 있다.

1. 함수 부프로그램은 1개 이상의 **인수(因數, argument)**가 있어야 하나, 서브루틴 부프로그램은 필요한 경우에 한하여 인수를 사용한다,
2. 함수 부프로그램은 계산결과를 **함수명(函數名, function name)**에 기억시켜 1개의 결과만을 호출 프로그램에 넘기나 서브루틴 부프로그램은 일반적으로 두 개 이상의 계산 결과를 인수에 기억시켜 필요한 경우에 여러 개를 호출 프로그램에 넘긴다.
3. 호출 프로그램에서 함수명은 수식에서 하나의 변수처럼 사용할 수 있으나 서브루틴명은 수식에 사용할 수 없을 뿐 아니라 변수와 같이 이용할 수도 없다.

# 8.2

# 함수 부프로그램

8.1절에서 간단히 기술한 바와 같이 하나의 프로그램 안에서 똑같은 계산과정이 여러 번 반복되는 경우, 즉 수많은 값에 대한 삼각함수값을 구해야 한다거나 또는 많은 2차방정식들이 근(根, root)을 구해야 되는 경우에, 반복되는 부분에 대한 프로그램을 작성해 두었다가 필요한 경우에 그 프로그램을 불러서 사용하면 간결하고도 쉽게 일을 처리할 수 있게 될 것이다. 여기서 다루게 될 함수 부프로그램은 8.1절 (6)에서 설명한 바와 같이 사용되는 방법과 목적에 따라

① 자연과학이나 공학 분야에서 주로 많이 사용되고 있는 어떤 특수한 값들을 구하기 위한 프로그램을 컴퓨터 제조회사에서 미리 작성하여 컴퓨터 시스템(computer system)의 라이브러리(library)에 내장해 두었다가 필요에 따라 정해진 함수명(function name)을 사용하여 얻고자 하는 값을 구할 수 있는 **내장 함수**(library function).

② 반복부분에 대한 내용을 하나의 문(文, statement)으로 작성해 두었다가 필요에 따라 사용할 수 있는 **문 함수**(statement function)

③ 반복부분에 대한 내용을 하나의 독립된 프로그램으로 작성해 두었다가 필요에 따라 사용할 수 있는 **함수 부프로그램**(function subprogram) 총 3가지로 나눌 수 있다.

# 8.3

# 내장함수

프로그램을 작성하다 보면 수학적 계산을 많이 요구하는 경우가 종종 발생하게 된다. FORTRAN은 과학 기술 계산용 언어이기 때문에 삼각함수, 제곱근 및 절대값 등 많은 함수들을 컴퓨터 제조회사 측 입장에서 컴퓨터 내부에 제공하여, 사용자로 하여금 함수의 이름만 호출하여 사용할 수 있도록 되어있는 함수들을 **내장함수(內藏函數, intrinsic function 또는 supplied function)**라 말한다. 이 때 주프로그램에서 함수를 호출하였을 경우 주프로그램과 함께 컴파일 되며 함수의 이름에 의해 반환되는 결과값(오직 한개)이 결정된다. 내장함수는 컴퓨터의 기종에 따라 종류와 함수명에 다소 차이가 있으므로 설명서(說明書, manual)를 참고하여 사용해야 한다.

내장함수 사용 시 다음과 같은 규칙에 대해 잘 따라야 한다.

(1) 내장함수는 수식 표현을 간단하게 하기 위해 수학적 함수와 문자 함수 등으로 구분할 수 있으며 다음과 같은 종류가 있다.

- 수학적 함수 : INT(X), ABS(X), SQRT(X), EXP(X)
- 문자 함수 : LGE(X1, X2), LGT(X1, X2), ICHAR(X)
- 수식 표현 : $z = \sqrt{b^2 - 4ac}$ → Z=SQRT(B*B-4*A*C)

(2) 프로그램 상에서 내장 함수를 인용하려면, 반드시 다음과 같이 **함수명과 실인 수를 제공**해야 하며 표 8.1에 나타내었다.

```
KMAX=      MAX      (I, J, N)
            ↓          ↓
        <함수명>    <실인수>
```

**표 8.1** 함수명, 실인수 및 그들의 의미

| 함 수 명(인수) | 의 미 |
|---|---|
| INT(X) | X를 정수값으로 변환 |
| REAL(X) | X를 실수값으로 변환 |
| ABS(X) | X의 정대값을 반환 |
| MOD(X1, X2) | X1/X2의 나머지값을 변환 |
| MAXO(X1, … , Xn) | X1, … , Xn중에서 최대값을 반환 |
| MINO(X1, … , Xn) | X1, … , Xn중에서 최소값을 반환 |
| SQRT(X) | X의 제곱근 값을 반환 |
| EXP(X) | E**X의 값을 반환 |
| ALOG(X) | X>0의 LOG 값을 반환 |
| SIN(X), COS(X), TAN(X) | X의 SIN, COS 및 TAN 값을 반환 |

(3) 내장 함수명에는 **총칭명(總稱名, generic name)**과 **개별명(個別名, specific name)**이 있다. 예를 들면 절대값을 구하는 총칭명은 ABS이고, 개별명은 IABS, ABS, DABS 및 CABS이다(부록 A 참조). 다음 표는 이들 명칭의 의미와 예를 표 8.2에 나타낸 것이다.

**표 8.2** 총칭명, 개별명의 의미와 그예

| 종 류 | 의 미 | 예 |
|---|---|---|
| 총칭명 | 함수값의 형과 실인수의 형을 일치시키지 않고도 함수를 사용할 수 있다. 즉, 실인수 X의 형이 정수이면 ABS(X)의 형도 정수형이다. | ABS(X) |
| 개별명 | 함수값의 형과 실인수의 형을 반드시 일치시켜서 함수를 사용해야만 한다. 즉, DABS(X)의 결과값이 배정도 실수형이면 실인수 X는 배정도 실수형이어야 한다. | LABS(X)<br>ABS(X)<br>DABS(X)<br>CABS(X) |

(4) 실인수를 정수화하는 INT(X)함수와 같이 실인수형에 관계없이 함수 결과값의 형이 결정되는 함수(총칭명)도 존재한다.

```
INT(5)        → 3
INT(6.24)     → 6
INT((4.7)     → 4
```

(5) 실인수의 개수와 형은 반드시 일치해야 하며, 함수의 실인수에 상수에 상수뿐만 아니라, 변수 또는 식을 사용할 수 있다.

```
      READ(5, *) A, B
        Z=MOD(A, B)
      IF(Z .EQ. 0) THEN
        WRITE(6, 20) Z
      ELSE
        WRITE(6, 30) Z
      END IF
   20 FORMAT(5X, 'Z=', F6.2, 3X, 'MOD IS ZERO')
   30 FORMAT(5X, 'Z=', F6.2, 3X, 'MOD IS NOT ZERO')
      STOP
      END
```

■ 입력자료

```
 3  3
 5  3
```

■ 출력 결과

```
Z=  0.00   MOD IS ZERO
Z=  2.00   MOD IS NOT ZERO
```

(6) 호출 프로그램에서 INTRICSIC 문을 이용하여 **내장 함수를 실인수로 사용**할 수 있다. 이 때 내장 함수의 총칭명은 사용할 수 없지만, 개별명은 사용이 가능하다(단, 다음과 같은 내장 함수의 개별명은 실인수로 사용할 수 없음)(8.9 절 참조).

① 형 변환 내장함수 : IFIX, INT, IDINT, REAL, FLOAT, SNGL, ICHAR, CHR

② 문자열 비교 내장 함수 : LGE, LGT, LLE, LLT

③ 최대값, 최소값 내장함수 : MAX0, AMAX1, DMAX1, AMAX0, MAX1, MIN0, AMIN1, DMIN1, AMIN0, MIN1

(7) 내장 함수명은 IMPLICIT 문에 의해 함수 결과의 형에 영향을 받지 않는다. 예를 들면, 입력값의 사인값을 구하는 프로그램의 결과값은 실수형이다.

```
      IMPLICIT INTEGER(P-T)
      READ(5, 10) N
   10 FORMAT(1X, I2)
      Z=3.14159*N
      WRITE(6, 20) Z, SIN(Z)
   20 FORMAT(5X, 'Z=', F8.2, 5X, 'SIN(Z)=', E10.3)
      STOP
      END
```

■ 입력 자료

N=20

■ 출력 결과

```
Z=  62.832     SIN(Z)=-.5070E-04
```

(8) 형 선언문에 의해 내장함수의 총칭명은 영향을 받지 않지만 개별명은 영향을 받는다. 즉, 형 선언문에 의해 개별명의 형과 다르게 선언된다면 개별명으로 취급되지 않는다. 다음 프로그램에서 IFIX는 내장 함수로써 취급되며 DINT는 사용자 자신이 정의한 함수이다.

■ 프로그램

```
      INTEGER IFIX
      REAL DINT
      LOGICAL X
      DOUBLE PRECISION M
      READ(5, *) N, P
      X=IFIX(N) .EQ. IFIX(N+1.99)
      M=DINT(P)
      WRITE(6, 20) X, M
   20 FORMAT(5X, 'X=', L4, 5X, 'M=', F25.18)
      STOP
      END
```

■ 입력자료

5  3.735

■ 출력 결과

```
X=   F     M=     3.000000000000000000
```

■ 설명

X=IFIX(N) .EQ. IFIX(N+1.99)에 N=5를 대입하여 X=IFIX(5) .EQ. IFIX(5+1.99)를 계산하면 X=5 .EQ. 6이 되어 거짓이므로 'F'이고 M=DINT(P) =DINT(3.735)=3.의 결과에 이용자가 소수점 아래 자리수는 필요한 만큼 FORMAT의 자리수에 맞추어 출력하면 된다.

(9) 다음은 3+2i를 3−2i로 변환하여 출력하는 프로그램이다.

```
      COMPLEX X1, X2
      READ(5, 10) X1
   10 FORMAT(1X, 2F2.0)
      X2=CONJG(X1)
```

```
      WRITE(6, 20) X2
20    FORMAT(1X, 2F6.2, 'i')
      STOP
      END
```

■ 입력 자료

```
␣0302
```

■ 출력 결과

```
3.00 -2.00i
```

(10) 문자를 비교할 때는 일반적으로 길이가 긴 쪽에 맞추어서 비교한다. 즉, 문자형 변수 A의 길이가 5이고 문자형 변수 D의 길이가 3이라면, B에다 공백을 추가해서 비교했을 때 A가 B보다 크다는 것을 알 수 있다.

```
A='KOREA'
D='LEE'      →  B='LEE␣␣'
```

**예제 8.1** 내장함수를 이용하여 다음과 같은 숫자 5806의 제곱근을 기억하는 프로그램을 작성하여라.

**프로그램**

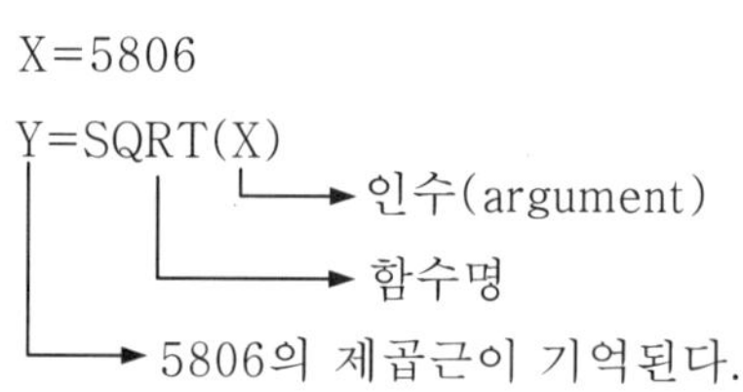


**예제 8.1** 그림 제곱근 기억 프로그램

**예제 8.2** 내장함수를 이용하여 다음과 같은 숫자 274의 자연대수를 기억하는 프로그램을 작성하여라.

**프로그램**

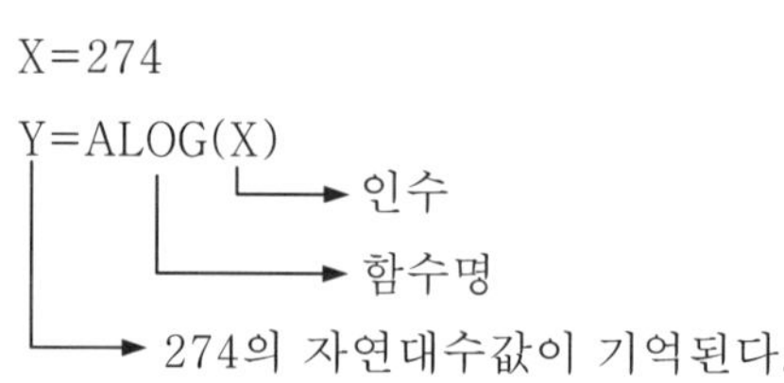


**예제 8.2** 그림 자연대수 기억 프로그램

8.4

# 문 함수

어떤 함수를 나타낼 때 라이브러리 함수만으로 충분하지 못할 경우에는 프로그래머 스스로 자기 자신의 함수를 정의할 수 있다. 다시 말하면, 어떤 하나의 함수(또는 식 또는 문)가 어느 프로그램에서 여러 번 나올 때 그 함수가 라이브러리 함수에 없는 것이면 프로그래머는 스스로 어떤 함수를 하나의 문으로 작성해 두었다가 필요에 따라 함수명을 통하여 사용할 수 있도록 정의한 함수를 말한다. 이와 같이 정의된 함수를 **문 함수(文函數, statement function)**라고 한다. 즉, 이 함수는 정의만 할 뿐 직접 연산에 참여하지 않고 함수(또는 변수)명에 의해 이용할 수 있는 문이고 반복되는 계산과정은 비교적 간단하다.

다음과 같은

$$G(x) = x^2 - 3x + 1$$

의 방정식의 값이 $x = 1, 2, 3, \ldots, 20$일 때 얼마인가를 계산하는 프로그램을 작성해 보자. FUNCTION 부프로그램을 사용하여 프로그램 8.1과 같이 작성할 수 있다.

```
C     main program
      DO 11 I=1, 20
        GX=G(FLOAT(I))
        WRITE(6, 20) I, GX
   20 FORMAT(1X, I5, F15.3)
   11 CONTINUE
      STOP
      END
```

```
C     subprogram
      FUNCTION G(X)
        G=X*X-3.0*X+1.0
      RETURN
      END
```

**프로그램 8.1**

프로그램 8.1에서 함수 부프로그램은 FUNCTION, RETURN 및 END 문을 제외하고는 단 한 개의 연산문으로 구성되어 있다. 한 개의 연산문으로 된 함수 부프로그램을 별개의 부프로그램으로 만들지 않고 간단히

```
G(X)=X*X-3.0*X+1.0
```

와 같이 정의하여 호출 프로그램의 첫머리에 프로그램 8.2와 같이 적는다. 이와 같은 함수 G는 앞에서도 기술한 바와 같은 **문 함수**이다.

```
C    main program
          G(X)=X*X-3.0*X+1.0
C
          DO 11 I=1, 20
            GX=G(FLOAT(I))
            WRITE(6, 20) I, GX
     20   FORMAT(1X, I5, F15.3)
     11   CONTINUE
          STOP
          END
```

**프로그램 8.2**

문 함수의 일반 형식은 다음과 같다.

```
funname(arg1, arg2, … , argn)=expression
```

funname : 정의하고자 하는 문함수의 함수명(function name)
(변수명 규칙과 같음)

$arg_1$, $arg_2$, … , $arg_n$ : 첨자변수가 아닌(첨자 없는) 가인수(dummy argument)

expression : 함수를 정의하는 산술식, 문자식 및 논리식

문 함수가 직접 연산에는 참여하지 않는 다는 것을 다음 예를 통하여 살펴보자.

```
HYP(P, Q)=SQRT(P**2+Q**2)
  :
HYP(Y, Z)
  :
HYP(C, D)
```

HYP(P, Q)=SQRT(P**2+Q**2)라고 일단 문 함수의 정의문(定義文)으로 선언해 놓으면 설사 대응되는 인수들이 서로 다르다 해도 그 프로그램 안에서는 어느 곳에서나 HYP계산을 직접 할 수 있다는 것이다.

문 함수 사용 시 다음과 같은 규칙에 대해 잘 따라야 한다.

(1) 문 함수의 함수명은 변수처럼 사용되며 일반 변수명의 규칙에 따른다. 즉 32자(字) 이내의 영문자(英文字)와 수자(數字)로 구성하되 첫 문자는 반드시 영문자로 시작되어야 하고 형(type)선언이 없는 경우 첫 글자가 I, J, K, L, M 및 N이면 **정수형(整數型, INTEGER TYPE)**, 그 외의 문자이면 **실수형(實數型, REAL TYPE)**으로 취급한다.

예 HYP(P, Q)=SQRT(P**2+Q**2)의 함수명은 HYP로 실수형

그리고 다음의 프로그램에서 함수명 X가 실수형이므로 결과치도 실수형이다.

```
      X(N)=N**2+5*N+7
C
      DO 10 K=1, 9
      ST=Y(K)
         :
         :
```

(2) 문 함수는 비실행문으로써 반드시 한 문장(단일문)으로 정의되어야 한다.

```
      H(X)=X*X+2
C
      READ(5, 10) A
   10 FORMAT(1X, F3.1)
      HX=H(A)
      WRITE(6, 20) HX
   20 FORMAT(5X, F7.2)
      STOP
      END
```

(3) 문 함수를 정의하는 위치는 프로그램 속의 첫 실행문보다는 앞서고 DIMENSION 문과 같은 선언문이 있으면 그것보다는 뒤에 반드시 한 문장으로 정의하여야 한다.

```
[바른 예] INTEGER F
          F(X)=X**2-3*X+4
[틀린 예] F(X)=X**2-3*X+4
          INTEGER F
```

■ 바른 예 프로그램

```
      DIMENSION G(5)
      INTEGER G
      L(K)=K+K
      DO 11 I=1, 5
        READ(5, 10) N
   10   FORMAT(1X, I3)
```

```
      LK=L(N)
      G(I)=LK
11    WRITE(6, 20) N, G(I)
20    FORMAT(5X, 'N=', I2, ','3X, 'G(I)=', 5I4)
      STOP
      END
```

■ 입력 자료 N

```
 2
 4
 6
 7
10
```

■ 출력 결과

```
N= 2,   G(I)=   4
N= 4,   G(I)=   8
N= 6,   G(I)=  12
N= 7,   G(I)=  14
N=10,   G(I)=  20
```

(4) 프로그램 안에서 쓰는 변수명이나 배열명과 같은 것을 함수의 가인수로써 사용하면 안 된다. 즉, 컴파일 시에 오류(error)가 발생한다.

```
LOGICAL M(7)
REAL J
I(M, N, I)=M+N*SQRT(I)
```

(5) 문 함수의 산술식은 다음의 것으로 만든다.

정수(整數), 변수(變數), 미리 정의된 문함수(文函數) 및 기타 FORTRAN의 함수

예
```
FIRST(X, Y)=TAN(X+Y)+1.0
TEN(X, Y, Z)=SQRT(X+Y+Z)+3.2
```

(6) 문 함수를 이용할 때 피호출문의 가인수와 호출문의 실인수는 그 **수(數), 순서(順序) 및 형(型, type)이 같아야 한다**. 여기서 수란 실인수가 정의된 **가인수(假引數)**와 1:1 대응되어야 하고, 형이란 실수(實數)인가 정수(整數)인가를 뜻한다. 그러나 실인수와 가인수의 변수명은 같아도 되고 틀려도 관계없다. 또한 형만 같으면 실인수는 산술식(算術式)이어도 상관없다.

[바른 예] HYP(P, Q)=SQRT(P**2+Q**2) ………………문함수 선언

```
        :
Y=HYP(X, Y)+3.943 ·························문함수 인용
```

여기서 X와 Y는 각각 문 함수의 P와 Q와 실수로써 1:1 대응하고 있다.

[틀린 예] X=HYP(2.3, 0) … 형의 불일치 ···············문함수 인용

W=HYP(2.3) … 개수의 불일치(不一致)

여기서 첫 번째는 실인수 2.3이 가인수 P와 실수로 형이 일치하지만 실인수 0은 정수인데 가인수 Q가 실수이므로 형이 불일치하며, 두 번째는 실인수의 개수가 1개인 반면에 가인수는 P와 Q로 2개이므로 개수의 불일치로 나타난다.

[바른 예]

```
  F(A,   B,   C,  X)=A*X**2+B*X+C
    ↓    ↓    ↓   ↓
P=F(1.5, 2.5, 3.5, 2.0)
```

(7) 가인수는 함수명 뒤에 괄호 속에 단순 변수로 적고, 적어도 한 개 이상이 있어야 한다. 만일 가인수(단순변수)가 여러 개 있는 경우는 콤마로 구분해야 한다.

```
      T(X, Y, Z)=X**2+2*Y-3*Z+5
C
      READ(5, 10) A, B, C
   10 FORMAT(1X, 3F3.1)
      TXYZ=T(A, B, C)
      WRITE(6, 20) TXYZ
   20 FORMAT(5X, F10.5)
      STOP
      END
```

(8) 치환 부호(=)의 오른쪽에는 첨자 변수를 사용하지 않는 산술식이나 논리식을 쓴다. 이 수식에는 가인수로 지정하지 않는 변수이면서 프로그램 안에서 정의된 변수이면 사용할 수 있다. 그리고 다른 변수명이나 프로그램의 앞에서 이미 정의한 다른 문 함수와 내장함수(SQRT(X))도 사용할 수 있다.

```
      T(X)=X**2+2*X+10+SQRT(X)
C
      READ(5, 10) A
   10 FORMAT(5X, F3.1)
      TX=T(A)
      WRITE(6, 20) TX
   20 FORMAT(10X, F10.5)
      STOP
      END
```

(9) 문 함수는 라이브러리 함수나 다른 함수의 함수명을 잘못 사용한 경우 이것

을 고치는데 사용하면 아주 편리하다. 이를 테면 A컴퓨터에서는 SIN 대신 SINF라는 라이브러리 함수가 있을 경우 함수 SIN을 일일이 SINF로 고칠 것이 아니라

```
SIN(X)=SINF(X)
```

라고 문 함수로 프로그램의 첫머리에 정의하면 프로그램 안에 있는 모든 SIN을 SINF로 대치하는 결과가 된다.

(10) 문 함수의 유효 범위는 문 함수 자체의 단일문에서만 의미를 가지므로 문 함수에서 자리수로 사용한 변수명을 다른 문 함수에서도 같은 형으로 사용할 수 있다.

```
KOREA(N)=N**2+7
CHINA(N, M)=N**2+M*3
```

(11) 함수명, 실인수 및 가인수의 형은 변수 선언에서와 같이 묵시석(또는 잠정적)인 형 또는 암시적(IMPLICIT 문)인 형 및 명시적(형 선언문, TYPE statement)인 형, 3가지를 사용하여 선언한다. 이 때 수식의 결과값이 문 함수명의 형과 다를 때는 문 함수명의 형에 일치시켜야 한다.

```
REAL I, K
IMPLICIT INTEGER(O-P)
OK(I, K)=SQRT(I*K)
Z=OK(SIN(I), COS(K))
```

**예제 8.3** 2차 방정식 $ax^2+bx+c=0$의 근을 구하는 프로그램을 문 함수를 이용하여 작성하여라(단, 계수 $a$, $b$ 및 $c$값은 자료 카드로부터 읽어 들인다고 가정한다).

**프로그램**

```
      RTONE(X, Y, Z, D)=(-Y+SQRT(D))/(2.0*X)
      RTTWO(X, Y, Z, D)=(-Y-SQRT(D))/(2.0*X)
C
      READ(5, *) A, B, C
      IF(A .EQ. 0.) STOP
      D=B**2-4*A*C
      IF(D .LT. O) WRITE(6, 20) A, B, C, D
   20 FORMAT(5X, 'A=', F5.1, 3X,' B=', F5.1, 3X,'
     & C=', F5.1, '(D=',F6.1,')' 5X, 'IMAGINARY ROOT')
      IF(D .EQ. 0) THEN
```

```
      ROOT1=RTONE(A, B, C, D)
      WRITE(6, 30) A, B, C, D, ROOT1
30    FORMAT(5X, 'A=', F5.1, 3X, B=', F5.1, 3X,
    & 'C=', F5.1, '(D=', F6.1,')', 5X, 'MULTIPLE '
    & 'ROOT IS=', F6.2)
     END IF
     IF(D .GT. 0) THEN
      ROOT1=RTONE(A, B, C, D)
      ROOT2=RTTWO(A, B, C, D)
      WRITE(6, 40) A, B, C, D, ROOT1, ROOT2
40    FORMAT(5X, 'A=', F5.1, 3X, 'B=', F5.1, 3X,
    & C=', F5.1, ' (D=', F6.1, ')'5X, 'REAL ROOTS '
    & 'ARE=', F6.2, ',', F6.2)
     END IF
     STOP
     END
```

**입력자료**

```
1.  2.  1.
1. -4.  1.
2.  1.  3.
0.
```

**출력결과**

```
A=  1.0  B=  2.0  C=  1.0 (D=  0.0) MULTIPLE ROOT IS= -1.00
A=  1.0  B= -4.0  C=  3.0 (D=  4.0) REAL ROOTS ARE=  3.00, 1.00
A=  2.0  B=  1.0  C=  3.0 (D=-23.0) IMAGINARY ROOT
```

**설명** RTONE과 RTTWO는 함수명이고 X, Y, Z 및 D는 가인수(dummy argument), A, B, C 및 D는 실인수(actual argument)이며, D는 판별식이고, (−Y+SQRT(D))/(2.0*X)는 산술식이며, 중근인 경우는 처음 나오는, 즉 D=0인 경우 ROOT1에 기억되고, D>0인 경우에는 서로 다른 실근이 ROOT1과 ROOT2에 각각 기억된다.

**예제 8.4** $\sqrt{a^2+b^2}$ 을 계산하기 위한 문함수를 작성해서 $\dfrac{x^2+y^2-4xy}{2x+y+\sqrt{x^2+y^2}}$ 를 계산하기 위한 프로그램을 작성하라.

**프로그램**

```
GAESAN(A, B)=SQRT(A**2.+B**2.)
DAP=(GAESAN(X, Y)**2.-4*X*Y)/(2.*X+Y+GAESAN(X, Y))
```

**설명** GAESAN은 함수명이고 A와 B는 가인수, X와 Y는 실인수이며, SQRT(A**2.+B**2.)는 산술식이고, 계산결과는 DAP에 기억된다.

**예제 8.5** $f(x)=x^4+2x^2+3x-4$에서 $x$값이 2, 4, 6, …, 100으로 변할 때 각각의 $x$값에 대한 함수값 $f(x)$을 구한 후 인쇄하는 프로그램을 문 함수를 이용하여 작성하여라.

**프로그램**

```
C       PROGRAM FINE
        IFUN(K)= K**4.+2*K**2.+3*K-4
        DO 11 I=2, 100, 2
        IVALUE=IFUN(I)
        WRITE(6, 20) I, IVALUE
     20 FORMAT(5X, I3, 10X, I8)
        STOP
        END
```

**설명** 문함수를 한 번 정의해 놓으면 필요할 때마다 언제든지 함수명(function name)을 호출하여 사용할 수 있다.

**참고** 단일 프로그램 안에서 **문 함수는 실행문 앞에 위치**해야 한다.

8.5

# 함수 부프로그램

복잡한 계산과정을 문 함수를 이용하여 한 개의 문으로 정의할 수 있는 경우도 있으나 그렇지 못한 경우도 많다. 이러한 경우에 함수 부프로그램을 사용하는데, **함수 부프로그램**(function subprogram)이란 반복부분에 대한 내용을 하나의 독립된 프로그램으로 작성해 두었다가 필요에 따라 함수명을 통해서 사용할 수 있도록 정의한 부프로그램(subprogram)을 말한다.

함수 부프로그램은 FUNCTION으로 시작해서 END로 끝나며 함수명을 통해서 부프로그램으로 문의 순서가 옮겨져 계산에 의해서 얻어진 한 개의 결과가 RETURN 문에 의해서 주프로그램으로 다시 옮겨진다. 또한 주프로그램(main program)과는 별개의 독립된 프로그램으로서 프로그래머(programmer)에 의해서 정의되며 독립된 프로그램이기 때문에 변수(變數, variable), 배열명(配列名, array name), 문번호(文番號, statement number) 그리고 선언문(宣言文, declarative statement) 등을 주프로그램과는 관계없이 독립적으로 사용 할 수 있다.

함수(函數, function) 부(副)프로그램은 8.2절에서 문함수(statement function), 라이브러리 함수(library function) 및 함수 부프로그램(function subprogram)으로 3가지로 기술한 바 있다. 이 중 어느 한 형태로 정의한 함수는 호출 프로그램에서는 함수명과 괄호 속에 인수를 써서 수식 중에서 하나의 변수처럼 사용한다. 이를 테면

```
SQRT(B**2-4.*A*C)
```

가 산술식에 포함되어 있는 경우 컴퓨터는 실행 시에

1. 부프로그램를 SQRT를 호출한다.
2. $b^2-4ac$을 계산한 값을 프로그램에서 사용하도록 인수를 넘긴다.
3. 부프로그램은 호출 프로그램으로부터 받은 인수($b^2-4ac$)의 평방근을 계산하여 함수명 SQRT에 넣는다.
4. 부프로그램은 함수명 SQRT에 기억된 값을 호출 프로그램으로 넘긴다.
5. 호출 프로그램은 SQRT에 기억된 값을 SQRT(B**2-4.*A*C)에 대치하여

계산에 사용된다.

여기에서 주의해야 할 점은 부프로그램에서 계산한 값이 부프로그램의 이름(SQRT)에 실려 호출 프로그램으로 넘어오며, 부프로그램의 이름이 변수와 같이 사용된다. 이러한 부프로그램을 **함수 부프로그램**이라 한다.

**예제 8.5** 3개의 수치 A, B 및 C 중에서 가장 큰 것을 BIG에 넣는 프로그램은 예제 8.6(a) 프로그램과 같이 작성할 수 있다.

```
BIG=A
IF(BIG .LT. B) BIG=B
IF(BIG .LT. C) BIG=C
STOP
END
```

(a) program segment

```
FUNCTION BIG(A, B, C)
BIG=A
IF(BIG .LT. B) BIG=B
IF(BIG .LT. C) BIG=C
RETURN
END
```

(b) 부프로그램

**예제 8.6 프로그램**

이것을 함수 부프로그램으로 작성해 보자. 함수 부프로그램은 첫 문장이 FUNCTION 문으로 시작하여 END 문으로 끝나는데 문에서는 부프로그램의 이름과 호출 프로그램으로부터 넘겨받는 인수를 적는다. 부프로그램의 이름을 BIG라 하고 인수를 A, B 및 C라 하면 부프로그램의 첫 문장은

```
FUNCTION BIG(A, B, C)
```

가 된다. 부프로그램에서는 인수의 값을 가지고 계산을 완료하면 제어(control)를 호출 프로그램으로 되돌려주어야 하므로 RETURN 문을 써야 한다. 부프로그램의 작업이 끝났다 하여 STOP 문을 쓰면 제어가 호출 프로그램으로 되돌아가는 것이 아니라 모든 작업을 끝내버리므로 주의해야 한다. 예제 8.6 프로그램(b)는 함수 프로그램으로 작성한 것인데, 예제 8.6 프로그램 (a)의 program segment와 아주 비슷하다는 것을 알 수 있다.

**함수 부프로그램의 일반적인 형식**은 다음과 같다.

```
type FUNCTION name(arg1, arg2, …, argn)
          :
RETURN
END
```

type : NAME의 형(type)을 결정해 주는 선언문

NAME : 함수명(function name)

$arg_1$, $arg_2$, …, $arg_n$ : 가인수로서 배열명, 변수명 및 상수 등을 지정한다.

**참고**

type는 INTEGER, REAL, DOUBLE PRECISION, COMPLEX, LOGICAL 및 CHARACTER 중의 하나를 사용할 수 있으나 일반적으로 생략하기 때문에 NAME의 첫 글자에 의해서 형(type)이 결정된다. 가인수는 컴퓨터의 기종에 따라 약간의 차이는 있으나 64개까지 가능하고 가인수가 될 수 있는 것은 단순변수, 배열명(DIMENSION이나 TYPE로 선언해 주어야 한다.) 및 다른 부프로그램 이름 등이다.

함수 부프로그램 사용 시 다음과 같은 규칙에 대해 잘 따라야 한다.

(1) 함수 부프로그램으로 정의된 함수를 **외부 함수(外部函數**, external function) 라 하며, 함수 부프로그램의 첫 문장은 FUNCTION 문으로 시작하고 END 문으로 끝난다.

```
REAL FUNCTION LARGE(A, B, C)
LARGE=A
IF(LARGE .LT. B) LARGE=B
IF(LARGE .LT. C) LARGE=C
RETURN
END
```

(2) FUNCTION 문에서는 부프로그램의 이름과 호출 프로그램으로부터 넘겨받는 한 개 이상의 인수(가인수)를 표현해야 한다.

```
FUNCTION BB(A, B, C)
        :
RETURN
END
```

(3) 함수 부프로그램의 실행 결과를 호출 프로그램으로 전달하기 위해서는 다음과 같이 하나 이상의 RETURN 문을 사용해야 한다. 이 때 END 문 이전에 RETURN 문은 생략이 가능하다.

| 호출 프로그램 | 함수 부프로그램 |
|---|---|
| <pre>        :<br>SUN=KK(O, P)<br>AVERAGE=SUN/N<br>        :</pre> | <pre>FUNCTION KK(X, Y)<br>        :<br>RETURN<br>END</pre> |

(4) 다음은 A, B 및 C 중에서 가장 큰 값을 찾아내는 같은 프로그램으로서 ①번 프로그램은 STOP 문에 의해 프로그램이 실행이 정지만, ②번 프로그램은 RETURN 문에 의해 호출 프로그램으로 제어가 이동된다.

①
```
REAL FUNCTION LARGE(A, B, C)
LA=A
IF(LA .LT. B) LA=B
IF(LA .LT. C) LA=C
STOP
END
```

②
```
REAL FUNCTION LARGE(A, B, C)
LA=A
IF(LA .LT. B) LARGE=B
IF(LA .LT. C) LARGE=C
RETURN
END
```

(5) 외부 함수명과 가인수는 형을 가지며, 외부함수명은 변수명 규칙을 따른다.

① 묵시적(또는 잠정적) 형 선언 방법

```
FUNCTION BIG(A, B, C) → 함수의 결과값은 실수형
FUNCTION IN(A, B, C)  → 함수의 결과값은 정수형
```

② IMPLICIT 문에 의한 방법 (또는 암시적 형 선언 방법)

```
IMPLICIT REAL(I-L)
```

③ 형 선언 문에 의한 방법 (또는 명시적 형 선언 방법)

```
REAL FUNCTION IN(X, Y, Z)
INTEGER X
          :
CHARACTER FUNCTION SUM(N, M)
CHARACTER*5 N, M
          :
```

(6) 함수 부프로그램이 끝나지 전에 반드시 변수명과 같이 함수명에 계산 결과를 치환하여 호출 프로그램에 넘긴다. 이 때 가인수의 값은 실인수에 의하여 값을 받으나, 실인수는 가인수에 의하여 값을 받을 수 없고, 함수명에 의하

여 단 하나의 값만을 받는다.

```
      READ(5, 10) X, Y, Z
   10 FORMAT(3F3.1)
      HAP=SUM(X, Y, Z)
      AVE=HAP/3
            :
      FUNCTION SUM(A, B, C)
      SUM=A+B+C
      RETURN
      END
```

(7) 함수 부프로그램은 하나의 독립된 완전한 단위 프로그램이다. 형 선언도 가능하고 주프로그램에서 사용되는 모든 명령문 및 문장 번호 등을 사용할 수 있고 다른 부프로그램(내장 함수)도 호출 가능하며, END 문에 의해 끝나는 프로그램이다.

**예제 8.7** 다음의 함수 부프로그램에 대하여 간단히 설명하여라.

```
      FUNCTION ROOT(L1, L2, L3, L4, L5)
      ROOT=SQRT(FLOAT(L1, L2, L3, L4, L5))
      RETURN
      END
```

ROOT는 함수명이고 $L_1$, $L_2$, $L_3$, $L_4$ 및 $L_5$는 가인수이며 계산된 결과가 함수명인 ROOT에 기억된다. 또한 END 문은 부프로그램의 완전한 끝을 의미하고, RETURN 문은 계산의 끝을 의미함과 동시에 계산된 결과를 주프로그램으로 옮기라는 의미도 포함 된다.

## 8.5.1 외부 함수의 호출

함수 부프로그램은 내장 함수 또는 문 함수를 호출하는 방법과 같이 산술식이나 논리식(입·출력문 제외) 중 함수의 값이 필요할 때(함수 호출시) 함수명과 실인수를 적으면 그 함수가 호출(인용)된다. 그러나 READ나 WRITE 등의 입출력 문에서는 함수를 호출할 수가 없다. 다음에는 함수 부프로그램을 호출하는 주 프로그램(main program)의 일반적인 형식을 알아보자.

```
VARIABLE=NAME(arg₁, arg₂, …, argₙ)
```

VARIABLE : 어떤 결과가 기억될 기억장소(변수)

NAME : 호출할 함수 부프로그램의 함수명과 똑같은 외부 함수명

$arg_1$, $arg_2$, …, $arg_n$ : 함수 부프로그램에 넘기는 정보, 즉 실인수

> **참고**
>
> 실인수는 컴퓨터의 기종에 따라 약간의 차이는 있으나 64개까지 가능하며 실 인수가 될 수 있는 상수(costant), 변수(variable), 첨자변수(subscript variable), 배열명(array name), 식(expression), 내장 함수(library function)의 함수명(EXTERNAL 문에 의해서 실인수로 사용됨을 선언해 주어야 한다) 등이다.

함수 부프로그램을 호출 할 때 그것에서 정보를 넘기기 위해 사용되는 실인수는

1. 상수
2. 변수 … 단순 변수, 첨자 변수 및 배열명
3. 수식
4. 부프로그램 이름

을 사용할 수 있으며, 만일 부프로그램의 이름으로 실인수로 사용될 때는 EXTERNAL 문으로 **그 이름이 실인수로 사용된다고 선언**해야 한다(8.9절 EXTERNAL 문 참고).

**예제 8.8** 다음의 함수 부프로그램에 대하여 간단히 설명하여라.

```
        :
STEM=ROOT(1, 2, 3, 4, 5)
        :
```

**◎ 설명** ROOT에 의해서 ROOT라는 이름을 가진 함수 부프로그램으로 문의 순서가 옮겨진다. 이 때 실인수인 1, 2, 3, 4 및 5들이 가인수 각각 전달되어 계산이 이루어진 다음 역의 순서로 그 결과가 함수명 ROOT를 통하여 전달되어 STEM에 기억된다,

외부 함수 호출 시 다음과 같은 규칙에 대해 잘 따라야 한다.

(1) 실인수는 FUNCTION 문에서 적은 가인수와 그 이름이 같을 필요는 없으나 개수, 순서 및 형(type)은 반드시 일치(1:1 대응)해야 한다. 이를 테면 앞에서 배운 함수

```
FUNCTION BIG(A, B, C)
```

를 호출하기 위해서는 실수형의 실인수 3개가 있어야 하므로 다음의 문은 올바르게 작성되었다.

```
SU=BIG(T1, T2, T3)
AVE=0.5*(FINAL+BIG(S(1), S(2), 60.0))
```

첫 문장을 실행하면 기억 장소 T1, T2 및 T3에 기억된 값이 가인수를 통해

| 실인수 | T1 | T2 | T3 |
|---|---|---|---|
| | ↓ | ↓ | ↓ |
| 가인수 | A | B | C |

와 같이 부프로그램으로 넘어간다. 컴퓨터 내부에서는 그림 8.4(a)와 같이 가인수 A, B 및 C에 대한 기억 장소를 별도로 마련하는 것이 아니라 이미 호출 프로그램에서 마련한 기억 장소 T1을 부프로그램에서 A라는 이름으로, T2를 B, T3를 C라는 이름으로 사용하게 된다. 그러므로 한 개의 기억장소에 프로그램별로 별개의 다른 이름을 붙인 것이다.

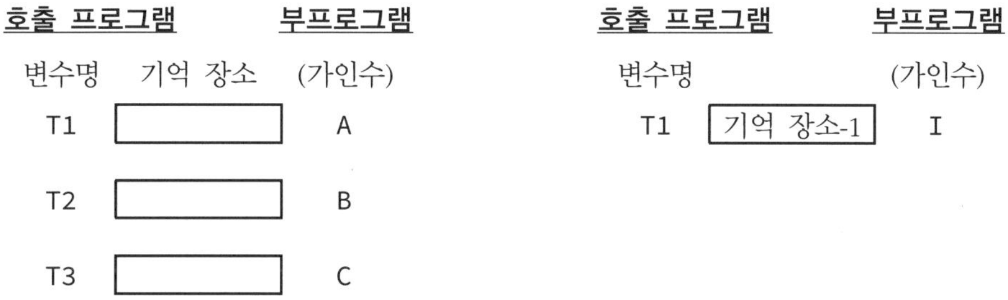

(a) 실인수와 가인수의 형이 일치 (b) 실인수와 가인수의 형이 불일치

**그림 8.4** 호출 프로그램과 부프로그램사이의 실인수와 가인수의 형의 일치 여부

이때 그림 8.4(b)처럼 **실인수와 가인수의 형이 일치하지 않으면** 기억 장소에 저장된 값을 호출 프로그램에서는 실수로 처리하고, 부프로그램에서는 정수로 취급하여 **수치의 값이 서로 틀리게 되므로 주의**해야 한다.

**예제 8.9** 다음 프로그램은 함수 부프로그램이 실인수(K, J)와 가인수(N, M)가 같은 경우에 대한 결과를 인쇄하는 내용이다.

```
C        MAIN program
   99    READ(5, 10) NUM, K, J
         IF(NUM .EQ. 0) STOP
         ISUM=ADD(K, J)
   10    FORMAT(2I2)
         WRITE(6, 20) K, J, ISUM
   20    FORMAT(1X, 'K=', I2, 2X, 'J=', I2, 3X,
      &  'ISUM=', I3)
         STOP
         END
```

```
C        FUNCTION subprogram

         FUNCTION ADD(N, M)
         ADD=N+M
         RETURN
         END
```

◎ 입력자료

```
1 1 2
1 3 4
0 0 0
```

◎ 출력결과

```
␣K= 1  J= 2   ISUM=  3
␣K= 3  J= 4   ISUM=  7
```

◎ 설명 실인수와 가인수의 이름은 K와 J를 N과 M으로 다르고, 형(type)은 정수형으로 같은 경우이다. 그리고 개수, 순서 및 형(type)은 반드시 일치, 즉 1:1 대응하고 있다. 그리고 한 개의 RETURN 문이 함수 부프로그램 중에 포함되어야 한다. 이는 인용한 프로그램에 되돌아오기 위해서 필요하다.

(2) FUNCTION 문에서 정의된 함수명은 그 함수 부프로그램 중에 변수명으로서 적어도 한번은 산술문 좌변에 나와야 한다.

```
      FUNCTION HYP(P, Q)
      HYP=SQRT(P**2+Q**2)
      RETURN
      END
```

(3) 함수 부프로그램의 가인수(AA)로 배열명을 사용할 때 실인수와 같은 크기로 DIMENSION 문 또는 형 선언문을 이용하여 배열임을 선언해야 한다.

```
C        MAIN program
         DIMENSION AA(10)
         READ(5, 10) (AA(I), I=1, 10)
   10    FORMAT(10F3.1)
         ALARGE=AMAX(AA)
         WRITE(6, 20) ALARGE
```

```
20     FORMAT(30X, 'LARGE = ', F10.2)
       STOP
       END

C      FUNCTION subprogram
       FUNCTION AMAX(AA)
       DIMENSION AA(10)
       AMAX=AA(1)
       DO 111 I=2, 10
       IF(AMAX .LT. AA(I)) AMAX=AA(I)
111    CONTINUE
       RETURN
       END
```

■ 입력 자료

```
1. 3. 7. 5. 6. 8. 4. 10. 2. 9.
```

■ 출력 결과

```
LARGE = 10.00
```

■ 설명

함수 부프로그램의 가인수(AA)로 배열명을 사용하였으므로 실인수와 같은 크기로 DIMENSION 문을 이용하여 배열 AA(10)을 선언하였다.

(4) 함수 부프로그램의 마지막 문에는 반드시 END를 써야 한다.

(5) 2차원 배열을 인수로 사용할 경우 실인수와 가인수 배열의 크기가 같지 않으면, 첨자가 정확하게 대응하지 않으므로 오류(error)가 발생한다.

```
C      MAIN program
       DIMENSION BB(5, 5)
       DO 11 J=1, 5
       DO 11 I=1, 5
         BB(J, I)=(J-1)*3+I
11     CONTINUE
       WRITE(6, *) DD(BB, 4, 5)
       STOP
       END

C      FUNCTION subprogram
       FUNCTION DD(HH, I, J)
       DIMENSION HH(I, J)
       DD=HH(1, 2)*N
       RETURN
       END
```

(6) 함수 부프로그램은 그 안에 SUBROUTINE 문, FUNCTION 문 및 BLOCK DATA 문 등을 포함할 수 없다, 그러므로, 다음과 같은 것은 허용되지 않는다.

```
┌──FUNCTION P(X, Y)          ┌──FUNCTION Q(S, T)
│       :                    │       :
│ ┌─SUBROUTINE S(A, B, C)    │ ┌─FUNCTION L(K, M)
│ │     :                    │ │     :
│ └─RETURN                   │ └─RETURN
│       :                    │       :
└───RETURN                   └───RETURN
    END                          END
```

(7) 가인수 및 함수명은 부프로그램 안에서 치환문은 사용하며, 초기화하는 것을 제외하고는 DATA 문으로 초기값을 부여할 수 없다.

(8) 가인수 배열이 문자형 이외인 경우 결합하는 실인수에는 배열명 또는 요소명을 지정할 수 있다.

(9) 함수 부프로그램은 자기 자신을 호출할 수 없다.

(10) 함수 부프로그램에서 END 문은 RETURN 문의 효과를 가지므로 END 문 앞의 RETURN 문을 생략할 수도 있다.

(11) 문자형의 함수나 가인수에 문자의 길이를 상수로 지정할 수 없는 경우 CHARACTER 문에서 길이를 (*)로 나타낼 수 있다. 즉, 가인수에 대응하는 문자의 길이는 실인수의 문자 길이(호출 프로그램에서 지정된 길이)를 가진다.

**예제 8.10** 100매의 자료카드(data card)에 천공(punch)되어 있는 내용을 3개의 기억장소에 각각 읽어 들여 3개의 자료의 합에 대한 제곱근(square root)을 계산한 후 각각 출력시키는 프로그램을 함수 부프로그램을 사용해서 작성하라.

**프로그램**

```
C          PROGRAM MICKY-MOUSE
           DO 11 I=1, 100
           READ(5, 10) A, B, C
           SOL=POP(A, B, C)
     11    WRITE(6, 20) SOL
     10    FORMAT(3F3.1)
     20    FORMAT(5X, F8.4)
           STOP
           END
```

```
FUNCTION POP(X, Y, X)
POP=SQRT(X+Y+X)
RETURN
END
```

**설명** 첫 번째 자료 카드에 천공되어 있는 내용을 입력시켜서 A, B 및 C에 기억시킨 후 A+B+C의 제곱근을 계산하기 위하여 A+B+C의 제곱근을 구할 수 있는 POP이라는 함수명을 가진 함수 부프로그램을 호출한다. 그러면 문의 처리 순서가 주프로그램에서 POP이라는 함수명을 가진 함수 부프로그램으로 옮겨진다. 이 때 실인수인 A, B 및 C의 내용이 순서대로 가인수인 X, Y 및 Z에 각각 전달된 후 함수 부프로그램에서 제곱근이 계산된 다음 계산된 결과가 RETURN 문에 의해서 역의 순서로 함수명인 POP을 통해 주 프로그램으로 전달되어 SOL에 기억된 후 출력된다. 나머지 자료 카드에 있는 내용도 똑같은 계산과정을 거쳐 처리된다. 즉 함수 부프로그램을 한 번 작성해 놓으면 필요할 때마다 언제든지 호출하여 사용할 수 있으므로 매우 편리하다.

**예제 8.11** 배열명(array name)이 NAME인 20개의 **첨자변수(subscripted variable)**에 자료를 각각 입력시킨 후 입력된 20개의 숫자 중에서 가장 큰 숫자를 찾아 출력하는 프로그램을 함수 부프로그램을 사용해서 작성하라.

---

**프로그램**

```
C       PROGRAM SEARCHING
        DIMENSION NAME(20)
        READ(5, 10) NAME
   10   FORMAT(10I4)
        LARGE=LION(NAME)
   11   WRITE(6, 20) LARGE
   20   FORMAT(3X, 'BIG VALUE IS', I4)
        STOP
        END

        FUNCTION LION(K)
        DIMENSION K(20)
        LION=K(1)
        DO 11 I=2, 20
          IF(LION .LT. K(I)) LION=K(I)
   11   CONTINUE
        RETURN
        END
```

**입력자료**

```
  11  15   3   8  19  14  10   7  12  16
   1   5  13  18   9   4  20  17   2   6
```

**출력결과**

```
BIG VALUE IS  20
```

**예제 8.12** 함수 부프로그램을 사용하여 1+2+3+,⋯.+N을 구하는 프로그램을 작성하여라(단, N은 주프로그램에서 입력 자료 카드로부터 읽는다).

```
      READ(5, 10) N
   10 FORMAT(I3)
      IF(N .LE. 0) STOP
      SUM=S(N)
      WRITE(6, 20) SUM
   20 FORMAT(2X, F15.10)
      STOP
      END

      FUNCTION S(K)
      S=0
      DO 11 I=1, K
   11 S=S+I
      RETURN
      END
```

**입력자료** 100

**출력결과** N= 100 SUM= 5050.

**예제 8.13** 2차방정식 y=ax2+bx+c를 계산하는 프로그램을 함수 부프로그램을 사용하여 작성하여라. 이 때 a=3.0, b=2.0, c=1.0 및 x=2.0이다.

**프로그램**

```
C           MAIN PROGRAM
            READ(5, 10) A, B, C, X
         10 FORMAT(4F4.1)
            YX=FPC(A, B, C, X)
         11 WRITE(6, 20) YX
         20 FORMAT(2X, F11.8)
            STOP
            END

C           FUNCTION STATEMENT
            FUNCTION FPC(O, P, Q, R)
            FPC=O*R**2+P*R*Q
            RETURN
            END
```

**입력자료** 3.0 2.0 1.0 2.0

**출력결과** a= 3.0 b= 2.0 c= 1.0 x= 2.0 YX= 17.00

**예제 8.13** 입력된 자료 중 다음 그림과 같은 대각선상의 자료들의 합을 계산한 후 출력하는 프로그램을 함수 부프로그램을 사용해서 작성하여라.

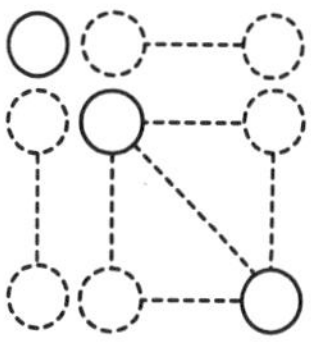

**프로그램**

```
C      MAIN PROGRAM
       DIMENSION A(10, 10)
       READ (5, *) ((A(I, J), I=1, 10), J=1, 10)
       SUM=FRESH(A, 10)
       WRITE(6, 20) SUM
    20 FORMAT(2X, 'SUM=', F8.0)
       STOP
       END

       FUNCTION FRESH(B, K)
       DIMENSION B(10, 10)
       FRESH=B(1, 1)
       DO 33 I=2, K
    33 FRESH=FRESH+B(I, I)
       RETURN
       END
```

**입력자료**

```
A(10, 10)
 1  1  1  1  1  1  1  1  1  1
 2  2  2  2  2  2  2  2  2  2
 3  3  3  3  3  3  3  3  3  3
 4  4  4  4  4  4  4  4  4  4
 5  5  5  5  5  5  5  5  5  5
 6  6  6  6  6  6  6  6  6  6
 7  7  7  7  7  7  7  7  7  7
 8  8  8  8  8  8  8  8  8  8
 9  9  9  9  9  9  9  9  9  9
10 10 10 10 10 10 10 10 10 10
```

또는

```
1  2  3  4  5  6  7  8  9 10
1  2  3  4  5  6  7  8  9 10
1  2  3  4  5  6  7  8  9 10
1  2  3  4  5  6  7  8  9 10
1  2  3  4  5  6  7  8  9 10
1  2  3  4  5  6  7  8  9 10
1  2  3  4  5  6  7  8  9 10
1  2  3  4  5  6  7  8  9 10
1  2  3  4  5  6  7  8  9 10
1  2  3  4  5  6  7  8  9 10
```

**출력결과**

```
SUM=   55.
```

**설명** FRESH라는 함수명을 가진 부프로그램에서 대각선상의 자료들의 합(SUM)이 계산되도록 하였다. 즉, 부프로그램에서 B(1,1)에 다음 단계 I=2에 대한 대각선 요소 B(2,2)를 합하고 다음 단계는 I=3, 4, … , 10까지 같은 방법으로 계속적으로 합한 다음 FRESH를 통하여 주프로그램으로 넘어가서 SUM에 기억된 다음 WRITE 문에 의해 SUM을 출력한다.

## 8.5.2 조정성(調整性, adjustable) DIMENSION 문

부프로그램이 보다 신축성(伸縮性)을 갖기 위해서는 호출문의 조건의 변화에 부응할 필요가 있다. 만약 호출문마다 배열의 크기가 다르다면 이에 따르는 부프로그램의 DIMENSION도 달라져야 한다. 그러나 DIMENSION만이 다른 동일한 부프로그램을 호출문마다 작성한다는 것은 비능률적이므로 한 개의 부프로그램으로써 이를 수행하는 것이 바람직하다.

부프로그램의 가인수로 배열을 쓸 수 있다. 이때는 호출 문에 적은 해당 실인수가 배열명이어야 하며, 부프로그램에서는 가인수가 배열이라는 것을 DIMENSION이나 **형 선언문으로 선언**해야 한다.

프로그램 8.3는 배열을 인수로 사용한 예이며 8.3(a)는 25개의 요소를 가진 1차원 배열 A에서 가장 큰 값을 찾는 프로그램이고, 8.3(b)는 이것을 호출하는 프로그램이다.

```
C         subprogram

          FUNCTION BIG(A)
          DIMENSION A(25)
          BIG=A(I)
          DO 11 I=2, 25
            IF(BIG .LT. A(I)) BIG=A(I)
   11     CONTINUE
          RETURN
          END
```

(a) 부프로그램

```
C         MAIN program

          DIMENSION A(25)
          READ(5, 10) A
   10     FORMAT(5F10.2)
          X=BIG(A)
          WRITE(6, 20)  K
   20     FORMAT('BIGGEST = ', F12.2)
          STOP
          END
```

(b) 호출 프로그램

**프로그램 8.3** 배열을 인수로 사용한 프로그램 예

앞의 프로그램 8.3(a)는 25개의 요소 중에서 가장 큰 값을 찾는 함수로서 만일 30개의 요소 중에서 최대치를 찾을 경우는 이 함수의 프로그램을 수정해야 하므로 보편성이 없다, 이 경우 부프로그램 작성 시 앞에서 설명한 조정성 DIMENSION을 쓰면 수정할 필요가 없다.

부프로그램의 DIMENSION 문에 배열의 크기를 정수로 확정하는 대신 정수형 변수를 사용하여 배열의 크기를 조정할 수 있다. 이때 배열의 크기를 정의하는 정수형 변수는 가인수이든지 또는 COMMON 문에 정의된 변수이어야 하고, 배열명은 가인수이어야 하고, 배열명은 가인수이어야 한다(7.1절 참고).

프로그램 8.4는 변수 DIMENSION을 사용하여 프로그램 8.3(a)를 수정한 것이다. 변수 DIMENSION을 사용할 때 가인수로 부프로그램으로 넘어오는 선언용 첨자(프로그램 8.4의 N)의 값을 부프로그램에서 변경시켜서는 안 된다.

변수 DIMENSION은 호출 프로그램에서 넘긴 선언용 첨자(프로그램 8.4의 N)의 값에 의해 배열의 크기가 조정되므로 이를 조정성(調整姓) DIMENSION (adjustable DIMENSION)이라고 한다.

```
C       Subprogram

        FUNCTION BIG(A, N)
          DIMENSION A(N)
          BIG=A(I)
          DO 11 I=2, N
            IF(BIG .LT. A(I)) BIG= A(I)
     11   CONTINUE
          RETURN
        END
```

**프로그램 8.4**

이해를 돕기 위하여 2차원배열의 주어진 행(行)에서 최대 절대치를 가진 요소와 이 요소의 열(列)을 구하는 프로그램을 예로 들어 보자.

```
        SUBROUTINE MAX(A, N, I, BIG, J)
        DIMENSION A(N, N)
        BIG=ABS(A(I, 1))
        DO 11 K=2, N
          IF(ABS(A(I, K) .LE. BIG) GO TO 11
          BIG=ABS(A(I, K))
          J=K
     11 CONTINUE
        RETURN
        END
```

이번에는 DIMENSION의 크기를 정수형 변수 N으로 정의한 점에 주의하라. 그러므로 이번에는 호출문에서 정의함에 따라서 부프로그램으로 넘어오는 DIMENSION의 크기는 달라진다.

```
CALL MAX(X, 25, 20, BIGGST, K)
```

이는 25행 25열의 배열 X의 20번째 행에서 가장 큰 요소를 BIGGST에 그리고 그 요소의 열 번지(列番號)를 K에 기억시킨다.

```
CALL MAX(XX, 30, 1, LARG, K)
```

이는 30행 30열의 배열 XX의 첫 번째 행에서 가장 큰 요소를 찾는다.

```
CALL MAX(Y, L, NROW+2, BIGGST, NCOL)
```

이번에는 배열 Y의 크기는 L행, L열이고 가장 큰 요소를 찾는 행의 번호는 NROW+2가 되며 L과 NROW의 값은 호출문 이전에 정의(定義)되어야 한다.

조정성 DIMENSION의 장점(長點)은 배열의 크기가 변함에 따라 새로운 부프로그램을 쓰는 대신에 단 한 개의 부프로그램을 여러 번 호출하여 쓸 수 있다는 점이다.

```
C       subprogram

        FUNCTION BIG(A, N)
        DIMENSION A(N)
        BIG=A(I)
        DO 11 I=2, N
          IF(BIG .LT. A(I)) BIG=A(I)
   11   CONTINUE
        RETURN
        END
```

(a) 부프로그램

```
C       MAIN program

        DIMENSION A(25)
        READ(5, 10) A
   10   FORMAT(5F10.2)
        X=BIG(A, N)
        WRITE(6, 20)  K
   20   FORMAT('BIGGEST = ', F12.2)
        STOP
        END
```

(b) 호출 프로그램

**프로그램 8.5** 배열에 조정성 DIMENSION을 사용한 프로그램 예

함수 부프로그램에서 1차원 배열이 그 수로 지정되는 경우에 가인수 배열의 크기가 실인수 배열의 크기보다 작아야 한다. 또한 부프로그램에서 배열의 크기를 정수형 변수로 쓸 수 있으며, 이 때 정수형 변수는 가인수나 COMMON 문에 정의된 변수이어야 한다. 즉, 다음의 부프로그램 ①과 ②는 같은 의미를 갖는다(여기서 K는 10일 때만 가능).

```
C       MAIN program (호출 프로그램)

        DIMENSION AA(10)
        READ(5, 10) (AA(I), I=1, 10), K
   10   FORMAT(10F3.1)
        ALARGE=AMAX(AA, K)
        WRITE(6, 20) ALARGE, K
   20   FORMAT(5X, 'LARGE = ', F5.2, 3X, 'K=', I3)
        STOP
        END
```

① 
```
C          FUNCTION subprogram
           FUNCTION AMAX(AA, K)
           DIMENSION AA(K)
           AMAX=AA(1)
           DO 111 I=2, K
           IF(AMAX .LT. AA(I)) AMAX=AA(I)
    111    CONTINUE
           RETURN
           END
```

② 
```
C          FUNCTION subprogram
           FUNCTION AMAX(AA)
           DIMENSION AA(10)
           AMAX=AA(1)
           DO 111 I=2, 10
           IF(AMAX .LT. AA(I)) AMAX=AA(I)
    111    CONTINUE
           RETURN
           END
```

■ 입력 자료

```
1. 3. 7. 5. 6. 8. 4. 10. 2. 9. 10
```

■ 출력 결과

```
LARGE = 10.00   K= 10
```

## 8.5 · 연습문제

**8.1** 내장함수(library function)에 대하여 간단히 설명하여라.

**8.2** 문 함수(statement function)에 대하여 간단히 설명하여라.

**8.3** 함수 부프로그램(function subprogram)에 대하여 간단히 설명하여라.

**8.4** 부프로그램(function subprogram)이란 무엇인가?

**8.5** DEMON(X)= $X^2 + \sqrt{1+2X+3X^2}$ 문을 계산하기 위한 문 함수를 정의하고 그것을 이용하여 다음을 계산하여라.

① $\text{ALPHA}=\dfrac{6.9+Y}{Y^2+\sqrt{1+2Y+3Y^2}}$

② $\text{BETA}=\dfrac{2.1Z+Z^4}{Z^2+\sqrt{1+2Z+3Z^2}}$

③ $\text{GAMMA}=\dfrac{\text{SIN } Y}{Y^4+\sqrt{1+2Y^2+3Y^4}}$

④ $\text{DELTA}=\dfrac{1}{\text{SIN}^2\ Y+\sqrt{1+2\text{SIN } Y+3\text{SIN}^2\ Y}}$

**8.6** BANG(A)= $A + \sqrt{1+2A+3A^2}$ 문을 계산하기 위한 문 함수를 정의하고 그것을 이용하여 다음을 계산하여라.

① $\text{TIGER}=\dfrac{B}{C+\sqrt{1+2C+3C^2}}$

② $\text{LION}=\dfrac{\text{SIN } X}{A^2+\sqrt{1+2A+3A^2}}$

③ $\text{DOG}=\dfrac{\text{COS } Y}{Y+\sqrt{1+2Y+3Y^2}}$

④ $\text{WOLF}=\dfrac{\text{TAN Y}}{\text{SIN X}+\sqrt{1+2\text{SIN X}+3\text{SIN}^2\text{ X}}}$

**8.7** Y(X)= $\begin{cases} 1+\sqrt{1+X^2} & \text{if } x<0 \\ 0 & \text{if } x=0 \\ 1-\sqrt{1+X^2} & \text{if } x<0 \end{cases}$

앞의 계산을 위한 함수 부프로그램을 작성하고 다음 식(expression)들을 계산하기 위한 FORTRAN 문을 작성하여라.

① $\text{F}=2+\text{Y}(\text{A}+\text{Z})$

② $\text{G}=\dfrac{\text{T}[\text{X}(\text{K})]+\text{Y}[\text{X}(\text{K}+1)]}{2}$

③ $\text{H}=\text{Y}[\text{COS}(2\pi\text{X})]+\sqrt{1+\text{Y}(2\pi\text{X})}$

**8.8** SUB(X)= $\begin{cases} 4+\sqrt{1+D^2} & \text{if } D>0 \\ 0 & \text{if } D=0 \\ 4-\sqrt{1+D^2} & \text{if } D<0 \end{cases}$

앞의 계산을 위한 함수 부프로그램을 작성하고 다음 식(expression)들을 계산하기 위한 FORTRAN 문을 작성하여라.

① $\text{Y}=\sqrt{\text{a}^2+\text{b}^2}$

② $\text{X}=\cos(\text{Y}^2+\text{C}^4)$

③ $\text{Z}=\log(2\text{y}+4)+\text{e}^{\text{y}}$

**8.9** 다음에서 각각의 변수(variable)에 어떤 값들이 기억(치환)될까?

①
```
PYTH(A, B)=SQRT(A**2+B**2)
X=PYTH(3., 4.)
A=8.0
Y=PYTH(6., A)
```

②
```
L(T)=(T**3)/(T-1.)
X=L(3.)
T=4
K=L(T+1.)
```

**8.10** 다음에서 각각의 변수(variable)에 어떤 값들이 기억(치환)될까?

① 
```
ROOT(B, C)=SQRT(C**2+B**2)+4
Y=ROOT(2., 4.)
C=3.4
Z=ROOT(6.2, C)
```

② 
```
DAP(P)=(P**2)/(P+2.4)
V=DAP(2.9)
W=4.3
Q=DAP(W*2)
```

**8.11** 다음에서 틀린 곳이 있으면 고쳐라.

① 
```
FUNCTION(A, B)=(A*B)/(A+B)
X=FUNCTION(3., 4.)
```

② 
```
RATIO(A, B)=(A*B)/(A+B)
X=RATIO(3, 4)
```

③ 
```
RATIO(A, B)=(A*B)/(A+B)
Y=RATIO(A, B, C)
```

④ 
```
F(X, 1, T, Z)=(X(I)**Y)/Z
G=F(3., 7, 4., 5.)
```

**8.12** 다음에서 틀린 곳이 있으면 고쳐라.

① 
```
PAPA(X)=(X**2)/(X+Y)
  A=PAPA(10.4)
```

② 
```
NABI(X, Y, Z)=(X+Y**Z)/(2*X)
  B=NABI(1.4, 2.2)
```

③ 
```
YA(E, F)=(E+F)/(F*E)
  C=(2, 8.2)
```

④ 
```
HO(H)=2*H+4*H**2
  D=(3.9, 14)
```

**8.13** FACT(N)=N(N−1)(N−2),……,(2)(1)을 계산하는 함수 부프로그램을 작성하여라.

**8.14** 1~100까지의 정수(整數, integer)들의 곱을 계산하는 함수 부프로그램을 작성하여라.

**8.15** 자료 카드(data card)의 1~5란, 6~10란에서 자료를 읽어 J, K에 각각 기억시킨 후 (J>K) 문13의 함수 부프로그램을 이용하여

$$B(J,\ K)=\frac{J(J-1)(J-2)......(2)(1)}{[K(K-1)(K-2)......(2)(1)][(J-K(J-K-1)......(2)(1)]}$$

을 계산한 후 B(J, K)를 인쇄하는 주프로그램(main-program)을 작성하여라. (단, 인쇄할 때는 e format code를 이용하여 소수점 이하 5자리까지 구하여라.

**8.16** 자료 카드(data card)의 1~3란, 4~6란에서 자료를 읽어 J, K에 각각 기억시킨 후 (J>K) 문13의 함수 부프로그램을 이용하여

$$B(J,\ K)=\frac{J(J-1)(J-2)......(2)(1)}{[K(K-1)(K-2)......(2)(1)][(J-K(J-K-1)......(2)(1)]}$$

을 계산한 후 B(J, K)를 인쇄하는 주프로그램(main-program)을 작성하여라. (단, 인쇄할 때는 e format code를 이용하여 소수점 이하 5자리까지 구하여라.

**8.17** R=A(1,1)+A(2,1)+,⋯⋯,+A(9,1)

C=A(1,1)+A(2,1)+,⋯⋯,+A(1,15)를 계산하기 위한 함수 부프로그램을 작성하여라. (단, A는 A(9, 15)인 배열명, R은 함수 부프로그램의 이름(NAME)이고 C는 가인수(dummy argument)라고 하자.)

**8.18** P=B(1,1)+B(2,1)+,⋯⋯,+B(15,1)

Q=B(1,1)+B(1,2)+,⋯⋯,+B(1,15)를 계산하기 위한 함수 부프로그램을 작성하여라.

(단, B는 B(15, 15)인 배열명, P는 함수 부프로그램의 이름이고 Q는 가인수라고 하자.)

## 8.5 | 연습문제 해답

**8.1** 컴퓨터 내부에 저장된 것을 필요에 따라 정해진 함수명을 사용해서 함수값을 구하는 현태를 말한다.

**8.2** 반복 부분에 대한 내용을 하나의 문으로 작성해 두었다가 필요에 따라 함수명을 통해서 사용할 수 있는 정의된 함수.

**8.3** 한 문장 이상의 내용이 반복되는 부분이 있는 경우 문 함수와 같은 방법으로 CALL 해서 사용하고 내용이 독립성을 갖는다는 것.

**8.4** 주 프로그램의 지시에 의해서 일정한 부분의 내용을 처리할 수 있도록 작성된 프로그램.

**8.5** DENOM(X)=X**2+SQRT(1.0+2.0*X+3.0*X**2)

① `ALPHA=(6.9+Y)/DENOM(Y)`

② `BETA=(2.1*Z**4)/DENOM(Z)`

③ `GAMMA=SIN(Y)/DENOM(Y**2)`

④ `DELTA=1.0/DENOM(SIN(Y))`

**8.6** BANG(A)=A+SQRT(1+2*A+3*A**2)

① `TIGER=B/BANG(C)`

② `LION=SIN(X)/BANG(A)`

③ `CAT=COS(Y)/BABG(Y)`

④ `WOLF=(SIN(Y)/COS(Y)/BANG(X)`

**8.7**

```
      FUNCTION(X)
      IF(X) 11, 22, 33
11    Y=1.0+SQRT(1.0+X*X)
      RETURN
22    Y=0.0
      RETURN
33    Y=1.0-SQRT(1.0+X*X)
      RETURN
      END
```

① `F=2.0+Y(A+Z)`

② `G=(Y(X(K)+Y(X(K+1)))/2.0`

③ `H=Y(COS(6.283186*X)+SQRT(1.0+Y(6.283186*X))`

**8.8**

```
      FUNCTION SUB(D)
      IF(D) 11, 22, 33
11    SUB=-4+SQRT(1+D**2)
      RETURN
22    SUB=0.0
      RETURN
33    SUB=4-SQRT(1 +D**2)
      RETURN
      END
```

① `Y=SQRT(A**2.+B**2.)`

② `X=COS(Y**2.+C**4.)`

③ `Z=LOG(2*Y+4)+EXP(Y)`

**8.9** ① `X=5.      A=8.     Y=10.`

② `X=13.5    Y=4.    K=31`

**8.10** ① Y=9.5 C=3.4 Z=10.

② V=1.6 W=4.3 Q=6.7

**8.11** ① 변수 길이가 6자를 초과해도 관계없다.

② 형이 일치하지 않음

③ 개수가 다르다.

④ 첨자 변수 사용했음

**8.12** ① 가인수를 지정해주지 않았음

② 수가 부족함

③ 형이 일치하지 않음

④ 수가 맞지 않음

**8.13**

```
      FUNCTION FACT(N)
      FACT=1.0
      DO 11 I=1, N
11    FACT=FACT*I
      RETURN
      END
```

**8.14**

```
      FUNCTION ISUM(N)
      ISUM=0
      DO 11 I=1, N
11    ISUM=ISUM*I
      RETURN
      END
```

**8.15**

```
      READ(5, 10) J, K
10    FORMAT(2I5)
      B=FACT(J)/(FACT(K)*FACT(J-K))
      WRITE(6, 20) B
20    FORMAT(1X, 10X, E12.5)
      STOP
      END
```

**8.16**

```
      READ(5, 10) J, K
10    FORMAT(2I3)
      B=FACT(J)/((FACT(K)*FACT(J-K))
      WRITE(6, 20) B
20    FORMAT(1X, 10X, E12.5)
      STOP
      END
```

**8.17**

```
      FUNCTION R(A, C)
      DIMENSION A(9, 15)
      R=0.0
      C=0.0
      DO 11 J=1, 9
11    R=R+A(J, 1)
      DO 22 K=1, 15
22    C=C+A(1, K)
      RETURN
      END
```

**8.18**

```
      FUNCTION P(B, Q)
      DIMENSION B(15, 15)
      DO 11 I=1, 15
11    P=P+B(I, 1)
      DO 22 J=1, 15
22    Q=Q+B(1, J)
      RETURN
      END
```

## 8.6

# 서브루틴 부프로그램

함수 부(副)프로그램에서는 한 개의 계산된 결과가 함수명(function name)을 통해서 전달되었었다. 그러면 여러 개의 계산 결과를 얻고자 할 때 어떠한 부프로그램을 이용하면 해결할 수 있을까? 이에 대한 답은 다음과 같은 서브루틴 부프로그램(SUBROUTINE subprogram)을 사용하면 쉽게 해결된다. 서브루틴 부프로그램은 형식상으로는 SUBROUTINE 문으로 시작하여 END 문으로 끝나는 단위프로그램으로서 함수 부프로그램과 마찬가지로 다른 프로그램에 의해 공동으로 이용되는 프로그램이다. 이 부프로그램에는 호출 프로그램으로 제어를 되돌려주는 RETURN 문이 하나 이상 있어야 한다.

함수 부프로그램은 계산 결과를 함수명에 실어 호출 프로그램으로 한 개밖에 넘길 수 없다는 제한이 있었다. 이 제한에서 벗어나 **계산결과를 동시에 여러 개를 부프로그램에서 얻고자 할 경우에는 서브루틴 부프로그램을 사용**하면 된다. 그러므로 함수 부프로그램이 **일가함수(一價函數**, single valued function)를 정의하는 것이라면 서브루틴 부프로그램은 **다가 함수(多價函數**, multvalued function)를 정의하는 것이라고 볼 수 있다.

서브루틴(SUBROUTINE) 부프로그램은 함수(FUNCTION) 부프로그램과 매우 흡사하나 다음과 같은 서로 다른 점이 있다.

(1) 서브루틴 부프로그램은 첫 문장이 SUBROUTINE으로 시작하는 반면에 함수 부프로그램은 FUNCTION으로 시작한다.

(2) 함수 부프로그램과는 달리 서브루틴 이름(함수명)에는 어떤 값도 배정(配定)되지 않는다. 따라서 계산 또는 처리결과는 부프로그램의 이름을 통해서 반송(返送)되지 않고 가인수를 통해서 반송되므로 여러 개의 출력이 있을 수 있다.

(3) 서브루틴 부프로그램을 호출하는 방법은 호출 프로그램에서 서브루틴 부프로그램에서와 같이 단순히 서브루틴의 이름(함수명)을 쓰지 않고 CALL 문을 쓴다.

(4) 부프로그램에서의 **결과반송은 가인수(假因數**, dummy argument)가 이를 대행(代行)함으로 서브루틴은 그 자체로서 실수나 정수임을 명시(明示)할 필요가 없다는 점을 제외하고는 변수명 규칙에 준한다.

(5) 서브루틴 부프로그램의 결과를 반송하는 가인수는 부프로그램에서 연산문의 실인수 명(名)으로 기억한다.

(6) 문 함수나 함수 부프로그램은 반드시 어떤 값을 계산하는 것에 국한되었지만 서브루틴 부프로그램에 의하면 값을 계산하는 것 외에도 광의(廣義)의 처리를 정의할 수 있다.

(7) 함수 부프로그램은 최소 하나의 값을 계산하는 부프로그램이기 때문에 계산 결과를 주프로그램으로 되돌려주는 RETURN 문이 반드시 포함되어야 하나 서브루틴 부프로그램은 주프로그램으로 되돌아갈 필요가 없을 때에는 RETURN 문이 시행되지 않고 부프로그램에서 STOP이 가능하다.

(8) 서브루틴 부프로그램은 가인수가 없어도 되지만 함수 부프로그램은 최소한 하나 이상의 가인수가 있어야 한다.

다음 프로그램은 서브루틴 부프로그램에 가인수가 없는 경우를 나타낸다.

```
      CALL HAPPY
      STOP
      END

      SUBROUTINE HAPPY
      WRITE (6, 20)
   20 FORMAT(10X, 'KOREA')
      RETURN
      END
```

서브루틴 부프로그램의 일반적인 형식은 다음과 같다.

SUBROUTINE NAME($arg_1$, $arg_2$, …, $arg_n$)

NAME : 서브루틴 부프로그램명(변수명 규칙과 동일)

$arg_1$, $arg_2$, …, $arg_n$ : 가인수(dummy argument)로서 단순변수

서브루틴 부프로그램은 다른 단위 프로그램과는 독립된 완전한 한 개의 단위 프로그램이므로 변수 및 문 번호 등이 완전 독립적이고 필요하면 선언문을 개별

적으로 적어야 한다. 그리고 SUBROUTINE 문장에 있는 가인수 역시 다른 단위 프로그램의 변수명과 같아도 무방하나 반드시 단순변수이어야 하고 호출 프로그램의 CALL 문에 있는 실인수와 개수, 순서 및 형이 일치하여야 한다.

서브루틴 부프로그램 사용 시 다음과 같은 규칙에 대해 잘 따라야 한다.

(1) 부프로그램의 첫 문장이 SUBROUTINE 문이어야 하고 최소한 한 개 이상의 RETURN 문이 있어야 하며, END 문으로 끝난다.

(2) 서브루틴명은 영자로 시작하고 1~6 **글자(이 수치보다 커도 상관없음) 영숫자**로 프로그래머가 임의로 만들 수 있고, 이것은 변수와 같이 사용되지 않으며(치환되지 않음), 형(type)도 갖지 않는다.

(3) 서브루틴명은 함수명과는 달리 자기 프로그램 안에서 SUBROUTINE 문 이외의 다른 문 또는 치환문에 나타나서는 안 된다.

① 함수 부프로그램

```
      REAL FUNCTION KOREA(A, N)
      DIMENSION A(N)
      DO 11 I=1, N
   11 KOREA=KOREA+A(I)
      RETURN
      END
```

② 서브루틴 부프로그램

```
      SUBROUTINE KOREA(A, B)
      REAL A(10)
      B=A(1)
      DO 11 I=2, 10
        IF(B .LT. A(I)) THEN
          B=A(I)
        END IF
   11 CONTINUE
      RETURN
      END
```

(4) 가인수는 그 부프로그램 속에 있는 COMMON, DATA 및 EQUIVALENCE 문에 사용되지 못한다.

(5) 가인수가 배열명일 때는 DIMENSION 문이나 형선언문으로 배열명임을 선언문에 의해 정의되어야 한다. 그렇지 않으면 배열의 첫 요소만이 서브루틴 부프로그램에서 이용된다. 이때 가인수의 형은 변수의 형 선언 방법과 마찬

가지로 선언해야 한다.

(6) 변수 DIMENSION을 사용하고자 할 때는 배열명과 배열의 크기를 나타내는 선언용 첨자(declarator subscript)가 가인수이어야 한다.

```
[보기] SUBROUTINE DIM(ARRAY, M)
       DIMENSION ARRAY(M)
```

(7) 서브루틴 부프로그램과 호출 프로그램과의 정보 교환은 인수나 공동 기억 장소를 통해야 한다.

**예제 8.15** 다음과 같은 서브루틴 부프로그램에 대한 의미를 간단히 기술하라.

```
SUBROUTINE GREEN(C, D, E, F, G, H)
E=C+D
F=C-D
G=C*D
H=C/D
RETURN
END
```

**설명** GREEN은 부프로그램의 이름(name)이고 C, D는 **실인수**(actual argument)로부터 자료의 내용을 1:1로 전달받을 가인수(dummy argument)이며, E, F, G 및 H는 계산된 결과들을 기억했다가 RETURN 문에 의해서 그 결과들을 주프로그램으로 전달하게 될 가인수이다. 또한 END 문은 부프로그램의 **완전한 끝**을 의미하고 RETURN 문은 **계산의 끝**을 의미함과 동시에 **계산된 결과를 주프로그램으로 옮기라는 의미**도 포함된다.

## 8.6.1 서브루틴 부프로그램 호출

호출 프로그램에서 서브루틴 부프로그램을 호출하여 계산에 이용하려면 CALL 문을 사용한다. 서브루틴 부프로그램을 호출하기 위하여 주 프로그램에서 사용되는 CALL 문의 일반형식은 다음과 같다.

CALL NAME($arg_1$, $arg_2$, …, $arg_n$)

NAME : 호출할 서브루틴 부프로그램명(변수명 규칙과 동일)과 같은 변수

$arg_1$, $arg_1$, …, $arg_n$ : 실인수(actual argument)

CALL 문은 제어를 호출된 서브루틴 부프로그램으로 넘겨 그곳에 있는 일련의 명령문들을 처리하도록 하고 호출된 서브루틴 부프로그램은 RETURN 문으로 제어를 호출 프로그램으로 되돌려준다.

부프로그램에서 CALL 문으로 다른 부프로그램을 호출할 수 있으나 자기를 부른 호출 프로그램이나 자기 자신을 호출 할 수는 없다.

피호출 프로그램을 호출할 때 그것에서 정보를 넘기기 위해 사용되는 실인수는 피호출 프로그램의 가인수와 개수, 순서 및 형이 같아야하고 다음 중의 어느 하나여야 한다.

1. 상수
2. 변수 : 단순 변수, 첨자 변수 및 배열명
3. 수식
4. 부프로그램명

부프로그램명의 이름이 실인수로 사용될 때는 EXTERNAL 문에 선언하여야 한다.

서브루틴 부프로그램은 호출 프로그램에서 넘겨준 정보(information 또는 data)를 가지고 작업을 처리하며 그 결과를 다시 호출 프로그램에 넘겨준다. 이때 **호출 프로그램과 피호출 프로그램간의 정보교환**은 다음의 두 가지 방법으로 이루어진다.

1. 호출 프로그램에서 실인수를 통하여 피호출 프로그램의 가인수에 정보를 넘겨주고 피호출 프로그램에서는 계산 결과를 가인수를 통해 호출 프로그램의 실인수에 정보를 넘긴다. 이와 같이 인수를 통해 정보를 교환하는 방법을 **정보(情報)의 양성적 전달(陽性的 傳達)**이라고 한다.
2. 인수를 이용하지 않고 여러 단위 프로그램이 공동으로 사용하는 기억장소인 공동 기억 장소를 마련하여 이곳에 정보를 기억시켜 피호출 프로그램에서 이것을 사용하여 하는 한편 피호출 프로그램에서도 계산 결과를 이 지역에 기억시킴으로써 호출 프로그램이 이것을 사용하게 한다. 이와 같이 공동 기억 장소를 통해 정보를 교환하는 방법을 **정보(情報)의 음성적 전달(陰性的 傳達)**이라고 한다(예 8.22 참고).

**예제 8.16** 정보의 양성적 교환 또는 전달

```
C     main program

      READ(5, 10) B, C, D, K
   10 FORMAT(3F10.3, I10)
      WRITE(6, 20) B, C, D, K
      CALL COMP(B, C, D, K)
      WRITE(6, 20) B, C, D, K
   20 FORMAT(3F15.3, I15)
      STOP
      END
```

```
C     subprogram

      SUBROUTINE COMP(C, D, X, I)
        C=C+X
        D=C-X
        I=C+D
        RETURN
      END
```

**프로그램 8.6**

이 프로그램이 처리될 때 인수를 통해 주프로그램과 부프로그램간에 정보가 어떻게 전달되는가 알아보자.

1. 주프로그램에서 B, C, D 및 K의 값을 READ 문으로 입력시켜
2. 이 값을 실인수로 하여 부프로그램 COMP에 넘긴다. 이때 CALL 문에서 부프로그램으로 넘기는 정보가 들어 있는 기억 장소를 명시한다. 만일 B=4.0, C=5.0, D=7.0 및 K=7이 들어 있다고 하면

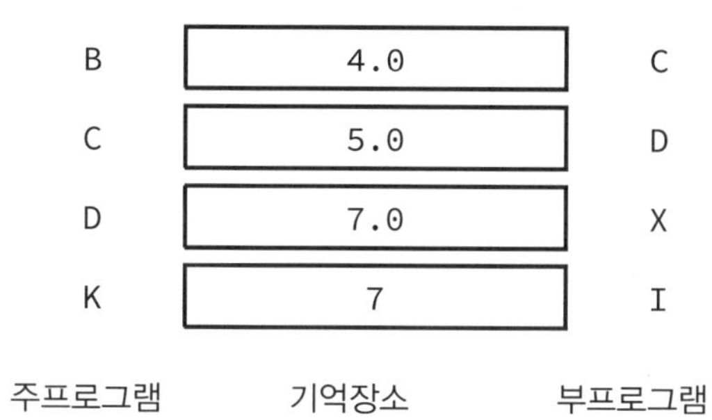


**그림 8.5** 인수를 통해 정보를 교환하는 방법

3. 제어가 부프로그램으로 넘어오면 그림 8.5와 같이 이들 기억 장소에 이름이 순차적으로 C, D, X 및 I라고 붙여진다. 부프로그램에서의 변수명은 주프로그램과는 독립적으로 사용하므로 부프로그램의 변수 C는 주프로그램의 변수 C와 같은 기억장소가 아니다.

4. 부프로그램의 첫 명령문은 'C=C+X'를 수행하면

| B | 4.0 11.0 | C |
|---|---|---|

5. 둘째 명령문은 'D=C-X'를 수행하면

| C | 5.0 4.0 | D |
|---|---|---|

6. 세째 명령문은 'I=C+D'를 수행하면 11.0+4.0=15.0을 정수로 바꾸어 기억 장소I(주프로그램의 K)에 넣는다.

| K | 7.0 15.0 | I |
|---|---|---|

7. 제어를 호출 프로그램으로 되돌려준다.
8. 주프로그램으로 제어가 넘어오면 CALL 문의 다음 명령문을 실행하여 B, C, D 및 K를 인쇄한다. 이때 B=11.0, C=4.0, D=7.0 및 K=15가 기억되어 있다.

**예제 8.17** 정보의 양성적 교환 또는 전달

```
      READ(5, 10) X, Y
10    FORMAT(2F3.1)
      CALL GREEN(X, Y, A, B, C, D)
      WRITE(6, 20) X, Y, A, B, C, D
20    FORMAT(2X, 2F5.1, 5X, 4F5.1)
      READ(5, 10) X1, Y1
      CALL GREEN(X1, Y1, A1, B1, C1, D1)
      WRITE(6, 20) X1, Y1, A1, B1, C1, D1
      CALL GREEN(2.1, 3.1, S, T, U, V)
      WRITE(6, 30) S, T, U, V
30    FORMAT(2X, 4F8.1)
      STOP
      END
```

**설명** X 및 Y에 자료가 입력된 다음 CALL 문에 의해서 GREEN이라는 이름을 가진 서브루틴 부프로그램으로 문의 순서가 옮겨진다, 이 때 실인수인 X, Y, A, B, C 및 D들이 가인수에 각각 전달되어 계산이 이루어진 다음 역의 순서로 실인수인 A, B, C 및 D에 계산된 결과들이 전달되어 출력하게 된다. 다른 내용도 이와 같이 처리된다.

다음과 같은 그림으로부터 주프로그램과 서브루틴 부프로그램간의 관계를 간단히 살펴보자.

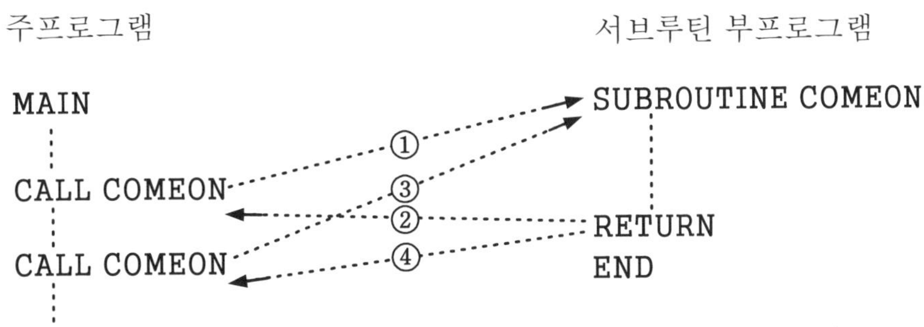


**그림** 주프로그램과 부프로그램간의 관계

> **참고**
>
> 주프로그램(main program)의 실인수와 서브루틴 부프로그램(subroutine subprogram)의 가인수와의 관계
>
> ```
> 주프로그램 :              CALL NAME (A,  B, …, Z)
>                                     ||   ↑  ↑     ↑
>                                     ||   :  :     :
>                                     ||   ↓  ↓     ↓
> 서브루틴 프로그램 :    SUBROUTINE NAME (A', B', …, Z')
> ```

**설명** 실인수와 가인수가 1 : 1 대응되어야 하기 때문에 **순서**(order), **수**(number) 및 **형**(type)**이 일치**해야 된다.

**예제 8.18** N개의 요소를 가진 1차원 배열 A에서 다음 업무를 하는 서브루틴 부프로그램을 작성하라.

---

**풀이**

1. 처음부터 K개의 요소 가운데 가장 큰 수를 찾는다.

   A(1), A(2), … , A(K)

2. 처음부터 K개 요소의 합을 구한다.

   A(1)+A(2)+…+A(K)

부프로그램

```
      SUBROUTINE SEEK(A, N, K, BIG, SUM)
      DIMENSION A(N)
      SUM=0.0
      BIG=A(1)
      DO 111 I=1, K
        SUM=SUM+A(I)
        IF(BIG .LT. A(I)) BIG=A(I)
111   CONTINUE
      RETURN
      END
```

**예제 8.19** $\overline{X}=\frac{1}{n}\sum_{i=1}^{n}X_i$을 구할 때 평균과 그 결과를 인쇄하는 부프로그램으로 각각 작성하여라.

```
C     main program
      DIMENSION X(20)
      READ(5, 10) N
10    FORMAT(I2)
      READ(5, 20) (X(I), I=1, N)
20    FORMAT(10F6.0)
      CALL MEAN(X, N, SUM)
      AN=N
      XBAR=SUM/AN
      CALL OUTPUT(N, SUM, XBAR)
      STOP
      END
C     subroutine subprogram
      SUBROUTINE MEAN(A, K, TOTAL)
      DIMENSION A(20)
      TOTAL=0.0
      DO 11 I=1, K
      TOTAL=TOTAL+A(I)
11    CONTINUE
      RETURN
      END

C     subroutine subprogram
      SUBROUTINE OUTPUT(N, SUM, XBAR)
      WRITE(6, 100) N, SUM, XBAR
100   FORMAT=(5X, 'N=', I2, 5X, 'SUM=', F10.2, 5X, 'XBAR=',
     & F10.2)
      RETURN
      END
```

**⊙설명** 주 프로그램에서 N와 X를 읽고 합계(合計)를 구하는데 부프로그램을 사용했다. 주 프로그램에서 주어진 N와 X가 부프로그램으로 전달되어 부프로그램 MEAN 에서는 합(合)을 계산하여 그 결과가 TOTAL을 통해서 주프로그램에 반송되어 SUM에 기억된다. SUBROUTINE 부프로그램명(名)은 반송되는 합(合) TOTAL이 실수인 경우에도 이에 무관(無關)하므로 MEAN이라 명명(命名)할 수 있었던 것이다. 주프로그램에서 평균값을 계산한 후 그 결과를 인쇄하는데 부프로그램 OUTPUT를 사용했다. 부프로그램 OUTPUT에서는 주프로그램에서 전달되어온 결과를 인쇄할 뿐 부프로그램에서 정의(定義)되는 값이 없으므로 반송되는 값을 나타내는 인수가 없는 것은 당연하다.

서브루틴 부프로그램 호출 시 다음과 같은 규칙을 잘 따라야 한다.

(1) 서브루틴명은 다른 부프로그램과 식별(識別)하기위해 부프로그램에서 CALL 문으로 다른 부프로그램을 호출할 수는 있으나 자기를 부를 호출 프로그램이나 자기 자신을 호출할 수는 없다. 즉, 부프로그램 C는 자기 자신을 호출했으며 부프로그램 B는 자신을 호출한 부프로그램 C를 호출하기 때문에 오류(誤謬, error)가 발생한다.

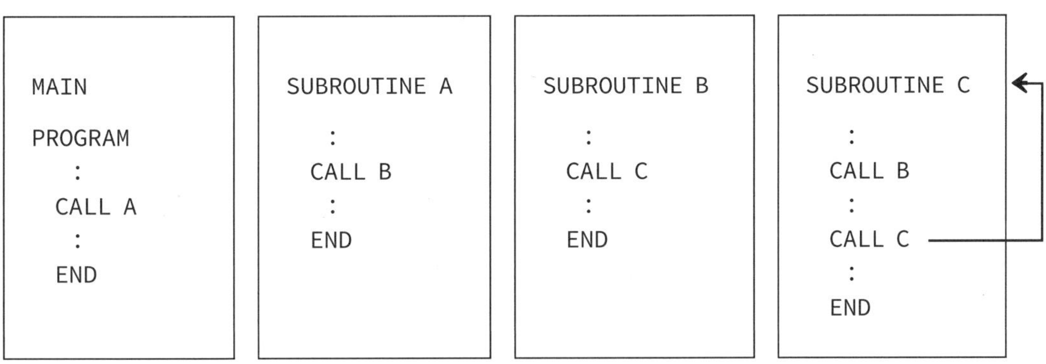


(2) 실인수와 가인수는 개수, 순서 및 형이 일치(1 : 1 대응)해야 하며, 실인수로 허용되는 것은 상수, 배열명, 수식 및 단순 변수(첨자 변수)명 또는 부프로그램명 중에 하나면 된다. 단, 부프로그램이 실인수로 사용될 때는 EXTERNAL 문으로 선언해야 한다.

```
      READ(5, 10) A, B, C
10    FORMAT(3F3.1)
      CALL SUM(A, B, C, D)
      WRITE(6, 20) D
20    FORMAT(5X, F10.5)
      STOP
      END
```

```
      SUBROUTINE SUM(X, Y, Z, Q)
      Q=X+Y+Z
      RETURN
      END
```

**그림 8.6** 부프로그램명이 실인수로 사용될 경우

(3) 함수 부프로그램과 같이 적어도 하나의 RETURN 문이 존재해야 하며 RETURN 문 또는 END 문에 의해 호출 프로그램에 값을 전달한다. 이 때 함수 부프로그램은 호출한 문장으로 제어가 이동되지만, 서브루틴 부프로그램은 CALL 문 다음 문장으로 이동된다.

```
C     MAIN program
      READ(5, *) A
      CALL SQUARE(A, ANS)
      WRITE(6, 20) A, ANS
   20 FORMAT(1X, 'A=', F7.2, 2X, 'ANS=',
     &F7.2)
      STOP
      END
```

```
C     SUBROUTINE subprogram
      SUBROUTINE SQUARE(B, SQ)
      SQ=B*B
      RETURN
      END
```

(4) 서브루틴명은 SUBROUTINE 문중에 있는 것을 제외하고는 그 서브루틴 부프로그램 속에 나타나서는 안 된다. 그러므로 다음과 같은 것은 허용되지 않는다.

```
      SUBROUTINE P(A, B)
          :
      P=……
          :
      RETURN
      END
```

(5) 부프로그램의 결과값은 부프로그램명에 의해 호출 프로그램으로 넘겨지는 것이 아니라, 인수를 통해 값을 주고받는다.

```
C           MAIN program
            READ(5, 10) A, B
      10    FORMAT(2F3.1)
            CALL GAESAN(A, B, C, D, E, F)
            WRITE(6, 20) A, B, C, D, E, F
      20    FORMAT(3X, 'A = ', F4.1, 'B=', F4.1, 4(2X, F10.4)))
            STOP
            END
C
            SUBROUTINE GAESAN(O, P, Q, R, S, T)
            Q=O+P
      20    R=O-P
            S=Q*R
            T=O/P
            RETURN
            END
```

**설명** 첫 번째 자료카드에 천공되어 있는 내용을 A 및 B에 입력시킨 후 더하기. 빼기, 곱하기 및 나누기를 계산하기 위해서 더하기. 빼기, 곱하기 및 나누기를 계산할 수 있는 GAESAN이라는 이름을 가진 서브루틴 부프로그램을 CALL 문에 의해서 호출한다. 그러면 주프로그램에서 GAESAN이라는 부프로그램은 이름(name)을 가진 서브루틴 부프로그램으로 문의 순서가 옮겨진다. 이때 실인수(actual argument) A 및 B에 입력된 내용이 순서대로 가인수 Q 및 P에 각각 전달되고 더하기. 빼기, 곱하기 및 나누기의 계산 결과를 가인수(dummy argument) Q, R, S 및 T에 계산된 결과를 기억했다가 RETURN 문에 의해서 그 결과들을 역의 순서로 주프로그램의 실인수 C, D, E 및 F로에 각각 순서대로 전달되어 계산된 결과를 얻게 된다. 또한 END 문은 부프로그램의 완전한 끝을 의미하고 RETURN 문은 계산의 끝을 의미함과 동시에 계산된 결과를 주프로그램으로 옮기라는 의미도 포함된다. 즉, 서브루틴 부프로그램을 한 번 작성해 놓으면 필요할 때마다 언제든지 CALL 문에 의해서 호출해서 사용할 수 있다.

(6) 가인수명은 서브루틴 안의 EQUIVALENCE 문, COMMON 문, 또는 DATA 문 속에 나타나서는 안 된다.
(7) 함수 부프로그램과 마찬가지로 부프로그램의 가인수는 DATA 문을 이용해서 초기화할 수 없다.

```
SUBROUTINE K(C, D, H)
DIMENSION C(D)
DATA H/1.1/
DO 11 I=1, D
    :
```

(8) 서브루틴 부프로그램 문 안에서 가인수를 정의(定義)하거나 재정의(再定義) 할 수 없다. 단, 값을 호출 프로그램으로 전달하기 위해서는 재정의할 수 있다. 즉, 다음의 프로그램에서 실인수 (5)에 대해 가인수가 재정의 되기 때문에 오류가 발생한다.

```
    :
CALL KICK(B, 5, C)
A=A+1.2
    :
```

```
SUBROUTINE KICK(D, E, F)
E=E/3
D=(F**E-E*E)/3
RETURN
END
```

(9) SUBROUTINE 부프로그램은 그 안에 BLOCK DATA 문, FUNCTION 문 및 다른SUBROUTINE 문을 포함해서는 안 된다, 그러므로, 다음과 같은 것은 허용되지 않는다.

```
┌─SUBROUTINE P(X, Y)
│       :
│┌SUBROUTINE S(A, B)
││      :
│└RETURN
│       :
└─RETURN
  END
```

(10) 내장함수나 문 함수의 명(名)을 그대로 실인수로 할 수 없으므로 다음과 같은 것은 허용되지 않는다.

```
    :
C=P(X)
CALL SUB(A, C, E)
    :
```

**예제 8.20** 서브루틴 프로그램을 이용하여 'LOVE IS REMEMBERING'을 출력하는 프로그램을 작성하여라.

**프로그램**

```
      CALL INSED
      STOP
      END
C
      SUBROUTINE INSED
      WRITE(6, 20)
   20 FORMAT(5X, '  LOVE IS REMEMBERING')
      RETURN
      END
```

**출력결과**

```
LOVE IS REMEMBERING
```

**예제 8.21** N개의 수를 읽어 분류(SORT)하는 프로그램을 작성하여라(서브루틴 부프로그램 이용).

**프로그램**

```
C     MAIN program (호출 프로그램)

      DIMENSION X(100)
      READ(5, 10) N, (X(I), I=1, N)
   10 FORMAT(I2, (10F5.2))
      WRITE(6, 20) N, (X(I), I=1, N)
   20 FORMAT(// ' NUM = ', I3/ ' ORIGINAL NUMBERS'/
     &(5X, 5F5.2))
C
      CALL SORT(X, N)
      WRITE(6, 30) (X(I), I=1, N)
   30 FORMAT(' SORTED NUMBERS', (5X. 5F5.2))
      STOP
      END
C     SUBROUTINE STATEMENT
      SUBROUTINE SORT(A, N)
      DIMENSION A(N)
      LAST=N-1
      DO 11 K=1, LAST
        MLAST=N-K
      DO 22 M=1, MLAST
        IF(A(M) .LE. A(M+1)) GO TO 20
```

```
         TEMP=A(M)
         A(M)=A(M+1)
30       A(M+1)=TEMP
22       CONTINUE
11     CONTINUE
       RETURN
       END
```

**출력결과**

```
NUM =  5
ORIGINAL NUMBERS
    7.27 2.85 4.32 9.68 5.87
SORTED NUMBERS
    2.85 4.32 5.87 7.27 9.68
```

# 8.7

# COMMON 문

앞에서는 주프로그램(호출 프로그램)과 부 프로그램(피호출 프로그램) 또는 부프로그램 사이에 정보를 교환하기 위해서는 인수를 사용하였다. 이는 CALL과 SUBROUTINE 문에서 인수 목록들이 길어질 경우, 인수들에 의해 많은 기억장소가 공유되면 인수들의 지정이 복잡해진다는 단점이 있다. FORTRAN에서는 보다 편리하게 여러 단위 프로그램들이 공동 기억 장소를 마련하여 이곳에 정보를 기억시켜 호출 프로그램과 피호출 프로그램이 서로 이것들을 사용하게 한다. 공동 기억 장소에 배당된 변수(기억 장소)를 통하여 정보를 교환할 때는 인수가 필요 없으므로 CALL과 SUBROUTINE 문들이 간단해진다.

FORTRAN 교재 등에 나오는 예제의 경우 대부분의 프로그램은 많은 **메모리**(memory) 또는 **저장장소(기억장소)**를 필요로 하지 않기 때문에 별 문제가 발생하지 않는다. 그러나 실제 공학 문제를 풀기 위해서는 경우에 따라 큰 메모리가 필요한 때도 발생한다. 이 경우 프로그램의 크기가 너무 커서 기억용량을 초과할 때의 대안은 이 프로그램을 다른 방법으로 작성하여 그 크기를 줄이든지, 또는 변수를 공동으로 사용해서 기억 장소를 작게 하는 방법이 있는데 단위 프로그램들 간에 그것을 가능하게 해주는 문이 COMMON 문이다. 또한 호출 프로그램과 부 프로그램간의 정보교환을 인수를 통하지 않고도 할 수 있게 해준다.

주프로그램에서 변수를 COMMON 문으로 정의하면 이에 대한 기억 장소가 공동 기억 장소에 배정하며 이들 변수는 지금까지 배운 변수와 동일한 방법으로 사용할 수 있다. 즉, 주프로그램과 부프로그램간에 메모리를 공유하는 역할이다. 그리고 부 프로그램에서 COMMON 문으로 변수를 정의하면 컴퓨터 내의 공동 기억 장소를 설정하여 그 곳을 통해서 정보가 교환되므로 기억 장소가 절약되고 시간이 단축된다.

**예제 8.22** **정보의 음성적 교환 또는 전달**

예제 8.16의 프로그램을 COMMON을 사용하여 음성적 전달방법으로 고치면 프로그램 8.7과 같다.

```
C     main program

      COMMON B, C, D, K
      READ(5, 10) B, C, D, K
   10 FORMAT(3F10.3, I10)
      WRITE(6, 20) B, C, D, K
      CALL COMP
      WRITE(6, 20) B, C, D, K
   20 FORMAT(3F15.3, I15)
      STOP
      END
```

```
C     subprogram

      SUBROUTINE COMP
      COMMON B, C, D, I
        C=C+X
        D=C-X
        I=C+D
        RETURN
      END
```

**프로그램 8.7**

프로그램들과 공동구역간의 관계를 다음 도표를 통해서 간단히 살펴보자.

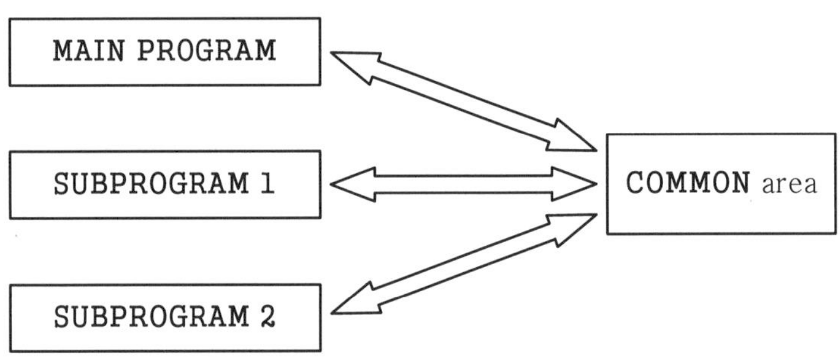


**그림 8.7** 주프로그램, 부프로그램 및 COMMON간의 관계

COMMON 문에는 공동구역을 분할하는 블록(block) 이름이 없는 **라벨 없는 COMMON**(unlabeled 또는 blank COMMON) **문**과 블록(block) 이름이 있는 **라벨 있는 COMMON**(labeled COMMON) 문으로 나누어진다.

## 8.7.1 라벨 없는 COMMON 문

라벨 없는 COMMON 문의 일반적인 형식은 다음과 같다.

```
COMMOM var-list
```

var-list : 변수명, 배열명 및 배열 선언자

라벨 없는 COMMON 문 사용 시 다음과 같은 규칙에 대해 잘 따라야 한다.

(1) 라벨 없는 COMMON 문은 단위 프로그램에서 첫 실행문이 나오기 전에 기술하고, DIMENSION 문과 같이 맨 처음에 위치해야 한다. 단, 다른 선언문들이 많으면 이들 간에는 순서에 관계없이 적는다.

(2) 라벨 없는 COMMON 문은 각 단위 프로그램의 선언된 COMMON 문에서 나열된 변수명들은 순서대로 1:1 대응되기 때문에 형과 순서가 일치해야 하고, 이 때 CALL 문과 SUBROUTINE 문의 인수가 없음을 알 수 있다. 부프로그램의 COMMON 문에 적은 변수들은 주프로그램의 COMMON 문에 기술되어야 한다.

```
C      MAIN program
       COMMON A, B, C, D
       CALL SUM
           :
```

```
C      Subprogram
       SUBROUTINE SUM
       COMMON W, X, Y, Z
           :
       RETURN
       END
```

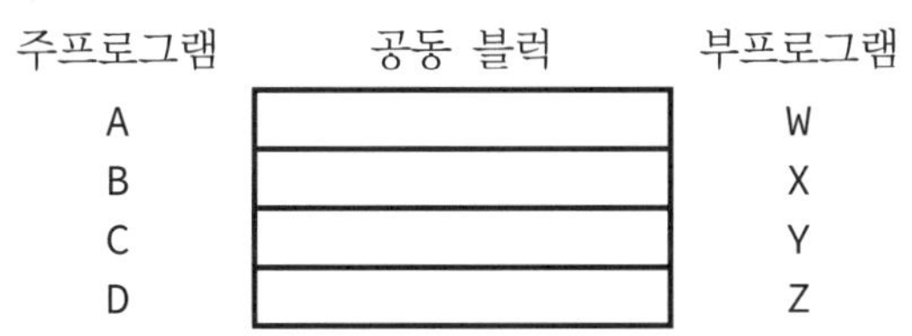


앞의 주프로그램에서 SUM에 인수가 없고 또한 부프로그램의 SUM에는 인수가 없음을 알 수 있다. 그리고 위의 그림에서 변수들이 나타난 순서대로 공유하게 되는 각각의 변수명 A와 W, B와 X, C와 Y 및 D와 Z가 각각 한 개의 기억 장소를 공유하게 되며, 주프로그램의 변수명의 값이 변하면 부프로그램의 변수명의 값도 변하게 된다.

(3) 라벨 없는 COMMON 문은 단지 하나의 공동 기억 장소 영역을 확보하여 같은 값을 가지며, 주(호출)프로그램에서 선언한 공통 블록의 수(변수명의 수

또는 기억장소의 수)는 부(피호출)프로그램에서 정의한 COMMON 문보다 같거나 커야한다. 즉, 부프로그램에서 공통 기억장소로 정의된 기억장소의 수는 주프로그램에서 정의한 COMMON 문보다 더 적을 수 있다.

```
C    MAIN program
     COMMON A(3), B(5), X
```

```
C    Subprogram
     COMMON D(4), Y, H(3)
```

| 주프로그램 | 공동 블럭 | 부프로그램 |
|---|---|---|
| A(1) | | D(1) |
| A(2) | | D(2) |
| A(3) | | D(3) |
| B(1) | | D(4) |
| B(2) | | Y |
| B(3) | | H(1) |
| B(4) | | H(2) |
| B(5) | | H(3) |
| X | | |

주프로그램에서 변수명의 수가 9개로 부프로스램 변수명의 수 8개보다 많지만, 프로그램 수행에는 어떤 문제점도 없으며 반대인 경우에는 오류(error)가 발생한다. 예를 들면

주프로그램 : COMMON A(3, 2)

부프로그램 : COMMON C(7)

은 주프로그램에서 변수명의 수가 6개로 부프로그램 변수명의 수 7개보다 작으므로 허용되지 않는다.

그리고 각각의 변수명 A(1)과 D(1), A(2)과 D(2), …, B(3)와 Y, …, B(5)와 H(3)이 각각 한 개의 기억 장소를 공유하게 된다.

(4) 주프로그램의 공통 블록을 사용하고자 할 경우 부프로그램 내부에 COMMON 문을 선언해야 한다.

```
C    MAIN program
     COMMON A(3), B(6)
          :
     CALL YOU
          :
     END
```

```
C    Subprogram
     SUBROUTINE YOU
     COMMON W(5), Z(4)
          :
     RETURN
     END
```

| 주프로그램 | A(1) | A(2) | A(3) | B(1) | B(2) | B(3) | B(4) | B(5) | B(6) |
|---|---|---|---|---|---|---|---|---|---|
| 공통 블럭 | | | | | | | | | |
| 부프로그램 | W(1) | W(2) | W(3) | W(4) | W(5) | Z(1) | Z(2) | Z(3) | Z(4) |

위의 프로그램에서와 같이 주프로그램에서 'COMMON A(3), B(6)'를 선언하면 라벨 없는 공동장소에 위 그림과 같이 9개의 기억장소가 할당되어 COMMON 문에 적은 순서대로 이름이 붙여진다. 한편 부프로그램 YOU에서 'COMMON W(5), Z(4)'를 선언하면 라벨 없는 공동장소에 마련된 기억장소에 위 그림의 아래쪽과 같은 변수명이 붙여진다. 그러므로 그중에 한 변수를 선택하면 주프로그램의 B(1)에 해당하는 변수는 부프로그램 YOU에서는 W(4)가 된다.

(5) 라벨 없는 COMMON 문에서의 변수명이 많을 경우, 즉 하나의 주(호출)프로그램에 여러 개의 부(피호출)프로그램이 있을 때 가상 기억장소를 이용하면 변수명의 형과 순서 일치에 대한 오류(error) 발생을 줄여준다. 예를 들면 부프로그램 B에서 B(5)와 C(3)만을 공유하기 위하여 V(4)라는 가상 기억장소를 선언했다.

```
(주프로그램)     COMMON A(4), B(5), C(3)
(부프로그램 A)   COMMON X(4), Y(5)
(부프로그램 B)   COMMON V(4), W(5), Z(3)
```

| 주프로그램 | | 부프로그램 A | 부프로그램 B |
|---|---|---|---|
| A(1) | | X(1) | V(1) |
| A(2) | | X(2) | V(2) |
| A(3) | | X(3) | V(3) |
| A(4) | | X(4) | V(4) |
| B(1) | | Y(1) | W(1) |
| B(2) | | Y(2) | W(2) |
| B(3) | | Y(3) | W(3) |
| B(4) | | Y(4) | W(4) |
| B(5) | | Y(5) | W(5) |
| C(1) | | | Z(1) |
| C(2) | | | Z(2) |
| C(3) | | | Z(2) |

라벨 없는 COMMON 문에 적은 변수의 순서는 아주 중요한 의미를 가진다. 이를 테면 앞의 주프로그램에서 나타난 바와 같이

```
COMMON A(4), B(5), C(3)
```

와 같이 선언하여 공동 기억 장소에 12개의 기억 장소를 할당하였으나 부프로그램 A에서는

```
COMMON X(4), Y(5)
```

와 같이 선언하면 공동 기억 장소 12개 중 뒤에 C(3)는 공유할 필요가 없기 때문에 순서대로 9개를 기억하는 장소만을 사용하면 되지만, 부프로그램 B에서는

```
COMMON V(4), W(5), Z(3)
```

와 같이 선언하여 앞의 12개 기억장소 전체를 사용하지 않고 COMMON 문 제일 앞 4개의 기억 장소는 사용하지 않지만 변수의 순서를 맞추기 위하여 가변수 V(4)를 추가하여 가상 기억 장소로 확보한 경우이다.

(6) 프로그램, 함수 및 서브루틴명은 COMMON 문에 적어서는 안 된다.

(7) 가인수는 COMMON 문의 변수로 적어서는 안 된다.

예

```
SUBROUTINE HAPPY(B, J)
COMMON B(5), C, D
```

B는 가인수이므로 COMMON 문의 변수로 적으면 오류이다.

(8) COMMON 문에 같은 변수명이 있어서는 안 된다.

[틀린 예] `COMMON X, Y, Z, X, B, C`

(9) COMMON 문에 있는 두 변수들을 EQUIVALENCE 시켜서는 안 된다.

[틀린 예]

```
SUBROUTINE BANK
 COMMON A, B, C, X, Y, Z
 EQUIVALENCE(B, C)
          :
```

(10) COMMON 문에서 DIMENSION 문에 의하여 배열(arrary)이 선언되면 첨자(subscript)는 생략한다.

**예제**

```
      :
DIMENSION KEY(7)
COMMON KEY
      :
```

**설명** 앞 프로그램에서 변수 KEY는 DIMENSION 문에 의하여 배열로 선언되어서 COMMON 문에도 변수 KEY가 선언되었지만 첨자는 생략하였다.

(10) FORTRAN Ⅱ 에서는 COMMON 문에 적힌 변수가 배열이면 DIMENSION 문으로 차원을 정의하여야 하나, FORTRAN 66과 77에서는 다음과 같이 COMMON 문으로만 배열의 차원을 정의할 수 있다.

```
FORTRAN Ⅱ , 66, 77          COMMON A
                            DIMENSION A(5)

FORTRAN 66, 77              COMMON A(5)
```

그리고 각 프로그램 간의 COMMON 문에 있는 해당 변수는 그 형이 서로 일치해야 한다. 만일 **형이 일치하지 않으면** 주(호출)프로그램과 부(피호출)프로그램에서 실인수와 가인수의 형이 서로 일치하지 않을 때와 같이 **계산결과가 틀리게 된다.**

**예제 8.23** 다음과 같은 프로그램의 COMMON 문에 있는 변수들이 순서대로 1:1 대응되기 때문에 형이 일치하는지 살펴보고 1:1 대응되는 변수들을 각각 나타내라.

```
C     MAIN program                SUBROUTINE SUN
      COMMON G, H(2,3), D         COMMON S, T(2, 3), U
          :                           :
```

**풀이** 앞 프로그램은 다음과 같이 순서대로 1:1 대응되는 변수들을 각각 공유하게 되는 관계를 나타낸 것이다.

| 위 치 | 1 | 2 | 3 | 4 | 5 | 6 | 7 | 8 |
|---|---|---|---|---|---|---|---|---|
| MAIN PROGRAM | G | H(1, 1) | H(2, 1) | H(1, 2) | H(2, 2) | H(1, 3) | H(2, 3) | D |
| SUBROUTINE PRO. | S | T(1, 1) | T(2, 1) | T(1, 2) | T(2, 2) | T(1, 3) | T(2, 3) | U |

## 8.7.2 라벨 있는 COMMON 문

라벨 있는 COMMON 문의 일반적인 형식은 다음과 같다.

COMMOM /blname1/var–list/blname2/var–list···

blname1, blname2, ··· : 공통 블록(commom block)명

var–list : 공통 블록명의 변수명, 배열명 및 배열 선언자

**참고**

block 이름은 6글자 이상도 기능한 변수와 동일한 형식으로 하되 형(type)에는 관계없다. 위에서 공통 블록명을 생략하면 라벨 없는 COMMON 문이 된다. 변수의 나열 방법은 DOUBLE PRECISION, REAL, INTEGER 및 CHARACTER 순서로 한다.

라벨 있는 COMMON 문 사용 시 다음과 같은 규칙에 대해 잘 따라야 한다.

(1) 변수명 또는 배열명을 몇 개의 블록으로 나눌 수가 있는데 이를 **공통 블록**(common block)이라 하고, 공통 블록들은 공통 블록명을 가진다. 이 때 해당 블록에 변수명 또는 배열명이 포함되는 것을 나타내기 위해 **공통 블록명의 전후에는 반드시** /(slash)를 다음과 같이 나타내어야 한다.

```
COMMON /SUM/A, B, C
COMMON /TOT/W, X, Y
```

→

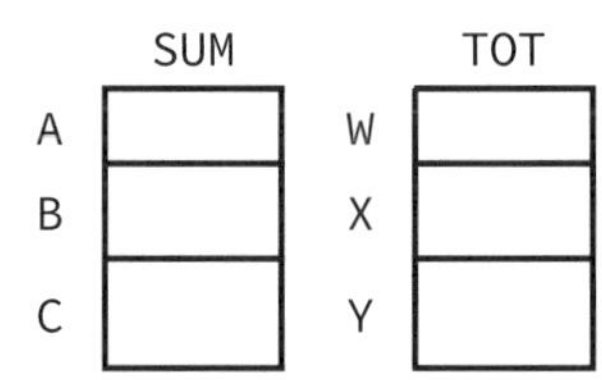


(2) 공통 블록명을 만드는 규칙은 변수명 규칙과 같고, 공통 블록명은 각 단위 프로그램에서 공통으로 사용할 수 있는 기억 장소를 분할한 블록명이다. 이 때 공통 블록명은 프로그램내의 변수, 배열 및 문 함수의 이름과 같아도 관계없다,

(3) 공통 블록명은 생략이 가능하며, 생략 시 공통 블록명의 전후에 있는 /도 생략할 수 있다.

①

```
 COMMON /LEE/A, B, C/KIM/K(2), X, Y/KOREA/Q, P, R
&//D, E, F
```

②

```
COMMON /LEE/A, B, C
COMMON /KIM/K(2), X, Y
COMMON/KOREA/Q, P, R
COMMON//D, E, F
```

③

```
COMMON /LEE/A, B, C
COMMON /KIM/K(2), X, Y
COMMON/KOREA/Q, P, R
COMMON D, E, F
```

**설명** 앞의 프로그램 ①, ② 및 ③번은 같은 뜻을 갖는다.

(4) 라벨 있는 COMMON 문은 공통 블록을 여러 개 설정할 수 있으며, 라벨 있는 COMMON 문에서 공통 블록명이 여러 번 나타나도 관계없다.

```
COMMON /SUM/D, E, F/MEAN/X, Y, Z/SUM/D, E/MAX/Q(2),
R(3, 2)
```

(5) 주프로그램의 COMMON 문에 대해 부프로그램 A에서는 배열 B, 부프로그램 B에서는 배열 C, 부프로그램 C에서는 배열 A 및 C를 필요로 한다면, 라벨 있는 COMMON 문을 이용하여 가상 기억 장소를 절약할 수 있다.

```
(주프로그램)      COMMON /KIM/A(10)/LEE/B(10)/PAC/C(5,5)
(부프로그램 A)    COMMON /LEE/Z(20)
(부프로그램 B)    COMMON /PAC/C(5,5)
(부프로그램 C)    COMMON /KIM/A(10)/PAC/D(5,5)
```

(6) 공통 블록명이 있는 변수 및 배열의 형과 크기(길이)는 같아야 한다. 또한 공통의 블록 안에 문자형 변수 또는 문자형 배열을 사용할 경우 공통 블록의 전체 요소는 문자형이어야 한다.

```
C     MAIN program
      LOGICAL L
      REAL K, I
      CHARACTER*3 X, Y, Z
      COMMON /LOVE/K, I, J, L
      COMMON /PONY/X, Y, Z
          :
      CALL SUN
```

```
C     Subprogram
      SUBROUTINE SUN
      REAL S, T
      LOGICAL N
      CHARACTER*3 A, B, C
      COMMON /LOVE/S, T, I, M
      COMMON /PONY/A, B, C
```

| 주프로그램 | 공동 블록 | 부프로그램 |
|---|---|---|
| K | 실수형 | S |
| I | 실수형 | T |
| J | 정수형 | I |
| L | 논리형 | M |
| X | 문자형(길이 3) | A |
| Y | 문자형(길이 3) | B |
| Z | 문자형(길이 3) | C |

(7) 라벨 없는 COMMON 문과 라벨 있는 COMMON 문의 기본적인 차이점은 다음과 같다.

① 독립된 단위 프로그램에서 라벨 없는 COMMON(blank common) 문의

공통블록은 1개뿐이지만, 라벨 있는 COMMON(labeled common) 문은 여러 개의 공통 블록을 설정할 수 있으며, 그 각각에는 명칭이 붙여진다. 예를 들면,

```
COMMON /A/TOP(10), X, INF(2, 4)
```

는 TOP와 INF가 배열임을 선언할 뿐만 아니라, 19개의 기억장소를 공통 영역으로 확보하며, 그 영역에 A라는 이름도 부여한다. 이러한 관계를 그림 8.8로 나타내면 다음과 같다.

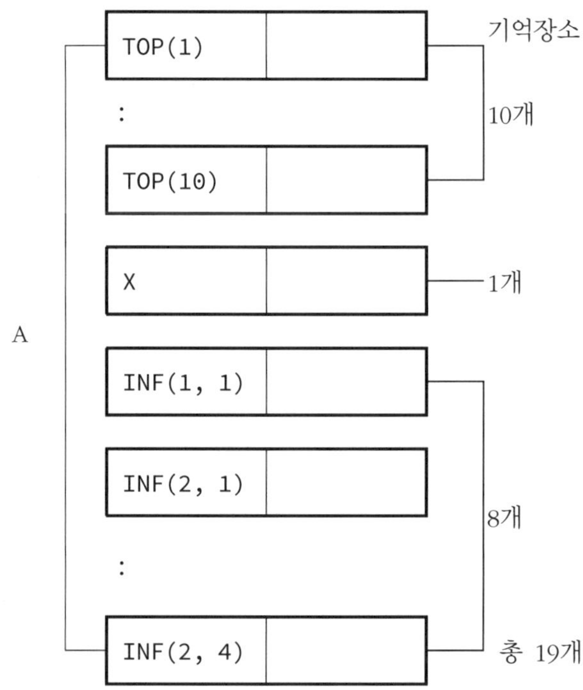


**그림 8.8** 라벨 있는 COMMON

② 라벨 없는 COMMON 문은 단위 프로그램마다 블록의 크기(길이)를 달리 할 수 있으나 주프로그램에서 할당한 라벨 없는 공통영역을 초과할 수 없다. 라벨있는 COMMON 문은 공통 블록의 크기(길이)가 단위 프로그램마다 같아야 한다.

③ 라벨 없는 COMMON 문의 변수와 배열의 요소는 DATA 문으로 초기치를 설정할 수 없으나 라벨 있는 COMMON 문의 변수와 배열의 요소는 후술되는 BLOCK DATA 부프로그램으로 초기치를 설정할 수 있다(9.2.3 항 참고).

(8) 라벨 없는 COMMON 문과 라벨 있는 COMMON 문은 다음과 같은 사항에 주의해서 프로그램을 작성해야 한다.

① COMMON 문은 첫 실행문 이전에 위치해야 한다.

② COMMON 문을 이용하여 가인수를 선언해서는 안 된다.

③ COMMON 문에 있는 두 변수를 EQUIVALENCE 문으로 선언해서는 안 된다.

④ COMMON 문에 같은 변수명이 있어서는 안되며, 프로그램명, 함수명 및 서브루틴명이 COMMON 문에 의해서 선언해서는 안 된다.

⑤ 주(호출)프로그램과 부(피호출)프로그램의 COMMON 문에 선언된 변수명의 형과 길이(크기)는 일치해야 한다.

⑥ COMMON 문을 이용하여 배열을 선언할 수 있다.

```
COMMON /KOREA/X(5, 5), Y(3), Z(9)
```

⑦ 라벨 있는 COMMON 문을 사용할 경우 주(호출)프로그램과 부(피호출)프로그램에는 각각 COMMON 문에 의해 공통 블록을 설정해야 한다.

⑧ 주프로그램과 부프로그램에서 같은 COMMON 문을 사용하였을 경우에는 COMMON 문에 수록된 변수는 부프로그램의 가인수와 주프로그램의 수록에서 뺀다는 점이다.

앞에서 설명한 ⑧의 예로로 다음의 평균을 구하는 프로그램의 일부에 대하여 들어보자.

■ 주프로그램

```
COMMON POINT(20)
    :
IF(MEAN(I, AP)) 11, 22, 33
    :
```

■ 부프로그램

```
FUNCTION MEAN(N, AVR)
COMMON SCORE(20)
SUM=0.0
  :
END
```

POINT와 SCORE가 COMMON 문에 수록되었으므로 인수로 이들을 배열명에 쓰지 않았으며 또 COMMON 문에서 배열 크기를 명시하였으므로 DIMENSION이 필요 없게 된다.

그러면 라벨 있는 은 어떤 경우에 많이 사용하는가?

주 프로그램에서

```
COMMON A(10), B(20), C(5, 5)
```

로 선언하고, 부프로그램 LEE에서는 배열 B만 필요하고, 부프로그램 KIM에서는 배열 C만 그리고 부프로그램 CHO에서는 배열 A와 C가 필요한 경우

```
(부프로그램 LEE)     COMMON DUMMY(10), X(20)
(부프로그램 KIM)     COMMON DUMMY(30), X(5, 5)
(부프로그램 CHO)     COMMON X(10), DUMMY(20), Y(25)
```

와 같이 주프로그램과 순서를 맞추기 위해 사용하지 않는 변수까지 가변수로 적어야 한다는 것은 이미 설명하였다. 이 경우 주프로그램에서

```
COMMON /CHO/A(10) /LEE/B(20) /KIM/C(5, 5)
```

로 선언하여 공동 기억 장소 내의 변수들 그룹에 이름을 붙여 라벨 있는 공통장소를 확보하면 부프로그램에서는 가변수를 사용하지 않고 그룹의 이름(block name)으로서 그 부분의 변수들만을 사용하게 된다.

```
(부프로그램 LEE)     COMMON /LEE/X(20)
(부프로그램 KIM)     COMMON /KIM/ X(5, 5)
(부프로그램 CHO)     COMMON /CHO/X(10) /KIM/Y(25)
```

이상 설명한 프로그램은 라벨 있는 COMMON을 편리하게 사용할 수 있는 한 가지 보기에 불과하다.

다음은 라벨 없는 COMMON과 라벨 있는 COMMON에 대한 몇 가지 예를 살펴보기로 하자.

**예제** COMMON /HAP/A, B, C/SUM/ P, Q, R

**설명** A, B, C : block 이름이 HAP인 라벨 있는 COMMON
P, Q, R : block 이름이 SUM인 라벨 있는 COMMON

**예제** COMMON /TOT/D, E, F// G, H, I

D, E, F : block 이름이 TOT인 라벨 있는 COMMON
G, H, I : block 이름이 없는 라벨 없는 COMMON

**예제** COMMON J, K, L, M/COOL/ N, O, P

**설명** J, K, L, M : block 이름이 없는 라벨 없는 COMMON
N, O, P : block 이름이 COOL인 라벨 있는 COMMON

**예제**

| MAIN PROGRAM | SUBROUTINE FREE |
|---|---|
| COMMON B, C, S, T, U | COMMON DUM(2), S, T, U |

**설명** 부프로그램에서 라벨 없는 COMMON을 이용하여 S, T 및 U만을 공유하려면 DUM(2)를 첨가해서 순서(order)와 형(type)이 일치하도록 해 주어야 한다. 그러나 주프로그램에서 라벨 있는 COMMON을 이용하여 COMMON/R1/B, C/R2 /S, T, U 이었다면 부프로그램에서 COMMON /R2/S, T, U로 해주면 된다.

다음과 같은 라벨 있는 COMMON을 생각해보자.

```
COMMON /R/A, B, C
```

A, B 및 C는 R이라는 이름을 가진 블록에 기억된다. 한 개의 COMMON 문만을 사용하여도 라벨 있는 COMMON과 라벨 없는 COMMON을 표시할 경우 라벨 없는 COMMON부분은 COMMON 바로 다음에 쓸 경우 지금까지 써온 바와 같이 슬래쉬(/)와 이름 없이 쓰지만 만약에 뒷부분에 쓸 때에는 /를 쓰되 이름은 빼고 쓴다.

```
COMMON A, B/PONY/X, Y, Z//C, D
```

변수 A, B, C 및 D는 쓰인 순서대로 라벨 없는 COMMON에 기억하되 제일 처음에 A 다음에 B 마지막에 D가 기억된다. 변수 X, Y, Z는 PONY라는 이름을 가진 COMMON블록에 기억될 것이다.

다른 예를 들면

■ 주프로그램

```
COMMON A, B, C/ITEM1/D, E/ITEM2/F(10), G(4, 4)
```

■ 부프로그램

```
COMMON S, T, U/ITEM1/V, W/ITEM2/X(20), Y(2, 3)
```

라벨 없는 COMMON은 주프로그램에서는 A, B, C를 부프로그램에서는 S, T, U를 순서대로 포함할 것이고 ITEM1의 이름을 가진 라벨 있는 COMMON은 주프로그램에서는 D, E를 부프로그램에서는 V, W를 포함한다. DIMENSION 문은 필요하지 않으며 ITEM2에서는 주프로그램에서 F에 10개 그리고 G에 16개의 요소가 있고 부프로그램에서 X에 20개 그리고 Y에 6개의 요소가 있음을 알 수 있다. 따라서 전부 26개 중에서 처음 F의 10개 전부와 G의 처음 10개는 X에 20개가 기억되고 나머지 G의 6개소는 Y에 기억된다. F(1)과 X(1), F(10)과 X(10), G(1, 1)과 X(11), G(4, 4)와 Y(2, 3)가 각각 같은 기억장소를 갖는다.

**예제 8.24 프로그램 예제**

원의 반지름이 주어졌을 때 원의 둘레(원주, 圓周)와 면적을 구하는 프로그램을 라벨 없는 COMMON 문을 이용하여 작성하여라.

```
C          COMMON STATEMENT PROGRAM TO COMPUTE CIRCULAR'S AREA
C          COMMON MAIN PROGRAM
           COMMON R, WON, AREA
           READ(5, 10) R
      10   FORMAT(F6.3)
           CALL NEW3
           WRITE(6, 20) R, WON, AREA
      20   FORMAT(5X, 'R=    ', F10.3, '  m' /5X, 'WON = ',
         &       F10.3, '  m' /5X, 'AREA =', F10.3, ' sq m')
           STOP
           END

C
C          COMMON SUBPROGRAM
           SUBROUTINE NEW3
           COMMON R1, WON1, AREA1
           WON1=2*3.141592*R1
           AREA1=3.141592*R1**2
           RETURN
           END
```

**입력자료**

```
12.345
```

**출력결과**

```
R=          12.345  m (반지름)
WON =       77.566  m (원의 둘레)
AREA =   478.776 sq m (원의 면적)
```

**예제 8.25** 1~10까지의 수에 대한 제곱값과 전체의 합을 구하는 프로그램을 라벨 없는 COMMON 문을 이용하여 작성하여라.

```
C       COMMON STATEMENT PROGRAM TO COMPUTE SQUARE AND SUM
C       FOR 1~10
C       COMMON MAIN PROGRAM
        INTEGER SQ(10), SUM
        COMMON/AREA1/SQ, SUM
        DO 10 K=1, 10
     10 SQ(K)=K*K
        WRITE(6, 20)
     20 FORMAT(//'THE GENERATED VALUES ARE')
        WRITE(6, 30) (K, SQ(K), K=1, 10)
     30 FORMAT(/5X, 'K', 5X, 'SQ K'/10(/3X, I3, 4X, I3))
        SUM=0.0
        CALL NEW2
        WRITE(6, 40) SUM
     40 FORMAT(//'THE ANSWER FROM NEW2 IS', I5)
        STOP
        END

C
C       COMMON SUBROUTINE NEW2 SUBPROGRAM
        SUBROUTINE NEW2
        COMMON/AREA1/INPUT(10), ISUM
        DO 11 K=1, 10
     11 ISUM=ISUM+INPUT(K)
        RETURN
        END
```

**출력결과**

```
THE GENERATED VALUES ARE
    K    SQ K
    1      1
    2      4
    3      9
    4     16
    5     25
    6     36
    7     49
    8     64
    9     81
   10    100

THE ANSWER FROM NEW2 IS  385
```

## 8.7 • 연습문제

**8.1** COMMON 문(COMMON statement)에 대하여 간단히 설명하여라.

**8.2** EQUIVALENCE 문과 COMMON 문과의 차이점을 설명하여라.

**8.3** labeled COMMON 문과 unlabeled COMMON 문과의 차이점을 기술하여라.

**8.4** COMMON 문 시용 시 주의 사항은?

**8.5** 다음에서 주프로그램(main program)과 부프로그램(subprogram)간의 변수들이나 첨자 변수들의 위치관계를 나타내어라.

| MAIN PROGRAM | SUBPROGRAM |
|---|---|
| ① COMMON A, B, C, D | COMMON X, Y, Z, P |
| ② COMMON A, B(3, 2), C | COMMON X(2, 2), Y(2, 2) |

**8.6** 다음에서 주프로그램과 부프로그램 간의 변수들이나 첨자변수들의 위치관계를 나타내어라.

| MAIN PROGRAM | SUBPROGRAM |
|---|---|
| ① COMMON A, B, C, D | COMMON P1, P2, P3, P4 |
| ② COMMON A(2, 3), B(4, 5), E(3) | COMMON C(2, 2), D(5, 5) |

**8.7** 다음에서 틀린 곳을 고쳐라.

① COMMON /X, Y, Z

② COMMON X, Y, Z,

③
```
COMMON A, B
      :
CALL COME
      :
SUBROUTINE COME
```

```
   COMMON A, B, C
④ COMMON A, B, C, A, B
⑤ SUBROUTINE SKY
   COMMON X, Y, Z, A, B
   EQUIVALENCE(X, A)
⑥ SUBROUTINE PAPA(X, Y, Z)
   COMMON X, Y, Z, A, B
```

**8.8** 다음에서 틀린 곳을 고쳐라.

```
① COMMON X/ Y, Z
② COMMON, A, B, C
③ COMMON E, F
         :
   CALL CAFE
         :
   SUBROUTINE CAFE
   COMMON G, H, I
④ COMMON S, T, U, V, T
⑤ SUBROUTINE GREY
   COMMON X, Y, A, B
   EQUIVALENCE(X, A)
⑥ SUBROUTINE GREEN(P, Q, R)
   COMMON P, Q, R, A, B
```

**8.9** 다음 프로그램을 COMMON 문을 이용하여 다시 작성하고 A, B, C, X 및 ABS에 최종적으로 어떤 값들이 기억되는지 나타내어라.

```
INTEGER A, B
REAL C
DOUBLE PRECISION ANS, X
B=2
C=8.0
X=16.1
CALL COMP(A, B, C, ANS)
STOP
END
SUBROUTINE COMP(W, X, Y, XANS)
INTEGER W, X, A
REAL Z
DOUBLE PRECISION XANS, X
A=2
```

```
Y=Y+2
W=1/A
Z=10/A
XANS=5.0
X=8.0
RETURN
END
```

**8.10** 앞의 문제 9에서 COMMON 문을 이용하여 다시 작성하되 "GOOD LUCK TO YOU AND HAVE NICE DAY"를 첨가시켜라.

**8.11** 자료카드(data card)로부터 2개의 값을 읽어 들여 A 및 B에 기억시킨 후 A+B, A−B, A*B 및 A/B를 COMMON 문을 이용하여 프로그램을 작성하여라.

**8.12** 자료카드로부터 2개의 값을 읽어 들여 L1 및 L2에 기억시킨 후 L1+L2, L1−L2, L1*L2 및 L1/L2를 COMMON 문을 이용하여 프로그램을 작성하여라.

**8.13** 크기가 70인 행렬 A, B 및 C에 대하여 계산하는 프로그램을 서브루틴 부프로그램 및 COMMON 문을 이용하여 작성하고 그 결과를 인쇄하라.

```
C(I)=A(I)+B(I),  I=1, 2, ……, N
```

## 8.7 | 연습문제 해답

**8.1** 2개 이상의 단위 프로그램이 각각 기억장소를 공유할 때 사용된다.

**8.2** 1개의 단위프로그램에서 기억장소를 공유하는 것과 2개 이상의 단위 프로그램에서 기억장소를 공유하는 차이가 있다. 전자가 EQUIVALENCE 문을 설명한 것이다.

**8.3** BLOCK 이름이 있고 없고의 차이가 있다. 전자가 LABELED COMMON 문을 말한 것이다.

**8.4** COMMON 내에 있는 변수는 EQUIVALENCE 하면 안 된다.
COMMON 문에 있는 변수들 중 같은 변수가 있으면 안 된다.
가인수를 사용할 수 없다. 변수들은 1:1 대응되어야 한다.

**8.5** ① A-X,　B-Y,　C-Z,　D-P
② A-X(1, 1),　B(1, 1)-X(2, 1),　B(2, 1)-X(1, 2),　B(3, 1)-X(2, 2)
B(1, 2)-Y(1, 1), . . . . . . . . .　C-Y(2, 2)

**8.6** ① E-P1, F-P2, G-P3, H-P4

② A(1, 1)-C(1, 1) A(2, 1)-C(2, 1) . . . . . . . . . . . E(3)-D(5, 5)

**8.7** ① / 제거 ② , 제거

③ 변수들의 개수가 일치해야한다. ④ 같은 변수들이 있으면 안 된다.

⑤ COMMON 문의 변수들은 EQUIVALENCE하면 안 된다.

⑥ 가인수를 변수로 사용하면 안 된다.

**8.8** ① / 제거 ② , 제거

③ 수가 일치해야한다. ④ 변수가 중복됐다.

⑤ COMMON 문의 변수를 EQUIVALENCE하면 안 된다.

⑥ 가인수를 이용했다.

**8.9**

```
INTEGER A, B
REAL C
DOUBLE PRECISION ANS, X
COMMON ANS, C, A, B
B=2
C=8.0
X=16.1
CALL CALC
STOP
END

SUBROUTINE CALC
INTEGER W, A, Y
REAL Z
DOUBLE PRECISION XANS, X
A=0
Y=Y+Z
W=1/A
Z=10/A
XANS=5.0
X=8.0
RETURN
END
A=0,  B=10,  C=5.0,  X=16.1,  ANS=5.0
```

**8.10** 9번 참조.

**8.11**

```
   PROGRAM MAIN
   REAL MUL
   COMMON A, B, ADD, SUB, MUL, DIVI
   READ(5, 10) A, B
10 FORMAT(2F5.2)
   CALL SUBI
   WRITE(6, 20) A, B, ADD, SUB, MUL, DIVI
20 FORMAT(10X, 2F10.2, 10X, 4F10.2)
   STOP
   END

   SUBROUTINE SUBI
   REAL MUL
   COMMON X, Y, ADD, SUB, MUL, DIVI
   ADD=X+Y
   SUB=X-Y
   MUL=X*Y
   DIVI=X/Y
   RETURN
   END
```

**8.12**

```
   PROGRAM
   REAL MUL
   COMMON L1, L2, IADD, ISUB, IMUL, IDIVI
   READ(5, 10) L1, L2
10 FORMAT(2F5.2)
   CALL SUBI
   WRITE(6, 20) L1, L2, IADD, ISUB, IMUL, IDIVI
20 FORMAT(10X, 2F10.2, 10X, 4F10.2)
   STOP
   END

   SUBROUTINE SUBI
   REAL MUL
   COMMON L1, L2, IADD, ISUB, IMUL, IDIVI
   IADD=L1+L2
```

```
      ISUB=L1-L2
      IMUL=L1*L2
      IDIVI=L1/L2
      RETURN
      END
```

8.13

```
C         COMMON STATEMENT PROGRAM
C
          DIMENSION A(70), B(70), C(70)
          COMMON N, A, B, C
          READ(5, 10) N
     10   FORMAT(I3)
          READ(5, 20) (A(I), B(I), I=1, N)
     20   FORMAT(7(2F3.1, 1X))
          CALL CTOT
          WRITE(6, 30) (C(I), A(I), B(I), I=1, N))
     30   FORMAT(3(4X, F5.1, '=', F4.1, '+', F4.1))
          STOP
          END
```

```
C         Subroutine Subprogram
C
          SUBROUTINE CTOT
          DIMENSION X(70), Y(70), Z(70)
          COMMON NUM, X, Y, Z
          DO 11 I=1, NUM
     11   Z(I)=X(I)+Y(I)
          RETURN
          END
```

■ 입력 자료

```
21
220358 432664 391129 366194 420226 343802 847405
350293 202976 129508 820732 926724 451185 388922
242616 244342 358363 282903 827307 429551 934767
```

■ 출력 결과

```
                  Addition of Matrices(N= 21)
                 ==============================
  57.8 = 22.0 + 35.8    109.6 = 43.2 + 66.4     52.0 = 39.1 + 12.9
  56.0 = 36.6 + 19.4     64.6 = 42.0 + 22.6    114.5 = 34.3 + 80.2
 125.2 = 84.7 + 40.5     64.3 = 35.0 + 29.3    117.8 = 20.2 + 97.6
  63.7 = 12.9 + 50.8    155.2 = 82.0 + 73.2    165.0 = 92.6 + 72.4
  63.6 = 45.1 + 18.5    131.0 = 38.8 + 92.2     85.8 = 24.2 + 61.6
  58.6 = 24.4 + 34.2     72.1 = 35.8 + 36.3    118.5 = 28.2 + 90.3
 113.4 = 82.7 + 30.7     98.0 = 42.9 + 55.1    170.1 = 93.4 + 76.7
```

## 8.8

# EQUIVALENCE 문

하나의 단위프로그램 내에서 EQUIVALENCE 문은 1개의 기억 장소에 2개의 다른 이름을 붙이는 선언문이다. 그러므로 단위 프로그램 내에서 다른 이름을 가진 2개 이상의 변수(variable)나 배열요소(array element) 또는 배열이 같은 기억 장소를 부여하여 그 기억장소를 공유하도록 컴파일러(compiler)에게 지시할 경우 이 문을 사용한다.

EQUIVALENCE 문의 일반적인 형식은 다음과 같다.

```
EQUIVALENCE (A1, A2,…, An), (B1, B2,…, Bn), …, (Z1, Z2,…, Zn)
```

`Ai, B2j,…, Zp` : 변수명, 첨자변수명 및 배열명(array name)

※ 괄호 안이 변수들은 1개의 기억장소를 공유한다.

일반적으로 EQUIVALENCE 문은 복잡한 프로그램을 작성할 때 흔히 발생하기 쉬운 변수의 잘못 사용(같은 의미의 내용에 서로 다른 변수명을 부여하는 경우 등)에 대한 수정 작업(debugging)을 쉽게 한다거나 또는 기억 장소를 절약하는 방법으로 사용된다. 어떤 프로그램에서 같은 의미로 잘못하여 여러 변수명을 만들어 사용하는 경우가 많다. 즉, 세금을 기억시킬 변수로 변수명을 잘못하여 SEKUM, SEGUM 및 TAX로 적었다면 3개의 기억 장소가 별도로 만들어지므로 프로그램을 수정 작업할 때 이것들을 1개의 변수명으로 통일시켜야 한다. 이때 변수명이 SEKUM, SEGUM 및 TAX이면 SEKUM이나 TAX를 하나하나 SEGUM으로 통일시킬 필요 없이 다음과 같은 EQUIVALENCE 문 다음 괄호 안에 콤마로 분리하여

```
EQUIVALENCE (SEKUM, SEGUM, TAX)
```

와 같이 씀으로써 이들이 같은 양을 표시하도록 간단히 정정(訂正)할 수 있다. 프로그램의 앞부분에 선언하면 SEKUM, SEGUM 및 TAX가 하나의 기억 장소에 할당되므로 같은 뜻을 가지는 1개의 변수가 될 뿐만 아니라 기억장소도 절약

하게 된다.

다음에 주어진 EQUIVALENCE 문은 어떤 뜻을 가지고 있는지 살펴보자.

```
EQUIVALENCE (A, X(2), Z), (C, D, B), (A, E)
```

이 문은 C, D, B가 같은 기억 장소를 공용하고, A, X(2), Z, E가 같은 기억 장소를 공용한다는 것을 컴파일러에게 알린다. 그러므로 C에 5를 넣고 B를 불러오면 B에도 5가 기억되어 있다.

**예제** EQUIVALENCE (TOTAL, SUM, HAP)

**설명** 복잡한 프로그램을 두 사람 이상이 나누어 작성한다고 할 때 똑같은 의미에 기억장소에 서로 다른 변수를 사용할 수 있는 경우이다. 즉 TOTAL, SUM 및 HAP은 똑같은 의미의 기억장소인데 세 사람이 서로 다르게 변수를 사용하였다고 가정하자. 이런 경우에 EQUIVALENCE 문에 의해서 1개의 기억장소를 공유하도록 선언해 줌으로써 여러 곳을 수정할 필요 없이 간단하고 쉽게 변수를 통일할 수 있게 된다.

EQUIVALENCE 문의 더 중요한 용도는 2개 또는 **그 이상**의 변수들이 **동시에 시용되지 않을 경우 기억 장소를 공용**(供用)하도록 하는 것이다. 예를 들면 POINT와 TEMP가 동시에 사용되지 않는 경우 즉 POINT는 프로그램의 앞부분에서 얼마간 사용되나 그 뒤에는 전혀 나타나지 않는 반면에 뒷부분에서는 TEMP가 사용된다고 하자. 이 경우에 2개의 변수가 동시에 중복하여 사용되지 않기 때문에 하나의 이름으로 통일시키면 기억장소를 1개 절약할 수 있다. 그러나 변수명에는 각기 이름 자체의 뜻이 내포되어 있는데 이를 1개의 이름으로 만드는 것은 혼란이 일어나기 쉽다. 그러므로 EQUIVALENCE를 사용함으로써 두 변수를 1개의 기억장소만으로 처리할 수 있다. 즉

```
EQUIVALENCE (POINT, TEMP)
```

앞과 같이 선언하면 고유의 변수명은 그대로 두고 기억 장소는 절약된다. 이와 같이 단순 변수들을 EQUIVALENCE 시키는 것은 기억 장소의 절약에 큰 도움이 되지 않으나 배열을 공유하게 하는 것은 크게 절약할 수 있다.

만약 A와 B, R, S 및 T 그리고 K, L을 각각 같은 기억 장소에 기억시키고자 할 때 EQUIVALENCE 문은 다음과 같다.

```
EQUIVALENCE (A, B), (R, S, T), (K, L)
```

여기서 실수는 다른 실수와 정수는 다른 정수와 같은 기억장소를 공용하도록 해야 한다.

앞에서 설명한 바와 같이 배열이 아닌 일반변수들로 인하여 기억 장소가 부족한 경우는 별로 없으나 배열(첨자변수)을 쓰는 경우는 기억장소의 부족을 경험할 때가 많다. 따라서 EQUIVALENCE를 쓰면 기억장소를 많이 절약할 수 있다.

예로서 배열 A(100, 100)로부터 배열 B(5000)가 계산되고 B로부터 배열 C(50, 60)와 D(20, 20, 10)가 계산된다고 할 때 DIMENSION을

```
DIMENSION A(100, 100), B(5000), C(50, 60), D(20, 20, 10)
```

와 같이 쓰면 총 22,000개의 기억장소가 필요하나 EQUIVALENCE를 쓰면 다음과 같이 15,000개로 줄일 수 있다.

```
DIMENSION A(100, 100), B(5000), C(50, 60), D(20, 20, 10)
EQUIVALENCE(A(1), C(1), (A(3001), D(1))
```

여기서 배열 C의 요소는 그 배열 A의 처음 3,000개와 공용하고 D는 A의 3,001부터 7,000까지와 공용한다. A의 나머지 3,000은 A만을 위하여 전용(專用)된다. 2차원, 3차원배열에서 처음 요소를 C(1, 1), D(1, 1, 1)보다는 단순히 C(1), D(1) 등으로 표시한 점에 주의하라.

기억장소의 공용은 요소의 처음이 아닌 중간요소로부터도 가능하다.

```
DIMENSION A(10), B(10, 10), C(10, 10, 5)
EQUIVALENCE(X, A(1), B(9, 1), (C(5, 10, 2), D)
```

이 EQUIVALENCE 문은 변수 X, A(1), B(9, 1)을 같은 기억장소에 변수 C(5, 10, 2)와 D를 같은 장소에 기억시킨다. 따라서 이는 A(2)와 B(10, 1), A(3)과 B(10, 2),…, 등이 각각 같은 장소에 기억됨을 의미한다. 여기서 B(9, 1)을 B(9)로, C(5, 10, 2)을 C(195)로 바꾸어도 같은 효력을 갖는다.

**예제 8.26** 다음 프로그램에서 EQUIVALENCE 문은 무엇을 의미하는지 그림으로 나타내어라.

```
DIMENSION A(5), B(5)
EQUIVALENCE (A(1), B(1))
```

**풀이** 위의 프로그램에서 EQUIVALENCE 문이 의미하는 그림은 다음과 같다.

| A(1) | A(2) | A(3) | A(4) | A(5) |
|---|---|---|---|---|
| B(1) | B(2) | B(3) | B(4) | B(5) |

**설명** A(1)과 B(1), A(2)와 B(2), A(3)과 B(3), A(4)와 B(4) 그리고 A(5)와 B(5)가 각각 하나의 기억장소를 공유하게 된다.

---

**예제 8.27** 다음 프로그램에서 EQUIVALENCE 문은 무엇을 의미하는지 그림으로 나타내어라.

```
DIMENSION C(5), D(5), E(5)
EQUIVALENCE (C(3), D(2), E(1))
```

**풀이** 위의 프로그램에서 EQUIVALENCE 문이 의미하는 그림은 다음과 같다.

| C(1) | C(2) | C(3) | C(4) | C(5) | | |
|---|---|---|---|---|---|---|
| | D(1) | D(2) | D(3) | D(4) | D(5) | |
| | | E(1) | E(2) | E(3) | E(4) | E(5) |

**설명** C(2)과 D(1), C(3)와 D(2) 및 E(1), C(4)와 D(3) 및 E(2), C(5)와 D(4) 및 E(3) 그리고 D(5)와 E(4)가 각각 하나의 기억장소를 공유하게 된다.

---

**예제 8.28** 다음 프로그램에서 EQUIVALENCE 문은 무엇을 의미하는지 그림으로 나타내어라.

```
DIMENSION A(10), B(5), C(2, 3)
EQUIVALENCE (A(6), B(2), C(1, 1))
```

**풀이** 위의 프로그램에서 EQUIVALENCE 문이 의미하는 그림은 다음과 같다.

| A(1) | A(2) | A(3) | A(4) | A(5) | A(6) | A(7) | A(8) | A(9) | A(10) | |
|---|---|---|---|---|---|---|---|---|---|---|
| | | | | B(1) | B(2) | B(3) | B(4) | B(5) | | |
| | | | | | C(1, 1) | C(2, 1) | C(1, 2) | C(2, 2) | C(1, 3) | C(2, 3) |

**설명** A(5)와 B(1), A(6)와 B(2) 및 C(1, 1), A(7)과 B(3) 및 C(2, 1), A(8)과 B(4) 및 C(1, 2), A(9)와 B(5) 및 C(2, 2) 그리고 A(10)와 C(1, 3)가 각각 하나의 기억장소를 공유하게 된다.

---

단위 프로그램이 다를 때 기억 장소를 서로 공유하기 위해서는 COMMON 문이나 FUNCTION 또는 SUBROUTINE 문에서의 인수(argument)를 사용하고, 단위 프로그램에서 기억 장소를 공유하기 위해서는 EQUIVALENCE 문을 쓴다. 그러므로 COMMON에 적힌 변수명이나 FUNCTION/SUBROUTINE 문에 적힌 가인수가 EQUIVALENCE 문에 나타나서는 안 된다.

배열을 공유시킬 경우 배열의 요소가 서로 모순되게 equivalence시켜서는 안 된다. 이를 테면

```
DIMENSION A(10), B(5)
EQUIVALENCE (A(5), B(1)), (A(7), B(4))
```

앞의 문은 EQUIVALENCE 문의 첫 괄호에서 A(5)와 B(1)를 공유하게 하였으므로 아래 그림과 같이 A(7)은 B(3)와 기억 장소를 같이 한다. 그런데 두 번째 괄호 속에 A(7)와 B(4)를 같은 기억 장소로 공유하게 하였으므로 모순이 생겨 컴파일 오류(error)가 발생한다.

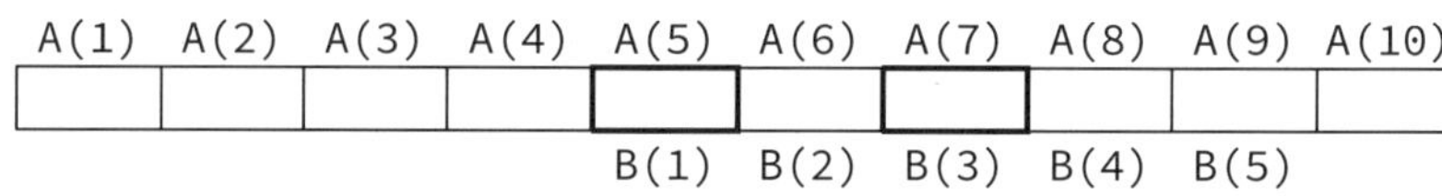


```
EQUIVALENCE (NUM, TEAM)
```

정수형 변수 NUM과 실수형 변수 TEAM가 같은 기억 장소에 공유하게 되므로 그 기억 장소는 정수형이나 실수형 자료를 기억할 수 있다. 그러나 정수형과 실수형은 컴퓨터 내부에서 기억하는 방법이 다르므로 그 값은 당연히 같을 수가 없다. 이를 테면 NUM에 5.0을 기억시킨 후 NUM의 값을 불러오면 5가 아니므로 주의해야 한다.

```
DIMENSION C(100, 100), A(50, 50), B(100)
EQUIVALENCE (C(1), A(1)), (B(1), C(2501))
```

와 같이 선언하여 배열 A를 배열 C의 처음 2,500개 요소가 같은 기억 장소를 공유하게 하고, 배열 B는 배열 C의 2,501에서 2,600까지의 100개 요소와 공유하게 한다. 이때 배열의 각 요소가 equivalence하는 것은 배열이 컴퓨터 내부에서 배열되는 순서대로 서로 공유하게 되므로 C(1, 2)는 A(1, 2)가 아니라 A(1, 3)이라는 점에 유의하여야 한다. 왜냐하면 배열 C는 (100, 100) 행렬의 C(1, 1)에서 1열의 100개의 행 C(100, 1) 다음은 2열의 첫 행 C(1, 2)가 되는 반면에 배열 A는 (50, 50) 행렬의 A(1, 1)에서 1열의 50개의 행 A(50, 1) 다음은 2열의 첫 행 A(1, 2)에서 2열의 50개의 행 A(50, 2) 총 100개의 행 다음은 A(1, 3)가 되어 배열 A와 C에서 둘 다 100개의 행이 되었으므로 C(1, 2)는 A(1, 3)와 같은 기억 장소를 공유하게 된다. 2차원이나 3차원 배열에서 요소를 지정할 때는 첨자를 2개나 3개를 써야 하나 EQUIVALENCE 문에서는 1개의 첨자로 다차원 배열의 요소를 지정할 수 있다. 보기에는 C(1, 26)를 C(2501)로 지정하였다.

그러면 여기서 2차원 및 3차원 배열의 요소를 1차원으로 환산할 경우의 위치를 다음 표 8.3을 이용하여 구해본다.

**표 8.3** 2차원 및 3차원 배열 요소의 1차원으로 환산

| 차원 | DIMENSION 문 | 첨자변수 | 1차원에서의 첨자 | 1차원 위치 |
|---|---|---|---|---|
| 1 | A(N) | A(I) | I | |
| 2 | B(N, M) | B(I, J) | N·(J-1)+I | |
| 3 | ×(N, M, L) | ×(I, J, K) | N·M(K-1)+N·(J-1)I | |
| 예 1 | A(50) | A(5) | 5 | A(5) |
| 2 | B(5, 10) | B(4, 3) | 5·(3-1)+4 | B(14) |
| 3 | ×(5, 10, 3) | ×(3, 7, 2) | 5·10(2-1)+5·(7-1)+3 | B(83) |

5행 10열의 2차원배열 B에서 4번째 행 3번째 열의 요소는 1차적 요소로 환산하면 위의 표에서 계산된 바와 같이 14번째에 해당한다.

2개의 변수를 동시에 COMMON과 EQUIVALENCE에 쓸수는 없다. 그러나 하나의 배열명이 EQUIVALENCE와 COMMON에 같이 쓰일 수 있으며 경우에 따라서는 EQUIVALENCE를 COMMON과 같이 사용함으로써 COMMON 블록을 증가시킬 수 있다.

```
DIMENSION X(3), A(5)
COMMON X, Y, Z
EQUIVALENCE(Y, A(1))
```

COMMON 블록은 처음장소를 X(1)가 다음 장소들을 차례로 X(2), X(3), Y, Z가 점유(占有)하여 5개의 기억 장소를 포함하게 된다. 이때 EQUIVALENCE는 배열 A를 COMMON 블록 안으로 들여와 A(1)는 Y와, 또 A(2)는 Z와 같은 기억장소에 배정하므로 COMMON 블록은 5개의 기억장소에서 다음과 같이 8개로 길어진다.

| X(1) | X(2) | X(3) | Y | Z | | | |
|---|---|---|---|---|---|---|---|
| | | | A(1) | A(2) | A(3) | A(4) | A(5) |

그러나 다음과 같은 표현은 허용되지 않는다.

```
EQUIVALENCE(X(1), A(2))
```

| | X(1) | X(2) | X(3) | Y | Z |
|---|---|---|---|---|---|
| A(1) | A(2) | A(3) | A(4) | A(5) | |

COMMON 블록에서의 배치는 위와 같이 되어 A는 COMMON 문에서 수록되지 않고 EQUIVALENCE에 의하여 COMMON 블록에 들여왔으므로 A의 첫째

요소가 COMMON 블록이 시작되는 처음 기억장소인 X(1)보다 앞에서 시작될 수는 없다, 즉 COMMON 블록 밖에서 시작된다는 것이 불가능하기 때문이다.

그러면 여기서 EQUIVALENCE와 COMMON의 차이점을 들어보자. EQUIVALENCE는 주프로그램이나 또는 부프로그램 등 하나의 프로그램 단위(單位) 안에서 2개 또는 그 이상의 변수를 같은 기억 장소에 배정하고 COMMON은 주프로그램과 부프로그램간에 또는 서로 다른 부프로그램간에 있어서 2개 또는 그 이상의 변수를 같은 기억장소에 배정한다.

FORTRAN 77에서는 차원이 같지 않은 배열을 서로 equivalence시키지 못하도록 표준화하였다. 이를테면 보기에서 배열 B와 배열 C는 차원이 다르므로 FORTRAN 77에서는 equivalence시킬 수 없다. 그러나 대부분의 컴퓨터에서는 FORTRAN 66에서와 같이 차원이 다른 배열도 equivalence시킬 수 있도록 기능을 강화하고 있다.

```
COMPLEX CPX(3)
REAL ALP(4)
EQUIVALENCE(ALP(1), CPX(1))
```

변수 CPX는 복소수형 변수이므로 복소수형 변수 1개가 차지하는 기억 장소의 길이는 실수형 변수의 2배이므로 CPX(1)은 ALP(1)과 ALP(2)와 공유하게 된다.

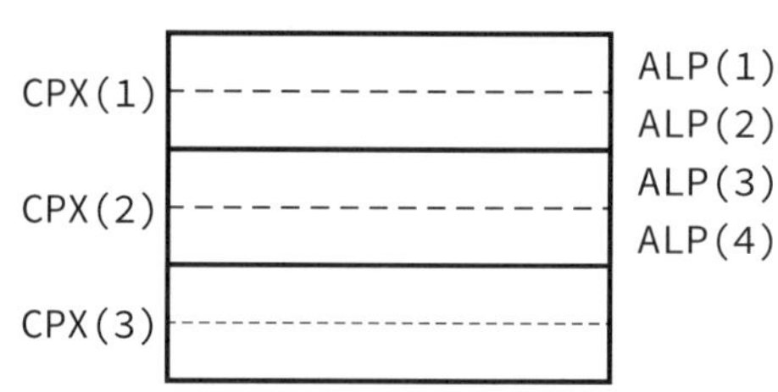


**참고_EQUIVALENCE 문을 사용하는데 있어서 주의할 점**

① SUBROUTINE 문이나 FUNCTION 문에 사용되는 가인수(dummy argument) 또는 공동기억장소(COMMON area)에 있는 변수들을 사용하면 안 된다.

② 첨자(subscript)는 DIMENSION, TYPE 및 COMMON 문에서 정의한 범위를 초과할 수 없다.

**예제 8.29** 다음에 주어진 프로그램에서 각 배열들은 어떠한 저장 장소를 공유하는지 나타내어라.

(a) 다음 문들을 고려해보자

```
DIMENSION A(2, 3)
EQUIVALENCE(A(2), X, Y), (A(5), C)
```

**풀이** 각 배열들이 공유한 저장장소를 그림으로 나타내면 다음과 같다.

| A(1, 1) | A(2, 1)<br>X<br>Y | A(1, 2) | A(2, 2) | A(1, 3)<br>C | A(2, 3) |
|---|---|---|---|---|---|
| | | | | | |

A(2)를 2차원 배열 A(I, J)로 나타내려면 표 8.3의 2차원 식을 이용한다. DIMENSION 문 A(2, 3)에서 N=2, M=3, A(2)에서 2=N·(J−1)+I=2(J−1)+I, I=1을 식에 대입하면 J=3/2(≠정수)이므로, 다시 I=2를 대입하면 J=1(=정수)이 되어 A(2)는 2차원 배열 A(2, 1)가 된다. A(5)도 같은 방법으로 계산하면 A(1, 3)가 된다.

즉 A(2, 1)(A(2)에 해당), X 및 Y는 같은 저장장소가 할당되고, 그리고 A(1, 3)(A(5)에 해당) 및 C도 같은 저장 장소가 할당된다.

---

(b) 어떤 배열의 선형 위치가 사용될 것인지 상상하고 다음의 문들을 생각해보자.

```
DIMENSION A(2, 3), B(2, 2), C(5)
EQUIVALENCE(A(1), B(1), C(1))
```

**풀이** 각 배열들이 공유한 저장장소를 그림으로 나타내면 다음과 같다.

| A(1, 1)<br>B(1, 1)<br>C(1) | A(2, 1)<br>B(2, 1)<br>C(2) | A(1, 2)<br>B(1, 2)<br>C(3) | A(2, 2)<br>B(2, 2)<br>C(4) | A(1, 3)<br>C(5) | A(2, 3) |
|---|---|---|---|---|---|
| | | | | | |

C(4)는 A(2, 2) 및 B(2, 2)와 한 장소를 공유하도록 강제되는데 원래 개별 배열에 있는 첫 요소들을 같은 장소에 할당했기 때문이라는 것을 관찰하라.

---

(c) 다음 문들을 고려해보자

```
DIMENSION A(2, 3), C(7)
EQUIVALENCE(A(3), C(1))
```

**풀이** 각 배열들이 공유한 저장장소를 그림으로 나타내면 다음과 같다.

| A(1, 1) | A(2, 1) | A(1, 2) | A(2, 2) | A(1, 3) | A(2, 3) | | | |
|---|---|---|---|---|---|---|---|---|
| | | C(1) | C(2) | C(3) | C(4) | C(5) | C(6) | C(7) |
| | | | | | | | | |

A(3)를 2차원 배열 A(I, J)로 나타내려면 표 8.1의 2차원 식을 이용한다. DIMENSION 문 A(2, 3)에서 N=2, M=3, A(3)에서 3=N·(J−1)+I=2(J−1)+I, I=1을 식에 대입하면 J=2(=정수)이고, 다시 I=2를 대입하면 J=3/2(≠정수)가 되어 A(3)는 2차원 배열 A(1, 2)가 된다.

그리고 앞의 그림으로부터 배열 C는 EQUIVALENCE에 의해서 저장공간 8개소가 오른쪽으로 확대되어가는 것을 확인할 수 있다.

어떤 프로그램에서 COMMON 문을 가지는 EQUIVALENCE 문을 또한 사용할 수 있지만, 그러나 EQUIVALENCE 문은 오직 공동 저장의 길이를 늘일 수 있을 뿐이지 그것은 변수들의 원래 장소들을 변화할 수 없다, 다음의 예제를 통하여 살펴보자.

**예제 8.30** 다음에 주어진 프로그램에서 각 배열들은 어떠한 저장 장소를 공유하는지 나타내어라.

(a) 다음 문들을 고려해보자

```
DIMENSION A(4), C(2), D(8)
COMMON A, B, C
EQUIVALENCE(A(3), D(1))
```

**풀이** 각 배열들이 공유한 저장장소를 그림으로 나타내면 다음과 같다.

| A(1) | A(2) | A(3) | A(4) | B | C(1) | C(2) | | | |
|---|---|---|---|---|---|---|---|---|---|
| | | D(1) | D(2) | D(3) | D(4) | D(5) | D(6) | D(7) | D(8) |

(표기를 편리하게 하기 위해서, 예제 8.29에 나타난 바와 같이 변수 이름들을 상자들로 그리지 않았다. 원래 COMMOM은 공동 저장 공간에 여러 개의 장소들을 설정한다. EQUIVALENCE문은 공동 저장 공간을 10개소 장소들로 확대시켰다.

(b) 다음 FORTRAN 문들의 허용여부를 확인하여라.

```
DIMENSION A(4), C(2), D(8)
COMMON A, B, C
EQUIVALENCE(A(3), D(3))
```

(a)에서와 같은 방법으로 각 배열들이 공유한 저장장소를 그림으로 나타내면 다음과 같다.

| | | A(1) | A(2) | A(3) | A(4) | B | C(1) | C(2) |
|---|---|---|---|---|---|---|---|---|
| D(1) | D(2) | D(3) | D(4) | D(5) | D(6) | D(7) | D(8) | |

여기서 A(1)는 3번째 장소를 차지하지만, 그러나 COMMON 문에 의해서 A(1)는 첫 번째 장소를 차지해야 한다. FORTRAN 문이 공동 저장 영역에 변수들의 원래 장소들을 바꿀 수 없게 하므로, 이 문은 허용되지 않는다.

특별히 COMMON 문들이 관련되는, EQUIVALENCE 문의 다른 사용들은 매우 복잡해질 수 있고 그리고 기계에 의존적일 수 있으므로 초보 프로그램 사용자는 신중하게 사용해야한다.

EQUIVALENCE 문 사용 시 다음과 같은 규칙에 대해 잘 따라야 한다.

(1) 여러 개의 단위 프로그램 내에서 기억 장소를 공유하기 위해 사용되는 COMMON 문과는 달리 비실행문으로써 EQUIVALENCE 문은 단위 프로그램(주프로그램 또는 부프로그램)에서 다른 이름을 가진 변수, 배열 요소 및 배열이 같은 기억 장소를 공유할 경우에 사용한다.

EQUIVALENCE (A, B), (X, Y)

| A<br>B | X<br>Y |
|---|---|

(2) 일반적으로 프로그램에서 잘못 사용한 변수명을 간단히 고치거나 기억 장소를 절약하기 위해 사용한다. 즉 HAP, SUM 및 SIGMA가 하나의 기억 장소에 의해 공유하므로 HAP=5일 때 SUM을 부르면 5의 값이 나온다.

```
EQUIVALENCE (HAP, SUM, SIGMA)
```

(3) 다음에서 ①번은 10개의 기억 장소가 마치 15개의 기억 장소인 것처럼 사용되었으며 ②번은 오류(error)가 발생한다. 왜냐하면, 같은 배열 요소들을 서로 공유할 수 없기 때문이다. 즉 A(5)가 B(1)와 B(4)를 동시에 공유하기 때문이다.

①

```
DIMENSION A(5), B(10)
EQUIVALENCE (A(1), B(5))
```

| B(1) | B(2) | B(3) | B(4) | B(5) | B(6) | B(7) | B(8) | B(9) | B(10) |
|---|---|---|---|---|---|---|---|---|---|
| | | | | A(1) | A(2) | A(3) | A(4) | A(5) | |

②

```
DIMENSION A(10), B(5)
EQUIVALENCE ((A(5), B(1)), (A(5), B(4))
```

| A(1) | A(2) | A(3) | A(4) | A(5) | A(6) | A(7) | A(8) | A(9) | A(10) |
|---|---|---|---|---|---|---|---|---|---|
| | | | | B(1) | B(2) | B(3) | B(4) | B(5) | |

(4) 부프로그램에 있는 가인수와 COMMON 문에 있는 변수들을 공유해서는 안 된다. 또한 함수명도 EQUIVALENCE 문의 변수 목록(list)에 포함 시킬 수 없다.

①

```
SUBROUTINE KEY(W, X)
EQUIVALENCE (W, B)
```

②

```
COMMON B, C, D
EQUIVALENCE (B, D(2))
```

③

```
FUNCTION SUN(I, J)
EQUIVALENCE SUN, B
```

(5) 차원이 다른 배열을 EQUIVALENCE 문으로 결합시켜도 된다.

```
DIMENSION A(2, 3), B(2, 2, 2)
EQUIVALENCE ((A(1, 1), B(2, 1, 1))
```

(6) 배열요소를 공유시킬 때 첨자를 사용하지 않으면 맨 처음 요소부터 공유한다.

```
INTEGER K(2, 3), M(6)
EQUIVALENCE (K, M)
```

| K(1,1) | K(2,1) | K(1,2) | K(2,2) | K(1,3) | K(2,3) |
|---|---|---|---|---|---|
| M(1) | M(2) | M(3) | M(4) | M(5) | M(6) |

(7) 하나의 기억 장소에 두 변수의 형이 일치하지 않으면 정확한 결과를 얻지 못한다. 이때 **배정도 실수형 변수는 두 개의 실수형 변수를 공유**하게 된다.

① 맞는 경우

```
DOUBLE PRECISION A(6)
INTEGER C(4)
EQUIVALENCE (A(4), C)
```

| A(1) | A(2) | A(3) | A(4) | A(5) | A(6) |
|---|---|---|---|---|---|
| | | | C(1) C(2) | C(3) C(4) | |

② 맞는 경우

```
CHARACTER*5 A(3), B(3)*2
EQUIVALENCE (A(2), B)
```

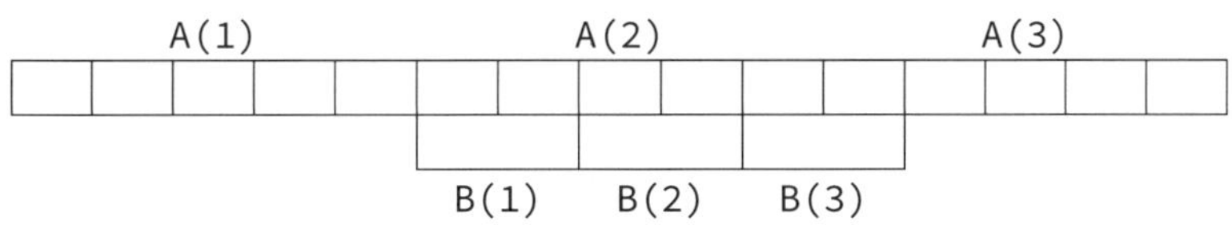


③ 틀린 경우 : 두 변수 A와 B의 형이 일치하지 않음

```
CHARACTER*5 A(3)
INTEGER B(3)
EQUIVALENCE (A, B(2))
```

두 변수 A와 B는 형이 일치하지 않으므로 오류가 발생한다.

(8) EQUIVALENCE 문을 이용하여 공통 기억 장소를 결합한 경우 결합된 요소도 공통 기억 장소(공통블록)의 요소가 된다. 이 때 COMMON 문에서 정의한 공통 기억 장소보다 확장될 수 있지만 시작 위치를 변경할 수 없다.

① 맞는 경우

```
COMMON A, B, C, D
INTEGER I(5)
EQUIVALENCE (A, I(1))
```

| A | B | C | D | |
|---|---|---|---|---|
| I(1) | I(2) | I(3) | I(4) | I(5) |

② 틀린 경우

```
COMMON A(5)
DIMENSION B(4)
EQUIVALENCE (A(1), B(2))
```

시작 위치 ↓

| | A(1) | A(2) | A(3) | A(4) | A(5) |
|---|---|---|---|---|---|
| B(1) | B(2) | B(3) | B(4) | | |

(9) EQUIVALENCE 문에서 동일 변수가 한 번 이상 나타날 수 없으며 동일 배열(문자부분열)에서 배열 요소(부분열)를 EQUIVALENCE 문으로 결합할 수 없다.

```
DIMENSION A(5)
REAL B
EQUIVALENCE (A(2), B), (A(5), B)
```

## 8.8 • 연습문제

**8.1** EQUIVALENCE 문(EQUIVALENCE statement)에 대하여 간단히 설명하여라.

**8.2** EQUIVALENCE 문과 COMMON 문과의 차이점을 설명하여라.

**8.3** 다음에서 어떠한 첨자변수(subscript variable)끼리 기억장소를 공유하느냐?

```
DIMENSION A(5), B(7), C(2, 3), D(3, 4)
① EQUIVALENCE (A(1), B(1))
② EQUIVALENCE (B(1), C(1, 1))
③ EQUIVALENCE (C(2, 2), D(2, 1))
```

**8.4** 다음에서 어떠한 첨자변수(subscript variable)끼리 기억장소를 공유하느냐?

```
DIMENSION K(10), P(24), X(5, 6), Y(10, 10)
① EQUIVALENCE (K(1), X(1, 2))
② EQUIVALENCE (P(2), Y(5, 5))
③ EQUIVALENCE (X(2, 2), Y(4, 4))
```

**8.5** 다음에서 틀린 곳을 고쳐라.

```
① EQUIVALENCE A, AX, ZA
② EQUIVALENCE (Y, X, QUITE)
③ EQUIVALENCE (B/BA/BB), (K/KA)
④ EQUIVALENCE (A(1), B(4)
```

**8.6** 다음에서 틀린 곳을 고쳐라.

```
① EQUIVALENCE A, B, C
② EQUIVALENCE (Y. X, P)
③ DIMENSION K(10), P(5)
  EQUIVALENCE (K(1), L(2))
④ EQUIVALENCE (BABO, KOUNT), TOTAL
```

## 8.8 | 연습문제 해답

**8.1** 하나의 단위 프로그램 내에서 1개의 기억 장소에 2개 이상의 변수가 배열 요소를 부여하는 선언문이다.

**8.2** 1개의 단위 프로그램에서 기억 장소를 공유하는 것과 2개 이상의 단위 프로그램에서 기억 장소를 공유하는 차이가 있다. 전자가 EQUIVALENCE 문을 말한 것이다.

**8.3** ① A(1)-B(1), A(2)-B(2), A(3)-B(3), A(4)-B(4), A(5)-B(5)
② B(1)-C(1, 1), B(2)-C(2, 1), B(3)-C(1, 2), B(4)-C(2, 2), B(5)-C(1, 3), B(6)-C(2, 3)
③ C(2, 2)-D(2, 1), C(1, 3)-D(3, 1), C(2, 3)-D(1, 2)

**8.4** ① K(1)-X(1, 2), K(2)-X(2, 2), K(3)-X(3, 2), K(4)-X(4, 2), K(5)-X(5, 2), K(6)-X(1, 3), K(7)-X(2, 3), K(8)-X(3, 3), K(9)-X(4, 3), K(10)-X(5, 3)
② P(2)-Y(5, 5), P(3)-Y(1, 6), P(4)-Y(2, 6), P(5)-Y(3, 6), P(6)-Y(4, 6), P(7)-Y(5, 6)
③ X(2, 2)-Y(4, 4), X(3, 2)-Y(5, 4), X(4, 2)-Y(6, 4), X(5, 2)-Y(7, 4), X(1, 3)-Y(8, 4), X(2, 3)-Y(9, 4), X(3, 3)-Y(10, 4), X(4, 3)-Y(1, 5), X(5, 3)-Y(2, 5), X(1, 4)-Y(3, 5), X(2, 4)-Y(4, 5), X(3, 4)-Y(5, 5), X(4, 4)-Y(6, 5), X(5, 4)-Y(7, 5), X(1, 5)-Y(7, 5), X(1, 5)-Y(8, 5), X(2, 5)-Y(9, 5), X(3, 5)-Y(10, 5), X(4, 5)-Y(1, 6), X(5, 5)-Y(2, 6), X(1, 6)-Y(3, 6), X(2, 6)-Y(4, 6), X(3, 6)-Y(5, 6), X(4, 6)-Y(6, 6), X(5, 6)-Y(7, 6)

**8.5** ① A, AX, ZA에서 (,)의 누락 즉 (A, AX, ZA)로 수정
② EQUIVALENCE,에서 ,제거
③ / 대신 ,로 수정.
④ DIMENSION 문 사용

**8.6** ① EQUIVALENCE,에서 ,제거와 A, B, C에서 괄호를 삽입 즉 (A, B, C)
② Y.을 Y,로 수정
③ DIMENSION 문에서 변수 L은 선언되지 않았다.
④ 괄호의 모순, 즉 괄호를 TOTAL까지 묶지 않았다.

## 8.9

# EXTERNAL 문

EXTERNAL 문이란 EXPLICIT TYPE 문의 일종으로서 산술문 함수를 제외한 함수명(function name)이나 부프로그램의 이름 (subprogram name)을 주프로그램에서 실인수(actual argument)로 사용하고자 할 때 컴파일러(compiler)에게 이 내용을 알려주는데 사용되는 선언문이다. 내장함수(Intrinsic(library) function)의 이름이나 또는 문함수의 이름은 실인수가 될 수 없으므로 이 문에 적어서는 안 된다.

이 명령문은 단위 프로그램에서 다른 선언문보다 앞서야 한다.

내장함수는 컴파일러가 원시 프로그램을 번역하여 목적 프로그램으로 만들 때 그 함수를 어떤 방법으로 목적 프로그램에 삽입시키는가에 따라 intrinsic function과 external function의 두 종류로 구분한다. **전자**는 목적 프로그램의 명령문이 몇 개 되지 않으므로 그것이 **호출될 때마다 해당 함수의 목적 프로그램이 중간에 삽입**되는 것이고, **후자**는 문이 많으므로 이들 문을 **어느 한곳에 모아두고 그것이 호출될 때마다 제어를 그곳에 옮겨 처리**하도록 하는 것이다. 내장함수는 실인수로 사용해서는 안 된다. FORTRAN 77에서는 모든 내장함수를 실인수로 사용할 수 있도록 강화하였다(8.11절 INTRINSIC 문 참고).

EXTERNAL 문의 일반적인 형식은 다음과 같다.

```
EXTERNAL name 1, name 2, … , name n
name1, name2, … , name n : 실인수로 사용할 함수명 또는 부프로그램명
```

문함수명은 name으로 쓸 수 있으며, FORTRAN 66에서는 external function과 자기가 작성한 부프로그램이 name이 되고 FORTRAN 77에서는 자기가 작성한 부프로그램이 name으로 쓸 수 있다. 이 문은 단위 프로그램에서 다른 선언문보다 먼저 기술해야 한다.

EXTERNAL 문 사용 시 다음과 같은 규칙에 대해 잘 따라야 한다.

(1) 주(호출)프로그램에서 MBC를 실인수로 사용하였으므로 이것은 함수 부프로그램명(이름) MBC이므로 이와 구분하기 위하여 EXTERNAL 문에 선언해

주어야 한다. 그리고 EXTERNAL 문은 주(호출)프로그램에서 다른 선언문보다 먼저 선언되어야 한다.

```
EXTERNAL MBC
    :
X=TIP(A, MBC, B)
    :
END
```

```
FUNCTION TIP(X, Y, Z)
TIP=Y(X)+Y(Z)
RETURN
END
```

```
FUNCTION MBC(H)
    :
RETURN
END
```

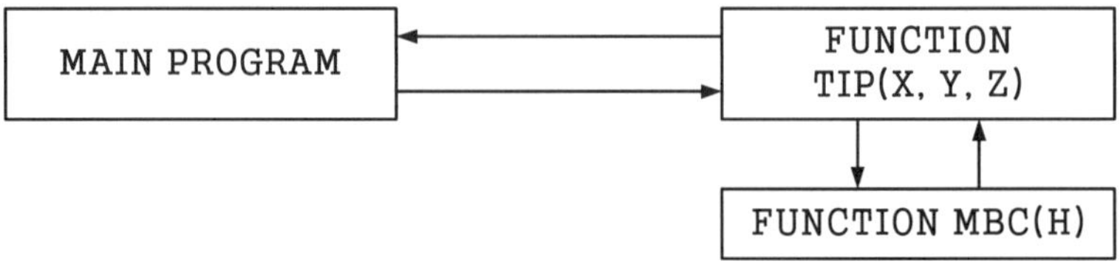


**그림 8.9** EXTERNAL 문의 관계

(2) EXTERNAL 문에 내장함수명을 사용할 수 있으나, 이 때 **사용된 내장 함수는 해당 단위 프로그램 안에서 사용할 수 없다.**

```
EXTERNAL SIN
    :
R=SUN(SIN, Y)
    :
END
```

```
FUNCTION SUN(SN, X)
SUN=SN(X)
RETURN
END
```

**예제 8.31** 1°에서 90°까지의 3각 함수 값을 내장함수를 이용하여 계산해서 인쇄하는 프로그램을 작성하라. 이때 주프로그램의 첫 문장에서 SIN과 COS이라는 부프로그램명이 실인수로 사용한다고 'EXTERNAL SIN, COS'을 선언하여라.

```
C     main program

         EXTERNAL SIN, COS
         REAL KESAN
         DO 11 I=1, 90
           R=I*3,14159/180.0
           S=KESAN (SIN, R)
           C=KESAN (COS, R)
           T=S/C
           WRITE(6, 10) I, S, C, T
      10   FORMAT(1X, I5, 3F10.4)
      11 CONTINUE
         STOP
         END
```

```
C     subroutine subprogram

            FUNCTION KESAN(X, Y)
              REAL KESAN
              KESAN=X(Y)
              RETURN
            END
```

주(호출)프로그램에 수록된 SIN 및 COS는 내장함수이므로 실인수와 구별하기 위하여 EXTERNAL SIN, COS으로 수록되었다.

주프로그램의 5번 문 'S=KESAN (SIN, R)'에서 함수 KESAN을 호출하면서 함수명 SIN을 실인수로 적었다. 주프로그램에서 SIN과 R을 가지고 제어가 부프로그램 KESAN으로 넘어오면 가인수 X는 함수명 SIN이 되어 부프로그램의 2번째 문장 'KESAN=X(Y)'는 'KESAN=SIN(Y)'가 계산되어 KESAN를 통하여 주프로그램으로 반송(返送)한다.

주프로그램의 6번 문 'C=KESAN (COS, R)'에서 함수 KESAN을 호출할 때 이제는 함수명 COS을 실인수로 하여 주프로그램에서 COS와 R을 가지고 제어가 부프로그램으로 넘어가 KESAN에 있는 'KESAN=X(Y)' 문장은 'KESAN= COS (Y)'로 계산되므로 그 결과는 KESAN를 통하여 주프로그램으로 반송한다.

## 8.9 • 연습문제

**8.1** EXTERNAL 문(EXTERNAL statement)에 대하여 간단히 설명하여라.

## 8.9 | 연습문제 해답

**8.1** 함수명이나 부프로그램의 이름을 주프로그램에서 실인수로 사용하고자할 때 사용되는 문이다.

```
C     External statement program

          EXTERNAL SIN, COS
          REAL KBC
            WRITE(6, 10) I, S, C, T
     10     FORMAT(1X, I5, 3F10.4)
          DO 11 I=1, 90
            R=I*3,14159/180.0
            S=KESAN (SIN, R)
            C=KESAN (COS, R)
            T=S/C
            WRITE(6, 10) I, S, C, T
     10     FORMAT(1X, I5, 3F10.4)
     11   CONTINUE
          STOP
          END
```

# 8.10

# BLOCK DATA 문

BLOCK DATA 문이란 독립적으로 컴파일 되는 일종의 부프로그램(subprogram)으로서 컴파일 될 때에 라벨 있는 COMMON 문에 있는 변수(variable)나 첨자변수(subscripted variable) 또는 배열(arrary)에 DATA 문을 이용해서 초기값을 부여하는데 사용되는 선언문인 동시에, 주프로그램(main program)에서 이용하기 위해 CALL 할 수 없는 비실행문이다. 이러한 BLOCK DATA 문은 반드시 BLOCK으로 시작해서 END 문으로 끝나는 일종의 독립된 단위 프로그램으로서 그 속에 하나 이상의 COMMON 문과 DATA 문을 반드시 포함시키되 실행문은 포함시켜서는 안 되고 다음의 비실행문으로 구성해야 한다.

BLOCK DATA 문의 일반적인 형식은 다음과 같다.

```
BLOCK DATA(name)
     :
END
```

name : 초기치 설정 부프로그램으로써 생략이 가능하며 다른 명칭(부프로그램명, 주프로그램명, COMMON 블록명 및 다른 초기치 설정 프로그램명)과 중복되어서는 안 된다.

**참고**

BLOCK DATA 문 내부에는 DATA 문이나 COMMON 문 이외에 TYPE 문, DIMENSION 문 및 EQUIVALENCE 문 등을 필요에 따라 포함시킬 수 있으며 라벨 없는 COMMON 문에 있는 변수나 첨자변수 또는 배열도 라벨 있는 COMMON 문에 있는 변수나 첨자변수 또는 배열과 함께 DATA 문을 이용해서 초기값을 부여하는데 사용될 수 있다.

**예제 8.32** 다음 프로그램 내용에 대하여 구체적으로 기술하여라.

**프로그램**

```
      :
BLOCK DATA
DIMENSION M(7)
COMMON /ORANGE/M
DATA M/1, 2, 3, 4, 5, 6, 7/
END
      :
```

**설명** ORANGE란 블록(block) 이름을 가진 7개의 정수형 첨자변수 K(1), K(2), K(3), K(4), K(5), K(6) 및 K(7)에 1, 2, 3, 4, 5, 6 및 7이 각각 기억된다.

**예제 8.33** 다음 프로그램의 변수에 기억되는 값을 구체적으로 기술하여라.

**프로그램**

```
      :
BLOCK DATA
INTEGER SUM(10)
COMPLEX BOKSO
LOGICAL LONRI
COMMON LONRI/BK/SUM(10), BOKSO
DATA LONRI/.TRUE./, SUM, BOKSO/5*10, 2*20, 3*50,
(1.1, 2.2)/
END
      :
```

**설명** TYPE 문도 BLOCK DATA 문에서 필요에 따라 사용할 수 있다. 블록(block) 이름이 없는 LONRI라는 논리형 변수에는 .TRUE.가 기억되고 BK라는 블록(block) 이름이 있는 SUM이라는 배열명을 가진 10개의 정수형 첨자변수에는 순서대로 10, 10, 10, 10, 10, 20, 20, 50, 50, 50이 각각 기억되고 BOKSO라는 복소수형 변수에는 1.1(실수부)과 2.2(허수부)가 기억된다.

**예제 8.34** Block Data **부프로그램**

다음 프로그램에 의해 블록 BLK1의 A(6)까지는 5.0, X는 .TRUE. T(1)과 T(2)는 각각 4와 7의 초기치가 부여되고, 블록 BLK2의 C는 2.0과 3.0 배열 Y(1)과 Y(2)에는 각각 5.2와 7.0의 초기치가 부여된다.

**주프로그램**

```
      COMMON /BLK1/A(6), X, T(2)/BLK2/S, Y(2)
      COMPLEX S
      INTEGER T
      LOGICAL X
C         :
      END
```

**부프로그램**

```
      BLOCK DATA
      COMMON /BLK1/A, X, T/BLK2/C, Y(2)
      DIMENSION A(6), T(2)
      COMPLEX C
      INTEGER T
      LOGICAL X
      DATA(A(M), M=1, 6) /6*5.0/, C/(2.0, 3.0)/,
     & X/.TRUE./, Y/5.2, 7.0/, T/4, 7/
      END
```

| BLK1 | A(1) | A(2) | A(3) | A(4) | A(5) | A(6) | X | T(1) | T(2) |
|---|---|---|---|---|---|---|---|---|---|
| | 5.0 | 5.0 | 5.0 | 5.0 | 5.0 | 5.0 | .TRUE. | 4 | 7 |

| BLK2 | S | | Y(1) | Y(2) |
|---|---|---|---|---|
| | 2.0 | 3.0 | 5.2 | 7.0 |

BLOCK DATA 문 사용 시 다음과 같은 규칙에 대해 잘 따라야 한다.

(1) BLOCK DATA 부프로그램에서 DATA 문으로 초기치를 설정하지 않는 변수라도 주프로그램의 공통 영역(common block)의 **길이와 순서를 같게** 하기 위하여 BLOCK DATA의 COMMON 문에 **가변수**를 설정해주어야 한다.

(2) 초기치 설정 부프로그램을 구성할 때는 반드시 다음과 같은 문들로 구성되어야 한다.

| 필수적인 문 | 선택적인 문 |
|---|---|
| • BLOCK DATA 문<br>• COMMON 문<br>• DATA 문<br>• END 문 | • IMPLICIT 문<br>• PARAMETER 문<br>• EQUIVALENCE 문<br>• DIMENSION 문<br>• TYPE 문<br>• CHARACTER 문<br>• SAVE 문 |

(3) 초기치 설정 부프로그램에서 이름이 존재할 경우 두 개 이상의 초기치 설정 부프로그램이 존재해도 좋지만, 이름이 없는 경우 두 개 이상 존재할 수 없다.

## 8.10 연습문제

**8.1** BLOCK DATA 문(BLOCK DATA statement)에 대하여 간단히 설명하여라.

**8.2.** 다음에서 틀린 곳을 고쳐라.

①
```
BLOCK DATA
DIMENSION A(20), K(10)
COMMON A, B, C, K
DATA A/20*1.1/, K/10*5/
END
```
②
```
BLOCK DATA
DIMENSION HOT(10)
DATA HOT/10*22.1/, J/2/
END
```
③
```
BLOCK DATA
DIMENSION B(5), C(25)
COMMON /P/B, /Q/C
DATA B/3*2.1, 2*4.8/, C/25*0.0/
```

**8.3** 다음에서 틀린 곳을 고쳐라.

①
```
BLOCK DATA
DIMENSION E(10), L(10)
COMMON E, L,
DATA E/10*0.0/, L/10*0/
END
```
②
```
BLOCK DATA
DIMENSION QUITE(20)
DATA QUITE/20*10.8/
END
```
③
```
BLOCK DATA
```

```
DIMENSION H(10), T(20)
COMMON /S/H, /V/T
DATA H/10*2.5/, T/20*1.1/
```

## 8.10 | 연습문제 해답

**8.1** 독립적으로 컴파일되는 일종의 부프로그램으로서 COMMON 문에 있는 변수나 첨자변수에 초기값을 부여할 때 이용된다.

**8.2** ① COMMON BLOCK NANE 누락.
② COMMON 문 누락.
③ END 문 누락.

**8.3** ① L,에서 ,를 제거하고 L로 수정
② 예약어를 변수로 이용했다.
③ 없음.

# 8.11

# INTRINSIC 문

FORTRAN 66에서는 라이브러리(library)함수를 intrinsic과 external함수로 구별하였으나 FORTRAN 77은 라이브러리함수를 모두 내장(intrinsic)함수로 통일시키고, 라이브러리 함수를 모두 실인수로 사용하고자 할 때는 EXTERNAL 문이 아니라 INTRINSIC 문으로 라이브러리 함수를 실인수로 사용하는 것을 컴파일러에게 알려야 한다.

그러므로 FORTRAN 77에서는 모든 라이브러리 함수를 다 실인수로 사용할 수 있으며, 우리가 작성한 함수나 작성하는 부프로그램의 이름을 주프로그램에서 실인수로 사용할 때는 EXTERNAL 문을, 라이브러리 함수를 실인수로 사용할 때는 INTRINSIC 문을 쓰도록 구분하였다.

FORTRAN 77에서 예제 8.31과 같이 SIN 및 COS을 실인수로 사용한다고 EXTERNAL 문으로 사용한다고 선언하면 라이브러리 함수가 아니라 자기가 작성한 부프로그램 SIN 및 COS으로 간주한다. 그러므로 라이브러리 함수 SIN 및 COS을 실인수로 사용하고자 하면 EXTERNAL 문을 고쳐야 한다.

INTRINSIC 문의 일반형식은 다음과 같다.

```
    INTRINSIC name 1, name 2, … , name n
  name1, name2, … , name n : 실인수로 사용할 내장함수명
```

INTRINSIC 문 사용 시 다음과 같은 규칙에 대해 잘 따라야 한다.

(1) INTRINSIC 문에 내장함수(총칭명)을 사용할 경우 함수의 기능이 상실되는 것은 아니다.

(2) 이 문은 단위 프로그램에서 다른 선언문보다 먼저 기술해야 하며 내장 함수명을 INTRINSIC 문이 아니라 EXTERNAL 문으로 선언하면 사용자 자신이 작성한 부프로고램으로 간주한다.

```
INTRINSIC ABS, SQRT                  SUBROUTINE
     :                               KEY(A, B, D)
CALL KEY(A, ABS, C)                  D=B(A)
     :                               RETURN
CALL KEY(D, SQRT, E)                 END
     :
STOP
END
```

(3) 내장 함수의 개별명을 실인수로 지정할 경우 다음의 내장 함수는 INTRINSIC 문에 선언할 수 없다.

① 형 변환 내장 함수(IFIX, IDINT, SNGL, LLT)

② 문자별 비교 내장 함수(LGE, LGT, LLE, LLT)

③ 최소값, 최대값 내장 함수(MAX0, AMAX1, AMAX0, MIN1, DMIN1 등)

**예제 8.35** 0°에서 90°까지 10°씩 증가시켜 RADIAN, SIN, COS 및 TAN의 값을 내장함수(library function)를 이용하여 계산 및 인쇄하는 프로그램을 INTRINSIC 문을 이용하여 프로그램을 작성하라.

**프로그램**

```
C     main program

        INTRINSIC SIN, COS
        REAL KBC
        WRITE(6, 10)
        FORMAT(8X, 'THE TABLE OF TRIGONOMETRICAL
 10   &       FUNCTION'/1X, 52('=')/2X, 'DEGREE', 4X,
      &       'RADIAN', 6X, 'SINE', 6X, 'COSINE', 5X,
      &       'TANGENT' /1X, 52('='))
        DO 11 I=0, 90, 10
          G=I
          RADIAN=I*3.14159/180.0
          SIV=KBC(SIN, RADIAN)
          COV=KBC(COS, RADIAN)
          TAV=SIV/COV
          WRITE(6, 20) I, RADIAN, SIV, COV, TAV
 20       FORMAT(2X, I4, 2X, F11.6, 3F11.6)
 11     CONTINUE
        WRITE(6, 30)
 30     FORMAT(1X, 52('='))
        STOP
```

```
      END
C     Subprogram
C
      REAL FUNCTION KBC(A, B)
      KBC=A(B)
      RETURN
      END
```

출력결과

```
        THE TABLE OF TRIGONOMETRICAL FUNCTION
=========================================================
 DEGREE     RADIAN       SINE       COSINE     TANGENT
=========================================================
    0      0.000000    0.000000   1.000000     0.000000
   10      0.174533    0.173648   0.984808     0.176327
   20      0.349066    0.342020   0.939693     0.363970
   30      0.523598    0.500000   0.866026     0.577350
   40      0.698131    0.642787   0.766045     0.839099
   50      0.872664    0.766044   0.642788     1.191752
   60      1.047197    0.866025   0.500001     1.732048
   70      1.221730    0.939692   0.342021     2.747469
   80      1.396262    0.984808   0.173649     5.671245
   90      1.570795    1.000000   0.000001    ***********
=========================================================
```

앞 표에서 탄젠트(TANGENT) 90°는 값이 정의가 안 되므로 *로 나타내었다.

# 8.12

# PARAMETER 문

프로그램을 작성하다 보면 그 프로그램이 끝나는 순간까지 바뀌면 안 되는 변수들이 있을 것이다. 이것을 가능하게 해주는 명령어가 PARAMETER 문이다.

PARAMETER 문은 FORTRAN 77에서 추가된 선언문으로서 어떤 변수에 고정된 상수의 값을 넣고자 할 때 사용하는 문이다. pi($\pi$)의 값이 3.141592일 때 이를 DATA 문이나 치환문으로 pi에 값을 넣으면 프로그램 속에서 다른 치환문으로 이 값을 변경시킬 수가 있다. 그러므로 프로그램이 끝날 때까지 pi가 3.141592일 가능성은 없다. 그러나 이를

```
PARAMETER (PI=3.141592)
```

로 선언하면 PI 값을 치환문으로 변경하고자 하면 컴파일 오류(error)가 일어나므로 PI 값은 그 단위 프로그램에서는 항상 일정하며 절대로 바뀌지 않는다.

PARAMETER 문의 일반 형식은 다음과 같다.

```
PARAMETER (name=expression, name=expression, …)
```

name : 단순 변수명(상수명)

expression : 상수식 즉 상수와 연산자로 구성된 수식

name과 expression은 **자료의 형이 일치**하여야 한다.

```
PARAMETER (A=12.9, B=A/2.5, PI=3.141592, P='HELLO')
```

상수식 B=A/2.5에서 name A는 이미 PARAMETER에서 정의된 상수이어야 한다. 그러므로 일반 변수명을 상수식에 적어서는 안 된다.

PARAMETER 문은 앞에서 설명한 바와 같이 어떤 상수에 고유한 이름을 부여하는데 사용된다.

```
PARAMETER (N=30)
INTEGER C(N, N), X(N)
```

여기에서 배열 C는 30×30인 2차원 배열이고, X는 30개의 배열요소로 이루어진 1차원 배열로 선언된다. 만약, N값이 N=30이라는 치환문이나 DATA N/ 30/에 의해서 결정되었다면 배열선언에 N이 사용될 수 없다.

**예제 8.36** 다음 같은 프로그램의 계산 결과로부터 각각의 변수에 기억되는 값을 구하여라.

```
C       PROGRAM TEST
        PARAMETER(N=30)
        X=12.9+N
        Y=20*N
        WRITE(6, 10) N, X, Y
     10 FORMAT(10X, 'PARAMETER, N =', I3, 3X, 'X =', F7.2,
     &        3X, 'X =', F7.2')
        STOP
        END
```

출력결과

```
PARAMETER, N = 30   X =  42.90   Y = 600.00
```

PARAMETER 문 사용 시 다음과 같은 규칙에 대해 잘 따라야 한다.

(1) 하나의 독립된 프로그램에서 변수에 대한 상수값이 한 번만 나타나야하며 그 이상 나타나면 오류가 발생한다. 다음은 잘못된 예이다.

```
PARAMETER (X=3.4, Y=11.7)
PARAMETER (X=31.9)
```

(2) 수식의 값은 변수명의 형과 항상 일치해야 하며 치환문과 같은 혼합된 형을 포함 할 수도 있다.

①

```
LOGICAL KEY
PARAMETER (KEY=.TRUE.)
```

②

```
INTEGER SUN
REAL RR, KK
PARAMETER (SUN=9, KK=3)
PARAMETER (RR=SUN/KK)
```

(3) 수식에 변수가 포함되었을 경우 그 변수의 값은 프로그램에서 이전의 PARAMETER 문 또는 같은 PARAMETER 문에 표현되어야 한다.

```
PARAMETER (X=21.7, Y=3.1)
PARAMETER (Z=X/7.0)
```

(4) 2차원 배열 X(80, 80)과 1차원 배열 Y(80)를 X(40, 40)과 Y(40)으로 변경하고자 할 때 PARAMETER 문에 할당된 I=80을 I=40으로 변경하면 된다.

```
PARAMETER(I=80)            →    PARAMETER(I=40)
INTEGER X(I, I), Y(I)           INTEGER X(I, I), Y(I)
```

(5) 수식에는 변수, 배열 요소 및 함수 등을 사용할 수 없다.

```
PARAMETER (LEN=3)
IMPLICIT CHARACTER*(LEN) (A-C)
DIMENSION CABLE(10)
PARAMETER (J=4, M=7, NKN=4)
DATA (CABLE(I), I=J, M)/NKN*'000'/
```

(6) PARAMETER 문에서 문자형 상수를 기억하는 변수명을 **문자 상수명**이라고 하는데 반드시 PARAMETER 문 이전에 선언되어야 한다.

```
IMPLICIT CHARACTER*3 (A-C)
PARAMETER (A='KIM', B='LIM', C='LEE')
```

(7) PARAMETER 문에서 문자형 상수를 명시적(explicitly)으로 선언하고자 할 때문자의 길이를 명시할 필요가 없다. 왜냐하면, 명시적 선언은 변수에 의해 문자상수를 참조할 때 PARAMETER 문에 나타난 길이만큼의 문자들을 참조하기 때문이다. 즉, 문자 상수명 WORD의 길이는 20이다.

```
CHARACTER*(*) WORD
PARAMETER WORD='abcdefghijklmnopqrst')
```

(8) 문자 상수의 길이와 문자 상수명의 길이가 일치하지 않는 경우는 문자 치환문 규칙에 따르며, 문자 상수명에 문자 상수식 값을 줄 수 있다.

① 문자 상수의 길이 > 문자 상수명의 길이인 경우

```
CHARACTER E1*3, E2*5
PARAMETER (E1='LOVE', E2='COMPUTER')
E1= | L | O | V |

E2= | C | O | M | P | U |
```

E1에서 문자 상수의 길이는 LOVE에서 4이고 문자 상수명의 길이는 E1*3에서 3이므로 기억은 왼쪽부터 문자 상수명의 길이만큼 채운다. E2는 문자 상수의 길이는 COMPUTER에서 8이고 문자 상수명의 길이는

E2*5에서 5이므로 5문자를 기억하고 왼쪽부터 문자 상수명의 길이만큼 채우므로 'TER'은 생략된다.

② 문자 상수의 길이 < 문자 상수명의 길이인 경우

```
CHARACTER E1*5, E2*10
PARAMETER (E1='LOVE', E2='SCIENCE')
```

E1=

| L | O | V | E | ␣ |
|---|---|---|---|---|

E2=

| S | C | I | E | N | C | E | ␣ | ␣ | ␣ |
|---|---|---|---|---|---|---|---|---|---|

②에는 ①에서와는 달리 반대로 '문자 상수의 길이 < 문자 상수명의 길이'이므로 '문자 상수명의 길이-(빼기)문자 상수의 길이'하고 나머지 값은 위에서 나타난 바와 같이 공란(␣)으로 채워진다.

③ 문자 상수명에 문자 상수식 값을 부여한 경우

```
CHARACTER E1*3, E2*2, E3*5
PARAMETER (E1='YOU', E2='&I'), E3=E1//E2)
```

E1=

| Y | O | U |
|---|---|---|

E2=

| & | I |
|---|---|

E3=

| Y | O | U | & | I |
|---|---|---|---|---|

# 8.13

# SAVE 문

부프로그램에서 사용한 변수들이 가인수(dummy argument)나 COMMON 문에 적혀 있지 않는 변수(local variables)이면 부프로그램이 다시 호출될 때 그 이전의 값이 그대로 유지되어 있는지 또는 없어져 버리는지에 대하여 FORTRAN 66에서는 표준화되어 있지 않았다.

그리고 공동 기억장소(common area)에 있는 변수의 값은 단위 프로그램에서 변수를 언급하여 이 변수에 어떤 값을 옮기면 그때마다 변수의 값이 변동되어 버린다. 이것은 아주 위험한 일이다. 이를 테면 공동 기억 장소의 값을 변경시킨 후에 처리한 루틴이 잘못임을 알았다면 호출 프로그램으로 제어를 넘기면서 공동 기억 장소의 값을 원상 복귀시켜야 할 것이다. 그러나 FORTRAN 66에서는 이것이 거의 불가능하였다.

FORTRAN 77은 부프로그램에서 사용한 local variables의 값을 유지시킨다든지 또는 자기가 계산한 값들을 공동 기억 장소에 기록하도록 하는 새로운 SAVE 문을 추가하여 앞에서 설명한 결점을 보완하였다.

SAVE 문의 일반적인 형식은 다음과 같다.

```
SAVE name 1, name 2, … , name n
```

name1, name2, … , name n : 변수, 배열명, 또는 라벨 있는 COMMON 블록의 이름(생략 가능)

SAVE 문 사용 시 다음과 같은 규칙에 대해 잘 따라야 한다.

(1) 하나의 단위 프로그램 내에서 하나 이상의 SAVE 문을 선언할 수 있다. 이때 주프로그램 내에서 SAVE 문의 사용은 의가 없다.

(2) 어떤 부프로그램의 SAVE 문에 명시된 COMMON 블록 이름은 COMMON 문이 선언된 모든 프로그램의 SAVE 문에 명시되어야만 한다.

(3) SAVE 문 뒤의 이름들이 생략할 수 있다.

① SAVE : 모든 COMMON 블록, 변수 및 배열의 값을 보존한다.

② SAVE X, Y : 변수 X와 Y의 값을 보존했다가 다음 부프로그램 호출 때 사용한다. 즉, 보존된 값으로 계산 한다.

(4) SAVE 문에서 COMMON 블록 이름은 /(slash)로 닫아야 하고, 같은 이름이 한 번보다 많이 나올 수 없다. 또한 가인수명, 부프로그램명, COMMON 블록 내의 변수와 배열명은 SAVE 문에서 사용할 수 없다.

```
SAVE BB, CC, DD /SEOUL/
```

다음에 주어진 SAVE 문에 대해 생각해보자.

```
SAVE C, /D/, G
```

변수 C와 D가 local variable이면 이 값을 보관시켜 두었다가 다시 호출될 때는 보관 시킨 값으로 계산되게 하고, common block D에 자기가 계산한 값들을 기록하게 된다.

```
SAVE
```

이 문은 local variable들의 값들을 모두 보관시키고 자기가 계산한 common block area의 값들을 해당 common block area에 기록한다. 그러므로 common block이 선언된 부프로그램에서는 계산 결과를 저장(save)시키지 않으면 common block area의 값들은 변동되지 않는다. FORTRAN 77로 프로그램을 작성하는 경우는 부프로그램마다 SAVE 문이 있어야 하겠다.

# 9 자료의 처리

# 9.1

# 개 요

FORTRAN에서 사용하는 자료(data)의 종류는 **정수형**(integer), **실수형**(real, single precision), **배정도 실수형**(double precision), **복소수형**(complex), **논리형**(logical) 및 **문자형**(character)으로 나누어진다. 그러므로 프로그램에서 자료를 직접 표현하는 상수(costant)도 정수형 상수, 실수형 상수, 배정도 실수형 상수, 복소수형 상수, 논리형 상수 및 문자형 상수 등으로 나누어진다.

상수는 자료를 표현하는 방법에 의하여 그 형이 결정된다. 이를테면 프로그램의 명령문에서 5 및 10 등으로 쓰면 정수형 상수이고 3.0, 4.2 및 3E8과 같이 쓰면 실수형 상수가 된다.

자료를 저장하는 변수도 역시 정수형 변수, 실수형 변수, 배정도 실수형 변수, 복소수형 변수, 논리형 변수 및 문자형 변수 등으로 나누어진다. FORTRAN에서 문자형 자료는 변수의 형에 관계없이 어느 변수에나 기억될 수 있다. 그리고 **상수는 자료를 외부적으로 어떤 형태로 표현하였는가에 의하여 그 형이 결정**되는데 반하여 **변수는 변수명에 의해 그 형이 결정**된다.

변수의 형은 다음과 같은 방법에 의하여 변수명에 따라 결정된다.

1. 정수형 변수와 실수형 변수는 변수명의 첫 문자에 의하여 구별된다. 즉 변수명이 I, J, K, L, M 및 N 중의 어느 한글자로 시작하면 정수형 변수이고, 그렇지 않으면 실수형 변수이다.
2. 변수의 형을 음성적으로 IMPLICIT 문으로 선언한다.
3. 변수의 형을 양성적으로 형선언문(type statement)으로 선언한다.

이들 중의 **우선순위는 양성적 선언, 음성적 선언 및 무선언의 순**이다. 정수형 변수와 실수형 변수 이외의 변수는 반드시 IMPLICIT 문이나 형선언문으로 변수의 형을 선언해야 한다.

각종 자료를 외부적으로 어떻게 표현하며, 컴퓨터 내부에서는 이들을 어떤 형태로 기억하며, 입·출력시에 어떤 변환을 사용하는가에 대하여 설명하기로 한다.

# 9.2

# 형선언문

변수(기억장소, VARIABLE)는 간단하되 기억될 자료의 의미를 잘 나타내 주는 것 등을 고려하여 만들어야 한다. 그러나 실제 프로그램 작성과정에서는, 기억될 자료의 내용과 변수명(variable name)이 일치해야 된다는 것 등 때문에 불편한 점이 허다(許多)하게 발생한다.

이러한 불편을 해결해주는 것이 비실행문인 TYPE 문이며 이러한 TYPE 문은 IMPLICIT TYPE 문과 EXPLICIT TYPE 문 두 가지로 나눌 수 있다.

## 9.2.1 IMPLICIT 문

형선언문이 없는 경우 변수의 형태는 변수명의 첫 글자에 **형**(形, type) 즉 정수형 또는 실수형을 지정하는 비실행문으로서 첫 글자만 같으면 비록 다른 형의 변수일지라도 동일형태의 변수로 취급해서 사용할 수 있다. 이와 같이 변수명의 첫 글자에 의하여 변수명의 형을 결정하는 선언문이 IMPLICIT 문이다. 다음의

```
IMPLICIT INTEGER(D, X-Z), COMPLEX(C), LOGICAL(L)
```

와 같이 IMPLICIT 문이 선언된 프로그램에서는 변수명의 첫 문자가 D, X, Y 및 Z로 시작하면 정수형 변수이고, 첫 문자가 C로 시작하면 복소수형 변수, 첫 문자가 L로 시작하면 논리형 변수이다. 변수명이 I, J, … , N으로 시작하면 정수형 변수, 그 이외의 영자로 시작하면 실수형 변수라는 기본 원칙보다 IMPLICIT 문이 우선하나 IMPLICIT 문에 선언되지 않은 문자는 기본 원칙에 준한다.

그러므로 이 단위 프로그램에서는 정수형 변수의 변수명은 D, I–K, M, N 및 X–Z 중의 어느 문자로 시작하고, 복소수형 변수와 논리형 변수는 각각 그 변수명이 C와 L로 시작하고, 실수형 변수는 그 이외의 문자 즉, A, B, E–H 및 O–W로 시작한다.

IMPLICIT 문의 일반 형식은 다음과 같다.

```
      IMPLICIT type(c1, c2, …), type(c1, c2, …)…
  type : 변수의 형을 결정, INTEGER, REAL, DOUBLE PRECISION, COMPLEX,
         LOGICAL 및 CHARACTER*len 중의 하나
  c1, c2, … : 영문자의 하나 또는 영문자의 범위(c1~cn)
  *len : 문자의 길이
IMPLICIT CHARACTER*8(B)
```

위 IMPLICIT 문은 B로 시작하는 변수는 문자 8개를 기억하는 문자형 변수라는 것을 선언한 것이다. 수치를 저장하는 변수들은 그 길이가 항상 일정하나 문자형 변수는 길이가 정해져 있지 않기 때문에 형선언문에서 변수의 길이를 정의해야 한다. 만일 길이를 정의하지 않으며 1개 문자를 기억하는 문자형 변수가 된다.

IMPLICIT 문 사용 시 다음과 같은 규칙에 대해 잘 따라야 한다.

(1) 단위 프로그램 내의 다른 선언문에서 첫 자가 H, I 및 J로 시작하는 변수명은 실수형이고, 첫 자가 T로 시작하는 변수명은 복소수형, 첫 자가 A로 시작하는 변수명은 논리형이다.

```
IMPLICIT REAL(H-J), COMPLEX(T), LOGICAL(A)
```

(2) 다음 선언문에 의해 A로 시작하는 변수는 문자 다섯 자를 기억하는 문자형 변수이다. 수치 지정은 길이를 표시할 필요가 없으나 문자는 반드시 정의해 주어야 하며 만일 **길이가 생략되면 1로 간주**한다.

```
IMPLICIT CHARACTER*5(A)
```

(3) IMPLICIT 문은 단위 프로그램에서 단 한 번밖에 선언할 수 없으며, 프로그램의 첫 실행문에 앞서 다른 선언문 가운데서도 가장 먼저 선언해야 한다. 그러므로 주프로그램에서는 첫 문이고, 부프로그램에서는 SUBROUTINE이나 FUNCTION 문 바로 다음에 있어야 한다. 그리고 한 개의 단위 프로그램 내에 IMPLICIT 문이 여러 개 존재하는 것이 가능하지만 **한 개의 문자에 대해 한 번 이상으로 형을 선언 할 수는 없다.**

```
      IMPLICIT REAL(L-N)
      M=0
      DO 11 I=1, 10
      READ(5, 10) L
10    FORMAT(1X, F3.1)
```

```
11   M=M+L
     N=M/10
     WRITE(6, 20) M, N
20   FORMAT(5X, 2F10.3)
     STOP
     END
```

(4) IMPLICIT 문에 선언된 변수 외에는 내적으로 정수형 및 실수형의 영향을 받는다. 즉, 다음 프로그램에서 첫 자가 N으로 시작하는 모든 변수는 실수형임을 선언하였기 때문에 NA는 실수형이지만, I는 선언이 안 되었기 때문에 정수형으로 간주된다.

```
     IMPLICIT REAL(N)
     NA=0
     DO 11 I=1, 100
11   NA=NA+I
     WRITE(6, 20) NA
20   FORMAT(5X, F10.3)
     STOP
     END
```

(5) 형 선언문(type statement)이 IMPLICIT 문에 의한 형 선언보다 우선권이 높다.

①

```
IMPLICIT INTEGER(A-C)
REAL BOY                    → 변수명 BOY는 실수형이다.
```

②

```
IMPLICIT REAL(K)
IMPLICIT INTEGER(C-D)
    :
REAL FUNCTION QQ(A, B) → 함수명 QQ는 실수형이다.
    :
```

③

```
IMPLICIT CHARACTER*3(K-M)
CHARACTER FUNCTION KOREA*5 → 문자형 변수 KOREA의 문자
                             길이는 5이다.
```

④

```
IMPLICIT CHARACTER*3(X-Z)
    :
CHARACTER FUNCTION YBZ*7 (C, D) → 함수명 YBZ는 결과값의
                                  문자길이가 7이다.
```

(6) 내장 함수의 형은 IMPLICIT 문에 의해 변하지 않는다.

**예제 9.1** `IMPLICIT INTEGER(A, B, C, W, X, Y)`

**설명** 변수의 첫 글자가 A, B, C, W, X 및 Y로 시작하면 그 변수는 정수형 변수로 취급해서 사용한다.

**예제 9.2**

```
IMPLICIT REAL(I, J, K), LOGICAL(C, D)
IMPLICIT COMPLEX(X, Y), INTEGER(A), REAL(K)
INTEGER DOUBLE PRECISION(A, B, J, K)
```

**참고**

IMPLICIT 문은 기본원칙(변수의 첫 글자가 I, J, K, L, M 및 N으로 시작하면 정수형, 그 외의 글자로 시작하면 실수형)보다 우선해서 적용된다. 프로그램 작성 시 형의 우선순위는 일반적으로 COMPLEX, DOUBLE PRECISION, REAL, INTEGER 및 LOGICAL 순이므로 순서대로 써 주어야 한다.

**예제 9.3** 다음과 같이 출력하는 프로그램을 작성하여라.

| 1 | 2 | 3 | 4 | 5 | 6 | 7 | 8 | 9 | 10 | 11 |
|---|---|---|---|---|---|---|---|---|---|---|
| | 12 | 13 | 14 | 15 | 16 | 17 | 18 | 19 | 20 | |
| | | 21 | 22 | 23 | 24 | 25 | 26 | 27 | | |
| | | | 28 | 29 | 30 | 31 | 32 | | | |
| | | | | 33 | 34 | 35 | | | | |
| | | | | | 36 | | | | | |
| | | | | 37 | 38 | 39 | | | | |
| | | | 40 | 41 | 42 | 43 | 44 | | | |
| | | 45 | 46 | 47 | 48 | 49 | 59 | 51 | | |
| | 52 | 53 | 54 | 55 | 56 | 57 | 58 | 59 | 60 | |
| 61 | 62 | 63 | 64 | 65 | 66 | 67 | 68 | 69 | 70 | 71 |

**프로그램**

```
C       IMPLICIT PROGRAM TO PRINT THE NUMBERS WITH
        SYMMETRIC
        IMPLICIT INTEGER(A-B)
        DIMENSION A(11, 11))
        B=0
        DO 11 I=1, 6
          M=12-I
        DO 11 J=I, M
          B=B+1
```

```
      11    A(J, I)=B
            DO 22 I=7, 11
              L=12-I
            DO 22 J=L, I
              B=B+1
      22    A(J, I)=B
            WRITE (6, 10) ((A(J, I), J=1, 11), I=1, 11)
      20    FORMAT(5X, 11I3)
            STOP
            END
```

**출력결과**

```
 1  2  3  4  5  6  7  8  9 10 11
 0 12 13 14 15 16 17 18 19 20  0
 0  0 21 22 23 24 25 26 27  0  0
 0  0  0 28 29 30 31 32  0  0  0
 0  0  0  0 33 34 35  0  0  0  0
 0  0  0  0  0 36  0  0  0  0  0
 0  0  0  0 37 38 39  0  0  0  0
 0  0  0 40 41 42 43 44  0  0  0
 0  0 45 46 47 48 49 50 51  0  0
 0 52 53 54 55 56 57 58 59 60  0
61 62 63 64 65 66 67 68 69 70 71
```

**예제 9.4** 10개의 기억장소에 임의의 자료가 입력되어있다. 이들을 오름차순(ascending order)으로 정렬하는 프로그램을 작성하여라.

**프로그램**

```
C           IMPLICIT PROGRAM TO SORT IN ASCENDING ORDER WITH
C           THE NUMBERS
            IMPLICIT INTEGER(J(10))
C           DIMENSION J(10)
            WRITE(6,10)
      10    FORMAT(4X,'RESULTS SORTED IN ASCENDING ORDER')
            READ(5, 20) (J(I), I=1, 10)
      20    FORMAT(10I3)
            DO 11 K=1, 9
              N=K+1
                DO 11 I=N, 10
                  IF(J(K) .LE. J(I)) GO TO 10
                  MIN=J(K)
                  J(K)=J(I)
                  J(I)=MIN
      11    CONTINUE
            WRITE(6, 30) (J(M), M=1, 10)
```

```
   30   FORMAT(3X, 10(I3, 2X))
        STOP
        END
```

**입력자료**

```
200 478 310 540 910 635 999 830 780 890
```

**출력결과**

```
RESULTS SORTED IN ASCENDING ORDER(N=10)
   200  310  478  540  635  780  830  890  910  999
```

**예제 9.5** 2g, 3g 및 5g짜리의 추가 각각 10개씩 있다. 이 추들로 전체의 무게를 84g로 만들려고 한다. 추의 개수를 각각 몇 개씩 조합해야 하는지 프로그램을 작성하여라.

```
C       Fortran program to combinate 2g, 3g and 5g
        IMPLICIT INTEGER(A-C)
        I=84
        WRITE(6,10)
   10   FORMAT(4X,'COMBINATION OF 2G, 3G AND 5G(=84G)')
        WRITE(6, 20)
   20   FORMAT(7X, 27('='),/, 8X, 'AB=5G', 5X, 'BC=3G',
     & 5X, 'CD=2G'/7X, 27('='))
        DO 11 AB=1, 10
   11      DO 11 BC=1, 10
              DO 11 CD=1, 10
        M=CD*2+BC*3+AB*5
        IF(M-I) 11, 30, 11
   30   WRITE(6,40) AB, BC, CD
   40   FORMAT(4X, I7, 2I10)
   11   CONTINUE
        WRITE(6, 50)
   50   FORMAT(7X, 27('='))
        STOP
        END
```

**출력결과**

```
Combination of 2g, 3g and 5g(=84g)
===========================
 AB=5g     BC=3g     CD=2g
===========================
   8         8        10
   8        10         7
   9         7         9
   9         9         6
  10         6         8
  10         8         5
  10        10         2
===========================
```

## 9.2.2 형(또는 EXPLICIT) 선언문

앞에서 변수의 형은 변수의 첫 문자에 의해서 결정되었지만, 형 선언문은 이 문에 적힌 변수만이 변수명의 첫 문자에 관계없이 형이 결정된다. 그러므로 I, J, … , N 중의 한 문자로 변수명이 시작하면 정수형 변수라는 형의 기본 원칙이나 IMPLICIT 문이 완전히 무효가 되는 것은 아니다. 이를 테면

```
INTEGER PM
```

이라고 선언하였다면 형 선언문에 적힌 변수 PM만이 정수형 변수이고, P로 시작하는 그 이외의 변수는 실수형 변수이다.

**형 선언문**(TYPE statement)은 변수(기억장소) **자체에 형**(type)**을 지정하는 비실행문**으로서, 프로그램 내에서 비록 기본원칙의 적용을 받는 서로 다른 형의 변수일지라도 동일형의 변수로 취급해서 사용할 수 있다. 이 문은 IMPLICIT 문의 의미와는 달리 명시된(explicited) 변수명, 배열명 및 함수명 등이 선언된 형을 가지므로 EXPLICIT 문이라고도 한다.

형 선언문의 일반 형식은 다음과 같다.

```
type variable 1,  variable 2, …
```

type : 정수형, 실수형, 배정도 실수형, 복소수형, 논리형 및 문자형 등을 의미하는 INTEGER, REAL, DOUBLE PRECISION, COMPLEX, LOGICAL & CHARACTER 중의 하나

variable : 상수명, 변수명, 배열명, 배열 선언자. 함수명, 문 함수명 및 함수 부프로그램명

다음은 형 선언문의 여러 가지 type에 대한 예를 간단히 보여주고 있다.

예 `INREGER ASIA, SUM, HAP(5, 5)`

예 `REAL MOON, NO`

예 `DOUBLE PRECISION OVER, SUN`

예 `COMPLEX EARTH, YES`

예 `LOGICAL MAGIC AIR`

예 `CHARACTER NAME*20, ADD*40, TEL*12`

**설명** NAME, ADD, TEL에는 문자형 자료(character data)를 각각 20자, 40자 및 12자 까지 기억할 수 있는 선언문이며 또한 각각의 숫자는 소요되는 바이트(byte)수를 나타낸 것이다.

형 선언문은 단위 프로그램에서 첫 실행문에 앞서 있어야 한다. 그리고 FORTRAN에서는 이 명령문이 DIMENSION 문의 역할을 겸하고 있으므로 이 문은 DIMENSION 문에서와 같이 배열을 선언할 수 있다. 이를테면

```
DIMENSION M(3, 2, 8)
REAL M
```

문장을 하나의 REAL 문으로

```
REAL M(3, 2, 8)
```

와 같이 선언하여도 뜻은 같다.

형 선언문 가운데 CHARACTER 문은 FORTRAN 77에서 표준화된 것으로서

```
CHARACTER*10, TEA, SUN
```

와 같이 문자형 변수의 길이를 정의한다. TEA와 SUN은 문자 10개를 기억할 수 있는 문자형 변수라는 의미이다. CHARACTER 문의 일반형식은

```
CHARACTER[*len], name1, name2, …
```

로서 [ ]는 생략할 수 있다는 뜻이고 name은 변수명[*len], 배열명[*len] 또는 배열명(d)[*len]의 형태중의 하나이다.

```
CHARACTER*15 SEA, MU(7)
```

과 같이 *len을 첫 변수 앞에 적으면 그 길이가 CHARACTER 문에 적은 모든 변수에 적용되어 컴파일러는 길이가 15인 문자형 변수 8개를 확보한다.

```
CHARACTER KIM*5 CHUN*10
```

과 같이 *len을 변수 뒤에 적으면 길이는 그 변수에만 적용된다.

*len의 len은 일반적으로 정수형 상수로 표시하나, 정수형 상수만으로 구성된 수식을 괄호로 묶어 표시할 수도 있으며, (*)로 나타내는 경우도 있다. 문자형 변수가 가인수인 때는

```
SUBROUTINE NAME(CHUN, KIM)
CHARACTER *(*), CHUN, KIM
```

와 같이 문자형 변수의 길이를 (*)로 표시하는 것이 좋다.

형 선언문 사용 시 다음과 같은 규칙에 대해 잘 따라야 한다.

(1) IMPLICIT 문과 쓰는 위치가 다르다. 즉, IMPLICIT 문은 **프로그램의 가장 앞에 위치**(①)하며, **형 선언문**은 프로그램의 **첫 실행문 바로 앞에 위치**(②)한다.

①
```
      IMPLICIT INTEGER(C-D)
      DIMENSION CC(10)
      DO 11 I=1, 10
      CC(I)=I+1
      WRITE (6, 20) CC(I)
   20 FORMAT(5X, I3)
   11 CONTINUE
      STOP
      END
```

②
```
      DIMENSION AAA(10)
      INTEGER AAA
      DO 11 I=1, 10
      AAA(I)=I+1
      WRITE (6, 20) AAA(I)
   20 FORMAT(5X, I3)
   11 CONTINUE
      STOP
      END
```

(2) 논리값을 기억할 수 있는 논리형 변수는 IMPLICIT 문이나 형 선언문으로 선언해야 하며, 배정도 실수형으로 선언된 변수들은 시스템마다 다르지만 일반적으로 8바이트의 기억공간이 확보된다.

```
INTEGER A,B, C(3, 4)
REAL LL, MM
LOGICAL S, T
DOUBLE PRECISION BB(3, 5), KOREA
CHARACTER*3 SAM, HAP
COMPLEX  IN, HAN
```

(3) DATA 문을 이용하여 변수에 대한 초기화 값을 부여할 수 있듯이 형 선언문에서도 초기값을 부여할 수 있다.

```
INTEGER TBS/48/
CHARACTER*5 KBS/'SEOUL'/
```

(4) 주프로그램명(PROGRAM 문), 서브루틴(subroutine) 부프로그램명(BLOCK DATA)이 형 선언문에 나타나서는 안 된다.

(5) 한 개의 변수명을 두 번 이상 형 선언할 수 없다.

```
INTEGER KGB, FBI
REAL KGB, MBC
```

여기서 변수 KGB가 한번은 INTEGER로, 또 한번은 REAL로 선언되어 오류이다.

(6) 프로그램 도중에서 상수명(PARAMETER 문), 변수명, 배열명 및 함수명 등을 변경할 수 없다.

(7) 내장 함수의 총칭명이 형 선언문에 의해 형을 변형시켜도 총칭성을 잃지 않는다(부록 A참조).

(8) 형 선언문에 의해 자료(data)의 형이 기억 공간 크기를 결정해 줄 수 있다(컴퓨터 기종에 따라 다르다). 즉, 정수형은 2바이트의 기억 공간이 확보되지만 다음과 같이 4바이트를 확보해 줄 수 있다.

(9) 프로그램에서 한번 선언된 상수명, 변수명, 배열명 그리고 함수명의 형을 변경할 수는 없다.

**예제 9.6** **프로그램 예제**

다음과 같이 출력하는 프로그램을 작성하여라.

**출력양식**

```
A B C D ...................................... X Y Z
B C D E ...................................... Y Z A
   .                                            .
   .                                            .
Z A B C ...................................... W X Y
```

**예제 9.6** 그림 형 선언문 출력 양식

**프로그램**

```
C        TYPE STATEMENT PROGRAM TO PRINT ALPHABET
         CHARACTER*2 M(26), K
         DO 11 I=1, 26
         READ(5, 10) M(I)
      10 FORMAT(A2)
      11 CONTINUE
         WRITE (6, 20)
      20 FORMAT(17X / '*** Alphabet show ***'/)
         WRITE (6, 20) (M(I), I=1, 26)
      20 FORMAT(2X, 26A2)
         DO 22 I=1, 26
```

```
22    K=M(1)
      DO 33 J=1, 25
33    M(J)=M(J+1)
      M(26)=K
      WRITE (6, 20) (M(L), L=1, 26)
      STOP
      END
```

**입력자료**

```
A B C D E F G H I J K L M N O P Q R S T U V W X Y Z
```

**출력결과**

```
                *** Alphabet show ***

A B C D E F G H I J K L M N O P Q R S T U V W X Y Z
B C D E F G H I J K L M N O P Q R S T U V W X Y Z A
C D E F G H I J K L M N O P Q R S T U V W X Y Z A B
D E F G H I J K L M N O P Q R S T U V W X Y Z A B C
E F G H I J K L M N O P Q R S T U V W X Y Z A B C D
F G H I J K L M N O P Q R S T U V W X Y Z A B C D E
G H I J K L M N O P Q R S T U V W X Y Z A B C D E F
H I J K L M N O P Q R S T U V W X Y Z A B C D E F G
I J K L M N O P Q R S T U V W X Y Z A B C D E F G H
J K L M N O P Q R S T U V W X Y Z A B C D E F G H I
K L M N O P Q R S T U V W X Y Z A B C D E F G H I J
L M N O P Q R S T U V W X Y Z A B C D E F G H I J K
M N O P Q R S T U V W X Y Z A B C D E F G H I J K L
N O P Q R S T U V W X Y Z A B C D E F G H I J K L M
O P Q R S T U V W X Y Z A B C D E F G H I J K L M N
P Q R S T U V W X Y Z A B C D E F G H I J K L M N O
Q R S T U V W X Y Z A B C D E F G H I J K L M N O P
R S T U V W X Y Z A B C D E F G H I J K L M N O P Q
S T U V W X Y Z A B C D E F G H I J K L M N O P Q R
T U V W X Y Z A B C D E F G H I J K L M N O P Q R S
U V W X Y Z A B C D E F G H I J K L M N O P Q R S T
V W X Y Z A B C D E F G H I J K L M N O P Q R S T U
W X Y Z A B C D E F G H I J K L M N O P Q R S T U V
X Y Z A B C D E F G H I J K L M N O P Q R S T U V W
Y Z A B C D E F G H I J K L M N O P Q R S T U V W X
Z A B C D E F G H I J K L M N O P Q R S T U V W X Y
A B C D E F G H I J K L M N O P Q R S T U V W X Y Z
```

## 9.2.2 • 연습문제

**9.1** TYPE 문(TYPE statement)에 대하여 간단히 설명하여라.

**9.2** IMPLICIT 문(IMPLICIT statement)에 대하여 간단히 설명하여라.

**9.3** EXPLICIT 문(EXPLICIT statement)에 대하여 간단히 설명하여라.

**9.4** 다음에서 틀린 곳이 있으면 고쳐라.

① `IMPLICIT, INTEGER(A, C)`
② `IMPLICIT REAL(M. N)`
③ `IMPLICIT X, Y, Z`
④ `IMPLICIT REAL(I, J, K) LOGICAL(S, T)`
⑤ `INTEGER, BENHO, SUM, A`
⑥ `REAL(NAME, NAI)`

**9.5** 다음에서 틀린 곳이 있으면 고쳐라.

① `LOGICAL TRUE.FALSE`
② `CHARACTER NAME*1234567890`
③ `REAL M, N, INTEGER X, Y`
④ `REAL I, J, K/3*9.01/`
⑤ `EXPLICIT REAL NSUM, K`
⑥ `INTEGER XXXBLUE(20)`

**9.6** 다음 프로그램에서 W. X. Y 및 Z의 마지막에 기억된 값은 각각 얼마인가?

```
INTEGER A, B, C, W, X
REAL D, E, F, Y, Z
A=1
B=3
C=6
D=1.0
```

```
E=3.0
F=6.0
X=F*(B/F)+0.5
Y=FLOAT(C)+FLOAT(A/B)
Z=(E*F)/(B+B)
W=FLOAT(B)/C
X=D/E
RETURN
END
```

※ FLOAT(N) : N속에 기억되어 있는 정수값이 실수값으로 변환(부록 A 참고)

**9.7** 자료 카드나 자료 파일에 입력되는 임의의 수를 읽고 그 수의 누승(累乘, factorial)을 구하여 인쇄하는 프로그램을 작성하여라.

**9.8** 두 수 20과 30을 읽어 합과 곱을 구하는 프로그램을 작성하여라.

## 9.2.2 | 연습문제 해답

**9.1** 변수의 뜻을 바꾸는 명령문이다.

**9.2** 변수의 첫 문자에 형을 지정하는 비실행문

**9.3** 변수 그 자체에 형을 지정하는 비실행문

**9.4** 다음에서 틀린 곳이 있으면 고쳐라.

① IMPLICIT,에서 ,를 제거.
② REAL(M. N)에서 .를 ,로 바꾸어야 한다.
③ TYPE 문 누락.
④ LOGICAL(S, T) 앞에 ,를 누락.
⑤ INTEGER 다음에 ,를 제거
⑥ REAL(NAME, NAI)에서 ( )만 제거

**9.5** 다음에서 틀린 곳이 있으면 고쳐라.

① .를 ,로 바꾸어야 한다.
② NAME*1234567890에서 과다한 방으로 선언되어 있다.
③ 한 문장에 두개의 선언문을 사용했다.
④ 선언문을 잘못 사용했다.

⑤ 선언문을 잘못 사용했다.
⑥ 변수의 조건에 불합리하다.

**9.6** 다음 프로그램에서 W, X, Y, Z의 마지막에 기억된 값은 각각 얼마인가?

```
W=0    X=0    Y=4.    Z=3.
```

**9.7** ■ 프로그램

```
C        TYPE STATEMENT PROGRAM TO COMPUTE N!
         INTEGER HAP
         WRITE (6, 10)
   10    FORMAT(2X, 24('=') /3X, 'Fatorial', 7X, 'Results'/2X,
       & 24('='))
         HAP=1
   20    READ(5, 30) J
   30    FORMAT(I4)
         IF(J .EQ. 0) GO TO 50
         DO 11 I=1, J
           HAP=HAP*I
           IF(I .LT. J) GO TO 11
           WRITE (6, 40) J, HAP
   40      FORMAT(3X, I4, '!', 5X, I12)
           HAP=1
   11    CONTINUE
         GO TO 20
   50    WRITE (6, 60)
   60    FORMAT(2X, 24('='))
         STOP
         END
```

■ 입력 자료

```
 1
 2
 3
 4
 5
 6
 7
 8
 9
10
 0
```

* 입력 자료에서 마지막 0은 계산을 끝내라는 뜻이다.

■ 출력 결과

```
========================
 Fatorial       Results
========================
    1!                1
    2!                2
    3!                6
    4!               24
    5!              120
    6!              720
    7!             5040
    8!            40320
    9!           362880
   10!          3628800
========================
```

9.8 ■ 프로그램

```
C     TYPE STATEMENT PROGRAM TO COMPUTE HAP AND PRODUCT WITH TWO
     & NUMBERS
      REAL HAP, GOP
      READ(5, 10) I, J
   10 FORMAT(2I3)
      HAP=I+J
      GOP=I*J
      WRITE (6, 20) I, J, HAP, GOP
   20 FORMAT(2X, I3, 3X, I3/ 'HAP', F5.0 / 'GOP', F9.0)
      STOP
      END
```

■ 입력 자료 및 출력 결과

```
INPUT DATA  :   20   30
OUTPUT : HAP =   50.
         GOP =  600.
```

## 9.2.3 DATA 문

이제까지 배운 프로그램에서 변수나 배열의 요소에 자료(data)를 기억시키고자 할 경우 실행문인

1. READ 문에 의하여 입력시키는 방법과
2. 산술 대치문(치환문)을 이용하여 자료를 기억시키는 방법이 있다.

두 번째의 방법으로 몇 개의 변수나 배열의 요소에 초기치를 넣는 것은 편리하나 많은 변수나 배열의 요소에 초기치를 기억시킬 경우에는 아주 불편하다. 즉 하나하나에 치환문으로 적어 수치나 값을 기억시키게 한다면 명령문이 많아지므로 코딩하는데 번거로울 뿐만 아니라 목적프로그램으로 번역하는 시간과 기억 장소가 많이 필요하여 비효율적인 방법이다. 그러므로 아주 많은 변수나 배열에 초기치를 기억시키고자 할 경우 첫째 방법을 사용하기도 한다.

상수나 초기치를 변수 또는 배열에 넣고자 할 때에는 DATA 문을 사용하면 보다 효율적이다. 상수 $\pi$를 생각해 보자. 이 값을 변수에 보관하기 위하여

```
PI=3.141592
```

와 같이 실행문을 쓰면 이것은 치환문이 실행될 때마다 PI에 3.141592가 들어간다. $\pi$는 프로그램이 끝날 때마다 불변이므로 PI에 오직 한번만 3.141592를 넣으면 된다. 이런 경우 DATA 문을 사용하여

```
DATA  PI/3.141592/
```

와 같이 DATA 뒤에 변수명을 쓰고, 변수명 뒤에 상수를 앞뒤에 슬래쉬(/)로 묶어 적는다. DATA 문은 비실행문으로서 컴파일러가 목적 프로그램으로 번역할 때 변수나 배열에 상수를 기억시키는 문이다. 이 문은 프로그램이 처리될 때 실행하는 문이 아니기 때문에 변수에 기억된 값을 DATA 문으로는 변경시킬 수 없다.

어떤 변수에 초기값을 넣을 경우에도 DATA 문을 사용할 수 있다. 이를테면 KOUNT에는 1을 SUM에는 0.0을 초기값으로 넣고자 할 때

```
DATA KOUNT /1/
DATA SUM /0.0/
```

을 쓰면 된다. 1개의 DATA 문으로 여러 개의 값을 넣을 수 있으므로 위의 두 문장을

```
DATA KOUNT /1/, SUM /0.0/
```

와 같이 한 문장으로 적든지 또는

```
DATA KOUNT, SUM  /1, 0.0/
```

와 같이 적어도 된다.

DATA 문의 일반 형식은 다음과 같다.

① DATA $v_1, v_2, \cdots, v_n/c_1, c_2, \cdots, c_n/$

$v_1, v_2, \cdots, v_n$ : 변수(variable)명(정수형, 실수형, 문자형, 논리형, 복소수형 및 배정도 실수형), 배열(arrary)명, 배열 요소명 및 DO형 목록(list)

$c_1, c_2, \cdots, c_n$ : 상수(수치, 문자), 상수명

② DATA $v_1/c_1/, v_2/c_2/, v_3/c_3/, \cdots, v_n/c_n/$

③ DATA $v_1, v_2, \cdots, v_n/m*n/$

m : 반복 횟수(자료 n을 반복해서 기억시키는 기억 장소의 수를 나타내며 반드시 부호 없는 정수형 상수 또는 상수명)

n : 상수, 상수명

* : 반복을 나타내는 기호

예 DATA A/1.2/, B/4.9/, I/30/ ↔ DATA A, B, I/1.2, 4.9, 30/

예 DATA C, I, A/"K", "G", "B"/ ↔ DATA C, I, A/1HK, 1HG, 1HB/

DATA 문 사용 시 다음과 같은 규칙에 대해 잘 따라야 한다.

(1) DATA 문은 선언문이 있는 경우는 선언문 뒤에 첫 실행문에 앞서 적어야 한다.

(2) 변수명($v_1, \cdots, v_n$)의 기억 장소 개수와 자료(data)의 개수($c_1, \cdots, c_n$)는 처음부터 처음부터 반드시 같아야하며 형(type)도 같아야한다. 또한 변수명과 자료 사이는 콤마(,)로 구분하며, 자료의 시작과 끝에는 /(slash)으로 구분해 준다.

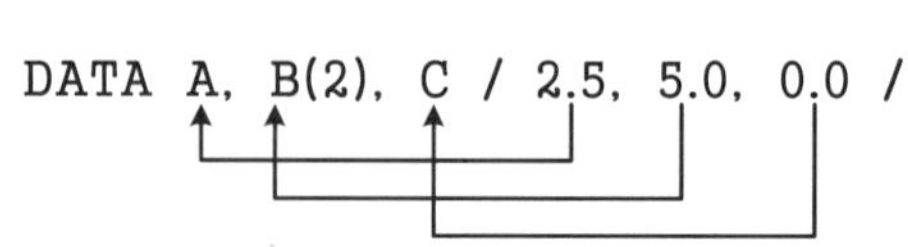

(3) 변수 목록에 배열명을 쓰면 배열의 요소 전체를 뜻한다. 다음과 같은 DATA 문은 배열 A에 대해 다섯 개의 기억장소에 왼쪽에서부터 자료가 입력된다. 만일 배열의 특정 요소를 가리킬 때는 B(7), A(2)와 같이 첨자가 반드시 정수라야 한다.

```
DIMENSION A(5)
DATA A /1.4, 3.5, 2.8. 5.9. 4.3/
```

| 1.4 | 3.5 | 2.8 | 5.9 | 4.3 |
|---|---|---|---|---|
| A(1) | A(2) | A(3) | A(4) | A(5) |

(4) 선언문으로써 DATA 문은 다른 선언문보다 뒤에 위치하며, END 문 이전에 위치해야 한다.

```
      DIMENSION C(4)
      DATA C /6*2.5/
      DATA H /0./
      DO 11 I=1, 6
11    H=H+C(I)
      WRITE(6, 20) H
20    FORMAT(5X, F10.5)
      STOP
      END
```

(5) DATA 문에서 변수 목록($v_1$, … , $v_n$)의 변수와 상수 목록($c_1$, … , $c_n$)의 상수의 형이 일치하지 않을 경우에 문자형과 논리형을 제외한 모든 자료(data)의 형은 산술 치환문의 규칙에 따라 **변수의 형에 우선하여 자료가 기억**된다. 단, **문자형과 논리형인 경우**에는 **형이 반드시 일치**해야 한다.

① 다음 DATA 문은 I와 J가 정수형이므로 산술 치환문 규칙에 따라 8과 −3이 기억되며, P는 복소수형이므로 (2.7, 0.0)이 기억된다.

```
COMPLEX P
DATA I, J, P /8.49, -3.7, 2.7/
```

② 다음 DATA 문은 I에 KOREA, K에 TRUE 값이 기억된다.

```
CHARACTER I*5
LOGICAL K
DATA I/'KOREA'/K/.TRUE./
```

(6) 변수 목록에 IMPLIED-DO 문을 이용한 배열을 쓸 수 있다(DO 문 참조). 즉, ①과 ②는 동일한 뜻을 갖는다.

①

```
DIMENSION A(5)
DATA (A(I), I=1, 5) /2*(4.5, 2.0), 3.0/
```

| | | | | | |
|---|---|---|---|---|---|
| A | 1.4 | 3.5 | 2.8 | 5.9 | 4.3 |
| | A(1) | A(2) | A(3) | A(4) | A(5) |

②

```
DIMENSION A(5)
DATA A(1), A(2), A(3), A(4), A(5)/4.5, 2.0, 4.5, 2.0,
3.0/
```

(7) DATA 문에 배열명만 쓰면 배열 요소 전체에 대해 첨자 값의 순서(열의 방향)로 초기값이 부여된다.

```
DIMENSION A(3)
DATA A/1.1, 2.1, 3.1/
```

| | | | |
|---|---|---|---|
| A | 1.1 | 2.1 | 3.1 |
| | A(1) | A(2) | A(3) |

(8) 같은 값을 여러 개의 변수에 기억시키고자 할 때 앞에서도 설명한 비와 같이 반복의 뜻(회수)을 나타내는 기호(*)를 사용할 수 있다. 즉, ①과 ②는 같은 뜻을 갖는다.

```
①    DATA  A, B, C/3*1.2/
②    DATA A, B, C/1.2, 1.2, 1.2/
③    W, X, Y, Z, H/2*4.1, 3*11.9/
```

설명　③에서 2와 3을 **반복계수**(repetation factor)라 한다.

(9) DATA 문을 이용하여 라벨 없는 COMMON 문의 변수에는 초기값을 넣을 수 없으나, 라벨 있는 COMMON 문의 변수에는 BLOCK DATA 부프로그램을 이용하여 거기서 DATA 문으로 초기값을 넣을 수 있다.

```
BLOCK DATA
COMMON /MERGE/TREST, PRIN, TIME/MAP/XLONG(10), XLAT(10)
REAL TREST/0.065/, TIME/24.0/, XLONG/10*0.0/
END
```

(10) DATA 문을 이용하여 문자 상수의 초기값을 자료(data)를 문자 변수에 기억

할 경우 다음과 같은 두 가지 경우가 발생한다.

① 문자의 길이 > 문자 상수의 길이인 경우

```
CHARACTER A*5
DATA A/'LOVE'/      →      A= | L | O | V | E | ␣ |
```

② 문자의 길이 < 문자 상수의 길이인 경우

```
CHARACTER A*3, B*5                           A= | K | O | R |

DATA A, B/'KOREA', 'COMPUTER/  →  B= | C | O | M | P | U |
```

(11) DATA 문에서 반복 회수를 상수뿐만 아니라, 상수명도 지정이 가능하다. 즉 ①, ②, ③ 및 ④는 동일한 뜻을 갖는다.

①

```
PARAMETER(N=4)
DIMENSION A(N)
DATA A/N*2.0/
```

②

```
DIMENSION A(4)
DATA A(1), A(2), A(3), A(4)/4*2.0/
```

③

```
DIMENSION A(4)
DATA A/4*2.0/
```

④

```
DIMENSION A(4)
DATA (A(I), I=1, 4)/4*2.0/
```

(12) 초기값 자료를 기억하는 3가지 방법, 즉 치환문, READ 문 및 DATA 문 사이의 특징은 각각 다음 표 9.1과 같다.

**표 9.1** 치환문, READ 문 및 DATA 문의 특징

| 종 류 | 특 징 |
|---|---|
| 치 환 문 | 프로그램에서 주로 식의 값을 기억하고자 할 때 또는 초기값을 넣을 변수의 수가 적을 때 사용. |
| READ 문 | 처리해야할 자료가 외부 자료일 때 적합. |
| DATA 문 | 초기값 자료를 기억할 변수가 많을 경우에 주로 사용. |

## 9.2.3 · 연습문제

**9.1** DATA 문(DATA statement)에 대하여 간단히 설명하여라.

**9.2** 자료를 기억(치환)시키는 방법은 몇 가지가 있으며 무엇인지 나타내어라.

**9.3** 다음 조건을 만족하는 DATA 문을 작성하여라.

① 7개의 첨자변수(subscript variable)를 가진 1차원 배열(one dimensional arrary)의 배열명(array name)을 D라 하고 7개의 첨자 변수의 각각에 1주일의 영문자명을 처음부터 3문자까지 기억시켜라(단, 한 개의 변수에 4개의 문자까지만 기억시킬 수 있는 컴퓨터의 경우라고 하자.)

② A, X 및 M에 3.75, 8.6 및 12를 각각 기억시켜라.

**9.4** 다음 조건을 만족하는 DATA 문을 작성하여라.

① 5개의 첨자변수(subscript variable)를 가진 1차원 배열(one dimensional arrary)의 배열명(array name)을 K라 하고 5개의 첨자 변수에 "TODAY IS PRETTY DAY"를 기억시켜라.

② $L_1$, $L_2$ 및 $Q_3$에 1984, 1009 및 SEA를 각각 기억시켜라.

**9.5** 다음에서 틀린 곳이 있으면 고쳐라.

① `DATA /A/5.5, /B/6.3`

② `DATA X, Y /0, 1/`

③ `DATA A, B, C /1.2, 1.3/`

**9.6** 다음에서 틀린 곳이 있으면 고쳐라.

① `DATA K, B/1.2, 3/`

② `DATA P1, P2, P3 /8.4, 6.2, 2.1*2/`

③ `DATA A, K, N, C /2., 3, 41, 6.1`

**9.7** 주어진 10개의 입력 자료에 대하여 오름차순(ascending order)으로 정렬하는 프로그램을 작성하여라.

■ 입력 자료

| 9 | 3 | 5 | 7 | 10 | 8 | 4 | 2 | 6 | 1 |
|---|---|---|---|---|---|---|---|---|---|

**9.8** 초기값 자료는 DATA 문을 사용하여 1+2+3⋯+100의 합을 구하는 프로그램을 작성하여라.

**9.9** 어느 대학교에서 OO과목을 평가한 점수를 입력시켜 다음 조건에 따라 구분하여 인쇄하는 프로그램(DATA 문을 이용)을 작성하여라.

■ 입력 양식

| 학 번 | 성 명 | 점 수 | |
|---|---|---|---|

■ 출력 양식

```
            ** Results of Midterm **

   NO        NAME        SCORE        GRADE
   :          :            :            :
   :          :            :            :
```

■ 조건

① 입력되는 평가한 자료의 점수가

90점 이상 이면 A

80점 이상 이면 B

70점 이상 이면 C

60점 이상 이면 D

60점 미만이면 F로 인쇄한다.

② 학번이 '5555'이면 마지막 자료(last data)로 한다.

## 9.2.3 | 연습문제 해답

**9.1** 비실행문에 의한 변수에 정보를 기억시키는 것이다.

**9.2** 치환문, READ 문, DATA 문

**9.3** ① DIMENSION D(7)

DATA D/28HMON TUE, WED, THU, FRI, SAT, SUN /

② DATAA, X, M/3.75, 8.6, 12/

**9.4** ① DIMENSION K(5)

DATA K/20HTODAY IS PRETTY DAY./

② DATAL1, L2, Q3/1984, 1009, SEA/

**9.5** 다음에서 틀린 곳이 있으면 고쳐라.

① / /의 위치가 바뀜 즉, /A/5.5, /B/6.3가 A/5.5/, B/6.3/로 수정

② 형이 일치하지 않음

③ 개수가 일치하지 않음

**9.6** 다음에서 틀린 곳이 있으면 고쳐라.

① 형이 일치하지 않음

② 반복계수를 잘못 사용

③ 형이 일치하지 않고 끝에 '/'가 없다.

**9.7** ■ 프로그램

```
C       DATA SATATEMENT PROGRAM TO SORT DIGITS IN ASCENDING ORDER
        DIMENSION A(10)
        INTEGER A
        DATA A/9, 3, 5, 7, 10, 8, 4, 2, 6, 1/
        DO 11 I=1, 9
          K=I+1
        DO 11 J=K, 10
          IF(A(I) .LE. A(J)) GO TO 11
          MIN=A(I)
          A(I)=A(J)
          A(J)=MIN
     11 CONTINUE
        WRITE(6, 20) (A(I), I=1, 10)
     20 FORMAT(5X, 'DIGITS=', 10I4)
        STOP
        END
```

■ 출력 결과

```
DIGITS =   1   2   3   4   5   6   7   8   9  10
```

9.8 ■ 프로그램

```
C         DATA SATATEMENT PROGRAM
          DATA KSUM, NUM /0, 0/
      99  NUM=NUM+1
          KSUM=KSUM+NUM
          IF(NUM .NE. 100) GO TO 99
          WRITE(6, 20) KSUM
      20  FORMAT(5X, 'SUM=', I5)
          STOP
          END
```

■ 출력 결과

```
SUM= 5050
```

9.9 ■ 프로그램

```
C         DATA SATATEMENT PROGRAM TO SORT GRADES IN THE MIDTERM(응용
C         324)
          DIMENSION NAME(10), NSC(4)
          CHARACTER NALPH(5), LPH
          DATA NSC/90. 80, 70, 60/
          DATA NALPH/'A', 'B', 'C', 'D', 'F'/
          WRITE(6, 10)
      10  FORMAT(10X, '** Results of Midterm **'/2X, 43('=')/4x,
     &    'NO', 9x, 'NAME', 10X, 'SCORE', 5X, 'GRADE'/2X, 43('='))
      99  READ(IN, 20 NO, NAME, JSC
      20  FORMAT(I4, 10A2, I3)
            IF(NO .EQ. 5555) GO TO 90
          DO 11 I=1, 4
            IF(JSC .GE. NSC(I)) GO TO 22
      11  CONTINUE
      22   LPH=NALPH(I)
          WRITE(6, 30) NO, NAME, JSC, LPH
      30  FORMAT(2X, I5, 2X, 10A2, 1X, I3, 8X, A1)
            GO TO 99
      90  WRITE(6, 40)
      40  FORMAT(2X, 43('='))
      90  STOP
          END
```

■ 입력 자료

```
3001  KIM, JAE DONG   97
3002  LEE, SONG JIN   85
3003  KIM, HEONG KI   78
3004  LEE, SOO BIN    82
3005  CHOI, MI WOO    90
3006  BAE, SANG PIL   94
3007  PARK, IN SUNG   64
3008  LEE, JUN BUM    80
3009  YOO, DONG JUN   73
3010  NAM, AH RAM     89
5555
```

입력 자료에서 마지막 5555는 자료가 없으므로 계산을 끝내라는 뜻이다.

■ 출력 결과

```
           ** Results of Midterm **
==========================================
   NO         NAME           SCORE   GRADE
==========================================
  3001   KIM, JAE DONG        97       A
  3002   LEE, SONG JIN        85       B
  3003   KIM, HEONG KI        78       C
  3004   LEE, SOO BIN         82       B
  3005   CHOI, MI WOO         90       A
  3006   BAE, SANG PIL        94       A
  3007   PARK, IN SUNG        64       D
  3008   LEE, JUN BUM         80       B
  3009   YOO, DONG JUN        73       C
  3010   NAM, AH RAM          89       B
==========================================
```

## 9.2.4 DOUBLE PRECISION 문

32bit로 실수의 수치를 표현하는 컴퓨터에서 7bit로 지수를 나타내면 소수 부분을 표시하는 자리수가 24bit이므로 유효 자리수는 10진수로 7자리 정도이다. 그러면 이 컴퓨터로 다음의 문을 처리하면 R에는 얼마가 기억될까?

```
R=1.6777210E07+23.0
```

처음 숫자 1.6777210E07은 컴퓨터 내부에서 .1677721E08로 기억된다. 그리고 컴퓨터 내에서 실수형 숫자를 더할 때는 더하는 두 수의 지수가 같아야 하므로 23.0은 .00000023E08이 되어 그 결과는 .16777233E08이 되나 이것이 R에 기억되면 유효 숫자 7자리 밖에 기억할 수 없으므로 .1677723E08이 되어 오차가 생긴다.

이와 같이 큰 수와 작은 수의 가감(加減, addition and subtraction)계산을 수백 번 되풀이 하면 큰 오차가 생기게 된다. 이 때 소수 부분을 나타내는 bit의 수가 좀더 많았더라면 이런 문제는 일어나지 않는다. 그러므로 정밀한 계산을 하고자 할 경우에 이 컴퓨터에서는 32 bit를 다음 그림과 같이 더 붙여 소수 부분을 56 bit로 나타낸다. 그러면 16자리까지 유효하게 된다.

| 31 | 24 | 23 00 | 31 00 |
|---|---|---|---|
| 부호 | 지수 | 소 수 | 부 분 |

이와 같이 나타내는 자료를 **배정도(倍精度) 실수형(實數型)**(DOUBLE PRECISION)이라고 한다. 일반적으로 FORTRAN에 배정도 실수형은 유효수자가 실수형(real, 또는 single precision)의 2배 이상이므로 **정확하고 정밀한 계산이 필요한 경우**에는 **배정도 실수형을 사용**하여야 한다. 그러나 연산 속도는 배정도 실수형이 실수형보다 2~10배나 느리고, 기억 장소는 2배나 더 많이 차지한다. 실수형 변수의 길이가 32 bit이면 배정도 실수형 변수는 64 bit 이므로 문자 자료는 8글자를 기억할 수 있다.

DOUBLE PRECISION 문의 일반 형식은 다음과 같다.

```
      DOUBLE PRECISION v1, v2, … , vn
v1, v2, … , vn : 변수(variable)
```

예 `DOUBLE PRECISION W, X, T Z(15), JEJU(4, 5)`

예 
```
DOUBLE PRECISION CIA, KGB
     CIA=K*I/S**J+KGB
```

설명 배정도(double precision)로 선언된 변수와 선언되지 않은 변수가 혼합되었을 때는 배정도로 바뀌어 계산된 후 최종 결과가 배정도 실수인 CIA에 기억된다.

> **참고**
>
> 배정도 수와 단일 정도(single precision) 수와 혼합연산은 가능하나 최종 결과는 좌측 변수의 형(type)에 따른다. 또한 앞에서도 설명한 바와 같이 배정도 변수에 의한 연산시간이 보통변수(단일정도 변수)에 의한 연산시간보다 2~10배정도 더 소요되기 때문에 정확과 정밀을 요하는 특별한 경우에만 DOUBLE PRECISION 문을 사용해야 한다.

DOUBLE PRECISION 문 사용 시 다음과 같은 규칙에 대해 잘 따라야 한다.

■ **상수**

배정도 실수형 상수는 실수형 상수와 같이 반드시 마침표(.)가 있어야 하고, 여기에도 10진수형과 지수형이 있는데 지수형일 때는 E대신 D를 쓴다. 실수형 상수는 유효 숫자가 7자리까지 가능하나 **배정도 실수형 상수는 16자리까지 적을 수 있다**(컴퓨터의 기종에 따라 다르다).

10진형 : `12.345678`

지수형 : `.12345678D02, 12345678.D-6,  123.45678D-1`

이들 상수는 컴퓨터 내부에서는 $0.1234567800000000\times10^{2}$의 형태로 유효 숫자가 16개가 되도록 변환하여 기억한다(물론 배정도 실수형 자료도 실수형 자료와 같은 방법으로 2진수로 변환하여 기억한다).

■ **변수**

배정도 실수형 변수는 IMPLICIT 문으로 변수명의 시작 문자를 선언하든지 또는 변수명을 DOUBLE PRECISION 형선언문으로 적어 프로그램의 앞부분에 **실행문에 앞서 선언**하여야 한다.

```
IMPLICIT DOUBLE PRECISION (C, O-S)
DOUBLE PRECISION KI
  :
END
```

앞의 프로그램에서 변수명이 C, O, P, Q, R 및 S로 시작하면 배정도 실수형 변수이고 KI 역시 type 문으로 배정도 실수형 변수임을 선언하였다.

## ■ 변환

배정도 실수형 변수에 입력시키든지 또는 출력 할 때 D변환을 사용한다. D변환의 일반 형식은 다음과 같다.

```
rDw.d
```

여기서 D는 double precision의 첫글자로서 배정도 실수형이라는 것을 가리키고 r는 반복, w는 자리수, d는 소수 부분의 자리수를 가리킨다. D변환의 기능은 배정도 실수형이라는 것을 제외하고는 E변환과 똑 같다. 그리고 E변환은 지수 부분을 나타내기 위하여 문자 E로 표시하였으나 D변환에서는 D로 표시한다.

## ■ 함수

배정도 실수형의 내장 함수는 함수명의 글자가 D로 시작한다. 함수 DBLE (R)은 실수형의 인수 R을 배정도 실수형으로 고치고, SNGL(DX)는 배정도 실수형 DX를 실수형으로 DFLOAT(I)는 정수형 I를 배정도 실수형으로 고친다.

배정도 실수형의 값을 계산하는 함수 부프로그램을 작성할 때는 부프로그램에서 함수명이 배정도 실수형이라는 것을 IMPLICIT나 DOUBLE PRECISION 문으로 형 선언을 하든지 또는 FUNCTION 문에서 DOUBLE PRECISION을 명시해야 한다. 가인수가 배정도 실수형인 경우도 반드시 형 선언을 해야 한다.

```
   DOUBLE PRECISION FUNCTION SUM(A, K)
   DIMENSION B(K)
   DOUBLE PRECISION A
   SUM=0.0
   DO 11 I=1, K
     SUM=SUM+B(I)
11 CONTINUE
   RETURN
   END
```

위 프로그램에서 앞의 첫 문장을 다음과 같이 적어도 된다.

```
FUNCTION SUM(B, K)
DOUBLE PRECISION SUM
```

함수명이 배정도 실수형인 경우 일반적으로 호출 프로그램에서 배정도 실수형 임을 선언해야한다(이것은 컴퓨터의 기종에 따라 다르다).

## 9.2.4 • 연습문제

**9.1** DOUBLE PRECISION 문(DOUBLE PRECISION statement)에 대하여 간단히 설명하여라.

**9.2** 다음에서 틀린 곳이 있으면 고쳐라.

① `DOUBLE PRECISION IMPLICIT(A-D)`
② `DOUBLE PRECISION, ANOVA, TABLE`
③ `DOUBLE PRECISION REAL C, D`
④ `IMPLICIT DOUBLE PRECISION(I-N)(P-T)`
⑤ `IMPLICIT, DOUBLE PRECISION(Y, Z), K`

**9.3** 다음에서 틀린 곳이 있으면 고쳐라.

① `DOUBLE PRECISION EXPLICIT(B-G)`
② `DOUBLE PRECISION, (YOUNG, JA)`
③ `DOUBLE PRECISION INTEGER B1 Z1, Y2`
④ `IMPLICIT DOUBLE PRECISION, (A, B, C)`
⑤ `IMPLICIT, DOUBLE PRECISION (E, F), J`

## 9.2.4 | 연습문제 해답

**9.1** 실수형 자료를 처리하는데 있어서 자리수를 확장시켜주는 TYPE의 일종이며 비실행문이다.

**9.2** 다음에서 틀린 곳이 있으면 고쳐라.
① DOUBLE PRECISION과 IMPLICIT(A-D)의 위치가 바뀌었다.
② DOUBLE PRECISION,에서 ,의 제거
③ REAL의 제거
④ (I-N)(P-T)에서 ,의 삽입 즉 (I-N), (P-T)
⑤ IMPLICIT,에서 ,의 제거, (Y, Z), K를 (Y, Z, K)로 수정

**9.3** 다음에서 틀린 곳이 있으면 고쳐라.

① DOUBLE PRECISION과 EXPLICIT(B-G)의 위치가 바뀌었다.

② DOUBLE PRECISION,에서 ,의 제거

③ INTEGER의 삭제

④ PRECISION,에서 ,의 제거

⑤ IMPLICIT,에서 ,의 제거, (E, F), J를 (E, F, J)로 수정

# 9.3

# 정수형 자료

정수형 자료의 외형적 표현 방법, 즉 자료 카드에 정수형 자료를 어떻게 쓰는가. 그리고 정수형 상수는 어떻게 나타내는가에 대하여서는 이미 배웠으므로 여기서는 정수형 숫자를 컴퓨터 내부에서 어떻게 표시하는가를 살펴본다.

## 9.3.1 정수형 자료의 처리

```
KIM=127
```

이 문을 수행하기 위하여 FORTRAN 컴파일러는 상수 127를 2진수의 정수형 숫자로 만들어 기억장소 n에 기억시켜 둔다. 그러면 이 명령문을 처리할 때 n에 기억되어 있는 값을 KIM이라는 변수에 기억시키게 된다. 프로그램에 적힌 모든 상수는 컴파일러가 번역할 때 그 상수의 형에 맞추어 2진수로 변환하여 기억 장소 n에 기억시켜 둔다. 이 기억 장소의 번지를 우리 프로그래머가 알 수 없으므로 거기에 기억된 자료(資料, data)는 프로그램의 처리가 끝날 때까지 항상 일정하므로 이것을 불변의 숫자라 하여 **상수(常數, constant)**라고 부른다.

그러면 다음의 명령문은 어떻게 처리될까?

```
KIM=127.0
```

이것은 상수 127.0을 KIM이라는 정수형 변수에 기억시키라는 문이다. 그런데 상수 127.0은 정수형 상수가 아니라 실수형 상수이다. 그러나 이것도 역시 어려운 문제는 아니다.

이 문장을 번역할 때 FORTRAN 컴파일러가 상수 127.0을 컴퓨터가 기억할 수 있는 2진수의 실수형 숫자로 고쳐 기억 장소 n에 보관시켜 둔다. 그러면 이 명령문을 처리할 때 n에 기억된 실수형 자료를 정수형 자료로 바꾸어 KIM에 넣는다. 그러므로 이 명령문은 다음과 같이 적는 것이 원칙이다.

```
KIM=IFIX(127.0)
```

FORTRAN에서는 치환문에서 자료의 형이 서로 일치하지 않을 경우에 대해 왼쪽의 변수형에 맞추어 자료의 형을 자동적으로 변환하도록 되어 있어 매우 편리 하다. 그러나 컴퓨터가 자료를 다른 형으로 변환하는데 처리 시간이 소요되므로 가능하다면 자료의 형을 서로 일치시키는 것이 좋다.

## 9.3.2 정수형 자료의 내부 표현

259가 컴퓨터 내에서는 과연 어떠한 모양으로 기억되는가 알아보자.

259는 10진수의 정수이다. 10진수를 컴퓨터에 기억시키면 10진수가 그대로 기억되는 것이 아니라 10진수를 일단 2진수로 변환시켜 기억하게 된다. 정수형 자료를 기억하는 기억 장소의 길이는 컴퓨터의 기종에 따라 다르다. 그 길이가 32 bit(binary digit)라고 하면 10진수의 절대치를 그림 9.1(a)와 같이 2로 31번 나눈다. 나눗셈을 할 때마다 생기는 나머지를 그림 9.1(b)와 같이 기억 장소 n에 오른편에서 왼편으로 차례로 모은다.

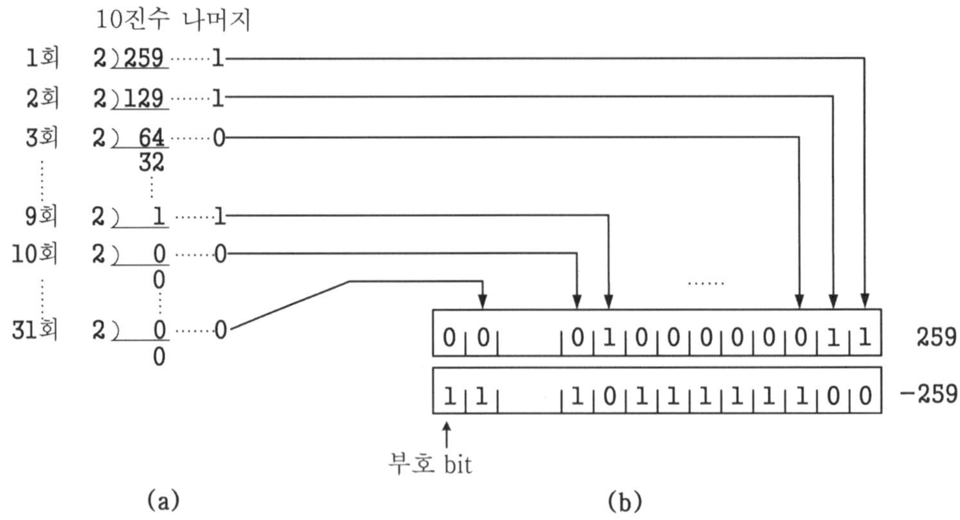


**그림 9.1** 정수형 자료의 내부 표현

그러므로 32 bit로 표시할 수 있는 정수형 자료의 최대치는

$$0(\underbrace{111\cdots\cdots\cdots1111}_{31개})_2$$

이므로 $2^{31}-1$이며, 이보다 **큰 숫자는** overflow가 일어난다.

컴퓨터는 양수뿐만 아니라 음수도 표현할 수 있어야 한다. 수학에서는 절대치 앞에 음의 부호 '−'를 붙여 음수를 나타내나 컴퓨터에서는 왼편 bit를 부호 bit로 하여 양수이면 여기에 0을 넣고, 음수이면 1을 넣으면서 나머지 bit들을 **보수(補數, complement)**로 만든다, 즉 0은 1로, 1은 0으로 바꾼다.

음수를 보수로 표현하면 뺄셈을 덧셈의 방법으로 할 수 있다. 그림 9.2가 이 과정을 설명한 것이며 곱셈은 더하기를 반복한 것이고, 나눗셈은 빼기를 반복한 것이므로 음수를 보수로 표현하면 가산기 하나만으로 **4칙 연산[四則 演算 : 덧셈, 뺄셈, 곱셈 및 나눗셈을 이용하여 하는 셈(=수를 세는 일)]**을 할 수 있다.

```
(10진수의 뺄셈)   (보수를 더함)     (2진수의 보수를 더함)
    327              327           000 ······ 00101000111   (327)
   −259             +740          +111 ······ 11010111000  (−259)
   ────            ─────          ─────────────────────────
     68           (1)067        (1)000 ······ 00001000011
                    └──→1          └───────────────────→1
                   ─────          ─────────────────────────
                      68           000 ······ 00001000100    (68)
```

**그림 9.2** 정수형 자료의 내부 표현

일반적으로 IBM이나 UNIVAC 등의 **byte machine**은 4 byte(8 bit를 1 byte라 함) 즉 32 bit로 정수형 자료를 표현하고, **word machine**은 한 word로 표현한다. word의 길이는 기종에 따라 다르다. 대부분의 컴퓨터에서는 정수형, 실수형 및 논리형 자료를 표현하는데 같은 bit 수를 사용한다.

> **참고_바이트 머신(byte machine)과 워드 머신(word machine)**
>
> **바이트 머신(byte machine)**은 바이트[byte=8비트(bit)] 단위의 가변 단어 길이(variable word length)로 연산이나 기억을 행하는 컴퓨터이고, **워드 머신(word machine)**은 일정한 비트 길이[또는 고정 단어 길이(fixed word length)]를 워드(word)로 하여, 그것을 단위로 각종 연산이나 기억을 하는 컴퓨터의 총칭이며 일정한 비트(bit) 길이로는 16 및 32비트 등이 있다.

## 9.3.3 정수형 자료의 변환

프로그램 안에 적은 10진수 형태의 정수형 상수는 컴파일러가 변역 시에 2진수의 정수형 숫자로 변환시키므로 프로그래머는 0, 1~9만의 숫자로 자료를 작성하면 된다. 그러나 프로그램 밖에 있는 10진수의 정수형 자료를 입력 장치를 통하여 읽어 정수형 변수에 기억시킨다든지 또는 정수형 변수에 있는 2진수의 정수형 자료를 출력 장치를 통하여 10진수의 정수로 인쇄(출력)하기 위하여서는 10진수 정수를 2진수 정수로, 또는 2진수 정수를 10진수 정수로 변환시켜야 한다. 이 때 사용하는 것이 Iw 변환 기호이다.

Iw 변환 기호에 대해서는 이미 배웠으며 FORTRAN 77에서 정수형 자료를 출력할 때 Iw.m의 변환기호를 사용할 수 있다.

Iw.m에서 기호 I와 w는 변환기호 Iw와 같으며, m은 정수로서 적어도 m자리의 숫자를 출력시킨다. 이를 테면 K=72일 때

```
      WRITE(6, 20) K
   20 FORMAT(1X, I8.4)
```

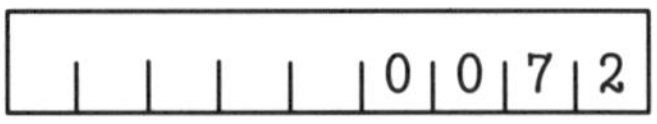

**그림 9.3** 출력 레코드

를 수행하면 그림 9.3과 같은 출력 레코드가 만들어 진다.

# 9.4

# 실수형 자료

## 9.4.1 실수형 자료의 내부 표현

32 비트(bit)로 숫자를 표시하는 컴퓨터에서 나타날 수 있는 최대치는 $2^{31}-1$ 즉 2,147,483,647이다. 그러면 이보다 큰 수치는 컴퓨터로 처리할 수 없다는 의미인가? 자료를 앞에서 설명한 정수형으로 기억한다면 이 컴퓨터로는 불가능하다. 그러나 이 방법은 마치 8자리 주산(珠算 : 주판을 사용한 계산)이 나타날 수 있는 최대치가 99,999,999($10^8-1$)인 것과 같다. 이 주산을 보다 멋있게 활용하여 앞의 2자리는 지수를 표시하고 남은 6자리로 소수를 표시하여 수치를 표현하면 $0.999999\times10^{99}$ 즉 10진수 99자리의 숫자까지 처리할 수 있다. 이때의 유효숫자는 6자리이다.

지금 140737488을 이 주산에 기억시킨다면 정확한 값을 그대로 나타낼 수는 없으나 $0.140737488\times10^9$에서 소수를 나타내는 주산의 자리수가 6개이므로 소수 이하 7자리에서 반올림시켜 $0.140737\times10^9$를 지수 09와 소수 부분 140737로 나누어 지수를 앞에서 2자리, 소수를 그 뒤에 6자리로 나타내어 09140737과 같이 표현할 수 있다. 실수형 자료는 컴퓨터 내부에서 이와 같이 지수와 소수 부분으로 나누어 표현한다.

−43.25를 지수형으로 고치어 표현하면

$$-0.4325\times10^2\begin{cases}\text{부호 } -\\ \text{소수 } 0.4325\\ \text{지수 } 2\end{cases}$$

와 같다. 같은 방법으로 2진수를 지수형으로 고칠 수 있다. 이를테면 10진수 −43.25는 2진수로 101011.01(2)이므로 이를 지수형으로 고치면

$$-0.10101101\times2^6\begin{cases}\text{부호 } -\\ \text{소수 } 0.10101101\\ \text{지수 } 6\end{cases}$$

이다. 이것을 컴퓨터 내부에서는 그림 9.4와 같은 형태로 표시한다.

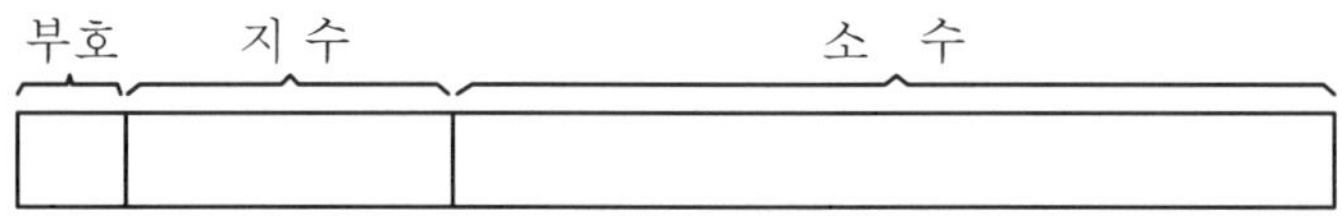


**그림 9.4** 2진수를 지수형으로 변환 시 컴퓨터 내부에 나타난 형태

32 bit로 실수형 자료를 표시하는 컴퓨터에서는 대부분 부호에 1 bit, 지수에 7 bit를 할당하고, 남은 24 bit로 소수 부분을 나타낸다. 지수에도 음수가 있으므로 7 bit 내에서 지수의 부호를 나타내도록 조정해야 한다. 일반적으로 지수 부분은 부호를 나타내기 위하여 한 bit를 배정하는 것이 아니라 실지수에 $64(=100000_{(2)}=2^6)$를 더한 조정 지수를 사용한다. 그림 9.5는 실지수와 조장 지수와의 관계를 나타낸 것이다.

| 실지수 : | −64 | −63 | −62 | …… | −1 | 0 | 1 | …… | 63 |
|---|---|---|---|---|---|---|---|---|---|
| 조정 지수 : | 0 | 1 | 2 | …… | 63 | 64 | 65 | …… | 127 |

**그림 9.5** 실지수와 조정 지수와의 관계

만일 지수를 8 bit로 표시하면 실지수에 $128(=2^7)$을 더하여 조정 지수를 만든다.

10진수 −43.25의 2진수 지수형은

$$-0.10101101\times 2^6$$

인데 여기서 실지수는 6이나 이를 조정 지수

$$6+64=110_{(2)}+0100000_{(2)}=0100110_{(2)}$$

로 바꾸어 내부적으로는 그림 9.6과 같이 기억된다.

| 부호 | 지 수 | 소 수 |
|---|---|---|
| 1 | 0100110 | 101011010000000000000000 |
| | 7 bit | 24 bit |

**그림 9.6** 실지수의 내부적으로 기억되는 형태

실수형 자료는 음수일 때 소수 부분을 보수로 고치지 않는 점에 유의해야 한다.

32 bit로 실수형 자료를 표시하는 컴퓨터에서 지수를 7 bit로 표시할 때 실수형 자료의 최대값은 $2^{63}$이고, 최소값은 $2^{-64}$이다. 만일 이보다 큰 실수형 자료를 처리할 때는 overflow가 일어나고, $2^{-64}$보다 **작은 것을 처리할 경우에는** under-

flow가 일어난다. 그리고 소수 부분을 24 bit로 표시하므로 유효 숫자는 10진수로 7자리 정도이다.

## 9.4.2 실수형 자료의 변환

프로그램 안에 적은 10진수 형태의 실수형 상수는 컴파일러가 번역 시에 2진수의 실수형 자료(data)로 변환시키므로 프로그램 작성 시에 10진형 또는 지수형으로 적으면 된다. 그러나 외부에 기록된 10진수 자료를 읽어 실수형 변수에 기억시킨다든지 또는 실수형 변수에 있는 실수형 수치를 외부로 출력시키기 위해서는 프로그램 안에서 자료를 변환시켜야 한다. 이때 사용하는 변환 기호는 Fw.d 또는 Ew.d이다. 실수형 자료와 정수형 자료가 컴퓨터 내부에서 표현되는 방법이 서로 다르므로 변환 기호의 사용에 각별히 주의하여야 한다.

# 9.5

# 문자형 자료

## 9.5.1 문자형 자료의 표현

STAR라는 문자를 상수로 하여 변수 CHO에 기억시키기 위하여

```
CHO=STAR
```

과 같이 명령한다면 이것은 STAR라는 변수에 기억된 실수형 자료(수치)를 변수 CHO에 기억시키는 의미이기 때문에 원하는 결과가 아니다. 그리고 135라는 세 글자(이것은 정수 135가 아니고 1, 3 및 5인 문자)를 변수 KIM에 기억시키기 위하여

```
KIM=135
```

으로 명령하면 **문자** 135가 기억되는 것이 아니고 **정수** 135가 기억되어 버린다. 그러므로 프로그램 안에서 문자를 상수로 하여 어떤 변수에 기억시키면 DATA 문이나 치환문을 사용할 때

```
DATA CHO/'STAR'/, KIM/'135'/
CHO='STAR'
KIM='135'
```

와 같이 문자형 상수는 반드시 앞뒤에 아포스트로피를 적어 변수명이나 수치 자료와 구별하여야 한다.

문자 135를 컴퓨터 내부에서 기억하는 방법은 정수 135를 기억하는 방법과는 완전히 다르다. 문자형 자료는 메모리 내에서 기억될 때는 코드화되어 기억된다. 한 개의 문자를 6 bit로 코드화하여 나타내는 컴퓨터도 있으나 일반적으로 8 bit, 즉 한 byte로 문자 한 개를 표시한다. 그러므로 32 bit 정수형 변수에는 문자 4개를 기억시킬 수 있다.

문자를 코우드화 하는데도 컴퓨터의 기종에 따라 다르나, 일반적으로 ASCⅡ (American Standard Code for Information Interchange)(표 9.2)나 EBCDIC (Extended Binary Coded Decimal Interchange Code)(표 9.3) 코드를 사용한다.

**표 9.2** ASCⅡ 코드

| 문자 | ASCⅡ | 문자 | ASCⅡ | 문자 | ASCⅡ | 문자 | ASCⅡ |
|---|---|---|---|---|---|---|---|
| 0 | 0011 0000 | @ | 0100 0000 | J | 0100 1010 | S | 0101 0011 |
| 1 | 0011 0001 | A | 0100 0001 | K | 0100 1011 | T | 0101 0100 |
| 2 | 0011 0010 | B | 0100 0010 | L | 0100 1100 | U | 0101 0101 |
| 3 | 0011 0011 | C | 0100 0011 | M | 0100 1101 | V | 0101 0110 |
| 4 | 0011 0100 | D | 0100 0100 | N | 0100 1110 | W | 0101 0111 |
| 5 | 0011 0101 | E | 0100 0101 | O | 0100 1111 | X | 0101 1000 |
| 6 | 0011 0110 | F | 0100 0110 | | | Y | 0101 1001 |
| 7 | 0011 0111 | G | 0100 0111 | P | 0101 0000 | Z | 0101 1010 |
| 8 | 0011 1000 | H | 0100 1000 | Q | 0101 0001 | [ | 0101 1011 |
| 9 | 0011 1001 | I | 0100 1001 | R | 0101 0010 | / | 0101 1100 |

**표 9.3** EBCDIC 코드

| 문자 | EBCDIC | 문자 | EBCDIC | 문자 | EBCDIC | 문자 | EBCDIC |
|---|---|---|---|---|---|---|---|
| | | | | | | 0 | 1111 0000 |
| A | 1100 0001 | J | 1101 0001 | | | 1 | 1111 0001 |
| B | 1100 0010 | K | 1101 0010 | S | 1110 0010 | 2 | 1111 0010 |
| C | 1100 0011 | L | 1101 0011 | T | 1110 0011 | 3 | 1111 0011 |
| D | 1100 0100 | M | 1101 0100 | U | 1110 0100 | 4 | 1111 0100 |
| E | 1100 0101 | N | 1101 0101 | V | 1110 0101 | 5 | 1111 0101 |
| F | 1100 0110 | O | 1101 0110 | W | 1110 0110 | 6 | 1111 0110 |
| G | 1100 0111 | P | 1101 0111 | X | 1110 0111 | 7 | 1111 0111 |
| H | 1100 1000 | Q | 1101 1000 | Y | 1110 1000 | 8 | 1111 1000 |
| I | 1100 1001 | R | 1101 1001 | Z | 1110 1001 | 9 | 1111 1001 |

컴파일러가 번역시 문자형 상수 '135'를 만나면 ASCⅡ 코드로 문자를 표현하는 경우 문자 1, 3 및 5에 대한 ASCⅡ 코드를 그림 9.7(a)과 같이 조립하여 임의의 기억 장소 n에 저장시킨다. 우리는 편의상 문자형 자료를 그림 9.7(b)과 같이 나타내기로 한다.

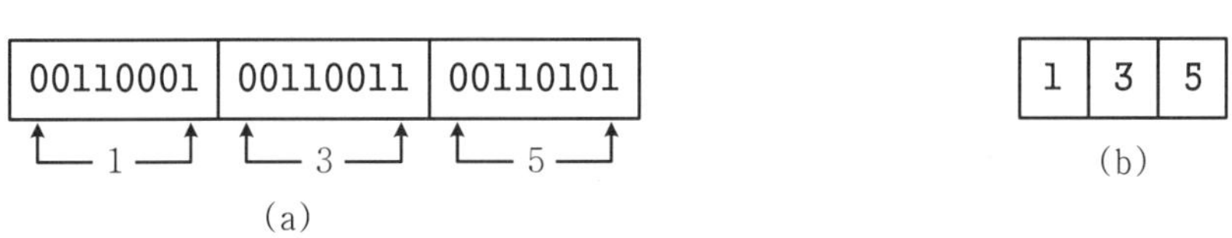


**그림 9.7** 문자형 상수'135'의 ASCⅡ 코드로 표현

## 9.5.2 문자형 자료의 처리

FORTRAN에서 사용되는 모든 종류의 변수는 문자형 자료를 기억할 수 있다. FORTRAN 77 이전에는 문자만을 기억하는 변수, 즉 문자형 변수가 없었으므로 대부분 정수형 변수로 문자형 자료를 처리하는데 많이 사용하였다. 문자형 변수가 아닌 다른 형의 변수로 문자형 자료를 처리하는 것부터 먼저 설명한다.

1개의 변수가 문자 몇 개를 기억할 수 있는가는 컴퓨터의 기종에 따라 다르나 앞에서 배운 바와 같이 문자 1개는 8 bit로 표시하고 정수형 및 실수형 등의 변수 길이는 32 bit이므로 이들 변수는 문자 4개를 기억할 수 있다. 이것을 C=4로 표시한다. IBM 360/370 **시리즈 컴퓨터**와 **미니컴퓨터**는 대부분 C=4이나 CDC 6000**시리즈**, CYBER와 같이 C=10인 컴퓨터도 있다.

```
NAME='CHO'
```

를 처리하면 C=4인 경우 문자 CHO은 변수 NAME에 다음과 같이 기억된다.

| NAME | C | H | O | ␣ |
|---|---|---|---|---|

즉, 문자 자료를 왼쪽으로 짜여 오른쪽의 남은 자리는 공백으로 채워 변수에 기억시킨다.

한편

```
NAME='AH␣STAR'
```

로 문을 작성하였다면 문자 자료 AH␣STAR에서 앞의 C개 즉 4개만 NAME에 기억되고, 남은 글자는 잘리어 없어진다. **문자 자료**에서는 **공백도 1개의 문자**라는 점에 유의해야 한다.

| NAME | A | H | ␣ | S |
|---|---|---|---|---|

C=4인 경우 문자 자료 AH␣STAR을 보관하기 위해서는 적어도 2개의 변수가 필요하게 된다. 다음 명령문들은 문자 AH␣STAR을 기억장소에 보관하는 예이다.

(1)

```
NAME1='AH␣S'
NAME2='TAR'
```

(2)
```
DATA NAME1/'AH␣S'/
DATA NAME2/'TAR'/
```

(3)
```
DATA NAME1, NAME2 /'AH␣S', 'TAR'/
```

이 문을 수행하면 NAME1에는 AH␣S가, NAME2에는 TAR가 기억된다.

| | | | | |
|---|---|---|---|---|
| NAME 1 | A | H | ␣ | S |
| NAME 2 | T | A | R | ␣ |

문자 자료를 일반 변수에 기억시키면 기억된 후에는 변수에 기억된 자료를 문자형 자료로 처리하는 것이 아니라 그 변수형과 일치하는 자료로 취급한다. 이를테면 변수 NAME에 문자 KIM␣이 기억되어 있다고 가정하고

```
PAR=NAME
```

과 같이 실수형 변수 PAR에 옮겼다고 하면 그림 9.8에서 보는 바와 같이 컴퓨터는 NAME에 있는 값을 정수형 자료로 취급하여 이를 실수형으로 변환시켜 PAR에 넣기 때문에 PAR에는 KIM␣에 해당하는 문자 코드가 기억되어 있지 않다.

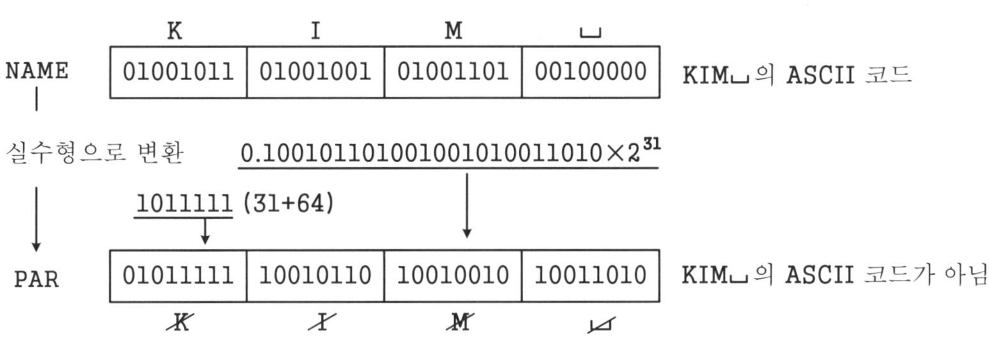


**그림 9.8** 문자 자료에 기억된 자료는 어떤 형으로 자료를 처리?

그러므로 일반 변수에 문자형 자료를 기억시켰을 경우 치환문을 사용하여 이를 다른 변수에 옮기고자 할 때는 반드시 변수의 형이 같아야 한다.

## ■ 문자형 상수

**문자형 상수(文字形 常數**, character constant)는 문자 앞뒤에 아포스트로피(apostrophe)로 묶은 문자열을 뜻한다. 이때 문자열을 구성하는 문자들은 알파벳, 숫자 및 특수문자 등으로 구성된다. 만일 ISN' T와 같이 아포스트로피를 문

자형 상수에 포함시키려면 아포스트로피를 다음과 같이 두 번 쓴다.

```
'FBI'   '135'   'ISN'' T
```

또한 Hollerith를 뜻하는 H와 문자열에서 문자의 개수를 나타내는 w를 표기한 후 나타낸 FORTRAN 문자의 문자들을 Hollerith 상수라 한다(4.2.1절(항) 참고).

```
7HSUNSHINE'   10HI␣LOVE␣YOU
```

문자를 프린트하고자 하는 문자를 H 다음에 계속해서 쓰고 그 문자의 개수를 H 앞에 써주면 된다. 이때 주의할 것은 공백도 하나의 문자이므로 문자수의 셈에서 빠뜨려서는 안 된다는 것이다.

문자형 상수는 DATA 문, 치환문 및 IF 문 등에 적는다. IF 문에 적힌 상수의 길이와 변수의 길이가 같지 않으면 변수의 길이에 맞추어 비교한다. 이를 테면

```
IF(GOOD .EQ. 'END') GO TO 99
```

의 문에서 변수 GOOD의 길이가 4(C=4)이면 문자형 상수 END는 END␣로 바꾸어 GOOD에 기억된 값과 비교하게 된다.

문자형 상수 사용 시 다음과 같은 규칙에 대해 잘 따라야 한다.

(1) 문자형 상수의 길이는 문자열을 구성하는 문자의개수이다.

| | |
|---|---|
| 'NEW FORTRAN 77' | → 문자열의 길이 : 14 |
| '2015.11.12' | → 문자열의 길이 : 10 |
| 'LOVE IS BLUE' | → 문자열의 길이 : 12 |

(2) 공백 문자(blank)도 하나의 문자로써 취급한다.

| | |
|---|---|
| 'SEOUL␣KOREA | → 문자열의 길이 : 11 |
| 'DEPT␣OF␣CIVIL␣&␣ENVIRONMENTAL␣ENG' | → 문자열의 길이 : 33 |

(3) WRITE 문으로 문자형 자료를 출력하고자 할 때 출력 변수 목록에 문자형 상수를 지정하여 출력할 수 있다.

```
   WRITE(6, 20) 'AVERAGE='
20 FORMAT(5X, A8)
```

(4) 아포스트로피를 문자형 상수로 할 때는 연속적으로 두 개의 아포스트로피를 지정하면 된다. 이 때 한 개의 아포스트로피는 문자형 상수의 길이에 포함되지 않는다.

```
'SEOUL''S MONEY'                    → 문자열의 길이 : 13
'I WON''T GO, NOW'                  → 문자열의 길이 : 15
```

## ■ 문자형 변수

앞에서 소개했던 수치 자료인 정수형 및 실수형 등은 수치형 변수를 이용하여 기억시켰다. 그러나 문자형 상수들은 기억하기 위해 반드시 **문자형 변수(文字形變數**, character variable)들의 **이름을 실행문 이전에 선언**해야 한다. 즉, 형 선언문(TYPE statement)과 IMPLICIT 문에 의해 다른 자료의 형과 마찬가지로 문자형 자료만을 기억할 수 있도록 정의하여야 한다.

문자형 자료만을 기억하는 변수를 마련하기 위해서는 IMPLICIT 문이나 CHARACTER 형 선언문으로 변수를 정의해야 한다.

문자형 변수의 일반 형식은 다음과 같다.

① `CHARACTER*len cname`$_1$`, cname`$_2$`, …`

② `CHARACTER cname`$_1$`*len, cname`$_2$`*len, …`

`*len` : 문자 상수, 문자형 변수, 문자형 배열 또는 문자형 함수가 문자 값을 취급하는 길이로써 0이 아닌 부호 없는 정수형 상수, 양의 값을 갖는 정수형 상수식 및 괄호로 묶은 *

③ `IMPLICIT CHARACTER*len cname`$_1$`, cname`$_2$`, …`

④ `IMPLICIT CHARACTER cname`$_1$`*len, cname`$_2$`*len, …`

`cname`$_1$`, cname`$_2$ : 한 개의 영문자나 지정한 영문자 범위에 포함된 문자 변수 명, 배열명 및 함수명

다음은 문자형 변수의 사용 예를 나타내고 있다.

```
CHARACTER*10 KIM, CHAR, BAE(10, 3)
CHARACTER YOO*(3+6), CHO*12, NAME*20
CHARACTER*(*), WORD
IMPLICIT CHARACTER*3 (J-M), LEE*10
IMPLICIT CHARACTER*6 (C, X-Z), H*5, K*9
```

문자형 변수나 배열의 요소는 변수의 일부분(substring)을 지정할 수 있다.

```
IMPLICIT CHARACTER*10 (C)
PARK=CHAR(5 : 8)
CHA(4 : 6)=CHAR
```

CHAR(m:n)은 문자형 변수 CHAR의 m번에서 n번까지의 (n-m+1)개 문자를

의미하므로 두 번째 문장은 CHAR의 5번째에서 4글자를 변수 PARK에 넣으며, 셋째 문장은 CHAR의 왼쪽에서 3글자를 CHA의 4~6번 자리에 넣는다. CHAR(m:n)에서 m<n이 아닌 경우 그 결과는 컴퓨터의 기종에 따라 다르고 m과 n은 정수형 변수로 쓸 수 있다.

문자형 상수 사용 시 다음과 같은 규칙에 대해 잘 따라야 한다.

(1) 배열에 대한 각 길이의 지정은 각각의 배열 요소에 대한 길이를 나타낸다. 즉, PAPA라는 문자형 배열의 각 요소에는 문자 길이 5인 자료들이 기억된다.

```
CHATACTER*5 PAPA(10)
```

(2) CHATACTER 문 바로 뒤의 길이 지정(*len)은 CHATACTER문 뒤의 요소 ($cname_1$, $cname_2$, …)에 대한 길이를 지정하며, 배열명 등 뒤에 길이를 지정하면 해당요소에만 길이가 적용된다.

```
CHATACTER*5 AA, BB, CC
CHATACTER*5 CHO, END, START*10
CHATACTER*5 C, D, H*1
```

(3) 각 문자형 변수들의 선언은 콤마로 구분하며, 길이를 지정하는 *len**을 생략하면 최대로 기억할 수 있는 문자의 길이는** 1이다. 즉 ①과 ②는 같은 뜻을 가지며, 문자형 변수 I와 M은 최대로 한 자의 문자형 자료를 기억한다.

① `CHATACTER K, M`

② `CHATACTER*1 K, M`

(4) 다음 두 개의 문자형 선언 ①과 ②는 같은 뜻을 갖는다.

① `CHATACTER*5 I, J, K, L*10, M*20`

②
```
CHATACTER*5 I, J, K
CHATACTER*10 L
CHATACTER*20 M
```

(5) 다음 같은 프로그램에서 CHATACTER 문과 IMPLICIT 문에 의해 문자형 배열 SUN과 GOLD를 선언한 경우로서 같은 뜻을 갖는다.

① `CHATACTER*5 SUN(5), GOLD(3, 5)*8, MOON(10)`

②
```
IMPLICIT CHATACTER*5 S, M
IMPLICIT CHATACTER*8 G
DIMENSION SUN(5), GOLD(3, 5), MOON(10)
```

(6) 문자형 변수의 선언에서 길이를 (*)**로 표현**하는 것은 PARAMETER 문을 이용한 **문자 상수명의 길이로 대응**한다. 즉, 문자 상수명의 길이는 (*)으로 선언할 수 있다.

```
CHATACTER A*(*) B*6, C*4, D*18
PARAMETER (A='SEX IS')
B='FEMALE'
C='MALE'
D=A//B//'OR'//C
```

■ **문자의 연결**(concatenation)

문자를 연결한다는 새로운 연산자 //가 FORTRAN 77에 추가 되었다.

```
'AB'//'CD', 'AB'//CHAR, CHAR(3:8)//CHAR(1:2)
```

연산자 //는 연산자 왼쪽의 문자 자료 뒤에 오른쪽 문자 자료를 연결한다는 기호로서 'AB'//'CD'의 처리 결과는 'ABCD'가 되며, 이것은 식(expression)이므로 치환문의 = 기호 왼쪽에 있어서는 안 된다.

# 9.6

# 복소수형 자료

FORTRAN 컴파일러들은 **복소수(複素數, complex number)**들을 처리하기 위한 산술 연산자들을 제공한다. 맨 먼저 복소수들의 산수를 복습하고 나서 FORTRAN에서 그들을 다루는 방식을 논의한다.

어떤 복소수 $z$는 보통

$$z = a + bi$$

로 쓰는데, 여기서 $a$와 $b$들은 일상의 실수 숫자들이고 $i = \sqrt{-1}$. $a$를 $z$의 **실수부(實數剖, real part)**라고 부르고, $b$는 $z$의 **허수부(虛數剖, imaginary part)**라고 부른다. 그러므로 어떤 실수 숫자 $a$는 복소수로 나타내면 $a+0i$가 된다.

복소수에 대해서도 5가지의 산술연산(算術演算)이 모두 적용되며(제곱은 정수(整數)제곱 만이 허용된다.) 계산의 결과는 궁극적으로 2개의 **실수(實數, real number)**로 구분되어(실수부와 허수부) 2개의 기억장소에 기억시킨다.

예를 들면 우리가 수학에서 연산(演算)하는 복소수계산과 마찬가지로

$$(a+bi)+(c+di) = a+c+bi+di = (a+c)+(b+d)i$$

$$(a+bi)-(c+di) = a-c+bi-di = (a-c)+(b-d)i \quad \text{(덧 셈)}$$

$$(a+bi)*(c+di) = ac+bci+adi+bdi^2 = (ac-bd)+(ad+bc)i \quad \text{(뺄 셈)}$$

$$\frac{a+bi}{c+di} = \frac{(a+bi)(c-di)}{(c+di)(c-di)} = \frac{ac+bci-adi-bdi^2}{c^2-d^2i^2} \quad \text{(곱 셈)}$$

$$= \frac{(ac+bd)}{c^2+d^2} + \frac{(bc-ad)}{c^2+d^2}i \quad \text{(분모 유리화)}$$

$$(a+bi)**n = (a+bi)*(a+bi)*\ldots\ldots*(a+bi) \quad \text{(나눗셈)}$$

함으로써 실수부와 허수부가 분리되고, $i^2 = -1$이다. ($n$ 제곱)

부록 A를 보면 알 수 있는 바와 같이 복소수 연산에서 편리하게 사용할 수 있는 여러 가지 내장함수가 제공되고 있다. 예를 들면

```
Z1=CMPLX(A, B)
```

는 2개의 실수 A와 B를 실수부가 A, 허수부가 B인 복소수로 만든다. 또

```
Z2=CONJG(A, B)
```

는 $A+Bi$ 을 그 공액복소수 $A-Bi$ 로 변환하여 Z2에 기억시킨다.

입출력문의 예로서 다음과 같은 출력 문을 생각한다. Z는 2개의 실수로 구성되므로 2개의 번지가 할당되며 따라서 필드 기술자(記述子)도 2개가 대응한다.

```
      WRITE (6, 20) H, Z
20    FORMAT(F10.0, F10.3, F12.5)
```

여기에서 F10.0은 H에, F10.3은 Z의 실수부에 F12.5는 Z의 허수부에 대응한다.

복소수 $z=a+bi$의 켤레복소수(conjugate)는 다음과 같이 나타내고 정의 할 수 있다.

$$\bar{z}=a-bi$$

($z\bar{z}=a^2+b^2$임을 주목하라). 만약 $z\neq 0i$ 즉, $a\neq 0$ 또는 $b\neq 0$이면, 그때 $z$의 역 $z^{-1}$와 $z$에 의한 나누기들이 다음과 같이 주어졌다.

$$z^{-1}=\frac{\bar{z}}{z\bar{z}}=\frac{a-bi}{a^2+b^2}=\frac{a}{a^2+b^2}+\frac{-b}{a^2+b^2}i \quad \text{및} \quad \frac{w}{z}=w1z^{-1}$$

여기서 $w$도 또한 어떤 복소수를 나타낸다. 또한

$$-z=-1z \quad \text{및} \quad w-z=w+(-z)$$

로 정의한다. $|z|$로 쓰는 $z=a+bi$의 절대값(또는 크기)은 다음과 같이 정의된다.

$$|z|=\sqrt{a^2+b^2}=\sqrt{z\bar{z}}$$

수학에서 2차 방정식을 풀 때 근호 안의 값이 음수이면 $x_1=-\frac{b}{2a}+\frac{\sqrt{|d|}}{2a}i$와 $x_2=-\frac{b}{2a}-\frac{\sqrt{|d|}}{2a}i$와 같이 $x_1$과 $x_2$를 $a\pm bi$의 복소수로 표현한다. FORTRAN에서도 실수부 $a$와 허수부 $b$로 나누어 하나의 변수에 기억시켜 처리할 수 있게 하였다.

복소수형 자료는 실수부와 허수부를 나타내는 2개의 실수형 자료를 1개의 수치로 처리한다. 그러므로 컴퓨터 내부에서는 실수형 자료를 표시하는 2개의 기

억 장소를 한 묶음 하여 1개의 변수로 만들어 **복소수형 변수(複素數型 變數,** complex variable)라 하고 다음 그림 9.9에 나타내었다.

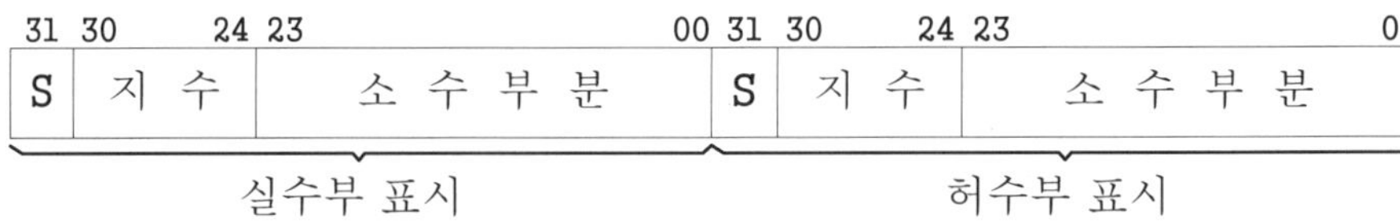


**그림 9.9** 복소수형 자료의 표시

## 9.6.1 복소수형 상수

**복소수형 상수(複素數型 常數,** complex constant)는 2개의 실수형 상수를 괄호로 묶어서 나타낸다. 앞의 것은 복소수의 실수부를, 뒤의 것은 복소수의 허수부로 구성된 수($z = x + yi$)로써 콤마로 분리되어 둘러싸인 순서화된 **정수형 상수**의 쌍이다. 두 숫자들의 각각은 지수가 있거나 없이 쓸 수는 있지만 정수는 될 수 없다. 일반적으로 복소수형 상수는 8 byte로 표현된다. 실수부와 허수부는 정수형 상수, 단정도 실수형 상수 또는 배정도 상수가 될 수 있다.

```
(2.0, -14.29) (-3.27E3, 29E-4) (2, 6)
(3.14E3, 123.4) (5.5D3, 25D2) (3.1D4, 2.3E3)
```

다음에 주어진 복소수형 자료

```
2+3i
```

는 다음 중에서 어떤 것이라도 FORTRAN으로 쓰면 같은 뜻을 나타낸다.

```
(2.0, 3.0)
(0.2E1, 3.0)
(2.0, 0.3E1)
```

그러나 앞의 것은 다음

```
(2, 3)
```

로는 쓸 수 없다.

한편, 실수 변수들이나 표현들의 어떤 순서가 정해져 있는 쌍(ordered pair)은 복소수값을 정의하는데 쓸 수 없다. 예를 들면, X가 실수로 주어진다면, 복소수

를 정의하기 위하여

```
(X, 3.0)
```

을 사용할 수 없다. 그러나 FORTRAN은 실수 표현들의 어떤 순서로 정해져 있는 쌍을 그것의 복소수값으로 된 상수로 전환하게 해주는 복소수 내장 함수 CMPLX를 제공한다(부록 A 참고). 그래서

```
CMPLX(X, 3.0) 및 CMPLX(X+3.0, X-3.0)
```

들은 복소수 X+3i 및 (X+3)+(X−3)i들을 FORTRAN으로 나타낸 것이다.

## 9.6.2 복소수형 변수

**복소수형 변수(複素數型 變數**, complex variable)는 복소수형 자료를 기억하고자 할 때 사용하며, 복소수형 변수에 대해 암시적(implicity)으로 고정된 형이 관련되어 있지 않기 때문에 일반적으로 COMPLEX 형 선언문(9.2.2항 참고). 또는 IMPLICIT 문에 의해 첫 실행문이 나오기 전에 복소수형 변수라는 것을 선언하여야 한다.

복소수형 변수에 대한 일반 형식은 다음과 같다.

```
COMPLEX name1, name2,…
```

name1, name2 : 변수명 및 배열명

복소수형 변수에 대한 사용 예는 아래와 같다.

```
COMPLEX A, D, H
COMPLEX SEOUL, DAEJEON
IMPLICIT COMPLEX A, (O~S)
IMPLICIT COMPLEX (C)
COMPLEX COW
  :
```

이 프로그램에서는 변수명이 C로 시작하는 모든 변수와 COW은 복소수형 변수이다.

실수형 변수의 길이가 32 bit이면 복소수형 변수는 2배이므로 64 bit가 되어 만일 문자 자료를 복소수형 변수에 기억시킨다면 문자 8개를 저장할 수 있다.

## 9.6.3 복소수형 치환문

**복소수형 치환문(複素數型 置換文, complex assignment statement)**는 실수, 정수 및 복소수형 자료들을 복소수형 변수에 치환하고자 할 때 사용하는 실행문이다.

복소수형 치환문의 일반 형식은 다음과 같다.

```
v=e
```

v : 복소수형 변수, 복소수형 배열 요소

e : 복소수형 변수, 복소수형 함수 및 복소수형 상수

다음은 복소수형 치환문의 사용 예를 나타내고 있다.

```
COMPLEX A, B, C
A=(1, 3) → A=1+3i
B=(3, 4) → B=3+4i
C=A+B  → C=4+7i
COMPLEX Z
I=(0.0, F(X, Y))
```

예를 들면, A와 B들이 복소수형 변수들이고 그리고 X와 Y들이 실수형 변수들이라면, 그때 다음의 치환문들은 유효하다.

```
A=(1.0, 0.3E2)
A=A+B**2
A=16
A=5*X
A=5+B+T-6.0
A=CMPLX(X, Y+3.0)
```

구체적으로, 실수와 정수 값들이 그들은 복소수 변수 A에 저장되기 전에 복소수 값들로 전환된다. 한편, 복소수 값들은 실수나 정수 변수들로 치환될 수 없다. 그래서 예를 들면,

```
Y=X+Z
M=D**2
```

들은 유효하지 않다.

## 9.6.4 복소수형 산술 규칙과 연산 결과의 형

다음 표 9.4와 9.5에는 연산의 종류에 따른 복소수형 산술 규칙과 복소수형 연산 결과의 형들에 대하여 각각 나타내었다.

### (1) 복소수형 산술 규칙

**표 9.4** 연산의 종류에 따른 복소수형 산술 규칙

| 연산의 종류 ($Z_1=X_1+Y_1i$, $Z_2=X_2+Y_2i$) | 결과 | |
|---|---|---|
| | 실 수 부 | 허 수 부 |
| $Z_1+Z_2$ | $X_1+X_2$ | |
| $Z_1-Z_2$ | $X_1-X_2$ | |
| $Z_1*Z_2$ | $X_1*X_2-Y_1*Y_2$ | |
| $Z_1/Z_2$ | $\frac{X_1*X_2-Y_1*Y_2}{(X_2)_2+(Y_2)_2}$ | $\frac{X_2*Y_1-Y_2*X_1}{(X_2)^2+(Y_2)^2}$ |
| $R*Z_2$ | $R*X_1$(R은 실수) | $R*Y_1$(R은 실수) |
| $\vert Z_1 \vert$ | $(X_1)^2+(Y_1)^2$ | 0 |

### (2) 복소수형 연산 결과의 형

**표 9.5** 연산의 종류에 따른 복소수형 연산 결과의 형

| 종 류 | 의 미 |
|---|---|
| 복소수형과 정수형의 연산 | 정수형의 피연산자를 복수형으로 변환 한 후 연산하며, 연산 결과는 복소수형이다(단, 제곱 연산은 변환할 필요가 없다). |
| 복소수형과 단정도 실수형의 연산 | 실수형의 피연산자를 복수형으로 변환 한 후 연산하며, 연산 결과는 복소수형이다. |
| 복소수형과 복소수형의 연산 | 복소수형끼리 연산 결과는 복소수형이다. |
| 참 고 | 복소수형과 배정도 실수형의 연산은 오류이다. |

**예제 9.7** $A=3+2i$이고 $B=4-3i$일 때, 다음을 구하여라.

(1) $A+B$ (2) $A-B$ (3) $AB$ (4) $\frac{A}{B}$ (5) $\overline{A}$ 및 $\overline{B}$ (6) $|A|$ 및 $|B|$

---

**풀이** (1)과 (2)의 덧셈과 뺄셈은 실수부는 실수부끼리 허수부는 허수부끼리 연산을 하고 (3)의 곱셈은 $i^2=-1$을 이용하고 (4)의 나눗셈은 분모를 유리화한다.

(1) $A+B=(3+2i)+(4-3i)=(3+4)+(2-3)i=\mathbf{7-i}$

(2) $A-B=(3+2i)-(4-3i)=(3-4)+(2+3)i=\mathbf{-1+5i}$

(3) $AB=(3+2i)(4-3i)=12-9i+8i-6i^2=12-i-6\cdot(-1)=\mathbf{18-i}$

(4)
$$\frac{A}{B}=\frac{(3+2i)(4+3i)}{(4-3i)(4+3i)}=\frac{12+9i+8i+6i^2}{4^2-(3i)^2}=\frac{12+17i+6\cdot(-1)}{16-9i^2}$$
$$=\frac{6+17i}{16-9\cdot(-1)}=\frac{6+17i}{16+9}=\frac{6+17i}{25}=\mathbf{\frac{6}{25}+\frac{17}{25}i}$$

(5) $\overline{A}=\overline{3+2i}=\mathbf{3-2i}$ 및 $\overline{B}=\overline{4-3i}=\mathbf{4+3i}$

(6) $|A|=|3+2i|=\sqrt{3^2+2^2}=\sqrt{9+4}=\mathbf{\sqrt{13}}$

$|B|=|4-3i|=\sqrt{4^2+(-3)^2}=\sqrt{16+9}=\sqrt{25}=\mathbf{5}$

**예제 9.8** 다음 주어진 복소수의 변수를 이용하여 복소수의 **사칙 연산(四則演算**, four fundamental rules of arithmetic, **덧셈, 뺄셈, 곱셈 및 나눗셈)**의 프로그램을 작성하고 그 결과를 출력하여라.

**프로그램**

```
C         ILLUSTRATIONS OF OPERATIONS ON COMPLEX NUMBERS
C
          IMPLICIT COMPLEX (C)
          CMP=(1.0, 2.0)
          COM=CMPLX (3.0, 4.0)
          WRITE(6, 10) COM, CMP
     10   FORMAT(1X, 'Given the complex numbers'/ 3X, ' COM= ',
     &    2F10.2 / 3X, ' CMP= ', 2F10.2 /)
            Z= COM+CMP
          WRITE(6, 100)
    100   FORMAT(1X, 'Results of Four fundamental rules of', 1X,
     &    'arithmetic')
          WRITE(6, 20) Z
     20   FORMAT(3X, ' ADD= ', 2F10.2)
            Z= COM-CMP
          WRITE(6, 30) Z
     30   FORMAT(3X, ' SUB= ', 2F10.4)
            Z= COM*CMP
          WRITE(6, 40) Z
     40   FORMAT(3X, ' MUL= ', 2F10.4)
            Z= COM/CMP
          WRITE(6, 50) Z
```

```
50      FORMAT(3X, ' DIV= ', 2F10.4)
        STOP
        END
```

**프로그램 설명**

1. 변수명이 C로 시작하면 복소수형 변수라고 IMPLICIT 문으로 선언하였기 때문에 CMP와 COM은 모두 복소수형 변수이다.
2. COMPLEX Z의 형 선언문으로 변수 Z를 복소수형 변수로 선언.
3. CMP=(1.0, 2.0)으로 실수부와 허수부에 각각 1.0과 2.0을 기억시킨다.
4. COM=CMPLX(3.0, 4.0)은 COM=(3.0, 4.0)과 뜻이 같다. CMPLX는 괄호 속의 두 실수를 복소수로 만드는 내장함수(library function)이다.
5. 복소수의 사칙 연산은 9.6절(예제 9.7)의 계산 과정을 참고하라.

**출력결과**

```
Given the complex numbers
     COM=      3.00        4.00
     CMP=      1.00        2.00

Results of Four fundamental rules of arithmetic
     ADD=     4.000       6.000
     SUB=     2.000       2.000
     MUL=    -5.000      10.000
     DIV=     2.200      -0.400
```

**예제 9.9** **프로그램 예제**

정수형 수치가 컴퓨터 내부에서 어떻게 나타내는가를 이미 9.3 정수형 자료에서 배웠다. 이 알고리즘을 프로그램화하여라. 즉 10진수 정수형 자료를 읽어 이를 32bit의 2진수 정수로 고쳐 그림 9.10과 같이 인쇄하는 프로그램을 작성하라.

**프로그램**

```
C       REPRESENTATION OF INTEGER NUMBERS IN THE MEMORY
        INTEGER BIT(32)
        open(5,file='186.dat')
        open(6,file='186.out')

        WRITE (6, 10)
   10   FORMAT(/ 5X, 49('=')/6X,'REPRESENTATION OF INTEGER
     & NUMBERS IN THE'' MEMORY'/ 5X, 49('=')/6X, 'INTEGER',
     & 5X, '32 bit BINARY')

  100   READ(5, 20) NUM
   20   FORMAT(I7)
        IF(NUM .EQ. 0) GO TO 77
```

```
C
      CALL CONV (NUM, BIT)
      WRITE (6, 30) NUM, BIT
   30 FORMAT(1X, I12, 5X, 4(8I1, 1X))
      GO TO 100
   77 WRITE (6, 40)
   40 FORMAT(5X, 49('='))
      END

      SUBROUTINE CONV (NUM, BIT)
      INTEGER BIT(32), BUNJA
      BUNJA=IABS(NUM)
      DO 11 I=32, 2, -1
      MOK=BUNJA / 2
      BIT(I)=BUNJA-MOK*2
      BUNJA=MOK
   11 CONTINUE
      BIT(1)=0
      IF(NUM .GE. 0) RETURN
C     NUMBER IS NEGATIVE, SO MAKE IT COMPLEMENT
      DO 22 J= 1, 32
        IF(BIT(J) .EQ. 0) THEN
          BIT(J)=1
        ELSE
          BIT(J)=0
        ENDIF
   22 CONTINUE
      RETURN
      END
```

**출력결과**

```
================================================================
    REPRESENTATION OF INTEGER NUMBERS IN THE MEMORY
================================================================
   INTEGER    32 bit BINARY
    123456    00000000  00000001  11100010  01000000
   -123456    11111111  11111110  00011101  10111111
        32    00000000  00000000  00000000  00100000
       -32    11111111  11111111  11111111  11011111
       275    00000000  00000000  00000001  00010011
      -275    11111111  11111111  11111110  11101100
================================================================
```

**그림 9.10** 정수형 수치가 컴퓨터 내부에서 나타내는 알고리즘의 프로그램화

## 9.6 • 연습문제

**9.1** IMPLICIT 문(IMPLICIT statement)에 대하여 간단히 설명하여라.

**9.2** 형 선언문(TYPE declaration statement)에 대하여 간단히 설명하여라.

**9.3** DATA 문(DATA statement)에 대하여 간단히 설명하여라.

**9.4** 다음의 기능을 하는 문을 작성하라.

① 길이가 10인 문자형 변수 FNAME와 LNAME를 정의하라.
② 변수의 길이가 6이고 요소 5개를 갖는 문자형 배열 ARRAYN을 만들어라.
③ LNAME이 문자형 상수 KIM과 같으면 100번 문을 처리하라.
④ FNAME의 앞에 문자형 상수 KIM␣을 넣어 NAME에 넣어라.
⑤ NAME에 초기값으로 문자형 상수 KIM를 넣어라.

**9.5** C=4일 때 다음 명령문을 처리하면 변수 I와 J에 기억되는 값은 무엇인가?

```
      DATA I, J /'YES', 'GO␣HOME'/
```

**9.6** C=4이고 자료 카드는 다음과 같이 천공되어 있다.

다음 명령을 수행하면 각 변수에 기억되는 값은 무엇인가?

①
```
      READ (5, 10) K
   10 FORMAT(A3)
```

②
```
      READ (5, 20) K
   20 FORMAT(A7)
```

③
```
      DIMENSION L(3)
      READ (5, 30) L
   30 FORMAT(3A3)
```

**9.7** C=4이고 INCHON이 IA 및 IB에 다음과 같이 기억되어 있다.

| IA | I | N | C | H | | IB | O | N | ␣ | ␣ |
|---|---|---|---|---|---|---|---|---|---|---|

WRITE(6, 30) IA, IB

WRITE 문의 FORMAT 문이 아래와 같을 때 인쇄 형태를 나타내어라.

① 50 FORMAT (1X, 2A4) ③ 50 FORMAT (1X, A3, A2)

② 50 FORMAT (1X, 2A8) ④ 50 FORMAT (1X, A2, A3)

**9.8** 년도(year), 인쇄 부수(n), 인쇄 형태(m)가 천공된 자료 카드나 자료 파일을 읽어 해당 년도의 달력을 만들어 인쇄 형태 m에 따라 n부 인쇄하는 프로그램을 작성하여라.

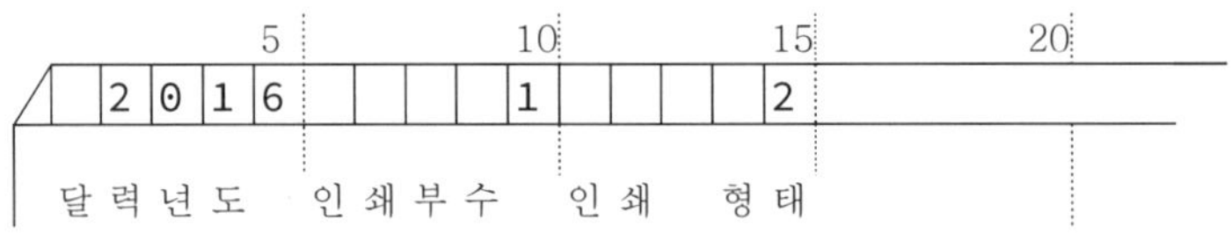

자료 카드

형태 : 1≤m≤4

가로로 m개의 달씩 인쇄한다. 이를테면 m=2이면 1월, 2월 것을 인쇄한 다음에 3월, 4월 것을 인쇄하고 나머지 달들도 같은 방법으로 인쇄하면 마지막으로 11월과 12월 것을 인쇄한다. 만일 m=3이면 1월, 2월 및 3월을 인쇄하고 4월, 5월 및 6월의 달력을 인쇄하고 마지막으로 10월, 11월 및 12월의 달력을 인쇄한다.

■ 문제 분석

1. 주프로그램과 3개의 부프로그램 CALNDR, LEAP 및 INSE로 구성한다.
2. 주프로그램
   자료 카드나 자료 파일을 읽어 CALNDR을 호출하여 해당 년도의 달력을 계산하도록 하고 INSE를 불러 n부 인쇄하게 된다.
3. Subroutine CALNDR(YEAR)
   LAST: 1월부터 12월까지의 날자수를 기억시킨다. LAST(1)은 1월의 날자수 31이 기억되고 LAST(9)은 9월의 값 30이 기억되어 있다. LAST(2)의 값이 평년이면 28, 윤년이면 29이므로 해당년도가 윤년인가 평년인가를 함수 LEAP에서 계산하여 그 결과를 넣는다.

   NAL: 날자가 0이면 달력에는 공백이 인쇄되어야 하므로 날짜를 문자로 변환시켜 DAY에 넣기 위하여 NAL(n)에는 n에 해당하는 문자를 기억시킨다. 이를 테면 NAL(15)='15'와 같이 문자형 자료가 저장되어 있다. 만일 1월의 20번 칸이 15일이면 DAY(1, 20)=NAL(15)와 같이 명령하여 배열 DAY에는 모두 문자 자료가 기억된다.

   BLANK: 앞 달의 마지막 날의 요일을 가리킨다. 만일 BLANK가 3이면 전월 말일이 화요일부터 앞의 3난은 공백이 되어야 한다.

4. 문함수 NALHAP(YEAR)

부프로그램 CALNDR에 있는 문 함수로서 기원 1년 1월1일부터 YEAR년도의 전년 말일까지의 총일수를 계산한다. 0년 12월 31일이 일요일이므로 총일수에 1을 더하여 7로 나눈 나머지가 바로 전년도 말일의 요일을 가리킨다.

5. 함수 LEAP(YEAR)

부프로그램 CALNDR에서 호출하여 년도 YEAR가 윤년인가 평년인가를 계산한다.

6. Subroutine INSE(YEAR, N)

① 년도 YEAR를 표제로 인쇄한다.
② 월명을 N개 인쇄한다.
③ 배열 요일명을 N번 인쇄한다.
④ 1월의 1~7난, 2월의 1~7난의 순으로 N개월을 한 줄에 인쇄하고 다음 줄에 1월의 8~14난, 2월의 8~14난의 순으로 N개월을 한 줄에 인쇄한다. 이것을 6번 되풀이한다.
⑤ 과정 ②, ③ 및 ④를 12/n번 반복한다.

## 9.6 | 연습문제 해답

**9.1** 변수명의 첫 글자에 의하여 정수형 또는 실수형으로 변수의 형을 결정하는 선언문이다.

**9.2** 이 문에 적힌 변수만이 변수명의 첫 문자에 관계없이 형을 결정하는 선언문으로서 비실행문이다.

**9.3** 이 문은 비실행문으로서 컴파일러가 목적 프로그램으로 번역할 때 변수나 배열에 상수를 기억시키는 문이다.

**9.4**
① `CHARACTER*10 FNAME, LNAME`
② `CHARACTER*6 ARRAYN(5)` 또는 `CHARACTER ARRAY(5)*6`
③ `IF(LNAME .EQ. 'KIM') GO TO 100`
④ `NAME='KIM␣' // FNAME`

**9.5**

| I | Y | E | S | ␣ |
|---|---|---|---|---|

| J | G | O | ␣ | H |
|---|---|---|---|---|

**9.6**

① 

| K | T | H | I | ␣ |
|---|---|---|---|---|

② 

| K | S | ␣ | I | S |
|---|---|---|---|---|

③ 

| L | T | H | I | ␣ |
|---|---|---|---|---|
| L | S | ␣ | I | ␣ |
| L | S | ␣ | K | ␣ |

**9.7** ① INCHON

② ␣␣␣␣INCH␣␣␣␣ON

③ INCON

④ INON

**9.8** ■ <u>프로그램</u>

```
      COMMON DAY(12, 42)
      CHARACTER*4 DAY
      INTEGER YEAR, MESU, TYPE
      READ(5, 10) YEAR, MESU, TYPE
   10 FORMAT(3I5)
        CALL CALNDR(YEAR)
      DO 11 I=1, MESU
        CALL INSE(YEAR, TYPE)
   11 CONTINUE
      STOP
      END

      SUBROUTINE CALNDR(YEAR)
      COMMON DAY(12, 42)
      INTEGER LAST(12)
      INTEGER  YEAR, BLANK
      CHARACTER NAL*4, SPACE, DAY*4
      DIMENSION NAL(31)
      DATA LAST/31, 30, 31, 30, 31, 30, 31, 31, 30, 31, 30, 31/
      DATA SPACE/' '/
      DATA NAL/' 1', ' 2', ' 3', ' 4', ' 5', ' 6', ' 7', ' 8',
     &' 9', '10', '11', '12', '13', '14', '15', '16', '17',
     &'18', '19', '20', '21', '22', '23', '24', '25', '26',
     &'27', '28', '29', '30', '31'/
C
C     Statement function
      NALHAP(IY)=365*IY+IY/4-IY/100+IY/400
      LAST(2)=LEAP(YEAR)
      ILSU=NALHAP(YEAR-1)+1
      BLANK=MOD(ILSU, 7)
      DO 11 MON=1, 12
         DO 22 KAN=1, 42
            DAY(MON, KAN)=SPACE
   22    CONTINUE
         MALIL=LAST(MON)
         DO 33 IL=1, MALIL
            KAN=IL+BLANK
            DAY(MON, KAN)=NAL(IL)
   33    CONTINUE
```

```
      BLANK=MOD(KAN, 7)
11  CONTINUE
    RETURN
    END
    FUNCTION LEAP(YEAR)
      INTEGER LEAP, YEAR
      LEAP=28
      IF(MOD(YEAR, 4) .NE. 0) RETURN
      IF(MOD(YEAR, 100) .NE. 0) LEAP=29
      IF(MOD(YEAR, 400) .NE. 0) LEAP=29
      RETURN
    END
    SUBROUTINE INSE (YEAR, N)
      COMMON DAY(12, 42)
      INTEGER  YEAR, BUN
      DIMENSION DAL(12), WEEK(7)
      CHARACTER DAL*9, WEEK*4, DAY*4, LINE*11
    DATA LINE/'---------'/
    DATA WEEK/'SUN', 'MON', 'TUE', 'WED', 'THU', 'FRI', 'SAT' /
    DATA DAL/' JANUARY', 'FEBRUARY', 'M A R C H', 'A P R I L',
  &         'M  A  Y', 'J U N E', 'J U L Y', 'AUGUST', 'SEPTEMBER',
  &         'OCTOBER', 'NOVEMBER', 'DECEMBER'/
    WRITE(6, 10) YEAR
10  FORMAT(' ' /// 25X, '***', I5, ' CALENDAR ***' /)
    DO 11 BUN=1, 12, N
      LASTBN=BUN+N-1
    WRITE(6, 20) (DAL(K), K=BUN, LASTBN)
    WRITE(6, 30) (LINE,   K=BUN, LASTBN)
20  FORMAT(/ 14X, A9, 3(24X, A9))
30  FORMAT( 13X, A11, 3(22X, A11))
    WRITE(6, 40) (WEEK, K=1, N)
40  FORMAT( 4(5X, 7A4))
      DO 22 JUL=1, 6
        KB=7*JUL
        KA=KB-6
        WRITE(6, 50) ((DAY(I, J), J=KA, KB), I=BUN, LASTBN)
50      FORMAT( 1X, 4(5X, 7A4))
22    CONTINUE
11  CONTINUE
    RETURN
    END
```

■ 입력 자료

```
2016   1   2
```

입력 자료에 대한 설명은 달력은 2016년 것으로 1매만 인쇄하고 한 줄에 2달씩 나타내면 1년을 총 6줄로 출력하라는 내용이다.

■ 출력 결과

```
                        *** 2016 CALENDAR ***

         JANUARY                              FEBRUARY
        ----------                           ----------
SUN MON TUE WED THU FRI SAT          SUN MON TUE WED THU FRI SAT
                      1   2                1   2   3   4   5   6
  3   4   5   6   7   8   9            7   8   9  10  11  12  13
 10  11  12  13  14  15  16           14  15  16  17  18  19  20
 17  18  19  20  21  22  23           21  22  23  24  25  26  27
 24  25  26  27  28  29  30           28  29
 31

        M A R C H                             A P R I L
        ----------                           ----------
SUN MON TUE WED THU FRI SAT          SUN MON TUE WED THU FRI SAT
          1   2   3   4   5                                1   2
  6   7   8   9  10  11  12            3   4   5   6   7   8   9
 13  14  15  16  17  18  19           10  11  12  13  14  15  16
 20  21  22  23  24  25  26           17  18  19  20  21  22  23
 27  28  29  30  31                   24  25  26  27  28  29  30

          M  A  Y                             J U N E
        ----------                           ----------
SUN MON TUE WED THU FRI SAT          SUN MON TUE WED THU FRI SAT
  1   2   3   4   5   6   7                        1   2   3   4
  8   9  10  11  12  13  14            5   6   7   8   9  10  11
 15  16  17  18  19  20  21           12  13  14  15  16  17  18
 22  23  24  25  26  27  28           19  20  21  22  23  24  25
 29  30  31                           26  27  28  29  30

          J U L Y                             AUGUST
        ----------                           ----------
SUN MON TUE WED THU FRI SAT          SUN MON TUE WED THU FRI SAT
                      1   2                1   2   3   4   5   6
  3   4   5   6   7   8   9            7   8   9  10  11  12  13
 10  11  12  13  14  15  16           14  15  16  17  18  19  20
 17  18  19  20  21  22  23           21  22  23  24  25  26  27
 24  25  26  27  28  29  30           28  29  30  31
 31
```

```
        SEPTEMBER
       ----------
SUN MON TUE WED THU FRI SAT
                  1   2   3
  4   5   6   7   8   9  10
 11  12  13  14  15  16  17
 18  19  20  21  22  23  24
 25  26  27  28  29  30  23
 30  31
```

```
         OCTOBER
       ----------
SUN MON TUE WED THU FRI SAT
                          1
  2   3   4   5   6   7   8
  9  10  11  12  13  14  15
 16  17  18  19  20  21  22
 24  25  26  27  28  29
```

```
        NOVEMBER
       ----------
SUN MON TUE WED THU FRI SAT
          1   2   3   4   5
  6   7   8   9  10  11  12
 13  14  15  16  17  18  19
 20  21  22  23  24  25  26
 27  28  29  30  25  26  27
```

```
        DECEMBER
       ----------
SUN MON TUE WED THU FRI SAT
                  1   2   3
  4   5   6   7   8   9  10
 11  12  13  14  15  16  17
 18  19  20  21  22  23  24
 28  29  30  31
```

# 10 파일의 처리

Fortran 프로그램의 실행결과 또는 입력한 자료(資料, data)들을 영구적으로 저장하기 위한 파일 처리 방법론인 순차 파일 처리와 직접 파일 처리의 차이점 및 효율성에 대하여 알아보자.

# 10.1

# 파일의 개념

앞에서 파일을 여러 용도에 사용하여 왔다. READ 문은 단말기나 자료 파일로부터 자료가 입력되는 것을 의미하며 PRINT 문이나 WRITE 문은 단말기나 라인 프린터, 즉 자료 파일로 내용을 출력시키는 것을 뜻한다. 이러한 두 가지 파일은 프로그램에 자동적으로 연결되어 사용된다. 앞으로 소개할 OPEN 문을 사용하면 다른 자료 파일들로 연결할 수 있다. 이러한 여러 종류의 파일들은 프로그램에서 예약해 놓은 기억영역 밖에 있기 때문에 **외부파일**이라고 부른다.

**외부파일**은 다른 컴퓨터로 쉽게 옮길 수 있기 때문에 자주 사용된다. 같은 제조회사에서 제조한 다른 컴퓨터에서 뿐만 아니라 다른 제조 회사에서 만든 컴퓨터에 가지고 가서도 사용할 수 있다. 따라서 외부장치에 저장되어 있는 액세스 및 직접 액세스 파일에 입·출력을 사용해야 한다. FORTRAN에는 외부파일 외에 내부파일이라는 것이 있다. 이 기능을 사용하면 문자열을 저장하고 있는 변수를 마치 파일처럼 처리할 수 있다. 여기서는 순차파일 처리에 대해서 공부한다. 내부파일과 직접파일(또는 외부파일)은 각각 10.3절과 10.4절에서 다룬다.

자료를 카드 판독기(card reader)로 입력하고 처리 결과를 라인 프린터로 인쇄하는 프로그램에서는 보조 기억장치를 사용할 필요가 없었다. 입력한 자료나 처리결과를 다시 사용하기 위하여 어디에 보관한다든지 자료의 양이 너무 많아 이를 주 기억 장치에 한꺼번에 기억시켜 처리할 수 없는 경우에는 보조 기억 장치의 파일에 기억하여야 한다.

**보조 기억 장치(補助記憶裝置**, secondary memory)로는 대표적인 것으로 **자기 테이프**(magnetic tape), **자기 디스크**(magnetic disk), **광 디스크**(optical disk), **플래시 메모리**(flash memory) 및 SSD(solid-state drive **또는** solid-state disk)가 있다. **자기 테이프**는 요즘에는 많이 사용되지는 않지만 테이프 장치는 최근까지 자료의 백업용으로 많이 사용되었던 장치이다. 이러한 테이프 장치는 녹음기의 테이프와 비슷하여 이미 기록된 자료를 지우고 그 자리에 다른 자료를 기록할 수 있을 뿐 아니라 자료에 기록된 자료를 입·출력할 때는 테이프의 첫 부분이나 또는 중간에 어느 부분으로 되돌아가서 다시 처리할 수 있다는 경우에는 이것을 다 읽은 후 다시 처음 카드부터 읽고자 할 때는 같은 내용의 자료 카드를 2벌 마련하여야 한다. 그러나 이 경우 자료 카드를 한 벌만 마련하고 이를 읽어 보조 기억 장치인 테이프나 디스크에 기록한다면 첫 부분으로 되돌아가서 이것을 다시 읽을 수 있다.

자기 테이프 장치는 카드 판독기나 라인 프린터에 비해 초고속의 입·출력 장치일 뿐 아니라 작은 장소에 많은 양의 자료를 기록할 수 있다(예 테이프 1 inch에 보통 1600글자가 기록된다). 그러므로 자기 테이프는 주 기억 장치만으로 한꺼번에 처리할 수 없는 많은 자료를 처리할 때나 자료를 후일에 다시 사용하기 위하여 보관하기 위한 보조 기억 장소로 사용한다. 그러나 이러한 테이프장치의 단점으로는 대용량의 자료를 순차적으로 처리[**순차 접근**(sequential access)] 방식]해야 하는 작업에는 적합하지만, 그때그때마다 정보를 직접 접근하려는 업무에는 적합하지 않다.

이에 반해서, **자기 디스크**의 기억장치는 디스크 헤드를 원하는 트랙에 직접 위치시킬 수 있기 때문에 **직접 접근**(direct access) 방식이라고 한다. 이러한 자기 디스크는 자기 테이프보다 더 좋은 장점을 가진 것으로서 FORTRAN에서는 자기 테이프와 사용법이 같다.

자기 디스크와 유사한 **광 디스크**(optical disk)도 있다. 최근까지 많이 사용되었지만 이제 플래시 메모리등의 영향으로 사용 빈도가 점차 줄어들고 있는 추세이다.

최근에는 반도체를 사용하면서도 디스크와 같은 비휘발성의 장점이 있는 **플래시 메모리**(flash memory)를 점점 많이 사용하고 있다. 이 메모리의 속도는 디스크보다 빠르고, 전력소비가 작으면서 크기 또한 작고 충격에도 강한 것이 장점이다. 요즘 휴대용 정보 기기가 대중화에 플래시 메모리에 대한 수요의 증가에 가격은 내려가면서 자기 디스크보다 지속적으로 경쟁을 얻어가고 있다.

또한 최근에 플래시 메모리를 이용한 SSD의 사용이 보편화되고 있으며, 처리속도는 기존의 하드 디스크보다 훨씬 빨라서, 최근 나오는 컴퓨터들은 SSD를 사용함으로써 컴퓨터의 부팅 시간을 매우 줄일 수 있는 장점이 있다. 반면에 재생속도에 비하여 기록속도가 느릴 뿐만 아니라 기록과 삭제회수가 한정되어 있기 때문에 기대 사용 수명이 미리 정해진다는 것이 단점으로 알려졌다.

자료는 **항목**(item)으로 구성되는데 FORTRAN에서는 항목을 변수로 나타낸다. 이들 항목이 모여 하나의 **레코드**(record)를 이룬다. 여기서는 한 학생의 인적 사항 전체가 하나의 레코드가 되는 것이다. 항목이 모여 1개의 레코드가 되고, 레코드가 모여 1개의 **파일**(file)이 된다. 항목, 레코드 및 파일의 관계를 그림 10.1의 자료 카드를 예로 하여 설명한다. 한 학생의 인적 사항은 학년, 반, 학번, 성명, 본적, 현주소 및 1학년 성적 등으로 구성되어 있다. 이들과 같이 **어떤 내용을 구성하는 기본이 되는 요소를 항목**이라 한다.

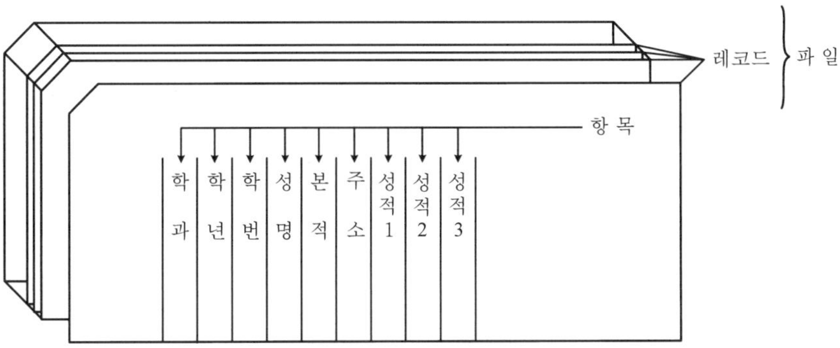


**그림 10.1** 자료(data)의 구성

FORTRAN에서는 일반적으로 READ나 WRITE 문이 한번 처리될 때마다 1개의 레코드를 만든다. 예외적으로 FORTRAN 문에 /(슬래시, slash)를 적어 입·출력 문이 한번 수행하면서 여러 개의 레코드를 만드는 경우도 있다.

그런데 학교 전체 학생의 조직을 보면 학생 개개인이 모여 학년을 이루고 학년이 모여 학교를 이룬다. 이때 한 학생의 자료인 레코드가 모여 학교 전체를 나타내는 파일을 만든다. 파일은 1개의 장부라 할 수 있다. 만일 파일을 카드에 기록한다면 기록한 매체에 의하여 카드 파일이며, 테이프에 기록하면 테이프 파일이다. FORTRAN에서는 파일을 **장치 번호**(logical unit number)로 나타낸다. **카드 파일**을 일반적으로 **장치 번호** 5로 표시하고, **프린터 파일**을 **장치 번호** 6으로 표시하며, 디스크나 테이프 파일은 프로그래머가 임의로 번호를 붙인다.

외부파일은 자기테이프 장치 또는 자기디스크 장치 등과 같은 장치들로부터 읽어 들일 수도 있다. 이러한 장치들 속에 들어있는 외부파일들은 그 파일들을 처리하기 위해서 결정해야 할 몇 가지 특별한 내용을 가지고 있다. 자기테이프 또는 자기디스크 파일에 수록된 자료를 처리하는데 있어서 레코드를 찾아내는 순서에는 일반적으로 두 가지 **순차접근**과 **직접접근**에 관한 개념을 알아야 한다. 이 두 가지 접근방법에서 파일 속에 있는 정보의 단위로서 레코드란 단위를 사용한다. 자기 테이프의 경우는 처음부터 끝까지 레코드를 순차적으로 읽든지 기록해야 한다. 테이프에 기록된 첫 번째 레코드를 읽은 후 두 번째 레코드를 읽는다. 즉 두 번째 레코드는 첫 번째 레코드를 읽지 않고는 접근할 수 없다. 이것은 카셋트 테이프나 녹음기 테이프에 녹음을 하든지 재생할 때의 방법과 같다. 이와 같이 기록된 순서대로 파일의 맨 앞부분에서부터 레코드를 읽거나 써나가면서 접근하는 방법을 **순차 접근**(sequential access)라 한다. 테이프 파일, 카드 파일 및 프린트 파일은 모두 **순차 접근 파일**이다. 순차 접근 파일의 마지막에는 파일의 끝을 나타내는 끝 레코드(end-of-file record)가 있다.

디스크에 수록된 노래를 들을 때 우리들은 카셋트 테이프와 같은 방법으로 처음부터 순차적으로 듣는 수도 있고 또는 원하는 곡에 기록된 음악을 읽을 전축바늘이 달린 암(arm)을 직접 놓아 들을 수도 있다. 원하는 곡으로 직접 건너 뛰어가 듣는 방법을 **직접 접근**(direct access)라 한다. **직접접근**의 경우에는 실제정보가 들어있는 순서대로 참조하지 않을 수도 있다. 각 레코드는 정보의 항목을 가지고 있다. 급여파일을 예로 들면 그 속에는 급여레코드가 있으며 각 레코드에는 성명, 근무시간 및 시간당 급료 등과 같은 항목으로 구성되어 있다. 디스크에 파일을 입·출력할 때는 순차 접근도 가능하고 직접 접근할 수 있다. 직접 접근을 하기 위해서는 **직접 접근 파일**의 각 레코드는 몇 번 위치에 있는가를 나타내는 번호를 가지고 있어야 한다. 99번 레코드를 읽기 위하여

```
READ(3, 10, REC=99) A, B, C
```

와 같이 명령하면 장치 번호 3인 직접 접근 파일에서 레코드 번호가 99인 레코드를 읽어 10번 FORTRAN 문에 따라 자료를 변환하여 A, B 및 C에 넣는다.

직접 접근 방법으로 입·출력할 때는 반드시 직접 접근 입·출력 명령문을 사용해야 한다. 직접 접근 입·출력 문은 10.2절에서 배운다.

파일에 있는 한 레코드를 변동시킨다든지 또는 한 레코드를 추가하는 경우 파일이 순차 접근 파일이냐 직접 접근 파일이냐에 따라 이를 접근하는 방법도 다르다. 일반적으로 순차 접근 파일에 있는 레코드를 변동시킬 때는 앞에서 기술한 바와 같이 이 파일을 처음부터 읽어서 다른 파일로 기록하면서 해당 레코드를 수정하여 기록한다. 그러므로 변동된 별도의 파일을 1개 더 만들어야 한다. 그러나 직접 접근 파일에서는 해당 레코드를 변동시켜 그 자리에 다시 기록하므로 별도 파일을 만들지 않는다.

10.2

# 입·출력 문

자료 카드나 테이프 및 디스크 등에 기록된 자료를 주 기억 장치에 입력시키든지 또는 주 기억 장치에 기억되어 있는 자료를 외부로 출력시키기 위하여 READ 문이나 WRITE 문을 사용한다.

## 10.2.1 일반 형식

READ 문이나 WRITE 문의 일반형식은 다음과 같다.

```
READ (lun, format) variable-list
WRITE(lun, format) variable-list
```

lun : 입·출력 장치의 번호(logical unit number)로서 정수형 상수나 또는 정수형 변수

format : FORTRAN 문의 문 번호를 가리키는 정수형 상수나 또는 free-format인 경우는 *, variable FORMAT이면 배열명

variable-list : 변수명, 배열명, 또는 배열 요소명, WRITE 문에서는 상수도 가능하다.

READ 문이나 WRITE 문들을 쓸 때는 입·출력에 관한 다음의 4가지 정보를 기술하여야 한다.

### (1) 입·출력 동사

자료를 입력시킬 때는 READ 동사를, 그리고 출력시킬 때는 WRITE 동사를 사용한다. 라인 프린터로 자료를 출력할 경우에는 WRITE 대신 PRINT 명령을 사용해도 좋다.

### (2) 입·출력 장치

카드 판독기, 라인 프린터, 카드 천공기, 테이프 및 디스크 등의 입출력 장치들 가운데 어느 것으로 입·출력되는가를 장치 번호로 명시한다.

### (3) 변수목록(variable-list)

입력 장치로 입력되는 자료를 주 기억 장치의 어느 변수에 기억시킬 것인가 또는 출력 장치로 출력시키는 자료가 주 기억 장치의 어느 변수에 기억 되어 있는가를 일반 형식의 variable-list에 기술한다,

### (4) 자료의 형태

자료가 어떤 형태로 입·출력되는가를 FORMAT 문에 명시하여야 한다. 입·출력 명령은 일반 형식의 괄호 속에 있는 format의 문 번호와 같은 번호를 가진 FORMAT 문에 명시된 양식에 따라 자료가 다음 그림 10.2와 같이 입·출력된다.

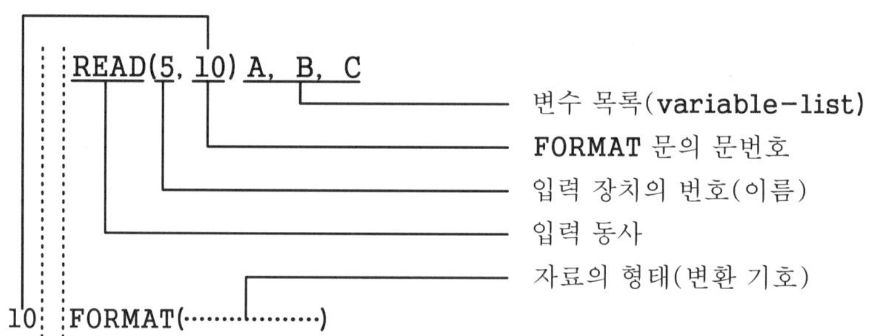


**그림 10.2** 입력문

## 10.2.2 입·출력 장치의 이름

입·출력 장치의 이름을 **장치 번호**(logical unit number)로 표시한다. 자료 카드를 읽으라는 것은 카드 파일을 읽으라는 뜻이고 라인 프린터로 인쇄하라는 것은 프린터 파일을 만들라는 뜻이다. 그러므로 입·출력 장치를 가리키는 숫자는 실제적으로는 입·출력하는 파일의 번호이다. 일반적으로 카드 파일과 같은 표준 입·출력 파일에는 고유 번호가 지정되어 있다. 테이프나 디스크에 수록된 파일은 컨트롤 카드나 OPEN 문에 의하여 파일의 번호, 즉 입·출력 장치 번호를

프로그래머가 임의로 줄 수 있다.

```
OPEN(UNIT=5, FILE='PAYROLL.DAT')
READ(5, 10) A, B, C
```

디스크나 테이프에 수록된 파일 PAYROLL.DAT을 파일 번호 5로 하여 open 시키면 READ 문에서의 파일 번호 5는 표준 입력 파일인 카드 파일을 가리키는 것이 아니라 PAYROLL.DAT라는 파일을 가리키게 된다. 만일 컨트롤 카드나 OPEN 문으로 5와 6을 다른 파일 번호로 명시하지 않으면 **장치 번호 5는 표준 입력 파일**을 가리키고, **장치 번호 6은 표준 출력 파일**을 가리킨다. 표준 입·출력 파일은 컴퓨터 기종에 따라 다르다. 그러므로 각 입·출력 장치 번호들은 컴파일마다 표준화된 것이 아직 없기 때문에 FORTRAN을 쓰고자 하는 경우 미리 알아봐야 한다.

카드 파일과 프린터 파일을 표준 입·출력 파일로 하는 컴퓨터에서는 5는 카드 파일, 6은 프린트 파일을 가리키나 CRT(Cathode Ray Tube, **브라운관**) 터미널을 사용하는 컴퓨터에서는 CRT의 키보드를 표준 입력 장치, 디스플레이를 표준 출력 장치로 하기 때문에 **장치 번호 5는 키보드로 입력하는 것을, 장치 번호 6은 디스플레이 장치로 출력하는 것**을 가리킨다. 만약 하나의 프로그램을 여러 가지 장치를 이용하여 결과를 얻고자 하는 경우 매번 입·출력 장치 번호를 고치는 작업은 불편하므로, 이 경우 다음 예제 10.1의 경우처럼 입·출력 장치 번호를 변수로 하면 편리하다.

**예제 10.1** 이 예는 입력 장치 번호를 정수형 변수로 사용한 경우이며, 둘은 서로 같은 문이다.

```
READ(5, 10) A, B, C
```

```
N=5
 :
READ(N, 10) A, B, C
```

표준 입·출력 파일을 가리킬 때는 *로 표시하든지 또는 장치 번호를 생략할 수 있다.

```
READ(5, 10) A, B, C
READ(*, 10) A, B, C
READ(*,  *) A, B, C
```

```
WRITE(6, 20) A, B, C
WRITE(*, 20) A, B, C
WRITE(6,  *) A, B, C
```

```
READ 10  A, B, C
READ  *  A, B, C
```

```
PRINT 20  A, B, C
PRINT  *  A, B, C
```

WTITE 문에서 장치 번호를 생략하면 출력 동사로 PRINT를 써야 한다.

입출력 파일의 번호는 정수형 상수로 표시하였으나 정수형 변수로도 나타낼 수 있다. 이때의 변수는 반드시 단순 변수이어야 하고 양의 정수값을 가져야 한다.

```
READ(K, 10) A, B, C
WRITE(N, 20) A, B, C
```

변수 K와 N의 값이 5와 6이면 표준 입·출력 파일을 입·출력하라는 것이다. 입·출력 파일의 번호를 변수로 나타내면 그 값을 변경시켜 다른 파일을 가리키게 할 수 있으므로 매우 편리하게 사용할 수 있다.

## 10.2.3 변환 기호

변환 기호는 FORMAT 문에 적는 것으로서 이들에 대해서는 이미 제3장에서 상세하게 배웠다. 여기서는 이들을 종합적으로 정리하고 아직 배우지 않은 변환 기호에 대하여 설명한다. 변환기호는 입·출력 문에 적은 변수들과 직접 대응하여 자료를 변환시키는 것(표 10.1)과 변수들과는 관계없이 입·출력 시에 편집용으로 사용하는 것으로 대별한다(표 10.2).

**표 10.1** 자료의 변환

| 변 환 | 일반 형식 | 개 요 |
|---|---|---|
| I 변환 | rIw | 정수 자료(integer data)의 변환 |
| F 변환 | sPrFw.d | 실수 자료(real data)의 변환 |
| E 변환 | sPrEw.d | 실수 자료(real data)의 변환 |
| D 변환 | sPrDw.d | 배정도 자료(double precision data)의 변환 |
| L 변환 | rLw | 논리 자료(logical data)의 변환 |
| A 변환 | rAw | 문자 자료(character data)의 변환 |
| G 변환 | rGw.d | 자료의 일반 변환 |

```
I, F, E, D, L, A, G…… 변환 기호(conversion code)
                   w…… 자리수(글자수)
                   d…… 소수 이하의 자리수
                   r…… 되풀이(반복) 회수(repetition number)
                   s…… scale 할 자리수
                   P…… scale factor
```

**표 10.2** 편집용의 변환

| 변 환 | 일반 형식 | 개 요 |
|---|---|---|
| X 변환 | nX | n개의 글자를 띄운다. |
| string 변환 | 'bbbbb' | n개의 문자 |
| / 변환 | / | 레코드의 분할 |
| T 변환 | Tn | 시작의 컬럼 지시 |
| | TLn | 왼쪽(앞)으로 n칸 이동 |
| | TRn | 오른쪽으로 n칸 이동 |
| S 변환 | S | 기본으로 환원 |
| | SP | 부호 +를 출력 |
| | SS | 부호 +를 공백으로 출력 |
| B 변환 | BN | 공백은 무시 |
| | BZ | 공백은 0으로 간주 |
| 변환의 되풀이 | n(변환, 변환) | 그룹 변환의 되풀이(반복) |

n……상수(integer constant)

### ■ G 변환

실수형 자료를 입출력하는 F나 E 변환과는 달리 G 변환은 정수형, 실수형(또는 배정도 실수형), 논리형 또는 복소수형 자료를 변환(입·출력)할 때 사용하는 변환으로서 일반 형식은 다음과 같다.

```
Gw.d
rGw.d
```

여기서 w는 영역의 길이, d는 소수점 이하의 자리수(d>0) 그리고 r은 반복회수로 Gw.d를 r(r>0) 회수만큼 반복됨을 뜻한다. Gw.d의 의미는 대응하는 변수에 따라 달라진다.

① 정수형 변수 : Gw.d는 입·출력 시에 Iw와 같은 의미를 갖는다.

② 논리형 변수 : Gw.d는 입·출력 시에 Lw와 같은 의미를 갖는다.

③ 실수형 변수 : 입력 시에는 자료에 E가 있는가에 따라 Ew.d나 Fw.d와 같은 뜻을 가지며, 출력 시에는 Gw.d에서의 d는 소수점 이하의 자리수를

가리키는 이외에 입·출력 자료에 따라 E 변환과 F 변환 중 어느 것을 적용하여 변환시킬 것인가를 결정하는 중요한 역할을 한다. 만일 수 n가 $0.1 \leq n \leq 10^d$이면 G 변환은 F 변환과 같은 역할을 하여 지수가 없는 10진 수형의 실수로 변환시키고, 그 범위를 벗어나면 G 변환은 E 변환으로 수를 변환시킬 때에는 유효 수자 d개만 출력시키고 오른쪽에 4개의 공백을 채운다.

```
      WRITE(6, 20) YES
   20 FORMAT(G10.3)
```

YES에 99.321이 기억되어 있다면 G10.3은 유효 수자를 3자리로 만들어 99.321을 99.3으로 변환한다. 이 값은 0.1보다 크고 $10^3$보다 적으므로 G10.3은 F 변환과 같은 뜻이 되어

```
....99.3........
```

과 같이 인쇄된다.

④ 복소수형 변수 : 실수형 변수에 적용하는 것과 같다.

**예제 10.2** 자료 카드가 예제 10.2 그림과 같이 천공되어 있을 때 다음 문을 수행하면 변수 K, A, B 및 L에는 어떤 값이 기억될까?

```
      LOGICAL L
      READ(5, 10) K, A, B, L
   10 FORMAT(4G5.1)
```

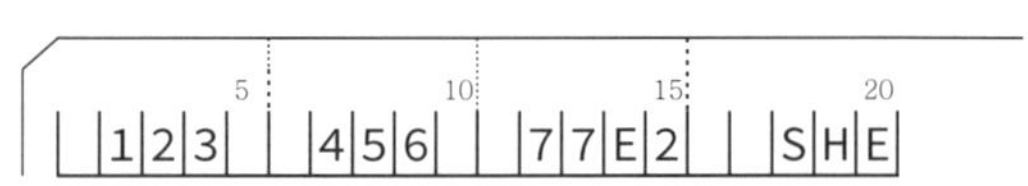


**예제 10.2 그림** 자료 카드

**풀이** K는 정수형 변수이므로 G5.1은 I5와 같이 처리되어 K에는 1230이 입력되며, A는 실수형 변수이고 자료에는 E가 없으므로 F5.1로 처리되어 A=456.0이 된다. B는 실수형 변수이고 자료에 E가 있으므로 G5.1로 E5.1이 되어 $B=7.7\times10^2$이 기억되며, L은 논리형 변수이므로 G5.1은 L5가 되어 L에는 .TRUE.가 기억된다.

**예제 10.3** 다음 주어진 입력 자료와 FORMAT 문에 의해 기억되는 값은 무엇인가?

```
      READ(5, 10) B
   10 FORMAT(1X, G6.1)
```

입력자료 · ␣␣-246

**풀이** 실수형, 배정도 실수형 또는 복소수형 자료를 입력할 때 G 변환 기호는 F 변환 기호와 동일한 뜻을 갖는다. 즉, 주어진 FORMAT 문에 의해 기억되는 값은 다음과 같다.

$A=-0.246\times10^{2}$

어떤 변수에 기억된 자료를 출력할 때는 자료의 절대값(n)에 따라 다음 표 10.3과 같은 방법으로 출력된다.

**표 10.3** 자료의 절대값(n)에 따라 어떤 변수에 기억자료의 출력 형태

| 자료 절대 값의 범위 | 출력되는 결과 형태 |
|---|---|
| $n<0.1$ 또는 $n\geq10^{d}$ | Ew.d 변환 기호와 동일 |
| $0.1\leq n<1$ | F(w-4).d |
| $1\leq n<10$ | F(w-4).(d-1) |
| : | : |
| $10^{d-2}\leq n<10^{d-1}$ | F(w-4).1 |
| $10^{d-1}\leq n<10^{d}$ | F(w-4).0 |

■ **P 변환(scale factor)**

실수형 자료(P)의 소수점 위치를 변경시키는 것을 scale이라 한다. **자리 이동 계수(scale factor)**의 일반 형식은 다음과 같다.

```
sP
```

여기서 s는 scale할 자리수를 가리키며 양의 정수나 음의 정수(정수형 상수)이다. scale은 F 변환, E 변환, D 변환 및 G 변환에 적용되며 scale이 FORMAT 문에서 한번 정의되면 다른 scale factor가 나타날 때까지 영향을 미친다. 그러므로 scale의 효력을 없애고자 하면 0P가 있어야 한다.

```
10    FORMAT(3PF10.2, E14.3, I3, F10.4, 0PF10.2)
```

scale factor 3P는 E14.3, F10.4에 적용되며 만일 0PF10.2가 없는 경우는 이후에 변환하는 모든 F, E, D 및 G 변환은 다 3P scale의 효력을 받게 된다.

F 변환에 적용되는 scale factor의 효과는 E 변환에 미치는 것과는 서로 다르다.

① F 변환에서의 scale factor : F 변환에서 사용되면 sP는 입·출력 시에

외부값 = 내부값$\times10^{S}$

이 되므로 입력 시에는 원래 값을 $10^S$로 나눈 결과가 기억되고, 출력 시에는 변수의 값에 $10^S$로 곱한 것이 출력된다.

**예제 10.4** [scale factor의 사용]

(1) X=0.079인 경우 X를 퍼센트로 인쇄하고자 할 때

```
      WRITE(6, 20) X
  20  FORMAT(1X, 2PF8.2, 1X, 'PERCENT')
```

결과

```
    5    10   15
    7.90 PERCENT
```

(2) 자료 카드의 1~8난에 3.90이 천공된 경우

```
      READ(5, 40) PAY
  40  FORMAT(2PF8.2)
```

을 수행하면 PAY에는 0.039가 기억된다.

② E 변환에서의 scale factor : 입력 시에는 scale factor가 무의미(변수에 기억된 값과 출력되는 값이 같다는 뜻)하고 출력 시에는 소수 부분은 $10^S$배 하고 지수부분은 S만큼 감소하므로 값 자체에는 변함이 없다, 이를테면 변수 X=0.01234일 때 X를 E12.4로 출력하면

```
0.1234E-03
```

의 형태로 출력되나, 이를 1PE12.4로 출력하면

```
1.234E-04
```

와 같이 출력된다. D 변환에서의 scale factor는 E 변환에서와 같다.

### ■ T 변환

T 변환의 일반 형식은 다음과 같다.

```
Tn
```

여기서 자료의 입·출력이 시작하는 칸을 지정하는 것으로 n은 시작 난을 가리킨다. T15는 15번째 난을 지정한다.

```
      READ(5, 10) J, K
10    FORMAT(1X, I5, T10, 'SUM=' I5)
```

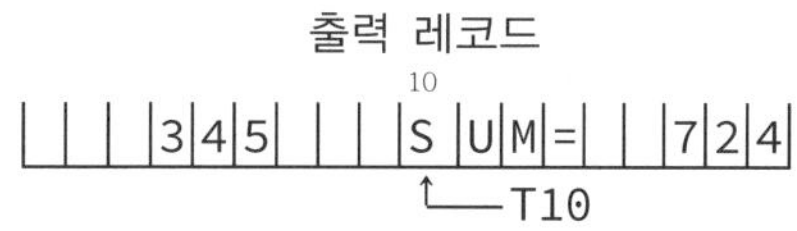


변수 J와 K에 각각 345와 724이 기억되어 있다면 J의 값 345를 출력 레코드의 2~6난에 넣고 10번 난부터 시작하여 다음 변환의 값을 넣는다. 그러므로 10번 난부터 SUM을 넣는다.

```
      READ(5, 10) I, J
10    FORMAT(T4, I6, T1, I3)
```

는 자료 카드의 4~9난에 있는 자료를 I에 넣고, 1~3난의 자료를 J에 넣는다.

Tn에서의 n은 절대 위치를 가리키나 현재의 위치에서 n난 왼쪽으로 위치를 옮길 때는 TLn, 오른쪽으로 n칸 위치를 옮길 때는 TRn을 사용한다. TRn은 nX와 같은 의미를 가진다. TLn과 TRn에서의 n은 위치를 가리킨다.

### ■ S, SP, SS 변환

정수형 또는 실수형 자료를 출력할 때 이제까지 양수일 경우는 부호 +를 붙이지 않는 것이 일반적이나 컴퓨터의 기종에 따라서는 부호 +를 붙이는 것을 표준으로 할 경우도 있다. 이때 양의 자료는 반드시 +부호를 붙여 출력한다든지, +부호를 붙이지 않는다든지 또는 컴퓨터 기종에 정해진 표준에 따라 출력하고자 할 때는 S 변환을 사용한다.

S 변환에는 S, SP 및 SS의 세 종류가 있으며 S는 컴퓨터의 표준에 따라 지정한 대로 출력하게 하고, FORMAT 문에서 SP 기호를 사용하면, 계속해서 +부호를 붙여서 출력하고, FORMAT 문내에서 SS 기호를 사용하면, 계속해서 +부호를 붙이지 않고 출력한다. S 변환은 출력용 변환으로서 FORMAT 문내에서 S 변환을 한번 정의하면 다른 S 변환이 있을 때까지 모든 변환에 다 적용된다.

```
10    FORMAT(SP, 3F10.2, E10.3, S, I10)
```

SP는 3F10.2, E10.3에 적용되어 양의 자료는 부호 +가 출력되고, S가 있으므로 이후의 자료를 변환할 때는 컴퓨터 기종의 표준으로 환원한다.

**예제 10.5** 다음 프로그램에 대한 출력 결과를 나타내어라.

**프로그램**

```
   A=2.7
   B=62.9
   I=41
   K=123
   WRITE(6, 10) A, B, I, K
10 FORMAT('␣', SP, F4.1 /'␣', SS, 4.1/'␣', I2/'␣', S, I3)
```

**출력결과**

```
+2.7
62.9
41
123
```

■ BZ, BN **변환**

숫자 자료를 입력할 때 일반적으로 공백은 0[**영(零,)** zero]으로 간주하였다. 그러나 공백은 0으로 처리하지 않고 무시할 필요(공백으로 처리할 것인가?)가 있다. 이때 사용되는 변환이 B 변환이다. B 변환은 입력용에 사용하는 변환으로서 BZ와 BN이 있다. BZ는 공백을 0으로 처리하라는 뜻이고 BN은 공백을 전부 무시하라는 뜻이다. B 변환은 한번 정의 하면 다른 B 변환이 나올 때까지 효력을 발생한다.

**예제 10.6** 다음 프로그램을 이용하여 그림 10.3의 자료 카드에 주어진 숫자에 얼마가 기억되는지 나타내어라.

```
   READ(5, 10) JK, N
10 FORMAT(BN, I5, BZ, I3)
```

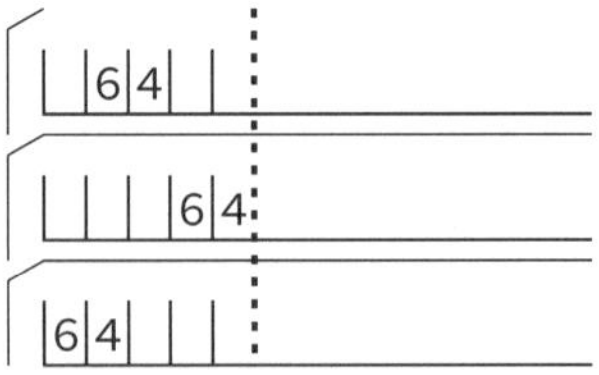


**그림 10.3** 자료 카드

명령문으로 그림 10.3의 자료 카드를 입력하면 공백은 무시되므로 JK에는 어느 경우나 모두 64가 기억된다. 그리고 N의 영역은 자료 카드의 6~8난이며, 이후의 변환은 공백을 0으로 간주한다.

■ **콜론(:, colon) 변환**

입·출력 문의 변수 목록(list)에 변환할 변수가 남아 있지 않는 경우 실행을 마치기 위하여 FORMAT 문에 사용되는 변환 기호이며 콜론(:)이 있으면 입·출력을 끝낸다.

```
    WRITE(6, 10) 3
    WRITE(6, 10)
10  FORMAT(1X, 'HELLO', :, ' THERE', I2)
```

첫 WRITE 문에서는 HELLO THERE 3이 인쇄되나 둘째의 WRITE 문은 HELLO만 인쇄한다.

# 10.3

# 내부 파일

**내부 파일**(internal file)이란 **문자형 자료를 기억하는 문자형 변수 또는 문자형 배열**을 말한다. 내부 파일이 문자형 변수인 경우는 레코드가 1개인 파일이고, 내부 파일이 배열이면 배열의 각 요소가 1개의 레코드가 된다.

3장에서 배웠던 입·출력문, 즉 READ/WRITE 문은 외부 파일(카드, 자기 테이프 및 키보드)로부터 자료를 내부 기억 장치에 전송하기 위해 또는 내부 기억 장치에 있는 자료를 외부 파일에 전송하기 위해 사용했다. 이 때 외부 파일에 대해 내부 파일을 사용하면 이 파일에 있는 자료는 마치 카드를 읽는 방법과 같이 READ 문으로 자료(문자)를 읽어 변환하여 다른 변수에 기억시켜놓고, WRITE 문으로 변수의 값(숫자)을 문자로 변환하여 내부 파일에 기록하거나 기억시켜 놓음으로써 내부 파일사이에 자료를 전송할 수 있다.

```
CHARACTER *60 IPARK
READ(5, '(A60)') K1, K2
READ(IPARK, '(I4, I5)') K1, K2
READ(IPARK, '(I6)') K3
```

이 문은 카드를 읽어 IPARK에 넣은 후 IPARK을 내부 파일로 하여 여기에 기록된 문자를 읽어 K1과 K2에 넣는다. IPARK는 카드와 같은 역할을 한다.

내부 파일을 입·출력할 때는 READ/WRITE 문에서 **입·출력 장치 번호**(logical unit number, lun) 자리에 내부 파일명(변수명)을 적는다. READ/WRITE 문은 항상 내부 파일의 처음부터 시작된다. 그러므로 K3에는 IPARK의 1~6난에 있는 문자를 변환하여 넣는다.

내부 파일에는 free-format I/O는 할 수 없으며 순차(sequential) formatted I/O만을 할 수 있도록 FORTRAN 77에서 표준화하였으나 컴퓨터의 기종에 따라서는 direct I/O도 가능하게 하였다.

다음 프로그램은 실수형 변수 A의 값을 문자로 변환하여 내부 파일 GREEN(내부 파일 식별자)에 저장한다. 이 때 WRITE 문의 장치 번호는 내부 파일의 이름 GREEN을 지정한다.

```
      CHARACTER *5  GREEN
            :
      WRITE(GREEN, 33) A
            :
33    FORMAT(F5.1)
```

| 21.7 | (숫자) |
|---|---|

↓

|  | 2 | 1 | . | 7 | (문자) |
|---|---|---|---|---|---|

**내부 파일 GREEN**

다음 프로그램은 내부 파일에 존재하는 문자형 자료를 숫자로 변환하여 실수형 변수 A에 기록한다. 이 때 파일 식별자(識別子, identifier)를 사용하는 경우 목록에 의한 입·출력을 할 수 없다.

```
      READ(GREEN, 33) A
33    FORMAT(F5.1)
```

↓ **내부 파일 GREEN**

|  | 2 | 1 | . | 7 | (문자) |
|---|---|---|---|---|---|

↓

21.7 (숫자)

예를 들면, 자료를 읽어오는 대신에 문자열부터 읽어 들일 수 있게 된다. 이때의 입 · 출력문은 자료를 읽어 들이는 것과 똑같은 기능을 하며, 그 예는 다음과 같다.

```
      CHARACTER *10 DATA
      DATA= '12.3456789'
           :
      READ(DATA, 5) A, B
5     FORMAT(F4.1, F4.1)
```

이 문들이 실행되면 그 결과로 A에는 12.3이 기억되고, B에는 456.7라는 값이 기억된다.

이러한 내부 파일은 자료를 사용하기 전에 일부 변형을 하고자 할 때 특히 유용하게 활용된다. 예를 들면, 금액의 왼쪽에 $ 표시가 함께 들어있는 자료 파일의 내용을 읽어 들일 때를 가정하자. 이 자료를 실수변수로 읽어 들이려 하면 실행자료 오류가 발생한다. 이때 이 자료들을 내부 문자열 파일에 읽어 들일 수 있고, 자료의 $ 표시를 공백으로 바꾸는 변환을 하여 내부 파일로부터 자료를 읽어 들인다. 다음 문들은 자료 라인으로부터 10자리를 읽고 앞에 나오는 $ 표시를 공백으로 바꾸어 준 다음 그 값을 실수변수에 읽어 들이는 프로그램이다.

```
      INTEGER PTR
      CHARACTER *10 TEMP
            :
      READ(12, 5) TEMP
    5 FORMAT(A10)
      IF(INDEX(TEMP, '$') .NE. 0) THEN
        PTR=INDEX(TEMP, '$')
        TEMP(PTR:PTR)=' '
      ENDIF
      READ(TEMP, 15) AMOUNT
   15 FORMAT(F10.2)
```

같은 방법으로 프린트하기 전에 출력 자료를 변환하고자 할 때에도 유용하게 활용된다. 예를 들면, 프린트하려는 실수값 바로 앞에 $ 표시를 삽입할 필요가 있을 수 있다. 내부 파일을 사용하면 출력할 실수값이 123.45일 때 bbb$ 123.45와 같이 $ 표시를 숫자 바로 앞에 넣을 수 있다. 내부 파일을 사용하지 않으면 $bbb123.45와 같이 출력 항목 앞에 $ 표시를 넣을 수밖에 없다.

**예제 10.7** [내부 파일의 사용]

변수 FORMAT을 사용하는 프로그램에서 format의 내용을 변경시키고자 하는 경우 format의 변수를 내부 파일로 만들어 WRITE 문을 사용하면 편리하다.

**프로그램**

```
      CHARACTER FMT*10
      DIMENSION FMT(1)
      DO 11 N=1, 10
      WRITE(FMT, 10) N
   10 FORMAT('(1X, i', I2, ')')
      WRITE(6, FMT) N
   11 CONTINUE
      STOP
      END
```

**출력결과**

```
 1
  2
   3
    4
     5
      6
       7
        8
         9
         10
```

DO 루프를 처음 처리할 때 첫 WRITE 문에서 N의 값 1을 10번 FORMAT에 따라 내부 파일 FMT에 기록하면 FMT의 내용은 (1X, I1)이 된다. 이것이 두 번째의 WRITE 문에서 format이 되어 N의 값 1이 라인 프린터를 통하여 1난에 인쇄된다. DO 루프를 두 번째 처리할 때는 첫 WRITE 문에서 내부 파일 FMT에 (1X, I2)를 기록하여 두 번째 WRITE 문에서 N의 값 2를 2난에 인쇄한다. 이와 같이 DO 루프를 처리할 때마다 FMT의 내용에서 Iw의 w가 변동되어 인쇄되는 위치가 계속 다르게 된다.

**예제 10.8** [내부 파일의 사용]

카드에 천공된 자료의 형태 Iw를 1난에, 자료의 개수 n을 3~4난에, 실제 자료는 6난부터 천공되어 있다. Iw=1이면 (nI1)으로, Iw=2이면 (nI2)으로 n개의 자료를 읽는다. 아래 그림 10.4의 1난에 적힌 내용에 따라 자료를 읽어 그 값을 인쇄하고 합계를 계산하는 프로그램을 작성하라.

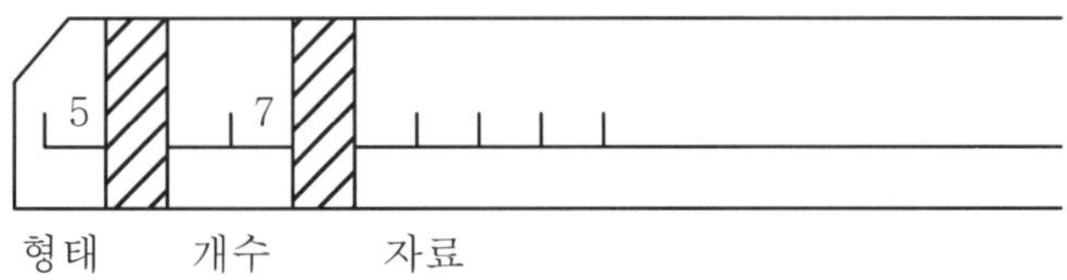


**그림 10.4** 입력된 자료

**프로그램**

```
      CHARACTER CARD*75, FMT*6
      DIMENSION IN(75), FMT(1)
      INTEGER TOTAL
    1 READ(5, 10) IW, N, CARD
   10 FORMAT(I1, 1X, I2, 1X, A75)
      IF(IW .EQ. 0 .OR. IW*N .GT. 75) STOP
      WRITE(FMT, 20) N, IW
   20 FORMAT('(', I2, 'i', I1, ')' )
C
      READ(CARD, FMT) (IN(K), K=1, N)
      TOTAL=0
      DO 11 I=1, N
        TOTAL=TOTAL+IN(K)
  100 CONTINUE
      WRITE(6, 30) TOTAL, IW, N, CARD
   30 FORMAT(// 1X, 'TOTAL = ', I10 / 1X, I1, 1X, I2, 1X,
     & A75)
      WRITE(6, 40) (IN(K), K=1, N)
   40 FORMAT(// 1X, 'THE NUMBERS ARE' / (2X,  5I12) )
      GO TO 1
      END
```

**출력결과**

```
GIVEN DATA
   5  7 1234567890987654321234567890987656783421

THE NUMBERS ARE GIVEN BELOW
   12345    67890    98765    43212    34567    89098    76567
TOTAL =  422444
```

## 10.4

# 외부 파일(순차 또는 직접파일)

**중앙처리장치(中央處理裝置)**(CPU; Central Process Unit) 외부에 존재하는 자기 테이프, 자기 디스크, 광 디스크 및 플래시 메모리 등과 같은 **보조 기억 장치에 저장된 파일**을 **외부 파일**이라고 하는데, 이들 보조 기억 장치에 입출력하기 위해서는 반드시 논리 장치(프로그램)와 연결해야 한다. 이 때 보조 기억 장치에 저장되어 있는 파일을 이용하는 방법에는 **순차 접근**(sequential access)과 **직접 접근**(direct access)가 있다.

이미 10.1절에서 설명한 바와 같이 카드에 천공되어 있는 자료는 순차적으로 읽어 들여야 한다. 첫 번 카드를 읽고 10번째 카드를 읽은 후 2번째 것을 읽을 수는 없다. 이와 같이 기록된 레코드의 순서대로 읽어 처리하는 파일을 순차 접근 파일(sequential access file 또는 sequential file)이라 한다. 테이프 파일은 순서 접근 파일의 대표적인 예이다. 순차 접근 파일을 처리하는 문은 지금까지 배운 READ/WRITE 문과 REWIND 문, BACKSPACE 문, ENDFILE 문 OPEN 문 및 CLOSE 문 들이 있다.

### 10.4.1 OPEN 문

OPEN 문은 새로운 자기 디스크 또는 테이프[장치 번호(logical unit number)]에 외부 파일을 생성(create)하거나 어떤 작업을 처리하기 위해 기존의 자기 디스크 또는 자기 테이프 파일을 개방(open)시킬 때 사용한다. 즉, 외부 파일과 프로그램을 연결할 때 또한 접속된 파일의 특성을 변경할 때 사용하는 실행문으로써 **프로그램의 시작 부분에 위치**한다.

```
OPEN(1, FILE='BLUE.DAT')
```

이 문은 간단한 OPEN 문으로서 파일명이 BLUE.DAT인 파일에 장치 번호 1을 부여한다. 이 다음의 입·출력문에서 장치번호 1은 파일 BLUE.DAT을 가리킨다.

표준 입·출력 파일을 제외한 모든 파일은 반드시 OPEN 문으로 파일에 장치번호를 부여한 후에야 입·출력 명령을 할 수 있다.

OPEN 문의 일반 형식과 이 문에서 사용하는 제어 인수 목록(因數 目錄, argument list)은 다음과 같다.

```
OPEN(인수목록, arg-LIST)
```

**인수 목록 :** UNIT = u : 외부 장치 번호
FILE = 파일명 : 파일명으로써 변수명 규칙과 동일
ACCESS = '파일 상태' : SEQUENTIAL, DIRECT, STREAM
FORM = '형식 상태' : FORMATTED, UNFORMATTED
BLANK = 'NULL' 또는 'ZERO'
STATUS = '파일 상태' : OLD, NEW, SCRATCH, UNKNOWN
RECL = 양의 정수 : 레코드의 길이
ERR = 문 번호 : 오류가 발생했을 때 분기할 문 번호
IOSTAT = 정수형 변수 ; 입·출력 상태 지정자

앞에서 기술한 인수 목록에 대한 구체적인 설명과 예를 통하여 좀더 알아보자.

(1) UNIT는 외부 장치 번호로서 논리적 장치 번호 u는 0~99까지의 정수형 상수이며, OPEN 문의 UNIT=U(정수형 상수 또는 변수)에서 UNIT=은 생략이 가능하다. u는 파일과 연결하는 외부 장치 식별자, 즉 READ 문 또는 WRITE 문에서 사용될 파일을 지정하기 위해 사용한다. 다음의 예는 파일과 그 파일을 명시하는 문을 함께 연결해 주는 장치번호의 사용을 보여준다.

①

```
      OPEN(UNIT=10, FILE='EXE.DAT', STATUS='NEW')
          :
      WRITE(10, 20) A, B
   20 FORMAT(2F5.2)
```

②

```
      OPEN(10, FILE='EXE.DAT', STATUS='NEW')
          :
      WRITE(10, 20) A, B
   20 FORMAT(2F5.2)
```

②는 ①에서 UNIT만 생략된 경우의 프로그램이다.

(2) FILE=파일명, 파일명에서 변수명의 규칙과 같은 문자형 상수나 변수 또는 문자형 수식으로 표현한다. 파일명의 첫 자는 반드시 알파벳 문자로 시작되어야한다. STATUS=scratch이면 파일명에 대한 실인수를 적으면 안 된다.

(3) ACCESS='파일 상태'는 파일 접근 방법을 나타내는 것으로써 다음 3가지 중의 하나의 문자식이며 이 인수를 생략하면 순차 처리 파일(SEQUENTIAL)로 간주한다.

① ACCESS='SEQUENTIAL' : 순차 처리 파일을 뜻한다.
② ACCESS='DIRECT' : 직접 처리 파일을 뜻한다.
③ ACCESS='STREAM' : 스트림 처리 파일을 뜻한다.

(4) FORM='형식 상태'는 파일에 대한 입·출력에서 FORMAT 문의 존재 여부를 지정하며 다음 문자식 중의 하나이다. 생략하면 순차 처리 파일에서는 FORMA-TTED로 처리하고 직접 처리 파일에서는 UNFORMATTED로 간주한다.

① FORM='FORMATTED' : 형식이 있는 READ 문, WRITE 문 또는 목록에 의한 입· 출력문을 뜻한다. 즉 파일에 기록된 자료가 FORMAT 문으로 변환시켜 기록한 것을 말한다.

② FORM='UNFORMATTED' : 입·출력시 자료에 아무 변화를 주지 않고 전송할 때 사용하며, 이 때 전송되는 자료는 **이진(二進) 문자열**(binary string)로 취급한다. 즉 컴퓨터 내부에 기억하는 형태로 처리한 것을 말한다.

form=formatted로 open한 파일에 unformatted I/O를 한다든지 그 반대로 하면 오류(error)가 발생한다. 이미 만들어진 파일을 open할 때 거기에 기록된 자료의 형태와 일치하지 않으면 오류가 발생한다. 즉 formatted로 출력된 파일을 form=formatted로 open하면 안 된다.

(5) BLANK='NULL' 또는 'ZERO'는 시스템마다 다를 수 있지만 입력 시 기록 중의 공백 처리를 지정하는 것으로 formatted I/O에서만 유효하며, 형식이 없는(unformatted)파일에서는 사용되지 않으며 생략하면 BLANK=NULL로 간주한다.

① BLANK='NULL' : 숫자 항목에서 공백을 무시한다.

② BLANK='ZERO' : 공백을 영(零, zero)으로 간주하라는 뜻이다.

(6) STATUS = '파일 상태'는 다음 형식 중의 하나이며 이 인수를 생략했을 때는 STATUS='UNKNOWN'으로 간주한다.

① STATUS='OLD' : 이미 만들어진 파일 즉 구(old) 파일을 open할 때 READ 문에 의해 레코드가 접근할 수 있음을 뜻한다.

② STATUS='NEW' : WRITE 문에 의하여 새로운 파일을 만들 때 NEW를 쓴다. 인수 가 NEW 인데 이와 같은 파일이 있으면 이전의 것을 지우고 새로운 것을 만든다.

③ STATUS='SCRATCH' : 프로그램 실행 중에 파일을 만들어 사용했다가 실행이 끝나면 (CLOSE 문이 실행될 때) 자동적으로 파일은 지워진다. 이 경우에 임시 파일에 대한 이름을 나타낼 필요는 없다.

④ STATUS='UNKNOWN' : 컴퓨터의 기종에 따라 처리되는 과정에 의존 즉, 'OLD' 또는 'NEW'는 같은 뜻이다.

(7) RECL = 양의 정수 : 순차 처리 파일에서는 사용하지 않는다. 직접 처리 파일을 open 할 때 **레코드의 길이**를 나타낸다. 레코드의 길이는 일반적으로 byte로 표시한다. 직접 처리 파일을 open 할 때는 반드시 이 인수가 있어야 한다.

(8) ERR= 문 번호 : 파일을 open할 때 오류가 발생하면 처리해야 할 문 번호로 했을 때 분기할 문 번호로 제어가 넘어가 실행되며, 선택적으로 오류 복구에 사용된다. 이 인수를 생략하면 open 시 오류가 발생하면 실행을 끝내 버린다. ERR 명세는 READ 문 및 WRITE 문과 함께 사용할 수도 있다.

(9) IOSTAT = 정수형 변수 ; 입·출력 상태 지정자로써 파일을 개방(open)한 상태를 정수형 변수에 넣은 후, 즉 프로그램에 어떤 파일을 연결할 때 오류 없이 open 되었으면 0, 오류가 발생하면(입력 파일로 나타낸 파일로 이름을 찾을 수 없는 경우) 컴퓨터의 기종에 따라 정해진 오류 코드가 정수형 변수에 기억된다. IOSTAT는 꼭 필요하지는 않지만 오류 복구를 위해 사용되지만 반드시 나타낼 필요는 없다.

```
      OPEN(2, ERR=300, IOSTAT=IOERR, FILE='SAMPLE.DAT',
&         STATUS='OLD', ACCESS='SEQUENTIAL')
      IF(IOERR .NE. 0) WRITE(*, 20) IOERR
```

이 문은 SAMPLE.DAT 파일의 장치번호를 2로 하고, 이미 만들어져 있는 파일이며, 순차 처리를 하고 파일을 OPEN 할 때 만일 오류가 있으면 300번 문으로 수행을 옮기고 오류 코드는 변수 IOERR에 넣으라는 뜻이다. 그리고 IOERR이 0과 같지 않으면 IOERR을 문 번호 20에 맞는 FORMAT 내용대로 출력하라는 프로그램이다.

(10) 직접 처리 파일에 대한 OPEN 문은 반드시 UNIT, FILE, ACCESS 및 RECL과 같은 인수 목록을 지정해야 한다.

(11) 순차 처리 파일과 직접 처리 파일에 대한 OPEN 문의 형식은 다음 표 10.4와 같다.

**표 10.4** 순차 처리 파일과 직접 처리 파일에 대한 OPEN 문의 형식

| 순차 처리 파일 | 직접 처리 파일 |
|---|---|
| OPEN(인수 목록) | OPEN(인수 목록) |
| UNIT=u | UNIT=u |
| FILE=파일명 | FILE=파일명 |
| ACCESS='SEQUENTIAL' | ACCESS='DIRECT' |
| FORM ='FORMATTED' or<br>'UNFORMATTED' | FORM ='FORMATTED' or<br>'UNFORMATTED' |
| BLANK ='NULL' or 'ZERO' | BLANK ='NULL' or 'ZERO' |
| STATUS='OLD', 'NEW', 'SCRATCH',<br>'UNKNOWN' | STATUS='OLD', 'NEW', 'SCRATCH',<br>'UNKNOWN' |
| | RECL = 양의 정수 |
| ERR = 문 번호 | ERR = 문 번호 |
| IOSTAT =정수형 변수 | IOSTAT =정수형 변수 |

## 10.4.2 CLOSE 문

CLOSE 문은 사용했던 파일들을 프로그램 실행이 끝나기 전에 장치번호와 파일간의 관계를 폐쇄(close)하기 위해, 또 외부 기억 장치와 연결되었던 프로그램(논리적 장치)을 분리하기 위해 사용하는 실행문이며 open한 파일은 반드시 close시켜야 한다. 모든 프로그램의 실행이 끝나면 모든 파일이 자동적으로 폐쇄되기 때문에 그런 경우에는 CLOSE 문을 사용하지 않거나 선택적으로 사용할 수 있다. CLOSE 문의 일반 형식은 다음과 같다.

```
CLOSE(인수 목록)
```

인수 목록 : UNIT =u : 외부 장치 번호

STATUS = '파일 상태' : KEEP, DELETE

ERR = 문 번호 : 오류가 발생했을 때 분기할 문 번호

IOSTAT = 정수형 변수 ; 입·출력 상태 지정자

앞에서 기술한 인수 목록에 대한 구체적인 설명과 예를 통하여 좀더 알아보자.

(1) CLOSE 문에서 반드시 적어야하는 인수, UNIT=u(정수형 상수 또는 변수)에서 'UNIT='는 생략이 가능하며 이 단어를 생략하는 경우에는 장치번호를 첫 인수로 적어야한다(②). 그리고 파일 접속을 종료시킬 때 사용하는 외부 식별자이다.

① `CLOSE(UNIT=10, ERR=40, STATUS='KEEP')`

② `CLOSE(10, ERR=40, STATUS='KEEP')`

(2) IOSTAT=정수형 변수는 오류(error) 복구를 위해 사용되며, CLOSE 문 처리 중에 오류가 발생하지 않으면 0, 발생하면 컴퓨터의 기종에 따라 정해진 오류 코드가 정수형 변수에 기억된다. 이 문은 OPEN 문에서와 같은 의미를 갖는다.

```
CLOSE(3, ERR=99)
```

장치 번호 3번인 파일을 close시켜 파일을 보관시키고 만일 close시에 오류가 발생하면 문 번호 99의 문을 수행하라는 뜻이다. 이 문에서 IOSTAT 인수를 적지 않았으므로 close할 때 오류가 발생하는 경우 무슨 원인으로 오류가

일어 났는 가를 알 수 없다.

(3) ERR=문 번호는 CLOSE 문 처리 중에 오류가 발생하면 분기할 문 번호로 제어가 넘어가 실행된다. 이 문은 OPEN 문에서와 같은 의미를 갖는다.

(4) STATUS='파일 상태'는 CLOSE 문 종료 후에 파일에 대한 처리를 나타내는 것으로 다음 문자식 중의 하나이다.

① `STATUS='KEEP'` : CLOSE 문 종료 후에 보관하며 OPEN 문에서 scratch 파일로 open한 파일은 'KEEP'시킬 수 없거나 'KEEP'로 지정해서는 안 된다.

② `STATUS='DELETE'` : CLOSE 문 종료 후에 파일을 삭제한다.

즉, 파일을 보관하려면 KEEP, 제거시키려면 DELETE를 쓴다. Scratch 파일로 open한 파일은 KEEP시킬 수 없다.

(5) 순차 처리 파일과 직접 처리 파일에 대한 CLOSE 문은 같다.

## 10.4.3 READ/WRITE(입·출력) 문

READ/WRITE 문에서 괄호 속에 적는 인수로는 장치 번호와 FORMAT에 관한 것만 배웠다. READ/WRITE에 사용할 수 있는 인수는 이외에도 여러 가지가 있다. READ/WRITE 문의 일반 형식은 다음과 같다.

```
READ (인수) 변수 목록
WRITE(인수) 변수 목록
```

이 문에 사용되는 제어 인수는

인수 목록 : UNIT = u : 외부 장치 번호

FMT = 문 번호 | * | 배열 | 문자형 상수

END = 문 번호 : 순차 처리 파일을 입력할 때 사용하는 인수

ERR = 문 번호 : 오류가 발생했을 때 분기할 문 번호

IOSTAT = 정수형 변수 ; 오류 코드를 기억할 변수

REC = 정수형 상수 | 정수형 변수 : 직접 처리 파일을 입·

출력할 때 사용하는 인수

앞에서 기술한 인수 목록에 대한 구체적인 설명과 예를 통하여 좀더 알아보자.

(1) 단어 UNIT=u(정수형 상수 또는 변수)에서 'UNIT='는 생략이 가능하며 이 단어를 생략하는 경우에는 장치 번호를 첫 인수로 적어야한다. 장치 번호는 정수형 상수나 정수형 변수로 나타내고, 만일 장치 번호가 *이면 표준 입·출력장치를 가리킨다. 즉 목록에 의한 입·출력을 뜻한다. 장치 번호가 문자형 변수나 배열명이면 내부 파일이다.
(2) FMT=문 번호 | * | 배열 | 문자형 상수 : formatted I/O일 때 적는 인수로서 단어 FMT=을 생략하면 2번째 인수로 적어야 한다. FMT=*이면 list-directed I/O를 가리킨다.
(3) END=문 번호 : 순차 처리 파일을 입력할 때 사용하는 인수이다. WRITE 문에 적는다든지 또는 직접 처리 파일을 입력하는 READ 문에서 적으면 안 된다. 순차 처리 파일의 마지막 레코드, 즉 end-of-file 마크가 있는 레코드를 읽으면 처리해야할 문의 번호를 적는다.
(4) ERR=문 번호 : 입·출력시 오류가 발생하면 분기할 문 번호
(5) IOSTAT=정수형 변수 : 오류(error) 코드를 기억할 변수
(6) REC=정수형 상수 | 정수형 변수 : 직접 처리 파일을 입·출력할 때 사용하는 인수로서 입·출력할 레코드 번호, 순차 처리 파일을 입출력하는 READ/WRITE 문에 적어서는 안 된다.

```
READ (5, 11) BETA
READ (FMT=11, UNIT=5) BETA
READ (5, FMT=11) BETA
```

이들 3개의 문은 같은 의미를 갖는다.

```
READ (5, 11, ERR=30, END=50, IOSTAT=X(3))
WRITE (6, 11, ERR=30, IOSTAT=IY
```

이 문에서 5와 6은 장치 번호이고 11은 FORMAT 문의 번호이며, 30, 50은 문번호이고, IX와 X는 정수형 변수이다. 입·출력 시에 오류가 발생하면 30번문으로 실행을 옮기고, 파일을 다 읽었으면 50번문으로 실행을 옮긴다. 입·출력 시의 상태 코드는 IY와 X(3)에 넣는다.

입·출력문은 다음과 같이 **순차 처리 파일 입·출력문**과 **직접 처리 파일 입·출력**

문로 구분할 수 있다.

## 1. 순차 접근 파일 입·출력문

순차 접근 파일 입·출력문의 형식은 다음과 같다.

■ 입력문

① READ(u, f) io-list

② READ(UNIT=u, FMT=f, END=a, ERR=s, IOSTAT=n) io-list

③ READ f, io-list

■ 출력문

① WRITE(u, f)

② WRITE(u, f) io-list

③ WRITE(UNIT=u, FMT=f, ERR=s, IOSTAT=n) io-list

④ PRINT f, io-list

(1) READ와 WRITE 문에서 'UNIT', 'FMT=', 'END=a', 'ERR=s', 'IOSTAT=n'는 생략이 가능하다.

(2) FMT=f에서 f에 문 번호, *, 배열 또는 문자형 상수를 쓸 수 있으며 f가 생략되면 형식이 없는(unformated) 입·출력 문으로 간주한다.

```
READ 111, A, B
READ (1, END=33, ERR=77) X, Y, Z
READ (5, M) A, B
WRITE (6, 100, ERR=777) A, B
PRINT 300, X, Y, Z
READ *, A, B
```

## 2. 직접 접근 파일 입·출력문

직접 접근 파일 입·출력문의 형식은 다음과 같다.

■ 입력문

① READ(u, f REC=i)

② READ(u, f REC=i) io-list

③ READ(UNIT=u, FMT=f, REC=i, ERR=s, io-list)

④ READ(UNIT=u, FMT=f, REC=i, ERR=s, IOSTAT=n) io-list

■ 출력문

① `WRITE(u, f REC=i)`

② `WRITE(u, f REC=i) io-list`

③ `WRITE(UNIT=u, FMT=f, REC=i, ERR=s, io-list)`

④ `WRITE(UNIT=u, FMT=f, REC=i, ERR=s, IOSTAT=n) io-list`

(1) 순차 접근 파일과 마찬가지로 READ와 WRITE 문에서 'UNIT', 'FMT=', 'END=a', 'ERR=s', 'IOSTAT=n'는 생략이 가능하다.

(2) 직접 접근 파일 입·출력문은 순차 접근 파일 입·출력문과 거의 유사하지만, 입·출력 레코드 번호를 나타내는 REC=i를 반드시 나타내어야 한다. 즉, 다음의 READ 문은 30번 레코드를 입력하여 10번 형식에 맞게 변환한 후 A, B에 값을 할당한다는 뜻이다.

```
READ (5, 10, REC=30, ERR=77) A, B
WRITE (6, 100, REC=100, ERR=999) X, Y, Z
```

(3) 입·출력 형식을 나타내는 f가 생략되면 형식이 없는(unformatted) 입·출력문으로 간주한다.

```
READ (5, REC=30, ERR=222) X, Y, Z
WRITE (6, REC=50, ERR=111) A, B, C
```

(4) 직접 접근 파일의 모든 레코드들은 같은 크기를 가지며 고유의 레코드 번호에 의해 구분된다.

## 10.4.4 REWIND 문

REWIND 문은 프로그램 어느 곳에서나 사용할 수 있으며 직접 접근 파일의 제일 처음 레코드로 포인터를 이동시키는 문이다. 특히 1개의 파일을 2번 이상 처리하고자 할 때, 즉 순차 접근 파일을 어느 부분까지 처리하다가 다시 **파일의 처음부터 입력시켜 처리하고자 할 경우 유용하게 사용하는 실행문**이 REWIND 문이다.

REWIND 문의 일반적인 형식은 다음과 같다

① REWIND u

② REWIND(인수 목록)

인수 목록 : UNIT　= u : 외부 장치 번호로서 정수형 상수 또는 정수형 변수

IOSTAT= n : 입출력 상태 지정자로서 정수형 변수

ERR　= s : 오류가 발생했을 때 분기할 문 번호

어떤 시스템에서는 입력 파일을 읽기 전에 REWIND 문을 사용해야 한다.

앞에서 기술한 인수 목록에 대한 구체적인 설명과 예를 통하여 좀더 알아보자.

(1) REWIND 문에서 'UNIT=', ' IOSTAT=n', 'ERR=s'는 생략 가능하다. 즉, ①과 ②는 같은 뜻을 가지며, 5번 장치의 파일 위치를 파일의 처음 레코드로 이동하라는 뜻이다. 만일 위치가 첫 레코드에 있는 경우는 이 문은 실행하지 않는 결과와 같다. 카드 파일, 프린트 파일 및 표준 입출력 파일은 REWIND 문이 수행되지 않는다. 만일 ①에서 5번 파일이 테이프 파일이면 테이프 릴(reel)이 되 감긴다.

예 ①
```
REWIND 5
```
②
```
REWIND (5)
```

(2) 지정된 파일의 위치가 이미 처음 레코드에 있는 경우와 존재하지 않은 파일에 대한 REWIND 문은 아무런 효과가 없다.

## 10.4.5 BACKSPACE 문

BACKSPACE 문은 테이프나 디스크에 기록된 순차(직접 또는 외부) 처리 파일의 입·출력의 위치를 변경시켜 주는 실행문으로써 지정된 외부 기억 장치에서 한 번에 하나의 레코드 포인터를 뒤로 이동 시키는 문이다. 이를테면 입·출력 위치가 100번 레코드에 있을 경우 BACKSPACE 명령을 수행하면 위치가 99번 레코드에 있게 된다.

BACKSPACE 문의 일반 형식은 다음과 같다.

① BACKSPACE u

② BACKSPACE (인수 목록)

인수 목록 : UNIT = u : 외부 장치 번호로서 정수형 상수 또는 정수형 변수

IOSTAT = n : 입출력 상태 지정자로서 정수형 변수

ERR = s : 오류가 발생했을 때 분기할 문 번호

앞에서 기술한 인수 목록에 대한 구체적인 설명과 예를 통하여 좀더 알아보자.

(1) 다음 문장에서 3번째 READ 문은 2번째 READ 문에서 입력한 레코드를 다시 입력하게 된다.

```
33  FORMAT(F4.2)
    READ(MTAPE, 33)
        :
    READ(MTAPE, 33)
        :
    BACKSPACE MTAPE
        :
20  READ(MTAPE, 33)
```

(2) 다음 문장은 8번 장치의 파일에 대해 열 개의 레코드만큼 뒤로 포인터를 이동시켜 준다.

```
    DO 11 K = 1, 10        또는        DO 11 K = 1, 10
    BACKSPACE 8                     11 BACKSPACE 8
11  CONTINUE
```

입·출력의 위치가 1번 레코드에 있는 경우는 문은 수행되지 않는다. 카드 파일, 프린터 파일 및 표준 입·출력 파일에는 BACKSPACE 문이 수행되지 않는다.

(3) 포인트 값이 마지막 레코드에 도달했을 때, 즉 파일이 종료일 때는 그 파일 종료의 바로 앞에 위치한다.

(4) BACKSPACE 문 이전에 파일이 존재하지 않을 때는 파일의 위치가 변경되지 않는다.

(5) BACKSPACE 문에서 'UNIT=u', 'IOSTAT=n' 및 'ERR=s'는 생략이 가능하다. 이러한 내용은 다음 예에서 잘 나타나고 있다.

예

```
BACKSPACE 8
BACKSPACE FILE
```

## 10.4.6 ENDFILE 문

순차(직접 또는 외부) 처리 파일의 마지막에는 **파일의 끝**(end-of-file, EOF)을 나타내는 마크(mark)가 있는 레코드가 있어야 한다. ENDFILE 문을 실행하면 그 레코드가 생성된다. EOF 마크는 컴퓨터의 기종에 따라 다르다. ENDFILE 문은 순차 처리 파일의 현재 위치에 EOF 레코드를 나타내기 위해 사용하는 실행문이다. 이를테면 4번 파일에는 500개 레코드가 있는데 이 파일을 처리한 현 위치가 71번 레코드인 경우 이때 ENDFILE 문을 수행하면 71번 레코드가 EOF 레코드로 되어 72번 레코드부터는 쓸모없게 된다.

ENDFILE 문의 일반 형식은 다음과 같다.

① ENDFILE u

② ENDFILE (인수 목록)

인수 목록 : UNIT = u : 외부 장치 번호로서 정수형 상수 또는 정수형 변수

IOSTAT= n : 입출력 상태 지정자로서 정수형 변수

ERR = s : 오류가 발생했을 때 분기할 문 번호

예를 들면

```
READ(1, 2, END=999) X, Y, Z
```

는 EOF를 읽었을 때 GO TO 999를 수행하지만

```
READ(1, 2) X, Y, Z
```

는 EOF에서 단순히 작업을 끝낸다. 파일의 끝이라는 EOF 표식(標識)을 붙이기 위해서는

```
ENDFILE n (n은 외부 장치 번호로서 정수형 상수 또는 정수형 변수)
```

을 사용한다.

앞에서 기술한 인수 목록에 대한 구체적인 설명과 예를 통하여 좀더 알아보자.

(1) ENDFILE 문에서 'UNIT=u', 'IOSTAT=n' 및 'ERR=s'는 생략이 가능([**예**] 참고)하며, ①과 ②는 **4번**장치 파일의 현 위치에 EOF 레코드를 나타내라는 뜻으로 같다.

①
```
ENDFILE(4, IOSTAT=M)
```
②
```
ENDFILE(UNIT=4, IOSTAT=M)
```

예
```
ENDFILE 2
ENDFILE ILAST
```

(2) ENDFILE 문을 실행한 후에 그 파일의 자료를 다시 입·출력할 때는 BACKSPACE 문과 REWIND 문을 이용하여 파일의 위치를 변경해야 한다.

# 부록

# 부록 A

# 내장 함수표(Library Function Table)

| 내장함수명 | 함수의 뜻 | 인수의 수 | 인수의 형 | 변환되는 형 | 사용 예 |
|---|---|---|---|---|---|
| **ABS*** | 인수의 절대값을 계산 :<br>$\vert a \vert$<br>$(ar^2+ai^2)^{1/2}$ | 1 | 정수 | 정수 | R=ABS(a) |
| | | | 실수 | 실수 | |
| | | | 배정도 실수 | 배정도 실수 | |
| | | | 복소수 | 실수 | |
| IABS | | 1 | 정수 | 정수 | |
| DABS | | 1 | 배정도 실수 | 배정도 실수 | |
| CABS | | 1 | 복소수 | 실수 | R=CABS(a) |
| **DIM*** | 인수 1의 값이 인수 2의 값보다 적다면 0의 값을, 그렇지 않으면 초과분을 반환:<br>$a_1 > a_2$이면 $a_1 - a_2$,<br>$a_1 \leq a_2$이면 0 | 2 | 정수 | 정수 | R=DIM($a_1$, $a_2$) |
| | | 2 | 실수 | 실수 | |
| | | 2 | 배정도 실수 | 배정도 실수 | |
| IDIM | | 2 | 정수 | 정수 | |
| DDIM | | 2 | 배정도 실수 | 배정도 실수 | |
| **MAX** | 2개 이상의 인수들 중에서 가장 큰 값을 결정 :<br>$\max(a_1, a_2, \ldots)$ | 2 이상 | 정수 | 정수 | R=MAX($a_1$, $a_2$)<br>또는<br>J=MAX($a_1$, $a_2$) |
| | | | 실수 | 실수 | |
| | | | 배정도 실수 | 배정도 실수 | |
| MAX0 | | | 정수 | 정수 | |
| AMAX0 | | | 정수 | 실수 | |
| MAX1 | | | 실수 | 정수 | |
| AMAX1 | | | 실수 | 실수 | |
| DMAX1 | | | 배정도 실수 | 배정도 실수 | |
| **MIN** | 2개 이상의 인수들 중에서 가장 작은 값을 결정 :<br>$\min(a_1, a_2, \ldots)$ | 2 이상 | 정수 | 정수 | R=MIN($a_1$, $a_2$)<br>또는<br>J=MIN($a_1$, $a_2$) |
| | | | 실수 | 실수 | |
| | | | 배정도 실수 | 배정도 실수 | |
| MIN0 | | | 정수 | 정수 | |
| AMIN0 | | | 정수 | 실수 | |
| MIN1 | | | 실수 | 정수 | |
| AMIN1 | | | 실수 | 실수 | |
| DMIN1 | | | 배정도 실수 | 배정도 실수 | |
| **INT*** | 인수의 값을 정수형으로 | 1 | 정수 | 정수 | J=INT(a) |

| 내장함수명 | 함수의 뜻 | 인수의 수 | 인수의 형 | 변환되는 형 | 사용 예 |
|---|---|---|---|---|---|
| | 변환 : | | 실수 | 정수 | |
| | | | 배정도 실수 | 정수 | |
| | | | 복소수 | 정수 | |
| IFIX | int(a) | | 실수 | 정수 | J=IFIX(a) |
| IDINT | | | 배정도 실수 | 정수 | J=IDINT(a) |
| **REAL** | 인수의 값을 실수형으로 | 1 | 정수 | 실수 | R=REAL(a) |
| | 변환 : | | 실수 | 실수 | |
| | | | 배정도 실수 | 실수 | |
| | | | 복소수 | 실수 | |
| FLOAT | | | 정수 | 실수 | |
| SNGL | | | 배정도 실수 | 실수 | |
| **DBLE** | 인수의 값을 배정도 실수형으로 변환 : | 1 | 정수 | 배정도 실수 | DP=DBLE(a) |
| | | | 실수 | 배정도 실수 | |
| | | | 배정도 실수 | 배정도 실수 | |
| | | | 복소수 | 배정도 실수 | |
| **CMPLX** | 인수의 값을 복소수형으로 변환 : $a_1+a_2\sqrt{-1}$ | 1 또는 2 | 정수 | 복소수 | Z=CMPLX(a) |
| | | | 실수 | 복소수 | |
| | | | 배정도 실수 | 복소수 | |
| | | | 복소수 | 복소수 | |
| ICHAR | 인수의 문자에 대한 코드값과 | 1 | 문자 | 정수 | J=ICHAR(a) |
| CHAR | 인수의 코드값에 대한 문자를 반환 : | 1 | 정수 | 문자 | CH=CHAR(a) |
| **AINT*** | 인수의 값에서 잘려진 소수 부분을 반환 : | 1 | 실수 | 실수 | R=AINT(a) |
| | | | 배정도 실수 | 배정도 실수 | |
| DINT | int(a) | | 배정도 실수 | 배정도 실수 | |
| **NINT*** | 인수의 값에 대한 사사오입과 정수형으로 변환, 즉 0.5를 더 한 값을 반환 : | 1 | 실수 | 정수 | J=NINT(a) |
| | | | 배정도 실수 | 정수 | |
| IDNINT | | | 배정도 실수 | 정수 | J=IDNINT(a) |
| **ANINT** | $a \ge 0$이면 int(a+0.5) | | 실수 | 실수 | R=ANINT(a) |
| | $a < 0$이면 int(a-0.5) | | 배정도 실수 | 배정도 실수 | |
| DNINT | | | 배정도 실수 | 배정도 실수 | |
| **MOD*** | 인수들끼리 나누었을 때의 나머지 값을 반환(즉, $a_1$을 $a_2$로 나눈 나머지) : | 2 | 정수 | 정수 | J=MOD(a1, a2) |
| | | | 실수 | 실수 | |
| | | | 배정도 실수 | 배정도 실수 | |
| AMOD | $a_1-\text{int}(a_1/a_2)*a_2$ | | 실수 | 실수 | |
| DMOD | | | 배정도 실수 | 배정도 실수 | |
| **SIGN*** | 두 번째 인수의 부호를 첫 번 | 2 | 정수 | 정수 | R=SIGN |

| 내장함수명 | 함수의 뜻 | 인수의 수 | 인수의 형 | 변환되는 형 | 사용 예 |
|---|---|---|---|---|---|
| | 째 인수에 할당(부호이동) : | | 실수 | 실수 | ($a_1$, $a_2$) |
| | | | 배정도 실수 | 배정도 실수 | |
| ISIGN | $a_2 \geq 0$이면 $\lvert a_1 \rvert$, | | 정수 | 정수 | |
| DSIGN | $a_2 < 0$이면 $-\lvert a_1 \rvert$ | | 배정도 실수 | 배정도 실수 | |
| **DPROD** | 두 개의 실수형 인수에 대해 배정도 곱셈값으로 반환 : $a_1 \times a_2$ | 2 | 실수 | 배정도 실수 | DP=DPROD ($a_1$, $a_2$) |
| LEN | 문자열 인수에 대해 길이, 위치 또는 문자 대소의 결과값을 반환: | 1 | 문자 | 정수 | J=LEN(a) |
| INDEX | | 2 | 문자 | 정수 | |
| LGE | $a_1 \geq a_2$ | | 문자 | 논리형 | |
| LGT | $a_1 > a_2$ | | 문자 | 논리형 | |
| LLE | $a_1 \leq a_2$ | | 문자 | 논리형 | |
| LLT | $a_1 < a_2$ | | 문자 | 논리형 | |
| **LOG** | 인수의 자연로그(natural logarithm)값을 반환 : | 1 | 실수 | 실수 | R=ALOG(a) |
| | | | 배정도 실수 | 배정도 실수 | |
| | $\log_e(a)$ | | 복소수 | 복소수 | |
| ALOG | | | 실수 | 실수 | |
| DLOG | 또는 | | 배정도 실수 | 배정도 실수 | |
| CLOG | $\ln(a)$ | | 복소수 | 복소수 | Z=CLOG(a) |
| LOG10 | 인수의 상용로그(com -mon logarithm)값을 반환 : | 1 | 실수 | 실수 | R=ALOG10(a) |
| | | | 배정도 실수 | 배정도 실수 | |
| ALOG10 | | | 실수 | 실수 | |
| DLOG10 | $\log_{10}(a)$ | | 배정도 실수 | 배정도 실수 | |
| **EXP*** | 인수의 지수(exponen -tial)값을 반환 : | 1 | 실수 | 실수 | R=EXP(a) |
| | | | 배정도 실수 | 배정도 실수 | |
| | | | 복소수 | 복소수 | |
| DEXP | | | 배정도 실수 | 배정도 실수 | |
| CEXP | e**a | | 복소수 | 복소수 | |
| **SQRT*** | 인수의 제곱근(square root)을 반환 : | 1 | 실수 | 실수 | R=SQRT(a) |
| | | | 배정도 실수 | 배정도 실수 | |
| | | | 복소수 | 복소수 | |
| DSQRT | | | 배정도 실수 | 배정도 실수 | |
| CSQRT | $(a)^{1/2}$ | | 복소수 | 복소수 | |
| AIMAG | 인수의 허수부값을 반환 : ai | 1 | 복소수 | 실수 | |
| CONJG | 인수의 공액복소수 값을 | 1 | 복소수 | 복소수 | Z=CONJG(a) |

| 내장함수명 | 함수의 뜻 | 인수의 수 | 인수의 형 | 변환되는 형 | 사용 예 |
|---|---|---|---|---|---|
| | 반환 :<br>(ar, −ai) | | | | |
| **SIN** * | 인수의 사인(sine) 또는 정현(正弦) 함수값을 반환 : | 1 | 실수 | 실수 | R=SIN(a) |
| | | 1 | 배정도 실수 | 배정도 실수 | |
| | | 1 | 복소수 | 복소수 | |
| DSIN | sin(a) | 1 | 배정도 실수 | 배정도 실수 | |
| CSIN | | 1 | 복소수 | 복소수 | |
| **COS** * | 인수의 코사인(cosine) 또는 여현(餘弦) 함수값을 반환 : | 1 | 실수 | 실수 | R=COS(a) |
| | | 1 | 배정도 실수 | 배정도 실수 | |
| | | 1 | 복소수 | 복소수 | |
| DCOS | cos(a) | 1 | 배정도 실수 | 배정도 실수 | |
| CCOS | | 1 | 복소수 | 복소수 | |
| **TAN** * | 인수의 탄젠트(tangent) 또는 정접(正接) 함수값을 반환 : | 1 | 실수 | 실수 | R=TAN(a) |
| | | 1 | 배정도 실수 | 배정도 실수 | |
| DTAN | tan(a) | 1 | 배정도 실수 | 배정도 실수 | |
| **ASIN** * | 인수의 아크사인(arcsine) 또는 역정현(逆正弦) 함수값을 반환 : | 1 | 실수 | 실수 | R=ASIN(a) |
| | | 1 | 배정도 실수 | 배정도 실수 | |
| DASIN | arcsin(a) | 1 | 배정도 실수 | 배정도 실수 | |
| **ACOS** * | 인수의 아크코사인(arccosine) 또는 역여현(逆餘弦) 함수값을 반환 : | 1 | 실수 | 실수 | R=ACOS(a) |
| | | 1 | 배정도 실수 | 배정도 실수 | |
| DASIN | arccos(a) | 1 | 배정도 실수 | 배정도 실수 | |
| **ATAN** * | 인수의 아크탄젠트(arctangent) 또는 역정접(逆正接) 함수값을 반환 : | 1 | 실수 | 실수 | R=ATAN(a) |
| | | 1 | 배정도 실수 | 배정도 실수 | |
| DATAN | | 1 | 배정도 실수 | 배정도 실수 | |
| **ATAN2** * | | 2 | 실수 | 실수 | R=ATAN2($a_1$, $a_2$) |
| | arctan(a) | 2 | 배정도 실수 | 배정도 실수 | |
| DATAN2 | arctan$(a_1/a_2)$ | 2 | 배정도 실수 | 배정도 실수 | |
| **SINH** * | 인수의 쌍곡사인 또는 쌍곡정현(雙曲正弦) (hyperbolic sine) 함수값을 반환 : | 1 | 실수 | 실수 | R=SINH(a) |
| | | 1 | 배정도 실수 | 배정도 실수 | |
| DSINH | sinh(a) | 1 | 배정도 실수 | 배정도 실수 | |

| 내장함수명 | 함수의 뜻 | 인수의 수 | 인수의 형 | 변환되는 형 | 사용 예 |
|---|---|---|---|---|---|
| **COSH*** | 인수의 쌍곡코사인 또는 쌍곡 여현(雙曲 餘弦) (hyperbolic cosine) 함수값을 반환 : cosh(a) | 1 | 실수 | 실수 | R=COSH(a) |
| | | 1 | 배정도 실수 | 배정도 실수 | |
| DCOSH | | 1 | 배정도 실수 | 배정도 실수 | |
| **TANH*** | 인수의 쌍곡탄젠트또는 쌍곡 정접(雙曲正接)(hyperbolic tangent) 함수값을 반환 : tanh(a) | 1 | 실수 | 실수 | R=TANH(a) |
| | | 1 | 배정도 실수 | 배정도 실수 | |
| DTANH | | 1 | 배정도 실수 | 배정도 실수 | |

# 부록 B

# Lahey/Fujitsu LF Express Fortran v7.3 설치

## 1. 포트란 설치하기(정식 버전을 구입하는 경우)

### (1) Lahey/Fujitsu LF Express Fortran v7.3 다운로드

Internet Explorer에서 www.lahey.com/download/LFEXP73setup.exe 주소를 입력하면 Lahey/Fujitsu LF Express Fortran v7.3 설치 파일을 다운로드 할 수 있다.

위 제품은 Window7 - 32 & 64 bit, Windows Vista - 32 & 64 bit, Windows XP64, Windows Server 2008, Windows XP, Windows Server 2003 or Windows 2000 운영체제에서 사용가능하다.

### (2) Lahey/Fujitsu LF Express Fortran v7.3 설치

#### 1) Lahey/Fujitsu LF Express Fortran v7.3 설치 시작

다운로드한 Lahey/Fujitsu LF Express Fortran v7.3 설치 파일을 실행하면 아래 그림과 같이 설치 준비 중이라는 창이 나타난다.

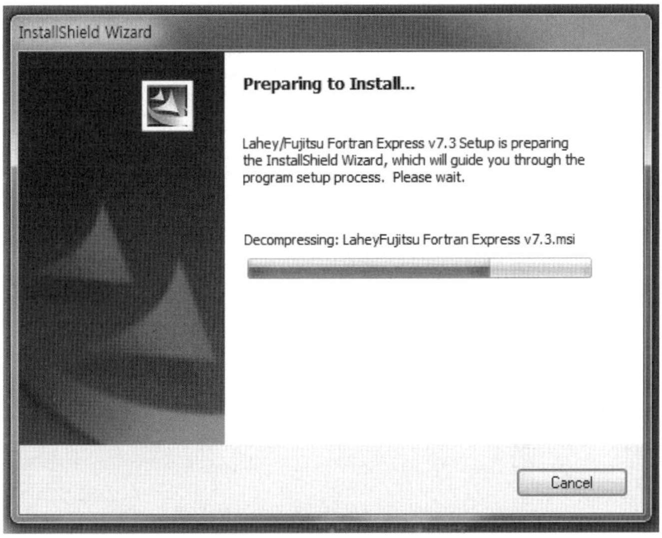


### 2) 시리얼 번호 입력

제품 구매 과정에서 받은 시리얼 번호를 입력한다. 만약 체험판 버전일 경우 시리얼 번호를 입력하지 않고 Next를 클릭한다.

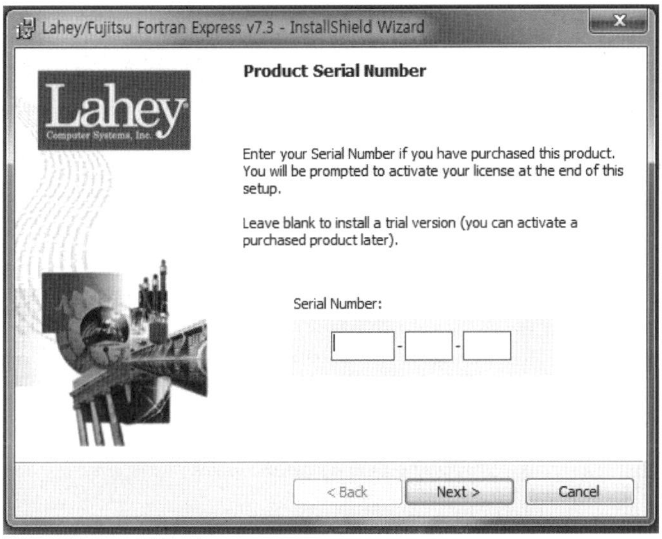


### 3) Lahey/Fujitsu LF Express Fortran v7.3 설치 마법사

시리얼 번호를 입력한 후에 Next를 클릭하면 아래와 같은 설치 마법사 창이 나타나면 Next를 클릭한다.

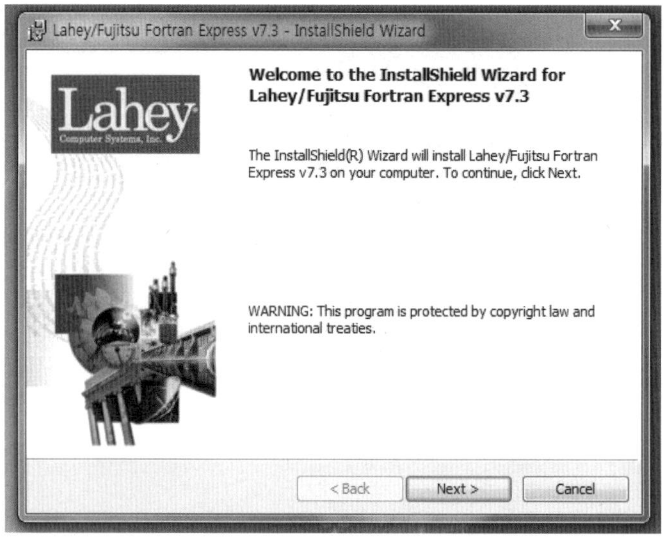


### 4) 라이센스 계약 동의

Lahey/Fujitsu LF Express Fortran v7.3에 관한 라이센스 동의서를 제출한다. 이 화면에서 accept를 클리하지 않으면 설치를 더 이상 진행할 수 없다.

아래 그림처럼 라이센스 계약에 동의 후에 Next를 클릭한다.

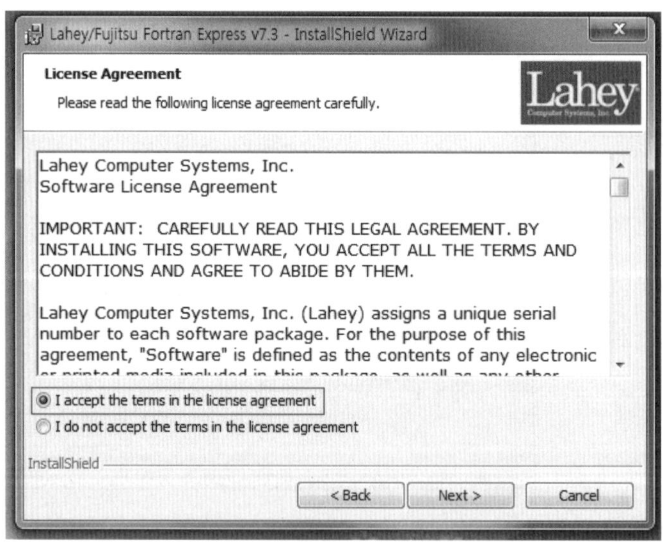


### 5) 사용자 정보 및 사용자 선택

Lahey/Fujitsu LF Express Fortran v7.3을 사용할 사용자 이름과 기관을 입력한 후에 다수가 사용할지 본인만 사용할지를 선택하고 Next를 클릭한다.

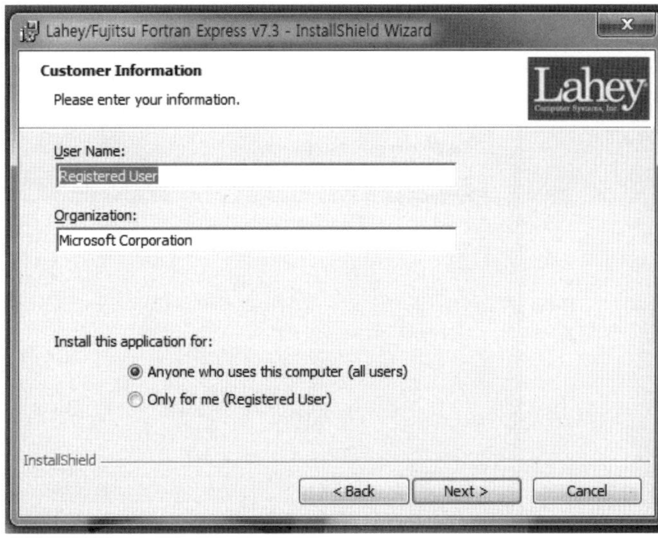


### 6) 설치 옵션 선택

설치 옵션은 Complete, Custom 두 가지가 있는데, 고급 유저가 아니라면 Complete를 선택하기를 권장한다.

설치 옵션을 선택한 다음 Next를 클릭한다.

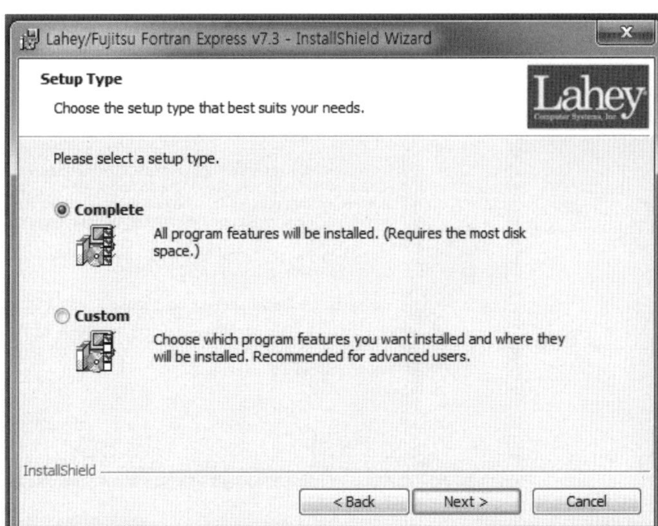


### 7) 설치 설정 변경 여부

설치 설정을 변경하려면 Back를 클릭하고 설치를 진행하려면 Next를 클릭한다.

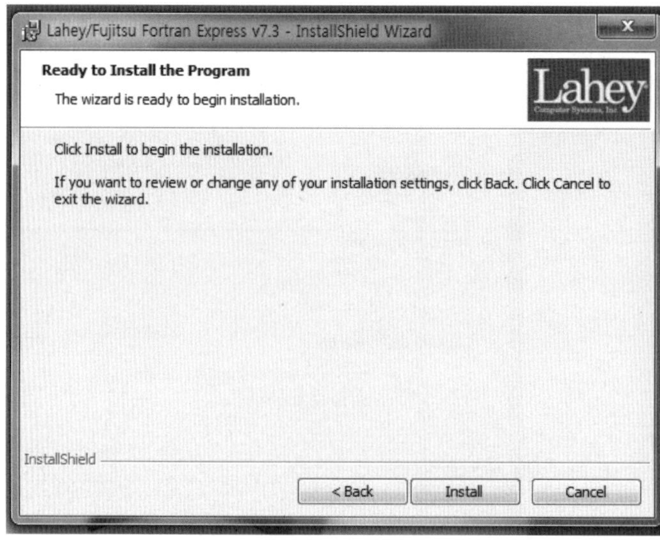


8) **설치 완료 후 온라인 라이센스 활성화**

모든 설치가 완료되었고 온라인 라이센스를 활성화하려면 Yes를 클릭하고 하지 않으려면 No를 클릭한다.

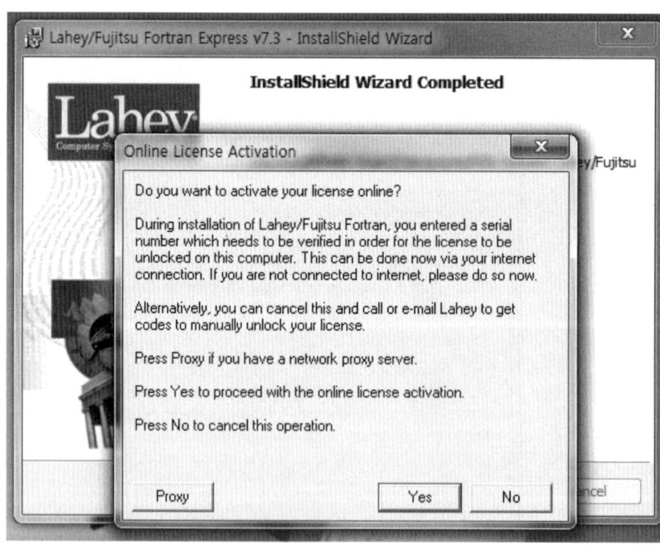


9) **설치 확인**

윈도우즈 시작 버튼을 클릭 하여 Lahey-fujitsu Fortran Express v7.3 안에 포트란이 설치가 되어 있는지 확인을 한다.

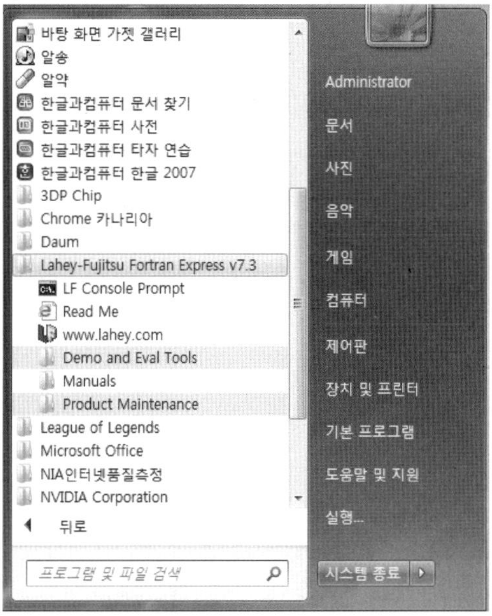


## 2. Fortran을 UltraEdit과 연동하기

Fortran을 UltraEdit과 연동하기 위해서는 Run95.bat 파일을 Fortran이 설치되어 있는 LF9573폴더 안의 Bin 폴더 안에 복사해 준다.

내컴퓨터 ▶ 로컬디스크 (C:) ▶ LF9573 ▶ Bin

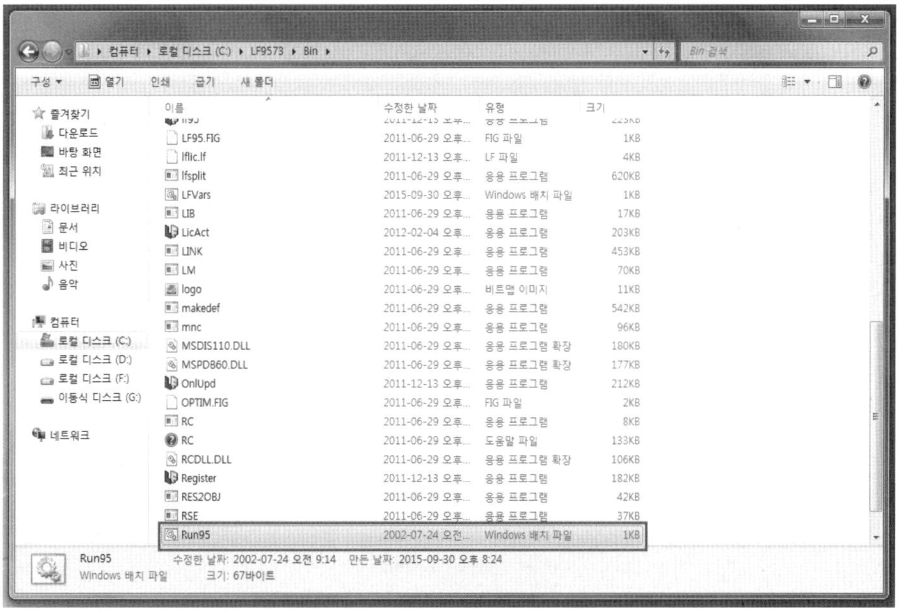

## 3. 호환성 문제시

UltraEdit에서 for 파일을 실행 할 때 호환성 문제로 프로그램이 작동하지 않을 때 아래 그림과 같이 Run95.bat 파일 속성을 클릭 한다.

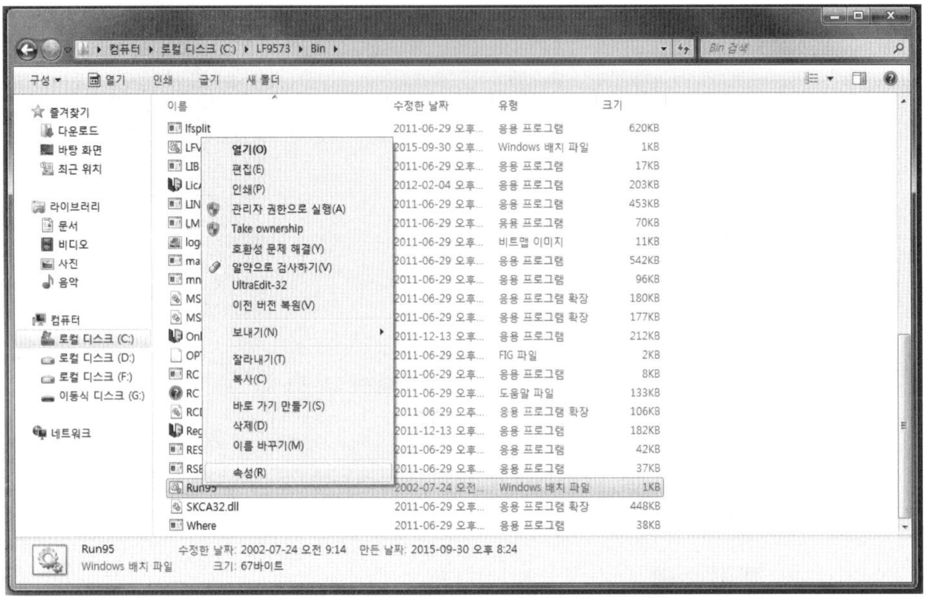

이후 Run95 속성창이 나타나면 호환성 페이지로 이동한 다음 호환 모드를 사용하시는 운영체제로 선택한 다음 적용을 클릭 한다.

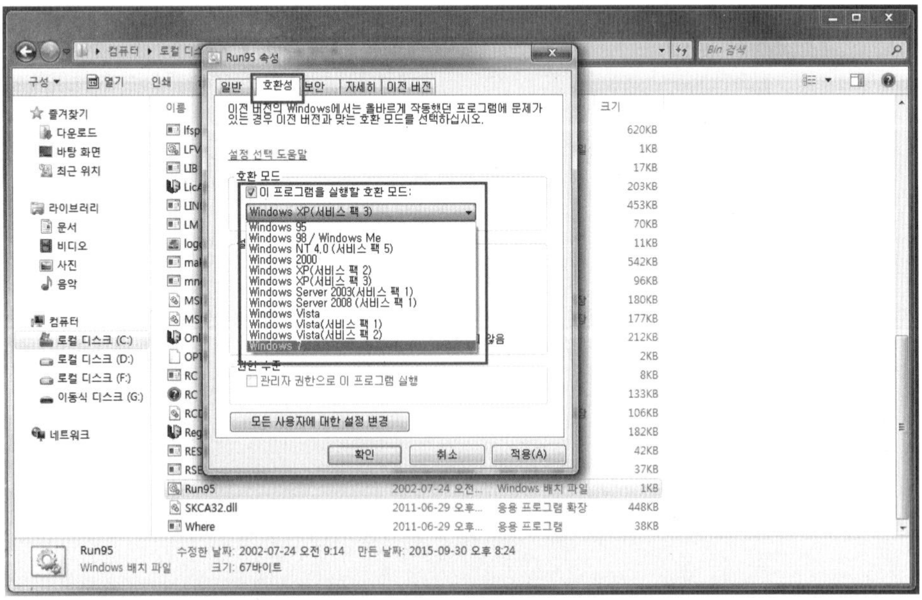

# 찾아보기

## 한글

### ㄱ



### ㄴ



### ㄷ

## ㄹ



## ㅁ



## ㅂ

## ㅅ



## ㅇ

## ㅈ

## 영문

### A



### B



### C

## D



## E

## F



## G



## H



## I

## J



## K



## L



## M



## N



## O

## P



## Q



## R



## S

## T



## U



## V



## W



## X



## 기타

저자: **전시영**

- 한양대학교 공과대학 토목공학과, 공학사
- 한양대학교 대학원 토목공학과, 공학석사
- 한양대학교 대학원 토목공학과, 공학박사
- 원광대학교 공과대학 토목환경공학과 조교수, 부교수, 교수
- 원광대학교 환경건설연구센터장
- 미국 루이지애나 주립대학교 교환교수
- 한국수자원학회 부회장
- 한국수자원학회 전북지회장
- 국토교통부 중앙하천관리위원회 설계자문위원
- 국토교통부 대전, 익산지방국토관리청 설계자문위원
- 전라북도 지방하천관리위원회 설계자문위원
- 전라북도 지방건설심의위원회 위원
- 전주시, 익산시 설계자문위원
- 한국하천협회 자문위원
- 총무처 기술고등고시 출제위원
- 한국산업인력공단 수자원개발기술사 출제위원

〈저서〉

- 수리학, 공저, 형설출판사, 2002(개정판, 2005)
- 기초통계학, 공역, 동화기술, 2012
- 건설공학 기술자를 위한 기초수학, 동화기술, 2015

**엔지니어를 위한 길라잡이 FORTRAN 77** 정가 25,000원

발 행 2016년 3월 10일 초판 1쇄
저 자 전시영
발행인 정우용
발행처 도서출판 동화기술
경기도 파주시 광인사길 201(문발동, 파주출판도시)
Tel (031)955-4211~6 donghwae@kornet.net
Fax (031)955-4217 www.donghwapub.co.kr
(등록) 1977년 12월 19일/9-16호


ISBN 978-89-425-9073-5